熊佛西先生（1900–1965）

在北京艺术专门学校
戏剧系时的熊佛西

1926 年在哥伦比亚大学获得
硕士学位时的熊佛西

1928 年熊佛西（左一）在北平与贺孟斧（中）、刘静沅（右一）的合影

1929 年熊佛西（右三）在南京与田汉（左三）、洪深（左二）等的合影

1932 年初，熊佛西（右二）率原戏剧系师生到定县实验农村戏剧大众化

1947年熊佛西（左二）在上海与田汉（左三）、
洪深（左一）、茅盾（右三）等小聚

1956年熊佛西（右五）同欧阳予倩（左六）、赵铭彝（左五）、朱端钧（左三）等
在上海戏剧学院的合影

1957 年夏熊佛西在庐山

熊佛西在寓所院子里劳动

1957年熊佛西（右二）与黄佐临（左一）、应云卫（左二）、
曹禺（中）、吕复（右一）在上海人民艺术剧院的合影

熊佛西亲自执导《上海滩的春天》在上海人民艺术剧院的首演

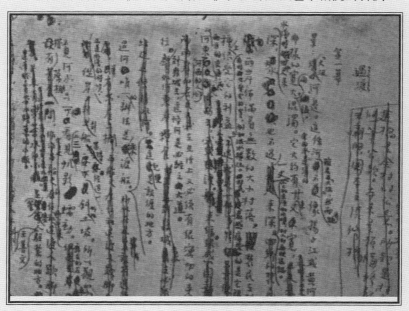

熊佛西剧作《过渡》的手稿

熊佛西故居

本书为上海市地方高水平大学建设支持项目

熊佛西研究资料汇编

上海戏剧学院中国话剧研究中心 编

华东师范大学出版社

序

每所历史悠久的大学，都有自己的灵魂和精神象征，对于上海戏剧学院这样一所拥有 70 多年校龄的著名艺术学府来说，熊佛西就是他们的灵魂和精神象征。在华山路校区，到处都留有老校长的痕迹，从实验剧院边上的熊佛西雕像，到以老校长名字命名的佛西楼；还有新建的昌林路校区，也有供学生阅读休息的空间——佛西书院。岁月流逝，人们并没有淡忘老校长，反倒是更加感恩和无尽思念。每到节假日和重要的时间节点，上戏的熊佛西雕像前，总会有人献上鲜花。2020 年 12 月，是熊佛西先生诞辰 120 周年，上海戏剧学院中国话剧研究中心同人为纪念老校长，积极筹备全国性的学术会议，并汇编了这本研究资料。

熊佛西先生在诸多版本的中国现代话剧史中，都被纳入第一阶段，也就是中国话剧初创时期的代表人物。就个人创作实践而言，他的戏剧事业是与"五四"同步，并在 20 世纪二三十年代达到一个成熟的境地。熊先生的戏剧创作成就得到了当时社会的普遍认可和积极评价。记得茅盾先生在晚年回忆录中，曾记录他 1940 年代逃难到桂林时，熊佛西先生招待他，茅盾对剧作家的熊佛西表达了敬意。2000 年为纪念熊先生诞辰 100 周年而出版的《熊佛西戏剧文集》中，也收有 1947 年茅盾以及田汉等人在上海山阴路大陆新村聚餐时的照片，由此可以见出同时代文化人对于熊先生的高度认可和与他的密切关系。

就在我们积极筹备纪念熊佛西先生 120 周年诞辰的活动之际，新修订的《上海戏剧学院院史》也在紧锣密鼓地进行之中。翻阅相关内容，我作为一个后来者，不能不感慨万千。除了深深的感恩之外，我有一种感叹，我感叹熊老他们这一代人的眼光和心胸。他们除了自身的事业成就之外，还密切关注着 20 世纪中国文化艺术的绵延和发展问题。也正是在他们手里，创建了今天在中国艺术教育领域声誉卓著的艺术院校——上海戏剧学院。这是一项功德千秋的善事和伟大事业。熊佛西先生的后半辈子，几乎都献给了戏剧教育事业，正是因为有他这样的悉心呵护和用心培养，上海戏剧学院才可能站到了中国艺术教育事业的最前端，与世界艺术教育进行对话并共同前行。

站在新世纪的今天，我不能不佩服熊佛西先生这一代人的远见卓识和伟大创举，上海这样的国际大都市，因为有了熊佛西先生这一代人的不懈努力，才有了与之在艺术教育上相匹配的上海戏剧学院。但接下来的问题是留给今天的人们思考的：如果说，20 世纪的艺术教育家们，为中国，为上海，创建了一批著名的艺术院校，那么，对于 21 世纪的后继者而言，需要继续的是一种怎样的文化事业呢？我们需要为未来奉献怎样的艺术教育成果呢？我想除了不断提高每一个人的艺术修养、增强艺术才能外，把艺术教育作为一项伟大而艰苦的事业来对待，这是每一位艺术院校的教师和管理者都应该铭记于心并时常想到的。今天上海的办学条件硬件上比历史上任何时期都要好，但在艺术教育取得的实绩方面，是不是也有所跟进呢？如果百年之后，我们的后辈再来关照我们今天这一批艺术教育者，他们会说些什么呢？在我们纪念老校长熊佛西先生之际，面对先辈，我想我们都应该扪心自问的。

　　是为序。

杨　扬

2020 年 10 月于上戏仲彝楼

目　录

第一编　戏剧理论与创作研究

第二编　戏剧教育研究

第三编　定县大众戏剧实验研究

第四编　生平、地位与成就研究

第一编
戏剧理论与创作研究

熊佛西戏剧思想简论

丁罗男

著名的戏剧教育家、剧作家和戏剧活动家熊佛西是我国话剧事业的奠基人之一，从"五四"到 20 世纪 60 年代中期，他在话剧园地上辛勤耕耘了近半个世纪。他毕生致力于戏剧教育事业，培养出一批又一批新型的话剧人才。他创作了大量的剧本，推动现代话剧在实践中形成和发展。他的戏剧思想在二三十年代产生过巨大影响，甚至与田汉一起获得了"南田北熊"的声誉。① 虽然他在政治上的追求光明和艺术上的探索都经历了漫长、曲折的道路，但终于在党的领导和影响下，从一个爱国、正直的自由民主主义知识分子，转变为革命民主主义的战士。不无遗憾的是，长期以来很少有人对熊佛西进行过系统的研究。由于"左"的思想影响，还出现过对他的片面之见。今天，我们怀着崇敬的心情纪念这位话剧老前辈，就应当历史地全面地考察他的戏剧思想和活动，给他在话剧史上的地位以实事求是的公正评价。

本文试以熊佛西的戏剧实践最活跃、理论著述最丰富的 20 年代至 40 年代为重点，对他的戏剧思想作一概略的分析，其中大致包括三个方面的内容：

（一）从戏剧社会学的角度阐释戏剧与社会生活的关系——从动摇到坚定地"为人生"。

（二）从戏剧美学的角度阐释戏剧的审美要求——关于"趣味中心"和"单纯主义"。

（三）从戏剧艺术学的角度阐释戏剧的基本特征——"戏剧究竟是什么？"

从动摇到坚定地"为人生"

干戏的目的是什么？戏剧与社会生活的关系如何？对这些问题的认识反映着一切从事戏剧工作的人的根本指导思想。综观熊佛西一生的戏剧活动，我们可以看出，他的戏剧观的基本出发点是"为人生"，而不是"为艺术"或"为娱乐"、"为金钱"等等，尽

---

① 例如欧阳予倩就说过："如其说田汉是南方剧坛的权威，则熊氏便是北方剧坛的泰斗。"（《近代戏剧选·序》）。

管这一"为人生"的思想经历了从不自觉到自觉,从动摇到逐步坚定的发展过程。

早在中学时代,熊佛西就在汉口看过文明戏名角郑正秋主演的爱国戏,还曾亲聆原"春柳社"成员马绛士声泪俱下地痛述文明戏的兴衰史。这不但使少年熊佛西从此迷恋上新剧,而且在心灵深处埋下"干戏是为了宣传革命,开通民智"的种子。因此,他在学校里自编自演的第一出戏便是歌颂革命烈士的《徐锡麟》。但作为幼稚的中学生演剧,当时毕竟还谈不上有什么明确的戏剧观。

真正给熊佛西的戏剧思想以深刻有力影响的是伟大的"五四"运动。1920 年夏天,他来到了向往已久的北京。新文化运动之后的北京知识界异常活跃,追求科学、民主的新思潮蔚成风气,《新青年》大力宣传的易卜生和欧洲近代社会问题剧深入人心,进步的戏剧工作者奋起批判封建旧剧和没落的文明戏,倡导"为社会写实"的新型话剧……这一切在这位二十岁的青年面前展开了一片新天地。三年的燕京大学生活中,他如饥似渴地阅读了莎士比亚、莫里哀、易卜生和萧伯纳等大师的作品,并且以越来越浓厚的兴趣投身于学校"爱美剧"运动,初步确立起为人生的戏剧观。1921 年,他加入文学研究会。同年,该会领导人沈雁冰发起成立了"民众戏剧社",熊佛西也是十三名成员之一。"民众戏剧社"是"五四"以后第一个进步的话剧组织,它明确宣称"'当看戏是消闲'的时代,现在已经过去了。戏院在现代社会中,确是占着重要的地位,是推动社会前进的一个轮子,又是搜寻社会病根的 X 光镜……"①从熊佛西大学时期创作的《青春底悲哀》等四个剧本来看,确是实践了这些主张的。它们都取材于现实生活,反映家庭问题、婚姻问题,暴露军阀官僚的腐朽罪恶,充满着反对封建压迫、争取自由解放的"五四"时代气息。

谈到熊佛西早期戏剧思想的形成,还有两个方面的影响不能不提及。其一来自 20 年代初北京"爱美剧"运动的领导人陈大悲;其二是他所接受的欧美资产阶级的文化戏剧教育。

陈大悲早期的"爱美的"戏剧理论和实践,对北方话剧运动的开展具有不可否认的推动作用。就戏剧观来说,他给当时的北京戏剧界,包括熊佛西在内,带来了积极和消极的两方面影响。陈大悲竭力鼓吹"爱美的"戏剧,本是为了用业余演剧来对抗资本主义商业化的侵蚀,使新剧真正起到改革社会的积极作用。这无疑具有历史的进步意义。然而,他的社会思想十分浅薄。在戏剧究竟应当"为人生"还是"为艺术"的问题

---

① 民众戏剧社:《民众戏剧社宣言》,《戏剧》1921 年 5 月一卷一期。

上,他散布的是折中主义观点,主张选择演出剧本时不必考虑这两个"极端的派别"。说到底,他认为"在现在的民众社会里,不宜多演意义高深的问题剧"①,只有那些情节曲折离奇、充满感官刺激的戏才是他最感兴趣的,所以始终脱不出没落时期文明戏的窠臼。

如果说陈大悲给早年熊佛西的戏剧思想既带来了"指导社会,服务民众"的积极一面,又带来了思想不够深刻,过分追求表面技巧的弊病,那么长期以来欧美资产阶级文化的熏陶,尤其是1924年至1926年留学美国所受的正规戏剧教育,同样给了他正反两个方面的影响。

一方面,出身贫苦农村,经过"五四"运动洗礼的熊佛西,能够比较自觉地从西方文艺思想中汲取民主性的精华。他认定亚里士多德所说的"动作的摹仿"实际上就是"人生"的摹仿。他还经常强调莎士比亚的名言"人生是一出戏,世界是一个大舞台",教育学生们牢记:"戏剧是表现这舞台经验的艺术,是直接表现人生的艺术。故戏剧家必须饱尝人生经验。"②同时,从现实的感受出发,指出"特别在今日一盘散沙、麻木不仁的中国社会中",戏剧的地位非常重要。他大力提倡写悲剧,认为在"全国充满了冷气、阴气、霉气,一言以蔽之,乌烟瘴气"的情况下,悲剧可以激发人们的"同情心"和"敬畏之感"。谈到喜剧,他更以为是"今日社会的急需。因为喜剧完全是团体生活的表现,社会缩影的批评",而现实社会中的倒行逆施、虚伪狡诈、愚蠢癫狂现象比比皆是,应该把它们写成喜剧让人们来笑,通过笑"可以使我们心痛! 有的笑甚至可以使我们痛哭流涕!"③

对祖国命运的关切和对半封建半殖民地黑暗社会的愤懑之情不仅溢于言表,而且也一以贯之地体现在熊佛西的剧作中。写于1925年"五卅"惨案后不久的《一片爱国心》,以充沛的爱国热情,发出了对日本帝国主义和卖国政府的强烈抗议,使我们看到他在"五四"时期闪烁的思想火花。这个戏曾在北京等地广泛上演,影响极大,甚至许多女学生因崇拜剧中的女主人公而改名为"亚男"。在另一出近乎闹剧的《洋状元》中,他的这种思想感情则以讽刺的形式表现出来。剧本对一班不学无术,数典忘祖,回国后又到处招摇撞骗的洋博士,竭尽嘲弄挖苦之能事,确实令人笑中带着哀恨。留美归来踏进国门之后,一片军阀混战、民不聊生的惨象更使熊佛西感到痛心疾首,在《蟋

① 陈大悲:《爱美的戏剧》,北平晨报社1922年版。
② 熊佛西:《剧作家的修养》,《写剧原理》,中华书局1933年版。
③ 熊佛西:《戏剧与中国》,《佛西论剧》,北平朴社1928年版。

蟀》、《醉了》等剧中,他或借虚幻的故事对军阀的不义之战嬉笑怒骂,或通过刽子手的内心痛苦来谴责反动派摧残人性的暴行。这一时期由艺专戏剧系搬上舞台的其他剧本,也都针对社会问题有所讽喻,有所褒贬。

到了30年代初从事定县农村"戏剧大众化实验"时期,他的创作就直接以农民群众为描写对象了。由于在定县亲眼目睹旧中国农村的尖锐矛盾,进一步体验到广大农民的苦难生活和地主豪绅的专横霸道,他对戏剧必须反映现实,为大多数劳动人民服务的信念更加坚定。他写的《过渡》,以农民团结起来造桥和恶霸从中阻挠破坏为主要冲突,真实地反映了农村两个阶级的生死搏斗。该剧演出后曾激起农民观众的强烈反响,甚至出现了"生活模仿戏剧"的事件。尽管定县的戏剧实验还存在这样那样的局限和缺点,然而,通过接触农村的实际生活,熊佛西在戏剧与生活的关系问题上,认识又深入了一层:

> 我们要写出好的农工剧本。不能住在租界的洋楼里仅仅的"想"。应该到农村去生活,到工厂去工作,去得到些农工生活的意识。①

另一方面也不可否认,长期来欧美资产阶级教育给他的戏剧思想掺进了杂质,使他"为人生"而干戏的大方向时时受到改良主义和"为艺术而艺术"观点的干扰,思想上经常出现矛盾和动摇。唯其如此,他一面用"戏剧是为人生"的思想教育学生,一面却把西方文艺中"灵与肉的调和"说也搬到课堂上,津津乐道于"超然的梦的世界","梦是艺术家的归宿"等等荒谬之谈。② 在主持戏剧系期间,他既不满于军阀的蛮横统治,同情和爱护学生中的进步力量,但又固守着艺术学府应不问政治的信条,企图躲进所谓的"艺术之宫"。30年代初,党领导下的左翼戏剧界掀起了"戏剧大众化"热潮,给了他极大的兴奋,促使他走向定县农村,但他投入的毕竟不是革命戏剧的激流,而是改良色彩浓厚的"平教会"组织。他幻想走一条远离革命风暴的中间道路。

抱着这种"为人生"和"超政治"的二元观点从事戏剧活动,必然有意无意地回避尖锐的社会矛盾和斗争。因此他在戏剧系时期创作的大量剧本,除少数有较强的战斗性外,多数剧本如《艺术家》、《裸体》、《一对近视眼》、《模特儿》等,往往只是对一些旧风陋

---

① 熊佛西:《怎样走入大众》,《写剧原理》,中华书局1933年版。
② 熊佛西:《创作》,《写剧原理》,中华书局1933年版。

俗进行温和的讽刺批评,虽有一定的现实意义,但总觉主题开掘不深,社会的重大矛盾冲突更看不到。定县时期的创作接触到了农村的阶级矛盾,有时冲突也十分激烈,而解决的办法却又是虚构一个"贤明的政府"来为民申冤。要是把他上述剧本与同时期内田汉的《获虎之夜》、《名优之死》、《一致》、《梅雨》,郭沫若的《三个叛逆的女性》,洪深的《五奎桥》等剧作相比较,就不难发现,在利用戏剧为武器参加社会斗争方面,熊作的战斗力显然是逊色的。更不用说与30年代开始崛起的一批左翼剧作家,如夏衍、于伶等人的充满革命气息和战斗呼号的作品相比了。

然而,必须指出,处于矛盾与动摇之中的熊佛西,终究没有和"为艺术而艺术"的唯美派完全合流,他的基本立场仍然站在"人生派"一边。关于这一点,只需看看他在20年代中期对待"国剧运动"的态度便清楚了。当时,余上沅、赵太侔等人在胡适与新月派的支持下掀起了一场反对"易卜生运动"的宣传战。他们攻击易卜生的社会问题剧传入中国是"迷入了歧途",使得"政治问题,家庭问题,职业问题……做了戏剧的目标;演说家,雄辩家,传教师,一个个跳上台去,读他们的词章,讲他们的道德。艺术人生因果倒置"①。他们提倡的"国剧",以西方象征主义、表现主义为楷模,甚至把中国戏曲也歪曲为"象征派"、"反写实主义"并全盘加以接受。虽然熊佛西和余、赵等人过从甚密,但在这股明显否定"五四"以来现实主义话剧运动的逆流面前,他并未苟同迁就。1927年5月,他在北京戏剧界的一次集会上发表了题为《国剧与旧剧》的讲演,针对余上沅等乱捧旧剧的论调,列举了旧剧存在的五大缺憾(虽然其中不无偏颇之词),表明自己的看法:"我们可以断定中国的国剧不是旧剧,至少不是现在的旧剧。"并进一步提出,真正的"国剧"就是"中国人"作的"剧","凡中国的史剧及一切能代表中国人民生活的剧,都可以称为中国的国剧。总之,国剧与非国剧是一个内容问题,不是外形问题"。② 这一说法也许失之笼统含混,但有一点是清楚的:他不同意"国剧运动"提倡者的超人生、超社会的戏剧观和只谈"外形"不及内容的形式主义观点。此后,他主持的戏剧系教学中继续介绍易卜生和社会问题剧,1929年该系第七次公演的剧目就是易卜生的《群鬼》。他还为此写了专文《论"群鬼"》和《社会改造家的易卜生与戏剧家的易卜生》。

动摇只是暂时现象,真正的中间道路也是没有的。随着我国民族民主革命的深

① 余上沅:《国剧运动·序》,新月书店1927年版。
② 熊佛西:《国剧与旧剧》,《佛西论剧》,北平朴社1928年版。

人,熊佛西同大多数爱国的知识分子一样,投身到抗日民主运动的洪流中来。经过 40 年代党领导下的进步文化界对他的影响和争取,他的政治思想发展到了新阶段。生活与斗争的锤炼,也使他"为人生"的戏剧观变得更加自觉和坚定。这一进步突出地表现在以下两方面。

(一)明确提出戏剧应当为抗战现实服务,从而使早期尚嫌空泛的"为人生"主张有了更充实的内容。

抗战开始,日寇的疯狂侵略和国民党当局的腐败无能,给了熊佛西莫大的刺激。偌大的北京城已放不下一张平静的讲台,定县农村戏剧实验地也被敌人的炮火轰毁。他怀着难言的悲愤只身离开北京,辗转来到西南大后方,以前所未有的热情和毅力,在极其艰难困苦的环境中创建四川的省立戏校,组织剧团到处演出,并接连办了几份文艺、戏剧乃至政治性的刊物,自觉地运用戏剧武器投入全民抗战。1937 年底,他率平教会抗战剧团到汉口演出,曾在《大公报》上登过一篇短文《敬告观众》,其中已看不到他早先的那种超然态度,而代之以大声疾呼:"在全面抗战的今日,戏剧应该是武器,应该是枪炮,是宣传杀敌最有效的武器!"①

1937 年至 1940 年,他发表了大量文章,如《戏剧与精神动员》、《戏剧与军事》、《论剧的教育性》、《苏联的戏剧给予我们的启示》等,都论述了戏剧与抗战的关系。由于"教育救国"思想的影响,其中一些提法有过分夸大戏剧的教育作用之弊,但它们的基调是积极健康的,强调充分发挥戏剧的形象化特点,使之成为宣传民众、鼓动民众奋起抗日的有力工具。

本着这一指导思想,他在抗战时期创作的剧本《中华民族的子孙》、《后防》(根据《过渡》改写)、《搜查》、《人与傀儡》、《害群之马》、《囤积》等,都取材于抗战的现实生活,有的着重表现军民的英勇斗争,有的无情鞭挞汉奸的罪恶行径。与前一阶段相比,战斗性显然大大加强了。

(二)在思想和理论上,对于戏剧与生活、戏剧与政治关系的认识逐步趋向深刻化。

熊佛西早年戏剧思想中脱离政治的倾向,受到了严峻现实的一次又一次打击。在北京,《蟋蟀》、《赛金花》先后遭到无理禁演,抗战时期组织流亡的"文化垦殖团",也被反动派扣上"红帽子"。生活从反面教育了他:一个真正的戏剧家是无法回避政治的,

---

① 熊佛西:《敬告观众》,《大公报》1937 年 12 月 14 日。

对付帝国主义及其走狗的唯一办法就是跟他们斗争到底。从 40 年代初开始，通过在桂林等地与茅盾、田汉、欧阳予倩等进步人士的频繁接触，不久又读到了毛主席的《论联合政府》、《在延安文艺座谈会上的讲话》，他的政治思想产生了重大转折，感情上与党越来越靠拢。尤其是 1944 年湘桂大撤退以后，他抛弃了资产阶级自由民主主义和改良主义的立场，开始踏上革命民主主义者的征途。这些变化同样反映在他的戏剧观上。1941 年发表的《写给一位戏剧青年》中他写道：

> 　　本来"指示人生，教化社会"，这些词句太笼统含混了。我们现在针对着中国这时代的需要。将这些词句的意义具体化，简单化。简言之，中国今日需要的是自由平等的社会，阻止这社会实现的障碍是帝国主义的压迫和封建势力的桎梏。所以，我们现在要求得民族的自由解放与民族平等的幸福，除了与这双重压迫斗争外，别无途径。①

　　如此鲜明地把我党关于新民主主义历史时期反帝反封建的政治任务作为戏剧工作者的奋斗目标，足以证明他对戏剧与政治关系的认识上升到了新的高度。不仅如此，这篇重要文章还表明了他对戏剧创作与社会生活的关系也有了更深刻的理解。文章指出，"大体说，一切艺术都是宣传。艺术无非是传达思想与情感的一种工具"。这里已经扫除了"为艺术而艺术"的思想痕迹。接着，又说："有了反帝反封建的正确思想，假使没有热烈的情绪，还不能创造完美的作品。"那么"情绪"又从何而来呢？他批评有些人闭门坐等"灵感"到来，是"不现实的幻想"，强调"真正的灵感应该求之于实际生活中"。还举例说："我们必须亲身参加过流亡的生活，才能同情流亡者的颠沛，才能歌出他们的哀声，才能从他们身上找着内在的灵感……"这些论述，把戏剧的思想性与艺术性，创作与生活的相互关系讲得相当透彻，如果我们再回头去读读他在 20 年代宣扬过的"灵与肉的调和"，以及关于"天才"、"灵感"的唯心之谈，就更能体会到他戏剧思想上的长足的进步。

　　正因为有了世界观、艺术观的这一番变化，到了迎接全国解放的日子里，熊佛西才可能完全站到革命营垒的一边，参加党领导下的秘密的戏剧电影工作者协会，支持学

---

① 熊佛西：《写给一位戏剧青年——第三封信：讨论剧本创作诸问题》，《戏剧岗位》1941 年 1 月二卷二、三期合刊。

生排演进步戏剧，并在关键时刻敢于挺身掩护茸命同志，保护进步学生免遭反动派迫害。当上海解放，党和人民政府接管市立实验戏剧学校以后，这位年已半百的老校长又怀着"从头学起，从头做起"的赤诚之心，将余生毫无保留地贡献给了革命的戏剧教育事业。

关于"趣味中心"和"单纯主义"

在熊佛西早期的戏剧主张中，"趣味中心"和"单纯主义"是最引人瞩目的，也招来了许多非议，因此有必要着重加以剖析。

"趣味中心"的提法最早见于1930年发表的《戏剧应以趣味为中心》一文（载《戏剧与文艺》一卷十一期），后来收入《写剧原理》时改题为《戏剧与趣味》。其中有一段话曾多次被人引为批判的依据：

> 戏剧的说法很多。有的说它是人生的表现。有的说它是教育的工具。又有人说它是纯美的创造。近来还有人说它是无产阶级意识的呼号。这些说法都有道理，只要它们的表现富于趣味。任何派别的剧本，只要其中蕴蓄着无穷的趣味，即是上品。

就这段议论本身看，把趣味当成超乎内容之上的追求目标，其谬误之处是显而易见的。然而问题在于，对一种戏剧主张的批评，不应该脱离一定的历史范畴，即产生这种主张的时代，更不能舍弃它的全部涵义而仅仅攻其一点。鉴于这一认识，我们以为长期加在熊佛西头上的"纯粹形式主义"、"专想刺激观众"[1]等结论是不甚公允的，也很难同意有人发表的"他非但是一个形式主义者，而且是曲解了形式主义"[2]的见解。我们主张对它采取历史分析的方法和实事求是、一分为二的态度。

全面考察一下熊佛西在二三十年代的戏剧理论与实践，人们是无法得出"纯粹形式主义"的印象的。他之所以提倡"趣味中心"，本意也并非想用所谓"感官的刺激"来抵制戏剧反映社会生活的职责。如前所述，他早期的戏剧观虽有矛盾，而占上风的还

---

[1] 王瑶：《中国新文学史稿》上册，开明书店1951年版。
[2] 洪深：《现代戏剧导论》，《洪深文集》第四卷，中国戏剧出版社1957年版。

是积极的"为人生"思想。在他的大量戏剧论著中,也曾多次批判过把戏剧当做"开心取乐的玩艺儿"、"有闲阶级消遣品"的错误观念。那么,特别强调"趣味"的动机何在?有一篇文章透露了其中的意思:

> 伟大的艺术家当然有伟大的思想,但是他们的思想是蕴蓄的,是默而不宣的,是情感化的。在他们的作品中,不能否认思想的存在,但是我们能看见的只是情感与美感。①

另一篇题为《论剧》的文章说得更明白了:

> 真正的娱乐——至少我之所谓娱乐——已负有与人快愉教训两大要素。平常我们只发见快愉而不显现教训的色彩,可是你仔细分析起来,教训与快愉是分不开的。②

由此可见,"趣味"一说原是从戏剧美学的角度提出来的,是要求戏剧作品必须具有美感,具有吸引人的魅力,通过娱乐达到教育的目的。"美感"也罢,"娱乐"也罢,都离不开审美趣味。

审美趣味是客体(作品)在欣赏者主观上引起的感情愉悦,表面看上去起作用的是美的形式,似乎是非功利、非理性的。但马克思主义的美学告诉我们,审美愉悦并不只有生理感觉的和谐快适,形式美本质上渗透着深刻的理性因素,沉淀着巨大的社会功利性。这就是通常所说的文艺"潜移默化"、"寓教于乐"的特殊规律。所以,过分夸大趣味的作用,否认其内含的功利目的固然不正确,而抹煞审美趣味在艺术中的地位,把文艺的思想性看成赤裸裸的说教也是错误的。鲁迅就批评过那种取消文艺审美价值的观点,他说:"文艺之所以为文艺,并不贵在教训,若把小说变成修身教科书,还说什么文艺。"③

在不否认思想性的基础上强调戏剧审美趣味的重要作用,这在我国话剧形成和发展时期不是没有意义的。"五四"以后兴起的现代话剧,一开始就高举反帝反封建的战

---

① 熊佛西:《创作》,《写剧原理》,中华书局1933年版。
② 熊佛西:《论剧》,《晨报·副刊》1926年7月连载。
③ 鲁迅:《中国小说的历史的变迁》,《鲁迅全集》第八卷,人民文学出版社1981年版。

斗旗帜,尤其是 20 年代末期,党领导下的左翼戏剧运动响亮地喊出了无产阶级戏剧的口号,更自觉地将戏剧纳入了新民主主义革命的轨道。半个多世纪来,中国社会政治的激烈动荡,民族矛盾、阶级矛盾的日趋尖锐,造成了文艺与政治的特别密切的联系。在这种历史条件下,中国话剧运动迅速走上了战斗的现实主义道路,形成了紧密配合政治斗争,及时表达人民呼声的光荣传统,也使任何"为艺术而艺术"的、形式主义的流派在现代中国始终找不到合适的土壤。这一切都是毋庸置疑的。但另一方面也应看到,这种历史条件,加上二三十年代国际共运和我党内部"左"倾机会主义思潮一度泛滥,对于主要由小资产阶级知识分子组成的新文艺队伍产生了深远的影响。在相当长的时期里,不少人的政治热情往往掩盖了对文艺特殊规律的认识,处理文艺的思想性与艺术性的关系时,也经常出现"左"的偏向。戏剧并不例外,左翼时期产生的许多标语口号式的作品,就是显例。将熊佛西提倡的"趣味中心"放在这样的时代背景下,我们不难发现它确有一定的现实针对性。他的心愿是:"倘若希望我们的戏剧成功,我们应该在作品中处处使观众发生趣味,发生高级的趣味。"①所以,他再三强调提高戏剧的艺术性问题,十分重视剧作家应有的技巧修养,对那些缺乏戏剧性、趣味性,充塞着一大堆枯燥教训的剧本,他历来表示反感。

至于趣味有高低之分,熊佛西也是看到了的。他并没有把趣味看作完全抽象的、独立于思想之外的东西,更无追求低级趣味,"专门想刺激观众"的用意。恰恰相反,就在《戏剧与趣味》一文中,他明确反对迎合一般人的低级趣味,还以堕落的文明戏和当时风行的"爱登裸体写真与少女相片"的画报为例,说明趣味的高低并不在于爱看的人的多少。从总体上看,他认为"有高级趣味的人不见得是资产阶级,虽不敢说尽是无产阶级,但敢断定无产阶级要多过有产阶级"。

熊佛西提倡"趣味中心"还有一个更重要的原因值得注意,那就是他对戏剧审美的主体——观众的高度重视。在前述的"趣味即上品"一段话后面,他接着解释说:"因为戏剧是以观众为对象的艺术。……无论你的剧本艺术是何等的高超或低微,假如离开了观众的趣味与欣赏力,其价值必等于零。"他还进一步指出:"大多数的人看得懂,大多数的人看得有趣味的戏剧,就是我们需要的戏剧。"②从这点出发,他又提出了"单纯主义"的口号,主张戏剧必须符合既经济又有美感的原则。

---

① 熊佛西:《戏剧与趣味》,《写剧原理》,中华书局 1933 年版。
② 熊佛西:《戏剧与趣味》,《写剧原理》,中华书局 1933 年版。

　　一切为观众着想,特别是为大多数的工农劳动群众着想,努力使话剧这一外来形式成为中国老百姓所能够接受、乐于欣赏的新剧种,这是熊佛西戏剧思想的一个重要核心。这位偏僻山区农村长大的穷学生,虽然喝过不少"洋墨水",但思想感情上始终没有脱去劳动者的本色,始终没有变成胡适、梁实秋一类的欧化、洋奴化的精神贵族。他以极大的热忱从事农村戏剧活动,他一生保持着勤俭朴实、平易近人的生活作风,都是这种可贵的思想品质的反映。我们知道,"五四"以来进步知识界对于欧洲近代剧的介绍,经历了痛苦的过程。在胡适的"全盘西化"和民族虚无主义思想影响下,话剧运动受过不少挫折。比如1920年上海"新舞台"首次演出萧伯纳的《华伦夫人之职业》,就因为不顾现实的针对性和观众的欣赏习惯而惨遭失败。此后,洪深、田汉等人在民族化探索方面取得了很大成绩,但话剧的观众面基本上仍局限在城市小资产阶级和青年学生的狭小圈子里,和广大工农群众并未发生多少联系。现代话剧的这一严重弱点,直到30年代初党领导的"戏剧大众化"运动才被尖锐地提了出来。当然,熊佛西当时从事农村戏剧,还未达到左翼戏剧工作者的思想高度,但他确实迈开了脚步,走向农村,企图从形式方面解决话剧脱离大众的问题。所谓"趣味中心"、"单纯主义"就是这一思想的产物。他执着于追求一种适合广大劳动群众需要的戏剧形式,它的特点归结为三点:

　　(一)单纯化。由于人民大众极其贫困的生活状况,以及戏剧工作者的经济困难,贪大求洋的演剧在当时是无法面向群众的。他赞同左翼剧运提倡的"普罗戏剧",同时也指出:"普罗戏剧作家务必要运用极单纯的技巧,人物要简略,布景要简单,内容要精粹。……因为普罗阶级即是无产阶级,也即是无闲阶级。无产无闲的人,应该如何的经济,应该如何的简省!"[1]同时,他认为单纯化的艺术不见得不美。以名家之画为例,"虽是寥寥几笔,而无一笔乱,半笔废;笔笔有道,笔笔有神"[2]。戏剧应当学习这种"单纯之美"。

　　(二)通俗化。考虑到当时一般工农的文化水平和接受能力的限制,"假如剧本的艺术过于深邃,他们决难欣赏,所以大众戏剧的艺术应该深入浅出,雅俗共赏"[3]。根据多年从事农村戏剧的经验,他提出通俗的剧本不可照搬莎士比亚、易卜生式的格局,所谓"充满精神微妙的哲理","贯串了飘渺诗意的妙语",而应当是"粗线条"的,富于动

① 熊佛西:《单纯主义》,《写剧原理》,中华书局1933年版。
② 熊佛西:《单纯主义》,《写剧原理》,中华书局1933年版。
③ 熊佛西:《怎样走入大众》,《写剧原理》,中华书局1933年版。

作性(特别是外部动作)的,既生动又具体,让农民观众一看就懂,甚至于"倘把全剧的文字取消,有时那故事的精粹依然可以表演出来"。①

（三）有趣味。要研究广大群众(尤其农民)的审美心理和爱好,尊重民族特有的欣赏习惯。他在实践中发现,"农民最感兴趣的是一个'动人的故事'","他们最厌恶滔滔不绝的对话,恼人的演说,哲理的讨论"。② 剧本的情节结构要注意线索简单明了,又有曲折变化,充满生活情趣。鉴于中国观众历来要求戏剧富有音乐性,他在农村还注意收集民间歌谣,他的一些剧本,如《过渡》、《无名小卒》、《儿童世界》等,都插入了简洁有力的歌曲。

单纯化、通俗化、有趣味这三点要求,构成了熊佛西戏剧审美观的基本内容。他如此希望于大众戏剧,也在自己的创作与演出实践中身体力行,因而他的戏剧活动能在一般群众,乃至文化落后的农村中受到普遍欢迎。

综上所述,无论从熊佛西在话剧运动中的基本态度,还是从他提出"趣味中心"、"单纯主义"的着眼点来看,我们都没有理由认为这些主张是对抗革命戏剧的"纯粹形式主义"理论。如果不脱离具体的时代,不对他抱着历史的偏见,毋宁说他的主张恰恰是从一个侧面补正了当时话剧运动中的某些不足和偏颇。他对大众化戏剧形式的探索,也给新兴话剧的发展提供了有益的经验。

诚然,不同意将"趣味中心"、"单纯主义"一棍子打死,并不等于说这两个口号没有错误。作为熊佛西早期戏剧思想的组成部分,它们不可避免地带着资产阶级美学观的烙印,指出这一点同样十分必要。

首先,对戏剧形式提出"趣味性"、"单纯化"等美感的要求本来无可厚非,但把它们的作用强调到"中心"和"主义"的程度,就产生了理论上的片面性和绝对化,可能陷入将美感同道德、功利截然分割的资产阶级形式主义美学的泥坑。不用说,这种思想的来源主要是他长期接受的西方艺术教育。他所处的时代,正值欧美各种现代主义文艺流派蜂起之际,它们的共同特点是以康德美学为基础,崇尚所谓非功利、非理性的"感觉经验"。此外,对于审美趣味的重视和夸大,也许还可以追溯到晚清改良运动的领袖、著名学者梁启超给他的影响。20 年代在北京,熊佛西曾通过新月社文人结识了这位仰慕已久的前辈学者,以后还有所交往。③ 梁启超便是一个"趣味主义"论者,他公

---

① 熊佛西:《戏剧大众化之实验》,正中书局 1937 年版。
② 熊佛西:《怎样走入大众》,《写剧原理》,中华书局 1933 年版。
③ 参见熊佛西《记梁任公先生二三事》,《文学创作》1943 年 2 月一卷五期。

开主张"趣味是生活的原动力"①,把趣味的意义夸大到可以决定文艺的内容,甚至改造社会政治的地步。这种形式至上和唯心主义观点,我们在熊佛西的《戏剧与趣味》一文中也可以看到若干影子。

其次,审美趣味尽管以欣赏者主观爱好的形式出现,存在不同程度的个性差异,但归根结蒂,它总取决于人们在审美活动中所表现的一种美的理想,带着一定的社会、民族和阶级的倾向。否认审美趣味的客观社会标准,乃是唯心主义美学家的论调。在这一点上,熊佛西的认识也是模糊的。他提倡的趣味缺乏明确的涵义和目的,"萝卜白菜,各有所爱",结果导致了"任何派别的剧本,只要其中蕴蓄着无穷的趣味,即是上品"的错误结论。虽然他也强调"高级趣味",主张戏剧必须符合工农民众的兴趣爱好,可是他对"大众化戏剧"的重视,主要出自朴素的社会正义感和资产阶级民主主义、人道主义的立场。在相当长的时期内,他还不能用马克思主义的历史观和阶级论来看待"民众"的问题。例如,他仅仅根据人数的多寡认定农民是大众的代表,便是一个明证。因此他在理论上无法说清"大众的趣味"、"农工的意识"究竟是什么,只能归结为抽象的"向上意识";在实践中又常常把个人的趣味误认为大众的趣味,甚至造成理论与实践的严重脱节。他早期一些剧作所流露的趣味,就没能达到时代和阶级应有的审美理想高度。

前面说过,熊佛西的戏剧生涯是从接触文明戏开始的。没落时期文明戏低级庸俗的小市民趣味,以及当时风行的"礼拜六"派(即鸳鸯蝴蝶派)文学,都给了他不小的影响。到北京以后,陈大悲式的名为新剧,实为文明戏余波的爱美剧,又先入为主地成了他学习、仿制的对象。在他早期的剧本里,确有不少格调不高的趣味和噱头,典型的例子就是写于美国的《长城之神》。作者把孟姜女哭倒长城的悲剧故事编排得相当累赘、离奇,并夹杂许多无聊的插科打诨,冲淡了题材本身的反封建意义。难怪他的好友闻一多读后大为不满,写信直率地批评说:"佛西之病在轻浮。"②其他一些较好的剧本,如《洋状元》、《蟋蟀》、《模特儿》等,多少也有追求外部动作的趣味性而损害思想性的地方。即使在优秀作品《一片爱国心》里,也两次出现唐华亭被夫人和女儿拉着长胡子满台乱转的"噱头"场面,与该剧严肃的主题很不协调。

历史对于熊佛西来说毕竟是幸运的。时代的洪流不断地刷新着他的戏剧思想,

---

① 梁启超:《趣味教育与教育趣味》,《饮冰室文集》第三十八卷。
② 见闻一多致梁实秋、熊佛西的信,《闻一多全集》第三卷"书信"。

包括对趣味问题的认识。经过 30 年代深入农村的一段生活，尤其当抗日的烽烟点燃起他胸中的烈火之后，早先那种市民阶层的趣味逐渐为现实的不平之鸣和炽热的爱国情绪所代替。他的一些农民剧和抗战剧，主题更为积极，格调显著提高。到了抗战时期，他径直放弃了"趣味中心"、"单纯主义"的口号，对于戏剧的思想内容和美感形式的关系，获得了较为科学的、全面的认识。例如 1934 年发表的《关于我写的〈袁世凯〉》，谈到该剧的选材时说："袁世凯的私生活和家庭的丑史也都是顶有趣味的，戏剧家小说家倘能抓住这些资料加以渲染，必能产生许多的'噱头'而逗取观众或读者的欢迎。"然而他一概舍弃了，没让袁世凯的一群妻妾和傻头傻脑的"袁三公子"登场。他说："这种抛弃噱头资料的写法似乎是我的不智，我却以为这样做是对的。因为写剧与写其他的文章没有多大分别，作者必须紧握主题，所有的穿插或发挥决不可离题太远。"①

"趣味中心"和"单纯主义"的口号虽已被淘汰，然而其中含有的积极因素——对戏剧作品审美趣味的要求和对观众欣赏水平、接受能力的重视，却一直是熊佛西坚持的，特别在戏剧必须以健康、优美的形式为广大劳动人民服务这一点上，他的信念始终不渝。直到 1956 年，在他与世长辞前不久写的《如何繁荣话剧艺术》的短文里，还有这样一段话：

> 观众花了钱、特别是宝贵的时间到剧场里来是有目的的。他们不是来看热闹，也不是来交际应酬，而是追求艺术上的享受。所谓艺术上的享受就是使他们的身心感到智慧的陶醉，既受到美的教育，又得到高尚的娱乐。……我们的艺术既要有高度的思想性，也要有高度的艺术性，而二者又是统一起来给观众以极大的感染力的。这一点毛主席早在延安文艺座谈会上就教育过我们。感染力，我要再三重复这三个字，没有感染力的戏，就是干巴巴的。②

老戏剧家留给我们的这番恳切之言，正是他长期从事戏剧活动的经验总结。他坚持戏剧必须给观众以美的教育，强调艺术不能没有感染力的观点，值得我们每一个戏剧工作者重视和深思。

---

① 熊佛西：《关于我写的〈袁世凯〉》，《文学创作》1943 年 1 月第一卷第四期。
② 熊佛西：《如何繁荣话剧艺术》，《戏剧艺术》1970 年三、四合刊。

"戏剧究竟是什么?"

熊佛西的戏剧思想,不但表现在对戏剧与社会生活关系的认识、对戏剧审美特点的探求,同时还包括大量的戏剧艺术论,即关于戏剧本身的特征与规律的论述。这些理论集中体现在1928年出版的《佛西论剧》和1933年出版的《写剧原理》两本专著内,也散见于几十年来各类报刊上发表的大小二百余篇文章里。更重要的是通过他培养的大批学生,传播到全国各地的戏剧岗位,影响相当深远。

在"五四"以后第一代戏剧家中,最热心地介绍和普及戏剧理论的,除洪深以外要数熊佛西。由于受过系统正规的欧美戏剧教育,并具备戏剧艺术多方面的实践经验,他俩的戏剧理论都有一个共同的特点,就是既广泛又实用,既介绍了西方各种戏剧流派及理论,又充满着许多结合中国实际的真知灼见。假如说他们的工作也有不同之处,那便是洪深偏重于详尽地介绍与论述戏剧各部门艺术(剧作、导演、表演、舞台美术等)的规律和技巧,而熊佛西对戏剧的基本特征与一般规律的阐释则更为突出。他曾写过《论剧》、《戏剧究竟是什么》、《何谓戏剧诗人》、《戏剧在文学中的地位》等一系列文章,都涉及戏剧的本体论。所以,我们在介绍分析他的戏剧艺术理论时,也着重这一方面,至于他的编剧法、戏剧风格、体裁论和表、导演等等的论述,虽不乏可取之见,这里只得舍末而求本了。

戏剧究竟是什么? 这个问题上至亚里士多德,下至现代一切负盛名的戏剧家,不知有过多少定义界说,经历过多少笔舌之战,尤其当中国现代话剧初创伊始,理论实践都嫌缺乏,社会上对戏剧的看法又相当混乱的时候,要谈清楚这个问题确实不是一件容易的事。熊佛西通过对大量西方戏剧理论的咀嚼消化,并结合自身的经验,力图首先解决这个根本问题,让萌芽时期的现代话剧在创作和演出中少走一些弯路。这是一件正本清源的重要工作,也是基础理论的建设。事实证明,熊佛西的努力没有白费,他的戏剧本体论基本上抓住了要害,道破了真谛,比同时代不少人的著述胜过一筹。许多论述至今读起来都觉得十分精辟,是研究戏剧特征的一份宝贵遗产。

熊佛西没有给戏剧下过自己的定义,同时也"不愿抄录别人的定义"①。他觉得与其费劲地寻找一个抽象的定义,倒不如界定若干范围,讲清几条原则更实在。他概括

---

① 熊佛西:《论剧》,《晨报·副刊》1926年7月连载。

的戏剧基本特征有以下三点。

首先，"戏剧是一个动作（action），最丰富的，情感最浓厚的一段表现人生的故事（story）。"①

这里提出了两个概念：动作和故事，根据就是亚里士多德的"动作摹仿"说。熊佛西认为，亚氏关于"悲剧是对于一个严肃、完整、有一定长度的行动的摹仿"这句话应作广义的理解，实质上就是"表现人生的故事"，当然也包括了构成故事的基本元素——动作。在戏剧中故事与动作是相辅相成的：故事必须由一系列有机的动作贯连起来，动作则应服膺于故事的表现。因而，他谈到"三一律"时说："时间和地点的限制可以打破，动作的限制万万不可打破。内外的动作应该一致。一个剧本的好坏，就看它的动作是否统一。"②

"一段表现人生的故事"，乃是一切叙事体文艺共有的特点，那么如何把戏剧和小说、叙事诗等区分开来？换言之，造成通常所说的"戏剧性"的本质因素是什么呢？这个问题历来众说纷纭。亚氏提出的"动作"说雄霸剧坛两千余年，直到黑格尔的"冲突"说问世，才出现了真正的突破。黑格尔首次把亚氏尚未说清的动作与动作之间的联系作了哲学的概括。而后，法国戏剧理论家布伦退尔进一步把戏剧本质归结为"意志冲突"，虽然遭到"危机"说、"问题"说的反对，也有"性格冲突"论者出来修正，但无论如何，冲突在戏剧中的地位已得到大多数人的承认。

面对这种种说法，我们发现熊佛西虽在个别场合也提到，"就思想上说，戏剧是人类意志的冲突，是生命的奋斗"③，然而从总体上看，他采取的还是"动作"说："戏剧与别种艺术的不同点，当然是它的动作。动作之于戏，正如心身之于人。"④"什么是'戏剧性'呢？戏剧性（Dramatic）简言之，就是剧中的一种动作，这种动作只在戏剧里才有。"⑤

或许有人会说，坚持把"动作"看作戏剧的基本特征，是从"冲突"说立场上的倒退。要弄清这个问题，还须看看他对戏剧动作的具体解释：

　　我们在剧中时常看见两种动作，一为外形的，一为内心的。外形的动作就是我们中国旧戏中真刀真枪的全武行或西洋话剧里的杀人放火、接吻拥抱等等。什么是内心的动作呢？内心的动作，概言之，就是剧中内心的一种"势力"（Force），

① 熊佛西：《论剧》，《晨报·副刊》1926年7月连载。
② 熊佛西：《写剧方法》，《写剧原理》，中华书局1933年版。
③ 熊佛西：《国家剧院》，《佛西论剧》，北平朴社1928年版。
④ 熊佛西：《戏剧究竟是什么》，《佛西论剧》，北平朴社1928年版。
⑤ 熊佛西：《何谓戏剧诗人》，《佛西论剧》，北平朴社1928年版。

人类意志的冲突(Conflict of human wills)。①

　　必须注意,这儿所说的"内心动作"不是指人物(演员)的内心动作,而是指整个剧的内在动作,亦即冲突。在谈到这内外两种动作的关系时,他认为内心动作是主导,是"心眼才能看见的","若我们仅把肉眼看得见的动作当作戏中的主要动作,这就大错特错。譬如甲乙二人打架……虽是打得落花流水,杀得鸡犬不留,旁观者虽是赞许他们的手法妙,刀法巧,倘不明了他们内心的斗志,倘不明了他们为什么要你死我活的争斗,这种浮面的动作终难动人"②。所以他要求:"内外动作须调和,须内外呼应;内动则外动,内静则外静;内富则外强,内虚则外弱。"③

　　这就证明,熊佛西提出的"动作"说,远不是亚里士多德理论的简单照搬。它一方面坚持了亚氏关于动作是戏剧的核心的学说,一方面也吸收了近代"冲突"说的精粹。他的"内外动作结合"的提法是否确切仍可进一步研讨,同时,他对冲突的内涵也未能作详细、合理的解释。不过,他的看法指明了戏剧的表现形态,应当以冲突为基础,诉诸具体的舞台动作。

　　动作,是构成冲突的基本元素。从逻辑意义上说,二者并不矛盾,前者概念的涵盖面更大,从舞台表现来看,二者互为因果,前者又更有直观性。可见,将包含冲突意义的动作作为戏剧的基本特征,似乎更接近戏剧的本质,也更经得起实践的考验。它至少有两方面的现实意义不可忽视:

　　(一)"话剧"在我国定名之后,历来被许多人误认为"话剧就是说话的剧",强调动作为本体,有利于加强话剧创作和演出中的动作性,避免那些冗长的、毫无戏剧性的对话,以及不能导致某种动作的抒情或叙事。

　　(二)现代戏剧的发展,自梅特林克、契诃夫以来,越来越重视"内在戏剧性"。不少剧本不仅缺少明显集中的冲突,连情节也变得相当简单、松懈,然而"动作"却始终不能被当作"传统"而反掉。现代戏剧出现了这样的动向:仿佛合乎否定之否定和螺旋形上升的辩证法,从"动作"说出发的"冲突"说又一次回到了"动作"说。这不是倒退,而是意味着人类对于戏剧本体论的探索又前进了一步。从这点上说,熊佛西的"动作"

---

① 熊佛西:《何谓戏剧诗人》,《佛西论剧》,北平朴社 1928 年版。
② 熊佛西:《悲剧》,《写剧原理》,中华书局 1933 年版。
③ 熊佛西:《悲剧》,《写剧原理》,中华书局 1933 年版。

说至今不失现实意义。

关于戏剧的第二个基本特征,熊佛西作了如下概述:

戏剧必须合乎"可读可演"两个最紧要的条件。可读的剧本是文学,才能有永久性。可演的剧本不失戏剧(to do)的原义,否则,戏剧与其他文学无别。①

现代话剧初创时期曾积极提倡学习易卜生和欧洲近代剧,批判文明戏盛行的"幕表制",大大推动了严肃、正规的剧本创作,这是应该肯定的。但当时也产生了一种不良倾向:只重视戏剧的文学性,忽视了它的剧场性。不少文人笔下的剧本大都是"案头剧"、"书斋剧",可读而不可演。对这种脱离舞台、脱离群众的偏向,少数自命清高的"新文学家"如梁实秋等反而进行错误的辩解。在他们眼里,戏剧只能作为文学的附庸才有价值,因为唯文学才称得上"最高的艺术",而"最高的艺术则不能由剧场传达于群众。实在讲最高艺术用任何方法亦不能传达于群众。最高的艺术只有少数人能了解⋯⋯"②真是一副十足的精神贵族的架势,不但否定了戏剧与剧场的联系,还把广大群众统统排除在戏剧鉴赏之外。

针对梁实秋的奇谈怪论,熊佛西作了有力的反驳。他说:"有一种不明了戏剧起源的人,硬说戏剧用不着演,万一演了,于其价值亦无刍补。这种'硬',说的人以为戏剧仅仅是文学的一种⋯⋯其实这是根本否认戏剧在文学以外的价值,否认它是一种独立的艺术。"③他还穷本溯源,引经据典,证明戏剧艺术自古就有"剧场性"(广义的),形成了以演员表演为中心的独立艺术。戏剧的一部分——剧本——与文学发生了因缘,属于文学的一种,因而戏剧应该是可读的。但是,作为文学的一个特殊门类,戏剧文学"与其他文学在内容与外形上都不同。诗歌以情声为主体,小说以情节为躯干,惟戏剧以动作为要素"④。要求剧本具有动作性,就是为了能够搬演到舞台上让人看,可见即使属于文学之一种的剧本,依然离不开"剧场性"。

他之所以具有牢固的舞台观念,除了自幼就有演剧体验外,理论上给予他最直接和深刻影响的则是他在哥伦比亚大学研究院时的老师马修士。马修士对戏剧基本特征的认识与同时代的美国戏剧批评家汉密尔顿完全一致,特别强调"演员"、"舞台"、"观众"三要素。他曾经严厉地批评过轻视剧场性的论调,说:"甚至在这二十世纪,还

① 熊佛西:《论剧》,《晨报·副刊》1926 年 7 月连载。
② 梁实秋:《戏剧艺术的辨正》,余上沅编《戏剧论集》北新书局 1927 年版。
③ 熊佛西:《戏剧究竟是什么》,《佛西论剧》,北平朴社 1982 年版。
④ 熊佛西:《戏剧在文学中的地位》,《佛西论剧》,北平朴社 1928 年版。

有不少批评家坚持把戏剧仅仅当作文学,故意忽视它与剧场的必要联系。这是一个存心的谬论。"①当熊佛西初到美国接受这位戏剧权威的指导时,马修士就告诉他,主课应当是到剧场去看戏,不要把精力都花在啃书本上,光读书是学不好戏剧的,更不必远涉重洋来读中国可以弄到的书。遵照这一指示,熊佛西除了听课和自修外,经常去大小剧院观摩各类戏剧的演出,了解西方戏剧各部门的工作情况,同时自己还编演了不少戏,进一步丰富了舞台经验。

对于剧场和观众的重视,一贯地表现在他的戏剧教育与剧本创作之中,这给形成时期的中国话剧带来了良好的影响。从主持戏剧系开始,他就强调学生要懂得舞台,了解观众,带领他们定期举行公演。在四川办学时,还另行组织了"表证剧团"、"巡回演出队"。直到晚年在上海戏剧学院,他仍积极创立"实验剧团",想方设法让教师与学生获得更多的示范和实习的机会。尤其对学编剧的学生,他总是谆谆告诫说:"当你写戏的时候,你必须在脑海里建筑一个舞台,因为戏是为演出而写的。在你未下笔前,你必须在脑海的舞台先演给你看。"②他自己的剧作,思想性诚有高低,但没有一个是不适合演出,或叫观众看不懂的。

戏剧艺术的第三个特征——综合性,为历来戏剧理论家所一致公认。熊佛西在这个问题上的贡献在于对综合性的含义作出了颇为精当的阐释。他说:

> 近来很有人误会"综合"的意义。他们以为"综"就是"总起来","合"就是"合拢去"。其实这是很大的误解。……我们称戏剧为"综合的艺术"。是指它用文学音乐绘画及其他艺术当着媒介,而另成了一种独立的艺术。③

这意思是说,"综合"决不等于"凑合",不是几种艺术形式机械相加的结果,"其中应该含有配合与调和的意思"④,最终组成一个新的统一体。

正确认识"综合"的意义,有利于加强戏剧的整体性。戏剧是一种集体的艺术,特别需要各部门的密切合作,为了一个共同的目标而发挥各自的特长,绝对不允许闹独立性。这个思想也是熊佛西一贯强调的。为使戏剧真正成为一个有机的整体,他还提

① B. Matthews:"Playwrights on Playmaking", New York, London(1923).
② 熊佛西:《写剧方法》,《写剧原理》,中华书局1933年版。
③ 熊佛西:《戏剧究竟是什么》,《佛西论剧》,北平朴社1928年版。
④ 熊佛西:《戏剧究竟是什么》,《佛西论剧》,北平朴社1928年版。

出每个部门的创作人员乃至戏剧理论批评家虽不必样样都会,但"必须懂剧本,必须懂表演,懂背景,懂音乐,懂跳舞、雕刻、建筑以及其他一切与戏剧有关的艺术"①。这样才能使自己的创作或批评具有"综合的标准",不致支离破碎或东拉西扯。他在戏剧教育中坚持首先使学生成为"通才",然后再专攻一门的做法,就是这一思想的具体贯彻。长期的教学实践证明,这种培养戏剧人才的方法是行之有效的,许多经验至今仍值得我们思考和借鉴。

总之,熊佛西的戏剧本体论是从"动作性"这一戏剧的原义出发,阐明戏剧必为演出而存在的"剧场性",进而指出其作为一种整体的舞台艺术所具有的"综合性"。这三个环节紧紧相扣,缺一不可,相当透彻地概括了戏剧区别于其他文艺的基本特征。它对我国话剧发展的历史贡献,以及在理论上的现实启示作用都是不容抹煞的。

除了本体论以外,还值得我们特别指出的就是熊佛西对戏剧风格和表现方法的多样化探索。在他看来,只要遵循戏剧的基本规律,艺术的视野应当尽可能地开阔,艺术的样式也应当尽可能地丰富多彩。他历来主张广泛地研究古今中外一切优秀的戏剧遗产,并吸取外国戏剧的新鲜经验。这种不拘一格、兼收并蓄的思想,在他的教学与创作中随处可以看到。

例如,1926年,当他刚接任艺专戏剧系主任时,学生中为旧剧课程的设置问题发生了一场激烈的争论。他及时支持了大部分学生对封建旧剧的批判,主张把戏剧系办成新型的戏剧学府。但是,他对中国戏曲并不抱偏废的态度,认为不但要学好西洋话剧,也需要开设戏曲史、皮簧昆曲研究、元曲选讲等课,并且表示:"我希望研究戏剧的诸君将度量放大一点,把眼界放远些,别要说'中国的旧剧毫无价值,西洋式的话剧才是真正的戏剧'类似的话。"②在"五四"以后话剧界普遍鄙视和否定中国传统戏曲的情况下,他的这番言行确是颇有胆识的。

又如,他推崇易卜生式的欧洲近代剧,但始终没有把讲究集中规整的倒叙式结构作为创作中不可逾越的框框。为寻求中国老百姓所乐于接受的形式,他做了多种艺术风格的尝试和摸索。《洋状元》一类作品富有夸张的外部动作,近似于民间通俗喜剧,而《醉了》描绘的是人物内心的痛苦和冲突,严肃和深沉得多。他的现实主义代表作《一片爱国心》比较真实典型地反映了社会风貌,但在《蟋蟀》、《诗人的悲剧》等剧中,却

---

① 熊佛西:《论剧评》,《佛西论剧》,北平朴社1928年版。
② 熊佛西:《对于戏剧界今后的希望》,《佛西论剧》,北平朴社1928年版。

运用了象征派、浪漫派手法，曲折地寄托着他的理想与情感。30 年代开始，他对舞台形式的探索更为潜心，最突出的就是《过渡》的创作和演出。这个戏被认为是推倒"第四堵墙"、"打破幕线"的一次成功的尝试。露天剧场里出现了台上台下、演员观众打成一片的热烈景象，这使熊佛西和他的同伴们深受鼓舞。他在总结该剧的创作经验时指出，"戏剧的形式并不仅限于一种"，并且对于将"演员与观众中间深深的划了一条鸿沟"的镜框式舞台表示怀疑，在国外戏剧改革大师莱茵哈德、梅耶荷德等人的理论启发下，他提出"首先要改正观众的态度。把隔岸观火的态度，变为自身参加活动的态度"①，这样的演剧才能使观众感到格外亲切。

　　联系上述熊佛西的戏剧本体论，我们可以看出，他所作的多种风格样式的尝试，尤其是关于打破幕线的理论，和他的舞台、演员、观众三位一体的思想完全是一脉相承的。假如它们在当时尚未引起戏剧界的足够重视，那么今天在人们普遍关心话剧艺术的发展方向，讨论戏剧如何与电影电视争夺观众的时候，就不应当予以忽略了，因为他的这些实践与理论不仅有助于增加戏剧的多样化表现形式，而且正是从戏剧的基本特征着手，充分发挥这门当众表演的艺术的特长，极大地增强它的吸引力和感染力，这一点恰好是任何别的艺术不能与戏剧相比的。总之，只要紧紧抓住戏剧固有的特征，扬长避短，不断创造新的形式，戏剧艺术一定能进一步发展和繁荣。这是熊佛西戏剧思想给予我们的又一个可贵的启示。

（原载《戏剧艺术》1982 年第 4 期）

---

① 熊佛西：《中国戏剧运动的新途径》，《〈过渡〉演出特刊》，中华平民教育促进会编《〈过渡〉演出特辑》，中华平民教育促进会 1936 年版。

熊佛西戏剧理论的独特贡献及其现实意义

朱云涛　李　伟

熊佛西是中国话剧的拓荒者之一,是我国现代著名的戏剧活动家、剧作家、导演和戏剧教育家,同时也是颇有建树的戏剧理论家。他在实践和理论上的开拓,不仅在当时产生了巨大的影响,而且对今日中国戏剧事业的发展也同样具有借鉴价值和指导意义,是一笔不可多得的宝贵财富。熊佛西戏剧理论的核心是:戏剧是大众的艺术。围绕这个核心,他对戏剧作出全面考察,在戏剧本体上强调动作,在戏剧美学特征上倚重"趣味"和"单纯",在戏剧功能上致力于社会教育、增强民族凝聚力。熊佛西的戏剧理论具有视野开阔、重实践、社会时代感强等鲜明特征。

一、熊佛西戏剧理论研究概况和特点

"熊佛西先生是中国话剧的先行者之一,他一生致力于中国人民的戏剧事业,把话剧这一艺术样式介绍到中国来,传播到知识青年中,普及到广大民众里去,使之在中国的社会变革、民众启蒙、素质改造、美育教育的事业中,发挥了巨大的作用,历史功绩彪炳史册。熊佛西先生的历史功绩主要表现在以下几个方面。首先,他是一位出色的戏剧活动家和组织者。……其次,他是一位有成就的戏剧创作者和研究者。……其三,也是更重要的,他是一位深有影响的戏剧教育家。"[1]以上是廖奔在《世纪的纪念——熊佛西先生诞辰一百周年志》一文中对熊佛西的评价,这一评价是相当全面而准确的。一般人对熊佛西在戏剧创作、戏剧实践以及戏剧教育方面的作为比较熟悉,而对他在戏剧理论方面的研究特别是其独到的见解并不十分关注,即使有所了解,评价也不够客观公正,总体偏低,特别在建国后的相当长的时期内竟成了批判的对象。熊佛西差不多参与了话剧在中国落地生根的全过程,他在实践和理论上的开拓,不仅在当时产生了巨大的影响,而且对今日中国戏剧事业的发展也同样具有借鉴价值和指导意义,是一笔不可多得的宝贵财富。

熊佛西的理论研究主要集中在 1926—1931 年担任北京国立艺术专门学校戏剧

---

① 廖奔:《世纪的纪念——熊佛西先生诞辰一百周年志》,《上海戏剧》2001 年第 4 期,第 23 页。

系(1928 年 6 月后隶属于北平大学艺术学院)主任、教授时期和 1932—1937 年在河北定县主持戏剧大众化实验时期。理论著作主要有《佛西论剧》《写剧原理》《戏剧大众化之实验》，另有 1922—1965 年各种单篇论文若干篇。《佛西论剧》是论文结集，最初于 1928 年由北平朴社印行，计 15 篇，熊佛西于 1931 年将其中的 13 篇作删改，又加入 15 篇，计 28 篇，由上海新月书店出版，1935 年再版。这些论文有些是演讲或书序，均在报章杂志发表过，是新型戏剧之入门导引，初级戏剧教科书。内容涉及艺术是什么、戏剧是什么、戏剧与社会、戏剧与文学、何谓戏剧诗人、编剧、导演、舞台、剧评、戏剧运动、剧院、职业剧团、平民教育以及写实与写意、哑剧等方面。《写剧原理》是熊佛西在北平大学艺术学院戏剧系编剧班的讲稿，对此书熊佛西颇为自豪，认为"是我国四千余年来第一部关于戏剧原理的比较有系统的书"①。该书于 1933 年由上海中华书局初版，内容涉及创作、剧作家修养、各种戏剧样式的特点、观众等方面，而关于"趣味中心论"和"单纯主义"的戏剧美学观点尤为独树一帜。《戏剧大众化之实验》是熊佛西应晏阳初之邀于 1932 年到 1937 年在河北定县进行长达五年半时间的农民戏剧实验的记录和理论总结，是熊佛西理论著作中体系最为完备、论述最为充分的一部，该书内容涉及实验的动机、剧本问题、剧团问题、剧场问题、演出问题、农民戏剧与农民教育、推行或制度问题，能较全面地反映熊佛西的戏剧思想，代表熊佛西理论上的最高成就，对中国戏剧的现代化、民族化、大众化具有重要意义，这种探索甚至对现代世界戏剧的发展都有重要的借鉴价值。该书于 1937 年 4 月由南京正中书局初版，1947 年 6 月在沪再版。上海文艺出版社 2000 年 11 月出版的《熊佛西戏剧文集》比较完备地收录上述诸种论著。

　　剧作家、导演、戏剧活动家、戏剧教育家诸种身份集于一身，使得熊佛西的戏剧理论研究具有一般书斋学者所不具备的独特性。具体而言，一是视野开阔，不偏执一端。从 1917 年中学时代创作并参与表演幕表制文明戏《徐锡麟》开始，到燕京大学时期参加"民众戏剧社"、倡导"爱美剧"，再到 1924—1926 年于美国哥伦比亚大学专修戏剧，这份经历使得熊佛西对古今中外的戏剧历史和理论有全面的认识，对西方现代戏剧的最新动态有充分的了解，在他的具体论述中，每每提及。二是实践性。从中学时代演剧直到病逝于上海戏剧学院院长任上，编剧、导演、戏剧活动组织和教学是其基本工作，《戏剧大众化之实验》就是实践经验的总结和理论阐发。三是富有社会时代特征。

① 熊佛西：《熊佛西戏剧文集》，上海文艺出版社 2000 年版，第 614 页。

熊佛西终其一生所追求的就是要让话剧在中国这块土地上生根发芽、苗壮成长，从而充分发挥其开启民智、改造社会的作用。四是理论形态上一般不采用严密的逻辑论证的方法，而是散点透视，只有通过综合研究，方可见其宏阔的体系，论文形式灵活，文字浅易生动，却时时有真知灼见闪烁。

熊佛西戏剧理论的核心是：戏剧是大众的艺术。围绕这个核心，他对戏剧作出全面考察，在戏剧本体上强调动作，在戏剧美学特征上倚重"趣味"和"单纯"，在戏剧功能上则致力于社会教育、增强民族凝聚力。下文将分而述之。

二、戏剧是以动作为核心呈现于舞台并有观众参与其中的独立的综合艺术

熊佛西在《佛西论剧》中有《戏剧究竟是什么？》一篇专文论述戏剧的本体特征，在其他篇章中也时有涉及。

熊佛西首先反对把戏剧当做文学。"固然，谁也承认戏剧的一部分是文学，但是整个的戏剧决不是文学，而是一种独立的艺术。"[①]当时有人将戏剧分为"可读"、"可演"的两种，甚至认为戏剧用不着演，万一演了，于其价值亦无加补。"其实这是根本否认戏剧在文学以外的价值，否认它是一种独立的艺术。"[②]熊佛西指出这是对戏剧的起源缺少了解，"文学必须要文字来表现，但是戏剧不一定要用文字作工具，哑剧就是一个好例。由此我们可以断定：戏剧不是起源于文学，从他脱胎的时候就赋有独立性"[③]。在《文学与戏剧》一文中熊佛西进一步说："已往的戏剧既大大的得了文字的辅助，当然他在文学中的地位势必亦很重要。不过今后的戏剧在文学中地位如何，这实在是一个很大的问题。因为现在的戏剧已有与文字脱离的趋势。戈登格雷已是先锋队的总指挥。"[④]在《论哑剧》中熊佛西指出："有些情节亦不一定非用言语来表现，竟可利用动作与姿态来代替。这种不用言语为媒介的剧，就是哑剧。""戏剧的起源本来是始于动作。所以哑剧在古代就很发达，如今在欧美还是很流行。我想戈登格雷主张的傀儡戏，难免不脱胎于此。"[⑤]

在谈到戏剧是综合艺术问题时，熊佛西强调："因为各种艺术既有各个的独立性，假如戏剧是文学、绘画、音乐综合起来的，那么它自己岂不是没有了独立性？所以我们

① 熊佛西：《熊佛西戏剧文集》，上海文艺出版社 2000 年版，第 536 页。
② 熊佛西：《熊佛西戏剧文集》，上海文艺出版社 2000 年版，第 537 页。
③ 熊佛西：《熊佛西戏剧文集》，上海文艺出版社 2000 年版，第 537 页。
④ 熊佛西：《熊佛西戏剧文集》，上海文艺出版社 2000 年版，第 548 页。
⑤ 熊佛西：《熊佛西戏剧文集》，上海文艺出版社 2000 年版，第 565—566 页。

称戏剧为'综合的艺术',是指它用文学、音乐、绘画及其他艺术当作媒介,而另成了一种独立的艺术,正如线条、颜色、声音、节奏媒介了绘画与音乐。不过戏剧的媒介比较复杂罢了。"①"就是不借助其他艺术为媒介,戏剧依然是戏剧,照旧可以成为一种独立的艺术。"②那么,戏剧成为一种独立艺术的根本是什么呢？熊佛西说:"戏剧与别种艺术的不同点,当然是它的动作。动作之于戏,正如心身之于人。"③"自有戏剧以来,这世界上有了很多很多没有绘画,没有音乐,没有灯光,没有建筑、雕塑的戏,但是没有一出是没有动作的戏。"④"什么是'戏剧性'呢？戏剧性(Dramatic),简言之,就是剧中的一种动作,这种动作只在戏剧里才有。"⑤熊佛西把动作分为外形的和内心的两种。外形的动作显而易见,内心的动作"就是剧中的一种'力(Force)',奋斗(Struggle),冲突(Conflict)。人与人的奋斗,人与物的奋斗,自己与自己的冲突"⑥。就此而言,内心动作是指各种冲突及其在人物心理上反映。内、外动作之间是灵与肉的关系,内心动作是主导。熊佛西觉得很难回答两种动作孰轻孰重的问题,只是认为"内外动作须调和,须内外呼应;内动则外动,内静则外静;内富则外强,内虚则外弱"⑦,而没有像大多数现代戏剧家那样特别强调内心动作或内在冲突,这种态度就很耐人寻味。熊佛西的许多剧作被研究者指斥为惯用无聊的插科打诨、噱头,强调外部动作,夸张失度,追求感官刺激和格调不高的"趣味",思想欠深刻,甚至浅薄。有人说这是受文明戏的影响所致,似有道理。但在理论上熊佛西援引亚里士多德关于"动作"的观点,并用近代法国布伦退尔的"冲突"说予以解说,实与他的戏剧观念有关。说到底,这是"作为文学的戏剧"和"作为戏剧的戏剧"的区别,所谓"作为戏剧的戏剧"是指在更宏大的视野中对戏剧本体的体认。熊佛西并不排斥那种追求细微的心理性格刻画、文学性很强的戏剧作品,但更倾心于发源于远古、盛行于民间的带有仪式性的群体的戏剧艺术。事物源起的地方正是保留其本质因素最多的地方。亚里士多德距离那个地方较现代人而言更近,因而更能看到真理的闪光。而亚氏以后的社会特别是近现代社会发展非常迅猛,以至于非常容易让人忘却漫长的过去,迷失本真。"模仿说"或曰"动作说",尽管许

---

① 熊佛西:《熊佛西戏剧文集》,上海文艺出版社 2000 年版,第 537 页。
② 熊佛西:《熊佛西戏剧文集》,上海文艺出版社 2000 年版,第 565 页。
③ 熊佛西:《熊佛西戏剧文集》,上海文艺出版社 2000 年版,第 537 页。
④ 熊佛西:《熊佛西戏剧文集》,上海文艺出版社 2000 年版,第 538 页。
⑤ 熊佛西:《熊佛西戏剧文集》,上海文艺出版社 2000 年版,第 543 页。
⑥ 熊佛西:《熊佛西戏剧文集》,上海文艺出版社 2000 年版,第 538 页。
⑦ 熊佛西:《熊佛西戏剧文集》,上海文艺出版社 2000 年版,第 636 页。

多人试图超越，但两千多年来谁也无法遮蔽它的光辉。熊佛西来自底层，来自民间，谙熟古今中外的戏剧历史和现实趋势，他更愿意在理论和实践两方面坚持他的观点：动作是戏剧的核心，而把作为文学的戏剧视为戏剧史的一个阶段和一种形式。

那么，以动作为核心的戏剧的完整形态是什么样子？其基本的构成要素有哪些呢？熊佛西援引美国现代戏剧批评家汉密尔顿与他的美国老师马修士关于戏剧的定义："戏剧是由演员在舞台上，以客观动作，以情感而非理智的力量，当着观众，来表现一段人与人之间的意志冲突。"①熊佛西觉得这个定义虽不能算完善，但在近代的批评中，是最完备的。除了动作、人与人之间的意志冲突，戏剧几项不可少的元素是：演员，舞台，观众。"缺少其中的一项，戏则不戏矣。所以戏剧必须要演。演时还要有观众。演，才不失掉戏剧 to do 的原意。有观众，才能与别种艺术并驾齐驱。其次，我们亦希望戏剧'可读'，但是这不是主要的要求。"②熊佛西觉得这才是比较完整的戏剧概念，只有这样，戏剧才是充满生机的戏剧，而不仅仅是在书斋供文人玩味的案头之作。

戏剧是以动作为核心呈现于舞台并有观众参与其中的独立的综合艺术，这是熊佛西对戏剧本体的认识。对其意义，丁罗男先生曾作出过深刻的揭示："戏剧究竟是什么？……当中国现代话剧初创伊始，理论实践都嫌缺乏，社会上对戏剧的看法又相当混乱的时候，要谈清楚这个问题确实不是一件容易的事。熊佛西通过对大量西方戏剧理论的咀嚼消化，并结合自身的经验，力图首先解决这个根本问题，让萌芽时期的现代话剧在创作和演出中少走一些弯路。这是一件正本清源的重要工作，也是基础理论的建设。事实证明，熊佛西的努力没有白费，他的戏剧本体论基本上抓住了要害，道破了真谛，比同时代不少人的著述胜过一筹。许多论述至今读起来都觉得十分精辟，是研究戏剧特征的一份宝贵遗产。"③

三、"趣味中心论"和"单纯主义"

在《写剧原理》中，熊佛西除了对戏剧艺术中诸如悲剧、喜剧等一些基本美学问题作出论述，还提出了"趣味中心论"和"单纯主义"。此二论独树一帜，最为引人瞩目，同时也招致许多非议。在《戏剧与趣味》一文中熊佛西是这样表述的："戏剧的说法很多。有的说它是人生的表现。有的说它是教育的工具。又有人说它是纯美的创造。近来

---

① 熊佛西：《熊佛西戏剧文集》，上海文艺出版社 2000 年版，第 536 页。
② 熊佛西：《熊佛西戏剧文集》，上海文艺出版社 2000 年版，第 536—537 页。
③ 丁罗男：《二十世纪中国戏剧整体观》，文汇出版社 1999 年版，第 201 页。

还有人说它是无产阶级意识的呼号。这些说法都有道理，只要它们的表现富于趣味。任何派别的剧本，只要其中蕴蓄着无穷的趣味，即是上品。""故任何派别的艺术，只要它能引起人的趣味，即能存于人类。此等富于趣味之艺术，虽用炮轰弹击，亦不能倒，徒呼'打倒'的口号，更是无益。""倘若希望我们的戏剧成功，我们应该在作品中处处使观众发生兴趣，发生高级的趣味。"①

趣味无争议。熊佛西认为："趣味的贪求可以说是人类的共同点。唯各人的教育不同，趣味的标准则因人而异。""教育是有等级的（指人之智愚而言，非指机会而言），所以趣味亦是有等级。人类有贤愚的分别，教育因之便有限制，趣味因之而有高低。""教育的力量只能将趣味提高，而不能使趣味统一。"②所谓趣味，就其本意而言，是指情趣与意味，或者说使人愉快、感到有意思、有吸引力的特性，也就是说趣味是一种审美感受。在艺术上，趣味是渗透着深刻的理性因素和思想内涵、沉淀着巨大的社会功利性的审美愉悦。熊佛西正是在这种基本的意义上立说的，我们没有任何理由像长期以来许多人那样指责熊佛西在鼓吹"纯粹形式主义"、"专想刺激观众"，因为他在《创作》一篇中这样说道："作品中的思想应该情感化。伟大的艺术家当然是伟大的思想家，但是他们的思想是蕴蓄的，是默而不宣的，是情感化的。在他们的作品中，不能否认思想的存在，但是我们能看到的只是情感和美感，见不到他的思想。"③在另一篇题为《论剧》的文章中则讲得更加清楚："真正的娱乐——至少我之所谓娱乐——已负有与人快愉教训两大要素。平常我们只发见快愉而不显现教训的色彩，可是你仔细分析起来，教训与快愉是分不开的。"④而且在他大量的戏剧论著中，曾多次批判过把戏剧当做"开心取乐的玩意儿"、"有闲阶级消遣品"等错误观点。熊佛西的"趣味中心说"的提出在当时还有着相当的现实针对性，其时左翼文艺存在着许多标语口号式的作品，不少人的政治热情掩盖了对艺术特殊规律的认识。对那些缺乏戏剧性、趣味性、充塞空洞说教的作品，熊佛西一向是反感的。丁罗男先生作出这样的评价："如果不脱离具体的时代，不对他抱着历史的偏见，毋宁说他的主张恰恰是从一个侧面补正了当时话剧运动中的某些不足和偏颇。"⑤熊佛西的"趣味中心说"是在把戏剧当做一门艺术的基础上提出的美学主张，其深刻和独到之处是无庸置疑的，但这一主张常常为人所诟

① 熊佛西：《熊佛西戏剧文集》，上海文艺出版社 2000 年版，第 619—622 页。
② 熊佛西：《熊佛西戏剧文集》，上海文艺出版社 2000 年版，第 618—619 页。
③ 熊佛西：《熊佛西戏剧文集》，上海文艺出版社 2000 年版，第 617 页。
④ 丁罗男：《二十世纪中国戏剧整体观》，文汇出版社 1999 年版，第 192 页。
⑤ 丁罗男：《二十世纪中国戏剧整体观》，文汇出版社 1999 年版，第 197 页。

病。过去那些出于政治攻伐而乱扣的帽子，我们已经无需辩解，至于有人说他过分夸大趣味的重要性，却不一定很有道理。我们还应当看到，很多人并没有完全理解熊佛西所用的"趣味"这个中国古典文论中含义非常模糊且多义的概念的真正内涵，也忽视了理论也是有个性的这一事实；再者，矫枉过正常常是事出有因。

此外，熊佛西认为，固然趣味有高下，而且"今日中国高级趣味的人少，低级趣味的人多"，"有高级趣味的人不见得是资产阶级，虽不敢说尽是无产阶级，但断定无产阶级要多过有产阶级"。① 那么"趣味中心论"立论的出发点和归属点又是什么呢？那就是观众。"因为戏剧是以观众为对象的艺术。无观众即无戏剧。无论你的剧本艺术何等的高超或低微，假如离开了观众的趣味与欣赏力，其价值必等于零，等于无戏。""我们究竟需要什么样的戏呢？简言之，大多数的人看得懂，大多数的人看得有趣的戏剧，就是我们需要的戏剧。"②面对生活处在极其贫困状态中的广大民众，戏剧应该是什么样子？贪大求洋的演剧在当时是无法面向民众的，由此熊佛西提出了"单纯主义"："挑几个主要角色，表现一个精彩的思想，采用简略的背景，减少观众的负担。"③熊佛西用"经济时代"来概括"现代"的精神与内容，即在金钱、时间、精力上都要讲求经济。由于民众生活极其贫困以及戏剧工作者的经济困难，戏剧就必须做到：剧本要短，布景少更换，剧中人物简略。同时熊佛西认为："戏剧一方面固然应该不背经济条件，另一方面还应该合乎美的原则。"④因此，熊佛西竭力提倡"单纯主义"："单，有条理清晰一丝不乱的意义。纯，有取其精锐去其糟粕的意思。就艺术方面讲，单纯不但极经济，而且最美丽。……虽是一个三四人物短短的独幕剧，但处处有趣味，处处有吸力；无一废词，无一轻飘之动作。舞台上无一无用之物，无一不美之物。……这种戏里充满了单纯之美（The Beauty of Simplicity）。"⑤

熊佛西戏剧"单纯主义"的美学观念的实质是什么？我们可以援引张健先生对熊佛西年代作品的相关分析。⑥ 张健先生认为许多人注意到的熊佛西讽刺喜剧的闹剧成分，这仅仅是一种表层的认识，而事约义远的寓言性才是其基本的艺术特征，正是这

① 熊佛西：《熊佛西戏剧文集》，上海文艺出版社 2000 年版，第 621—622 页。
② 熊佛西：《熊佛西戏剧文集》，上海文艺出版社 2000 年版，第 619 页。
③ 熊佛西：《熊佛西戏剧文集》，上海文艺出版社 2000 年版，第 623 页。
④ 熊佛西：《熊佛西戏剧文集》，上海文艺出版社 2000 年版，第 624 页。
⑤ 熊佛西：《熊佛西戏剧文集》，上海文艺出版社 2000 年版，第 624—625 页。
⑥ 张健：《论中国现代讽刺喜剧的早期尝试》，《广西师范大学学报（哲学社会科学版）》，2002 年第 2 期，第 47—52 页。

种特殊的风致提高了讽刺喜剧的美学品位。简约的格局、怪诞的色彩、象征的运用和哲理的概括等四个方面共同体现了剧作家对于单纯主义戏剧主张的自觉追求。"美化"和"经济化"相统一的艺术主张包含极其明显的合理性因素,这主要来自他对中国话剧发展的某些规律性的认识。"把复杂的人生照相似的搬上舞台,不但不可能,而且不必要。"况且"以单纯的艺术而表现复杂的人生正是艺术家应有的能力","艺术的取材不能无挑剔,不能无剪裁。表现更不能不有作者的人格与想象。既经挑剔,余下的当然是精锐;既经想象,表现的方法当然不无变化。结果是单纯而无复杂。"①熊佛西的单纯主义实际上是在承认戏剧是人生反映这一大前提下对创作主体性的认识和强调,是符合文艺创作的规律的。同时这种美学观念在当时特定的背景下有着积极的现实针对性。西洋话剧刚刚传入中国,不少人对其写实特点的理解机械而表面,造成剧作拉杂拖沓、布景过于写实的弊端。熊佛西以建立在主客体相统一基点上的简约风范给人们以启示,并向机械片面的写实倾向提出挑战。从观众、剧场和表演的角度提出的经济化原则,不仅是熊佛西对艺术规律本身的某种认识,而且也从一个重要的方面反映出中国话剧艺术在整个初创时期实践性的客观要求。在熊佛西的寓言型讽刺喜剧总体特征的内部构成中,简约并不是一种独立的特色,它往往是在与怪诞、象征与概括等因素交相融合的过程中确立起自己的美学意义和艺术品位的,从而使熊佛西的剧作具有独特的讽刺美、喜剧美和寓言美。在中国文化传统中,寓言化的美学风范从先秦诸子肇始,可谓源远流长,这种"寓真于诞,寓实于玄"的寓言精神成为一种文化基因绵延不断,在熊佛西这里再次得以彰显,成为其戏剧美学的一个重要因素。

在20世纪30年代进行戏剧大众化实验时,熊佛西的创作也充分体现了"单纯主义"的美学风格。他强调剧本的"可读可演",具体体现在结构、人物、对话等写作技巧上。"农民剧本应该先是一个很具体而生动的故事,这故事最好是都靠动作——特别是外形的动作——来表现,同时,应该富于浓厚的情感和实际生活,不要过于偏重理智和抽象的成分。"②在人物方面,熊佛西主张"最好的表现人物的方法是把人物类型化",他把人物分为现实人物(也就是观众自己)和可能的现实人物,后一种是希望出现的人物,起到影响观众思想与行为的力量,这与他以往以及中外众多剧作家强调个性是迥然有异的。对话方面则要求简单、具体而合乎逻辑。

① 熊佛西:《熊佛西戏剧文集》,上海文艺出版社2000年版,第625页。
② 熊佛西:《熊佛西戏剧文集》,上海文艺出版社2000年版,第712—713页。

四、开启民智，唤醒民魂

就剧作而言要讲求"趣味"和"单纯"，那么这样的剧作以怎样的表演方式、剧场形态呈现？最终发生什么样的效果？发挥什么样的功能？这些也是熊佛西所思考的重要方面，因为这是他完整的戏剧概念中的应有之义。在实验的基础上，熊佛西在《戏剧大众化之实验》一书中对这些方面乃至戏剧的几乎所有方面阐述了自己新颖独到的发现。

实验工作围绕戏剧的基本要素即剧本、剧团、演员、剧场、演出等几方面展开，而首先是剧本问题。熊佛西认为必须深入民间，观察体验农民的生活和心理，才能有农民的情感，这是创作剧本的主要根据；但又不能迁就农民，还须有根据地领导农民，促成他们的"向上意识"。这种"以民族和国家的福利为立场"的"向上意识"的主要内容是："向上不是落伍，不是畸形；而是前进，而是平衡的发展。向上的意识是多方面的，至少包括生产技能的向上，科学运用的向上，身心健康的向上，情感满足的向上，集团训练的向上，享受与给予的向上，教育文化传递的向上。总之，具有向上意识的生活是一种完美人格的极峰；具有向上意识的人在尽人生应尽的义务之外，他还享受人生应享受的权利。"[①]用向上的意识启发领导农民，"使他们能担当民族国家最大多数的主力，在国际上显露一个活泼雄伟的姿态"[②]。"向上意识"既重视群体、社会的和谐协调，积极进取，又重视个性的舒展张扬，奋发有为，包含了人全面发展的各个方面，实为我们民族振兴的一剂良药。

在《戏剧大众化之实验》的第六章，熊佛西谈到戏剧与教育的关系，也就是戏剧的社会功能问题。"基于当前一般民众缺乏基础教育的事实，我们觉得社会式的教育比较学校式的教育更需提前普及"，因为"一、教育不仅是学校式的知识仓库，而是建设的屏障。同时学生不仅是受教育者，而是参加社会运动的活动者。教育不仅负教导之责，而是社会的组织者。二、教育要打破年龄的限制，以人的一生作教育的程序。三、教育要以广大的民众为对象，要采行横的设施。四、教育是大众的社会活动，也就是建设的活动，所以教育与建设是分不开的。教育的目的是改造生活，是培养改造生活的力量；教育的方法是组织，教育的内容是生活的需要，教育的结果是建设。"[③]要实现这种目标，非着重于社会式教育不可，在这方面，戏剧是很重要的部门。"据我们在

① 熊佛西：《熊佛西戏剧文集》，上海文艺出版社 2000 年版，第 704 页。
② 熊佛西：《熊佛西戏剧文集》，上海文艺出版社 2000 年版，第 704—705 页。
③ 熊佛西：《熊佛西戏剧文集》，上海文艺出版社 2000 年版，第 788—789 页。

定县的经验,中国农民的知识,特别是那一套做人的知识,多半是得自舞台。对于人事的看法,对于历史的追怀,几乎没有一件不是得力于戏剧。""为了速成教育的普遍化……培植广大的民众的力量,促进农村的建设,作为民族与国家复兴的基础,戏剧——特别是我们所实验的这一套农民戏剧——显然是最具体,最有力,最适宜的工具。"①具体来说,熊佛西认为戏剧有五种力量:一是介绍知识。某一社会有某一社会的特殊环境,因之也就产生构成那特殊环境的特殊知识。戏剧是表现人生的艺术,它不受空间和时间的限制,所以从戏剧里可以窥见各种各色的生活的特殊知识,这是作为社会成员的个人能够适应社会的基础。二是抒发情感。情感得到正当的抒发以后,人的身心才能感觉轻松快乐。任何艺术都是始于情感的抒发,戏剧却较他种艺术更易于感人。演出中观众强烈的反应,在生理上是自然的抒发,在教育上是心理的建设。中国今日的农民,由于弥漫他们环境中的低气压,抒发情感的机会最少,而农民戏剧在这方面正可补足这种缺陷。这样使他们宣泄了心中的悲哀,又宣泄了心中的欢笑,造成心境澄清的效果。三是传布国语。中国人不懂中国语,是阻碍文化,隔阂民情的一大原因。共同语是一个民族的重要组成部分和鲜明标志,民族的共同语的形成对增强民族的凝聚力是很有帮助的。四是公民训练。就是做人的训练,做一个社会人的训练。剧场依其活动可作为训练公民的最好的实验室。五是组织民众。人类是爱群的动物,是需要"群"的力量才能生活的动物。历史上的伟绩,不管是文化的创造或政治的改革,几乎无一不是有组织的集团共同努力的结果。中国的民众无须讳言,是缺少这种组织与集团的。"所以我们认为中国今日唯一急需是组织民众,使他们有集团的力量。"戏剧是组织民众的最有力量的艺术。剧场是集团活动的中心,"从观众方面来讲,它把许多个人集团起来变为一体,在一个目标之下,千万的观众一同哭笑,一同思想,一同感动。在台上与台下,绝没有个人的影子,只有集团的灵魂。千万人的理智与情感,都融化一起,成为一个有机体,成为一个力量"②。熊佛西的概括揭示出戏剧作为人类的群体艺术的功能本质。

五、"戏剧根本就是为大众,属于大众,经大众之手而成的大众艺术"

在定县熊佛西本意是集中于一两个村子组织实验农民剧团作研究,把实验的经验

---

① 熊佛西:《熊佛西戏剧文集》,上海文艺出版社 2000 年版,第 789 页。
② 熊佛西:《熊佛西戏剧文集》,上海文艺出版社 2000 年版,第 792—793 页。

向全国推广，没料到当地农民自发成立剧团，自发演剧。对此熊佛西陈述了其中的价值和意义："从农民那一方面讲，因为农民自己演剧给农民自己看是自动的，他们便必然的觉得这种工作是他们自己的，同时在感到特别的亲切之中，更满足了他们的戏剧本能。"这是他在实验进行中才真切感受到的。熊佛西接着说："我们对于'农民自己演剧'异常的重视，我们认为戏剧之是否得到大众化的实际，这是最要紧的关键，因为这不但超出给予的界限，更超出接受的范围。农民自己演剧是中国新兴戏剧大众化的基本实践！"①当然，如果没有晏阳初在定县创造的环境氛围，没有熊佛西的表证示范和热情指导，这种自己演自己生活、自己表达自己愿望的戏剧本能是无法激发出来的。

　　熊佛西在定县先后建造了三个露天剧场。熊佛西认为重建后的东不落岗村的露天剧场实现了他们的理想，晏阳初盛赞其意义超出了万里长城的建造。这个露天剧场建成后，熊佛西获得了更多的启发。具体地说：一、与大自然的同化。这个露天剧场的形态、色调与大自然的浑然的天穹相合，与大自然的天地的本色相一致，加上剧场四周植的两排树，所以虽说是剧场，但实际上确是大自然的一部分，具有原始的非人工的情调，这让熊佛西联想到古老的洪荒那个戏剧尚在大众之手的时代。"由于与大自然的同化，由于粗疏朴素的单纯，它合乎中国农民的生活情调……他们走进东不落岗村的露天剧场，就觉得回到了老家，他们不会感到不惯，不会感到生疏。这样，它更有难于估计的力量与价值。"②二、对戏剧的启发。从消极方面看，可以上演时代不同样式各别的剧本，是一个全能的剧场。熊佛西所谓的"消极"是指，即使对戏剧的功能没有新的开拓和对戏剧的本质没有新的发现，它尚能具备这样的功能。从"积极"的方面说，能把戏剧的活动范围扩大，将观众与演员间的隔阂用这种方法破除，是一个极富伸缩性的新剧场。演员可以通过台阶走下台来，观众可以经它走上台去；如以剧场中部为表演场所，台阶、台上可以容纳观众；而且台阶本身就可用作舞台。副台的出现以及与前台的沟通，使演员能穿过观众席来往于前副台，表演区域就扩大了。熊佛西把观众席称为"广场"，是因为它不仅是观众席，还可以作为演员与观众的混合处，戏的表演在剧场的各处流动，甚至直接就变成舞台，就像马戏场那样，戏剧在广场的中部表演，观众退到四周或台上观看，而整个戏剧可以由外门演进剧场或由外门演出剧场去，凡是种种让熊佛西感到无限的欣慰。由演出功能进一步扩大，熊佛西看到露天剧场有超

① 熊佛西：《熊佛西戏剧文集》，上海文艺出版社 2000 年版，第 740 页。
② 熊佛西：《熊佛西戏剧文集》，上海文艺出版社 2000 年版，第 767 页。

乎舞台与观众席之外的存在意义，成了农村教育文化活动的中心。由于中国农民没有团体生活的习惯，熊佛西就把露天剧场视作农民经营新的团体生活的工具，"凡是对一村或一区的农民有共同利益的事情与活动，都可以在露天剧场以集合的方式解决进行，其结局是超乎庙会与集会之上的伟大。因为在那里不但使农民便于集体生活的经营，更显示着团体生活的最高方式"①。在露天剧场举行过村民大会、纪念会、民团检阅、公民选举等政治活动，演说会、音乐会等文化活动，高跷、旱船等游艺娱乐活动。与其说这是露天剧场功能的延伸，不如说这是戏剧功能的延伸，甚至可以说就是戏剧的功能。虽然这些活动在具体形态上与戏剧有所区别，但在性质上有着很大的一致性，那就是仪式，一个社区共同体为了生存与发展而举行的明确责任与义务增强凝聚力的仪式。

戏剧的价值和功能只有在具体的演出中才能显示出来。熊佛西了解世界剧坛的最新潮流。在近代剧坛的"演出者"（即导演）不只在舞台上图协调，还要在剧场上图一致。不仅在舞台上，更要在全剧场里，于人群之中造成一个集团的戏剧活动，在这样的和谐中，戏剧的效果才能得到完美的实现，戏剧的意义才能彰显。演出包括表演、装饰和音乐三个要素。"演员用他的身体，藉动作和声音，兴起他的情绪，然后递送给别人——观众，以得共鸣同感。但基于我们的经验，演员在演出中，还须领导观众参加戏剧活动。我们认为演出在其最本质的意义上，是于人群之中造成一个集团的共同的戏剧活动。"②除了演员的动作和声音必须扩大、具体，有些表演必须采用集团的表演方能达到目的。"所谓集团的表演，就是多数演员同一步调活动，在一致中形成大的目标，不以个人的形态为形态，而以集团的形态为形态。因而，诉于视觉的，是筋肉和力学的表现；诉于听觉的，是怒吼与狂呼的表现，没有纤弱，没有忸怩，全盘的散射着雄伟的力量。"③《过渡》中就出现一大批造桥的民众。作为戏剧演出的辅助者的装饰，它是动作的环境，包括背景、道具、服装和灯光。对于背景的处理熊佛西的追求逐渐由远离生活的所在，到走入生活，与生活沟通。农民戏剧的装饰必须与农民戏剧表演之力学、集团、怒吼等特色相呼应，须采用粗犷的线与色。音乐是增浓戏剧情调的东西，熊佛西在《鸟国》《过渡》等演出中采用一些曲调和歌声，效果十分美满。在具体的演出中，熊佛西发现并采用了"观众与演员混合的新式演出法"，他觉得在戏剧哲学上有其强力的

---

① 熊佛西：《熊佛西戏剧文集》，上海文艺出版社 2000 年版，第 770—771 页。
② 廖奔：《世纪的纪念——熊佛西先生诞辰一百周年志》，《上海戏剧》2001 年第 4 期，第 74 页。
③ 熊佛西：《熊佛西戏剧文集》，上海文艺出版社 2000 年版，第 776 页。

根据,呼应着"由分析走入综合"的一般哲学上的时代潮流。因为"戏剧的最初形态是观众与演员不分的,他们在互相的混合中完成戏剧的表现。这种情形在古希腊的戏剧中,还可以看出残留的痕迹。以后舞台独立了,舞台又逐渐地从观众席中向一方退缩,由希腊的圆台,经过罗马的半圆台,莎翁时代的讲坛式台,十七世纪的突出台乃至十九世纪的镜框式台,结果舞台与观众席被截成两个毫无联系的世界,观众与演员被分成两个彼此不相干的人群,毫无昔日互相混合的局势。近三十年来,各国前进的演出者们对这样的局势兴起一个共同的反动,在主张上和实际的活动上,都努力于舞台与观众合为一体,演员与观众的接近"[1]。尽管各国的演出者对戏剧的作用有不同的认识,他们把演员与观众接近的目的和程度各不相同,"然而他们的出发点却是一样,即把戏剧还原于最初的形态,用新的演出方法使观众与演员仍然混在一起"[2]。熊佛西采用这种新式的演出法,一方面是使观众感觉实际在参加戏剧活动,以增强戏剧的力量,更深刻地表现戏剧的教育功能;另一方面是为了适应农民的喜好(传统的观剧习惯和心理),传统的会戏如高跷、龙灯在观众中流动着表演,由此形成的农民的戏剧观念就有着狂放、自由、生动、泼辣的特点,在直觉上感到与演者混合。在《逼上梁山》、《喇叭》、《鸟国》、《过渡》等剧的演出中,熊佛西总结出这种新式演出法的四种形式:台上台下沟通式、观众包围演员式、演员包围观众式以及流动式。熊佛西认识到:"既然演出上有这样的可能,那么戏剧艺术的本身各方面必会受到影响而另有新的开拓。"[3]剧作方面将着重多层动作的描写,甚至包括观众的动作,历来的单方面的表演程式将全被打破,而另外形成一种立体的表演、装饰不再仅仅局限于舞台,而要扩大到整个剧场,他甚至设想将古老原始的面具或歌唱之类的扩大形态及音律的东西运用到新兴戏剧的表演中,从而为戏剧在其最终的表现上,开辟一个新的天地。

六、熊佛西戏剧理论的现实意义

在发表于 1936 年 1 月 12 日《北平晨报·剧刊》的《戏剧的解放与新生》一文中,熊佛西说道:"戏剧本来是属于大众的,是全人类的艺术。不过中途走错了路,走入了囹圄,走入了禁宫。我们现在想拯救她出来。想使她逃出囹圄,跑出禁宫——跳出她一向被包围的圈子。使她解放,得到新生。……我们觉得过去戏剧的内容太狭窄了。不

---

① 熊佛西:《熊佛西戏剧文集》,上海文艺出版社 2000 年版,第 782 页。
② 熊佛西:《熊佛西戏剧文集》,上海文艺出版社 2000 年版,第 783 页。
③ 熊佛西:《熊佛西戏剧文集》,上海文艺出版社 2000 年版,第 786 页。

是取自神怪,便是取自贵族士绅,很少以农工大众做题材。我们希望此后她的范围能够扩大,能够扩大到全人类,扩大到大众。我们又觉得过去戏剧的形式太紧缩了。古代的戏剧形式还比较的宽阔,到了近代把她搬进'镜框'之后,则愈来愈小了。将整个的剧场割成两截:一为台上,一为台下,前者为演员,后者为观众——演员与观众中间深深的划了一条鸿沟,台上台下俨然成了两个不同的世界。演员是卖艺者,观众是旁观者。对于这种形式……倘用之于以广大民众为对象的戏剧是绝对不行的,是决不能表现其社会功能的。因之,我们不能不跳出镜框,与观众握手,揭开屋顶,打破围墙,与自然同化。我们要借形式的解放而改正观众与演员的态度。把观众那隔岸观火的态度变成自身参与活动的态度。要使各个观众不感觉在看戏,而感觉在参加表演,参加活动。剧场中没有一个旁观者,都是活动者;所表演的内容不是'他'或'他们'的事而是我们大家的事!为要达到这种目的,我们打破了'幕线'……在一个目标之下,在一个区域之内,他们一同哭笑,一同思想,一同活动,一同前进。以青山绿水为背景,以日月星辰为光影。人类都是演员,世界上没有观众。整个宇宙就是舞台。人生就是戏剧,戏剧就是人生。"①在定县,熊佛西基本实现了他的戏剧理想。

从文化人类学的角度说,熊佛西定县戏剧实验的意义是在一种特定的情境氛围中激活了人类的戏剧本能,从而彰显出戏剧的本质。戏剧是人类的一种生存方式,是人类群体的仪式,人类在仪式性的戏剧中找到自己的位置,有了方向感,明确了自身的责任和义务,同时戏剧也是一种娱乐,一种表达思想、抒发情感、释放能量的手段,因而戏剧是群体性与个体性的有机结合。

马丁·艾思林曾经强调:"戏剧(舞台剧)在二十世纪后半叶仅仅是戏剧表达的一种形式,而且是一种比较次要的形式;而电影、电视剧和广播剧等这类机械录制的戏剧,不论在技术方面可能有多么不同,但基本上仍然是戏剧,遵守的原则也就是戏剧的全部表达技巧所由产生的感受和领悟的心理学的基本原则。"②传统舞台戏剧的式微是不争的事实,有人因此认为戏剧是一种夕阳艺术,对戏剧的命运有一种爱莫能助的感觉。但如果我们把戏剧的概念作进一步的拓展,把目光投向民间,投向当代各种戏剧实验,投向当代戏剧的新形式,就不会再悲哀。因为戏剧是人类的本能,是人类生命活动的基本形式,是人类自我确证的一种方式。只要戏剧从业者在关注自身的同时,

---

① 熊佛西:《熊佛西戏剧文集》,上海文艺出版社 2000 年版,第 823—824 页。
② 〔英〕马丁·艾思林:《戏剧剖析》,中国戏剧出版社 1981 年版,第 4 页。

把目光投向与他们共处同一空间的芸芸众生就行，因为戏剧毕竟是群体的，属于所有人的。

熊佛西进行定县戏剧实验与阿尔托提出"残酷戏剧"理论并进行实践几乎是同时，而彼此互不相识，这个历史的巧合足以引发人们诸多思考。毕竟他们生活的地域、文化环境、社会历史阶段有着太大的差异，但是人类生存的困境，对戏剧本质的探索，使他们走上几乎相同的道路。当代世界社会经济的发展使得人们的独立性增强，个体疏离，精神孤寂，钢筋水泥的人为环境对自然环境的侵蚀使人们的头脑日趋理智，无处不在的物质交换使人与人之间关系物化。真挚的感情、浪漫的爱欲、奇妙的幻想渐渐被物欲淹没，人们渴望有公共空间与他人共处与交流，渴望在生活和艺术中寻找到失落了的共同的精神家园。更严重的是当代人类正面临着越来越多的生态的、社会的、精神上的问题。从这种意义上说，人类仍然需要戏剧。就当代中国而言，遗留的封建文化、资本主义的现代文化与后现代文化、具有中国特色的社会主义文化，相互对立又彼此交织，在这种复杂的文化语境中，我们看到各种戏剧现象。《南方周末》曾经报道了江西一个镇的文化馆长发动全乡友情演出，用家用摄像机摄制一系列电视剧的故事，孙惠柱先生认为："这件事，不妨将之看作是定县经验的九十年代版，这位文化馆长就是今天的熊佛西和杨村彬。"①戏剧的发展有自身的规律，但是，就目前而言，正如孙惠柱先生所说的："现在缺的未必是戏剧形式和愿意参加的人，缺的是熊和杨这样的戏剧指导。"②诚哉斯言。

（原载《江西社会科学》2005 年第 2 期）

---

① 孙惠柱：《熊佛西的定县农民戏剧实验及其现实意义》，《戏剧艺术》2001 年第 1 期，第 22 页。
② 孙惠柱：《熊佛西的定县农民戏剧实验及其现实意义》，《戏剧艺术》2001 年第 1 期，第 21 页。

观《过渡》演出后

——论熊氏的剧作态度

张季纯

熊佛西氏新作《过渡》出演的消息传出后，我心里便起了非常的向往。因为近几年来我们剧坛上的收获太薄弱了，虽然在那些大都会里，不时喧嚷着什么什么集团的戏剧活动，但除开纸上谈兵外，即或是成了事实，也往往要给观众以若干的失望，使他们渐渐由戏剧离开。这情况并非我要有意来侮辱别人，做一个所谓"欲扬先抑"的文章手法，实在是自己拿了一番热诚去参观，而给别人浇了一头凉水的机会太多了。所以，当我离开了自身的职守，向《过渡》的演出地点——河北定县——出发时，仍不禁要捏一把汗。不过转念一想，自己是研究这东西的人，人家的成功固然能供给若干的陶养，但纵然失败了不也有一种"前车之鉴"的意义么？

《过渡》第一次演出地点是该县东不落岗的露天剧场，时间是十二月二十一日；我因为没有赶得及，只看了二十五日晚间在平教会内的演出。事前，曾听说它是一出废除剧幕，突破舞台范围的新型戏剧，可是这种方法能否站立得住，在我的意思却还大有问题。因为演员与观者的分隔，是若干年来的戏剧所未避免过的现象，虽说在欧西的近代戏剧派别中，曾经有这样的酝酿，不过真正成功的实践，并不曾目睹或耳闻过。而这次的《过渡》，却给了我一个事实的答辩。

熊氏旧日的剧作，从最早的《青春的悲哀》起至其名作《屠户》止，那种一贯的风格是基于有回味有余味的"趣味中心"，以及亦庄亦谐的多层动作，于是享有了由新兴戏剧发轫以来的演出最高纪录。这情形在一方面说来虽是可庆幸的现象，然而在对方却往往依此为借口，以为作者仅限于如此才力，难得有进一步的希求。在《过渡》的演出上，不但对方那种揣测之辞已无立脚之地，即于熊氏历来所保有的创作态度与技术修养，也步入了一种新的境地。那便是所谓"趣味中心"以及多层动作的优点在《过渡》中整个起了蜕化，使我们集中精力注意于庞然的全体，毫无余暇去探寻那些所谓细微末节的"技术"。这种情调的接触，会使人鄙薄起自然主义中那些抄袭现实生活的群众剧来，而联想到莎士比亚的真挚与伟大！所以，《过渡》给与我的第一个感觉，不仅是那种新的演出方法的成功，而是对艺术——尤其是戏剧艺术的一种新理解：观众不只是个客观的欣赏者,不只是个被演员情感支配的傀儡,不只是个演剧技术的享受者,而是,在群体的生活动态中,不分彼此,不分个别的在生存着,前进着!(艺术是米,是麦,是生活的食粮!)

《过渡》的剧本现时我虽未读到,可是在组成上,那种合乎"三一律"的体制与辞句的淳朴,如果是只读剧本而不看演出时,那一定会觉得是平淡无奇的。因为在这样以群众动向为主题的创作,在纸面只可达到印象式的速写,而演出才是将它发扬光大的唯一方法。在近代,剧本文学化反抗之声虽然有,但在国内能离开文学,而去真实探寻戏剧之底蕴的人,却是凤毛麟角。所以,当我在满意的观光之余,便不自主地想探索一下熊氏产生本剧的原因,我以为不应该归结到以理想作根基的思想转换,而实是由于生活的真挚感应,才成功了这部伟构。何以见得呢? 最主要的便是,在《过渡》中为什么竟扬弃了以前那种已行运用成功的"趣味中心"及多层动作呢? 是感到以前的错误而断然遗么? 还只是方法不同而保持着一贯的剧作态度呢? 这两个问题之中,我感觉第二个要较第一个为真切确当些。那就是《过渡》不论在内容与外形上,虽同以前的作品大异其趣,然而作者对于生活感应的汲取,却仍是一样的。以前,作者是生活于城市的中上资产者之间,所以在艺术上的表现方式就偏于机警的趣味倾向,及最易吸引人的繁复动作;而现在,因为是生活在枯涩的农民群体中,所以生活上的实感就使他不能站在纯客观的地位,而养成一种要向上要前进的中心要求。《过渡》便是经过这样生活的积压,才发出来的吼声!因而,《过渡》给与我的第二个感觉,是一个作为大众的艺术家时,应怎样去洗炼自身的生活! 这正像那位天才舞女邓肯与那位举世闻名的舞台装饰者戈登·克雷的对答一样:

　　　"你是个艺术家么?"她问。

　　　"啊,不是。"他答。

　　　"那么,你有什么呢? 伟大的思想么?"

　　　"啊,更没有。我是毫无思想的。"他说。

　　　"但是你的人生有什么目的么?"

　　　"毫无目的。"

　　　"那么,你干什么呢?"

　　　"一点什么也不干。"他答。

　　　(《邓肯自传》第二十章。)

由《过渡》的演出，我们可以看出作者的态度也正同克雷一样，虽会一度地采用过"单纯主义"，"趣味"等作他的创作目标，然而对生活的感应，却是赤裸裸地毫不受任何范围的限制。在一种环境中感到了需要"趣味"，于是就把它拉过手边来；另一种环境中须要力的启示时，便发扬出那种蕴藏在生活境地中的力；所以只是忠实地服务于生活，而不受生活以外的一切限制！

为了职责的关系，在二十六日天亮之前我们便离开定县了，然而《过渡》的出演方法所给我们的教益，和《过渡》的意义所给我精神的启示，却是永志不忘的。（由定县归来写于太原。）

　　　　　　　　　　　　　　　　——录自《北平晨报·剧刊》

（原载《"过渡"演出特辑》，中华平民教育促进会，1936 年）

读《戏剧大众化之实验》

殷 扬

值得学习的精神

熊佛西先生看到"过去的一切戏剧不但不能适应这新时代的需要,并且对于我们国家民族的健康还有极大的损害","新兴戏剧又始终没和大众的生活发生密切的联系",于是他"跑到河北定县的农村去作大众戏剧的研究与实验"。经过四年的辛苦工作,根据"研究实验的经过与得失",他写成了这一本书。

"民国十八九年前后,国内思想界发生了一个大转动,主张一切的设施都应该是为大多数人的,属于大多数人的,甚至由大多数人所造成的。"那时熊先生也像其他有正义感的艺术家一样,"感到极大的苦闷","起了思想上的挣扎"。二十一年元旦,他终于勇敢地担负起戏剧大众化的"前哨"的任务。

他认定"戏剧是时代的产物","时代已经在前头飞奔着"了,所以他不计暂时的"成败",他觉得"为了新兴戏剧的广大开展",大家应当"采取实际行动",所以他又"脚踏实地一点一滴地"努力工作。

当他体验到农民的贫穷、地主豪绅的敌视、封建礼教的束缚等等之阻碍农民演剧的发展时,他悲愤地喊出:"这是一个整个的问题,一个整个的社会问题!"但是当他看到农民们带着自己的车马来义务地建筑剧场,听到他们常常哼着"中华民国二十有三年,丧权失地数也数不完……"等类似的剧中歌词时,他又感动得几乎要下泪。

就在这种坚强的信心和复杂的环境下,熊先生和他的同志们艰苦地奋斗了四年。他们"不自以为是,也不自以为非",只是想从实践中"给这工作找一个科学的逻辑的结果"。这种质朴的追求真理的精神,是值得我们学习的。

辛 苦 的 收 获

由于他们工作的认真,熊先生获得了许多宝贵的经验。

他郑重地告诉我们:"我们的大众并不是不能接受新的思想和新的文化,实在是我们不给他们新的思想和新的文化!"这个从长期实践中证明了的真理,足以堵住一切"大众没出息论"者的无耻的利口。

我又沉痛地指出:目前中国的农民在经济上、政治上、思想上受着多方面的压迫,被"打入黑暗阴湿的苦痛里","见不到天日","要想领导他们","必须促使他们的生活不再向下而向上"。这种"生活第一"的论断,给了那些要农民饿着肚子跟他们走的自命"领导者"们一个强烈的讽刺。

最值得感谢的,熊先生给我们提供了不少关于写作和演出方面的特殊经验。农民剧本的结构、人物和对话应当怎样处理;农民演剧的主要困难都是些什么;农民戏剧的演出有哪些基本原则;在表演、装饰和音乐各方面他们怎样不断地尝试,不断地改进。这一切都是我们重要的参考。

不仅如此,他们还从经验中创出了许多新的贡献,例如,秫秸布景,三圆积木,新式剧场,新式演出法,等等。

这些辛苦的收获,在熊先生他们是觉得欣慰,在我们是应当向他们致敬的。

谁是今日中国的大众

熊先生对于实践的努力,我们是敬佩的。让我们再看看作为实践之根据的熊先生的理论。

首先,关于"谁是今日中国的大众",熊先生"毫无疑义地答复:'农民是今日中国的大众。'"我们却不能"毫无疑义"。我们虽不是熊先生所谓"说所谓'大众'是指工人而言"的人,但是我们也不能做熊先生的无条件的同道。熊先生说:"所谓'大众'据社会科学家的解释,是指大多数的被压迫生产者而言",根据这解释,我们就没有理由把工人从"大众"中一脚踢出去。

熊先生认定了农民就是大众,于是他说:"想把新兴戏剧大众化,也可以说是要使新兴戏剧农民化。"

照我们的看法,中国和中国农民面前的路只有两条:一条是对的,是引向光明的正路,一条是错误的,是沦入黑暗的歧途。那条正路不仅能使农民达到那个"标准",而且还会一直把农民领向比现在世界最幸福的农民生活还要幸福的前途去;那条歧途却不但永远无法维持那个"标准",而且还迟早会把他们推进比现在世界最痛苦的农民生活更痛苦的绝境。

要求什么样的结尾

对于剧本的结尾，熊先生可谓煞费苦心了。他告诉我们《屠户》一剧的结尾"有三种可能：一、由王大王二诸人当场把孔大爷打死；二、将孔大爷的财产充公，由农民群起组织合作社；三、将孔大爷交给一个贤明的政府。"熊先生不用第一种，因为他觉得"没有理由促使暴民的养成"；也不用第二种，因为"那成了宣传"，他"觉得不必要"；于是他用了第三种。他说："也许有人要问，焉知政府不放了他呢？"然而他不管那些。他以为"最低限度我们应该要有一个假想的贤明政府"。所以要这么做，他是为了"领导农民向上"而不"超过向上的范围"。

熊先生一片热心要促使农民生活向上，然而又把向上途中的一切阻碍交给一个"假想的贤明政府"来解决。熊先生说明是"假想的"，是因为他知道实际上现在那"为政治之最基本的县政不良"。倘若永远是假想自假想，不良是不良呢？熊先生的苦心岂非白费了吗？要保证"向上运动"的成功，还非得先作一番"贤明政府运动"才行。

熊先生尽管怀着一颗值得农民感谢的好心，他所做的事却往往会使农民失望。就拿熊先生自己提出的例子来说：《过渡》一剧是描写农民"为了大众的利益而造一条桥"，船户胡大爷因为要维持自己对农民的剥削，"出来用种种方法破坏"。当这剧本已经在东不落岗村排演的时候，唐城村发生了一件和这"大致相同"的事实。熊先生知道了以后非常高兴，因为"事实竟模仿了戏剧"。"事实为什么要模仿戏剧呢？"他说："由于作者的的确确把握住了事实的社会性。"

然而，《过渡》的结尾是什么样的呢？熊先生又把"向上"的敌人交给了"假想的贤明政府"。这里我们要问：唐城村那件事实究竟怎样结束的，熊先生说，农民"希望将来能像戏里那样结果才好"。这是农民希望。事实呢？熊先生没有告诉我们。根据一般的经验我们敢这样说：农民的希望落空了，他们怨恨《过渡》欺骗了他们；一番好意的熊先生觉得痛心，他怨恨"事实"为什么不肯"模仿戏剧"到底。其实，也不该怪《过渡》，也不该怪事实，只怪《过渡》的作者在结尾上没能"的的确确把握住真实的社会性"。

因此，我们不提倡"向上的"结尾，也不提倡"超过向上范围的"结尾，我们只要求熊先生给农民一些"现实的"，照熊先生的说法是合乎"真实性的社会性的"结尾。我们希望熊先生不要再"现实的"题材后面加上一条煞费苦心的"假想的"尾巴！

从另一个门走

熊先生对于戏剧大众化的热忱和他们在定县的辛苦工作,无论如何是值得我们敬佩的。但是熊先生似乎走错了一条路。

熊先生自己说:因为"需要一个走入农村之门",所以他们参加了平教会定县实验运动的工作。就是这个走入农村去的门规定了他们走入农村之后的路,把他们领到了离开真正的戏剧大众化较远的路上去。

熊先生有的是爱国家爱大众的心,他曾愤慨地说:"东北事件爆发……我们的本领不但四十年来没有进步,而且竟有比不上四十年乃至八十年前的情状!"然而熊先生认为能洗涤这种耻辱、挽救我们民族的方法,是"注意大多数人的教育及以大多数人为对象的建设"的"实验运动"——"找出愚、穷、弱、私四个病源"来对症下药的"实验运动"。

我们以为从一九三一年以来,中国和中国的大众就只有一条出路:以"和平统一,团结御侮"的方式来争取民族解放的成功。我们不但"注意大多数人的教育",而且注意"一直抗敌"的教育;我们不但需要"以大多数人为对象的建设",而且需要以"一直抗敌"为标准的建设。至于"愚、穷、弱、私",我们认为,不是"四个"并立的,因为"穷"就是"愚","弱"和"私"的原因也不是真正的"病源",因为"穷"是由帝国主义者之侵略和在它掩护下到现在还没被清除的封建势力之剥削所造成的。

千家驹先生曾说:"平教会的工作实包含着一个不能解决的矛盾。他们想不谈中国社会之政治的、经济的根本问题,但是他们所要解决的却正是这些根本问题。他们不敢正视使中国国民经济破产的真正原因,但是他们所要救济的却正是由这些原因所造成的国民经济破产和农村破产。"从平教会这个门走进农村去的熊佛西先生,也有一个同这类似的矛盾。熊先生要想彻底改善农民的生活,使他们走向"不压迫人也不被压迫"的世界去,但是他又不敢不支持现存的社会组织,他大喊"无论什么样的社会都有它的社会组织,而这组织,我们必须顾到"。

熊先生之献身中国戏剧运动,已有光荣的悠久的历史了;他之参加平教会的工作却还只是四年前的事。最近他从定县回到北平,又在排演自己的近作《赛金花》。据熊先生说《赛金花》是针对着冀察的特殊环境有感而作的。由此我们可以知道,熊先生现在已经结束了由那个平教会之门所引去的歧路上的旅程,把他那对充满着为国家、为大众、为艺术的热情的眼睛从"实验运动"下的农民身上转移向强敌侵凌下的国防前线来了。我们相信,在不久的将来,熊先生一定会从另一个更接近真理的门走进大众中去,更进步地担负起戏剧大众化的"前哨"的任务。

（原载《戏剧时代》1937 年第 1 卷第 2 期）

由《赛金花》论熊佛西的剧作

萧伯词

《赛金花》是熊佛西先生事变前有力的剧作,二十六年三月二十日实报社出版,前有作者近影及少年时代之赛金花肖像,次管翼贤先生序言及佛西先生自序,次本剧首次公演职演员表及张鸣琦先生设计的布景设计图,次十三幅演员剧情表演插图,最后是本文。印刷精美,内容丰富,我想许多住在北京的人们都已经读过了。

《赛金花》剧本于事变前一年,在新新剧院作首次公演,临开幕时被警局以内政部命令禁止,熊先生于愤恨之余,挥泪向观众道歉,此情此景,犹在目前。而去年,该剧由华北新剧协会主持在北京、天津、济南、青岛竟尔公演,恐为佛西先生始料不及者。

这些往事犹如过眼烟云般的过去了,回忆起来不免有"车过腹痛"之感,但是不去追忆也罢了,我想还是由《赛金花》剧本本身来谈谈佛西先生的剧作吧!

中国戏剧工作的成绩,实不见佳。演出方面,虽是无多大贡献,然而尚有尔许"剧人"在那儿摇旗呐喊,表面上闹的好不热闹,而创作方面,迄今仍是没有多少收获,不用说别的,请屈尊指,计算计算中国有几位剧作家? 有几位专力于戏剧始终不懈的剧作家? 真是寥若晨星,历历可数! 那被人称或自称为剧作家的,又有几个肯埋头苦干,而以戏剧为终身职业者? 甚如凤毛麟角,不可多见。

熊佛西先生是中国戏剧界的先进,他是以戏剧为终身职业的,埋头苦干,三十年来有如一日! 因此在创作方面和剧运方面都有惊人的成绩,为世人公认,不愧称为话剧界之权威!

就剧运方面来说:小剧院时期,艺专戏剧系时期,定县农民剧场时期,每一个时期都有一个时期的进展,每一个时期都有一个时期的成绩。

就剧作方面来说:产量更是惊人。就中如《洋状元》和《一片爱国心》,《蟋蟀》和《王三》,《屠户》和《过渡》,都可说是熊氏创作史中划时代的作品!

《赛金花》一剧,是熊氏于事变前费了几近半年光阴的精心结撰,曾领导以北平剧团为中心的剧人们加紧排练,以备公演,后虽因外文关系未能成为事实,然自己编剧,自己导演,这种精神,实令人佩服。

关于熊氏在剧运和剧作方面已往的成绩,我们暂时姑且不谈,现在仅就《赛金花》

一剧来谈熊氏剧作的精神。

　　赛金花的生活就是一出很好的戏剧，因为她的身世直接或间接地牵动或暗示着中国的命运，有人说晚清的政治史，不用多加渲染，把慈禧和赛金花两人的私生活翔实记述即已足够，隐隐然有朝野之分，不能说一点见解没有，慈禧另当别论，赛金花的生活可以采为戏剧的材料，那是毫无异议的；材料是有了，至于如何剪裁，如何分配，那就要看作家的手腕了！譬如做衣服，买了料子，先要看那块料子可做长袍，还是可做马褂？那就要看裁缝的眼光了！赛金花的生活，这般纷乱复杂，这般变化多端，尤其自庚子国变至老境堪怜的三十年中间，喜怒哀乐，悲欢离合，无所不至其极，国家的命运，何尝不是如此呢？熊氏能以赛金花的生活为纲，而以国运演变史实为纬，把它织成一件艺术品，那手腕自然是高妙的了！譬如第一幕一方面写赛金花书寓生活，一方面写一般王公大臣的荒淫无度，而以庚子八国联军占领京城作结。第二幕写赛金花与瓦德西结识，乘机规劝瓦氏整饬军纪，暗中保护市民，赞助外交，而以外兵蛮横与中国官吏无能为骨干。第三幕监狱中的赛金花，暗示中国监狱之黑暗，与官家不能救过只知欺压小百姓。第四幕写赛金花之死，极尽凄凉哀怨之能事，而以敌人的军号声马蹄声又震破了古城作结，那不啻说中国自庚子迄今三十年来政治军事外交毫无进步。这是何等手腕！较之平铺直叙，或借此事仅在帝国主义者的残暴方面烘托者，自是略胜一筹。

　　一个剧本的写作，除了顾忌舞台与技巧之外，在内容方面，应偏重于情感的渲染呢？还是应偏重于思想的表现？这个问题，虽然曾经有人提出来讨论，但是聚讼纷纭，莫衷一是。一般人对于熊氏的作品，常常感觉得趣味有余，思想不足，对于《赛金花》的批评也是如此。批评者总以为以赛金花这样的好题材，应该把帝国主义者的凶暴，贪官污吏的昏聩，以及朝野上下的愚昧，来大大的暴露一下，然后来一幕弱小民族的觉醒，民众起来大喊或实行打倒帝国主义作结，那才够味。这差不多是一般提倡"国防戏剧"以及"什么主义"的剧人的希望，这也是一般作者——不仅是剧作家——最新式洋八股的典型作风。不信，请你翻一翻一般中学生或大学生的作文，只要是时事论文，哪一篇不是爱国高论而以"打倒帝国主义"作结呢？千篇一律，油腔滑调，真不免有点"那个"！有人说过，第一个拿花来比美人的人是智者，第二个拿花来比美人的人是傻子！中国创作界中的傻子何其多也！熊氏在戏剧理论方面是提倡"趣味主义"者，是主张把思想孕育在感情里面，由感情中而领略思想，恐怕比由思想中而领略思想，要真切而深刻的多，教育家对于儿童主张感情的陶冶——潜移默化，而不主张无理的管束——鞭扑责罚，心悦诚服是感情方面的表现，唯唯听命，那多半是偏于理智方面的屈服。熊氏的创作精神,始终是偏于"趣味主义"(见熊氏写剧原理中的《戏剧与趣味》),偏于以"感情为中心"的主张者!

"作品中的思想应该感情化。伟大的艺术家当然有伟大的思想,但是他们的思想是蕴蓄的,是默而不宣的,是感情化的。在他们的作品中,不能否定思想的存在,但是我们能看见的只是情感与美感,见不到他的思想。伟大的艺术品都是如此。反之,只见到思想,虽是伟大的思想,而见不到情感与美感的作品,虽是借着艺术的方式来表现,终不能称为艺术。"——熊氏写剧原理的《剧作》。

熊氏既有此主张,他在别的剧本上也是照着他的主张去写,不过在《赛金花》剧本中应用得更适当罢了。你看他始终以赛金花的生活为骨干,不铺张,不扬厉,把洋兵凶暴,监狱黑暗,政治腐败,人情冷暖,神不知鬼不觉地放在情感的外衣里去,这样不较之大声疾呼"社会革命""打倒帝国主义"的做法高明的多么? 在戏剧结构方面,熊氏主张是不问剧本的材料繁简,一个剧本必有三部分:"头,身,脚"。他说:"即使一个独幕剧,亦必具此三部:头部,介绍所有的脚色,将他们的关系弄得清清楚楚,令观众明了你在下面要说的是些什么;观众明了之后,自然就会发生兴趣,就急于要往下看。所以一个剧本的头部最要紧的是明晰清楚。身部要有风波。风波要有意义,要有来路与去路,决不可像侦探小说中无情无理的风波。此之谓发展。发展须处处清楚,处处暗示,处处有吸力! 脚部就是剧尾,剧尾要含蓄而有余味。"——熊氏佛西论剧中的《怎样写剧》

依照以上所说的理论来批评《赛金花》,我觉得熊氏在创作方面煞费苦心,那么,《赛金花》的第一幕介绍了赛金花,顾妈,孙三,杨大爷,钱五爷,周玉爷,刘十明,沈德仁,小芳,差不多全剧登场人物十尽八九了。而且各人的关系弄得清清楚楚,末了以洋兵来赛金花书寓骚扰被赛金花打发走了,赛金花与瓦德西以后的结识,在此下了埋伏,所以说那正适合了熊氏所说的头部。第二幕,以庚子事变为中心,此一波折。第三幕,写赛金花入狱,表面上是因为凤铃服毒,实在是因为赛以前得罪了一两位王爷(其实是王爷不满意赛金花与瓦德西的结合,而吃醋,现在乘机报复)的结果,又一波折。这两个波折都是来有路有去路,极合理的,正合于熊氏所说的身部。第四幕写赛金花晚境凄凉,已被世人忘却,受尽了人间的摧残,奄忽以殁,但洋兵的马蹄声和军号声依然和三十年前一样,含蓄而有余味,正合于熊氏所说的脚部的条件。

熊氏是主张少用脚色的,就《赛金花》这样一个复杂庞大的题目,而他全剧所用的脚色,不过十二三人,但如洋兵,瓦德西,克林德夫人均未出场,这是何等经济,何等手腕! 假如瓦德西,克林德夫人如别人所写的《赛金花》真的出场,姑无论对话如何支配,就是在脚色方面也不很调和和经济吧！

　　就舞台布置方面说，第一幕的场面是赛金花书寓，第二幕仍然是那个场面，而故事的演变已经千变万化大非昔比了。第三幕的场面是监狱，第四幕的场面是赛氏老年的破旧的住室。后两个场面极容易布置，而且用不了多少钱，头两个场面，比较华贵，用的钱也较多些，但是两个场面，相同无形中又省了许多钱，在演出方面当然十分经济！熊氏的剧本，差不多每一个都是读起来令人不很起劲，一搬上了舞台，则有声有色，令人动容，因为他的舞台经验十分丰富，所以与一般闭门造车的剧作者，写出来的剧本只可读而不能或经不起上演的，却迥然不同。

　　总而言之，《赛金花》一剧是熊氏戏剧理论的写实，是熊氏戏剧实验的报告，可称为熊氏近十余年来的代表作。有人说起熊氏胆子小，怕由《赛金花》一剧惹起外交的纠纷和政治上的压迫，所以写成这个样子，那真是皮相之谈了。

（原载《读书青年》1945 年第 2 卷第 2 期）

论熊佛西的戏剧创作

——纪念熊佛西诞生八十五周年

曹树钧

原上海戏剧学院院长熊佛西,原名熊福禧,字化侬,1900 年 12 月 4 日生于江西省丰城县罐山村,1965 年 10 月 26 日病逝于上海。人们尊称熊院长为佛老。在建立我国的话剧教育体制、培养话剧艺术人才方面,他做出了重要贡献,这是他一生的主要成就。同时,与戏剧教育事业紧密相结合,熊佛西在戏剧创作上也做出了不可磨灭的贡献。在佛老诞辰八十五周年之际,仅就他的戏剧创作的社会意义和艺术成就,略为论述,以示纪念。

一

我国话剧运动倡导人之一的欧阳予倩曾说:"如其说田汉是南方剧坛的权威,则熊佛西氏便是北方剧坛的泰斗了。"①"南田北熊",这是三十年代戏剧界人所共知的美谈。在五四时期和三十年代,熊佛西是一位颇享盛名的剧作家。熊佛西一生写过多幕剧 27 个,独幕剧 17 个,总共达 43 个。出版的戏剧集有《青春底悲哀》、《佛西戏剧集》(共四集)、《佛西抗战戏剧集》、《后防·中华民族的子孙》共七种,是一位名副其实的多产作家。熊佛西的这些剧作绝大部分写于五四时期和三十年代,就其主流而言,它们宣扬的是爱国主义精神,鼓吹的是反帝反封建的民主主义思想,对促进我国现代戏剧文学的诞生和话剧创作的发展,起了重要的推动作用。

熊佛西是我国现代话剧史上出现的第一批剧作家之一,他开始从事剧作的年代,我国现代话剧的创作正经历着一个从无到有的拓荒时期。在这之前,曾经轰动一时的早期话剧(即文明戏)衰落了。文明戏在短短的十余年中,曾经上演过上千个剧目,但由于大部分是幕表,能够保留下来的所剩无几,这对文明戏的发展是极为不利的。到 1914 年以后,许多文明戏演出完全成了演员在台上的胡编乱造,甚至将旧戏曲中的糟粕《南楼传》、《杀子报》等也都搬上了话剧舞台。文明戏从此蒙上恶名,成为油滑、轻

---

① 欧阳予倩:《〈近代戏剧选〉序言》,上海一流书店 1942 年版。

浮、猥亵、低级趣味的代名词，为人所不齿。文明戏的堕落，这一惨痛的历史教训使进步戏剧工作者深感创作具有一定思想艺术水平的剧本，建设我国现代戏剧文学，对创造我国现代话剧艺术具有极其重要的意义。

然而，我国现代戏剧文学的诞生却经历了一个曲折而又艰难的过程。1917 年至 1918 年，《新青年》提倡戏剧改革，批判了文明戏的堕落，探讨了中国现代话剧的发展方向。但《新青年》是一个理论刊物，创作并不怎么注重，因此戏剧改革还多半局限在一般理论方面。在五四新文化运动影响下成立的民众戏剧社（熊佛西是这一团体的发起人之一），就进而突出地提出了剧本创作问题，并发表过许多讨论文章，引起了戏剧界的重视。然而讨论毕竟还是纸面上的议论，实际创作却需要一批先驱者作出勇敢的探索。熊佛西就是这些先驱者中突出的一位。从 1920 年至 1927 年大革命失败前，他先后创作了《这是谁的错》、《新人的生活》、《甲子第一天》、《一片爱国心》、《洋状元》等多幕剧和《新闻记者》、《青春底悲哀》等独幕剧，在当时产生了相当大的影响。

这一时期，由于话剧运动先驱者的倡导，学生爱美剧团逐渐增多，然而剧本的产生却不能与此相适应，"到处都感到剧本饥荒的痛苦，到处都在试编着各种剧本，而其结果，则成功者极少"①。有些剧本，"在文学上很有价值，然而一旦实地排演起来，便有种种不合适的事情表现出来。没有舞台经验的作家的剧本常有这种弊病"②。于是，创作适合舞台演出的剧本，成为当时一个十分突出的问题。就在这种困难的时候，熊佛西和田汉、丁西林等剧作家创作了一批能在舞台上成功上演的剧本。熊佛西早在中学时代，就是一位活跃在舞台上的业余演员，有着相当丰富的舞台经验。因此，他的剧本就决无"中看不中演"的弊病。如《青春底悲哀》中的几个剧本，没有一个不是他公开登台演出过的。熊佛西创作的这样一批舞台感强的剧本，对于推进刚刚诞生的现代话剧运动、扩大现代话剧的影响，无疑是具有积极意义的。因此，新文学运动倡导者之一的郑振铎在《青春底悲哀》出版时，就在序中直率地赞扬说，这些剧本"他们在文艺上的价值如何，我们现在且不必在此讨论，但他们在舞台上的感化力，却实比在书本上伟大，这是我们在当时舞台下所曾亲切地感到的"。事实上，熊佛西这一时期的剧本，因为它适合舞台演出，成为进步演剧尤其是学校业余剧团选择剧目的重要来源之一，对五四时期爱美剧运动的发展起了有力的推动作用。当然，这一时期熊佛西的剧作能够

① 郑振铎：《青春底悲哀》序，《青春底悲哀》，商务印书馆版 1924 年版。
② 瞿世英：《青春底悲哀》序，《青春底悲哀》，商务印书馆版 1924 年版。

在舞台上较为广泛地上演，不仅仅在于它适合舞台演出，而首先在于它具有一定的社会意义，是五四新文化运动的产物；在我国现代话剧运动诞生和初步发展时期，五四新文化运动使我国现代话剧艺术不仅从文明戏的胚胎里诞生出来，而且促进了现代话剧剧本创作的发展，产生了中国现代话剧史上第一批创作成果。熊佛西在这个时期的话剧创作，就是这批创作成果的重要组成部分之一。作为我国现代话剧运动的拓荒者和奠基人之一，熊佛西的这些剧作适应了现代话剧艺术诞生时期的需要，为刚刚兴起的我国现代话剧争取了观众，对我国现代戏剧文学的诞生和初步发展有着开创性的功绩，对推动我国现代话剧的正式形成也做出了有益的贡献。

二

在将近四十年的创作生涯中，熊佛西的创作思想和创作实践经历了一个曲折的过程，充分表现了我国老一辈剧作家勇于探索真理、跟随时代步伐前进的科学态度，也使他从一个爱国主义者终于成为一位马克思主义剧作家和教育家。

熊佛西是五四运动的积极参加者，五四新文化运动反对旧道德、提倡新道德的民主思想和革命精神给他留下了深刻的印象。反对封建婚姻制度，揭露封建道德的虚伪，是他五四时期戏剧创作的一个重要内容。早在 1924 年出版的他的第一个戏剧集《青春底悲哀》中，这一主题就通过各个不同的侧面得到了形象的表现。他支持青年男女用奋斗的精神打破旧礼教这"万恶的牢笼"（《青春底悲哀》），他痛斥新闻记者利用新闻手段实行强迫婚姻的卑鄙伎俩（《新闻记者》），他抨击"父母之命"的封建礼教，主张人应有独立的人格（《新人的生活》），他无情揭露那些口口声声"三从四德"的封建长辈原来是一肚子男盗女娼的无耻之辈（《这是谁的错》）。所有这些思想内容，都反映了接受过五四运动战斗洗礼的熊佛西，在他的剧作中所表现出来的反封建的民主精神。

1925 年创作的三幕悲剧《甲子第一天》是熊佛西解放前创作的唯一的一部描绘社会主义者的剧作。它突出地反映了熊佛西创作思想的进步。这个戏是因 1924 年（甲子年）春节期间，共产党人、二七大罢工领导者之一施洋律师被军阀杀害引起创作冲动而写成的。在剧中，熊佛西鲜明地塑造了时伯英这一革命志士、青年律师的英雄形象。施洋，号伯高，熊佛西用时伯英这个名字明确地暗喻施洋。剧本通过时伯英被捕前后英勇斗争的描绘，表达了作者对这位社会主义者的深切同情和无比敬佩，以及对施洋被残杀这一事件的愤怒抗议。

同年创作的另一部三幕剧《一片爱国心》，是熊佛西戏剧创作的代表作。此剧通过唐亚男一家围绕签约展开的一场尖锐斗争，鲜明地谴责了出卖民族利益的卖国行为，充分表现了熊佛西反对侵犯民族主权的强烈反帝意识。此剧两三年间就公演过四百多场，一直到抗战前期，还是话剧舞台上广泛上演的剧本之一，是我国现代话剧诞生时期的一个不可多得的优秀多幕剧，也是熊佛西影响最大的一部戏剧作品。作者热烈地歌颂了女主人公唐亚男热爱祖国、反对卖国行为的高尚品质，激起了广大观众尤其是青年强烈的共鸣。演出之后，唐亚男成为当时青年学生热爱祖国、维护民族尊严和祖国利益的楷模。1926年秋，首演之后，熊佛西收到许多观众来信，要求再度公演。有的观众在信上说："你们的戏使我很受感动，从而得到启示与教育。你们……演四次，我也要去看四次。"①许多女学生出于对唐亚男爱国精神的敬佩和仰慕，纷纷将自己的名字改为亚男。由此可见，此剧所宣扬的爱国主义精神对广大人民尤其是青年学生所产生的深刻影响。

作为一位热爱人民的剧作家，熊佛西十分同情人民疾苦。大革命失败之后，熊佛西继续创作了一些真实反映人民痛苦、暴露军阀专横残暴的作品。对军阀的专横和暴虐，熊佛西有着切身的感受。1927年上半年，军阀张作霖在北京实行了空前未有的白色恐怖，广大人民处于水深火热之中，文化教育事业也横遭摧残。熊佛西主持的北京艺术专门学校戏剧系惨遭解散的厄运，学生有的被抓，有的被逐，熊佛西自己也被迫离开戏剧系，思想陷于极端苦闷。这时，他在剧作中便情不自禁地表现了控诉军阀黑暗统治的内容。1927年，熊佛西在四幕剧《蟋蟀》中，通过三个弟兄为争夺美丽的公主，如蟋蟀一般地互相残杀的故事，曲折地抨击了军阀发动的自相残杀的罪恶战争。作者借剧中人周义之口愤怒地控诉说："现在就是这样一个世界！倘若我们不如此，我们就不时髦！"

独幕剧《王三》（又名《醉了》），是这一时期熊佛西创作的揭露军阀黑暗统治的著名作品。这是一个题材独特而又寓意颇深的剧本。此剧写的是1888年的故事，实际上曲折地表现了北洋军阀统治下的现实生活。在军阀的血腥统治下，多少无辜善良的人被迫充当互相残杀的炮灰。《王三》反映的正是这样的现实。全剧展示的并不是王三如何杀人行凶，而是社会如何逼良为恶。作者突出地表现了王三要摆脱罪恶的生活，可是黑暗社会硬逼他重操旧业。剧本最后，通过王三举刀追杀为虎作伥的赵五，将王三的愤怒之情及其起而反抗的愿望表现得淋漓尽致。剧本的这一主要思想倾向，当时

---

① 肖昆：《忆熊佛西先生二三事》，《上海戏剧学院三十年》，上海戏剧学院1982年编印。

的进步观众是一目了然的。他们看出了这是一个暗示社会经济压迫罪恶的剧本,主人公不愿干坏事,然而"经济压迫又用旁敲侧击的方法把人推下去"①。戏剧家马彦祥则认为"这不仅是熊氏的成功之作,即在近年的剧坛上也不愧为稀有的剧作",它"使我们深刻地感到社会经济压迫之可怕。这无疑地是时代所需要的作品"②。

除此之外,在主持戏剧系工作期间,熊佛西还创作了一批剧本,在独幕剧《模特儿》《政大爷》中,以喜剧的辛辣笔触揭穿了封建道学家的假面具,嘲笑了"男女授受不亲"的旧礼教的无聊和虚伪。在另一个独幕剧《兰芝与仲卿》中,熊佛西对封建家长制迫害摧残青年男女的罪行表示了愤慨,对真挚相爱的青年遭到生离死别的悲惨结局给予深切的同情。

在北京国立艺术专门学校戏剧系工作时期,熊佛西一方面创作了一批有一定社会意义的剧本,但另一方面"为艺术而艺术"的思想也有了一定滋长。这种思想最早可溯源到他在美国留学的那一段生活。大革命失败之后,由于为艺术而艺术思想的影响,在一段时间中,熊佛西似乎躲进了"纯艺术"的禁宫。他后来自我解剖说,这样的禁宫"我也曾留恋过。我爱它细腻玲珑,我爱它馨香温暖,我爱它逃避现实,整天在梦中追求。它好比醇酒,叫人酣醉,它好比美女,叫人颠倒。在这里头逍遥惯了的人们,几乎不知此外还有天地,还有风云,还有生灵。我也曾沉醉在这里头。我爱它的舒适,我爱它那梦幻似的环境"③。在四幕剧《诗人的悲剧》中,他一方面曲折地控诉了当时社会的黑暗,另一方面也典型地表现了这种逃避现实、在梦中追求的艺术趣味。在第二、第三幕中,作者描写诗人登上理想世界乐园,尽情颂扬爱的神秘、爱的伟大和甜蜜,鼓吹"生命就是爱,爱就是生命","爱,诗,生命"是"三个分不开的灵魂"。这种抽象的泛爱思想显然是脱离群众,也是脱离现实生活的。

三十年代初,党领导的左翼戏剧运动发起了轰轰烈烈的"戏剧大众化"讨论,并进行了一系列的实践,产生了全国性的影响。受这种思潮影响,熊佛西有所觉悟,对戏剧系存在的问题作了尖锐的自我批评,他指出戏剧系的实际表现"由于过分注意于艺术的成就,已走入了象牙之塔的尖端,与大众早就隔绝了,与大众早就不发生关系了"④。为了摆脱与大众隔绝的状况,熊佛西下决心同群众发生实际的联系。于是,自 1932 年

---

① 贡薫:《看了〈醉了〉与〈哑妻〉》,《戏剧与文艺》1929 年 10 月 10 日。
② 马彦祥:《现代中国戏剧》,《戏剧讲座》,现代书局 1931 年版。
③ 熊佛西:《新生》,《庸报》1936 年 1 月 11 日。
④ 熊佛西:《戏剧大众化之实验》,正中书局 1937 年版。

起在河北定县进行了长达五年之久的农村戏剧大众化的实验。从戏剧系的小天地奔赴农村这个大天地,与农民群众进行实际的接触,就开阔生活视野来说,这无疑是一个进步。

来自农村的熊佛西,自幼便对农民有一和深厚的感情。在定县期间,他比较地接近农民,对农民的疾苦深表同情,并在此基础上创作出一批反映农民痛苦生活的剧本。这些剧本在思想内容上尽管还有这样那样的局限,但对农民的同情,对剥削农民的吸血鬼的憎恶和鞭笞,却是一个共同的特点。在三幕剧《屠户》中,他成功地塑造了一个贪婪、吝啬、残忍、凶狠的恶霸地主、高利贷者孔大爷的形象。在另一个三幕剧《牛》中,熊佛西则真实地描绘了三十年代中叶中国农村破产的令人怵目惊心的悲惨景象。作者含着深切的同情塑造了王四这一善良、老实的农民形象。剧中最后,王四被地主、官府搜刮得倾家荡产,还被当作土匪逮捕起来。作者让王四发出这样的呼喊:"天知道呀! 只有天知道谁是杀人放火的土匪呀!"并且在舞台指示中特地注明:"这几句话不是说,而是叫。先是愤慨不平的鸣冤,继是惨苦凄怨的呼救,最后是狂怒的反抗,卒至声嘶力竭的倒地。"这样的描写,在暴露农民生活悲惨方面,很显然是有着强烈的艺术感染力的。无怪乎此剧首演后即被县政府禁演,一度只好演出第一幕。

无可讳言,由于受平民教育促进会改良主义思想的影响,熊佛西在定县时期创作的农村题材的剧本也有着明显的局限性。它们为解决现实社会矛盾所开的药方在实际生活中是行不通的,它在不同程度上削弱了这些作品反映生活的真实性和准确性。熊佛西在当时认识到农民是我国人口的大多数,是大众化的主要对象,这是正确的。但是,他并没有认识到工人阶级在中国革命中的领导作用。他对国民党统治不满,并不认为它是一个廉洁的政府,但同时他又害怕阶级斗争,不愿意在他的剧作中落一个鼓吹暴动的嫌疑。这一时期他创作的三幕剧《过渡》就明显地反映了这一矛盾。在这个戏中,他一方面揭露了农民与地主胡船户的尖锐矛盾和激烈斗争,同情农民,鞭挞地主,但另一方面他又在结尾让衙门里来审判此案,由"假想的廉洁政府"来惩办地主。实践证明,这自然是一条走不通的道路。

抗日战争全面爆发之后,党的抗日民族统一战线政策给了熊佛西极大的鼓舞,使他豁然开朗,看到了祖国的希望。出于高度的爱国主义热情,熊佛西自觉地将自己的创作同民族解放战争的神圣事业结合起来。在全面抗战前期,从 1937 年至 1940 年,他创作了《中华民族的子孙》、《害群之马》两个多幕剧,《搜查》、《人与傀儡》、《囤积》三个独幕剧,改编了《吴越春秋》、《后防》两个多幕剧。这七个剧本全部与抗战有关。它们或暴露日本军阀的残暴,或揭露囤积居奇、发国难财的奸商,或抨击卖国求荣的汉奸,或赞扬报效国家的热血青年,或表彰具有民族气节的爱国军人,或歌颂团结斗争的正义人民,都洋溢着强烈的爱国主义思想感情,鲜明地表达了作者希望被压迫人民团结起来共同奋斗消灭一切侵略者的强烈愿望,并大都在舞台上广泛演出过,具有感人的鼓动力量。同这一时期不少抗战剧作一样,这些剧本在思想艺术上也有热情有余、生活不足,不够深刻、较为粗糙的弱点。

到抗战后期,由于长期生活、艺术实践的积累,由于同革命文化人的频繁接触,和现实主义创作方法的影响,熊佛西的剧作取得了新的进展。1941 年,熊佛西迁居桂林,几乎整天地和茅盾、田汉、端木蕻良、孟超等在一起,思想受到深刻的影响。他进一步认清了国民党顽固派不过是一伙坚持独裁、制造分裂、破坏抗战的民族蟊贼,而真正坚持抗战、拥护团结、实行民主的只有中国共产党及其领导下的八路军、新四军。在思想感情上更倾向于共产党了。1942 年,他创作了暴露军阀袁世凯卖国求荣的三幕剧《袁世凯》,将揭露北洋军阀罪恶的历史题材同抗战现实生活巧妙地结合起来。坚持独裁、坚持倒退的独夫民贼决没有好下场,这就是《袁世凯》一剧展示的不可抗拒的历史规律。作者将袁世凯的政治活动同家庭生活交织起来进行描写,通过对极端残忍、虚伪、野心勃勃而又刚愎自用的窃国大盗的精心塑造,重温了这一历史教训。这对现实生活中坚持独裁、破坏抗战的顽固派是一个有力的鞭挞,对中国土壤上根深蒂固的封建势力也是一个形象的抨击。它不仅反映了熊佛西对中国社会认识的更加深入,同时也标志着熊佛西的戏剧创作在艺术上更加成熟和老练。

解放后,在党的教育下,熊佛西的创作达到了新的思想高度。他开始努力以革命现实主义的创作方法反映新社会的巨大变化,怀着高度的政治热情创作了四幕话剧《上海滩的春天》。这个剧本以上海解放前夕到 1956 年社会主义改造的高潮为背景,描写了民族资本家王子明及其家属,在接受社会主义改造中生活、思想及行为的变化。在剧中,他成功地塑造了王子明这一形象。既较充分地揭露了王子明反对社会主义的一面,又写出他愿意接受改造的一面。通过对这一民族资本家改造过程真实具体的描绘,形象地歌颂了中国共产党改造剥削者的英明政策和巨大威力。它从一个侧面反映了解放后熊佛西爱国主义感情已经升华到对党、对社会主义的无比热爱。他已经从同情人民提高到站在无产阶级的革命立场上歌颂人民、歌颂共产党,思想水平有了一个显著的飞跃。因此,此剧一问世便受到人民的喜爱,成为当时上海人民艺术剧院上座率最高的剧目之一,并且很快译成外文,影响到国外。

　　通过从 1920 年至 1956 年这 36 年熊佛西创作道路的极其概括的回顾,人们可以看到熊佛西跟随民主革命和社会主义革命的时代步伐曲折前进的足迹。它清楚地表明:在熊佛西一生的戏剧创作活动中,民主主义的进步世界观和现实主义的创作方法,使他的作品能够反映出三十几年来中国社会生活的某些本质方面,具有积极的社会意义。过去由于改良主义、"为艺术而艺术"的思想影响,使他的作品不可能更真实、更深刻地反映生活,甚至会冲淡、损害作品原有的思想意义。而当剧作家初步掌握了革命现实主义的创作方法,努力用马克思主义的立场、观点反映生活时,他的作品就出现了崭新的面貌,产生了前所未有的社会教育作用。

三

　　熊佛西认为:"剧作家写出好剧本的基础是生活","但是,有了丰富的生活,写作时还需要技巧。"[①]他很重视剧作家的艺术修养和技术训练,认为这"对于一个艺术家的成就亦极重要"[②]。他的戏剧论著和戏剧论文有不少是探讨和研究戏剧艺术规律的。熊佛西自己的创作实践,不仅绝大多数作品在内容上富有社会意义,而且在艺术上别具特色,形成独特的艺术风格。

　　精炼、单纯,是熊佛西剧作的一个显著特色。他的剧本往往人物不多,篇幅不长,布景简单,事件单一,条理清晰、一丝不乱。他善于以简单的笔墨、短小的篇幅,表现出比较丰富、深厚的内容。这方面较典型的作品就是《王三》。这个戏只有四个人物,不能多添一人,也不能减少一人,处处有暗示,时时有吸引力,从头至尾保持着紧张、浓烈的戏剧气氛。作者截取的生活场景恰到好处,既不能缩小也不能拉长。它在主人公感情激荡的时候开幕,开门见山揭示矛盾,然后以人物思想感情的激荡过程而不是以事件的发生、发展和结束过程组织动作,让观众始终关心的是主人公的命运,最后戛然而止,留下一个含蓄而又意味深长的结尾,让观众去深思和回味。

　　在熊佛西的戏剧创作中,作者还擅长使用虚实结合的手法,使剧本既简洁、紧凑,而又给人想象的余地,造成精炼、纯美的艺术效果。在《王三》中,王三的老母卧病在床没有出场,是虚写。但是,通过构思缜密、层次分明的呻吟的穿插,作者将舞台效果的表现与人物心理的描绘水乳交融地结合起来,虚中有实,实中带虚,达到了扣人心弦的

---

① 熊佛西:《需要更多的好剧本》,《人民日报》1962 年 4 月 10 日。
② 熊佛西:《单纯主义》,《大公报》1930 年 10 月 8 日。

戏剧效果。在《一片爱国心》第二幕中，亚男同母亲拼命夺取契约以及互相争搏的情节，都用暗场表现，打过之后再让亚男上场撕毁契约。这种虚实结合的表现方法不仅十分精炼，而且含蓄、清新，给观众留下充分想象的余地。熊佛西剧作的精炼也表现在语言上，具有简洁、明快、朴实的特色。熊佛西很欣赏我国国画艺术的单纯之美，惊叹优秀的国画"无一笔乱，半笔废，笔笔有道，笔笔有神"。受这一民族传统艺术的影响，他要求剧作也应"处处有吸力，无一废词，无一轻飘之动作。台上无一无用之物，无一不美之物"①。应该说，他的优秀作品如《一片爱国心》、《王三》、《艺术家》、《政大爷》等都确实达到了他所追求的这一艺术境界。《一片爱国心》语言、情节的紧凑、精警达到一刻不能放松的地步。公演时，观众情不自禁地赞赏说："句句说白，能打入听众心坎，处处动作，能触发观众感情，演到紧张处，真能叫人迸出眼泪来。这是何等高妙的艺术啊！"②

故事生动，动作性强，这是熊佛西剧作的第二个艺术特色。作为一个热爱生活、熟悉观众的剧作家，熊佛西十分重视戏剧艺术的趣味。他不赞成迎合一部分观众的低级趣味，主张戏剧应该担负起提高观众艺术趣味的职责，他认为"无观众即无戏剧"，"假如离开了观众的趣味与欣赏力，其价值必等于零，等于无戏，等于有戏而无观众"③。他自己的作品就很注意戏剧的趣味性。这种趣味性表现在戏剧情节上，就是他的剧本往往有一个生动的、引人入胜的戏剧故事。他的不少独幕剧如《艺术家》、《政大爷》、《模特儿》、《一对近视眼》等，每一个戏都是一个趣味盎然的小故事。在具体的艺术安排上，作者注意将欧洲编剧方法同我国民族的欣赏习惯结合起来，讲究故事完整、原原本本、有头有尾，多用明场、少用暗场，通俗易懂，便于为群众所接受。而这些剧本的主题则是蕴藏的、默而不宣的，让你在欣赏一个小故事的过程中不知不觉地体会剧本的主题，既得到教育，又获得美的享受。如独幕剧《模特儿》写画家与一老头从对头变成翁婿，这一情节本身就是一个生动的戏剧故事，它的跌宕、陡转，不仅使观众兴趣盎然，而且留下回味的余地，巧妙地嘲笑了社会上一些人头脑中残存的"男女授受不亲"的封建思想。

为了使话剧能为广大观众尤其是农民观众乐于接受，熊佛西很注意选择富于浓厚情感和动作性很强的生活素材构成戏剧故事，通过具体、生动的舞台形象感染观众。

①　熊佛西：《戏剧与趣味》，《写剧原理》，中华书局 1933 年版。
②　聊止：《看了〈一片爱国心〉以后》，天津《大公报》1929 年 9 月。
③　熊佛西：《从解放到新生》，天津《大公报》1936 年 11 月 11 日。

由于动作繁多、情感丰富，他的有些剧本，即使把全剧的对话取消，那戏剧故事依然可以表演出来，成为一个完美的哑剧。如《屠户》一剧，除用情感的手段吸引观众之外，它的故事就是多靠动作表现出来的。戏一开始就通过一家农户弟兄俩吵架，清楚地将戏剧矛盾揭示出来。作为完整戏剧故事的补充，作者又善于选择孔屠户偷花生米等一些外部动作鲜明的生活细节刻画人物性格，帮助阐明全剧的故事。

在戏剧创作方法和表现手法上，熊佛西富有探索精神，他的剧作在艺术形式上具有多样性的特征。在创作方法上，熊佛西的大部分剧作采用的是现实主义创作方法。如《青春底悲哀》、《一片爱国心》、《袁世凯》等，在五四新文化运动倡导的现实主义影响下，都采用了写实的手法表现新旧思想冲突，暴露了旧社会的罪恶。但熊佛西又不排斥其他创作方法的运用或借鉴。在一部分作品中，如《蟋蟀》、《喇叭》、《诗人的悲剧》等，他又采用了浪漫主义的创作方法，一方面曲折地反映了现实，另一方面又不拘泥于细节的真实，更多地是抒发自己的理想，诉说主观愿望和感受。这些剧本的情节或借助于神话故事，或借助于主观幻想，或用奇特的想象和瑰丽的、诗一般的语言描绘色彩斑斓的理想世界，形成别具一格的艺术风格。

19世纪末到20世纪初，象征主义戏剧在欧美各国风靡一时，连熊佛西热爱的杰出戏剧大师易卜生也受到了影响。象征主义戏剧把客观世界看作主观世界的"象征"，既有曲折反映现实的一面，又有颓废、神秘等消极因素。在艺术方面，象征主义戏剧往往忽视内容，片面追求形式，这是不足取的，但是它十分重视形象思维，千方百计将抽象的概念用具体可感的象征手法表达出来，重联想、用暗示。熊佛西在剧作中借鉴了这种表现方法的可取之处。为了通过艺术形象本身的力量揭示生活的真理，他经常采用象征这一艺术手段，使剧本所体现的主题更加意味深长。如在独幕剧《政大爷》中，象征手法就有着成功的运用。在荒芜的娘娘庙中，一件艺术品娘娘的美丽雕像，亭亭玉立，它是美的象征，然而却被绅士们当作"有伤风化"的尤物用布遮盖起来。年过半百的乡绅政大爷心怀邪念，却又装得道貌岸然。他禁止农村青年偷看，自己却偷看再三，在大白天做出同雕像拥抱、接吻种种丑态。美与丑在光天化日之下就这样鲜明而又尖锐地对立着，它给人们的启示岂止是一个反对封建假道学的意义。它可以使人们联想起生活中其他种种以美为丑、以丑为美、美丑颠倒的咄咄怪事，让人们认真地思考什么是真美，什么是真丑。这就是艺术象征的力量。这种力量比空洞的说教、冗长的议论要有力一百倍。

今天，我们正在讨论如何发挥戏剧形式的本质特长，最大限度地开放空间，使演员与观众直接有所交流,其实这个问题早在三十年代中叶,熊佛西就已经作了成功的艺术实践,积累了相当丰富的艺术经验。他结合戏剧形式的改革,创作了一些适合打破幕线要求的剧本,如《过渡》、《抗战儿童》、《双十万岁》等。1935 年创作的三幕剧《过渡》,演员人数可有 60—200 人的伸缩。演出时打破了幕线,即"台上台下打成一片,演员观众不分,演员可以表演于台下,观众可以活动于台上,演员与观众,观众与演员,整个的溶成一体"①。这种演出形式,充分发挥了戏剧与观众直接交流这一特长,使观众不仅身历其境,而且是置身其境,获得更加生动强烈的真实感。与此相适应,熊佛西创作了一批适合这类演出形式的剧本,它们在艺术上具有气魄雄伟、结构紧凑、穿插生动的特点。这类形式的剧本,在抗战初期,熊佛西又同四川省立戏剧学校教师合作,先后写出了《抗战儿童》、《双十万岁》等,在动员群众投入抗战方面,发挥了良好的宣传教育作用。

在熊佛西的剧作中,喜剧占有相当大的比重。在这些喜剧作品中,熊佛西也能采用多种多样的表现手法,发挥喜剧特有的艺术感染力。他善于通过喜剧性格的对比造成鲜明、生动的艺术效果。在《艺术家》中,耿直、老实、事业心强的画家与势利、泼辣的夫人言行处处形成对比,处处形成浓烈的喜剧性。一般话剧剧本开场,极易写得冗长乏味,然而此剧由于抓住人物的喜剧性格对比写戏,一开场就能抓住观众,寥寥数笔便将夫妻俩截然不同的性格、金钱与艺术的矛盾迅速展开,使观众产生一种且看下回分解的期待心理。在《屠户》中,作者通过地主孔大爷自身言行矛盾的刻画,产生妙不可言的讽刺效果,将他吝啬、虚伪的性格和偷窃扒拿无所不为的无耻嘴脸活脱脱地在舞台上展现了出来。

鲁迅先生说得好:"喜剧将那无价值的撕破给人看。讥讽又不过是喜剧变简的一支流。"②为了达到鞭挞生活中无价值的东西的目的,熊佛西还经常运用"嘲弄"这一讽刺手法,创造喜剧情势,造成令人捧腹的喜剧效果。在《艺术家》中,画家林可梅未死之前,他的画只能卖五毛钱一张,一死之后古玩店贾掌柜便答应愿以五千元一张的高价收购。为了摆脱经济窘迫的状况,林妻要林装死,林不同意。老婆不由分说,硬让他躺下装死,然后自己对"尸"放声大哭。贾掌柜不知原委,就在这样特定的喜剧情势下上场。他一上场,马上就将剧中的喜剧性矛盾推向一个新的阶段,形成笑话百出的喜剧

① 见 1957 年 7 月《剧本》月刊歌焚写的访问记。
② 鲁迅:《坟·再论雷峰塔的倒掉》,《语丝》周刊第 15 期。

场面。在这里，作者将只爱钞票，不爱人才、不爱艺术的旧社会的人世相无情地撕破了给观众看，让观众在笑声中否定那破坏、摧残美的丑恶现象，肯定了生活中的美，在情趣盎然的艺术境界中受到教益。

生活是丰富多彩的，反映生活的喜剧作品，它的创作方法、表现手法也可以而且应该是多种多样的。正如熊佛西所说："剧本的写法，不只是一个，而是许许多多，见了自己没有见过的样式，害怕是不对的。没有见到过的，并不一定是可怕的，应该欢迎那些独出心裁的作品。……也一定会有这样的作品出现。"熊佛西的戏剧创作在这方面的探索精神是值得我们学习和继承的。他的戏剧作品，推动了我国话剧运动的发展，丰富了我国戏剧文学宝库，和他在戏剧教育方面的光辉业绩一样将并存于史册，为后人所敬仰。

（原载《齐鲁艺苑》1985 年）

论熊佛西喜剧的寓言性特征

张　健

　　在中国现代话剧文学史上，熊佛西显然是一位举足轻重的人物。作为一名不惮辛劳的拓荒者，作为当时"中国剧坛垦荒中的第一把得力的锄头"①，几乎现代戏剧艺术所有的领域都曾留下他垦殖过的痕迹。在他大量的戏剧作品中，除喜剧之外还包括了不少种正剧和悲剧剧本，但喜剧却无疑是其取得成就的主要园地之一。即使是在那些正剧和悲剧创作中，人们也不难发现作家与众不同的喜剧才能。到目前为止，人们大多已经注意到熊佛西喜剧的闹剧成分，但这毕竟还是属于对事物的表层认识。从一个比较深入的角度去考察，我们会发现：事约义远的寓言性才真正构成其喜剧创作的基本艺术特征。或许正是由于这种寓言性特征，熊佛西的剧作为中国新喜剧的发展平添了一种特殊的风致。这种风致具体体现在其主要喜剧作品的四个方面，也即：简约的格局、怪诞的色彩、象征的运用、哲理的概括。下面，本文拟就这几个问题，结合熊佛西主要的喜剧剧本，谈谈笔者一些粗浅的认识。

　　提到"简约"，人们自然会想起契诃夫对这个词的赞颂。这位俄罗斯文坛上的一代巨匠以其特有的那种苏沃洛夫式的简洁风格由衷地写道："简洁是才力的姊妹"，"写得有才华就是写得短。"②毫无疑问，在契诃夫那里，简约是同其写实主义的整个美学理想融合在一起的，这就使他所谓的简约同熊佛西喜剧中的简约在具体艺术构成方面存在着极其明显的差异性。但从一个更高的层次看问题，我们就不难相信，作为对文学艺术共同规律某一个方面的认识，两者又都表现了对于"单纯之美"的强烈追求，这使他们尚简文风在一定程度上又的确存在着某些暗合之处。对这种"单纯"、"简约"的追求使熊佛西的《一对近视眼》简直成了一个寓言式的戏剧小品。剧本通过方方和顺顺这对近视眼夜间将萤火虫当作鬼魂的简短故事，温和地讽刺了广义的"近视眼"。作家借方方之口说出了"原来我们都是近视眼！"的哲理性思考，殷切提醒人们谨防自己在生活中的短见，要跳出眼前的烦扰，用长远的眼光看取生活。在《裸体》中，作品又用极

---

① 欧阳光：《读〈佛西喜剧第三集〉》，《晨报・副刊》1933年7月9日。
② 〔苏联〕季莫菲耶夫主编：《俄罗斯古典作家论》，人民文学教育出版社1958年版，第1139页。

为经济的笔调状绘了发生在某地农村姑娘庙内裸女雕像下面一场小小的风波。通过道貌岸然的乡绅政大爷亲吻裸女雕像的丑行被人揭露，鞭挞了社会人生的虚伪，撕下假道学道德风化的面纱，让人们看到了"道德先生的《论语》下面放的是《金瓶梅》"①。《洋状元》和《蟋蟀》是这类剧中比较复杂的两篇，但人们从中仍然不难领略到简约的风采。熊佛西的喜剧一般篇制都比较短小，《洋状元》名为"三幕"，《蟋蟀》号称"四幕"，实际却未必抵上一个独幕剧的正常篇幅。在这样的剧本中，不可能见到那种繁复跌宕的故事情节和立体化的生活细节，人物形象一般也不可能具备内在的不同性格层次之间的递进和转换，从而呈现出一种类型化的倾向。这当然是一个弱点，但同时又极可能是一个优点。不管在当时特定的历史情况下，它究竟是利多弊少，还是弊多利少，可以肯定的是：简约，在这里恰恰是剧作家的一种自觉的艺术追求。熊佛西在《写剧原理》一书中，明确地将其表述以"情节精粹、背景简略、人物单纯"为具体内容的"单纯主义"②的戏剧主张。严格说，这种建立在现代艺术应当"美化"和"经济化"相统一观点上的艺术主张确实有一定的形式主义的嫌疑，在表述过程里又不无偏颇和疏漏之处。但就总体而言，熊佛西的主张又包含着极其明显的合理性因素，这主要来自作家对于中国话剧发展某些规律性的认识。他在论及当时中国话剧界实行"单纯主义"的必要性时，曾经表达过这样的思想：首先，他认为"把复杂的人生照相似的搬上舞台，不但不可能，而且不必要"；况且"以单纯的艺术而表现复杂的人生，正是艺术家应有的能力"；戏剧作为反映人生的"结果"之所以可能做到"单纯而无复杂"，其原因就在于艺术"不能无挑剔、不能无剪裁"，"更不能不有作者的人格与想象"③。由此可见，熊佛西的"单纯主义"，实际上是在承认戏剧是人生反映这一大前提下对创作主体性的认识和强调，而这一点是符合文艺创作规律性的。同时还应指出，这种看法在当时特定的背景下是有着积极的现实针对性的。西洋话剧自传入中国以来，不少人对其写实特点怀有一种机械和表面的理解，似乎现代戏剧就等于写实剧，写实剧就一定要将生活按照原有的样子照搬到舞台上，这就很自然要带来一系列的消极影响，如：剧本过"实"，过于拉杂拖沓，过于注重道具布景的写实性等等。熊佛西提倡"单纯主义"的时候，从剧本创作的角度看，正处于由独幕剧向多幕剧递进的阶段，上述弱点如果不能克服，势必会严重限制立足未稳的话剧艺术的发展。熊佛西喜剧寓言性特征在艺术上的一个功绩

① 王冰潜：《关于裸体》，《北平晨报·剧刊》，时间待查。
② 熊佛西：《写剧原理》，中华书局 1933 年版，第 19—20 页。
③ 熊佛西：《写剧原理》，中华书局 1933 年版，第 21 页。

就在于它以建立在主观性和客观性相统一基点上的简约风范给人们以启示，并向机械片面写实的倾向提出了挑战。其次，熊佛西认为"单纯主义在今后的中国戏剧界"之"有实行的必要"，就在于"我们的观众太穷了"，他们"不但没有钱看戏，而且没有时间看戏"；还在于"我们主持戏剧的同志又少又穷。没有成本，缺乏人力，短少专任的时间"①。如果说前面，熊佛西主要是从剧本创作着眼，那么这里中国现时话剧必须经济化的原则主要是从观众和剧场以及表演角度考虑的。由此可见，熊佛西提倡的"单纯主义"美学追求和在寓言型讽刺喜剧创作中实际体现出来的简约风致不仅是出于对艺术规律本身的某种认识，而且也从一个重要的方面反映出了中国话剧艺术在整个初创时期实践性的客观要求。最后，需要指出，在熊佛西喜剧寓言性总体特征的内部构成中，简约并不是一种独立的特色，它往往是在同怪诞、象征和概括等因素交相融合的过程中确立起自己的美学意义和艺术品位的。有时，它是它们的结果，有时，它又是它们的条件和前提；而更多的时候，它和它们却又是互为前提、互为因果的。总之，在熊佛西的喜剧中，上述这些因素通常是熔铸在一起的。如果一定要单独地谈论简约在熊佛西喜剧寓言型构建中的美学价值和意义，或许可以认为：简约是保证寓言性总体特征的一个必要条件，同时也正是简约向怪诞、象征和概括提出了高度的需求，从而使人能够充分领略到熊佛西喜剧特有的寓言美。

谈到熊佛西喜剧的怪诞性，我们需要先从夸张说起。夸张，对于喜剧的意义几乎是人所共知的。讽刺喜剧对它的依附性更大。而当艺术的夸张超过了某种限度，它就势必进入怪诞的领地。熊佛西的喜剧大多带有浓重的怪诞色彩，为此，它们时常受到不少人的白眼和小视。然而，在作家比较优秀的这类作品中，却往往包含了深沉的意蕴，反映出他认识和表现生活的独特方式。为了说明这个问题，我们不妨看一下《艺术家》和《苍蝇世界》，它们是熊佛西特有的寓言型喜剧中比较重要的两篇。《艺术家》中的林可梅，是"当今""第一流"的画家，极富天才，又颇为勤勉，创作不止但始终不能摆脱穷困的滋扰。他的每幅作品只能卖到五毛钱。不过，古玩铺的贾老板曾有话说：只要林可梅本人一死，其画每幅即可升值为五千元。最后，在贪心的妻子和兄弟扭持逼迫下，林可梅要"装死一年"，为林家获得十数万元的巨款。这里，情节的怪诞是显然的。表面上，喜剧冲突主要发生于林可梅和妻子的不同性格之间，一个忘情于艺术，一个追求的是金钱，两者的碰撞是必然的。但这种必然性并非源自两个人物性格的自

---

① 熊佛西：《写剧原理》，中华书局 1933 年版，第 21 页。

身,而是植根于客观的社会生活。因此,更深一步说,这种"怪诞"反映出来的是实际生活中的"异化":画,本是画家所为,是人的创造物,但到《艺术家》所表现的这种怪诞的情境中,人和人的创造物却难以共存,画的价值的肯定恰恰要以画者价值的否定为前提。这样,作为那个不要艺术,扼杀艺术的时代人类异化的外化,剧中的怪诞也就因而具有了较为深沉的含义。在一出闹剧的背后,我们看到了作者作为艺术家发自内心的悲哀。《苍蝇世界》的构想,看上去更为荒诞。剧中主人公是位自诩为"苍蝇博士"、"苍蝇专家"的杜先生。他"研究苍蝇之学二十余年",现自任"中华苍蝇扑灭会会长",雄心勃勃地开始了一场号召"四万万同胞联合起来"进行"驱逐苍蝇"的宣传运动。与此同时,他为募集捐款和争取"国联"资助在市内的滑稽胡同25号创办收购苍蝇的事务所,高价征求苍蝇。于是一时搞得沸沸扬扬,四乡纷纷成立了苍蝇制造公司和营造工厂,专以人工养殖苍蝇为业。轰轰烈烈的驱蝇运动带来的却是苍蝇空前绝后的大繁殖、大搬家、大集中,以致最后造成了一个乌烟瘴气肮脏透顶的"苍蝇世界"。口号和结果形成了尖锐的比照。当然,全剧真正的讽刺意蕴并不在这里。桑塔耶纳谈到"怪诞"时曾经提出过两个概念:"自然的可能性"和"内在的可能性"。他认为"怪诞"实际上是对生活外部形态的打破,其背离的是"自然的可能性",而非"内在的可能性"①。如果不去斤斤计较于他的个别术语的准确性,我们会发现这种认为怪诞美并不违反也不应违反事物发展内在可能性的看法是颇具见地的。《苍蝇世界》的怪诞正是如此。仅就作品反映出来的生活的外部表现形态看,那种专营苍蝇事业的人和事,当然纯属子虚乌有。然而,从作者在怪诞的情节构架中置放的尽管简单但又具有某种真实性的人物关系与生活细节观之,我们不难找到那种造成"怪诞"的"内在的可能性",这就是杜先生一类人的心口不一、言非若是以及对捐款赞助的垂涎。这样,剧本就为自己的成立奠定了内在的真实的基础,这里,"怪诞"之美也就同那种虚妄幻想制造出来的轻浮谑虐的类似物划清了界限,它不仅在现实人物性格之中为自己找到了完全合乎逻辑的并不怪诞的解释,而且在此基础上经历了由表层向深层的转化,并在转化中形成了一种对于生活的巨大穿透能力。也正是由于这种"穿透",人们才能更加深切地感受到作者对当时社会生活中随处可见的运动民众、招摇撞骗、中饱私囊等种种"功在党国"的"社会运动"的滑稽性的认识,感受到作者对它们艺术地表现出来的巨大轻蔑、讽刺和否定。总的说来,"怪诞"虽然有一双想象的翅膀,但它毕竟是从现实的大地上腾空而起的。就

---

① 〔美〕乔治·桑塔耶纳:《美感》,中国社会科学出版社1982年版,第175页。

这一点而论，熊佛西喜剧中的"怪诞"实际表现的是客观生活怪诞性的戏剧化过程。如果我们可以将其分为两个层次的话，那么，其深层结构是作为客观的怪诞因素的艺术凝聚而存在的，是对现实生活中"倒行逆施"、"虚伪狡诈"、"愚蠢癫狂[①]"等非理性本质的一种反映。这种反映过程同时又是作家表露自己对于这些"非理"和"怪诞"的情感的道德的审美评价的过程。而它的表层结构则以其明显的荒谬绝伦提示着人们不要在事物的表层驻留，而务必向事物的深层精进，唯此才能把握住作品真正的喜剧美之所在。这实践上也就自然地牵涉到另外一个问题：象征。

象征的优点，正和怪诞的优点一样，在于它能够打破"形"与"神"之间的正常联系，而将一种重新组合的创造性的可能和乐趣留在生活本质和生活表象之间。当然，在这方面，象征往往缺乏怪诞那种广泛灵活的自由度，但这并不妨碍它同样也能给人留下一种新奇而睿智的美感。只要我们稍微留意一下熊佛西绝大多数喜剧作品中的形神关系，就会发现这两者正是以象征的方式联结的。这种特殊的跳跃的联结方式因而也就为这类喜剧带来了特殊的风采。且看熊佛西的《喇叭》。这个剧本中的象征性意蕴是在两个方向上表现的。剧中的《喇叭》专家因为擅吹喇叭而失去了自己的姓名，同时也随之失掉了作为人的真实品格。他不但可以"一天吹到晚"，"用不着歇息"，而且"吹得圆转"、轻松，使听者"听了还要听"，直至"百听不厌"。然而，"吹"毕竟不能替代生活中的一切，三年的光阴，终于使人认清了"喇叭"的实质，原来，作为"人"的"喇叭"并不比作为"物"的"喇叭"更有用。于是，他只好在人们的厌恶与唾弃中赧然离去。作者在这里无情地指斥了那些徒尚空谈、不务实事而又吹牛拍马、哗众取宠的人，戳穿了他们腹内空空、身无所长、成事不足、败事有余的老底。与此同时，作品又通过冬姑一家由于受"喇叭"先生蛊惑而几致家破人亡的遭遇暗示了一味听信高调和逢迎的危害性。这样，作者在听者和吹者两个方面以象征的方式揭露和嘲讽了那个"好吹的世界"和"年头"。这里需要指出的是：熊佛西喜剧的象征美和人们常说的象征主义是大异其趣的，虽然它们确有相通之处，这主要表现在象征手法的运用上。"象征"(Symbol)，作为古希腊文的本义是指把一块木板分成两半，双方各执其一，以示接待的信物。这和它作为古汉语中的本义有相近之处。《周易》用卦爻等符号象征自然变化和人事休咎。《易·系辞下》曰："是故易者，象也，象也者，像也。"《礼记· 中庸》曰："无征不信。"其

---

① 熊佛西：《佛西论剧》，北平朴社 1928 年版，第 6 页。

后,它的含义又几经演化,逐渐发展成为"用具体事物表示某种抽象概念或思想感情"①的意思。就"寓理于象"这一点说,熊佛西的喜剧和象征主义戏剧确有明显的相近性,但相近并不等于相同,何况这种相近性又是就事物的表面意义而言的,表现手法的相同并不一定意味着美学追求的一致,而构成某种艺术系统主要审美特征的恰恰是后者而不是前者。象征主义主要的特征并不在象征手法运用本身,而在其通过象征、暗示、联想和通感所表示出来的对某种恍惚迷离、难以捉摸的内心隐秘的追求和内外世界间神秘的交感。客观地说,象征主义虽不故意去追求晦涩,但却常常明显地偏爱于那种半明半暗、忽明忽暗、明暗相间、神秘朦胧的"意象"②。熊佛西在二十年代中期曾经在美国留学,其间受过西方象征主义的一定影响,是很自然的事情。但有一点应当指出:从作者当时在美国创作的几个话剧剧本来看,这种象征主义的影响是极为有限的。在这些剧本中,只有《洋状元》是喜剧,作家在这里以戏谑、辛辣的笔锋讽刺了某些中国留学生不学无术、数典忘祖的丑恶嘴脸。剧中那种讽刺指向的具体性和直接性明显地阻碍了作品在运用象征方面的进展。从熊佛西喜剧整个演化的趋向来说,《洋状元》比较典型地代表的是它们的趣味性,而不是寓言性。熊佛西正式写作的第一篇喜剧是《偶像》,时间在 1922 年。剧中通过一对专以迷信活动为主要生计的兄弟贸然打碎庙内塑像而后又马上后悔的小故事影射了当时的破除迷信打倒偶像运动的不彻底性,暗寓了作者本人的启蒙主义思想。无论就其短小的篇幅,还是寄寓式的写法来看,《偶像》都是一篇典型的寓言型作品,其寓言性特征是极为明显的。因此,我们不妨将它视为熊佛西在 1927 年以后曾经一度大量写作的寓言型喜剧的滥觞,相形之下,《洋状元》当中的趣味性淹没了最初的寓言性。直到熊佛西回国以后,《偶像》表现出的寓言性特征才在其喜剧创作中取得宗主的地位。与此同时,趣味性也在寓言性的统摄下找到了自己的位置,成为寓言性内部构成的一部分,在这种情况下,它通常是以"怪诞"和"象征"的形式继续发挥着其特殊的魅力:就上述情况,特别是就熊佛西绝大部分喜剧的具体实际来看,其喜剧在象征的运用方面,似乎主要是受制于中国文化中的寓言传统和中国喜剧的民间性特征的影响。这些再加上讽刺文学本身对外在世界的执着精神,于是就从根本上决定了熊佛西喜剧象征的相对单纯性。它们主要反映的往往不是人心的隐秘、通感的神秘和意象的飘忽,而是一种用粗线条写在怪诞外壳之下

---

① 辞海编辑委员会:《辞海》,上海辞书出版社 1979 年版,第 461 页。
② 姜椿芳编:《中国大百科全书·外国文学》,中国大百科全书出版社 1982 年版,第 1125 页。

的人生哲理,一种对于外界乖谬与悖理的审美评价。这样,无论是就剧本所要表现的理性意蕴来说,还是就这一理性意蕴的具象化过程而言,它们都具有较大的确定性。而为了获得这种确定性,它们就不得不限制自己在形神关系上自由驰骋的权利,不得不留意具体物象和抽象观念之间的对应关系,甚至也牺牲了很大程度上的诗意的蕴藉,作为补偿,它们得到的是意蕴的明晰度和对于正处于初创时期的戏剧来说十分可贵的通俗性。这样,即便是一般观众在欣赏熊佛西戏剧的过程中也能随机产生必要的感悟,在冷嘲热讽的笑声中显示出不可轻慢的批判力量。

当我们把象征作为戏剧写作的一种表现手法,通过具体的形象或形象系列去表现与之有着某种关联的概念、思想和感情的时候,实际上已经把"概括"引进了论述的范围。一般来说,象征总要带有一定的抽象,而在思维科学中,抽象几乎又总是和概括联系在一起。寓言剧的"言"字,就往往表示着作家对于生活的某一结论。这使熊佛西喜剧在思想意蕴上一般都具有十分明显的概括性。《艺术家》是对艺术家在现实生活中地位和命运的概括;《喇叭》是对吹牛者和清谈家揭露性的概括;《一对近视眼》是对日常生活中某种哲理的概括;《裸体》是对假道学的概括,同时又昭示了青春和美的力量;《苍蝇世界》则是对居心叵测的"社会运动"者的概括;而《蟋蟀》则可以被认为是这类剧本中的代表作。《蟋蟀》写于1927年,是作家回国后的第一篇寓言型的喜剧。剧本的中心人物是幽古公主。她因父王死于兄弟之争而逃离故国,一直在世界各处飘泊,寻找光明和和平。最后,她来到产生过孔夫子的中国,本以为在这个古老的礼仪之邦能够找到自己所追求的幸福,然而,"哪知这里亦是与别国无异,每日所见所闻,只是残暴、忿恨、嫉妒、仇杀、贪婪、欺骗、自私、压迫、奸淫、烧杀……",于是觉得世界只是"一个人肉馆子",历史只是"一部血花史"。极度的失望使她渐渐染上一种"日夜思和平"的"完全是精神上的病",这种病只有和平山上的和平石才可救治。公主发下誓言:谁能找到那块石头,她便和谁结成伉俪,一时引来众多的求婚者。但公主只属意于周礼、周仁、周义兄弟三人,觉得他们才是真正能做到相亲相爱的典范。周氏三兄弟的父母去世十余载,兄弟间情深意笃,但一旦得到了公主的垂青,却很快发生了裂痕。三人都想独占公主,于是千方百计要骗过他人,以便单独寻找和平石,这种争斗愈演愈烈,以至最后在和平山上的和平之庙中公开地同室操戈。到了此时,公主才开始意识到:原来,和平石是在人们的心中,世界要想安宁,首先要保证人类自身的"内心和平"。这里的幽古公主,显然是个象征性的形象,集中表达了处于战乱连绵、民不聊生的艰难时世的人民对太平盛世极度的向往。为了找到通向幸福之门,她从幽古国中走来,走遍世界各地，因此，当她提出“人肉馆子”和“血花史”的结论时，这个结论本身也就自然具有了高度的概括性。作者通过公主的游踪及其结论表达了自己对于世界和历史的思考。在这种思考的背景下，作家让神奇的笔端指向了“神州”大地。作为全剧的中心，幽古公主必然又是一种线索式的人物。她的一端连接着周氏三兄弟，作家在这里除再次强调了手足相残的命题外，还着力揭露了仁、义、礼等传统封建道德伦理的虚伪性。这种传统的旧道德不仅不能禁止同胞手足间的残杀，反而使其变得更加微妙、更加伪善，因而也就更加复杂和残酷。幽古公主的另一端连接着丁图将军。后者不能算是全剧的重点人物，但却为剧中的喜剧美添加了一种明显的滑稽的色彩。作为插科打诨，作家塑造了这位荒淫、野蛮、冥顽，幻想以武力统一世界而达和平的“将军”，让这位统领数万健儿然而惧内的“小丑”在“神州饭店”，和“和平之庙”丑态百出。当然，事情绝不仅仅如此。从结构上说，丁图将军是一个有着明确的现实规定性的人物，全剧正是由于有了这样一个人物，人们才会在怪诞之中看出现实的真实来，才会毫不费力地发现剧本对于现实的军阀混战的尖刻针砭。正如莫里哀所说：“人受不了揶揄，人宁可作恶人，也不要作滑稽人。”①为了剧中这个人物，熊佛西险些送掉自己的性命。《蟋蟀》在艺专演出时，当时统治北平的奉系军阀派人来抓他，幸得友人事先通知，作家剃须发化装由后门逃出才幸免于难。就逻辑学的角度而言，概括的过程必然也是概念的外延扩大和内涵缩小同时发生的过程。而熊佛西在《蟋蟀》中的“概括”，却并没有因为世界性和历史性的思索而溶化掉现实的确定性。《蟋蟀》的演出风波或许可以作为一个例证。“人肉馆子”和“血花史”的结论，这是幽古公主，也是作者本人对世界的历史和现实的概括。那么，对于未来的概括又将如何？于是，随着丁图和周氏三兄弟寻找和平石的脚步，作者逐步引出了自己的又一结论。为了寻找和平之石，就在和平之山的和平之庙，人们却刀剑相加，视若寇仇，目的和手段之间呈现了极其鲜明的反差，全剧的中心意蕴也就在此，作者正是要通过这种背悖和逆差告诉世人一种哲理性的认识：以战非战是行不通的，走向和平石的径路是人心的平和。至此，作者终于完成了他对于历史、现实、未来的概括三部曲。在中国现代喜剧文学发展的最初十年里，能够在一篇四幕短剧中溶入如此高度概括的人生哲理，这是熊佛西喜剧所取得的可喜成果。通过这些哲理的概括流露出作者在笑与讽刺包裹之下的深沉的道德感，对人类的爱和对祖国、

---

① 〔法〕莫里哀：《〈达尔杜弗〉的序言》，《文艺理论译丛（第四册）》，人民文学出版社 1958 年版，第 122 页。

民族命运的思考，对极其动荡的社会现实的强烈反感，对和平幸福真诚的憧憬与渴求。作家怀着一种诚挚热切的情感似乎在对他的同胞说："人，应该彼此爱护，不应该相互残杀，如蟋蟀一般！"这一切使作家的理性概括不仅具有强烈而深沉的情感因素，而且具有了明显的进步性和人民性。同时，我们也无须隐讳，《蟋蟀》中的哲理式的概括又是不完全的，有着明显的唯心主义的特征。不加区分地反对一切战争是不科学的，如果说幽古国不过是一种想象的产物，那么用主观自省的方法达到非战的目的，同样也只能是一种乌托邦式的空想。只有通过正义的战争才能消灭非正义的战争，只有铲除私有制度，才能消灭战争产生的根源。显然，作家在认识到这些道理之前，还要走过一段漫长的途程。他是位有所建树的剧作家、卓有成效的教育家，却不是一位杰出的思想家。

　　综上所述，熊佛西喜剧的那种简约、象征、怪诞和概括的特殊构成向人们表明，在它们的脉管里奔涌着的更多的是中国文学的血液。这里主要是指一直存活在我国文学传统中的那种渊源久远的寓言化的美学风范。这种寓言化的倾向，应当说，早在先秦时代就已经初见端倪。先秦诸子当中，算不上寓言大师的人寥寥无几，可见寓言当时影响甚深。这些极为丰富的寓言总是散见于当时文学、历史、哲学等各类著作中，呈现着一种流散的状态。这种流散性，使我国古代文化史失却了产生《伊索寓言》式独立的寓言专集的机运，但作为补偿，它却极大扩张了寓言对整个社会精神与文化生活各个领域的渗透力，从而渐渐培植起了一种"寓真于诞，寓实于玄，于此见寓言之妙"①的寓言精神。这种精神可谓无所不在，包括书法艺术在内的中国古代文化艺术几乎所有的门类都受到它浸润。中国戏剧作为一种具有劝化讽喻功能的综合艺术受其影响势必要更大些。不妨这样说：几乎是从发轫之日始，中国戏剧就具备了一种十分明显的寓言性特征。中国的戏剧家们较少受客观世界外在形态的束缚，因而在艺术调度方面获得了一种较高的自由度；在形神关系上，则突出地表现为对于"神似"的追求。为了传神，可以相对灵活自如地简化、更换、改造事物的原来形态，当这种对于事物原有形态的艺术再造超过一定限度的时候，它就必然会趋向寓言，因此，无怪乎李渔在《闲情偶寄》卷一中说："传奇无实，大半皆寓言耳。"中国古典戏剧艺术的寓言性可以说是其抒情、传神、写意基本审美特征的一种外在表现形式，同时又是保证基本审美特征充分实现的重要前提条件之一。而这些作为沉淀在民族文化心理结构中的遗留物，对中国

---

① 转引自夏写时《论我国民族戏剧观的形成》，《戏剧艺术》1984 年第 1 期。

话剧的形成和发展产生影响显然是不可避免的。熊佛西作为当时建设现代民族戏剧的重要人物受其影响更为顺理成章。由于熊佛西本人对中国古典戏剧一直持有一种平正的态度,对蕴含其间的具有积极意义的美学因素更是怀有浓厚的兴趣,因此,这种影响对他来说,与其认为是被动的,不如认为是一种自觉而主动的美学追求。或许正是因为有了这种主动追求,作家早在大洋彼岸留学期间就已经立下了"建设中华国剧之宏愿"①。并且就是在观摩、学习西方现代戏剧艺术的狂热中,在异国的土地上,熊佛西和他的同学们仍然不忘要把祖国古典戏剧中的优秀作品搬上美国的舞台。主持戏剧系后,那种"以广博容纳之精神,树立研究与思想之自由"②的办学思想,则又使他一方面提出了戏剧系应办成新兴戏剧的实验中心、以学习现代话剧艺术为主的明确主张,一方面又十分重视对于我国戏曲艺术遗产的调查、整理和研究工作,积极提倡话剧工作者向古典戏剧优秀传统借鉴和学习。这些都使得熊佛西在这一时期的喜剧创作,出现了中西影响相互明显交融的趋向。如果说,熊佛西喜剧的社会性和趣味性更多地熔铸了西方现代戏剧的影响,那么,在寓言性问题上,作家更多地受到的是中国古典文化的熏陶。在考察我国古代文化寓言性形成的过程中,一些学者认为,它大体上是由三个方面决定的:古代思想家形象性的思辨方式,"文以载道"的伦理文化思想,传神写意的美学追求。用这些来直接解释熊佛西喜剧的寓言性特征虽然是远远不够的,但上述看法无疑是富有启示意义的。关于熊佛西喜剧寓言性形成的历史内涵,除上述三个方面外,我们至少还应补充以下几点:传统文化中寓言化特征,中国古典喜剧的民间性及其讽喻精神的顺态延续;中国新兴的现代话剧在其发展的初级阶段的实践性客观要求;现实生活中黑暗政治统治对于进步文艺的钳制和压迫,作家本人的启蒙主义思想和当时由于思想彷徨而对社会现实抱有的那种若即若离、不即不离的生活态度。正是这些因素的交互融会,促成了熊佛西喜剧以其简约、怪诞、象征和概括为具体构成方式的寓言性总体特征。熊佛西喜剧作为我国新喜剧中的一个过渡性的新品种,配合了当时艺术的戏剧运动和小剧场运动,为象征、比喻、夸张以及哲理性概括等艺术手段在话剧当中的运用提供了有益的尝试。它和幽默喜剧、风俗喜剧一样,从一个特殊的角度,为中国话剧艺术品位的提高、为它的现代化和民族化做出了自己的贡献。熊佛西的这类剧本在寓言般的形式中寄寓了比较广泛的社会的道德的世态的批判,同时也

① 转引自《现代戏剧家熊佛西》,中国戏剧出版社 1985 年版,第 15、78 页。
② 转引自《现代戏剧家熊佛西》,中国戏剧出版社 1985 年版,第 15、18 页。

充分体现了作家对于时代与人生独特的精神探索历程，因而具有比较积极的社会意义和一定的认识价值。

《蟋蟀》遭到北平军阀政府的禁演后，出于对安全感的需要和发抒内心积郁的要求，加上话剧通俗化的建设性思想的支配，使熊佛西的寓言型喜剧曾经出现过一个为时不长的创作高潮。1932年以后，他的喜剧作品明显减少，到1937年抗战爆发之前，在将近六年的时间里，仅仅写过一篇《屠户》，但这已经不能算是寓言剧，而成了名副其实的社会型喜剧。在这部较长的喜剧作品中，社会性的意蕴终于冲破寓言性的外壳而独立于世，随着这种寓言化创作倾向的终止，熊佛西也结束了其集中从事喜剧写作的阶段。从《偶像》这样的寓言剧开始，一直发展到《屠户》一类的社会型喜剧为止，这既是熊佛西个人喜剧创作演化的径路，同时又在一定程度上反映出整个新喜剧在抗战以前的发展过程中某些带有规律性的东西。寓言毕竟是一种体制较为短小的文学样式。大体言之，寓言型喜剧也只能适应话剧发展初期的一部分艺术需求。随着现代戏剧艺术在中国的迅速发展，寓言剧自身的局限性必然会一再表现出来。相对而言的较少的生活容量和类型化的人物形象终究为这类剧作的升级设下了路障。生命的奥秘在于运动，艺术的生命同样如此。当熊佛西喜剧极力从内容和形式两个方面使自己的艺术肌肤充盈丰腴的时候，势必同时意味着对于自身的突破。特别是淞沪会战之后，社会矛盾和民族危机的交错与激化，以咄咄逼人的态势向每一个剧作家施加了巨大的精神压力，要他们面对现实的挑战尽可能做出明确的回答。大批进步作家开始抛却了那种或明或暗、若即若离的生活态度，作品中社会性因素随之愈来愈加明朗、强烈。1932年，熊佛西开始了他闻名全国的定县农民戏剧运动，影响这个运动的改良主义理论固然限制了作家思想上的飞跃，但接触旧中国农村社会现实生活的结果必定带来了其喜剧中社会性因素的迅速集聚和强化，而后者终于使熊佛西喜剧突破了原有的格局，令以熊佛西喜剧为代表的、在二三十年代曾经喧阗一时的寓言型讽刺剧就这样在悄然的嬗变中退出了中国现代喜剧文学的舞台。这类寓言剧之成为明日黄花这一事实，并不意味着源远流长的寓言精神在中国话剧艺术中的湮灭，它经历了历史不断扬弃、筛选之后的借此喻彼、借近喻远、借浅喻深、借实喻虚的方法、技巧及实质性的精神再一次流散在中国现代戏剧中，化作一种艺术的基因而与之长存。说到熊佛西喜剧，其寓言性的艺术特征也并没有被完全摈弃，在作家后来创作的悲剧和正剧中，人们仍然能够不时地看到它的熠熠闪光。过高地评价作家那些以寓言性为其艺术特征的寓言型喜剧的成就是不适当的，但这丝毫不意味着人们不应当去探究一下这种已经逝去了的喜剧形态的具体构成和历史蕴涵，因为，从这里我们或许也能得到某些启示和借鉴，以作推动中国喜剧文学发展的助力。

完成于 1987 年 8 月 21 日晚

（原载《中国现代文学研究丛刊》1988 年第 1 期）

熊佛西的喜剧《艺术家》及其美学追求

胡德才

中国现代戏剧的拓荒者之一熊佛西(1900—1965)最先是以其戏剧创作发生影响并确立其在戏剧史上的地位的。在"五四"至三十年代初期,他已成为与田汉齐名的著名剧作家,当时的评论指出:"如其说田汉是南方剧坛的权威,则熊氏便是北方剧坛的泰斗了。"①因此,戏剧界曾有"南田北熊"的美誉。但我们的文学史、戏剧史向来对熊氏评价不高,有的因其强调"趣味",而斥之为"轻浮浅薄",有的则从政治的标准出发,仅突出其表现反帝爱国思想和揭露军阀统治黑暗的少数几个剧本。我认为熊佛西对中国现代戏剧的发展更有意义的贡献是他的喜剧创作及其独特的喜剧美学追求。当年,田汉在南方以创作感伤、抒情的悲剧为主而自成大家,北方的熊佛西正是以他的单纯有趣、通俗平易的喜剧而闻名遐迩。崇尚"单纯"、"趣味"是熊佛西的美学追求,其本质是对艺术技巧和民族审美心理以及戏剧审美主体(观众)的重视。著名作家柯灵在谈到向法国"佳构剧"大师斯克利布和萨尔都学习技巧时曾说:"我国新文艺界长期以来的一个特别'国情',就是害怕技巧,唯恐'以词害意'。其实思想性和技巧决不是对立物,倒是相依为命的连理枝。"②这是值得我们重视的。熊佛西的戏剧理论和创作当然并非完美无缺,但我们应该给予更客观公正的评价。三十年代,洪深编《中国新文学大系·戏剧集》时,虽然对他评价并不高,但还是选入了他的一部三幕喜剧《洋状元》,认为"这也代表一种作风"③。如果说《洋状元》是他的多幕喜剧的代表,那么《艺术家》则是他的独幕喜剧中的优秀之作。

一、熊佛西的美学追求:"单纯"与"趣味"

中国现代喜剧创作是随着胡适自称为"游戏的喜剧"《终身大事》(1919)的出现而拉开序幕的,现代喜剧观念也逐步得以确立。随后,陈大悲、丁西林等人的剧作显示出现代喜剧创作的实绩,尤其是丁西林的独幕剧在新文学诞生的初期就为现代喜剧赢得

① 罗芳洲:《〈现代中国戏剧选〉序》,上海亚细亚书局1933年版。
② 柯灵:《〈李健吾剧作选〉序言》,中国戏剧出版社1982年版。
③ 洪深:《现代戏剧导论》,《洪深文集》第四卷,中国戏剧出版社1959年版。

了较高的声誉。而随后，从理论到实践为现代喜剧的发展推波助澜、用力更多的则当推熊佛西。

从文学为人生的立场出发，熊佛西有感于"五四"之后中国社会变化的迅速，而民众缺少合作精神，腐败现象随处可见，他极力呼吁喜剧的重要。他说："喜剧更是今日社会的急需。因为喜剧完全是团体生活的表现，社会缩影的批评。"所以，"我们想达到全国人民合作的地步，必得急速提倡团体生活的艺术——喜剧。"①他的《写剧原理》一书中的《喜剧》一文，较全面地考察了从亚里士多德到柏格森的喜剧理论，他力图从心理学、社会学的角度对喜剧的笑给以界说，并且对喜剧的四种形态（滑稽、讽刺、机智、幽默）作了较细致而精辟的比较论述，对喜剧结构、创作手法也提出了一些可供借鉴的经验。这是我国现代较早出现的一篇完整的喜剧美学专论。在文章最后，作者感叹"中国今日的民众太沉闷了"。中国人民因受了几千年来家族制度的束缚，向来不苟言笑，而现在不应再沉默了。他"希望我们的民众今后竟可不言，但不可不笑。笑笑我们的社会，笑笑我们自己；笑笑一切的横蛮，笑笑一切的非理。"熊佛西对喜剧的认识未必都很正确，但他从理论上极力倡导并努力实践则无疑对现代喜剧的发展起到了积极的推动作用。

与热情倡导喜剧有关的，是熊佛西对戏剧"趣味"的强调。他的喜剧，亦常被人称作"趣剧"。"趣"是喜剧的美学特征之一。中国现代早期喜剧作家大多注重艺术技巧，讲究趣味，如陈大悲、丁西林、熊佛西、余上沅等，现在也有人把他们视为一个"趣剧流派"。熊佛西倡导"趣味"，在中国现代喜剧美学建设上的积极意义，近年已得到一些肯定，被认为"有利于喜剧的发展"②。

熊佛西在《戏剧与趣味》一文里提出："任何派别的剧本，只要其中蕴蓄着无穷的趣味，即是上品。"这一句话也就是他后来遭到种种轻视与非议的一个证据。如果我们作一些具体的分析，将会得出一些较为公允的结论。

其一，熊佛西强调的"趣味"，不是低级趣味。过去一段时期，在一些人的心中，仿佛一提"趣味"就是低级的。其实，趣味的高低，熊佛西分得很清楚，就在同一篇文章里，作者指出，趣味有高低之分，"高级趣味者爱读《红楼梦》，低级趣味者则爱看《灯草和尚》（民间流行的一种淫书）；高级趣味者对于唐宋名画欣赏不已，低级趣味者对于街

---

① 熊佛西：《戏剧与中国》，《现代戏剧家熊佛西》，中国戏剧出版社 1985 年版。
② 陈白尘、董健主编：《中国现代戏剧史稿》，中国戏剧出版社 1989 年版。

头巷口匠人之涂抹津津有味"。他是反对在戏剧中以感官刺激等低级趣味去迎合观众的。他所追求的成功的戏剧，是"在作品中处处使观众发生趣味，发生高级的趣味"①。

其二，熊佛西强调"趣味"是从观众出发的，是对戏剧审美主体的高度重视。所以，他认为要写出成功的戏剧，"唯一的方法是研究观众的心理"，"因为戏剧是以观众为对象的艺术，无观众即无戏剧。无论你的剧本艺术是何等的高超或低微，假如离开了观众的趣味与欣赏力，其价值必等于零"。②而他的观众，则是广大的中国民众。他说："大多数的人看得懂，大多数的人看得有趣味的戏剧，就是我们需要的戏剧。"③因此，他对戏剧"趣味"的美学追求是基于对广大民众的审美心理和民族特有的欣赏习惯的尊重。

其三，熊佛西强调"趣味"是对戏剧艺术技巧的重视。他认为戏剧的功用是给人们"高尚的娱乐"，而"真正的娱乐""已负有与人快愉、教训两大要素"。④即所谓"寓教于乐"。而戏剧要通过娱乐达到教育的目的，它本身必须具有美感，必须有趣，必须有吸引人的魅力，所以必须注重艺术技巧。熊佛西的"趣味"说正是从戏剧美学的角度提出来的，他并没有注重美的形式而削弱思想内容的意思。我们当然不能夸大趣味在戏剧中的作用，但如果走向反面，抹煞审美趣味在戏剧中的地位，那也将是对戏剧的美学价值的取消。

"单纯"，是熊佛西的又一美学追求。他主张戏剧必须符合既经济又有美感的原则，这就是他的"单纯主义"。他对"单纯之美"的追求，就像他倡导"趣味"一样，一方面也是着眼于观众。他曾赞同当时左翼剧运提倡的"普罗戏剧"，同时指出："不过普罗戏剧作家务必要运用极单纯的技巧，人物要简略，布景要简单，内容要精粹。……因为普罗阶级即是无产阶级，也即是无闲阶级。无产无闲的人，应该如何的经济，应该如何的简省！"⑤这位出身于山区农村的戏剧家，时刻不忘广大的工农大众，作为贫苦农民的儿子，他始终对穷困的父老兄弟怀着一种温爱。他强调"趣味"，力主"单纯"，都是为了使话剧这一外来形式能为中国广大的老百姓所能够接受和乐于欣赏。正是这种农家子的本色影响着他的戏剧美学追求。同时，中国广大民众的审美要求与趣味，也正是我们民族审美心理的沉淀与反映。因此，他认为单纯并不是不美，"就艺术方面讲，单

①　熊佛西：《戏剧与趣味》，《写剧原理》，中华书局1933年版。
②　熊佛西：《戏剧与趣味》，《写剧原理》，中华书局1933年版。
③　熊佛西：《戏剧与趣味》，《写剧原理》，中华书局1933年版。
④　熊佛西：《论剧》，《现代戏剧家熊佛西》，中国戏剧出版社1985年版。
⑤　熊佛西：《单纯主义》，《写剧原理》，中华书局1933年版。

纯不仅极经济,而且最美丽。我们看名家之画,虽然寥寥几笔,而无一笔乱,半笔废,笔笔有道,笔笔有神"①。而且以单纯的艺术表现复杂的人生,更需要艺术上的锤炼,更能显示艺术家的功力。所以,熊佛西的美学追求又是适应我们民族审美心理要求的,与我国传统美学讲究精炼、含蓄、神似等等也是相通的。

熊佛西的戏剧创作当然并未都能达到他所追求的理想境界,但他的作品中所体现的美学追求仍然是鲜明而突出的。"平凡而生动的故事,单纯而有趣的情节,朴实无华的语言,构成了熊佛西喜剧通俗平易的特点。"②他作为我国话剧的拓荒者中间一位一直致力于大众戏剧的实干家,是不应被忘记的。

二、单纯有趣的《艺术家》

熊佛西的主要喜剧作品有《新闻记者》、《偶像》、《洋状元》、《艺术家》、《一对近视眼》、《裸体》、《苍蝇世界》、《模特儿》等。《艺术家》(1928)是熊佛西赴美留学回国之后主持北京国立艺术专门学校戏剧系期间创作的一部重要独幕喜剧。从留学美国到主持戏剧系(1923—1931),是熊佛西戏剧创作生涯中的黄金时期,他的戏剧艺术已臻于成熟,这一时期的剧作,也最为鲜明地体现出他的美学追求与艺术风格。

艺术家生前穷困潦倒,虽有不世之才,其作品却无人问津,一文不值;而一旦死去,则声誉鹊起,其大小作品无不抢手,被奉为无价之宝。这种不重生人重死人、不爱艺术爱金钱的可笑现象无疑是喜剧的好题材,但就此构思,还只是更多地停留于对一种较普遍的社会心理的讽刺和揭露。这种社会心理,就如熊佛西借自己笔下的人物之口所说:"不管好人坏人,只要他死了,人们就恭维他。你只要跑到祭堂里去,看着那些挽联,便知道'死'的好处。"(《艺术家》)但假若这艺术家并未真死,而是自己的亲人想出此种生财之道而逼他"装死",这就带上了更多的喜剧色彩。而这亲人竟就是艺术家自己的妻子和兄弟,那非常赏识艺术家的作品的卖主一旦得知真相,为了作品尽快脱手,从中牟利,也只能叫艺术家"限期死亡"。而这一场肮脏的交易就在被迫假装"死去"的艺术家眼皮底下进行,那就更滑稽可笑了。亲人的无情,商人的重利,在此都赤裸裸地暴露无遗,熊佛西的独幕喜剧《艺术家》正是基于这样一种巧妙的构思。

剧中的艺术家林可梅是个"天才的画家",同时也是个"穷鬼",过着吃了上顿愁下

① 熊佛西:《单纯主义》,《写剧原理》,中华书局 1933 年版。
② 张东:《中国现代喜剧风格论》,《话剧文学研究(一)》,中国戏剧出版社 1987 年版。

顿的贫困生活。他酷爱艺术，埋头作画，可家里无米无油，无钱付房租。为了维持生活，他只有卖画度日，可他选出两张自以为价值千元的"得意之作"让弟弟去卖，结果只换回一块钱的现洋。人们仿佛都很赏识他，说他是"中国现代第一流的画家"，"有创造的天才"，那个古玩铺的掌柜甚至说，他的画是前无古人，后无来者，中国的画风，到他手上是一大转机，说他的画"打破了中国画一切传统的思想，独辟天地，很有革命的精神"！可是这些画必须在他死后才能卖到高价，现在只值五毛钱的等他死后可卖到五千。画家的妻子和弟弟由此发现，他们唯一的生财之道就是让画家死去。画家说："我的杰作还未画完，我是死不得的。"弟弟说："倘若你不死，你的杰作永远不会成为杰作！"妻子则说："为了我的金刚钻，为了我的摩托车，你不能不死！"可活生生的人也不能说死就死，于是，他们便想出了"装死"的妙法。画家无可奈何，只好被迫"死去"。正当画家的妻子面对残烛和"尸体"放声大哭的时候，其弟领来了买画的贾掌柜。林弟自称其兄得急症死亡，愿意出售其所有作品。于是几经交涉，讨价还价，最后以八万五的价钱成交，并立下字据为凭。剧情发展至此，人物各得其所，似已可告一段落。但这样未免有些简单，不足以满足读者和观众对喜剧的审美心理要求。喜剧情境的最大特点就是奇诡莫测，变化多端。观众"爱的是惊涛骇浪，一浪高似一浪"①。熊佛西很欣赏大仲马对小仲马写剧的告诫：开头清楚，结尾简短，整个戏生动有趣。他也曾强调说，一个剧本"身部要有风波"②。风波迭起，趣味横生，这样才有吸引力，才会使观众发生无限兴趣。韦尔特在他的《独幕剧编剧技巧》一书里，曾以兴趣作为结构技巧的贯穿线，认为"戏的开场是抓住兴趣，戏的发展是增加兴趣，转机或高潮是提高兴趣，戏的结束是满足兴趣。"若以此为标准，熊佛西的《艺术家》称得上是他所说的这样"一部好的独幕剧"③。

画家的妻子和弟弟高高兴兴拿着支票去银行兑钱。画家则"死"而复活，重又摆起画架，继续他那张未完成的杰作。这时贾掌柜来取货，二人对面相逢不相识，喜剧情境再次出现。而掌柜一旦得知真相，随即大呼上当，并要求立即退钱，这时林妻与弟弟回来，又开始一场新的交易。林妻与弟弟决不肯退钱，贾掌柜做这笔生意也不能亏本，所以，这场官司打到最后，是贾掌柜加价三万，让林妻与弟弟把画家"再弄死一次"。但"并不要他死久，只要他再死一年就够了"，"因为在他死的这一年中间，我可以把画统

① 李健吾：《写戏漫谈》，《李健吾戏剧评论选》，中国戏剧出版社1982年版。
② 熊佛西：《写剧方法》，《写剧原理》，中华书局1933年版。
③ 转引自顾仲彝《编剧理论与技巧》，中国戏剧出版社1981年版。

统卖完；只要他的画卖完了，他再死与不死，与我就毫不相干！"完全是利欲熏心的商人口吻。重利轻义、贪婪薄情的林妻与弟弟也乐得如此，正如林妻所说："我倒舍不得你真死！真死只有一次，假死可以有无数一次！"到全剧结束的时候，林妻死命将丈夫弄倒地下，再一次用白布罩住他的脸，弟弟忙着点蜡烛，林妻又咿喔呀喔地嚎啕大哭起来。贾掌柜心满意足，一面忙着收集室内图画，一面说："这好极了！只要这样就够了！等到他的画统统卖完了，我再来通知你们！"大幕到此降下，既干净利落，又余味深长。

熊佛西重视戏剧艺术的趣味性，他的每一部喜剧，几乎都可浓缩为一个趣味盎然的小故事，《艺术家》也正是如此。情节并不复杂，故事却生动有趣。和丁西林喜剧曲折、含蓄的韵味不同，熊佛西更喜欢热闹、开心的气氛。在他的喜剧中，常常出现很热闹而近于闹剧的场面，具有浓烈的喜剧色彩，他不仅要让观众流露微笑，更要让观众开心大笑。所以他注重对生活中喜剧性矛盾的揭示，剧中常有违背常情常理的奇特事情。因为，"令人发笑的事物，必是离开我们心智的判别标准太远"，"'常'不能使人笑，'反常'才使人笑"，所以，"他只知道把些可笑的事迹写入他的剧本"①。这既是熊佛西对喜剧艺术的理解与追求，也是独幕剧尤其是独幕喜剧这种体裁本身对题材的要求。契诃夫甚至说："在独幕剧里应当写荒唐事——独幕剧的力量就在这儿。"②契诃夫的独幕喜剧《求婚》里的地主洛莫夫去向另一地主的女儿娜妲丽亚求婚，可后来竟酿成一场争吵和恶骂，熊佛西的《艺术家》里的画家竟一死再死，这都可算作契诃夫所说的"荒唐事"，而喜剧性就包蕴在这荒唐之中，读者和观众就由此发出轻蔑的笑声。

熊佛西还认为："笑要深刻，要有声有色，非用陪衬法不可。"③所谓"陪衬"，亦即一种对比，对比是喜剧中最常见的手法之一，熊佛西尤为推崇。《艺术家》的喜剧性几乎都建立在对比之上。艺术的"无用"与金钱的魔力，画家死前的一钱不值与死后的身价倍增，商人的利欲熏心与画家的操守如一，弟弟的圆滑与哥哥的耿直，妻子的浅薄寡情、追求享受与丈夫的热爱艺术、乐在其中，无不形成鲜明的对比。在对比中喜剧性矛盾得以突出，作品的思想意义也就寓于其中。

《艺术家》全剧只有四个人物，篇幅不长，布景简单。剧情就在画家林可梅的画室展开，背景就是满壁所挂的画家的作品。剧情单一，结构紧凑，条理清晰，一丝不乱。人物语言简洁明快，但动作性强。如剧作的开场，林妻向林要钱，一连问五个"你知道

---

① 熊佛西：《喜剧》，《写剧原理》，中华书局1933年版。
② 〔俄〕契诃夫：《对剧作家进一言》，《外国现代剧作家论剧作》，中国社会科学出版社1982年版。
③ 熊佛西：《喜剧》，《写剧原理》，中华书局1933年版。

吗"？林可梅埋头作画，一连回答五个"我知道"。虽寥寥数语，但抓住了人物喜剧性格的对比，把戏写得很足，幕布一拉开，就洋溢出浓烈的喜剧气氛，而且悬念顿生，让人欲罢不能，具有引人入胜的效果。这种特色贯穿全剧终始。作者认为："以单纯的艺术而表现复杂的人生，正是艺术家应有的能力。"①这正和契诃夫的名言"简练是才能的姊妹"②的意思一样。作者写剧，用笔经济，作品精练、单纯，但却"处处有趣味，处处有吸力"③。能以"几个主要的角色，表达一个精彩的思想"④，既经济又美丽。《艺术家》一剧就达到了他所追求的这一艺术境界：单纯有趣，雅俗共赏。

三、《艺术家》与《亲爱的死者》

"五四"时期，熊佛西考入燕京大学读书，置身于新文化运动中心的北京，开始经受新思潮的洗礼，并有机会开始广泛阅读莎士比亚、易卜生等欧洲戏剧大师的作品，同时开始尝试运用欧洲近代戏剧理论及编剧方法创作话剧剧本。1924 年结集出版的《青春底悲哀》中的四个剧本就是这一时期的主要收获。1923 年，他得以赴美留学，在美期间，又结识了余上沅、赵太侔、闻一多等几位热心戏剧的朋友。同时，他有机会更多地了解到欧美戏剧现状，也更广泛深入地接触了欧美戏剧作品，特别是莫里哀以及英国自王政复辟以来的一些喜剧大师的作品，如康格里夫、谢立丹和当时正流行于欧美剧坛的格莱葛瑞夫人、霍顿等人的剧作。这对他的创作产生了一些影响，在美期间，他就创作了《洋状元》、《一片爱国心》等剧本。1926 年，熊佛西获文学硕士学位回国，继赵太侔、余上沅之后，主持北京艺专戏剧系达六年之久，他研究西方戏剧颇有心得，在戏剧系讲授戏剧理论和编剧技巧，并有《佛西论剧》(1928)、《写剧原理》(1933)等理论著作出版。如前所述，熊佛西在戏剧理论和创作上有自己独特的美学追求，他的创作深受西方现代戏剧的影响，但他决不是生搬硬套，简单摹仿。熊佛西戏剧创作的一个突出特点就是将欧美戏剧的编剧技巧同我国民族的欣赏习惯结合起来，从而展示出自己独特的艺术风格。所以，同是深受英国近代戏剧的影响，丁西林、王文显的剧作留有更明显的运用技巧的痕迹和绅士式的机智与幽默，熊佛西的喜剧则加进了更多的民族的欣赏趣味和农民式的单纯与质朴。

---

① 熊佛西：《单纯主义》，《写剧原理》，中华书局 1933 年版。
② 〔俄〕契诃夫：《对剧作家进一言》，《外国现代剧作家论剧作》，中国社会科学出版社 1982 年版。
③ 熊佛西：《单纯主义》，《写剧原理》，中华书局 1933 年版。
④ 熊佛西：《单纯主义》，《写剧原理》，中华书局 1933 年版。

　　《亲爱的死者》（*The Dear Departed*）是本世纪初英国剧作家霍顿（William Stanleg Houghton，1881—1913）的一部著名独幕喜剧，创作并演出于 1908 年，是作者的处女作，也是成名作。剧本演出之后，在当时极为流行，不久就有外文译本，并在各国演出。"在美国的小剧场运动中经常被采用为演出剧目，成为郝登（今译霍顿）的纪念碑作品。"①熊佛西留美期间，正是美国小剧场运动的鼎盛时期，②这位住在纽约热心戏剧常去剧院看戏的剧作家不会不知道霍顿的剧本。而且，早在 1925 年，我国就有顾仲彝的改编本《同胞姐妹》出版（真善美书店本），③"在三十年代，我国各大学剧团也曾多次上演过"④。后来又有多种改编本和译本发表和演出。⑤ 这部作品已成为我国人民所熟悉和喜爱的世界著名独幕喜剧之一。

　　霍顿的剧本反映的是英国下层中产阶级的家庭生活。剧中写一老头阿拜尔有两个女儿，因他年老，都不愿赡养，全剧开始时，他正暂住大女儿斯雷特太太家。某天早上，他上街喝酒有些醉意，回来倒头便睡。斯雷特太太却误认为父亲已死，一面通知妹妹前来奔丧，一面和丈夫亨利商量抢占父亲的遗产。妹妹觉登太太和丈夫布恩匆匆赶来，也不上楼去看"死去"的父亲，他们关心的仍然是父亲留下的财物。于是四人坐在客厅，一面吃茶点，一面围绕父亲的遗产互相勾心斗角，唇枪舌剑，互不相让。可阿拜尔没死，正当姐妹俩闹得不可开交的时候，他从楼上走了下来。姐妹俩尽管百般遮掩，仍出尽洋相。阿拜尔很快就明白真相，随后告诉女儿："我马上要重新立一个遗嘱，凡是将来我死的时候谁和我住在一起，我就把我全部的东西留给谁。"这又引得两个女儿争着要和父亲住在一起，并互相指责对方不孝。可是精明的阿拜尔知道女儿并不是真心，他早有打算，于是当众宣布，下周要做三件事：一是找律师重立遗嘱，二是付保险金，三是到教堂去和酒店的女掌柜结婚。这一讽刺喜剧情节奇妙，结构完整，寓意深刻。作者对资本主义社会中子女的贪婪自私、唯利是图、薄情寡义给予了无情的讽刺

---

① 施蛰存、海岑编：《外国独幕剧选》，上海文艺出版社 1981 年版。
② 1914 年至 1925 年，美国现代戏剧运动形成高潮，并延续达 25 年之久。短时期内，小剧院在美国各地纷纷成立，仅 1912 年至 1924 年，全国共建起这类剧院达五百多个。参见〔美〕威勒德·索普著，濮阳翔、李成秀译：《二十世纪美国文学》第三章"戏剧插曲（1915—1940）"，北京师范大学出版社 1984 年版。
③ 陈瘦竹：《戏剧理论文集》，中国戏剧出版社 1988 版。
④ 施蛰存、海岑编：《外国独幕剧选》第一集，上海文艺出版社 1981 年版。
⑤ 芳信的译本，题为《亲爱的死者》；1963 年发表于《世界文学》月刊的庄绎传译本，题为《故去的亲人》；七十年代末八十年代初在上海等地演出的改编本，题为《如此无情》；1982 年第 2 期《名作欣赏》发表的周锡山译本，题为《亲爱者离去》。施蛰存、海岑所编《外国独幕剧选》第一集的首篇就是这一名剧，系庄绎传译本。

和揭露。

　　我认为熊佛西的《艺术家》和霍顿的《亲爱的死者》颇有些联系。也许可以认为，熊佛西的《艺术家》，在构思上曾受到霍顿这一剧本的启发和影响。

　　首先，在结构上，这两部剧作的全部喜剧性都建立在一个共同的假设之上，即人物的"假死"。在理论上，熊佛西把这称作喜剧里的"局势"（Situation），并认为这是产生喜剧性的最有效方法之一。他说："喜剧的结构也是象悲剧一样，应该紧凑严密，但有一点喜剧特别注重，就是'局势'（Situation）。莫里哀、莎士比亚、康贵夫（今译康格里夫）、谢里敦（今译谢立丹）的喜剧虽是多方成功的集合，然而它们巧妙的局势实在占有重要的地位。"①而在独幕喜剧里，这种"局势"可以说是全剧构思的关键和全部喜剧性产生的基础。熊佛西曾将《艺术家》里的"装死"和谢立丹的著名世态喜剧《造谣学校》里的"屏风"相提并论。其实，和它更相似的是霍顿的《亲爱的死者》，只是一个是误认为死，一个是被迫"装死"，但人物都并未真死，而是"假死"。两剧的喜剧性正是首先来自这一共同的"假相"，这是全剧结构的关键和基础。

　　其次，在人物设置上，两剧亦有相似之处。霍顿的剧本 *The Dear Departed* 的中文译本，题目译法各不相同，而译作《亲爱的死者》是较为恰当的，不仅符合原题的本意，而且作为讽刺喜剧，与全剧风格一致，既含讽刺意义，又颇耐人寻味；既点明了支撑全剧结构的"局势"，又交待了人物之间的关系。熊佛西的《艺术家》也是写的"亲爱的死者"，只是它不像霍顿的剧作集中揭露亲人的贪婪自私、冷酷无情，而且还突出了艺术与金钱的矛盾，所以题为《艺术家》更有深意。但人物关系的设置则如出一辙，误认为死和逼迫装死的人与"死者"的关系同为至亲骨肉，在《亲爱的死者》里是父亲和两个亲生女儿，在《艺术家》里则是丈夫和自己的妻子及同胞兄弟。正因为是关系最为密切的亲人，所以喜剧性才更为强烈，揭露也更为深刻有力。

　　与此相联系，在剧作的思想寓意上，二剧亦有相通处。那就是揭露金钱对人的诱惑腐蚀与亲人的自私无情。而亲人的无情，正是因为金钱的诱惑。《亲爱的死者》中的阿拜尔因喝酒稍多而糊涂睡去，这本是常有的生活现象，女儿斯雷特太太竟误以为他已断气，这正是因为她身心早被铜臭污染所致。她粗俗泼辣、贪婪自私，对父亲毫无感情，在她的潜意识中，是希望父亲早点死去，以便拿到遗产，所以才会有这种判断，从而闹出一场笑话。妹妹觉登太太和姐姐一样唯利是图，名是来奔丧，实是来夺财。所以

① 熊佛西：《喜剧》，《写剧原理》，中华书局 1933 年版。

到来之后,也不去楼上看看"死去"的父亲,而是为争夺财产与姐姐勾心斗角,尔虞我诈,以至一误再误,最后丑态百出。总之,推动剧情发展,促使人物行动的力量之源,就是为了钱。《艺术家》里的林妻与弟弟虽然不像霍顿笔下的同胞姐妹如此冷酷无情、卑鄙可耻,然而他们一切行为的动机、目的则没有区别,仍然是为了钱。为了钱,他们才想出让画家"装死"的生财之道,为了得到更多的钱,他们才让画家一死再死。只是熊佛西的剧作更偏重于揭露艺术与金钱的矛盾,讽刺一种只爱钞票不爱人才的社会心态与社会现象,所以人物虽然也自私无情,但多少有些出于无奈。霍顿的讽刺是尖锐而辛辣的,熊佛西的批评则较为轻松和温和。

霍顿和熊佛西都善于运用"嘲弄"这一喜剧手法,创造喜剧情势,造成令人捧腹的喜剧效果。《亲爱的死者》中的阿拜尔"死"而复生,使得观众和读者觉得十分惊奇,而他的两个女儿女婿则感到惊恐万状。女儿女婿以为他已死,正为遗产问题吵闹不休,观众和读者清清楚楚,但阿拜尔却被蒙在鼓里,这就形成了喜剧的"嘲弄",所以,阿拜尔一出场,剧情即进入高潮,女儿女婿处境非常尴尬,而他们愈狼狈,就有愈有戏剧性,愈是使人觉得滑稽可笑。熊佛西的《艺术家》中,林妻与弟弟为了发财,强迫林可梅躺下装死,然后点燃蜡烛,放声大哭。而古玩铺的贾掌柜却一无所知,他在这样的特定喜剧情势下到来,他一出场,也就马上将剧中喜剧性矛盾推向新的阶段,从而形成笑话百出的喜剧场面。由此,对不重生人重死人,只爱钞票不爱艺术的金钱世界给予了有力的嘲讽。此外,在撰写人物台词的技巧上,二剧亦时有相似处。如《亲爱的死者》中斯雷特太太要赶在妹妹到来之前和丈夫亨利把父亲的写字台从楼上抬下来,与丈夫有这样一段对话:

斯雷特太太 亨利,咱干么不马上把它抬下来搁在这儿?不等他们来到。咱就弄完了。

亨利 (目瞪口呆)我不干。

斯雷特太太 别那么傻啦。干么不干呢?

亨利 未免太不文雅了吧。

《艺术家》中林妻一面要林弟去叫贾掌柜来买画,一面逼丈夫赶在贾掌柜到来之前假装死去。她与丈夫的对话如下:

　　妻　好极了，这个法子好极了！现在我们马上假装起来！你赶快去找贾掌柜来罢。越快越好！

　　林　慢点，慢点，我看这个法子很不妥当，因为这里面带着一点欺骗的色彩。

　　妻　你少傻点罢，还不乖乖的替我睡下！

　　林　我不能干这种不道德的事情！

　　在这里，两剧的喜剧情境、人物关系及性格对比、语气口吻都是颇为相似的。我们通过以上比较，意在说明欧美现代戏剧对熊佛西戏剧创作的影响，他的《艺术家》一剧的创作就明显受到霍顿《亲爱的死者》一剧的启发。另一方面也说明任何一种文学样式，无论中外，都有其共同的创作规律和技巧，可以总结和借鉴。

　　但霍顿的《亲爱的死者》和熊佛西的《艺术家》是各有其成就和特色的。霍顿的剧作虽然故事奇妙，情节夸张，但作者一切从人物性格着眼，夸张而不失真，可称得上一部杰出的现实主义讽刺喜剧，具有清新而凝重的风格。作者尤重人物性格的刻画，阿拜尔老而不昏，善于观察而富有心机，斯雷特太太贪婪自私，唯利是图，妹妹觉登太太狡猾尖刻，冷酷无情，亨利迟钝而较厚道，布恩乐天而又幽默，人物个个性格鲜明，栩栩如生。熊佛西的《艺术家》则更注重故事的生动有趣，而轻于人物性格描写，剧中人物更多的是具有同类人物的某种特征，而较少鲜明独特的个性。《亲爱的死者》中阿拜尔被误以为死，是作者基于对人物性格的真实刻画，入情入理；《艺术家》中的林可梅被逼装死，则更多的是出于故事生动有趣的需要，带有一定的闹剧色彩。就现实主义深度说，熊佛西的《艺术家》比霍顿的《亲爱的死者》有所不及。但《艺术家》剧情生动，语言简洁，动作性强。全剧精练、单纯，趣味横生，具有通俗、平易、雅俗共赏的特点，这正体现了熊佛西独特的美学追求和艺术风格。

　　如果以上分析能够成立的话，那么，也许可以认为《艺术家》称得上是熊佛西借鉴西方戏剧技巧而别出心裁的一个范例。

（原载《戏剧艺术》1991年第3期）

第二编

戏剧教育研究

熊佛西戏剧教育思想概论

谢　明

熊佛西是我国近代最著名的一位戏剧教育家。当然,他还是一位优秀的剧作家、戏剧理论家、导演、戏剧运动出色的活动家。他从解放前的二十年代二十六岁起,直到解放后在六十五岁去世,几十年来用毕生的精力从事戏剧教育事业始终不渝,要在中国找出第二个这样的戏剧教育家,显然不是一件容易的事。或许可以这样说:要是不了解熊佛西,就等于不了解中国近代戏剧教育史。今天,在话剧、电影,以至戏曲、歌剧、舞剧诸领域里,遍布着他的学生,桃李满艺园。在茫茫黑夜的旧中国,他曾走过崎岖的道路,但执着地追求进步和光明;为了培育戏剧事业的一代新人,他在那片荆棘丛生的土地上,留下了辛勤的足迹。

回顾熊佛西戏剧教育思想的历程,可以分为三个阶段,即:(一)国立北平大学艺术学院戏剧系时期;(二)河北定县平民戏剧实验时期;(三)四川省立剧专和上海实验戏剧学校时期。

一、点燃了戏剧教育的火焰

一九二六年秋天,二十六岁的青年熊佛西刚从美国留学归来,立即受聘于北京艺术专门学校(一九二八年改名国立北平大学艺术学院)担任戏剧系主任。今天的观念,大学系主任必是老迈年高的学者,那就不免对熊佛西当时挑起系主任重担过于年轻略感意外。不过,也可以从"关系学"浅显地了解为,艺专的教务主任闻一多是熊佛西留美时的同窗好友;何况那个时代,去国外学习戏剧的人真是凤毛麟角、屈指可数,因此主持"艺专"戏剧系的重任,便十分自然地落在熊佛西肩上。事实的表象似乎是一种偶然和机遇,然而在表象的深层却蕴藏着必然的逻辑。那就是本世纪二十、三十年代,残酷的现实把中国很多优秀的知识分子推向反帝、反封建的战斗行列,少年时代的熊佛西便怀着用戏剧唤醒民众、改造社会的壮志,走向新兴的话剧运动之中,并成为杰出的戏剧教育家。

中华民族在深重的苦难里迈进了二十世纪,经历了殖民主义八国联军的蹂躏、辛亥革命的夭折、袁世凯称帝、张勋复辟、军阀混战,人民陷于水深火热之中。当时十五岁的熊佛西正在汉口读书,郑正秋等人组成的大中华新剧社演出宣传爱国思想的文明戏,给他留下了深刻的印象。他从小就善于学习、模仿,又十分热情、冲动,想到的事就立刻去身体力行,于是便在学校自编自演起文明戏来了。戏里有伸张正义的慷慨陈辞,英雄美人的缠绵爱情。戏中的人和事既是生活的,又是虚幻的;既是现实的,又是理想的。在纷纭乱世、混浊乾坤里,戏剧为他创造了一片清凉的土地。新兴话剧在少年熊佛西心中,就是黑暗王国中的一线曙光。在这里,他得到抚慰,看到未来和希望。戏剧(包括一切艺术)应该是在现实基础上建立起来的一种想象,它是人类理想的召唤。这是熊佛西的一个重要的美学思想。若干年后,他认为,"真理是事实,艺术是因事实而创造的想象,但是无论用什么方法,艺术可以包含真理,真理决不能包含艺术"①。他把生根于现实,又创造出理想意境的戏剧和艺术,认作比真理和科学更高的一个层次。客观现实的抽象是科学,科学的宗旨是揭示真理,而戏剧和艺术却是创造性的真理。艺术真理比科学真理更深刻,更全面,更符合人类的理想,更符合客观发展的未来趋向,因此艺术真理是更高层次的真理。这是熊佛西的真知灼见。须知,当年颇为流行的却是柏拉图的理论,他认为艺术是"模本的模本",距离真理越来越远。相比之下,人们就会发现年轻的熊佛西是何等善于独立思考,创造性地发挥自己的美学见解。我们只有了解到熊佛西把戏剧和艺术看得比科学,以至比真理更高、更重、更大,才懂得他何以从青年时代起,就以全身的心血来浇灌戏剧教育事业,直到鞠躬尽瘁,死而后已。由于他对戏剧无限热爱,以致当他完全懂得需要用暴力推翻反动政权时,仍然要求他的学生,不要荒废学业。他似乎更愿意他的学生用戏剧为革命服务,而没有明确号召过他的学生放弃戏剧、用枪杆进行武装革命。对一个戏剧教育家说来如果这也算是一种"错误"和"缺点",那么在这些"错误"和"缺点"里,也蕴含着他对戏剧艺术真挚的爱。没有这种真挚的爱,没有这种献身精神,仅凭聪明、技巧,也许能成为风云人物,但绝不会成为受尊敬的一个好的教育家。

　　戏剧即教育,民众教育的最好方式是戏剧。这是熊佛西戏剧教育思想的核心。他的戏剧教育思想是在他的戏剧美学思想基础上发展起来的。既然戏剧是现实的想象,是人类的理想追求,那么演戏就自然是对观众进行理想教育,号召观众改变现实,为未来的理想而奋斗。戏剧教育和别的教育方式不同,它是直觉的,形象的教育,识字与不识字的人都能懂得,所以是民众教育的最好方式。他说:"最民众的艺术当然是戏剧;

---

① 熊佛西:《艺术究竟是什么?》,《佛西论剧》,北平朴社1928年版。

因为戏剧是全民生活的反映。最有教育性质的艺术，当然亦是戏剧；因为戏剧是以教育寓于娱乐的艺术。没有人不欢喜看戏的。看戏没有不受益的。而且戏剧的益是直接冲入观众心灵的。它可以马上使你笑，马上使你哭，使你心弦颤动，使你的呼吸紧张，使你的是非之心立时发动，使你的同情或厌恶之心立时分明。总之，戏剧是直觉的使观众得到生活的酸甜苦辣，喜怒哀乐的宣泄与调剂。这是戏剧与其他艺术不同的特色。"①这是一个古老而朴素的艺术教育思想，它是为人生而艺术的现实主义艺术教育家行为的嚆矢。但是"寓教于乐"的主张在不同时代，对不同的人说来，有着不同的内涵。古罗马的贺拉斯在说这话时，是要用诗和戏剧来教育贵族子弟，使他们谈吐风雅、气度翩翩。中国封建时代的思想家提倡"高台教化"是要向群众灌输忠孝节义的思想，达到移风易俗的目的。王阳明曾说："今要民俗反朴还淳，取今之戏子（戏曲），将妖淫词调俱去了，只取忠臣孝子故事，使愚俗百姓，人人易晓，无意中感激他良知起来，却于风化有益。"②这位"心学大师"也深懂戏剧的教育作用，然而这是多么荒谬的教育作用啊。熊佛西认为当时的旧戏曲不能担负反帝、反封建的教育作用，必须创造一种新戏剧。他对旧戏曲的认识和批判是非常深刻的，他说：

　　所谓传统的戏剧，据我们的意见，至少包括：二簧、西皮、秦腔、昆曲、高腔，乃至嘣嘣、秧歌、高跷、花鼓等戏。这些东西在其本身的发展上，也许都有互相联系的关系，但它们又各有其悠久的历史。在艺术的程式上也各有其相当的可取之点。在它们产生的当时，如果不怕语病的话，也可以说是合乎那一个时代，为那一个时代，或反映那一个时代的产物。然而，"时代"是不断的进展奔流，正象一条滔滔的江水。如果那一个时代过去了，那一个时代的产物还是一成不变的保留着（保存在博物馆里我们并不反对），不但失去了存在的意义，且在功能的表现上，也将予社会进展以妨害。……我们大家都知道，辛亥革命之后的中国已走入一个新的时代，人依然是"人"，不再是"奴"了……再说，国际风云日益紧张，我国被列强环伺包围之中，时时都有亡国灭种的危险。如果我们不知振作，还不知努力图强，还不知实施二十世纪的新的理论主张，还不知应用二十世纪的新文化与科学工具，则只有逐渐没落！但是我们的民众如何呢！别的方面暂可不说，仅就戏剧

---

① 熊佛西：《平民戏剧与平民教育》，新月书店1931年版。重点号为原文所有。
② 〔明〕王守仁：《传习录·下》，商务印书馆1927年版。

这一极具社会教育功能的文化部门而言，我们大多数民众仍旧日日夜夜迷恋于杨六郎的"替宋主把忠尽了"，丁香之流的割肉疗亲，"好马不备双鞍鞯，烈女不嫁二夫男"，"马备双鞍路难走，女嫁二夫骂名留"的腐朽的伦理，白蛇、青蛇、许仙、法海，阴曹地府、十殿阎君的霉锈的迷信观念，由于重男轻女婚姻包办所产生的不正当的男女关系，乃至如黄天霸、窦二墩之类的草莽英雄！长此这样下去，试想我们的民族在二十世纪的今日将何以立足呢？①

　　这段文字是一九三六年熊佛西对自己早年戏剧观的回顾和总结。用今天的观点来看，其中只有对个别的传统剧目批评略嫌偏激外，论证的基础是辩证的，字里行间充溢着他的反帝、反封建的激情。

　　一九一九年的五四运动对中国知识分子是一次启蒙教育。科学民主和新文艺，在大学、中学里迅猛地传播开来，易卜生的《玩偶之家》和廖抗夫的《夜未央》等西方话剧翻译介绍到中国来，引起中国学生的振奋和兴趣，使他们懂得，戏剧完全可以不是宫廷的娱乐、宗教的奴仆、帝王的婢女、统治者的传声筒；戏剧应该是批判社会的武器、革命的号角；戏剧是属于人民的。经过五四运动洗礼的熊佛西到达了北京，考进了燕京大学。他和很多有志青年一样，从《新青年》中吸取营养，从西方的现实主义戏剧中得到鼓舞。旧戏曲固然早已失去它往昔的光辉，曾经令他拜倒的文明戏，现在也颓败了。他看到了全新的戏剧——新兴话剧，于是他暗暗发誓，将为这种戏剧奋斗终身。当然，这时他万万不会想到，十年后他就不满足于西方话剧了。他在艺术上是一个永不知满足的人。对他说来，戏剧和教育都是一条没有终点的跑道。

　　大学时代，熊佛西狂热地追求新戏剧，他和沈雁冰、郑振铎、陈大悲、欧阳予倩等人组织剧社，提倡"爱美戏剧"。所谓"爱美戏剧"是指在学生中组织剧团，演出不以赚钱为目的，完全是为了"美的教育"，也即寓教于乐（美）中。至少熊佛西就是这样来理解的，所以他认为"爱美戏剧"，不过就是"学生戏剧"的另一种称呼罢了。

　　一九二四年熊佛西去美国留学，学习戏剧和教育对他在日后从事戏剧教育事业，起了决定性的作用。没有足够的资料提供我们研究熊佛西在美国学习的详情，但其间有一个问题曾引起人们的误解：本世纪二十年代美国最流行的教育思想是杜威的教育思想，而熊佛西曾说过"生活即教育，学校即社会"之类的话。应该怎样评价呢？只

───────────────

① 熊佛西：《戏剧大众化之实验》，正中书局1937年版。

要了解熊佛西的人,都知道他对别人的理论,向来采取"断章摘句"、"为我所用"的办法。例如罗素说过:"一百个好人合作可以救中国!"胡适用这话作为"好人政府"的依据,熊佛西却引申为中国民众应团结合作。胡适的着眼点是"好人",熊佛西的着眼点是"合作",而且他把"好人"这一概念,"偷换"成"民众"。从熊佛西的教育实践看,他一贯反对关门办学,强调社会实践,主张学校教育要和民众生活紧密联系。他和杜威的教育思想实有貌合神离之妙。陶行知先生晚年也有这个特点。他们在教育中都曾借鉴过杜威某些主张,但同时又与杜威的教育思想不尽相同。

　　一九二六年的北京是一座地狱,它象征着我们民族苦难的命运。北洋军阀在覆灭的前夕,倒行逆施,疯狂地屠杀人民,翌年李大钊遇害。张作霖用步枪、大刀、战马的铁蹄践踏学校,摧残手无寸铁的青年学生。在这种时候,谁还有心思来读书? 谁还有勇气来办学? 何况是自古就被轻视的戏剧。假如我们能设身处地体验当时当地令人窒息的环境,就会理解为何刚刚成立的北京艺术专门学校戏剧系的主持人赵太侔等又挂冠而去。但是在熊佛西看来,残酷的现实正是人民迫切需要戏剧的时候。他写道:"假如我们希望一线曙光,假如我们希望一点同情之泪,假如我们希望一件能任人生出敬畏之感的事物在中国发现,那我们就应该急起直追,赶快起来提倡悲剧的艺术! 全国伟大的诗人与艺术家啊,你们这会儿躲在哪里? 你们生在今日的中国社会里不觉得冷么? 不觉得黑暗么? 果尔,你们为什么不起来燃点火焰?"[①]是的,熊佛西就在这样的历史条件下,就在戏剧系无人主持的时候,毅然承担起主持艺专戏剧系的重任。于是在那风雨飘摇、黑暗的旧中国,他点燃了戏剧教育的火焰,并把火炬高高举起。

　　熊佛西认为任何文化要争得社会地位,必须要有不少领导人才,他希望把艺专戏剧系办成培养新戏剧领导人才的学校。他为戏剧系设计的课程全面而系统,显现出他对戏剧教育的创见。这些课程是:编剧、表演、导演、舞台设计,西洋戏剧文学、西洋戏剧史、戏剧原理、中国戏剧史、皮簧昆曲研究、元曲、舞蹈、国音(即语言台词)、音乐欣赏、美术欣赏。还有国文、英文、社会学、哲学、心理学、文学概论。

　　在中国,熊佛西不是第一个创办戏剧学校的人,但他是第一个为国家戏剧教育事业建立教学体制的人。在以后的实践里,由他和他所领导的教师以及学生们,逐步完善了国家戏剧教育的教学体制,为新中国的社会主义戏剧教育提供了宝贵的遗产。可见,熊佛西理所当然地是中国现代戏剧教育的创始人之一。

──────────

① 熊佛西:《戏剧与社会》,《佛西论剧》,北平朴社 1928 年版。

二、把戏剧教育的种子播向农村

一九三一年,日本帝国主义发动了"九·一八"事变,东三省沦陷,举国激愤,北京和各地的大学生纷纷走向街头,宣传抗日,喊出了"走出课堂,到前线去,到民众中去"的口号。在这个时期,戏剧界提出了"戏剧大众化"的号召,"文艺大众化"是三十年代以鲁迅为首的"左联"提出的,它是革命文艺战斗纲领的重要组成部分,带着强烈的阶级性。这个主张得到一切进步文艺家的拥护,同时也受到反动的文化围剿。被某些有"左"倾观点的人士误解为"为艺术而艺术"的熊佛西以他独特的深刻见解,立刻作出明确的回答:"一般从事戏剧运动者乃至关心者无不以戏剧应大众化为号召,无不主张戏剧应该以大众为对象。至少是根据戏剧的史实,追溯到戏剧的起源,也会感到这种主张是正确的,因为戏剧根本就是为大众,属于大众,经大众之手而成的大众艺术。"①他本来就主张戏剧是"最民众的艺术",是"最有教育性质的艺术",势所必然就会得出戏剧大众化的结论。

在国难当头,动荡不安的年月里,国立北平大学艺术学院戏剧系度过了艰难而不平凡的八年后,不得不停办了。但熊佛西却带着实验戏剧大众化的雄心,要把戏剧教育的种子播向农村。一九三二年,三十二岁的熊佛西参加中华平民教育促进会,任戏剧研究委员会主任,奔赴河北定县从事农村大众戏剧的研究与实验了。

定县,这个战国时代的中山故都,像是被历史进程抛弃了的破败城镇,它是那样的荒凉、冷落和褴褛。在寒风凛冽中,熊佛西来到这里,开始了他最艰巨的探索。在整整四年时间里,他的戏剧教育思想得到了很大的丰富和发展。主要表现在下面几个方面:

(一)中国的新兴戏剧是大众化戏剧

熊佛西最初谈到新兴戏剧时,是指文明戏,继后便是易卜生式的西方话剧。他为什么曾认为这两种戏剧是"新兴"的呢?他并不是抹煞戏剧的思想内容而去侈谈戏剧的教育作用。他认为,旧戏曲也有"教育作用",但那是愚忠、愚孝、迷信、轻视妇女的封建教育,故不属新兴戏剧的范围。只有受辛亥革命影响而产生的文明戏,受五四运动影响而引进的西方话剧,具有二十世纪新的理论主张,故是"新兴的戏剧"。到了三十年代,熊佛西已不满足这两种戏剧了。文明戏因无剧本,又思想内容日趋鄙陋,表演缺乏技巧,艺术形式常沦于庸俗。西方话剧则因毫不曾与大众发生过实际的联系,接受者只是少数知识分子而已。而且,"由于过分注意于艺术的成就,已走入象牙之塔的尖

---

① 熊佛西:《戏剧大众化之实验》,正中书局 1937 年版。

端,与大众早就隔绝了,与大众早就不发生关系了"①。于是他要实验一种为中国大众
所接受的戏剧。值得注意的是,他明确地指出"大众"的含义是指"大多数的被压迫的
生产者"。任何一个不带成见的人都能判断,这样的论点绝不可能出自"为艺术而艺
术"者之口。

或许曾有人这样指责熊佛西:他所说的"被压迫的生产者"是农民,没有包括工
人。确实,熊佛西在定县农村只可能实验农民戏剧,不可能实验工人戏剧,这是不言自
明的事。但是一九三一年他在另一篇文章《怎样走入大众》中写道:"今后新兴戏剧在
中国要占势力,非踏入大众之路不可。可是发生一个当头问题:在今日的中国究竟谁
是大众?我们可以毫无疑义的回答说:农民是最多数的大众。因为中国五千年来向
系以农立国。其次的大众就要算工人了。中国的大工业虽没有发达,然而从事于小工
业的人实在不少。况且大工业今后必会振兴。所以新兴戏剧不把农工阶级抓住,是不
会有大希望的。"当然,熊佛西不是一个马克思主义的政治家,没有在这篇文章中指出
工人虽少却是领导阶级,农民虽多却应受工人阶级领导等问题。为何要以马克思主义
理论家的水准来苛求他?况且,他的主张和"为艺术而艺术"的文艺家相距何啻千里。

熊佛西的大众化的实验,从宏观上对中国新戏剧的任务、教育功能作了创造性的
探索;从微观上对农民戏剧的写作技巧、演出方法、剧团组织形式、学员培训都作了深
入的研究;并且是对所谓"国剧运动"的有力批判。我们还须指出,在这个问题上,熊佛
西也是被人误解的。什么叫"国剧运动"?约在一九二六年前后,一些戏剧家著文探讨
建立中国新戏剧的问题,这本应是件好事。但是一些"为艺术而艺术"的戏剧家,乘机
抛出"纯艺术"的观点,他们认为中国艺术的特点是抽象、象征、写意、程式。而抽象、象
征……即"非写实"。越是非写实的艺术,就越接近"纯粹艺术"。显然,这是一种反现
实主义的美学思想。这种美学思想在西方出现有着深刻的社会原因。第一次世界大
战后,欧洲知识分子陷于极度苦闷、彷徨之中,对传统的科学和文化产生怀疑、反感,在
文艺里就出现了象征主义、印象主义、表现主义等流派,即我们现在说的"现代派文
艺"。早期现代派文艺有一个共同的特点,就是从康德、尼采的哲学中吸取了"纯艺术"
的观点,宣扬所谓"纯诗""纯音乐""纯舞蹈"等理论。这在欧洲,自有其反对垄断资本,
要求恢复人性,对丑恶的现实给以变形的描绘等价值。但是在中国,民主革命尚未成
功,又当民族危亡的关头,这种反现实主义的美学观点显然是有害的。熊佛西在讨论

---

① 熊佛西:《戏剧大众化之实验》,正中书局 1937 年版。

"国剧"问题时立场鲜明,完全不同于"纯艺术"论者,他在《国剧与旧剧》一文中说:"中国的国剧即'中国人'作的'剧'。……凡中国的史剧及一切能代表中国人民生活的剧,都可称为中国的国剧。总之,国剧与非国剧是一个内容问题,不是形式问题。"他批判"他的朋友"赵太侔、余上沅全盘接受旧戏曲程式、写意手法等错误观点,提出对旧戏曲作为艺术遗产来接受,必须选择,将"这些死东西予以活用"。

(二) 剧场即学校

熊佛西从事戏剧运动,一开始就主张戏剧是寓教于乐的艺术,写戏就是宣传某种思想。认为"没有思想的表现,正如一个人没有生命"。这些看法还仅仅是带有"为人生而艺术"的一般特点,对戏剧与教育关系的认识尚过于简单、朴素。经过定县戏剧大众化的实验,丰富了他对戏剧教育功能的认识。他提出剧场就是学校,并指出剧场教育有很多优点,一般学校反而不能达到。他首先分析剧场和学校的异同:剧场的观众相当学校中的学生,演职员相当教职员,剧本相当教材,舞台相当校址。学校和剧场的目的都是传播文化。只有深悉戏剧与教育两种事业的熊佛西才能作出这样形象、生动的比喻。他又认为,戏剧教育与学校教育相比,大致有四个方面的不同:1. 学校教育仅是知识仓库,剧场教育直接为生产建设服务。学校中的学生是单纯的受教育者,观众则是参加社会运动的活动者。学校只教学书本知识,剧场教育却有社会组织的任务。2. 学校教育受年龄的限制,剧场教育可打破年龄限制。3. 学校教育以学生为对象,剧场教育以广大民众为对象,它要努力适合各阶级和各种职业的人。4. 学校教育和社会活动、建设活动缺乏直接联系,剧场教育与社会、建设是不能分开的。学校教育的目的是传授知识,剧场教育的目的是改造生活,是培养改造生活的力量。所以剧场教育的方法是组织,内容是生活的需要,结果是建设。

接着他又剖析了戏剧教育的五种力量:

第一是介绍知识。电影和戏剧对城市青年的影响是人人皆知的事。关于戏剧在农村中的作用,他写道:"据我们在定县的经验,中国农民的知识,特别是那一套做人的知识,多半是得自舞台。对于人事的看法,对于历史的追怀,几乎没有一件不是得力于戏剧。从某种场合看,我们可以说戏剧是辅助书本的教育,但在直到今日的中国农村,戏剧简直是农民的唯一教育。"①但可惜的是,过去的旧戏曲用封建迷信的内容教育农民。新戏剧应以传播新知识为其宗旨。

---

① 熊佛西:《戏剧大众化之实验》,正中书局 1937 年版。

第二是抒发情感。柏拉图、亚里士多德都论述过情感宣泄的重要性，梁启超和蔡元培也提倡"感情教育"的作用。显然熊佛西继承了前人的学说，又进一步发挥，认为抒发情感是一种生理建设，可使人民身心健康，从而达到社会的安定团结。

第三是传播国语（普通话）。他认为方言阻碍文化传播，造成文化落后。方言造成地方观念，民情隔阂，实助长了民族的不团结。学习国语，改正方言，可使教育普及，民情通达，对中国农民的思想必有无限影响。

第四是公民训练。通过演剧活动，向农民宣传排队入场，进场后脱帽，不鼓掌，不随地吐痰，等等。即我们今天所说的精神文明的内容之一。

第五是组织民众。人类的一切丰功伟绩都是集体的创造，先哲先贤的重要作用固不可漠视，然而总其大成的仍是集体的力量。组织民众只有从教育和艺术两方面下手，但在教育方面，根据几本教科书或喊几声口号，绝不可能把群众组织起来，一定要靠集团的具体活动才能完美地组织群众。戏剧将教育和艺术的优点集于一身，故它是组织民众最有力量的艺术。戏剧是集体的艺术，需要编、导、演、音乐、美工……以至前后台管理、经济、服务等人员通力合作，始能完成演出。就观众方面看，把许多个人团结起来变成一体，在一个目标之下，千万观众一同哭笑，一同思想，一同感动。在台上与台下，绝没有个人的影子，只有集体的灵魂。千万人的理智与感情都融化一起，成为一个机体，成为一个力量。同时这样组织民众，其进程是无形无影的，因之效果最大。

他又进一步把戏剧教育的功能扩大为二十一条，举凡提高思想，抒发感情，改良风习，培养情操，讲求道德，服务社会，行为文明，学习国语，练习口才，读书识字，文化娱乐，以及待人接物等等，均可由戏剧教育获得功效。这些丰富而深刻的见解，在以后的办学过程中，逐步形成熊佛西独创的戏剧教育思想体系。

（三）把人民的戏剧还给人民

戏剧和一切艺术都是人民创造的，都是人民自娱和自己教育自己的活动。远古的戏剧在广场里演出，演员和观众打成一片，台上和台下打成一片。创造者就是欣赏者，没有表演艺术家，也没有供人娱乐的优伶。演员和观众之间没有高墙，没有那令人争论不休的"第四堵墙"。舞台用不着装饰，大自然就是舞台的布景，人类的戏剧就诞生在大自然的怀抱里。那时的戏剧，实用功能和审美功能紧密结合在一起。希腊悲剧是历史也是诗，希腊人看戏就是在回顾已逝的往昔，那神奇和梦幻般的往昔，令人狂迷而又恐惧的往昔。在痛苦的颤栗中，感情得到宣泄；在对历史的反思中，引起理性的教育。古代戏剧本来就是审美和教育结合的产物，也就是寓教育于娱乐之中。随着文化昌明,教育和娱乐分道扬镳,从此学校变成教育的圣殿,剧场沦为消遣的场所。当熊佛西在东不落岗村实验露天剧场时,他似乎看到了古代戏剧那种审美和教育的天然结合。他说:"与大自然同化,便是露天剧场与室内剧场不同的要点。我们常常在戏剧的表演进行中,看着蔚蓝的青天上白云姗姗漫舞,或暗室里群星的莹莹闪耀,远山含黛,近树婆娑,那种与大自然浑然一致的情调,绝非我们在室内剧场所能得到的。特别是土丘与高坡的剧场,使我们怀念到古老的洪荒,那戏剧尚在大众之手的时代。同时,我们都知道,农民所过的就是露天之下的生活,他们终年在田间工作,看惯了天边的天,看惯了广大的地,呼吸惯了清鲜的空气,因而如果把他们圈在一间阴暗的屋子里,像室内剧场那样,他们也许不能感到心情的舒畅! 所以,农民戏剧既是大众的戏剧,露天剧场应是其最好的方式。"他又说:"东不落岗村的实验露天剧场能把戏剧的活动扩大,将观众与演员的隔阂用种种方法破除。"现在我们有很多同志对"破除生活幻觉"的演剧方法很感兴趣。其实,熊佛西对这个问题,远比他人说得透彻。熊佛西的露天剧场有希腊式、罗马式、中国庙台式、中心舞台式(观众包围演员式)、中心观众席式(演员包围观众式)、台上台下沟通式、流动式等,实开话剧演出形式创新之先声,而其主旨则在追求审美和教育功能的高度结合。

是的,熊佛西的实验并未使话剧在中国农村"生根"。一种艺术样式的流传,涉及到经济、政治、物质、精神很多复杂因素。以"新歌剧"为例,它是以农民喜爱的传统戏曲为基础,吸收现代音乐、戏剧的某些特点,创造出的一种新兴音乐戏剧形式,多少年来无数文工团、歌剧院团推广演出,然而今天中国农村里,有多少农民在那里自编、自演新歌剧? 何言其在农村"生根"! 一个戏剧教育家在旧时代、旧社会,为了实验农民戏剧,深入穷乡僻壤,提出与农民共同生活的口号,进行演出,培养学生,长达数年之久,这在世界戏剧史上也无此前例。他所取得的丰富经验,深刻的见解,创造性的探索,都在从事戏剧教育的后来者心中生根、发芽,并结出丰硕的果实。

三、在荆棘的道路上奋勇攀登

雨果说:"艺术的大道上荆棘丛生。"正当年富力强的熊佛西为戏剧大众化进行实验,并取得很可贵经验的时候,卢沟桥的炮声改变了他的行程,他和亿万中国人民一起,投入民族解放的战斗行列,和全世界爱好和平的人一样,卷入了伟大的反法西斯战争的滔滔洪流中。熊佛西和他的学生组成抗战剧团,从事抗敌救亡工作,辗转到达成都。一九三八年由他主持,成立四川省立戏剧实验学校。但是由于他的办学方针与当局的愿望大相径庭,两年以后被迫解散学校。他在桂林办刊物、写小说,偶然也为广西艺术馆排戏,靠稿费为生,极其清苦。就在这个时候,他和茅盾、田汉、欧阳予倩建立了进一步的友谊。一九四四年湘桂大撤退,他流落贵州,并受到反动派迫害,避居遵义乡间,度过饥寒交迫的岁月,终于迎来了抗日战争的胜利。一九四五年他来到上海,翌年出任上海市实验戏剧学校教授。一九四七年担任该校校长。从此他又回到了戏剧教育的岗位上。天快亮,夜更黑,在极其困难的环境下,熊佛西基本上完成了他那独创的戏剧教育体系。遗憾的是,在他逝世前,居然没有来得及写出总结教育经验的文字,现在就只好让后人从各自不同的角度去体会了。

就戏剧教育法来说,熊佛西的创造性贡献可概述为:

(一)开放型的戏剧教育法

在河北定县时期,熊佛西已经深刻地理解到戏剧教育的社会功能,他反对与世隔绝、关门办学的封闭型教学法。这是由戏剧艺术本身的特性所决定的,因为戏剧是大众化的艺术,从创作到演出都是社会化的,都要群众集体的参加才能完成。离开社会,离开集体,戏剧艺术的花朵就会枯萎。在学校里就应该培养学生,参加广泛的社会活动,学会从社会实践中吸取艺术的养料。他说:"人有误会'灵感'的意义,他们以为凭着'冥想'即可以产生灵感。因之有些作家,闭起门来在家里等候灵感的到临,其实他所表现的并不是真实的灵感,而是不现实的幻想。固然幻想也有其价值,但它必须带着可能的现实性。所以真正的灵感应该求之于实际生活中。……一个没有流亡经验的人,很难写出动人的流亡生活。"[1]接着他还提出戏剧家应作"社会调查"的主张。他在主持四川和上海两个剧校时,都带学生参加各种社会活动,或到农村,或去工厂、茶馆、酒肆、旅店、码头观察人物及社会百态。在学校经济拮据的情况下,仍筹款组织学生参观名胜古迹。解放后,他积极争取到农村参加土改运动。他为了让学生经常处于时代潮流之中,办四川省剧校时,正值抗战时期,便组织学生参加军训,宣传抗日,因学校在农村,又指导学生办夜校,教农民识字、唱歌、演戏。主持上海剧校时,正值民主运动高涨时期,学生罢课游行,他从不阻止,反为同学通风报信,常常在校等到深夜,直到最后一个学生返校,见无被捕失踪者,方回家休息。他积极支持学生成立"学生自治会",办墙报,鼓吹民主,言论自由。发动义卖、义演,邀请著名影星、戏曲演员来校联

---

① 熊佛西:《写给一位戏剧青年——第三封信:讨论剧本创作诸问题》,《戏剧岗位》1941 年 1 月二卷二、三期合刊。

欢、交流演出。真正做到使戏剧教育成为整个社会结构的有机组成部分,把戏剧教育、社会建设、心理建设紧密结合起来。

（二）综合知识型的"通材"教学法

学校除开设戏剧专业各课外,还设各姐妹艺术课程、社会科学各种课程,以至自然科学如生理卫生、解剖学等。根据具体环境和社会客观需要,设立不同的课程,熊佛西最具创见。例如在北京办学,就设"皮簧研究"。在四川办学,就设"川剧艺术研究会"。在上海办学,就设"电影概论"。除聘请全国第一流的戏剧家担任学校教师外,并邀请著名学者来校作学术报告,著名演员来校讲表演经验,甚至请剧团领导人讲授演出行政。根据戏剧是综合艺术的特征,他一贯主张戏剧教育要采取通才教育制,开设各种戏剧专业课和组织戏剧艺术实践,使学生学习和掌握各门类戏剧专业知识和技能,成为戏剧艺术的多面手,在博学的基础上结合个人的特点深入学习某一专门学科,造就了一大批"一专多能"的戏剧人才。总之,他要求学生应有广博的知识。这实在已具备今日"全方位知识结构型"教学体系的思想。

（三）多元化学派教学法

熊佛西认为戏剧教育要兼收并蓄,吸取各家各派所长。他聘请的教授在学术流派和观点上,可以完全不同,以至相反。这个特点从他办的杂志上也表现出来,不同流派作家的作品都能出现在他编的刊物上。例如在学校里,既可以学西洋音乐,又可学昆曲。既有日本的现代派舞蹈,又有俄罗斯学派的芭蕾。他坚持学术思想自由,反对向学生强行灌输一元化的戏剧观。在教学中不单纯采用斯坦尼斯拉夫斯基体系,对莱因哈特、梅耶荷德等流派均予介绍。纵观他的剧作及其导演方法,实已采用了现代戏剧的各种技巧。

（四）理论与实践相结合的教学法

戏剧基础理论通过课堂进行教学,另外还有一个渠道就是图书馆。例如他出任上海剧校校长后,第一项建设就是扩大图书馆,把全校最大、最好的房间给图书馆。订阅国内外各种戏剧杂志。图书馆的桌椅全部换新,冬天室内生火炉,夏天装电扇。在当时经济极困难的条件下,做到这一点是极不容易的。开馆之日,他召集全校学生,讲述使用图书馆的知识和遵守公共道德等的行为准则。实践也分两种,一种是课堂实践:表演、写剧、音乐、钢琴、舞蹈、台词朗诵等等,目的是获得技巧;另一种实践即正式演出,通过正式演出,使学生获得艺术实践的经验。大家都知道,熊佛西在四川和上海任校长的学校都叫作"实验戏剧学校",在定县时,叫"大众化戏剧的实验"。这里的"实验"主要是指"实践",其次才是"探索"的意思。在定县和四川时,均成立"表证剧团",意即将理论的戏剧,通过实践(演出),给以表现和证明。在北京和上海则设立"实验小剧场",经常公演。上海戏剧学院曾附设一个实验剧团。他在上海实验戏剧学校时期,还组织学生参加拍摄电影。有的学生在校期间就已担任电影的主要角色,甚至还有全班学生赴电影厂实习的事。如今,上海戏剧学院的学生仍经常出现在银幕上,并有不少人成为观众喜爱的明星。这还存在着熊氏遗风。

强调戏剧的教育作用,强调戏剧教育独特的社会功能,演化出上述教学纲领,构成了熊佛西戏剧教育的思想核心及其方法论。

熊佛西对戏剧教育的创见当然远不止这些,例如他认为中国歌剧,根据中国观众的民族审美习惯,戏剧性应远超西洋歌剧,所以中国民族歌剧应设在戏剧学院中教授,而不应设在音乐学院中教授。他对戏曲遗产的继承、话剧民族化诸问题,都有独到的见解,也曾作专文探讨。

熊佛西是一个多血质、激动型的知识分子,常以直觉和感情来判断是非,善良而轻信,言辞常有自相矛盾之处,理论虽富创见,却不拘于逻辑。……这种种弱点,常被人误解。但熟悉他的人,了解他的人,甚至是与他只有一面之交的人,无不深深被他的一颗炽热的心所感染,无不感到他是一位可亲可爱的人。他一生热爱祖国,热爱人民,热爱戏剧,热爱戏剧教育事业,是得到公认的。不能因他早年和新月派诸人的私交,就给他贴上"为艺术而艺术"的标签;也不能因他受过平教会的赞助从事戏剧大众化的实验,便给他贴上"改良主义者"的标签;更不能因他早年曾引用杜威、罗素的片言只字,就给他加上"资产阶级实用主义教育家"的罪名。评价著名人物的历史地位和历史作用,需要实事求是的科学态度,需要有辩证的发展观。

我们的事业经历了曲折的道路,今天我国已进入社会主义建设的新历史时期,戏剧教育事业正健康地向前发展,我们有责任对熊佛西的戏剧教育思想作出正确的评价,以便更好地继承前辈的遗产,丰富我们的教学理论和实践。

(原载《现代戏剧家熊佛西》,中国戏剧出版社,1985 年)

熊佛西的戏剧教育思想和上戏的传统与未来

荣广润

今年 12 月是上海戏剧学院建校 55 周年，也是学院首任院长熊佛西的百岁诞辰。在横浜桥老校友的热心推动与具体策划下，学院决定编纂出版《熊佛西戏剧文集》，并将文集的首发仪式与熊佛西戏剧思想的研讨作为校庆 55 周年庆祝活动的主要组成部分。之所以作这样的考虑与安排，是因为熊佛西院长的戏剧教育思想与学院的治学传统和办学优势的形成有着密不可分的联系。学院 55 年来能够不断培养出高水平的戏剧专业人才，推出各种创作与理论研究成果，成为中国戏剧教育最重要的基地之一，是学院历任领导以及全体师生努力的结果。然而，在这一点上，熊佛西院长的奠基性的工作以及他的人格魅力与对历届学生的长久影响却是别人所无法比拟的。现在学院马上就要跨入 21 世纪，创建国内一流、国际知名的高水平艺术学院的目标已经明确提出，站在这一新的历史发展时期的起点，我们更深切地体会到，熊佛西院长的戏剧教育思想 55 年历史所积淀的学院的传统与优势，是学院充满信心迎接未来的一笔宝贵财富。

熊院长的戏剧教育思想的核心是以人为本的宗旨。这包括三方面的内涵：其一是他对学生始终满怀赤热真挚的情感。凡曾聆听过熊院长教诲的校友，无不保存着他关爱学生的美好记忆。最早期的横浜桥校友都记得，他们在白色恐怖下演出进步剧目时，熊院长每晚都要在校园里等候同学们全体平安归来的情景；也都记得他们在迎接解放进行护校斗争时，熊院长冒着生命危险前去探望大家的场面。五六十年代的校友则永远不会忘记 1963 年华东话剧会演时，各地校友欢聚在小剧场，熊院长激动得热泪盈眶难以自已的情感迸发。这份几十年如一的情感是熊院长教育思想中最具人性光辉的部分。其二是他对人才的尊重与渴求。一个学校能否荟萃各种人才，组成一个强大的教师阵容，是办学成败的关键。熊院长在主持上海实验戏剧学校之后，学院的师资云集了众多戏剧巨匠，实力之强，可谓空前。同时，熊院长还不断邀请其他著名的专家学者来校作学术报告，著名的表演艺术家给学生传授技艺。学院成为戏剧界精英的讲坛。这使得学生们有机会得到名师的真传。其三，是在教育中，熊院长一再向学生们强调戏剧的目的是为了大众。早在 30 年代，他就提出："今后新兴戏剧在中国要占势力,非踏入大众之路不可。"并带领学生在定县进行戏剧大众化的实验,为农民演戏。主持剧校后,他一直鼓励师生进行周末公演,用进步的剧目为民众服务。五六十年代,他还与师生一起参加土改,赴朝鲜慰问志愿军,组织师生到工厂农村直接面对广大的观众。这一思想在学院长期办学的过程中已经成了学院传统的一个重要部分。

熊院长以人为本的办学思想既明确了教育的主体力量与教育对象,又明确了师生服务的对象,并明确了这三者的相互关系,这与我国的教育方针是完全一致的,在今天我们争创一流的进程中,它应该得到进一步的发扬。为了迎接在新世纪的新一轮发展,学院正在全体师生中进行教育思想的大讨论,新的教学方案也在修订完善之中。作为办学的方向,我们必须教育学生永远坚持为人民服务,自觉担负起社会的责任。在实施教学的过程中,全体教职员工都要明确学校的一切工作的出发点都是为了培养学生,培养人才,要像对待自己的亲人一样爱护我们每位学生。专业的设置,课程的安排,必须从学生的需要出发,并要为学生创造主动学习、全面发展的教学环境。还要尽一切可能改善教学设施与学生的生活设施。前两年学院在经费拮据的情况下装修了教学大楼,铺设草坪,扩大绿化,修建带中央空调的学生食堂,目前,正以新的筹款投资机制建造十八层楼的新学生公寓,这一切,都是为了让学生们能在较好的条件下完成学业。在师资与管理干部队伍建设方面,学院同样要按以人为本的原则爱惜人才,凝聚人才。要容纳与吸引持各种不同学术见解与各种不同艺术风格的专业人员;要为我们的教师干部创造各种进修学习提高的机会。为此,学院鼓励教师在职攻读高一级的学位,每年组织优秀的教师与干部到国外艺术学校考察交流。从物质待遇上说,则要积聚财力,不断提高教职工的工资,不仅对高水平的教师要有政策倾斜,对工作出色的管理干部也要有实质性的措施,保证他们的利益。我想,如果我们能对熊院长以人为本的治学思想有深入而正确的理解,能发挥学院规模虽小但凝聚起来综合实力强的优势,我们学院在新世纪就一定会有进一步的发展。

熊佛西院长戏剧教育思想的另一重要内涵是强调戏剧教育与社会实践、艺术实践的紧密结合,理论与实际的紧密结合,严格的专业训练与广博的人文知识的结合。他主张戏剧教育应该进行综合知识型的通才教育,不管专攻何种专业方向,任何一个戏剧工作者都必须懂剧本,必须懂表演,懂背景,懂音乐,懂跳舞、雕刻、建筑以及其他一切与戏剧有关的艺术。熊院长在治学中始终坚持这一原则,在主持实验剧校伊始,他就提出"专业采取自动的、启发的、理论与实践并重的、课堂与舞台统一的"施教方针,剧校的第一件建设是扩大图书馆,意在强化学生的人文基础。而一直坚持到解放为止的周末公演制度则是贯彻"以戏教学,学演结合"的重要措施,在两年左右的时间里,师生们共公演了 50 余场,大小 40 个话剧剧目,如此大规模的社会实践、艺术实践活动与教学相结合,大大提高了学生的动手能力和创新能力。在此后的办学中,熊院长也一直身体力行这一教学原则。而他的主张与我们今天所倡导的素质教育的内涵是完全一致的。

　　今天,人类正在走向以知识经济为主导的新世纪时代,对艺术人才的全面素质的提高提出了更迫切的要求。素质教育的核心是思想道德的素质,对艺术教育来说,这一点尤显重要。与此同时,戏剧学院的学生的人文素质教育也是一项特别艰巨的任务。由于我们的专业的特殊,艺术技巧的训练往往需要消耗大量的时间与精力。相形之下,人文学科的学习往往容易被忽视。而从根本上说,文化的修养是培养高水平戏剧人才的基础,舍弃这一点,我们的学生学会的将只是匠艺。这些年,学院采取了许多措施,力求提高学生的素质。如招生时逐年提高文化课录取分数线,实行选修制鼓励学生根据自己学习的需要选课,设交叉学科、边缘学科的课程,加强外语与计算机教学等。在专业教学上,我们则不仅要重视课堂教学的质量,而且要把汇报演出、实习与毕业公演作为检验教学成果的重要手段,今后还要进一步鼓励学生进行戏剧实验室的创作演出,通过自编自演、介入社会实践、到学校与基层演出等途径,提高学生的创新能力与动手能力,也就是要扬起素质教育与理论联系实践的两大翅膀,这样,学生们一定会在毕业后获得施展才华的广阔空间。

　　回顾学院 55 年的办学传统与熊佛西院长的戏剧教育思想,我们深为学院的前辈及一切曾为上戏作过贡献的教职工与校友的出色劳动而自豪。展望未来,我们满怀自信与力量。

写于学院 55 年校庆前夕

（原载《戏剧艺术》2000 年第 6 期）

熊佛西的戏剧教育思想与实践

周特生　周一新

一百年来,话剧在我国落地生根,开花结果,有过繁荣昌盛的时期,但"文化大革命"开始后,逐渐陷入了停滞与彷徨的困境,令人叹息,发人深思!

移植西洋话剧进入我国,不仅是为我国戏剧园地增添一个品种,加强百花齐放,争奇夺艳的吸引力,而且因为话剧这个剧种具有特殊地反映现实生活的敏锐性与战斗力,对我国曾经掀起的"打倒列强,建立共和"的民主革命,能起到宣传作用。辛亥革命之初,就有革命志士登上舞台,用戏剧的形式进行革命宣传,文明戏成为一支重要的文化力量。王钟声等人成立了第一个戏剧学校"通鉴学校",培养了文明戏运动的主要成员,开拓了早期话剧的阵地。

话剧进入我国是通过不同方式进行的:一、通过演出外国戏,介绍形式与内容,如 1907 在日本,我国的戏剧前辈就演出过《黑奴吁天录》和《茶花女》;二、只引进形式,而内容是反映我国的现实生活和斗争,如 1909 天津南开大学的南开剧社就上演过自编、自导、自演的话剧《新村正》;三、文明戏的出现,别具一格,也可以说是中西合璧。文明戏里有专门的言论正生,戏里允许这个角色在戏演出时可以在台上即兴编词,即兴发言,可以在台上发表触及时政的议论或讲演。

总之,早期话剧都是为了启发民智,寓教于乐的。鲁迅于 1922 年在蒲伯英主持创办的北京人艺戏剧专门学校作过一次讲话:"人艺剧专是培养掌握戏剧武器的战士机构,希望戏剧战士利用这个武器来宣传新思想。"可见,话剧需要的人才首先是一个能宣传新思想、新文化的战士,同时也是一个艺术家。古今中外真正的话剧艺术家都是沿着这条道路走过来的!话剧先辈以戏剧为教育,百年树人的戏剧教育大师熊佛西一生言传身教,是我们话剧界当之无愧的楷模。

一

我国曾出版过熊佛西的戏剧论文专辑,其中真知灼见不少,不妨认为这也是熊老的明志之作,他认为:"世界上有一种比较进步的见解,把戏剧当文学。"文学即人学,戏剧亦人学也。但熊老认为:"戏剧只是文学的一部分,是独立的艺术。"美国现代戏剧评论家汉密尔顿曾经为戏剧下过一个定义："戏剧是由演员在舞台上以客观的动作,以情感而非理智的力量,当着观众来表现一段人与人之间的意志冲突。"冲突有两种:一种是外形的,一种是内心的,戏剧与别的艺术不同之点,当然是它的动作,其具体表现就是这两种动作:外形动作为技术,内心动作为艺术。内心动作是剧中的一种"力",奋斗、冲突,人与人的奋斗、人与物的奋斗、自己与自己的冲突。这戏的"力"就是戏的生命!艺术中比较最有民众关系的要算戏剧。舞台与社会同是一种有机的组织,一个完美的社会,不能偏重物质文明,也不能轻视精神生活,科学使我们的物质生活渐趋满足,艺术使我们的精神生活得到愉快,戏剧是各种艺术中最复杂的一种,是与人事最有关系的一种,在社会中的地位非常重要!有人说戏剧就是教育,舞台就是学校;又有人说戏剧是人生的表现,舞台是世界的缩影。假如你说戏剧是教育,那么教育里也有娱乐;假如你说戏剧是娱乐,那么娱乐里也有教育。

戏剧是直冲观众心灵的,它可以马上使你笑,马上使你哭,使你心弦颤动,使你呼吸紧张,使你是非之心立即发动,使你同情与厌恶之心立即分明,使观众得到生活的酸甜苦辣、喜怒哀乐的宣泄与调剂,这是戏剧不同于其他艺术的特色。

每个人都喜欢看戏,但戏剧在我国一直为少数人所独享,被富人或消闲的人所垄断,大多数的人与戏剧无缘,或长年看不到戏,因而也缺少欣赏能力,做好戏剧的普及教育,有助于将真善美打入广大观众的眼里和心里。据中华平民教育促进会当年的调查,我国民众号称四万万,其中有三万万二千万目不识丁,平民教育不能普及,革命何时才能成功?戏剧教育不能普及,就不能激发群众的爱国之心与明辨是非的能力。因此熊老当时认为,戏剧的大众化,应该是迫不及待的了!

二

1926 年,熊佛西回到祖国,为了实现他的计划,准备分两步走。首先是培养能忠实执行计划、贯彻计划的人才,他先后去北平艺专和北大戏剧系任教。在教学方面,理论与实践并重,一方面注重课堂教学与著书立说,另一方面演出了他自己编导的三幕话剧《一片爱国心》,该剧的演出轰动了北平城。1941 年,曹葆华同志在延安曾著文追忆这次演出的盛况:"现在看来,在亲日反动的北洋军阀的严密统治下,《一片爱国心》能演一个多月,无论是演出者或观众都冒了一次风险。"

熊老第二步计划是深入农村试行戏剧的大众化。20 世纪 30 年代初,熊老带领北大戏剧系的部分同学在平教会的乡村建设实验区河北定县从事戏剧大众化的实验,一去就是五年，直到抗日战争爆发。

熊佛西认为："戏剧的大众化对农民至少能起五种作用：一、介绍知识，二、启发情感，三、传布国语，四、公民训练，五、组织民众。"除此之外，还翻印一种传单，告诉农民参加戏剧活动的好处，彰显农民剧团与农民教育的微妙关系，这些活动都是为了达到一个目的：唤醒民众，使中华民族的灵魂复活起来。

熊佛西在河北定县推行的戏剧大众化的实验，经过实践检验证明，农民不但接受话剧，也能很好的表演话剧，他们在接受和表演的过程中，对接触到的新生活的向往热情高涨，对于参与生活中各种斗争斗志昂扬。熊佛西觉得这次大众化实验的过程，也是自己接受农民教育的过程，他找到戏剧与农民的结合点了。这种体会的确是得之不易！1938年苏联出版的《戏剧》杂志载文称熊老在河北定县搞的大众化是"中国的战斗艺术"。

三

熊佛西在抗日演剧的活动中，发现革命形势已发生巨大变化，现在是地无分南北，人无分老幼的全民参加的抗日了。戏剧界为了这一新的革命形势的需要，要尽快培养大批人才，送到前线和后方的各个阵地上去，他打算在成都办一个剧校。他认为他将要办的这个剧校应该培养这样的人才：应该经受得住战争考验的英勇的文化战士，在前线能拼命杀敌，在后方能搞组织、训练、活动和文化建设的抗战组织，要把抗战的训练、抗战的活动、学生与教员连成一气，社会与学校打成一片。他说："我们迫切需要这样的学校，来应付这空前的困难。"

熊佛西为了争取剧校的早日成立，他组织了两次声势浩大的群众性的社会演出活动。前者由成都各小学联合公演，在三万儿童和十几万观众的头脑里留下了深刻印象。后者借鉴民间灯会的形式，以整个成都当舞台，四十万市民当观众，二千多学生当演员，演出队伍组成了一条长长的火龙。三小时的群众性街头演出活动，使几十万民众与演员融合在同一气氛中，受到了一次非常深刻的抗战必胜的教育。这两次活动，为四川省剧校的诞生，造成足够的声势。

省剧校全名为"四川省立戏剧教育实验学校"，于1938年的秋季开始招生，校址在四川成都成平街。学校第一期招了八十名学生，熊校长称这八十名学生为"戏剧铁军"。

开学之日，首先映入同学们眼帘的是校训。校训曰：

> 本艺人的热情，
>
> 守军队的纪律，
>
> 以戏剧为教育，
>
> 完成心理建设。

这校训不同一般，十分醒目。紧接着我们又唱了校歌。

> 向前进，向前进，
>
> 一齐向前进！
>
> 我们是戏剧的铁军，
>
> 严守集体的纪律，
>
> 抱着火样的热情，
>
> 坚定志向，勇往前进，
>
> 不怕崎岖，不怕艰辛，
>
> 为戏剧开辟新天地，
>
> 为教育创造新精神！
>
> 向前进，向前进，一齐向前进！
>
> 我们是教育的剧人，
>
> 适应国家的需要，
>
> 推动时代的齿轮，
>
> 教化大众，指示人生，
>
> 努力研究，努力推行，
>
> 为戏剧树立新风格，
>
> 为文化建设新长城！

这校训、校歌，产生了无比的吸引力，对于热心于戏剧事业的进步青年，如迎面清风，使他们惊奇，使他们向往。他们愿意集合在这面旗帜下，为这样的戏剧事业尽心尽力！因而，他们进校之后，充满了活力，充满了朝气。

学校上课的第一天，又让同学们感到稀奇，同学们身着戎装，列队站在院子里，熊校长跟同学们一样，穿灰布制服，打着裹脚，身背长枪，站在队列前，开步走后，他精神抖擞地迈起大步。他跟同学们一起出操，共同起居，关心同学们的生活，晚上还到宿舍查夜，发现同学们缺少蚊帐，便每人发一顶。他关心同学有如自己的子女，常常"孩子们，孩子们"地叫不绝口，同学们视校长为父辈，师生亲如一家，情如骨肉。

1939年上半年，学校躲避日机轰炸，迁校到郫县新民场吉祥寺，离成都六十华里之遥，是一座尼姑庵。环境宽大，林木森森，十分幽静，是一理想所在。这时，学校又设立音乐科，改校名为"四川省立戏剧音乐学校"。学校设施，日趋完备。学校的图书馆藏书颇丰，古今中外的哲学、美学、文学、戏剧等名著大致备齐，各家各派的东西都有。《共产党宣言》和其他一些马列主义著作也已陈列书架。熊校长提倡学术自由。当时省剧校逐渐形成两大风气：一、读书风，倡导多读书，读好书，下意识形成了读书竞赛风，书读得多最受人尊敬。二、学校又开办了农民夜校，活动不少，每周举行周末晚会邀请学校周围农民参加，农民反应热烈，和剧校师生交上了朋友。

最令人难忘的，还是熊校长带领剧校师生到成都双流机场建筑工地的一次演出。这次演出将工地代剧场，以土岗为舞台，把月光当灯光，为一万多名修筑飞机场的民工演出，演出的剧目，是由《过渡》改编的《后防》三幕话剧。民工既是观众，又是演出的参加者，演员喊，民工也跟着喊，演员唱，民工也跟着唱，交流之直接，气氛之热烈，使同学感到自己不是在演戏，而是和一万多群众一起在向日本侵略者示威！当时的省剧校是一派朝气蓬勃，欣欣向荣的景象！这景象令人称羡，也引人注目。由于学校提倡思想自由、学术自由，不受反动派的约束，被视为是红色的染缸，遂于1941年春在国民党反动派第一次反共高潮中被勒令解散！

这当然不会让熊老放弃继续从事戏剧教育和实现戏剧大众化的心愿。抗战胜利后，风闻上海有人筹办剧校，他立即自渝买舟东下，参加了建校的行列。他在学校召开的一次会议上谈了自己的教育方针："抗战胜利后，我国的革命又出现了新的形势，我们必须适应新形势的需要来培养新的戏剧人才。我一向认为，戏剧不仅是健康的娱乐，而是一种有力的教育，这种教育的起落，足以影响我们中华民族的兴衰，戏剧是民族精神生活的最高表现，剧场是衡量民族文化的水准，我们不能不重视戏剧教育！要推行这种教育，自不能不重视人才的培养，培养人才，首先应该注重人格的陶铸，使每个戏剧青年都有健全的人格，做一个堂堂正正的人——爱民族、爱国家、辨是非、有志操的人，然后才能成为一个伟大的艺术家。所以本校的训练目标，不仅是授予学生戏剧的专门知识和技能，更重要的是训练他们如何做人。在陶铸人格的训练上，我们的方法是以具体的行动来表证我们的信念，在技能学习上，要求理论与实践打成一片。

把课堂当剧场,把剧场当讲堂,从实践中去寻求理论,根据理论去实践,我们决不灌输他们许多理论,先让他们工作取得工作的意识,在工作发生问题时,导师指导他们解决问题,用启发教育的方式,养成学生自动学习的精神。"

熊老的教学思想,几十年来一脉相承,抗战胜利以后,有了更深入、更有针对性的发展。他在上海戏剧学院任教约十九年,为上海戏剧学院留下了一份宝贵的教学遗产。后来接任上海戏剧学院院长的荣广润,于学院三办的刊物《戏剧艺术》上发表题为"熊佛西的戏剧教育思想和上戏的传统与未来"的一篇纪念文章,文章写道:"熊佛西院长的戏剧教育思想与学院的治学传统和办学优势的形成有密不可分的联系。……熊佛西院长的戏剧教育思想55年历史所积淀的学院的传统与优势,是学院充满信心迎接未来的一笔宝贵财富。"熊院长戏剧教育的核心是以人为本的宗旨,这包括三个内容:其一,对学生始终满怀赤热真挚的感情,聆听过熊院长教诲的校友,无不留有他关爱学生的美好记忆。早期横浜桥的校友都记得他们在白色恐怖下演出进步剧目时,熊院长每晚都要在校园里等着同学们平安归来的情景;记得他们在迎接解放进行护校斗争时,熊院长冒着生命危险去探望同学;这份情景是熊院长戏剧教育中最具有人性光辉的部分。其二,是他对人才的尊重与谋求,他认为人才是办学成败的关键。其三,戏剧的目的是为了大众,他一直鼓励师生举行周末公演,用进步的剧目为人民服务,五六十年代还与师生一道参加土改、赴朝慰问志愿军,组织师生到工厂农村,面对广大观众。这些思想已经在学院形成了一个传统。熊佛西倡导的戏剧以人为本,提倡戏剧教育与社会实践、艺术实践相结合的理论与实际相结合的方针,是与我们今天的教育方针完全一致的。

正因为熊佛西在上海戏剧学院留下了这一份宝贵的精神财富和他的人格魅力,上海戏剧学院的师生,都深深地怀念他、热爱他,上海戏剧学院的大院里塑起了一尊永远令人敬仰的铜像,还有一栋以熊佛西命名的教学大楼。

熊老的一生,为戏剧的大众化而殚精竭虑,为培养教育的剧人而鞠躬尽瘁,他从1926年回国到1965年逝世,凡四十年,他一直苦斗在戏剧教育的岗位上,培养弟子上千,桃李满天下。他们为社会主义的戏剧事业作出了不可磨灭的贡献,对熊老在我国话剧运动的发展史上要做出适当的评价,需要有一个正确的态度。实践检验真理,事实胜于雄辩!

四

熊老留下来的重要经验,首先是他从事戏剧教育能持之以恒,数十年如一日;其次，也是最重要的，是当革命形势发生变化的时候，他总是根据革命形势的需要，及时地培养人才，而且及时地提出具有针对性的教育方针。这种与时俱进的教学，自然不只是熊老个人所独有，而是话剧在发展进程中关于戏剧教育实践的经验总结。打从王钟声起，就一个接一个地出现在我国话剧的史册上。

20世纪20年代中期起，我国南北两地的戏剧前辈，为我国话剧事业的发展掀起了一场声势浩大的培养人才的活动，北国以熊佛西为代表，南国则以田汉挂帅，他们为20年代以后话剧运动的蓬勃发展，培养了不少杰出的戏剧家、剧作家和导演，北方有：曹禺、章泯、贺孟斧、杨村彬、张季纯等，南方则有陈征鸿（陈白尘）、陈凝秋、左明等。南北两地交相辉映，相得益彰，时有"南田北熊"之美称！

20世纪30年代起党领导文艺工作以来，在中央苏区出现了以红军工农剧社为基础的"高尔基戏剧学校"培养文艺干部，抗战时期又在延安兴办鲁迅艺术学院，在白区又有国立剧专。老一辈戏剧家在这些院校里培养了大批人才，为话剧事业尽心尽力，因而才会有话剧在抗日救亡运动中的黄金时期，也才会有全国解放后话剧在我国的全面开花。

（原载《艺术百家》2007年第4期）

作为教育戏剧的熊佛西"农民戏剧"

陈爱国　方　婕

一、教育戏剧的概念

"教育戏剧"(Dramain education)的概念,最早由德国戏剧家布莱希特提出,[1]未有明确定义。他只是针对 1920 年代德国工人运动,强调戏剧的教育作用原则上适合群众业余演出,施教者、受教者与表演者三位一体。从宽泛意义上说,教育戏剧是素质教育层面的一个概念,将戏剧活动引入教育领域,运用演剧方式对特定人群进行社会人生、思想政治、艺术审美等方面的宣传教育。它是一种戏剧形式的宣传教育活动,主要目的不是学习戏剧知识与表演技能,而是利用戏剧情境进行思想文化的规训与认同。国际上有时使用类似的一个概念——"过程戏剧"(Process drama),在此活动中,重视参与者交际互动、情感表达、艺术想象、集体意识等基本素质的培养。根据参演人员和观众对象的不同,教育戏剧可分为校园教育戏剧、民众教育戏剧、儿童教育戏剧[2]等多种形式。

中国古代很早就有强调"六艺"的艺术教育,但真正的戏剧教育始于唐代的"梨园",但那还不是教育戏剧。教育戏剧是西方近现代教育思想革命的结果,随着思想文化交流的扩大而在世界各国逐渐推行。清末民初,外国教会学校和中国新式学堂的学生演剧十分活跃。1915 年,北洋军阀政府教育部设立"通俗教育研究会",下设小说、戏曲、讲演等三股,"以研究通俗教育事项、改良社会、普及教育为宗旨"[3]。差不多与此同时,南开学校开始以新剧团为平台,开展轰轰烈烈的、长达三十多年的校园教育剧活动。张伯苓说,南开学校的办学目的是育才救国,而其提倡新剧"最初目的,仅在藉演剧以练习演说,改良社会,及后方作纯艺术之研究"[4]。也就是说,张伯苓的教育戏

---

① 参见〔德〕布莱希特著,丁扬忠等译:《娱乐戏剧还是教育戏剧》、《评教育剧的演出》、《布莱希特论戏剧》,中国戏剧出版社 1990 年版。
② 关于儿童教育戏剧可以参见张石流:《中福会儿童戏剧训练班和儿童剧团》、《中国现代话剧教育史稿》,华东师范大学出版社 1986 年版。
③ 舒新城编:《教育部公布通俗教育研究会章程》、《中国近代教育史资料(下)》,人民教育出版社 1981 年版,第 812 页。
④ 张伯苓:《四十年南开学校之回顾》、《张伯苓教育论著选》,人民教育出版社 1997 年版,第 308 页。

剧观念主要指向青年学生的人格培养、精神塑造,而非才艺学习。

在现代高校教育史上,熊佛西作为艺术院校教师且热心社会变革的教育家,其教育戏剧观念不同于普通学校阵营的张伯苓,也不同于艺术殿堂里的学院派。他先后任教于北平艺专戏剧系、四川戏剧教育实验学校、上海实验戏剧学校,无论走到哪里,他都积极探索戏剧职业教育的有效目标与途径,将才艺教育、通才教育与社会教育相结合。熊佛西认识到教育重在树人,以个性树人,确立独立自由的人格,因而其办学原则是"以广博容纳之精神,树立研究与思想之自由"。这是以人为本、重在树人的现代戏剧教育,其性质介于院校职业教育与校园教育戏剧之间。

1932 年至 1937 年,熊佛西应中华平民教育促进会的邀请,带领艺专戏剧系部分师生在河北定县开展农民戏剧运动。他感到教育的方式有两种:一是学校式,一是社会式。社会要进步发展,必须重视社会教育,而演剧是进行社会教育的有效方式,即开展民众教育戏剧,在娱乐中给民众以思想教育。这使得其教育戏剧观念趋于系统与完善,建构了一种农民教育戏剧的崭新形态。

二、农民教育戏剧的剧种与功能

中国是个农业人口居高的国家,近现代的社会变革必须动员广大农民的力量。早在民国初年,张謇的南通村落教育即开创了中国乡村教育的先河。[1]"五四"以后,一些组织和人士都关注农民生活条件的改善和精神素质的提高,从不同立场提出农村改革实验的不同方案。如平教会重视农村生活的多方位改造,中国共产党将革命战争与土地改革相结合,这些都注意对农民进行思想上的启蒙、引导。鉴于农民大多是文盲,书面材料难以接受,利用直观形象的戏剧方式来激发他们的革新意志,就显得尤为必要。随着工农运动的高涨,面向农民的业余演剧活动初露端倪,如广东海丰农会宣传部多次举行演剧,陶行知邀请南国社到晓庄为农民演出,自己创作的几部话剧也在附近农村公演。而农民教育戏剧活动成就最大的,是熊佛西领导的定县戏剧实验。

针对当时国内实情,熊佛西认为"戏剧简直是农民的唯一教育"。在熊佛西看来,该实验首先要寻找一种既适应时代要求又受农民喜欢的剧种形式。剧种形式有多种,如评剧、梆子戏等各种地方戏曲以及新兴话剧。他认为,地方戏曲形式虽然为农民喜闻乐见,但它是封建主流文化长期渗透的结果。戏剧"本应与大众生活有密切的关系,

---

① 参见喻本伐、熊贤君:《中国教育发展史》,华中师范大学出版社 1999 年版,第 537 页。

而现在流行的传统的戏剧却这样充满了封建遗毒,不合乎这一时代的需要"①。当社会生活向前发展时,戏曲舞台仍充满与人们日常生活脱离的才子佳人、帝王将相的事迹,而其愚忠愚孝的伦理观念、男尊女卑的性别意识、因果报应的迷信思想,更是为新文化运动所不容。在思想启蒙的立场上,熊佛西与"新青年派"是一致的,他将承载新文化、新道德的新兴话剧引进农村,用新的思想精神来影响广大农民。而且,话剧以生活化的对话与动作为表现手段,农民接受起来较为方便。看惯了地方戏曲的农民们,对话剧或许有一份新奇感、刺激感,乐于接受乃至尝试这种新型的戏剧形式。

从话剧发展的角度看,推行农民教育剧是现代戏剧普及化、大众化的一个关键。1920年代,话剧在中国虽有较大发展,但创作者和演出场所都在一些经济文化较发达的大城市,思想内容呈现为"小布尔乔亚情调",接受群体以青年学生和市民为主,并未在中小城市及广大农村产生影响。熊佛西的定县戏剧实验就深感"问题剧"、"国剧"、"左翼戏剧"等多种话剧运动没有取得实质性进展,主要是没有和民众的实际生活密切联系起来,而这种联系不能仅仅停留在内容和形式的花样翻新上。他指出:"近年来我们虽有了'戏剧大众化'的口号,但仅仅是口号而已,对于大众戏剧的内容和形式,始终没有表征的研究和实验。"②因此,"我们要把戏剧大众化,要致力于大众戏剧的实践,要站在农民当中创造一种新的农民戏剧,必须与农民打成一片,必须深入农村"③。借助中华平教会的资助,熊佛西深入北方农村开展戏剧实验,一边编演农民能够接受的话剧,一边发动农民自己开展话剧编演活动,逐步使话剧大众化。在他看来,"农民是今日中国的大众,那么我们想把新兴戏剧大众化,也可以说是要使新兴戏剧农民化"④。也即是说,他希望通过话剧的农民化来达到话剧的大众化、普及化,使话剧艺术在广大农村生根开花。这种将农民主体化的话剧教育模式,对于话剧艺术的中国化、民族化具有重大的意义。

从艺术审美的角度看,话剧的农民化、大众化意味着力图用话剧艺术提高农民的审美能力,一是话剧艺术的审美感知能力,一是审美情感、生活情调等基本艺术素质。这使得农民教育剧具有双重的教育功能,兼具思想教育与审美教育的奋斗目标。熊佛西多次强调,"所谓农村戏剧,除了负有扩大戏剧运动的任务之外,更有教化农民,提高

① 熊佛西:《戏剧大众化之实验》,《熊佛西文集(下)》,上海文艺出版社2000年版,第683页。
② 熊佛西:《戏剧大众化之实验》,《熊佛西文集(下)》,上海文艺出版社2000年版,第677页。
③ 熊佛西:《戏剧大众化之实验》,《熊佛西文集(下)》,上海文艺出版社2000年版,第699页。
④ 熊佛西:《戏剧大众化之实验》,《熊佛西文集(下)》,上海文艺出版社2000年版,第696页。

其审美观念与生活趣味的使命"①。定县教育戏剧是知识分子利用话剧开展平民教育的戏剧活动,不能过于迎合农民现有的审美趣味,而是要用新的时代精神、艺术趣味来提升他们,兼有培育话剧观众和农民话剧工作者的使命。为此,他特别强调艺术家的独立品质,农民教育戏剧应满足"理想的观众"即戏剧批评家的要求,而不以大多数观众的立场为转移,在大多数人的审美能力和社会意识非常欠缺的情形下,一味满足他们的喜好,容易走向庸俗堕落的道路。"倘若发展中华的戏剧,必先训练中华的观众"②,农民戏剧要对广大农民起到审美能力和社会意识的教育作用。他甚至将农民教育剧的主要功能归纳为"五种教育力量":介绍知识,抒发情感,传布国语,公民训练,组织民众。

　　总之,熊佛西的农民教育剧选用通俗话剧作为载体,对广大农民进行系统的素质教育,而且特别讲究戏剧教育的实际成效。

三、作为教育戏剧的农民戏剧

　　明确了农民教育剧的剧种形式与艺术功能,接下来是如何具体实施,探索、确定一种让农民大众可以接受的教育戏剧形态。熊佛西认为:"论及内容,我们必须顾到两个条件:一是农民需要的,二是农民能够接受的。"③这是建构农民教育戏剧的可行性原则,也适用于演剧形式的探索方面。他敏锐地发现,这种形态其实就是"以农民能读能演为原则"的"农民戏剧"。

　　熊佛西对农民戏剧形态的探索,是分两步走的。最初,由戏剧系学生演剧给农民看,"借此研究大众戏剧的内容与形式,看看中国的大众究竟需要什么样的戏剧"④。但从教育戏剧的角度而言,理想的农民戏剧是"农民自己写剧,农民自己演出给农民看",这不仅是因为"农民自己演剧是中国新兴戏剧大众化的基本实践"⑤,而且是因为教育戏剧一般要求做到施教者、受教者与表演者三位一体。于是,他们组织乡村演剧培训班,训练一批农民业务骨干,再让他们回乡组织农民剧团,在露天剧场进行公演,或者到各村进行巡演,使话剧成为农民日常生活消费的艺术形式,从而使农民教育戏

①　熊佛西:《中国戏剧运动的两大出路》《熊佛西文集(下)》,上海文艺出版社 2000 年版,第 834 页。
②　熊佛西:《论剧》《国剧运动》,新月书店 1927 年版,第 53 页。
③　熊佛西:《中国戏剧运动的新途径》《熊佛西文集(下)》,上海文艺出版社 2000 年版,第 826 页。
④　熊佛西:《中国戏剧运动的新途径》《熊佛西文集(下)》,上海文艺出版社 2000 年版,第 826 页。
⑤　熊佛西:《戏剧大众化之实验》《熊佛西文集(下)》,上海文艺出版社 2000 年版,第 740 页。

剧进入农民写、农民演、农民看的自觉阶段，也即自编自导自演并自娱自乐、自我教育的艺术自觉阶段。

就农民戏剧的思想内容而言，它必须以农民为本。首先是题材问题。传统戏曲题材多是帝王将相、才子佳人，"五四"话剧题材多是知识分子、婚恋家庭，而农民戏剧必须扩大题材范围，以农民题材为主，反映他们的实际生活和变革要求。在雅俗文野的尺度把握上，熊佛西费尽心机，甘苦自知："题材太浅了，无聊，与他们的生活毫无启示；太深了，他们不能接受，未免徒劳。要选择一个适合农民心理，与农民生活有密切关系的戏剧内容，真是一件使人白头的工作。"①他的《锄头健儿》、《屠户》、《牛》、《喇叭》、《过渡》、《逼上梁山》等剧本，都是根据这些原则而写的，描写农民在社会生活各个方面的真实现状，着重写出他们的愚昧、屈辱与抗争，并将抗争力量寄托于青年农民和返乡大学生。

其次，主题思想需要一个可行性尺度。"五四"时期，胡适、周作人曾对文学提出个性主义、人道主义的思想主张，这些在熊佛西看来，似乎有些笼统化、文人化。针对农村现状，他提出一种"向上意识"，借以使农民从蒙昧状态中清醒过来："向上不是落伍，不是畸形；而是进步，而是平衡的发展。向上的意识是多方面的，至少包括生产技能的向上，科学运用的向上，身心健康的向上，情感满足的向上，集团训练的向上，享受与给予的向上，教育文化传递的向上。总之，具有向上意识的生活是一个完美的人格的极峰；具有向上意识的人在尽人生应尽的义务之外，他还享受人生应享受的权利；他不是一个压迫人的人，也不是一个被人压迫的人。"②熊佛西变通权衡，量体裁衣，用"健康向上"的标准来设计农民所需要的理想人格范型，并通过戏剧形式向他们灌输、推广。这是其农民戏剧的思想核心，也是其农民教育戏剧所要达到的思想文化素质教育的目标。这个思想指标是总体性的，可操作性强，与时代发展要求一致。但是，因思想认识的差异，其农民戏剧与左翼戏剧在人物出路的解决方式上有一定区别，所体现的是一种改良主义的社会思想，而这正是熊佛西及"乡村建设派"所要体现的思想倾向。

最后，实际创作中还要让故事具体生动，感情丰富，人物尽可能类型化，性格鲜明，对话简单，多用外形动作来表现，不要用诗意的、哲理的、理智的、抽象的东

① 熊佛西：《中国戏剧运动的新途径》，《熊佛西文集（下）》，上海文艺出版社 2000 年版，第 826—827 页。
② 熊佛西：《中国戏剧运动的新途径》，《熊佛西文集（下）》，上海文艺出版社 2000 年版，第 827 页。

西。这都是抓住农民的审美习惯而做出的选择,也是熊佛西一步步摸索出来的写作经验。

必须指出,为适应农民戏剧思想价值的需要,熊佛西需要经历一个思想立场和文化话语的"修正"过程,这个过程是痛苦的,"使人白头的"。受新文化运动的影响,他早年写过《青春底悲哀》、《新闻记者》、《一片爱国心》、《蟋蟀》等一批具有批判力度与人性深度的戏剧作品,大多持知识分子立场,彰显个性主义、人道主义。"清党"事变后,国内政治风云变幻,也波及戏剧创作领域。1927 年至 1931 年间,熊佛西在创作思想上处于徘徊时期,有些作品还是透射出较强的人文气息,如《艺术家》、《诗人的悲剧》等表现艺术家生存状态的系列作品。这种艺术与现实对峙的尴尬处境,在一定程度上反映了作者当时思想的矛盾与苦闷。随着时局的变化,他像当时许多剧作家一样,开始向"民众戏剧"靠拢。

为使话剧这种新兴戏剧农民化,他必须在知识分子视角与农民视角中选取一个平衡点,必须从农民的生活需要出发,以是否"健康向上"、能否促使他们实际生活的改善,作为衡量剧中人物形象的价值尺度。这种取舍标准的"农民化",无疑需要作者以平等的平视姿态,对农民的社会功利观给予某种认同。如《喇叭》借用奥尼尔名作《天边外》的故事框架,为适应中国文化语境而进行思想主题的相应转换。《天边外》展现了多元化的价值追求,具有浓烈的人道主义气息。而《喇叭》的意义简单得多,实用得多,正如有专家指出的,"从世人爱吹不爱干的浮夸虚伪中,他们看到社会崇尚夸夸其谈而不务实际的恶习"①。这是一种世俗功利主义的价值观念,与田汉 1930 年"我们的自己批判"的转向具有某种一致性。当时的国内社会政治环境,促使戏剧家的创作积极关注现实,对现实社会的改善具有推动作用。用戏剧是否对现实有所帮助作为衡量艺术优劣的重要标准,虽然适应了现实乡村社会的需要,但在思想价值、个性心理的开掘上容易降格以求。这是由农民戏剧的教育对象所决定的。

在演出形式上,熊佛西左右权衡,力图使农民教育戏剧达到最理想的演出效果。他认为传统戏曲尚有一些价值,既可作为展览的古物,又可加以改进、利用。这与全盘否定戏曲的"新青年派"是不同的,而是接近于"国剧运动派"。在探索有效的演出形式的过程中,熊佛西逐渐创造出一种新的演剧方法,即将话剧的室内舞台的剧场艺术,改成露天剧场的广场艺术。为适应农民在伸出式戏曲舞台演剧中培养起来的观剧习惯,

---

① 胡星亮:《中国现代喜剧论》,南京大学出版社 1995 年版,第 78 页。

他打破西方镜框式舞台的演剧形式，从改善表演区与观赏区、演员与观众的关系上，着手探索农民戏剧的演剧形式。在传统戏曲开放式演剧模式的长期熏陶下，中国观众具有自己的审美趣味和自觉参与的意识，而西方戏剧镜框式舞台和小剧场的做法，难以被中国农民接受。熊佛西凭借农村广场地利之便，进行话剧演出形式的大胆革新，采取露天广场、台上台下结合的演出方式，演员从观众群中上场，观众从四面八方包围演员，将整个广场作为话剧演出的舞台。

这种演员与观众混合一体的露天剧场的演出方式，从根本上打破了"第四堵墙"的制约，改变了演员与观众的角色关系，使农民教育戏剧达到了最理想的传播效果、教育效果。观众不仅仅是看客，他们对表演的即时反应也推动着剧情发展，使情节的推进浑如天成，达到良好的互动效果。熊佛西离开城市，走向农村，使得他的表演舞台广阔起来，中国现代剧场改革的一次重要运动，在他所主持的定县农民戏剧实验中展开了。如《喇叭》中，男主人公吹着喇叭走向舞台时，观众可以嬉笑着，三五成群地簇拥着他，欣赏他的吹奏技巧，一些人甚至跟随到舞台上。观众不自觉的行为正好符合剧情的要求，这些观众也就不知不觉成为了演员。这种集体狂欢的演出气氛极大地调动了农民欣赏的积极性。在《牛》等作品中，还创造性地用高粱秸秆和三圆积木制作布景，就地取材，与剧情契合，并以灵活的灯光代替传统戏曲舞台的前幕，指导演员动作，克服广场自由演出与传统拉幕意识的欣赏矛盾。这些演出方式较好地体现了中国戏曲天人合一、虚实相生的艺术精神。

由此可见，熊佛西的农民教育戏剧，为达到切实而广泛的教育效果，在题材主题和演剧形式上都做到了农民化、大众化，都进行了一番有意味的戏剧探索。

四、中国教育戏剧的新发展

熊佛西的农民戏剧是一种自成体系、卓有成效的民众教育戏剧，它开创了定县教育戏剧模式，是中国现代教育戏剧的新路径、新发展。

教育戏剧是近现代教育思想革命的产物，在中国最先呈现为校园教育戏剧。即清末民初外国教会学校和中国新式学堂的学生演剧，其代表是后来的南开新剧团等，体现的是张伯苓式的教育戏剧理念，重在"以艺立人"，培养"新青年"。通鉴学校、北京人艺剧专、艺专戏剧系等，无论是民办还是国立，主要强调的并非是作为素质教育的校园教育戏剧，而是戏剧职业教育，重在"以艺立艺"，发展戏剧艺术。1920 年代工农兵业余演剧活动，是民众教育戏剧的开始，"虽然没有改变处于草创时期的新兴话剧局限于知识分子圈子里的状况，却代表了一种新的方向"①。此后，苏区的红色戏剧及解放区的活报剧、街头剧、新秧歌剧等群众性演剧活动，自娱娱人，自我教育，将民众教育戏剧推向了一个崭新的阶段。因配合时事政治宣传，它们大多追求政治上的实用性、有效性，舞台艺术上比较简单粗糙。而且，其施教者、受教者和表演者的身份比较复杂，并不稳定，是泛化的民众教育戏剧。相比之下，熊佛西主持的定县戏剧实验是一场别具特色的民众教育戏剧运动。它具有以下显著特点：

1. 其出发点是将平民教育和话剧大众化相结合，而且针对的是占人口多数的农民阶层。定县戏剧实验是中华平教会平民教育运动的一个项目，只不过借用了话剧演出的形式，而且附带了扩大话剧社会基础的任务。平民教育和话剧大众化并不矛盾，可以相得益彰、相互促进。自话剧引入本土，它一直固守于一些大中城市，主要观众对象是青年学生、知识分子、市民、商人等，还没有在广大农村产生真正影响。将文化素质低下、惯于接受戏曲的农民组织发动起来，开展以"向上意识"为思想核心的农民戏剧运动，这对于民众思想文化素质的提高具有重要的社会意义。实践证明，这条路是行得通的，是明智之举。正如熊佛西所说："大众并不是不能接受新的思想和新的文化，实在是我们不给他们新的思想和新的文化！"

2. 它使创作者、演出者和欣赏者三位一体，是一次自觉自愿的民众教育戏剧活动。"民众戏剧"一直是中国现代话剧创作的一个理想，在"五四"时期，它主要体现为写普通人；在"左翼"时期，它主要体现为大众写戏、演戏。这些大都是自上而下、施教于人的俯视姿态。而定县戏剧实验是要将文艺大众化的时髦而空头的口号，转化为具体的社会实践，不仅要送戏下乡，培养民众观看话剧的热情，还要激发他们的戏剧本能和思想感情，让他们成为农民教育戏剧的主体力量，建立自己的剧团、剧场，创作自己的剧本、剧目，将施教者、受教者和演出者高度统一起来，创造出平视平等姿态的、彻底民众化的"民众戏剧"。而且由于"乡村建设派"的立场，其政治化、左倾化的痕迹相对要少些。

3. 为达到社会教育的目的，它从思想内容和演剧形式上都做到了农民化、大众化，建构了农民教育戏剧的新形态。应该指出，这得益于熊佛西民主自由、兼容并包的一贯作风。当初北平艺专戏剧系受制于赵太侔、余上沅的国剧运动，面临困境时，从美国留学归来的熊佛西接下烂摊子，他召集师生们一起讨论教学方针、办学方向，从而使戏

① 陈白尘、董健主编：《中国现代戏剧史稿》，中国戏剧出版社 1989 年版，第 105 页。

剧系起死回生。他在定县探索农民教育剧,同样采取平等对话的姿态,剧本创作和剧目演出都要"以农民能读能演为原则",积极听取农民的意见加以修改。只有这样,才更能得到农民普遍的接受,达到演出的预期效果。按照他的话说,是"不墨守传统,也不因袭欧西"①,"以创造的途径,根据中国今日农民的现况,在农民当中创造一种新的农民戏剧"②。这种农民戏剧是从大量艺术实践中摸索出来的,具有较强针对性、民间性,对现代戏剧和教育戏剧的发展具有多方面的启示意义。

其开放舞台、观演合一的露天剧场演剧样式,后来在现代革命战争的前线和后方得到广泛的推广和不断的翻新,在当代都市社会更成为戏剧吸引观众入场、探索艺术真谛的一个形态诉求。它在剧场艺术、观演关系上具有强烈的先锋性,正如俄罗斯的梅耶荷德和法国的阿尔托那样,"是站在20世纪重新发现开放式舞台的长处的人的前列的"③。

4. 它是中国现代戏剧史上成建制、大规模的艺术实验活动,时间之长,成就之大,为以后人们开展教育剧和艺术实验活动,做出了榜样。熊佛西在定县开展为时五年半、震惊中外剧坛的农民戏剧实验,系统而卓越地建构了民众教育戏剧的演剧形态,后因华北沦陷、抗战全面爆发而被迫中断。它对1930年代以后的工农兵业余演剧活动产生了重要影响,特别是在全民动员的抗战洪流中,民众教育戏剧得到了进一步发展。解放区戏剧以及新中国成立后的人民戏剧,也将精力集中到农民题材上,但这种政治色彩浓厚的教育戏剧运动,与定县农民戏剧有些不同,尽管两者都为戏剧大众化作出了自己的贡献。

(原载《中国现代文学论丛》2013年第2期)

---

① 熊佛西:《戏剧大众化之实验》,《熊佛西文集(下)》,上海文艺出版社2000年版,第699页。
② 熊佛西:《戏剧大众化之实验》,《熊佛西文集(下)》,上海文艺出版社2000年版,第698页。
③ 周宁:《西方戏剧理论史》,厦门大学出版社,2008年版,第890页。

民族认同、公民教育与抗战演剧

——论熊佛西的抗战戏剧社会教育观

丁芳芳

熊佛西是我国现代戏剧史上的著名人物,无论在戏剧理论建设或戏剧教育领域均卓有建树。新时期以来,有关其研究逐渐升温。据笔者在 CNKI 的检索,近三十年来有关熊佛西的研究论文主要有三十余篇,①研究基本集中在其抗战之前的定县戏剧实验时期,包括他所提倡的"向上的意识"、"趣味中心、单纯主义"戏剧美学、平民教育思想及其在定县戏剧实践中所表现出的现代性戏剧思想(特别是舞台形式变革方面),而对其抗战时期的戏剧理论和实践研究有待进一步深入。这既和长期以来学术界对抗战时期大后方戏剧重视不够有关,也和史料限制及其他历史原因有关。大量史实证明,熊佛西在抗战时期不仅撰写了很多理论文章,而且创办戏剧学校,深入参与各种戏剧社会教育实践活动;不仅延续了其定县戏剧实验思想,同时也有很深入的发展。比如他对苏联政治戏剧理念的吸收、抗战戏剧的"基本国策论"、抗战戏剧舞台形式的理论变革与实践探索等,都卓有新意。特别是他以戏剧社会教育为核心点所形成的一系列戏剧理念与戏剧实践,在当时产生了巨大的社会影响,是抗战时期大后方戏剧实践的重要组成部分,均值得深入探讨。

笔者认为,熊佛西抗战时期戏剧思想的转变,特别是其有关抗战戏剧社会教育的理念、规划和实践,和当时国民政府及文艺界整体的思想变化密切相关,同时也反映出一代知识分子的历史抉择,即使在今天看来,仍具有深远的文化意义。对他这部分思想的厘清,有助于我们进一步全面而深入地理解此点。同时,熊佛西是大后方戏剧理论和实践的重要代表,如果缺少对熊抗战时期戏剧思想更深入的研究,不仅对他本人的研究不够完整,同时对整个中国现代戏剧史研究来说也是一种缺失。因此,本文将

---

① 主要有孙惠柱著,沈亮译:《熊佛西的定县农民戏剧实验及其现实意义》,《戏剧艺术》2001 年第 1 期;朱云涛、李伟:《熊佛西戏剧理论的独特贡献及其现实意义》,《江西社会科学》2005 年第 2 期;曾宪章、刘川鄂:《20 世纪 30 年代定县农民戏剧实验的历史意义》,《文艺研究》2013 年第 9 期;周特生、周一新:《熊佛西的戏剧教育思想与实践》,《艺术百家》2007 年第 4 期;王少燕:《熊佛西的定县农村戏剧实验》,《中国现代文学研究丛刊》1998 年第 1 期;曾宪章:《雅俗夹缝中的另类启蒙——以熊佛西为例略论民国乡村建设与"戏剧大众化实验"》等。

通过大量一手史料,论述熊佛西在抗战时期戏剧思想的发展,特别是他在抗战时期以戏剧社会教育为核心点在演剧理念、演剧规划、演剧实践等方面所发生的深刻变化,①以期为弥补这一缺憾抛砖引玉。

大量一手史料表明,抗战时期熊佛西着力提倡的是戏剧的社会教育,而不只是传统的戏剧教育,前者是用戏剧为武器去从事教育社会民众的社会工作,而后者更多的是指戏剧的艺术教育,目的在于培养专门的戏剧人才。和这一时期其他艺术家相比,他有关抗战戏剧社会教育的理念更为清晰完整,并且其相关思考不是零星的而是非常系统化的。本文将从其抗战时期的社教演剧理念、规划及实践三个方面展开论述。

一、社教演剧理念：民族国家意识、现代公民意识、戏剧社会教育

整体来看,熊佛西在抗战时表现出强烈的民族认同感,他为中华民族的生死存亡大声疾呼,认为要避免亡国的危险并且取得抗战的胜利,必须培养出战时中国所匮乏的民族认同意识及公民意识,必须实行社会教育,而其中最好的社教工具是抗战演剧。历史地看,他在这一时期所形成的戏剧社会教育观,和当时特殊的社会历史环境是不能分开的。

1. 民族国家意识

抗战是民族危机的总爆发,也是现代意义上的中国民族国家意识在危机重压下的总爆发,是全民参与的伟大的民族自救运动的兴起。生死存亡中民族国家的建构是全民族的最高理想和共同追求,民族国家意识压倒其他一切意识,包括启蒙主义所大力张扬的人本意识,成为社会意识形态领域的主导力量。抗战时期,因为特殊的国情(国民以农民为主体,文盲占大多数),话剧以其特有的优势(形象性与直观性)在一定程度上替代了小说和报纸等(特别是在广大的乡村地区),成为民族国家想象的重要媒介。

美国学者安德森(Benedict Richard O'Gorman Anderson)认为,民族的形成是国家出现以后的事。进入民族国家(nation state)时代(17世纪之后),当这些国家人民的身份从过去的臣民(subject)转向公民(citizenship)时,现代意义上的国家层面的民族才

---

① 因其在抗战时期顺应社会潮流,基本用"社会教育"代替了他在定县时期常说的"民众教育",并且笔者认为其含义并不完全相同,故本文也用此语。

渐渐出现："我主张对民族作如下的界定：它是一种想象的政治共同体——并且，它是被想象为本质上有限的(limited)，同时也享有主权的共同体。"①在这种"想象的共同体"(imagined communities)中其成员无法全部互相认识，民族主义的主要目的在于制造这样一个设想的群体，这些民族国家的形成是从一个核心地区出发扩展，产生了一个民族意识和一个民族认同的感觉，需要宣扬共同的价值观与文化观，因此它促进了资本主义系统中印刷媒体的出现而这些印刷媒体反过来帮助了民族意识、民族认同感的形成。

　　出于种种原因，无论是其时的国民政府还是知识文化界，均表现出培养国民以民族国家意识为核心的现代公民意识的努力，为此专门制定了精神总动员计划，同时，也制定了相应的戏剧社会教育规划。②

　　抗战伊始，和许多有识之士一样，熊佛西表现出了强烈的民族认同感，他认为培养普通民众的民族认同感是抗战能否胜利的关键。他撰写了一系列文章以阐明他的观点③："在救国工作上，政府有政府的责任，人民也有人民的责任，都应该想对于国家，有所贡献，我是一个戏子，所以便时时想到'戏剧救国'的问题。我并不是请大家都作戏子，我却认为一方面一个国民，是应该尽他所应尽的责任，同时，戏剧的确是文化上极重要的一件东西。"④

　　在熊佛西看来，抗战戏剧不再仅是娱乐，而是一种社会教育的工具，这种社会教育的核心内容是公民教育，是培育当时中国民众所缺乏的民族国家意识的最重要工具。这和他在战前有关戏剧艺术的想法有明显差异："我们不应以'布尔乔亚'的艺术理论来批判今日的抗战戏剧，更不应该以看莎士比亚或王尔德戏剧的眼光来看我们今日的抗战戏剧，这是两种不同的立场，不同的风格……戏剧虽然是一种独立的艺术，但是它必需和当时的政治经济连锁起来推进。总之……一时代有一时代的戏剧，一国家有一国家的戏剧，中国今日是在民族革命抗战建国的阶段，应该产生民族革命

① 〔美〕本尼迪克特·安德森著，吴叡人译：《想象的共同体——民族主义的起源与散布》(增订版)，上海世纪出版集团 2011 年版，第 6 页。
② 丁芳芳：《抗战戏剧与战时社会教育规划》，《戏剧艺术》2012 年第 6 期。
③ 这一时期熊佛西此方面论文主要有：《戏剧在文化中的地位》，《兴华》1937 年第 34 卷第 17 期；《政治，教育，戏剧三位一体》，《戏剧岗位》1939 年第 1 卷第 1 期；《抗战期间艺人应有的认识》，《黄埔季刊》1939 年第 1 卷第 1 期；《苏联的戏剧给我们的启示》，《中苏文化》1940 年第 7 卷第 4 期；《怎样做戏》，《学校新闻》1937 年第 57 期；《四川省立戏剧教育实验学校概况》，《新教育旬刊》1939 年第 1 卷第 8 期；《为什么戏剧场为农村教育文化的中心》，《教育学报》1937 年第 2 期等，系统阐述了其戏剧社会教育思想。
④ 熊佛西：《戏剧在文化中的地位》，《兴华》1937 年第 34 卷第 17 期，华美书局，第 9 页。

抗战建国的戏剧。"①他极力推崇戏剧的社会教育功能:"剧场如办得好,即可以不要学校,从小学直至大学研究院都可以拿剧场来代替,再进一步说,有些学校办不到的,剧场可以办到。"②

由此,他的抗战戏剧理念,产生了一个值得注意的重要转变,即从原先的戏剧艺术派,转向大力提倡戏剧社会教育;从欧美戏剧艺术派的拥趸,转向到对苏联政治戏剧极为推崇:"在昔日资本主义的国家里,戏剧的题材往往限于所谓'人性不变'的圈套中,因之所得的效果无非是引起观众的哭和笑,或为个人茶余酒后的一种消遣……今日的苏联却不然,他们的戏剧取材于现实的人生,并且着重于集体生活的表现。我们在苏联的戏剧和电影中很少看到肉麻的爱情,虚无飘渺的事迹,他们给我们的只是些朴素现实的人生,有热有力的集体生活,或指示大众生存应有的路线。"③

他指出近年来苏联戏剧已进入"登峰造极的黄金时代",对于戏剧处于萌芽期的中国,是值得我们这些戏剧学徒去好好总结的。特别是苏联"把戏剧当一种大众教育的工具,文化建设的武器,因之他们不管在戏剧的题材或技术方面都有了新作风,这为全世界的戏剧奠定了一个有力的哲学基础"④。

熊佛西之所以特别推崇苏联戏剧,是因为他认为苏联戏剧为苏联民族国家的建立及民族意识形成做出了巨大的贡献:"苏联的大革命,谁都不能否认得力于她的戏剧建设。革命的前夕,在思想方面有柴可夫、屠格涅夫、托尔斯泰、高尔基这些前辈为之奠基革命的道路;革命烽火爆发之后,在剧场艺术方面有斯坦尼斯拉夫斯基、梅耶荷特、泰罗夫、丹钦珂这般大师为之开辟了一个新的天地。"⑤

因此,从增强民众民族建国意识的目标出发,熊佛西把苏联戏剧的发展方向看作是中国抗战戏剧的根本出路所在,他指出:"由于苏维埃戏剧哲学的转变,启示了中国新兴戏剧的途径。我觉得在中国目前环境之下,资本主义的戏剧决难生存,我们只有仿效苏联以戏剧为教育,为宣传,为斗争的武器,中国的戏剧才会有它伟大的前途。"⑥

① 熊佛西:《写给一位戏剧青年——第一封信:讨论戏剧的路线》,《戏剧岗位》1940年第1卷第4期,华中图书公司,原刊页码不清。
② 熊佛西:《为什么戏剧场为农村教育文化的中心》,《教育学报》1937年第2期,第29页。
③ 熊佛西:《苏联的戏剧给与我们的启示》,《中苏文化》1940年第7卷第4期,第15页。
④ 熊佛西:《苏联的戏剧给与我们的启示》,《中苏文化》1940年第7卷第4期,第15页。
⑤ 熊佛西:《苏联的戏剧给与我们的启示》,《中苏文化》1940年第7卷第4期,第15页。
⑥ 熊佛西:《苏联的戏剧给与我们的启示》,《中苏文化》1940年第7卷第4期,第15页。

2. 现代公民意识

现代公民意识的根本点如安德森所述，是国民对于整个国家的认同感，它是民族国家和民族认同感形成的重要标志。安德森（Benedict Richard O' Gorman Anderson）提出民族国家生成的重要标志之一是国民甘愿为国赴死："尽管在每个民族内部可能存在普遍的不平等与剥削，民族总是被设想为一种深刻的，平等的同志爱。最终，正是这种友爱关系在过去的两个世纪中，驱使数以百万计的人们甘愿为民族——这个有限的想象——去屠杀或从容赴死。"①因为民族国家的重要目标是对外建立一个可以自立于世界民族之林的地位平等的国家；这就需要对内尽力建构一种国家统一意志和集体行动力，因此现代的公民意识总与积极的理想主义有关，如爱国主义、忠诚度和集体力量等。也就是说民族国家在建构的过程中，都会倡导诸如爱国主义、忠诚、集体感等对于理想目标的实现具有积极作用的理念。它是民族国家意识的积极而极为重要的组成部分。抗战话剧和其他文化一样，其重要任务就是负载这种理念的宣传，使之深入各社会阶层特别是民众的思想意识之中，这是增强整个民族凝聚力、使国民最终甘愿为国赴死的非常重要的举措。

熊佛西敏锐地认识到现代公民意识的形成和这个国家的前途是紧密相连的，熊佛西转述某杂志言论借外国人之口批评中国人单个是最聪明的，三个就是最笨的，由此可见人民散漫的程度，他所不满的正是其时民众一盘散沙的态度，认为要取得抗战的胜利，就必须培养出如安德森所述的一种甘愿为国赴死的现代公民意识。

在现代公民意识的教育中，他特别重视培养农民的这种意识："我们今后的政治，经济，文化，教育，都应该注重在农村。换句话说，我们要以农民的生活为民族生活的核心，以农民为国家的中坚，以农村为抗战建国的重心！"②正因为农民是如此重要，对他们的公民意识的训练工作就极为迫切，而演戏，在熊佛西看来，正是公民训练的极好工具："乡下人聚会的机会本来就少，能利用这种机会而给他们一种训练，岂不是最好的一种公民教育吗？ 我认为剧场正是公民训练的一个基础的场合。"③戏剧是"公民训练机关：我们学生受过相当的教育，且动不动的就讲开会，开会的时候是要安静，乡下人怎能懂得这些？ 所以如要训练他们，唯一的方法是在他们不知不觉之中，戏剧就是

---

① 〔美〕本尼迪克特·安德森著，吴叡人译：《想象的共同体——民族主义的起源与散布（增订版）》，上海世纪出版集团 2011 年版，第 7 页。
② 熊佛西：《写给一位戏剧青年——第一封信：讨论戏剧的路线》，《戏剧岗位》1940 年第 1 卷第 4 期，华中图书公司，原刊页码不清。
③ 熊佛西：《戏剧在文化中的地位》，《兴华》，1937 年第 34 卷第 17 期，华美书局，第 8 页。

这种最好的训练方法"①。

同时,在熊佛西看来,现代公民意识不是一个空泛的高高在上的概念,而是具体体现在个人行为的诸多细小方面,如集体意识、秩序(即规则)意识等等,戏剧是推行公民训练的重要工具,其作用也体现在一系列细微之处。

因此,他提倡利用各种演剧细节,把农民的观剧行为变成一种公民意识的训练活动:"譬如演戏的时候戏台上有国旗,于是告诉观众们,见了国旗应当脱帽致敬。观众进戏院的时候,必须先买票,按了票的号数去找座位,在无形中教给观众们一种新的知识,使他们得到一种公民的训练。"②

3. 抗战戏剧社会教育

抗战时期,熊佛西撰文集中表达了其有关戏剧的社会教育观,他指出:"戏剧在中国一向是一种消遣品,观众走进剧场,只为的是消遣,这种观点并不是说是错误,但已完全过时,戏剧的内容无所不有,因而肩负一种时代使命。"③抗战的全面爆发改变了戏剧的历史使命:"我们不需要旧式的供人消遣的戏剧,而确乎需要有时代性,与文化有关的戏剧,这是极重要的工作!"④熊佛西认为戏剧在社会教育中能发挥的作用特别巨大:"利用戏剧来组织民众的效果是超过一切其他的教育方法。中国地大而不能利用,物博不能开发,结果等于没有一样,其所以不会利用不能开发,都是由于民众的没有组织。"⑤

在熊佛西的抗战戏剧社会教育思想中,表现出对于农民、军队、儿童的特别重视。为什么他会突然重视对军队、农民以至儿童的社会教育?因为这些以往戏剧所忽视的边缘人群,现在或未来都是抗战的主力军(熊佛西曾表述抗战要作百年计),自然是最需要动员的力量。

特别是针对农民的社会教育。熊佛西分析了中国的人口状况,四万万五千万人堪称多,但其中百分之八十以上是文盲,农民又占绝大多数,他们从六七岁时即参加劳动,没有机会受教育:"对于他们,普遍地实施社会教育是最迫切的工作。社会教育是大众的教育,是以'活动'为中心的教育。它不是呆板的,注入的。它充分利用了一切

---

① 熊佛西:《为什么戏剧场为农村教育文化的中心》,《教育学报》1937年第2期,第29页。
② 熊佛西:《为什么戏剧场为农村教育文化的中心》,《教育学报》1937年第2期,第29页。
③ 熊佛西:《为什么戏剧场为农村教育文化的中心》,《教育学报》1937年第2期,第29页。
④ 熊佛西:《戏剧在文化中的地位》,《兴华》1937年第34卷第17期,华美书局,第9页。
⑤ 熊佛西:《为什么戏剧场为农村教育文化的中心》,《教育学报》1937年第2期,第30页。

'活动'的机会,给以各种知识。本身即是一种'活动'的戏剧乃是社会教育的主要部门。大部分的中国民众是常从戏剧中获得种种知识的,不过,在过去的封建社会谓戏剧是被轻视的,戏剧的教育功能既不显著,戏剧本身更孕着有毒的东西。现在,不复是昔日的时代了,我们要纠正轻视的心理,强调戏剧的教育功能,给戏剧以新内容,及适于新内容的新形式,用之作为教育民众的中心。过去一年半的抗战建国的宣传实践也充分证实了戏剧是极其锐利的宣传武器,它能直接的感染观众,观众不仅可以听到,而且可以看到。今后,在持久战中,我们更需要把戏剧宣传普遍起来,深入于每一个偏僻的角隅,以适应战时的需要。"①

　　熊佛西同样重视对军队的戏剧教育。他说表面看来,戏剧与军事风马牛不相及,但实际上它们有密切关系:"在军事的教育中,戏剧占有重要的地位;在推行戏剧教育上,军事是极有力的机构。"②

　　在抗战最严重的阶段,对军人进行教育的重要性不言而喻。熊佛西认为,从北伐前军队的腐败到后来政治面貌的迅速变化,其中军委会和各师旅政治部的成立起了极大作用:"一切都有了长足的进步。最显著的是军人头脑的革新,培养了革命思想。这种基础的树立,照我看来,要归功于军队中的'政治部'的组织……假使没有各师旅的政治部的革命思想的传播,恐怕今日抗战建国的基础也不能这样的稳定","七七事变以来,我们全国民众能够这样一心一德与军队合作不能不说是军委会及各师旅的政治部在宣传上尽过很大的努力。所以我国军队政治部的成立,实在是我国军事教育上一大进步的关键。"③所以,戏剧社会教育工作在军队中的开展,也应该充分利用这一行政系统:"政治部既是教育士兵和训练民众的枢纽,那么一定要有充实的内容,书本的教育,我认为不能完全适合这个需要;只有发动完密的教育活动——社会教育的活动——才是充实政治部的良好武器。无疑,今日的戏剧以及一切类似戏剧音乐的活动,都是崭新的大众教育的武器。假使我们要以新式的方法来教育军队,训练民众,我们不能不利用戏剧这一有力武器!"④

　　熊佛西指出,历史史实可以证明自己这种军事和戏剧相结合的看法并不是幻想:"中国新的戏剧正式与军事配合,恐怕要算从血花剧社开始。据我所知,血花剧社在民

① 熊佛西:《四川省立戏剧教育实验学校概况》,《新教育旬刊》1939 年第 1 卷第 8 期,第 17 页。
② 熊佛西:《戏剧与军事》,《戏剧岗位》1939 年第 1 卷第 2、3 期,华中图书公司,第 69 页。
③ 熊佛西:《戏剧与军事》,《戏剧岗位》1939 年第 1 卷第 2、3 期,华中图书公司,第 69 页。
④ 熊佛西:《戏剧与军事》,《戏剧岗位》1939 年第 1 卷第 2、3 期,华中图书公司,第 69 页。

国十五年就成立了。那时该社随着北伐军前进，做了不少的革命宣传工作。可惜中途停顿，一直到去年（注：指1938年）在四川才重张旗鼓。……继血花之后有在南昌成立的怒潮剧社。"①

　　熊佛西自述怒潮剧社曾邀其领导，但因他刚离开北平艺院戏剧系平教会，到河北农村的定县开始农村戏剧的研究，改由王瑞麟、向培良诸位先生领导，随后该社直属于军委会电影股，在武汉、重庆演了不少名剧。在这股风潮之下，"抗战（开始）之后，军队中组织剧团而广抗战宣传者真如雨后春笋，最显著的要推军委会政治部所组织的各演剧队。时间较短而值得注意的要算航空委员会政治部的神鹰剧团。它于去年十月在衡阳成立，今春移到成都"②。

二、社教演剧规划：国策、计划戏剧、戏剧网

　　熊佛西不仅有清晰完整的抗战戏剧社会教育理念，同时希望抗战戏剧社会教育能和当时抗战救国的国策相扣合，制定完整的戏剧教育制度，举全国之力以谋之，才能最终实现这一理念，为此他列出了详细的社教演剧规划。

　　1. 国策

　　他指出："抗战建国是我们现阶段的国策，我们的教育也应该是以抗战建国为对象。所以教育必须与国策扣合，国策必须以教育为动力……戏剧是教育的一种，是有力的一类，因为它生动有趣。"③戏剧在过去没有和大众的生活发生联系，如果把它当成一种有力的武器来宣传国策、教育大众、改造人生，那是痴人说梦。但是"现在时代不同了，一般人对于戏剧的观感也大大改变，都把它当着文化教育的主要部门。但是我认为这还不够，应该更进一步的确定戏剧教育的制度，把戏剧当着国家事业之一。国有国策，教育有教育的政策，戏剧有戏剧的政策，这样上下扣合，在一个国策之下，政治，教育，戏剧，三位一体，联锁推行，对于整个国家的建设必能收获极大的效果"④。

　　从这一点来看，熊佛西没有仅仅把戏剧看作是戏剧界内部的工作，而是从整个国家政治的层面来思考抗战国策与戏剧之间的关系，并且希望制定出和戏剧教育相关的

---

① 熊佛西：《戏剧与军事》，《戏剧岗位》1939年第1卷第2、3期，华中图书公司，第69页。
② 熊佛西：《戏剧与军事》，《戏剧岗位》1939年第1卷第2、3期，华中图书公司，第69页。
③ 熊佛西：《政治，教育，戏剧三位一体》，《戏剧岗位》1939年第1卷第1期，第3页。
④ 熊佛西：《政治，教育，戏剧三位一体》，《戏剧岗位》1939年第1卷第1期，第4—5页。

国策。熊佛西自述十年前曾著文论及中国新戏剧的两条出路，一条路在于职业化（多组织职业剧团，但并非是商业化），另一条路是学术化（尽量地提倡学校剧团的组织），"但是我现在要大声疾呼地来指出第三条而且是最有力的一条出路！就是戏剧政治化。一切的戏剧活动都应该以国策为中心，在政府领导和监视之下而发展。这并非是一件新鲜的事情，在古代希腊是如此，就在现代的苏俄也无不如此：她们都收到极大的效果……苏俄的国策能够深入一般民众的心里，未尝不是得力于戏剧的宣传，苏俄的建设能够这样飞腾的进步，亦未尝不是得力于戏剧的推行"①。因此，熊佛西所谓的抗战戏剧与抗战建国的国策相扣合，就是希望抗战戏剧能成为一种针对一般民众的以社会教育为目标的政治戏剧。

　　2. 计划戏剧、戏剧网的建立

　　熊佛西认为，要成功地实现戏剧社会教育的目标，从具体的推行步骤上来说就必须建立长期的、正规的戏剧制度，其中计划戏剧与戏剧网是极重要的一部分。

　　熊佛西指出中国在抗战开始以来，戏剧其所以较一般艺术活跃，"一方面是得力于政府的重视和提倡，例如军事委员会的政治部，航空委员会的政治部，中央军校的政治部，教育部，各军部或师旅部都先后组织了不少的剧团在前线或后方宣传，收到极大的效果；另方面也是因为一般热血的剧人于报国无术，只有供献自己的技能——戏剧——到乡村，到都市，唤醒民众奋起杀敌。所幸，二十个月来，没有辜负政府的提倡和社会人士的期望，戏剧界同仁，在抗战建国的宣传上，确是尽了一部分的职责"②。

　　熊佛西指出这一切都为抗战戏剧社教工作的进一步发展奠定了基础，但是还远远不够，"倘若政府能够进一步有计划的推行戏剧教育，以抗战建国的纲领为实施的中心，我相信其效果必十倍于今日。说不定，抗战建国的工作，因大规模的推行戏剧教育，而得到提前完成，正如戏剧有力于苏俄的建设与革命"③。

　　因此，为实现抗战社教演剧的理想，计划戏剧的推行和戏剧网的建立是极重要的。熊佛西表示："我深深的感到中国今日的一切都应该是计划的……我们需要计划的戏剧。我们需要有固定目标与固定内容的戏剧。我们需要负有课本使命的剧本，但是我们不以写课本的方法来写剧本。时代需要什么样的剧本，作家就应该写作什么样的剧本，抗战时期，尤应如此。两年来戏剧对于抗敌宣传曾经发生了很大的实效，这为计划

①　熊佛西：《政治，教育，戏剧三位一体》，《戏剧岗位》1939 年第 1 卷第 1 期，第 5 页。
②　熊佛西：《政治，教育，戏剧三位一体》，《戏剧岗位》1939 年第 1 卷第 1 期，第 5 页。
③　熊佛西：《政治，教育，戏剧三位一体》，《戏剧岗位》1939 年第 1 卷第 1 期，第 5 页。

的戏剧奠定了初步的基础。"①

计划戏剧的推行"必须藉著完备的政治机构。没有完备的机构,任何计划的事业不能推行,戏剧事业也不能例外。我最爱军队的组织,机构真完密,以它来推行任何事业都易见成效。譬如筑路,民众固好,军队更好,因为军队较一般民众更有组织。我国的新兴戏剧事业倘能藉著军队的机构而推行,我想将来必能在世界剧坛上占一重要地。假使我们的每一师军队都有一个完备的剧团,我想那时候的中国的戏剧必为全世界所惊羡!"②

熊佛西甚至列举出了推行计划戏剧的具体范本,认为在剧团的组织机构上可参考目前这些剧社中比较有力量的血花和神鹰。血花是直隶于中央军校。军校是训练全国陆军官佐最高军事教育的学府,它对于戏剧教育的提倡,当然将来可以逐渐影响到全国的军队。他说:"神鹰负有建设大空军宣传的责任,我曾两度被邀参加他们主办的座谈会。他们提倡的空军戏剧正适合我近年来提倡的计划戏剧的理想,故对他们的工作颇感兴趣。我这么想:假使我国的海陆空军能够有计划的组织多数剧团,分发到各队伍里,一面担任军队自身的宣传和训练,一面协助军队组织民众领导民众从事建设,我想这不管是对于国防或对于戏剧,都是一件伟大的工作。"③

为实现这一目标,未来的戏剧人才培养不仅要懂戏剧,还应兼通军事,"总之,戏剧与军事的配合是一件新的事业。我们需要以戏剧来教育军队,训练民众,我们也需以军事机构来推行计划的戏剧,同时更应该注意这种专门人才的养成"④。戏剧网的建设也是他的具体规划之一。早在全面抗战之前的1936年,熊佛西就已从事以戏剧教育民众的工作,并就剧场建设提出过自己的建议:"要达到训练及组织全国民众的目的,应把全国做成一个戏剧网,这戏剧网以省为单位,省以下为县,县以下为乡,每县设若干剧场分散各处,凡十五里以内的乡民,每人都有受戏剧教育的机会,其实行方法则以省立剧院指导县立剧院,县立剧院指导乡村剧院。这种计划,如政治上轨,无疑是可以成功的。我国政府每年为了创办学校不知费了多少金钱,今若拨出一部分款项来办这剧场,我相信它的功效必不下于今日所施行的教育制度吧。"⑤

---

① 熊佛西:《戏剧与军事》,《戏剧岗位》1939年第1卷第2、3期,华中图书公司,第69页。
② 熊佛西:《戏剧与军事》,《戏剧岗位》1939年第1卷第2、3期,华中图书公司,第69页。
③ 熊佛西:《戏剧与军事》,《戏剧岗位》1939年第1卷第2、3期,华中图书公司,第69页。
④ 熊佛西:《戏剧与军事》,《戏剧岗位》1939年第1卷第2、3期,华中图书公司,第70页。
⑤ 熊佛西:《为什么戏剧场为农村教育文化的中心》,《教育学报》1937年第2期,第31页。

　　抗战全面爆发后,他进一步重申自己的观点:"使戏剧在平时成为社会教育的主要部门,在战时成为抗战宣传的锐利武器,必须建立一个推行戏剧教育的完好机构——戏剧制度。这就是与组织民众训练民众的工作配合起来,用政治力量推行戏剧教育的一种有计划有效果的方式,务期全国或全省的每一个人都有领受戏剧教育的机会,在这制度下,剧本的编制,演出的方式,观众的集合等等,都是有计划的。例如剧本的内容与演出的方式,要以激发民众抗战情绪为出发点,剧场的建筑要以人口分配的密度为标准。省有省之剧场,县有县之剧场,区有区之剧场,这样可以形成一个'戏剧网'。"①

　　由此可见,计划戏剧、戏剧网等,都是他对于抗战戏剧社教制度如何与抗战国策相扣合的系统的、已较成熟的,而不是零星的、碎片化的思考。

三、社教演剧实践:办学、新型剧院、大众化演出方式

　　熊佛西有关抗战戏剧社教工作的理念并非仅仅停留在规划上,而是亲自实行或推动了一系列相关的抗战戏剧社教工作实践,主要包括开办学校、推动创立新型剧院,以及组织各种大众参与式演出。

1. 办校

　　在教育行政部门的支持下,1938 年熊佛西主持成立了四川省立戏剧教育实验学校并亲任负责人。办校是熊佛西建立抗战戏剧社教制度的具体步骤之一。他在阐述自己有关戏剧制度的理想时说:"要实现这个制度,要使戏剧收到社会教育的和抗战宣传的效果,必须从训练人才开始。因此,在抗战中,四川省政府创办了这个戏剧教育实验学校,以培植大批新的戏剧阵线上的战斗员,担当起来推行戏剧教育和加强抗战建国宣传的任务。因此,也就决定了这个戏剧教育实验学校有着不同于过去的及已有的各种戏剧学校的意义。"②

　　熊佛西还亲自拟定了该校的校训:"本艺人的热情,守军队的纪律,以戏剧为教育,完成心理建设。"③这说明了他不同于传统艺术教育的办学理念,他以给一位青年写公开信的方式向全社会全面阐明他的办学理念:"你知道我们学校是为了适应'新时代'的需要而成立的,我们一方面以学校为中心来推动戏剧的社会教育,另一方面想培植多数的'大众老师',(这名辞是我最近提出的,凡终身从事'大众戏剧'者,都可称为大

---

① 熊佛西:《四川省立戏剧教育实验学校概况》,《新教育旬刊》1939 年第 1 卷第 8 期,第 18 页。
② 熊佛西:《四川省立戏剧教育实验学校概况》,《新教育旬刊》1939 年第 1 卷第 8 期,第 18 页。
③ 熊佛西:《四川省立戏剧教育实验学校概况》,《新教育旬刊》1939 年第 1 卷第 8 期,第 18 页。

众教师）。因为我认为戏剧不是少数人的消闲品，而是大众的精神食粮。所以戏剧应该是正式的教育，……这种教育需要大批的专□□□（笔者注：三字不清，应为"业人才"）来推动。"①

据熊佛西回顾，就我国戏校的历史来说："我国之有培养戏剧专门人才的学校，已有将近二十年的历史……最早是蒲伯英创办北京人艺戏剧专门学校，继之有北平大学艺术学院戏剧系，上海艺术大学戏剧科，南国学院戏剧系，广东戏剧研究所，山东省立实验剧院，山东省立剧院，上海剧院戏剧训练所，以及已有三载历史的国立戏剧学校。"②这些学校"是一个国家的文化建设中不可忽视的部分。今日，在临着空前国难的中国，又创办了这个四川省立戏剧教育实验学校，不仅不是浪费的工作，恰恰相反，它是战时教育重要设施之一，也是二十年来新兴戏剧运动的，特别是抗战戏剧运动的重要收获之一。因为这个学校创办在战时的中国，自然的，它有着不同于过去的及已有的各种戏剧学校的意义"③。

熊佛西反复强调的四川省立戏剧教育实验学校之不同于以往那些学校的特别的意义正在于："在火线上和在敌人的后方，我们用血与铁和日本帝国主义战斗；在我们的后方，我们更加紧建设工作，因为我们的抗战不是拼死而是求生，我们为了抗战建国，要用积极的建设来回答敌人的进攻。这个学校的创办，就是用以回答敌人进攻的积极的建设中一小部份，为了抗战建国宣传，为了教育并动员广大的民众，我们需要训练戏剧阵线上的战斗员。"④

熊佛西明确指出要像培养军人那样来培养战时戏剧人才："艺人光有热情是不够的，要能过集团生活，要能服从命令。现在国家民族所需要的，不是某一人或少数人有天才或力量，而是要全国同胞万众一心，在同一目标之上，同一生活方式之下，共同努力抗战建国。所以，我们训练青年，还要守军队的纪律，于集团生活及服从命令之外，更要假军事管理养成敏捷整齐的动作，健康坚强的体魄，吃苦耐劳的毅力，然后，如前所说，以戏剧作为教育民众的工具，完成心理建设。"⑤

学校在课程设置方面有自己的特色。

---

① 熊佛西：《写给一位戏剧青年——第一封信：讨论戏剧的路线》，《戏剧岗位》，1940年第1卷第4期，华中图书公司，原刊页码不清。
② 熊佛西：《四川省立戏剧教育实验学校概况》《新教育旬刊》，1939年第1卷第8期，第16页。
③ 熊佛西：《四川省立戏剧教育实验学校概况》《新教育旬刊》，1939年第1卷第8期，第17页。
④ 熊佛西：《四川省立戏剧教育实验学校概况》《新教育旬刊》，1939年第1卷第8期，第17页。
⑤ 熊佛西：《四川省立戏剧教育实验学校概况》《新教育旬刊》，1939年第1卷第8期，第18页。

　　首先学校要求学生具备一般的文艺知识①和戏剧知识②的修养,设置有传统的戏剧艺术方面的课程,以及一些专门培养戏剧普通技能的课程③。

　　其次,开设专门的和社会教育相关的课程:"为使学生对于社会教育,抗战建国及一般社会科学有完全之了解,本科开'党义','教育概论','民众教育','组织训练','政治学','社会学','哲学','心理学'各课。高级职业科开'公民','宣传术','社会教育','民众教育,组织,训练'各课。"④

　　如此和传统剧校相区别的课程设置的目的在于:"本科学生分组学习,于专门技能可得进一层之造诣,以成专门人才,高级职业科学生授以普通技能,可做广泛之学习,以培养学术人才,而推动此种以戏剧为中心之社会教育。"⑤

　　值得注意的是,学校力图培养有国际视野的人才,因此英文为必修课程,本科还选修法文或其他第二外语。

　　2. 新型剧院

　　在熊佛西看来,戏剧理念能否实现和新型剧院有极大关系,他认为在旧式观演界线分明的剧场里,台上的表演与台下的生活格格不入,观众进入剧场是抱一种隔岸观火的态度,这种剧场的效力仅限于个人主义的利益,而对于集体生活很少启示。因此他推崇苏联梅耶荷特、泰罗夫等人的新式演出法使得剧场艺术的价值大大提高,认为他们打破了传统的镜框式舞台,将表演伸入观众席,使抱着消极态度进入剧场的观众变为积极参加戏剧的人员,"消极的变为积极的,被动的变为主动的;有限的变成无限

---

① 如本科开设有"艺术概论""文艺思潮""电影"等,高级职业科开"文艺概论""中国文学史""文艺思潮""民间文艺""艺术概论"各课。参见熊佛西:《四川省立戏剧教育实验学校概况》(二续),《新教育旬刊》1939 年第 1 卷第 11 期,第 24 页。

② "于一般知识之介绍,本科开'戏剧概论','教育的戏剧','中国词曲','戏剧中史(注:疑应为中国史)','戏剧原理'各课。高级职业科开'戏剧概论','剧本选读','中国戏剧史','剧场史','戏剧原理','近代剧研究','旧剧研究','西洋戏剧史'各课。"(熊佛西:《四川省立戏剧教育实验学校概况》(二续),《新教育旬刊》1939 年第 1 卷第 11 期,第 24 页)。

③ "于戏剧普通技能之培养,本科开'编剧','导演','国语','化装','绘画','音乐'各课,高级职业科开'表演技术','国语','化装','美术','音乐'各课。"(熊佛西:《四川省立戏剧教育实验学校概况》(二续),《新教育旬刊》1939 年第 1 卷第 11 期,第 24 页)。"于戏剧专门技能之深造,本科第二学年分编剧,导演,表演,舞台装饰四组,各设专门课程,高级职业科开'编剧','导演','表演艺术论','装置'各课。"(熊佛西:《四川省立戏剧教育实验学校概况》(二续),《新教育旬刊》1939 年第 1 卷第 11 期,第 24 页)。

④ 熊佛西:《四川省立戏剧教育实验学校概况》(二续),《新教育旬刊》1939 年第 1 卷第 11 期,第 24 页。

⑤ 熊佛西:《四川省立戏剧教育实验学校概况》(二续),《新教育旬刊》1939 年第 1 卷第 11 期,第 24 页。

的、个人的变成大众的，是新式演出法的特色……现在我国在抗战建国的严重阶段，采取这种新型的演出法，更足以增强民众抗战的热情与建国的信念"①。

所以熊佛西强调在新型剧院中一定不能让观众持隔岸观火的态度，只是觉得"戏不错，这五毛钱花得值"，而是要积极主动参与进来。抗战戏剧需要的，是这样的新型剧场："不但要打破剧幕与座位的限制，甚至连房顶、墙壁都打掉它！把舞台由屋子里拉出来，在广大的露天广场上，和成千成万的劳苦大众们，打成一体。要使每一个观众，都知道他不是来'看'戏，而是来参加一个集体的活动。"②

应当说，熊佛西是现代中国最早关注建设新型剧场的戏剧家之一。从抗战前夕开始，定县陆续建成三个新型的露天剧场："这三个剧场确已尽了为乡村教育文化的责任。乡间无论是唱戏，开会，结婚，丧礼，甚而至于开村民大会，都可于剧场中行之。而这剧场的代价是最便宜不过，每个不过一百元而已。这种剧场，欧西各国是用不着的，而用之于中国却是再合适也没有了，它是组织训练民众的良好工具，尤其是对于这百分之八十五的文盲。"③

同时，他在四川省立戏剧教育实验学校附设有实验剧院。这个实验剧院既是抗战戏剧的研究和推动中心，又是有力的宣传机关。实验剧院的工作包含研究实验、推行和表证三方面，其工作目标除研究新旧戏剧艺术各方面问题、编辑各种剧本外，还包括"……三，举行戏剧公演，以提高演剧艺术之水准；四，主办县单位实验剧场，以实验戏剧制度，并推进内地戏剧运动；五，研究并实验演出各种形式戏剧，以扩展抗战建国宣传之武器；六，辅导一般戏剧活动，以推进戏剧运动；七，研究并推行战时戏剧，加强抗战建国宣传"④。

熊佛西也努力加强基层剧场的建设工作，在实验学校所在的郫县也设立了剧场："县单位实验剧场，是我们的一种实验戏剧制度的实施。在本校组织上，它附属于实验剧院；在行政上，因为是我们与县政府合办的，乃隶属于县政府。在县总单位实验剧场推动之下，首先组织各种剧团：学校剧团，业余剧团，儿童剧团，农民剧团等等，轮流公演，并筹设区剧场。同时，县剧场亦是一县的文化活动中心。开学之始，即成立了新都

---

① 熊佛西：《苏联的戏剧给与我们的启示》，《中苏文化》1940年第7卷第4期，第16页。
② 熊佛西：《怎样做戏怎样看戏——戏剧大众化的初步实践》，《舞台银幕》1937年第1卷第1期，舞台银幕社，第5页。
③ 熊佛西：《为什么戏剧场为农村教育文化的中心》，《教育学报》1937年第2期，第31页。
④ 熊佛西：《四川省立戏剧教育实验学校概况》（续完），《新教育旬刊》1939年第1卷第12期，第23页。

县剧场，后来暂时停顿，准备在另外一县继续实验。"①

　　3. 大众化演出方式

　　熊佛西在战时所提倡的大众化演出方式有两层含义，一是把原先主要囿于城市剧场的戏剧推向普通的普罗大众，二是在具体的戏剧演出过程中积极让观众参与。这种大众化的演出方式在本质上契合着以民族认同意识为核心的现代公民意识教育。因为在熊佛西看来："中国需要民众的力量，而民众的力量是要有组织后才发生的。以往数十年的教育，可说是失败了，因为一切都是口号，而不是实际的办法，要打算挽救以往的失败，必须由实际行动下功夫。定县演一次剧，很容易的就召集上千上万的观众，这些观众，并不是以观剧的态度来观剧，而是与演员一致行动的……这种观众与演员打成一气的戏剧，实在是以前那种把观众与演员以幕线分开，而使观众对戏剧采取一种观剧态度的旧式戏剧所不可比拟的。在演员与观众采取同一情感的活动之下，这种戏剧才能把民众组织起来。"②

　　熊佛西指出，戏剧从起源来说，本是属于大众的，后来因为文明进步，愈来愈缩小，特别是工业革命之后，更成为资本家享乐的玩意。从前的演剧是在白天，后来因白天工作太忙，于是把它改在晚上，更进一步则非穿燕尾服的达官贵人不得观剧，此种戏剧已失去它本来的价值了。熊佛西推崇莎士比亚所说"All the world a stage, the men and women are merely players"③。戏幕脚灯与灯框的限制，把演员隔绝到一个排演的世界里，观众则完全被摈弃，"我们应该把这些阻碍戏剧大众化的捞什子完全丢开，我们不要什么脚灯剧幕与座位，我们要使台上与台下打成一片，要把台上台下认为是一个不可分的单位体。并且在舞台的前面，给他加上梯子的设备，必要时演员可以一直表演到台下来，观众也可以上到台上去帮助表演"④。

　　所有的规划都必须付诸实践才有实际意义，战时戏剧的推行因此极为重要。为此，熊佛西在戏校建议成立了战时戏剧研究推行委员会，专门负责戏剧的社会推广工作，"战时戏剧研究推行委员会是以实践为主的。它组有戏剧宣传队赴内地工作，以期抗战宣传深入农村。每队团员十五人，生活费由学校担任（每一队员月支十五元），三

---

① 熊佛西：《四川省立戏剧教育实验学校概况》（续完），《新教育旬刊》1939 年第 1 卷第 12 期，第 24 页。
② 熊佛西：《戏剧在文化中的地位》，《兴华》1937 年第 34 卷第 17 期，华美书局，第 29 页。
③ 熊佛西：《为什么戏剧场为农村教育文化的中心》，《教育学报》1937 年第 2 期，第 31 页。
④ 熊佛西：《怎样做戏怎样看戏——戏剧大众化的初步实践》，《舞台银幕》1937 年第 1 卷第 1 期，舞台银幕社，第 4 页。

个月一期,巡回于一专员区中各县境"①。

　　另外还成立了戏剧辅导委员会,专门帮助当时社会上的社教演剧工作,"戏剧辅导委员会的工作是辅导各业余及学校剧团的公演,如选择剧本,担任导演,装置,化装等项工作,均可由本会派专人前往。这种工作在目前是很需要的,三个月来我们曾多次的与其他团体合作"②。

　　在整个抗战时期,熊佛西组织或积极参与了大量的社教演剧工作,"在双十节,为了参加中华民国第一届戏剧节,并利用这一伟大的纪念日,我们约请了本市各中学小学十余校,在这天的晚上公演了新型灯舞会戏'双十万岁',由少城公园出发,经过西御街,东御街……而达中山公园,沿途观众达二十余万人,收到了很好的效果:使市民对国家民族有一个深切的认识"③。限于篇幅,这些大众参与式演出不一一赘述。④

(原载《首都师范大学学报(社会科学版)》2015 年第 4 期)

---

① 熊佛西:《四川省立戏剧教育实验学校概况》(续完),《新教育旬刊》1939 年第 1 卷第 12 期,第 24 页。
② 熊佛西:《四川省立戏剧教育实验学校概况》(续完),《新教育旬刊》1939 年第 1 卷第 12 期,第 25 页。
③ 熊佛西:《四川省立戏剧教育实验学校概况》(续完),《新教育旬刊》1939 年第 1 卷第 12 期,第 25 页。
④ 如:1938 年儿童节戏剧表演。这场规模空前的儿童节表演仅靠戏剧界的单独行动是无法完成的,它得到了行政力量的支持,是对儿童开展抗战教育规划的一部分,采用的是让儿童主动参与戏剧活动而非被动接受教育的方法。据载:"本省教育厅于本月 3 日招集省立各小校校长谈话,讨论儿童节举行扩大儿童剧表演事,决定选演熊佛西先生著《儿童界世》(注:应为《儿童世界》之误)剧"(《剧事春秋》,《战时戏剧》创刊号,1938 年,编辑者:中华平民教育促进会抗战戏剧团编辑部,出版者:中华平民教育促进会抗战剧团)。演出规模宏大:如"参加表演之小学有西城小学,女师附小,市立一小,少城小学,南城小学,实验小学,成都成区女小,东南小学等十六所学校。参加表演之儿童总数在三万以上。此项儿童教育活动,在中国实属创举"。(《献辞》,《战时戏剧》1938 年第 3 期,编辑者:中华平民教育促进会抗战戏剧团编辑部,出版者:中华平民教育促进会抗战剧团,第 10 页)这种新颖的社教宣传形式效果非常好:据载这是"富有煽动性的表演。尤其在街头流动着出演,歌声震屋瓦,旗帜蔽天空,万人空巷,树上尽是人腿,窗口尽是人头,欢呼跳动,该是如何的一种景况!"(《献辞》,《战时戏剧》1938 年第 3 期,编辑者:中华平民教育促进会抗战戏剧团编辑部,出版者:中华平民教育促进会抗战剧团,第 10 页)

第三编
定县大众戏剧实验研究

定县的农民实验

杨村彬

一

在未入本题以前,我愿先提出一个问题来解答,即:为什么要介绍话剧到农村?

这问题最少要包括两种意义,其一,一定是发觉传统的农村戏剧有了问题,所以,其二,才介绍一种话剧到农村。但传统戏剧究竟发生了什么问题,以及究竟要介绍如何的话剧到农村,这是话剧深入农村之最初要尝试的先决问题,也正是这工作的基本态度。

对于其一,还不是觉得中国传统的戏剧全无艺术价值,甚至觉得是一件非常雅致的古董,足以陈列在博物馆里。但古董毕竟是古董,它是另一时代另一社会的产物,而每一新时代新社会又必需要一新的文化来满足它自己。在这种要求之下,旧剧也会尽量摇身变幻以适应新社会,但终都变成四不像而自己沉沦。即所谓旧剧改良论者的末运,旧剧如何改良也终不能把现社会的生活反映进去,这是旧剧不能改良和必自崩溃的主因。所以从事农民戏剧的最初尝试者虽然发觉旧剧的问题,但并未从改良旧剧入手,这是幸事。

至于其二,既然不从改良旧剧入手,当然是介绍一种新的话剧到农村,而介绍什么样的话剧?内容如何?技巧如何?这一些,本当有个规定,但,我们的最初尝试者却全无主见,而采用实验主义的精神,实际深入农村去试一试,看看农民究竟需要并喜欢怎样的戏剧。因之,这种戏剧是站在农民当中创造的,以农民的情感为情感,以农民的爱好为爱好,以农民的利益为利益,以农民的意识为意识,不因袭传统,也不抄袭欧西,它是创造的,全无成见,纯以研究实验的态度为基本态度。

二

"农民能接受话剧吗?"到农村去的第一个问题。

任何人也会这样问,连我们的最初尝试者对这个问题都问了几番,最后的解答是:看你演怎样的话剧。

与农民生活全无关系的当然不成，但如《署户》一类的戏，农民对于它的爱好实不下于青年男女之爱好《少年维特的烦恼》，因为那戏道出了他心里道不出的痛苦；这是内容的关系。

每一句话每一个字他都听得懂，每一个动作每一个表情他都领会，农民疲于听那唱了几千百年的老调，自然都跑到话剧台前来，最初也许是好奇，慢慢也上了套；这是形式的关系。

为了彻底阐扬话剧的优点而使农民爱好接受起见，定县农民戏剧实验最初就有"表证剧场"的设置。"表证剧场"设在县城内，一切设备力求实用，而保持与农村经济水平之平衡。台下座位不求华丽，但必使观众视听如意；台上布景、灯光、天幕、布条种种设备却应有尽有，以求舞台艺术之完整。如此从来没见过，从来没听过，而又与自己这样亲近的话剧，农民自然接受。

事实进展，发现"表证剧场"只不过为县城内或县城附近的农民所欣赏，为了进一步吸收更大多数的农民，就有"流动舞台"的办法，就是把在城内表演成功的戏再搬到村镇去演。那么，什么随便土丘、木板都可做舞台，台上的布景也非常简单，几块大布，几扇屏风，演到那一村就用大车运到那一村。如此，有更多的农民最初知道了话剧而且接受话剧。

经过第一年的实验，证明一条最初全无把握的结论：农民能接受话剧。

三

虽然仅仅是简单的一句话的证实，我们自己就很满意了，没想到从满意中又给人一大发现，即农民要自己来演剧给自己看。

由于"表证剧场"和"流动舞台"的频频出演，农民对这新的东西表示亲切，不但接受，乃更进一步要收为己有。戏剧本来是大众的，我们当然愿意再把它交还给大众。已往的"表证剧场"和"流动舞台"的演出都是我们表演话剧给农民看，并非长远之计；如今农民拿过去表演戏剧给自己看，意义完全不同。工作从此生根，发生了自动活动的力量，全不是"人存政举，人亡政息"的办法。这是定县农民戏剧实验的一大发现。

农民演剧这题目的确令人惊讶，甚至令人不敢相信。定县的农民在各村中组织有"农民剧团"，系由受过四个月的中华平民教育促进会所办的平民学校训练的农民所组成。这些平民学校毕业的学生组织有同学会，在乡村中服务，从事政治、经济、文化等建设事业。最初就是由文化组的人提议要表演话剧，于是到平教会中请人指导。我们派人住在村中导演戏,没想到农民背着粪筐读剧本,离开织布机来排戏,不但那样热心,而且有至高的表演能力。表演力有一半是天生的,农民演员给这句话一个有力的证实。

当然,这种戏仍是在乡村中的临时舞台上出演的,农民剧团有时在本村演,有时到外村演,演出成绩虽不能完全令人满意,但这种活动的普遍开展确已成为一个运动。工作演进到这一阶段,台上的演者就是台下看戏人群中的一分子,农民对于话剧自然会更进一步地亲切,而农民戏剧的内容与形式也因这转机而转了。

经过第二年的实验,又证明了一条新发现的结论:农民能自动从事戏剧活动。

四

工作又演进,觉得"农民剧团"的出演在量上固已可观,但质上仍不能使人完全满意。分析其原因,觉得是由于演剧没有一个适当的场所,因为场所不合适,观众就不得听,不得看,有时好戏也会糟蹋掉。

于是,更进一步有露天剧场的设计,露天剧场最初的目的是设计一种使农村戏剧活动能收得更完美的效果的所在,那就是,一座得听得看尤其得演的剧场。原则很简单:剧场要归返大自然,没有顶,没有墙,周围种树,树中一片斜坡式的广场,是观众席,有时也变为舞台。演员在台上演,有时也在台下演,有时在观众当中演,有时包围着观众演。观众坐着看,有时站着看,有时走着看,有时也变为演员。另有一座舞台,这舞台是特殊设计的,可以上演种种时代种种样式的戏的建筑,也可以是个简单的高台,甚且可以是平地,建筑的方法有很大的伸缩性,应用起来尤其有最大的伸缩性。——剧场所以要露天,所以要如此简单而具备最大的伸缩性者,有两点凭借:其一,适合破产中的农村经济;其二,适合老农老圃的意思。

剧场是决定演出的中心,露天剧场建筑完成以后,农民戏剧的内容与形式都有新的转变,因为要充分利用这富有伸缩性的剧场的一切可能,剧本的内容先不能不与这些调和起来,而布景设计,灯光应用,服装道具,乃至剧场管理,都自然地会向新的方向迈进。这就是说,因露天剧场之设计,在艺术上不能不有无穷的开拓。

又一个新发现,剧场不但可以是一个演剧的场所,农民更用来开会、选举、打武术、耍龙灯……如此,在社会功能上,露天剧场又成为农村教育文化活动的中心。

经过第三年的实验,证明:农民戏剧集中露天剧场后能收得更完美之效果。

五

以上，概括地报告了这三年来的实验，第一，给我们证明农民能接受话剧，第二，给我们证明农民能自动从事戏剧活动，第三，给我们证明农民戏剧集中露天剧场后能收得更完美之效果。在每一条结论中还包藏不少内容、形式、方法、技术的诸大问题，不能在本文内详谈。总之，这种戏剧因为是在农民当中创造的，它自然具有一切与传统戏剧或都市戏剧全不相同的特色。这特色是反动的，对于商业资本主义的戏剧的反动，对于其陈腐的内容的反动，对于其因袭的形式的反动。这内容与形式，方法与技术，不但给中国的新兴戏剧打出另一条光明的出路，更拯救了在黑暗中消沉的戏剧，受了有声电影重大打击的世界剧坛。

（二十五年元旦）

——录自《自由评论》

（原载《"过渡"演出特辑》，中华平民教育促进会，1936）

参观定县东不落岗村农民演剧记

张骏祥

二十四年十二月二十一日，到定县东不落岗村参观该村农民公演话剧。这在我完全是一个新的经验。我愿将我这次参观的经过，和各方面所见到的，客观地记录下来，算作一种报告。以便国内努力话剧的同志，关心农村戏剧运动而没有机会看到这次公演的，能从这篇东西里知道东不落岗剧场和这次公演的大概情形，或者还可以窥到一个平教会农村剧运工作的大概。

关于平教会农民戏剧运动，虽然一向不断在报纸上读到种种记载，我对于这个运动正确的认识，却是得之于同熊佛西先生的几次谈话。所以，在我未到定县之前，我已经对于农村剧运的工作情形知道了一个大概，这次到东不落岗，只算是得到了一个实证。熊先生从事于这个运动，是起始于三年前。据熊先生说，他所以去定县作这个运动是基于两种觉悟：一是他由彻底的为艺术而艺术主义中觉醒过来，他看到在现代政治经济的潮流之下，实需要一种为大众的艺术。戏剧本是来自田间，本是大众的东西，应该归还到大众。从事戏剧的人应该向农村进发，给农民以戏剧。第二是由于他看到戏剧要大众化，必须从事戏剧运动者亲自钻进农村去实践不可，徒喊呐是没有用的。看到了这两点，熊先生和他的朋友们，就决心走进农村去，试验是否能把话剧介绍进农村，是否能提起农民的兴趣进而使他们自己演话剧，使他们自动地放弃秧歌一类色情戏剧，更进而试验是否能令农民在剧场得到他们的教育。在三年前初到定县的时候，他们自己一点把握也没有，他们从来没有做过这样一个实验，没有任何的前例可供参考，他们自己又同农民如此之隔阂，他们只是着手去做一个试验。但是三年试验的结果，熊先生说，使他确信他的理想不是一个幻想。他和他的同志们努力的结果，他们每到一村演戏，必受盛大欢迎，有的村子更自动请他们排戏，现在东不落岗村更自动修造一座露天剧场。所以熊先生在最近他发表的文章里，明白指出他们工作的成功，并说农村戏剧运动是中国戏剧的新途径。

当然，他们的工作并不是没有遇到过困难。他们吃得苦真不算小。头一点是这批学校出身的人初到乡下忍受不了那种生活；再是乡下人对他们起先不免有点怀疑，不敢信任这一批留了长头发戴了眼镜的先生们。但是最大的苦恼，据熊先生说，是中国农民知识之缺乏，他们所能了解的太少，所以剧本的内容就成了一个大问题。他们从事这运动的目的当然是教育民众，给民众以"向上"的教育（见《自由评论》熊佛西作《中国戏剧运动的新途径》），但是剧本如果趣味太高，或是含义太深，或是关节过于巧妙，农民就一点不能接受，甚至要对这出戏生反感。可是一味迁就他们吗？那就是把话剧投降到秧歌之类之前。熊先生告诉我这是他认为最大的困难，他近几年来写的几本戏，都是经过长久的试验，农民能够喜好而同时不缺乏"向上"的意识的。

他们的试验渐渐成功，于是他们想使各村有了各村的剧场——东不落岗的是第一个。他们的理想是把这个剧场做成一村的教育文化的中心，除了演剧而外，凡是村中的赛会，选举，会议，全可在此举行。总而言之，农民一切团体的活动，都要到这剧场内来。

这以上就是我未到定县之前所知关于农村剧运的。

接到熊先生的通知后，我于二十日七点四十分坐洋车从清华赶进城搭十点二十分南开的平汉车。车很挤，满车厢全是恶劣烟味，令人头晕脑胀，胸口感到逼压得难受。幸而下午四点就到了定县，即坐洋车进城到平教会。这是我生平头一次到一个北方的县城，道路一边是所谓的马路，一边是沙漠一般的大车道。虽然是一个县城，可是看来不比南方的一个大村落更富裕。瓦和砖的房子就不多。看去满眼尽是黄土色的，黄土的路，黄土的房子。我未来之前，总以为街上一定有很多平教会的标语，然而竟一张未见，看来平教会的同志们是不采取标语政策的了。街道两边的墙上，贴得最多的是"大学眼药"的广告——这是一件很幽默也很可怕的事，定县不是一个以出眼药著名的地方吗？

在定县城内平教会住了一晚，第二天清早坐洋车到东不落岗去，因为熊先生他们已经在那里了。路很难走，天又奇冷，在路上走了两个钟头，手足差不多全冻僵了。两小时后，我的车进了村子。村子里已经很热闹，到处嗅得到节气的气息。墙上有该村小学校贴的红纸标语，路上有一堆一堆的村人·在嬉笑着谈论着。我找到了熊先生，会见了他的几位同事杨村彬先生等和来参观的张鸣琦、陈豫源、李尧生三位先生，就同去看那个露天剧场。约莫一小时后，有人叫去对面小学校里吃饭，大米饭，熬白菜。据说这是因为是"正日子优待来宾"，才有大米饭吃，而且白菜里也有了肉片；在平常排戏那些天他们只有白菜吃，而且得自己做面。他们的生活的确很苦，在他们寄宿的那间屋里，连排放了十几付铺板，共有一个小条桌，一个小煤球炉子，连一把水壶全没有的。吃完饭农民们已经开戏。看的人有二千，是从衬近各村赶来的。共演了三出戏：《王三》、《王四》、和《屠户》。晚饭吃面条就熬白菜，同桌多了平教会的一位朱博士，一位美国金女士和平教会干事长晏阳初先生的夫人。晚饭后主要的戏《过渡》开场。但是不幸天忽然变了，刮起大风来，霎时飞沙走石。演的人虽然依旧做下去，但是观众终于受了点影响。演完约莫有十点钟，我和朱博士宿在小学校教室内，夜来奇冷，我初以为棉袍大氅外加两床毛毯可以够暖和，谁知竟抖了一夜，听着狂风在檐前怒号。第二天本定再随团体到县城，看他们在室内上演的情形，但是终于身体吃不住，便和朱博士一清早坐了农民特备的大车，到清风店车站，搭火车回北平了。这一次经验叫我看出我已经把自己变成与这些农民们不同的另一种人，他们的生活我已经不能忍受，而像杨村彬先生等那种与农民同甘共苦的精神，就格外令我钦佩。

剧场是在村子的中心区，唯一的一所小学校的对面。这很合乎他们的理想，他们正好把这块地方做成村子的教育中心，小孩子在小学校里受到教育，大人们就在剧场里得到教育。剧场不十分大，是一个旧庙改造，约莫有五丈阔十五丈长，是一个长方形。完全露天，四围围墙之外是人家的桃李杏之类的果木，所以这剧场在春天一定挺美，我们可以想象得到在桃李争放的季节，在这所露天剧场里演剧的盛况。可惜这是冬天，什么都可以预备妥当但是没有法子把握住天气的变迁。然而他们演戏是不能分春夏秋冬的，一则是他们得试验究竟是否春夏秋冬四季全能在露天演戏，二则冬天是农民比较清闲的时候，和暖的春天和高爽的秋季在农民也是庄稼最忙的季节。

剧场大体可分为三部：一部是舞台，一部是观众的池子，一部是剧场入门处。剧场入门处，为小贩云集之处，未开幕之前，村人就聚在此处或者场内，我们可以说这是一个社交中心兼商业中心，其作用与大剧院中供人吸烟谈天的 lobby 全无二致，门两边有一堵矮墙，各用两块庙里现成的石碑做着门坎，顶上用铁片做了"东不落岗露天剧场"几个大字。剧院本部较入门处垫高一点，再慢慢向台前坡下去。舞台比台下高出约三尺，有台阶一层一层下来，这是为得演员可以向观众走去的。舞台上只有三堵灰墙，中间的一堵较矮，最后的一堵是用以替天幕的。舞台和池子都是露天的。晚上，他们用灯光施行 dark change，白天他们用一种苇子编成的排子用人举过去，在一出完了时就遮起舞台来，所以没有布幕的需要。

这个剧场，完全是农民自动建筑的。农民们看了熊先生他们演戏，就决定造一个剧场，于是由平教会同人的指导，这群兴高采烈的农夫们，在每耕完地吃完夜饭之后，自动到剧场做工，把这个剧场筑成。这种精神十分令人感动，我们觉得这种事只有农民做得出。

剧场的地点很好，构造也简单而合用。唯一的缺点——假如我能寻出一个缺点的话——就是它是长方形的，观众只得平排着坐在舞台的前面，仍然得相当忍受室内剧场那种隔离。假如剧场能够打开一点，造成一个扇面形状，怕就要好得多。再舞台后部如果能打开，能两边通到场外，那么村中的赛会等就可很方便地举行了。

二十一日白天演了三出戏，除了《王四》——即《醉了》——外，《王三》和《屠户》情调虽然不同，但所表现的都是农民受土豪劣绅的双重压迫，逼得无路可走。或者毋宁说这些戏是暴露那些土豪劣绅的劣迹的。因为其中的反抗力量确是很小，几乎是困兽之斗，这两出戏似乎还没有昭示给农民自己所负的责任，所站的地位以及所应取的态度。当然，我们得顾到种种不易应付的问题：农村剧运的人很知道他们一不小心就要惹起严重的问题，他们是有点儿投鼠忌器，他们在教育民众，但是又不敢给他们以任何有刺激意味的东西，他们得顾虑到说不定什么时候就会惹起的意外纠纷。只要不是一个绝对的空想家，就会得原谅他们的苦衷。可是，话说回来，晚上演的那出三幕剧《过渡》在意义上说，就比白天这两出戏前进得多。至少它告诉了农民应该合作来抵抗暴力，——摆渡船主提高渡价，农民可以合力造桥以资抵抗——至少它告诉了农民他们团结起来有多少力量，虽然戏的结尾不敢令农民武力驱除船主，而转出一个贤明的警长来。虽然这结尾有点突兀，像一个意外之笔，它至少也告诉了农民只要他们努力，官吏也是明白的。简而言之，这里不曾给他们完全的绝望。在戏的趣味成分上说，这出戏也是较为成功，它里面注重团体的动作（Mass acting），桥工们一致的动作颇为有力。剧本中又有"打夯歌"穿插在剧情的每一个骨节间。这些 pageant 意味浓厚的成分极适于一个农民的露天剧场。《过渡》是熊先生的最新作品，我们看到不久他将继续写出许多为农民的剧本，里面充满他自己所谓"向上的意识"——道德的向上，知识的向上，技能的向上——的意识。

在演出方面，白天那三出戏仍是用的旧方法，仍是按着镜框式的舞台上演的不必多提。晚间上演的《过渡》则完全是一个新的试验。未开幕时，煤汽灯向台下照着，桥工们呼喝着由观众中走了出来，拖了木板石块走到台上，灯便转了，照在台上，戏便开始。所有演员上下场全不是走那种狗洞式的出将入相的门，而全是由观众中走出。这样就打破了梅耶荷德所谓的 peep-bole 舞台制，而把舞台与观众所立的地方毗连起来，就好比说，观众只是一批农民，他们自己站在河边上看到这一幕为筑桥而起的纷争。这种台上台下打成一片的办法的确很好，戏如果做到十分成功的地步时，我想那些观众也许会走上台加入打夯的桥工。唯一的问题就是农民是否能了解这种方法，换言之，农民对于这种观众中突然走出演员来是不是能处之泰然不觉得奇怪？但这完全是习惯的问题，只有让时间去训练他们。这出戏极力着重团体的力量，我前面已经说过。根据这个原则，灯光自始至终，就照着台深处的桥工。那暴躁如雷的船主和他的走狗，始终站在台口没有光处，观众只能看清他们的黑轮廓。虽然船主老在咆哮而那些桥工们很少开口，可是显然地力量是着重在那些桥工身上，我们觉到船主只是一个蜻蜓在撼石柱。

演员，除去一部分是平教会戏剧运动工作人员外大部分是农民。《王四》（即改编后之《牛》）是完全由农民出演。他们的技巧可以说是出人意料之外。或者我不该说技巧，在好多地方，他们只是把自己塑在台上，他们打开的就是他们自己的灵魂。

我们的农民的确是太易于满足，他们所希望得到的可以说是很少。就以看戏而论，他们可以从三四十里外赶来看，无论戏的内容戏的性质如何，他们好像看到这个剧场就算"开了眼"。我们在都市中演戏也许要为观众的不踊跃发愁，但在乡间这是绝对不必顾虑的。据说《过渡》排演的几晚，每晚都是客满的。演《王四》那出戏的时候，一个人在幕后装作饿牛叫，台下就全都欣然，有一个农民推着他的伙伴说："牛叫来！"那脸上的表情就仿佛是听了这一声牛叫，这三十里地就没白跑。这是很令人感动的。然而也就由于这种兴趣分散的缘故，他们似乎就不能把注意力集中在剧情上。女人们是比较好，男人们则有的看戏，有的高声说话，所谓公民服务团的在维持秩序时也大声呼叱。这完全是一个习惯的问题，他们仍然出之以看演锣鼓喧天的旧戏的态度的。

东不落岗村是一个特殊的村子，这里没有大富之家，也没有穷无立锥的户口。人人全有耕地有布织，所以他们有工夫来演戏；他们的团结很好，所以他们能每天晚上，工作完了之后，抽出工夫去筑剧场。对于我们去参观的，他们殷勤招待，亲自驾大车接送。他们自命安乐，俨然摆出十分满意的东道主的意味来，而他们所住的所吃的在我们看来竟是十分地不堪，认为不可久留的了，岂不令人愧杀！

这一次参观在我是一个新的经验，我希望在春暖花香的时候，再看到东不落岗剧场的公演，我更希望熊先生继《过渡》之后，有大量的好剧本写出来，给农民种种他所谓的向上的教育。假如我能给他一点建议的话，我希望他也注意到农民妇女问题，因为据我观察所得，观众中妇女那一部分始终是坐得很整齐，她们是更注意更能欣赏得多，原来妇女比男子爱好戏剧，在乡间也是一般。还有一点值得想到的，就是有关两性问题的戏剧——我想起在定县遇到的王向辰先生告诉我的：农民们所喜欢的故事是男女之间的故事,最爱看的戏是色情的戏。假如我们想教农民放弃那些色情意味的秧歌,我们就不得不给他们另外一种涉及两性关系的戏剧。然而这将以何种方式出之呢？这是一个严重的问题。

——录自《北平晨报·剧刊》

（原载《"过渡"演出特辑》,中华平民教育促进会,1936 年）

试论"戏剧大众化之实验"

——纪念熊佛西诞辰八十五周年、逝世二十周年

顾文勋

在中国现代史上,身为名教授而长时期地深入乡村,致力于农民戏剧运动的,除熊佛西外别无第二人,为从事"戏剧大众化之实验",熊佛西从一九三二年元旦起,直至一九三七年卢沟桥炮响,在河北省定县艰苦奋斗了五年半,终于使话剧的种子在这块穷乡僻壤上开了花,结了果。此举在当时影响甚大,但解放以来出版的文学艺术史著大都不提,即或一笔带过,也是持的保留的、批判的、否定的态度。究其原因,无外乎"戏剧大众化之实验"是中华平民教育促进会(简称平教会)所接的"平教运动"的一个组成部分,带有资产阶级改良主义的色彩。列宁说:"判断历史的功绩,不是根据历史活动家有没有提供现代所要求的东西,而是根据他们比他们的前辈提供了新的东西。"[①]今天,我们纪念熊佛西诞辰八十五周年、逝世二十周年,重新历史地全面地分析和考察凝结着这位著名戏剧家一腔心血的"戏剧大众化之实验",给它以实事求是的公正评价,正是适当的时机。

熊佛西是中国现代戏剧运动的拓荒者和领导人之一。他早在读中学时就迷恋上新剧,大学时代便尝试话剧创作,一九二六年秋,他从美国留学回来,担任了北京国立艺术专门学校戏剧系(一九二八年六月后隶属于国立北平大学艺术学院)主任兼教授,名闻遐迩,甚而获有"北方剧坛的泰斗"[②]之誉。一九三一年底,他却突然辞去教职,决定赴定县从事"戏剧大众化之实验"。这固然是平教会干事长晏阳初"三顾茅庐"的结果,也与熊佛西的两位挚友瞿菊农和孙伏园此时都在定县搞"平民教育"有关。但正如杨村彬所说:"当时,使熊氏最动心的,还是戏剧工作者在知识分子小圈子里,兜来兜去没有出路,中国以农立国,到农民当中去打开出路,才能真为中国话剧开拓前程。"[③]杨村彬系熊佛西得意门生和得力助手,他"从青年学子求教从艺起,一生中大半时间和先

---

① 《列宁全集》第 2 卷,人民出版社 1959 年版,第 150 页。
② 欧阳予倩:"如其说田汉是南方剧坛的权威,则熊氏便是北方剧坛的泰斗了。"《近代戏剧选·序》,上海新文学社 1930 年版。
③ 杨村彬:《熊佛西老师的戏剧活动》,《东方杂志》1936 年第 33 卷第 18、19 期,又见《戏剧论丛》1984 年第 1 期。

生生活工作在一起"①，尤其自一九三四年始，亦追随先生去定县工作，对熊佛西是相当了解的。其实，联系当时的文艺形势和熊佛西的思想状况，我们也不难看出，促使熊佛西作出辞教职、赴定县的决定的，除去平教会的劝诱，还有两个更为重要的因素，一是三十年代初，由于左翼文艺界的大力倡导，文艺大众化问题的讨论热烈展开，影响所及，"一般从事戏剧运动者乃至关心者无不以戏剧应大众化为号召，无不主张戏剧应该以大众为对象"②。熟谙戏剧发展历史，苦撑着风雨飘摇的戏剧系而有感于新兴戏剧囿于"象牙之塔"毫无出路的熊佛西，对于建立大众戏剧的必要性和迫切性更有深切的认识。二是熊佛西因出身于贫寒的农家，十四岁前一直在乡村生活，比较了解和熟悉农民，并和他们建有深厚的感情，所以，他不仅能同意当时进步的"社会科学家的解释"，即"大众""是指大多数的被压迫的生产者"，而且认为，"农民是今日中国的大众"③。可以说主要是这两个因素，促使他毅然接受了平教会的聘请，迈出了"艺术之宫"，离开了繁华的都市，来到穷僻的乡村，"以期根据中国今日的农民现况，在农民中创造一种新的农民戏剧，使戏剧大众化的理论得到事实的留示与根据，为中国的新兴戏剧开拓一条广大的途径"④。赴定县作"戏剧大众化之实验"，这无疑是一项顺乎戏剧发展的时代潮流的进步举动。

在定县的五年半中，熊佛西脚蹬布鞋，身着蓝布大衫，奔忙于黄土飞扬的荒芜乡村，一面"在那里观察，在那里体验，观察体验农民的生活，体验观察农民的心理（政治的与经济的心理）"，以这种观察和体验作为根据，进行"农民剧本"创作，⑤一面主持平教会农民戏剧研究委员，培训农村戏剧骨干，组织"考棚公演"或"游行公演"，"演戏给农民看"，又指导各村成立农民剧团，帮助东不落岗村和西建阳村建起露天剧场，实现了"农民演剧给农民自己看"⑥。其奋斗精神不可谓不可贵，其工作态度不可谓不踏实，所取得的成果，也是令人瞩目的！我们知道，中国的知识分子走上与工农相结合的道路，是自五四运动开始的。二十年代初，随着"民众文学"、"方言文学"的讨论，文艺界回荡着"到民间去"的口号，但实际上是"光打雷，不下雨"。无产阶级革命文艺运动兴起后，在列宁的文艺属于人民的思想指示下，在文艺大众化问题的讨论中，"左联"提

---

① 杨村彬：《熊佛西老师的戏剧活动》，《东方杂志》1936 年第 33 卷第 18、19 期，又见《戏剧论丛》1984 年第 1 期。
②③ 熊佛西：《戏剧大众化之实验》，正中书局 1937 年版，第 16 页。
④ 熊佛西：《戏剧大众化之实验》，正中书局 1937 年版，第 20 页。
⑤ 熊佛西：《戏剧大众化之实验》，正中书局 1937 年版，第 21 页。
⑥ 熊佛西：《戏剧大众化之实验》，正中书局 1937 年版，第 3 章、第 4 章。

出了"大众化——到工农群众中去"的"中心口号"①,但身体力行者却不多,至于深入乡村、到农民群众中去的更是寥寥无几,直到抗日战争全面爆发,面对着全国人民高涨的抗日情绪,大片国土的相继沦陷和纷乱动荡的战争生活,许多文艺工作者才纷纷走出都市的"亭子间"而"下乡"、"入伍"。回顾一下这个历程,我们就会看到,在全身心地深入乡村、长时期地与农民群众相结合这个方面,熊佛西堪称先行者之一,同时,我们也知道,在旧中国,除去革命根据地以外,话剧在乡村中几乎不见踪迹。而在熊佛西的努力下,新兴话剧却在农村开拓了新天地,定县农民不仅有幸观看了话剧,而且有了自己的剧团(农民剧团),自己的剧场(露天剧场),还自己演出了话剧(如《过渡》的演员已是清一色的农民),这不能不算是现代话剧运动的一个重大的突破。五年半的定县生活,对于促进熊佛西的思想和创作的进展具有重要意义。他亲眼目睹"大部分的农民被摒弃在农村的暗面,过着那凄苦愁惨的生活"②,认识到"造成农民这种现况的原因""是多方面的","例如在思想上,他们受了封建制度,封建思想的压迫","在政治方面,因为政治的不良,尤其是为政治之最基本的县政不良,暴征横敛,苛捐杂税,使他们应接不暇,行止失措","在经济上,(有)土豪劣绅和帝国主义的剥削"③,初步体验到旧中国农村尖锐的阶级对立,并且看到,"通常的农民——尤其是一般青年农民——不但不十分固守封建的习尚,更因为生活上所受的痛苦,对封建势力具有相当的反感"④。同时,熊佛西通过在定县的研究与实验,还进一步端正了对戏剧与生活的关系、剧本内容与形式的关系的认识。他说,"戏剧本与大众生活有密切的关系","戏剧是教育大众最有力的工具"⑤,"我们要写出好的农工剧本,不能住在租界的洋房里仅仅的'想',应该到农村去生活,到工厂去工作,去得到些农工生活的意识"⑥。他认识到,"形式往往受着内容的决定"⑦,"我们的剧本,在具有农民能接受的内容外,还得顾到农民能接受的技巧"⑧。

　　这一切,使熊佛西对自己以前的戏剧思想及其实践有所反省。综观熊佛西以前的

① 冯乃超:《左联成立的意义和它的任务》,《世界文化》创刊号,1930年9月。
② 熊佛西:《戏剧大众化之实验》,正中书局1937年版,第18页。
③ 熊佛西:《戏剧大众化之实验》,正中书局1937年版,第22页。
④ 熊佛西:《戏剧大众化之实验》,正中书局1937年版,第17页。
⑤ 熊佛西:《戏剧大众化之实验》,正中书局1937年版,第4页。
⑥ 《怎样走入大众》,《写剧原理》,中华书局1933年版。
⑦ 熊佛西:《戏剧大众化之实验》,正中书局1937年版,第17页。
⑧ 熊佛西:《戏剧大众化之实验》,正中书局1937年版,第30页。

戏剧理论及其戏剧活动,我们可以看出,他的戏剧观是比较矛盾的,"他一面用'戏剧是为人生'的思想教育学生,一面却把西方文艺中'灵与肉的调和'说也搬到课堂上,津津乐道于'超然的梦的世界','梦是艺术家的归宿'①等等荒误之谈"②。他曾多次批判过把戏剧当作开心取乐的玩艺儿"、"有闲阶级消费品"的错误观念,但却主张"戏剧应以趣味为中心",说什么"任何派别的剧本,只要其中蕴蓄着无穷的趣味,即是上品"③。他在戏剧系时期所写的一些趣味剧,如《艺术家》、《一对近视眼》、《裸体》、《模特儿》、《苍蝇世界》等等,就不同程度地存在着过于追求趣味性而主题开掘不深的弊端,有的剧本让人笑笑之后还能尝到点辣味,有的剧本却只能博得人们一笑,笑后值得回味的东西不多。通过接触农村的实际生活,熊佛西结合总结戏剧发展的历史经验,恳切地作出了自我检讨。他说,戏剧系"也深知戏剧是大众的艺术,是为大众,属于大众,由大众造成的艺术,但他们的实际表现,由于过分注意艺术的成就,已走入象牙之塔的尖端,与大众早就隔绝了,与大众早就不发生关系"④。从戏剧与人民大众的关系这个角度来进行自我检讨,应当说是抓住了问题的实质,表明了熊佛西思想认识有了长足的进步。唯其如此,他说:"把我们在戏剧系所从事的那一套戏剧内容与形式,搬到农民的眼前,不用说,一定会使他们失望,同时也会使我们失望,我们必须另外研究一套新的戏剧建设,才能得到农民的厚赏。"⑤

这一切,也体现在他的戏剧创作上。熊佛西在定县五年半中,写了六个多幕剧,除《儿童世界》和《赛金花》外,其它四个剧本,即《锄头健儿》⑥、《屠户》(原名《孔大爷》)⑦、《牛》(别名《王四》)⑧、《过渡》⑨,都以描写农村生活为题材,作者称之为"农民剧本"⑩。《锄头健儿》写某村恶虎为患,村中父老以虎为神,故修庙供奉以图免灾,青年农民健儿为破除迷信起见,放火将庙烧毁,后来又将虎杀死,他宣称:"我有两种信仰:第一,信仰'自己',第二,'信仰科学'。不信仰'自己'的人必会灭亡,不信仰'科学'的人也会灭

① 熊佛西:《创作》,《写剧原理》,中华书局1933年版。
② 丁罗男:《熊佛西戏剧思想简论》,《戏剧艺术》1982年第4期。
③ 熊佛西:《戏剧应以趣味为中心》,《戏剧与文艺》1930年第1卷第12期。
④ 熊佛西:《戏剧大众化之实验》,正中书局1937年版,第14页。
⑤ 熊佛西:《戏剧大众化之实验》,正中书局1937年版,第16页。
⑥ 三幕剧,1932年3月作,发表于同年4月18日至27日天津《大公报》。收入《佛西戏剧》第4集,商务印书馆1933年版。
⑦ 三幕剧,1932年8月作,收入《佛西戏剧》第4集,商务印书馆1933年版。
⑧ 三幕剧,1933年12月作,发表于1934年1月《国闻周报》第11卷第1—4期。
⑨ 三幕剧,1935年作,发表于1936年9月、10月《东方杂志》第33卷第18、19期。
⑩ 熊佛西:《戏剧大众化之实验》,正中书局1937年版,第21页。

亡！这把锄头就是我的工具：它能打倒一切的鬼神！它能创造一切的生命！"诚如杨村彬所说，这笔法"顾有象征或写意的意味"，"这虎患，可以理解为虎狼之患，也可以理解为入侵的敌寇，也可理解为一切愚昧迷信，不论如何，这里，佛老唱出了歌颂青年农民的第一支歌"①。如果说该剧是用象征的笔法，歌颂了健儿这个于作者看来"在今日农村中实是孕育"而"将来能够活生生的在农村出现"的"可能的现实人物"②，那么，《屠户》则用基本上是写实的手法，暴露了高利贷者孔大爷这个"在今日中国农村是一个极普遍的人物"的狰狞面目和丑恶灵魂。这个孔屠户，"并非宰猪宰羊的屠户，他是一个人的屠户，可他又不是王三似的刽子手，他是一个杀人不用刀的人"③，他以重利借贷盘剥穷人，挑拨离间王大、王二兄弟，勾结政界，欺压善良，但他表面上和蔼可亲，俨然是息事宁人的忠厚长者。剧本活画出孔屠户的两副面孔，无疑更有力地揭示了旧中国"农村一大问题的高利贷罪恶"④。高利贷表面上救穷人之急，实际上通过利滚利要穷人之命。它也是"杀人不用刀"！《牛》真实地反映了旧中国农民的苦难生活，他们在黑暗社会压迫下已经到了求生无路的严重地步。其主人公王四是一个老实安分的穷苦农民，终年像牛一样的劳苦，还是交不起地租，付不起捐税。后来母亲惨死，妻子被人搞走，养的牛也饿死了。正在这悲痛懊丧的时候，他又被诬陷为"土匪"而给巡警抓走，王四狂喊："天知道呀！只有天知道谁是杀人放火的土匪呀！"恰如作者所说，这"是悲愤不平的呼冤"，"是凄苦惨怨的呼救"，"是狂烈的反抗"⑤。《过渡》剧情大意是，劣绅胡船户霸持渡口，勒索过往群众，农民们受不了这种剥削，便追随一个大学毕业而到乡村服务的青年张国本在河上建桥。胡船户买通船夫老杜谋杀桥工，结果老杜摔死了，其妻要求施舍棺材又被胡船户踢死。由于张国本等坚持斗争，县政府拘捕了胡船户，并宣布取消渡船，支持造桥。剧作以农民团结起来造桥和劣绅从中阻挠破坏为主要冲突，表现了农民对地主的愤怒和反抗。由此可见，熊佛西的"农民剧本"不失为旧中国农村的写照，它们真实地暴露了广大农民的苦难和地主豪绅的凶残，在一定程度上反映了阶级对立和阶级斗争，这在熊佛西的创作历程上，是一个可喜的转机。

---

① 杨村彬：《熊佛西老师的戏剧活动》，《东方杂志》1936 年第 33 卷第 18、19 期，也见《戏剧论丛》1984 年第 1 期。
② 熊佛西：《戏剧大众化之实验》，正中书局 1937 年版，第 39 页。
③ 熊佛西：《谈〈屠户〉》，《北平晨报·剧刊》1934 年 8 月 19 日。
④ 熊佛西：《戏剧大众化之实验》，正中书局 1937 年版，第 24 页。
⑤ 熊佛西：《戏剧大众化之实验》，正中书局 1937 年版，第 46 页。

　　熊佛西的"农民剧本",不仅力求其内容"扣合农民的生活"①,而且"技巧"也"以农民能识能演为原则"②。他说:"农民剧本的结构应该先是一个很具体而生动的故事,这故事最好是多靠动作——特别是外形的动作——来表现,同时,应该富于浓厚的情感和实际生活,不要过于偏重理智和抽象的成分。"③关于人物,他说:"我们觉得都市的人物虽也有向农民介绍的必要,但在剧中人的选取上,最好用农民认识的或面熟的人物,这样不但人物可以使他们感到亲初,而且比较最容易得到农民的反应。"④关于对话,他说:"一方面固然要合乎农民的口吻,一方面也要合乎语体的结构。""同时,我们又主张应用国语,避免方言,以求收效的普遍。但避免方言并非不用俗字俗句,因为俗字俗句有时就具有广大的普遍性。"⑤这些话比较准确地概括了剧作艺术上的特色,确是"从实验得来的理论"⑥,是从《锄头健儿》到《过渡》的"写作经验"之谈,如《屠户》一剧,它的故事就是多靠动作表现出来的,倘若把对话取消,观众也未尝不能看懂剧情大意,甚至依然具有相当的舞台效果。熊佛西对"农民剧本"的演出艺术,从舞台装饰到演出方式,也潜心研究,大胆探索,创造了以秫秸、"三圆积木"制作布景,以灯光代替前幕并指导动作等新办法,还根据农民观剧的喜好和习惯,在《牛》、《过渡》等剧的演出中,采用了"观众与演员混合的新式演出法"⑦,露天场里出现了"台上与台下打成一片"⑧的热烈景象。这是推倒"第四堵墙"、"打破幕线"的一次成功的尝试,在我国现代话剧演出史上具有开创性的意义。

　　由于这些"农民剧本"的内容和形式都比较"合乎农民的生活情调"⑨,所以它们演出后曾激起观众的强烈反应,《屠户》这个剧本在定县演出了二十多次,在国内其他地方也不断的上演,获得相当的成功,以至于"孔屠户"成了定县农民对放印子钱的人的习称。⑩《过渡》也博得一片赞扬之声,在定县,甚至出现了"实事模仿了戏剧"⑪的事;京津许多报刊竞相发表推荐文章,有的评论者甚至称道:"《过渡》的诞生,恰在中国目

----

① 熊佛西:《戏剧大众化之实验》,正中书局 1937 年版,第 37 页。
② 熊佛西:《戏剧大众化之实验》,正中书局 1937 年版,第 35 页。
③ 熊佛西:《戏剧大众化之实验》,正中书局 1937 年版,第 30 页。
④ 熊佛西:《戏剧大众化之实验》,正中书局 1957 年版,第 36—37 页。
⑤ 熊佛西:《戏剧大众化之实验》,正中书局 1937 年版,第 41 页。
⑥ 熊佛西:《戏剧大众化之实验》,正中书局 1937 年版,第 30 页。
⑦ 熊佛西:《戏剧大众化之实验》,正中书局 1937 年版,第 95 页。
⑧ 熊佛西:《戏剧大众化之实验》,正中书局 1937 年版,第 93 页。
⑨ 熊佛西:《戏剧大众化之实验》,正中书局 1937 年版,第 90 页。
⑩ 熊佛西:《戏剧大众化之实验》,正中书局 1937 年版,第 25 页。
⑪ 熊佛西:《戏剧大众化之实验》,正中书局 1937 年版,第 27 页。

前剧坛荒歉的时候,直不啻在黑暗中燃起一道火把,它给中国新兴戏剧的创作开辟了一条新的途径。"①

除上述"农民剧本"外,熊佛西在定县还组织演出了《卧薪尝胆》、《无名小卒》、《兰芝与仲卿》、《狐仙庙》、《月亮上升》、《鸟国》等中外剧目二十个左右,这些剧目总的倾向,是反对帝国主义侵略,反对封建主义压迫,宣传民族意识,激发爱国情结,如他到定县后组织演出的第一个戏,就是他于下乡前夕写就的三幕历史剧《卧薪尝胆》,演员们穿着古人的服装,讲着今人的话语,观众都明白是为了"勿忘九一八"才编演这个戏,台上台下是心心相印的。又如《兰芝与仲卿》,是熊佛西根据古乐府《孔雀东南飞》而改编的,它着重揭露了封建礼教的罪恶,以致每次演出"都引惹观众的感动,特别是农村的妇女们,她们几乎全都流下了悔恨的或同情的泪"②。熊佛西把一些外国戏剧搬上定县舞台,也不是"只注意到文字的问题而已"③,而是精心改译,使它们较符合中国的国情,较有现实的战斗意义。如在《月亮上升》中,把警察改为东三省的警察,把逃亡者改为爱国志士,这样,该剧像是讲的"中国今日的故事了","故观众对之极感兴趣"④。再如《鸟国》的演出,一边以中国比作鸟国,一边以日帝比作兽国,使观众沉浸在爱国的热情中,总之,熊佛西所组织的演戏活动,其意义远远超过了"戏剧大众化之实验"本身,它也不仅活跃了农民的文化生活,配合了农民的识字习语,而且如叶子同志所回忆,定县农民"通过演戏活动提高了觉悟,在后来抗日的艰苦斗争中,锤炼和考验了一批人,使他们走上革命道路,有的还成为领导同志"⑤。

熊佛西在定县进行"戏剧大众化之实验",还创造出了两项重大的成果。一是通过"平教会"的学校式教育与演剧实践相结合,培育出了一批戏剧专门人才,如肖锡垄、岳路、巩书田、贺守文、刘育斋、舒润华、张文彩、童凤人、陈梅俊等等,这批人中,有些后来成长为名演员、名导演,成为许多省市戏剧岗位的中坚力量。二是熊佛西根据在定县的亲身体验,撰写了《农民的戏剧》⑥、《戏剧怎样走入大众》⑦、《农村戏剧与农村教育》⑧、

---

① 王家缓:《谈熊佛西的近作〈过渡〉》。
② 熊佛西:《戏剧大众化之实验》,正中书局1937年版,第28页。
③ 熊佛西:《戏剧大众化之实验》,正中书局1937年版,第29页。
④ 熊佛西:《戏剧大众化之实验》,正中书局1937年版,第22页。
⑤ 叶子:《回忆熊佛西的艺术生活》,《戏剧艺术》1982年第2期。
⑥ 发表于1932年5月1日《北平晨报·剧刊》,署名"戏子"。
⑦ 发表于1932年8月28日《北平晨报·剧刊》。
⑧ 发表于1933年10月15日《北平晨报·剧刊》。

《从定县的戏剧实验说到农民露天剧场的设计》①、《中国戏剧运动的新途径》②等论文，并出版了《戏剧大众化之实验》和《〈过渡〉及其演出》③两本专集。它们从农村戏剧的创作、演出、组织建设乃至剧场建造等诸多方面，总结了一整套的经验，提出了许多美好的设想，其中不少部分，不仅在当时有一定的指导意义，而且至今还值得我们重视和借鉴。

前面说过，"戏剧大众化之实验"是"平教运动"的一个组成部分，它所取得的成就，当然也是"平教运动"的收获。不过，由于"戏剧大众化之实验"是由熊佛西自始至终亲身主持的，因此，其丰硕成果，主要是靠熊旅佛西"脚踏实地"地"站在农民当中创造出来的"④，而这又与他身为爱国的、正直的知识分子，追求光明，积极向上，有强烈的事业心和勇于探索是分不开的。这是问题的一方面。另一方面，由于"平教运动"以资产阶级改良主义为其指导思想，由于熊佛西曾长期接受过欧美资产阶级教育，又甚为仰慕前辈学者梁启超并与之有所交往，⑤改良主义的影响在他头脑中是根深蒂固的；他到定县后世界观虽然发生了深刻变化，但尚未能够冲决旧民主主义的范畴：他还想既不投靠腐朽的国民党也远离无产阶级革命风暴，走一条自由主义的道路，这就不可避免地使"戏剧大众化之实验带有改良主义的色彩"。

首先，在指导思想上，熊佛西的水平没有达到时代的高度，没有认识到农村教育文化事业的改革必须与无产阶级单独领导的土地革命的总目标联系在一起，因此他把普及农村戏剧的希望寄托在自上而下地推行一套"良好的戏剧制度"，建立"理想的""戏剧网"上。⑥ 这无疑是一种天真幼稚的、不切实际的幻想。

其次，在理论上，熊佛西过分地夸大了戏剧的教育作用，过分地夸了"平教运动"的社会功能，说什么平教会由"单纯的识字教育，进到以文艺教育救思，以生计教育救穷，以卫生教育救弱，以公民教育救私，期使我们的全民族，尤其是大多数的农民，人人都有知识力，生产力，强健力及团结力，能自发自动的顺应生活，发展固有的无限可能，改进生活，改善环境，而达到农村建设乃至民族再造，民族复兴的最大企图"⑦。虽然如

---

① 发表于 1934 年 8 月 19 日《北平晨报·剧刊》。
② 发表于 1935 年 12 月 14 日南京《自由评论》第 4 期。
③ 正中书局 1937 年 5 月出版。
④ 熊佛西：《戏剧大众化之实验》，正中书局 1937 年版，第 18—19 页。
⑤ 参见熊佛西：《记梁任公先生二三事》，《文学创作》第 1 卷第 6 期，1943 年 2 月。
⑥ 熊佛西：《戏剧大众化之实验》，正中书局 1937 年版，第 7 章。
⑦ 熊佛西：《戏剧大众化之实验》，正中书局 1937 年版，第 20 页。

前所述，在事实上这不是促进熊佛西赴定县从事"戏剧大众化之实验"的主要动因，但理论上的这些提法，显然存在着"教育救国"论之弊。

第三，在创作实践上，熊佛西的"农民剧本"大多有一个"蛇足"，即"贤明的政府"惩恶扬善的结尾。例如《屠户》，据作者说，在写作时曾设计过三种不同的结尾："一、由王大王二诸人当场把孔大爷打死；二、将孔大爷的财产充公，由农民群起组织合作社；三、将孔大爷交给一个贤明的政府。"作者认为第一种结尾"多少具有鼓励暴动的成分"，采用第二种结尾会使该剧"成了宣传"，只有第三种结尾才是"现在的国情之下唯一可采取的办法"，"因为无论什么样的社会都有它的社会组织，而这组织我们必须顾到"。① 结果，人们看到的《屠户》，便是作恶多端的孔大爷终于诡计败露而被乡民在县府告发，遭逮捕以待国法审判。作者对《过渡》的结尾也曾改写过三次，结果定稿本走了与《屠户》差不多的路子，横行霸道的胡船户终于被官厅拘捕，听候法律的制裁。《牛》原是三幕剧，以王四被巡警抓走而结束，但作者"从社会的功能上着想"，担心农民看了以后"会觉得王四与其受国家社会的虐待，倒不如做土匪为妙"，于是在演出时特意加了个第四幕，县府法庭公审王四欲将他判成土匪，"但遭旁听群众反对，王四终被保释。作者以为，这样，戏剧的力量似乎减少了一点儿，但比起原来的结尾却稳健得多"②。殊不知这么一"稳健"，却削弱了作品的思想性和真实性。要是把这些"农民剧本"与左翼剧作家洪深同时期的《农村三部曲》尤其是《五奎桥》相比，不难发现，在利用戏剧为武器参加社会斗争方面，熊剧的战斗力量显然要逊色一些。不过，恰如杨村彬所说，熊佛西当时的剧本"今天看来，似乎是不够'革命'的，但这是时代的烙印，当时这样写，这样演，已经为若干当道者所侧目了"③。据叶子回忆，熊佛西在定县还编写过取名为《逼上梁山》的话剧，但上演后即被县政府禁演了。④ 其原因可以想见，无非是表现了官逼民反的主题。所以，历史地看来，熊佛西"农民剧本"的"蛇足"，固然与他当时尚未掌握马克思主义的历史观和阶级斗争学说有关，但也是当时的险恶环境、国民党的法西斯文化专制主义政策使然。

总之，当我们"从事实的全部总和、从事实的联系去掌握事实"⑤，把"戏剧大众化

---

① 熊佛西：《戏剧大众化之实验》，正中书局 1937 年版，第 45 页。

② 熊佛西：《戏剧大众化之实验》，正中书局 1937 年版，第 46 页。

③ 杨村彬：《熊佛西老师的戏剧活动》，《东方杂志》1936 年第 33 卷第 18、19 期，又见《戏剧论丛》1984 年第 1 期。

④ 叶子：《回忆熊佛西的艺术生活》，《戏剧艺术》1982 年第 2 期。

⑤ 《列宁全集》第 23 卷，人民出版社 1958 年版，第 279 页。

之实验"提到一定的历史范围内进行观察和分析,就不难得出这样的结论,浸透着熊佛西最大心血的戏剧大众化之实验,虽带有改良主义的色彩,但这无论如何遮掩不了它作为一项有着进步的历史意义的创举所独具的光辉,它尽管存在着这样那样的时代局限性,但其历史的功绩应在现代文学艺术史上占有光辉的一页。

（原载《南京大学学报(哲学社会科学)》1985 年第 4 期）

熊佛西"戏剧大众化实验"新探

马　明

一

　　只要回顾一下中国现代话剧运动的历史,就会发现一个似乎并非偶然的现象:"五四"之后,北伐之前,甚至直到抗日战争全面爆发,现代话剧最早的主要倡导者们,几乎都曾留学海外,不是日本,就是欧美。留日归来的前驱,多数以上海为中心。青年时期以"中国未来之易卜生"自期,后来成为无产阶级戏剧家、话剧事业奠基人的田汉,就是他们之中最杰出的代表。欧美归来的前驱,主要以北京为据点。① 负笈于美国哥伦比亚大学,受业于著名戏剧家马修士②教授的熊佛西,就是其中一位活跃的分子。诚然,初返国门的熊佛西也许并不出类拔萃,但是由于他的几位资深名显的欧美派师辈,如张彭春、赵元任、王文显、宋春舫,倡导话剧始终都是"爱美的"性质;他的几位志同道合的同辈,如余上沅、赵太侔、闻一多、顾一樵,不是各自另有专业,就是先后离开北京,能够长期以话剧运动为本职,主持当时中国唯一与"国家教育机关发生关系"的话剧园地的,独他一人。更何况熊佛西之于戏剧,可谓始终不渝。早在一九二〇年,即"爱美的"戏剧成为口号的前一年,他就以《这是谁的错》剧作问世。过了一年,又与沈雁冰等共同组织了中国第一个有影响的爱美剧团——民众戏剧社。从一九二六年至一九三〇年,在田汉于上海主持南国电影剧社——上海艺术大学——南国艺术学院的同时,熊佛西一直担任北京艺专——北平大学艺术学院的戏剧系主任,他们都为现代话剧培养了最早的一批优秀人才,所以,三十年代初期已经出现"南田北熊"的说法。由于当时北方话剧骨干颇多熊门子弟,通过讲堂、舞台、办刊物、出专著,这时他对北方话剧的影响,确实如同田汉之在南方了。

　　这不是题外的话,正像"南田北熊"的说法是历史自然形成的一样,当以留日学生

---

① 在著名的话剧前驱之中,也许只有洪深同志例外。他从 1922 年留美归国,直至抗日战争全面爆发,主要是在上海。

② 马修士(Brander Matthews,1852—1929),美国哥伦比亚大学教授,本世纪初,他与执教于哈佛大学的贝克(Baker)并称,被认为是"美国剧坛二大健将"。其主要著作有《一本关于戏剧的书》(*A Book about the Theater*,1916)、《戏剧的发展》(*The Development of the Drama*,1920)。根据熊佛西的说法,"马修士是理论家,贝克为实践家"。

为骨干的左翼戏剧运动兴起于上海,开始了"戏剧大众化"的讨论,制定了"建立普罗戏剧"——无产阶级戏剧的行动纲领,面向产业工人,组织"蓝衣剧社"的时候,熊佛西率领一批原戏剧系的师生,开赴河北省定县农村,进行以农民为主要对象、前后持续五年的"戏剧大众化之实验",并提出话剧要为农民所有——Of the peasants、为农民所作——By the peasants、为农民所享——For the peasants 的主张,即以农民戏剧为大众戏剧的具体内容,同样并非偶然。我想,为了论述熊佛西及其"戏剧大众化之实验"对于中国话剧运动的功过是非,上述种种,就是应该首先了解的背景材料。

一切历史现象都不是偶然的。二十年代后期至三十年代初期,中国文艺界所以围绕着"文艺大众化"展开了一场大争论,既有内因,也有外因。内因,主要就是当时已有十年历史的现代文艺,包括现代话剧,还是只有知识分子欣赏,工农大众难以接受,这一现象迫使一切受过"五四"洗礼,继承了或自以为继承了"民主与科学"精神的文艺家,无论是"为人生而艺术",还是"为革命而艺术",都不能不认真思索文艺与大众、文艺的内容与形式的关系之类的问题。外因,主要是无产阶级文艺理论的输入,促使一些先进的民主主义知识分子向着共产主义世界观转化,他们开始以阶级分析的眼光看待"大众"的问题,响亮地提出"大众文艺即无产阶级文艺"的口号。与此同时,小资产阶级的思想感情,也使当时文艺队伍中不少人极易接受"左"倾思潮的影响,比如,按照这时开始流行的说法,"文艺只是某一个阶级煽动的工具,凡不愿做无产阶级煽动家的文学家,就只能去做资产阶级的走狗"①。也就是说,在文艺界,不是左翼,就是右翼,没有中间。故而以"新月派"代言人姿态出现的梁实秋,从一开始就成为左翼文艺运动的对立面。因为他早在争论之初的一九二八年,已经公开声称"大多数的文学是一个没有意义的名词",断言"大多数就没有文学,文学就不是大多数的"。

这就提出了一个问题:既然以胡适为核心的由留学欧美的人士组成的新月派,当时受到了左翼戏剧家批判嘲讽,而其中梁实秋、余上沅、闻一多等,毫无例外地都与熊佛西不仅在留美时是同心的,在回国后也是协力的;既然当时左翼戏剧家在事实上已经把熊佛西划入"资产阶级戏剧界"②,那么,在文艺的内容与形式、文艺与大众的关系等众说纷纭的几个主要问题上,熊佛西与他的上述几位好朋友们,何以在认识上与做法上又明显不同呢?

---

① 歌特:《文艺战线上的关门主义》,原载 1932 年 11 月 3 日上海出版的《斗争》,引自《新文学史料》1982 年第 2 期。
② 陆万美:《两届"北平文总"的一些情况》,《新文学史料》第四辑,1978 年 8 月。

一切历史现象都是具体的。"物以类聚，人以群分"，可是历史上却从未有过铁板一块的"类"，一成不变的"群"，社会发展史如此，文艺发展史也同样如此。曾经长期与新月派携手同行，参与"国剧运动"、"小剧院运动"，被认为是"为艺术而艺术"的诗人闻一多，后来成为"拍案而起，横眉冷对国民党的手枪，宁可倒下去，不愿屈服"的民主战士，就是一个著名的例证。这是偶然，还是必然？这是渐变，还是突变？我想，文学史家只要从表及里，深入分析，而不是就事论事，先入为主，就会发现即使是在"新月"，当年，闻一多与其他新月派，如梁实秋、徐志摩，虽然同是为艺术而艺术，内涵也并不完全相同。前者追求"音乐的美"、"绘画的美"、"建筑的美"，主要是为了寻找最能抒发爱国深情的表达形式；后者标榜所谓"不妨害健康，不折辱尊严"的"文学原则"，则是出于资产阶级偏见，唯恐左翼文艺折辱了绅士淑女的尊严。与此同理，话剧史家如果把熊佛西关于戏剧大众化的主张，与他几位好朋友的态度对照一下，也会发现一个长期被忽略的现象：尽管这时熊佛西在政治倾向上还是一个资产阶级改良主义者，但在艺术道路上却开始和他的好朋友们分手，不再是为艺术而艺术，而是力求为大众而艺术了。

这是一个来之不易的进步。所以不易，因为他在此之前的戏剧生涯，确实是与新月派——欧美派联系在一起的。你看，这是他回国之初的自述："吾天性好强。沉醉于此者十余年矣。惟每研究，则感缺乏同志之苦。甲子夏，幸遇余君上沅、赵君太侔于世界剧艺中心之纽约，得以互相切磋，彼此计划，均愿以毕生全力贡献剧艺，并抱建立中华国剧之宏愿。"①余上沅在纽约致胡适的一封长信也透露了这样的消息："近来在美国的戏剧同志已经组织了一个中华戏剧改进社，社员有赵太侔、闻一多、林徽因、梁思成、梁实秋、顾一樵、瞿世英、张嘉铸、熊佛西、熊正瑾等十余人，分头用功，希望将来有一些贡献。国内拟邀请新月社诸先生加入，将来彼此合作，一到时机成熟，便大募股本，建筑北京艺术剧院，此刻正是这个运动开始时期，非求先生帮忙不可。"②由此可见，熊佛西等人当时正是寄希望于胡适以及丁西林、徐志摩"诸先生"的登高一呼，促使"新月社诸先生能够投袂而起"的。再看，熊佛西主持北平大学艺术学院戏剧系时期，一位天津的文学青年黄作霖在寄给《戏剧与文艺》的一篇译稿的"小引"中写道："近来胡适、熊佛西等在北平组织小剧院运动，我听了，喜出望外，以为我国戏剧前途，可以从

① 熊佛西：《艺专停办戏剧戏》，《佛西论剧》，北平朴社1928年版。
② 余上沅致胡适书（1925年），《胡适来往书信选》上册，中华书局1979年版。

此大振矣。今特作此译文,以表附骥之意。"①这说明,在当时一些知识界人士的心目中,他与以胡适为代表的新月派,确实难分彼此。

　　然而,这只是问题的一个方面,另一个不容忽视的方面在于,当时兼任北平小剧院副院长的熊佛西,对于戏剧大众化问题一向有自己的见解:

　　　　近来有人唱着艺术必须民众化的调子,我觉得最能民众化而且应该民众化的就是戏剧。但是,民众化并不是艺术本身的问题,我以为凡是艺术必是民众化的,否则便不是艺术。所以艺术的本身并没有平民贵族的阶级,不过因为我国社会阶级的限制,而使艺术做了平民贵族间的傀儡。(1927 年,《国家剧院》)

　　　　艺术中比较最有民众的要算戏剧,所以一个完美的社会不能偏重物质文明,同时亦不可轻视精神生活。……特别在今日一盘散沙、麻木不仁的中国社会中。……我们有的是天才! 有的是能读天多高,地多厚的科学专家,有的是蚂蚁都不忍踏死的悲善专家……可惜这些专家太"专"了,他们只顾自己"专",不晓得大家一块儿合起来"专"。(1928 年,《戏剧与中国》)

　　　　那么我们究竟需要什么样的戏呢? 简言之,大多数的人看得懂,大多数的人看得有趣味的戏剧,就是我们需要的戏剧。(1930 年,《戏剧应以趣味为中心》)

　　再来对照一下他的两位好朋友梁实秋与余上沅的主张与实践:前者不仅认为"文学只能是少数人的","文学愈来愈成为天才的产物",而且认为"最高艺术用任何方法亦不能传达于群众。最高艺术只有少数人能了解……艺术自身有许多的等级,所以艺术鉴赏亦有许多的等级"。后者当时担任北平小剧院院长,正在梦寐以求"纯形(Pure form)艺术"、"审美戏剧"(easthetic drama)、"理想的戏院"的建立。这就不难看出,熊佛西与以胡适为代表的新月派之间,岂但能分彼此,甚至他的某些戏剧主张,本身就是对梁实秋的批判。更何况,从当时他与梁实秋往来的一些书信之中可以知道,他们对于"民众戏剧"或"平民戏剧"不仅认识不同,行动上也有明显的区别。梁实秋在得熊佛西"来书",称赞"吾兄在北平倡导话剧之热忱"之后,曾经如此殷殷相劝:

———————————

① 引自熊佛西主编的《戏剧与文艺》(1930 年元月)的《家长》译者小引。黄作霖即著名导演艺术家黄佐临。

　　　　我总以为现在中国要做戏剧运动,其途径不在宣传,不在实验,而在几位有天才者,努力写几篇象样一点的剧本,剧本若好,隔二十年再演也不迟,若不好,虽宣传实验,无益也。弟在上海常有看外国戏之机会,愈看愈觉气馁,亦弟自不长进之过,吾兄多才多艺,能作能演,但弟私见,窃愿吾兄在创作方面多努力,贡献当更大,略述愚见,幸恕其戆直。①

　　一句话,梁实秋要熊佛西只写剧本,不要从事戏剧运动,尤其不要实验民众戏剧。熊佛西呢,立刻表示"颇不为然":"盖今日中国大多数民众,对于戏剧均缺乏欣赏之常识,故不能不稍事宣传。实验一项,尤关重要。因戏剧乃综合之艺术,欲得适合国情之戏剧,不能不先从实验。"②正是由于先有了这个"内因"——戏剧应该适合国情、服务民众,所以到了左翼戏剧运动崛起之时,"国内思想界发生"了一个"大转动,主张一切的设施都应该是为大多数人,属于大多数人的,甚至由大多数人所造成的",自然使他"感到极大的苦闷","起了思想上的挣扎"。这个"苦闷"、"挣扎"的结果,就是不计暂时的得失,不顾朋友的劝阻,抱着"实验第一"的想法,毅然跑到农村去了。

　　尽管从思想倾向上看,这时的熊佛西还是一个改良主义者,还以美国的杜威、英国的罗素、中国的胡适与晏阳初为精神上的知己,还把他们的呓语:"平民教育教中国","乡村建设救中国","一百个好人合作可以救中国"看作是金玉良言。但是从话剧运动的角度考虑,熊佛西作为一个有着教授身份的著名戏剧家,勇于到农村去,乐于脚踏实地,一点一滴地寻求"适合国情"的戏剧形式,进行"话剧下乡"的研究,却是一个难能可贵的创举。仅仅这个行动本身,已经说明在艺术观上,他已开始向过去告别,努力向大众靠拢。因此即使在关于"谁是今日中国之大众"的问题上,他的回答与当时一些左翼戏剧家不尽相同,即使他所倡导的"戏剧大众化之实验",自始至终都以改良主义为指导思想,我们还是认为对他的这个行动必须持具体分析的态度。第一,无论当时还是今天,农民在全国人口中,确实始终都占着绝大多数,这是尽人皆知的基本国情。第二,对于无产阶级戏剧来说,改良主义的戏剧固然应当批判,但是对于宣传封建思想的戏剧来说,它可能又是进步的。何况当时中国农村的文化阵地,依然如左翼戏剧家所说,"不是相公讨姑娘,就是奸臣害忠良,十足地表现着封建的意德沃罗基"(ideology

———————————

① 梁实秋致熊佛西书(1929 年)。
② 熊佛西致梁实秋书(1929 年)。

意识）的"旧戏"占领着呢。① 因此，只要从中国话剧运动发展史的角度去考查，而不是停留在当时左翼戏剧运动的思想认识水平上，就会发现并且承认：正像半个世纪之前，左翼剧作家们以产业工人为对象，在沿海城市从事大众戏剧运动，其志可嘉，其勇可敬，其功不可没一样，以熊佛西为首的一批话剧活动家，自愿结合，前后五年，以贫穷农民为对象，在河北农村进行的大众戏剧实验，似乎也是话剧史家不应忽略的吧？

二

熊佛西辞去北平大学艺术学院戏剧系主任的职务，走出书斋，以中华平民教育促进会戏剧研究委员会主任的身份，来到侧卧于平汉铁路上的古中山国遗址——河北定县，开始以农民为对象的戏剧大众化实验。这时正当一九三二年的初春，是"九·一八"沈阳事变的烽火未熄，"一·二八"上海事变的炮声又起，华北之大，中国之大，"再也放不了一张安静的书桌"的时候。他之所以不迟不早，恰于此时冲破多年沉醉其中的"细腻玲珑"、"馨香温暖"的艺术"禁宫"，②到农村去，追求"新生"，呼唤"解放"，除了国难当头的直接刺激，痛心疾首于南京"国民政府"的"不抵抗"政策之外，确实在思想上出现了前所未有的新变化。当时到定县参观之后的张骏祥，曾经撰文指出，熊佛西此举乃是"基于两种觉悟"：

> 一是他由彻底的为艺术而艺术主义中觉醒过来，他看到在现在政治经济的潮流之下，实需要一种为大众的艺术。戏剧本是来自田间，本是大众的东西，应该归还到大众。从事戏剧的人应该向农村进发，给农民以戏剧。第二是由于他看到戏剧要大众化，必须从事戏剧运动者亲自钻进农村去实践不可⋯⋯看到了这两点，熊先生和他的朋友们，就决心走进农村去，试验是否能把话剧介绍进农村，是否能提起农民的兴趣进而使他们自己演话剧⋯⋯更进而试验是否能令农民在剧场得到他们的教育。③

这篇题为《参观定县东不落岗村农民演剧记》的文章对熊佛西思想变化的分析，是客观的。"试验是否能把话剧介绍到农村去"，应该是促使熊佛西决心离开熟悉的北

---

① 郑伯奇：《中国戏剧运动的进路》，《戏剧论文集》，上海神州国光社1930年版。
② 熊佛西：《新生》，《庸报·另外一页》，1936年1月11日。
③ 张骏祥：《参观定县东不落岗村农民演剧记》，原载《北平晨报·剧刊》，引自《〈过渡〉演出特辑》。

平,来到陌生的农村的主要目的,因此,农民能否接受话剧,也就成为"熊先生和他的朋友们"必须作出答案的第一个问题。

答案从何而来? 只能来自实验。不言而喻,这是一个艰难的实验。张骏祥在上述文章中曾经指出:"没有任何的前例可供参考,他们自己又同农民如此之隔阂","初到乡下忍受不了那种生活,再是乡下人对他们起先不免有点怀疑,不敢信任这一批留了长发戴了眼镜的先生们。"这些还只是可以称之为一般性的,民主革命时期任何城市知识分子下乡之始,都会遇到的共同困难。此外,从话剧下乡的角度来看,要想正确回答农民是否接受话剧,首先还要解决两个问题:第一,态度问题。用熊佛西自己的说法就是:"我们到定县来的目的是做传道师呢? 还是做戏子? 要使观众对我们的戏剧发生兴趣,我们以为非革除传道师的招牌,充分表现戏子的精神不可。戏子可以使观众不自主的哭,不自主的笑,在不知不觉中使观众受到感动。传道师则不然,给人的只是表面的教训。天下事往往是这样,你诚心教训人,人倒不服你的教训。你不诚心教训人,人倒不自禁的受了你的感动。"①第二,标准问题,还是用熊佛西的话来说,戏剧大众化的标准,是由戏剧的内容与形式决定。关于内容,"我们必须做到两个条件,一是农民需要的,二是农民所能接受的"。关于形式,"可以任意创造"。为了使农民看话剧"不感觉是看戏,表演的内容不是'他'或'他们'的事,而是'我们'大家的事",需要考虑"跳出传统的桎梏"②。作为实验的第一步,就是"表证剧场"的建立。

表证剧场,是熊佛西为了使农民知道话剧为何物,在定县城建立的第一个实验性剧场。从这个剧场的设计要求"一切设备力求实用,而保持与农村经济水准之平衡。台下座位不求华丽,但必使观众视听如意,台上布景,天幕,布条,种种设备都应有尽有,以求舞台艺术之完整"③,可以知道它不仅是一个既根据话剧演出需要,又是从彼时彼地实际条件出发而建立的剧场。尽管当时对于农民是否接受话剧,他们自己也心中无数,却是有着长期打算,准备埋头苦干,开出一条农村戏剧的新路的。也许正由于这种勇敢实验,虚心求索的精神,赢得了农民的信任,仅仅一年,他们就向全国的话剧同行交出了第一份实验报告:怀疑是没有理由的,农民能够接受话剧。当时与熊佛西朝夕相随的主要合作者杨村彬为此作了说明:"与农民生活毫无关系的当然不成,但如《屠户》一类(专为农民而写)的戏,农民对于它的爱好实不下于青年之爱好《少年维特

---

① 熊佛西:《中国戏剧运动的新途径》,《自由评论》第4期,1935年12月14日。
② 熊佛西:《中国戏剧运动的新途径》,《自由评论》第4期,1935年12月14日。
③ 杨村彬:《定县的农民戏剧实验》,原载《自由评论》,引自《"过渡"演出特辑》。

之烦恼》,因为那戏道出了他心里道不出的苦。这是内容的关系。每一句话每一个字他(农民)都听得懂,每一个动作每一个表情他都领会,农民疲于听那唱了几百年的老调,自然都跑到话剧台前来,最初也许是好看,慢慢也上了瘾。这是形式的关系。"①与此同时,熊佛西也以《屠户》为例,指出"定县所有的实验剧本",在"农村上演都得到相当成功"的一个原因:

> 该剧大意是有孔屠户者,平日以重利借贷,拨弄是非,欺压良善,乡人敢怒不敢言。演到第三幕孔屠户侵占王大的房屋时,台下有一位青年突然起立,脸红耳热,大声向台上骂道:"搋他妈的老浑蛋!"那时我正混在台下看戏,见了这种情形不觉深受感动。回忆当时我写《屠户》剧本时,并没有存心要观众反对孔屠户,结果观众倒有了这种反抗的表示。正所谓"有意栽花花不开,无意插柳柳成荫"。所以我们在定县,决不敢摆着传道师的架子,我们只是戏子而已。虽然有一个"唤起农民向上意识"为戏剧内容的准则,可是我们尽力应用巧妙的技术,使它成蕴蓄的,默而不宣的。②

不必讳言,熊佛西当时所谓的"农民向上意识",诸如生产技能向上,科学运用向上,文化教育向上,集团训练向上,以及他所力求达到的"向上"目标:使农民做一个能"尽人生应尽的义务,享人生应享的权利","不是一个压迫人的人,也不是一个被人压迫的人"③,在旧中国都只能是一厢情愿的空想。但是似乎也应指出,唯其当时确信以不党不派,非左非右的超然立场自命,认为当时农民面临的问题,只是获得"现在生活的最低条件"的问题,不是"谈左谈右的问题"④,加上他又一再以"传道师"自戒,以"戏子"自勉,因此这些改良主义的"向上意识",也是力求"默而不宣"的,能够"寓教于乐",很少标语口号,这便使农民们对于素昧平生的话剧,不是敬而远之,而是近而爱之。

本着"一切经过实验"的精神,在话剧通过表证剧场得到县城观众以及近郊农民的信任之后,熊佛西和他的朋友们又把经过考验的几个话剧,搬上"流动舞台",——如有土丘,土丘就是舞台,如无土丘,舞台则用木板,几幅幕布,几扇屏风,即当布景,演到哪里,用大车运到哪里,话剧也就随着大车遍及定县的每个村镇。于是,两年之后,他们

---

① 杨村彬:《定县的农民戏剧实验》,引自《〈过渡〉演出特辑》。
② 熊佛西:《中国戏剧运动的新途径》,《自由评论》第4期,1935年12月14日。
③ 熊佛西:《中国戏剧运动的新途径》,《自由评论》第4期,1935年12月14日。
④ 熊佛西:《戏剧大众化之实验》,正中书局1937年版。

又向全国话剧同行交出了第二份实验报告：农民不但接受话剧，还要自己排演话剧。杨村彬为此再作说明："定县的农民在各村组织农民剧团，系由受过四个月的平民学校训练的农民所组成，有时在本村演，有时在外村演。演出的成绩虽不能完全令人满意，但这种活动的普遍开展，确已成为一个运动，农民对于话剧自然会更进一步的亲切。"①与此同时，一个本来默默无声的小小村落——东不落岗，也就因为它的农民实验剧团，首先引起华北新闻界与文艺界的注目了。请看当年在定县跟熊氏搞农民戏剧的骨干之一贺守文记述的东不落岗村农民怎样"自己演话剧给自己看"的情况。先是别的村"同学会"在农民实验剧场公演《锄头健儿》等剧：

> 他们看过之后，受了很大的感动。回到村里召集了二十多个人组织了一个农民剧团，请求戏剧研究委员会派员前往指导，他们第一次排练了两个戏：《屠户》及《我是一个人》。在旧年正月公演时，居然轰动了邻近的村子。……从那时起，东不落岗村农民话剧团对于话剧才有了"瘾"。民国二十三年，戏剧研究委员会见他们对于话剧不但热心，还很努力，想在他们村子里盖一座露天剧场。在剧场动工的时候，戏剧研究委员会全体同仁也来帮忙，白天大家辛辛苦苦干了一整天，晚上还排戏。有时一句话，一个动作，改了再改，改到几十次。……那一次公演的是《喇叭》、《醉鬼》、《兰芝与仲卿》、《屠户》、《我是一个人》、《穷途》、《三头牛》、《求婚》，我们戏剧委员会加演《王四》。从那次大规模公演之后，本村的农民有的向来不看戏的，也跑到我们剧场来看戏，更使你想不到的是演员对于旧戏起了怀疑，尤其奇怪的是，对于他们一向欢迎的秧歌也觉得讨厌了。②

虽然，这些对话剧有了"感"，因而怀疑起"旧戏"，"讨厌"了秧歌的农民，即使包括这个业余剧团"上过舞台"的全体成员在内，人数也不算多，但却是"大大小小，老老少少，五行八作，样样都有"的。按年龄数起来，他们"可以从十二数到四十"；按职业分，"固然大多数是农民，其中也有小学生，小贩，手工业者"；从服务乡村上说："有村长佐，有学董，有保健员，还有合作社的职员"③。而最主要的一点，就是由于农民戏剧与平民教育双管齐下，互相促进，开阔了他们的视野，提高了他们的欣赏能力，使这些"一天

① 杨村彬：《定县的农民戏剧实验》，原载《自由评论》，引自《〈过渡〉演出特辑》。
② 贺守文：《从东不落岗村谈到中国戏剧运动》，原载《庸报·另外一页》，引自《〈过渡〉演出特辑》。
③ 巩书田：《介绍东不落岗实验农民剧团的演员》，原载《北平晨报·剧刊》，引自《〈过渡〉演出特辑》。

到晚忙手忙脚"，"农闲也要赶大车，挑小担，背粪筐，脚踏织布机"的农民，不再满足于秧歌一类过于简单的民间艺术形式，并且对于自己曾经爱之迷之的"旧戏"产生怀疑，对于能够反映他们生活的话剧一见如故，以致白天再忙，也要忙中抽暇，在大车上，在织布时，背诵台词，熟悉剧本；晚间再累，还是挑灯排戏，终于做出使得新闻界、文艺界又惊又喜的成绩。难怪当时慕名来定县参观的两位话剧同行，看过清一色由农民演出的《王四》（即《牛》）、《屠户》之后发出了如此感想："农民是可以演话剧的，同时也可以演到好处。"①"他们的技巧可以说是出人意料之外。或者我不该说技巧，在好多地方，他们只是把自己塑在台上，他们打开的就是他们自己的灵魂。"②

在当时绝大部分知识分子都还远离农村，程度不同地受到"农民愚昧"、"农村落后"等种种传统偏见的影响，因而对于"唤醒民众，抗日救亡"的必要性虽然有所认识，却又信心不足。熊佛西和他的朋友经过了四年的实验，证实"我们的大众并不是不能接受新的思想与新的文化，实在是我们不给他们新的思想和新的文化"这一真理，并通过邀请各界人士，通过各地报刊广为宣传，使更多的知识界人士，包括海外的知识界朋友，从中"看到中国农民的民智并不低落，只要我们努力开发，以此四万万的人力智力，国事正大有可为"③！因此，正如当时出自一位左翼戏剧家的手笔，题为《读〈戏剧大众化之实验〉》的评论文章所说，这个发现"足以堵住一切'大众没出息论'者的无耻的利口"④。这里斥责的"大众没出息论者"首先就是当时讥"唤起民众，团结抗日"为高调，大弹"抗日应该等待五十年"的"低调"，看不到大众的爱国心，不相信大众的战斗力的胡适一类精神贵族。这一发现在当时的积极意义，竟然包括打了他的朋友们的一记耳光。也许是熊佛西本人当时并没有意识到的。

三

这个发现集中见之于《过渡》一剧的创作和演出，它也许称得上是农民戏剧实验的第三份报告，时在一九三六年元月。《过渡》从两个方面引起华北新闻界与文艺界的强烈兴趣。其一在内容上，熊佛西宣称他的这个"专为中国今日农民而写"，也是为了农民"扮演而写"的剧本，是为了"切实的表现一个力量——我们民众的集团力量，以及这

---

① 田禽：《由定县实验农民剧团公演〈过渡〉说起》，原载《庸报·另外一页》，引自《〈过渡〉演出待辑》。
② 张骏祥：《参观定县东不落岗村农民演剧记》，原载《北平晨报·剧刊》，引自《〈过渡〉演出特辑》。
③ 殷扬：《读〈戏剧大众化之实验〉》，《戏剧时代》1937年第1卷第2期。
④ 殷扬：《读〈戏剧大众化之实验〉》，《戏剧时代》1937年第1卷第2期。

过渡时代培养集团力量的一种纷扰。说得更具体一点儿，就是想在这剧里表现我们大多数中国人的集团力量！我们的民众也许没有表现这种力量的动向与习惯"①。其二在形式上，按杨村彬当时的说法就是，随着"建筑方法有很大的伸缩性，应用起来尤其有最大的伸缩性"的露天剧场落成，"农民戏剧的内容与形式都又有新的转变。因为要充分利用这富有伸缩性剧场的一切可能，剧本的内容先不能不与这些调和起来，而布景设计，灯光应用，服装道具，乃至剧场管理，都自然地会向新的方向迈进"②。也许正因为如此，华北许多报纸同时为《过渡》发专刊号，一些新闻界和文艺界人士在以"极大的喜悦"向社会各界推荐《过渡》的同时指出：关于"戏剧大众化"的争论虽然已非一日，但其结果，多是属于理论方面的，至于谈到实践上，充其量亦不过是剧本意识之大众化，而演出的方式及其观众仍是局限于都市的，而"熊佛西氏的近作《过渡》"，则是"具体地做到戏剧大众化"了③。

如此评价是否符合当时实际，话剧史家完全可以各抒己见。但是我想，当年《过渡》曾产生广泛的社会反响，却是无可否认的事实。既然时至今日，农民是否接受话剧，话剧如何适合下乡，似乎还是有着现实意义的问题，那么，对于当年曾被认为是"总定县农民戏剧的大成，代表一派学术新看法"；"开了中国农村戏剧史新纪元，从此一般从事戏剧的朋友们，可以不劳而获的又得到一个新方法"的《过渡》④，可能也不应一笔带过吧？

《过渡》的立意在于"今日我们的社会正是一个过渡的社会"，"造桥是集团的工作，目的是交通的便利，而桥本身就有过渡的意义"。剧本描述的是这样一个故事："大流河"的一个渡口，东西两岸应该有桥，但没有造。两岸农民要到对岸耕作、买卖、求医、探亲，只能搭乘渡船，而渡船却被乡绅胡船户把持着。渡费一加再加，农民有苦难诉。回乡大学生张国本急乡亲之所急，告诉乡亲，只要大家齐心协力，造桥一定成功。由于他的宣传，奔走，凑齐了造桥的经费，人们盼望多年的造桥工程终于开工了。胡船户为了维护既得利益，竭力反对造桥。先是诬张国本为"什么党"，扬言"马上叫衙门派人来逮你们"，继而煽动船工："要是他们的桥造成了，你们还会有饭吃吗？"被蒙蔽的船工老杜，就在破坏桥架的时候送掉性命。胡船户却倒打一耙，反诬张国本是凶手，要衙门禁

---

① 熊佛西：《〈过渡〉的写作及其演出》，《华北日报·戏剧与电影》，1937年1月11日。
② 杨村彬：《定县的农民戏剧实验》，原载南京《自由评论》，引自《过渡》演出特辑。
③ 姜公伟：《我们的推荐词》，原载天津《庸报·另外一页》，引自《过渡》演出特辑。
④ 田禽：《由定县实验农民剧团公演〈过渡〉说起》，引自《过渡》演出特辑。

止造桥。并且踢死了向他乞求棺木的老杜的病妻。同伴的血与东家的翻脸无情,擦亮了其他船工的眼睛。他们反戈一击,站到桥工一边,众怒难犯,人人喊打。胡船户和他的帮凶立刻成为过街老鼠。正当此时,张国本在巡长的陪同下由衙门回来了。巡长宣布:抓胡船户到衙门里治罪,他在渡口的财产充公造桥。全剧在"一个人的力量怎么够哟,大家的力量才做得到"的歌声中落幕。

今天,即使一个普通读者,也会因为这样一个正面反映阶级斗争的话剧,竟然以"衙门"惩办了劣绅,保护了农民作为结尾而感到遗憾,认为这是宣传改良主义,阶级调和。这种看法不能谓之不对。一位左翼戏剧家当时已经提出过批评:"熊先生尽管怀着一颗值得农民感谢的好心,他所做的事却往往会使农民失望。""《过渡》一剧是描写农民为了大众的利益而造一座桥,船户胡大爷因为要维持自己对农民的剥削,出来用种种方法破坏",然而它的结尾"却是叫农民寄希望于一个假想的贤明的政府。"为什么是假想呢?因为作者知道"实际上现在"的政府并不"贤明",只是"希望将来能象戏里那样结果才好"。这就等于"在现实题材后面加上一条假想的尾巴",农民一旦发现"希望落空了"必然"怨恨《过渡》欺骗了他们"。①

也许这就是后来一些话剧史家对这个剧本视而不见,以致今天的中、青年话剧工作者绝大多数对它都毫无所知的一个主要原因。然而在我看来,这些批评虽然不无道理,却不能说是完全实事求是的。这是因为,按照历史的观点与比较的方法,把《过渡》与同一作家在此之前的其他剧作放在一起考虑,把它的演出与同一时期其他著名话剧演出放在一起考察,就必然会发现:第一,在熊佛西个人的创作道路上,《过渡》的创作以及演出,应该是他从"趣味中心"、"艺术至上",走上"面向大众"、"面向现实"的道路的一个转折。第二,即使《过渡》的结尾确实受了改良主义思想影响,但该剧在艺术上敢于创新,突破了"第四堵墙"、"镜框舞台",并在当时确实得到农民观众欢迎,话剧同行赞扬,有着广泛社会影响。因此,不论就"五四"以来重要的剧作家熊佛西个人创作道路的研究,还是从中国话剧发展历史的研究来看,《过渡》都是值得重视的。

众所周知,在去定县之前,熊佛西曾经长期以"趣味中心"、"艺术至上"为本色,甚至就在创作《过渡》之前,还公开声称以"不标榜主义与派别"、"不教训人,不侮辱人"、"不写凶杀"、"不写十个人物以上的戏"为诚条,②那么,请看一看当时一位既是他的学

---

① 殷扬:《读〈戏剧大众化之实验〉》,《戏剧时代》1937年第1卷第2期。
② 熊佛西:《我的诚条与首念》,《矛盾》第5、6期合刊,1933年3月。

生，又是他的诤友的左翼戏剧家张季纯，在专程从北平赶到定县观看《过渡》之前，还"捏一把汗"，而看过《过渡》之后，由于发现"熊氏的创作态度"有了明显变化，又是怎样满怀欣喜地给予肯定的：

> 熊氏旧日的剧作，从最早的《青春底悲哀》起，至其名作《屠户》止，那种一贯的风格是基于有回味有余味的趣味中心，以及亦庄亦谐的多层动作，于是享有了由新兴戏剧发轫以来的演出最高记录。在《过渡》的演出上，即于熊氏历来所具有的创作态度与技术修养，也步入了一种新的境地。那便是所谓趣味中心以及多层动作的优点，在《过渡》中整个起了蜕化，使我们集中精力注意于那庞然的全体，毫无余暇去探寻那些所谓细微末节的技术。①

值得深思的是张季纯关于产生《过渡》的原因的分析："我以为不应该归结到以理想作根基的思想转换，而实是由于生活的真挚感应，才成功了这部伟构。"②就是说，虽然这时熊佛西在思想上还没有摆脱改良主义的束缚，但由于他深入了农村，了解了农民，由于他忠实于生活，忠实于现实主义创作方法，所以《过渡》还是能够成为一部有"时代感"，有"现实性"的"伟构"。这种看法无疑是很有见地的。来自农村生活的"真挚感应"，确实就是使他的戏剧主张、创作态度、艺术趣味发生变化，乃至明显地改变"本色"，违反"诚条"的一个根本原因。为说明这一点，不妨举两个例子：其一，早在《过渡》构思之时，"为了戏的趣味"，他曾考虑"胡船户是否应该有一个女儿，而这个女儿恰好爱着反对她父亲的张国本，但终于觉得这是一些滥调，写了反而会损害剧的中心力量"③，正如张季纯所说，决心摒弃"以前那种运用成功的趣味中心与多层动作"了。其二，《过渡》的创作与演出不仅表现他摒弃趣味中心，也证明他冲破了自设的"诚条"，写了一个出了两条人命的戏，一个让农民拳打脚踢劣绅及其帮凶——既教训人也侮辱人的戏，并且还是需要五十以上，甚至上百演员才能演出的戏！尽管这时他确实还以"自由主义文化人"自命，自认为"不标榜主义与派别"，但是戏一开始，他让反面人物胡船户威胁正面人物："你这个小子一定是个什么党！"戏将结束时，农民担心胡船户不会受到惩罚："万一衙门把他放了怎么办？"张国本劝说农民放心，一句话只说了前半

---

① 张季纯：《观〈过渡〉演出后论熊氏的创作态度》，原载《北平晨报·剧刊》，引自《〈过渡〉演出特辑》。
② 张季纯：《观〈过渡〉演出后论熊氏的创作态度》，原载《北平晨报·剧刊》，引自《〈过渡〉演出特辑》。
③ 转引自杨村彬为熊佛西编著《〈过渡〉及其演出》而写的"序"，1936 年 10 月。

句:"要是衙门里还向着他,难道我们大家不会……"言犹未尽,意更未尽。这至少说明,来自生活的"真挚感应",虽不可能转换他的"以理想为根基的思想"——改良主义,却已经使他对于一向信之不疑的理想产生怀疑了。

从怀疑到矛盾,借用高尔基精辟的说法,这是由于"情绪的根源倾向过去,理智的根源倾向未来"而产生的。这种深刻的内心的矛盾,在旧时代一切热爱自己的祖国和人民的知识分子中间,在他们自觉或不自觉地从改良主义、自由主义,向革命的民主主义、科学的社会主义过渡的时候,都是难以避免的。只不过因时代不同,个人经历不同,矛盾的表现形式与具体内容也有不同罢了。熊佛西之所以开始这个过渡,也和当时其他一些知名的教育家、科学家、实业家一样,主要是基于爱国心与正义感。由于国民党对日妥协,言行不一,于是从希望到失望;由于共产党坚决抗日,言行一致,于是从怀疑到相信。但是矛盾恰恰也在这里,他们对之失望并且为之痛心的,偏偏是与他们在感情上、历史上有着千丝万缕的联系;他们开始相信并且寄以希望的,恰恰又是他们曾经轻视、怀疑,或者在感情上格格不入的。所以这种过渡开始之日,往往就是矛盾产生之时。《过渡》一剧的结尾,正是矛盾的集中表现。请看作者关于结尾的一段自白:

　　结尾的困难实在是当前最大的困难。胡船户这个人在剧中有三种可能的下场:其一,他是个大绅士,他看事不妙,可以逃到上海、天津那些大城市去;其二,民众动了公情,群众当场把他打死;其三,被政府拘拿,按法律制裁。采取第一种下场时,轻轻让绅士走掉,民众一定不能满足,在剧中也太无力量。采取第二种时,民众可以满足了,但对于民众又有鼓励暴动的嫌疑,我们站在现社会的秩序上及教育者的立场上,没有理由做这种事情。而采取第三种时,民众可以相当满足,又维持了一个社会的秩序,所以采取了第三种的下场。但也许有人说这未免把政府写得太好些,我们觉得不论如何,假定的贤明政府是应该有的。不过,胡船户个人的下场,还不是全剧的结局,为了结局的力量的增强,结尾改过三次。第一次,群众围着胡船户时,被巡长的几句话就把大家说退了,嫌没有力量。第二次,大家把胡船户饱打一顿,终被巡长制止。我们觉得虽然群众一时出了气,但还嫌过分地听巡长的话。所以第三次由张国本出来指导大家,群众才停下手。……这里实有着最大的苦心。而这一切苦心,又岂是局外人所能得知的呵。①

────────────

① 转引自杨村彬为熊佛西编著《〈过渡〉及其演出》而写的序,1936 年 10 月。

既要让"群众出一口气",又要免于"鼓励暴动"之嫌;既不能"不维持一个社会的秩序",又不愿"群众过分的听巡长的话"。足见结尾之所以三易其稿,之所以不能不"有着最大的苦心",最后还是以"一个假定的贤明政府"结束全剧,就是因为他已经充分意识到了"生活的真挚感受",与他的"站在现社会的秩序上的立场"之间的矛盾。因此我想,如果这个分析符合作品的实际,那么,当时一些评论文章,仅仅根据"不论如何,假定的贤明政府是应该有的"一句话,指责《过渡》的结尾"欺骗了农民",也就不是完全实事求是的批评了。

还要指出的是,倘若把《过渡》的创作放到特定的历史范围之内,根据彼时彼地、彼人彼事的具体情况分析,也许对这个问题的探讨可以再深入一步。我们知道,《过渡》一剧在华北引起广泛反响之时,正是已经占我东北三省的日本帝国主义,变本加厉侵犯华北,扶植亲日势力,企图藉口"华北自治",建立所谓"新秩序"之日。当时摆在华北人民面前的首要任务,就是揭露和反对日本侵略者制造分裂的阴谋,要求和敦促南京当局停止内战,枪口对外。因此,就在《过渡》问世不久,发生了以反对内战、反对"华北自治"为口号的"一二·九"学生运动,而在《过渡》问世的同一年,又发生了震惊中外的西安事变。这一推动中国现代历史前进的重大转折,宣告了中国人民不再是反蒋抗日,而是逼蒋抗日,联蒋抗日,从而避免了当时可能出现的分裂,避免出现一个甚至几个完全亲日的傀儡组织,取代虽然积极反共、而毕竟不愿降日的政府的危险。基于这特定的历史背景,我们能不能认为《过渡》"站在现社会的秩序的立场上,以一个假定的贤明政府"解决农民与地主的矛盾,就是欺骗了农民呢? 回答应当是否定的。第一,它的作者已经告诉观众,当时政府并不"贤明","县政"尤其不良。第二,他对当时政府的这一估价,正好和当时还在鼓吹"一百个好人可以救中国"的改良主义者明显不同。他没有像胡适等知名欧美派知识分子那样,"脱掉蓝衫换紫袍",参加了"宁国府",宣称"好人政府"已成"现实"。他所谓的"贤明政府"只是"假定",是一个理想。第三,如前所述,全面抗战的前夕,当务之急就是唤起民众,促使反革命的武装成为抗日的武装,反革命的政府成为抗日的政府,中共中央这才以和平解决西安事变为契机领导建立抗日民主政府。从这个意义上说,《过渡》的创作客观上符合了特定历史时期的政治潮流,相反,如果不是如此结尾,可能倒是不利于抗日民族统一战线的建立与巩固了。也正因此,当抗战爆发之后,熊佛西就能很快地将《过渡》改编为《后防》,充分发挥了该剧在救亡运动中的积极作用。

如果考虑到反对封建地主阶级本来是资产阶级民主革命应该完成的历史任务。

那么还有一个例证似乎更能说明熊佛西对这一问题的关注和认识。这就是写于《过渡》之前的另一个剧本《牛》(又名《王四》)。《牛》正面提出了"谁养活谁"的问题,展示了一幅旧中国农村"官逼民反"、"逼上梁山"的触目惊心阶级斗争图画。剧本让一个遭受官府、地主迫害,自己家破人亡,却反而被诬为"匪"的农民,发出了"只有天知道谁是杀人放火的土匪"的控诉,完全不避"鼓励暴动"的嫌疑。这充分说明,即使当时他是一个改良主义者,但由于爱国、正直,由于深入农村,"了解和体验到封建地主阶级是多么残酷的剥削农民,看到贫苦农民悲惨的生活情景"①,所以对于农民与地主之间的斗争,他的同情和支持,都在农民一边。《过渡》月他自己的话说,"并不是我熊佛西忽然提笔就能写成的"②。请看事实:第一,立意来自农民。他曾自述创作《过渡》的最初动机,是由于在定县看到有几百个农民桥工,"在一个目标下共同活动","颇为感动",因而产生联想。③ 第二,素材来自农民。创作过程中他和他的朋友们来到造桥工地学习,"造桥人都是河边村内的青年农民。熊先生不但看,还赤着背,光着脚,立在河中桥架上指挥着农民工作"④。第三,修改依靠农民。剧本初稿完成,他逐句向"最高的老师"——农民请教,"看他们懂不懂,有什么反应",再加修改。甚至一字之微,也不放过。比如"坐监牢"一语,本来是按照南方农民习惯,称为"坐牢",后来根据定县农民意见,改为"坐监"⑤。第四,排戏以及演出,还是依靠农民。"全剧共用四五十演员,农民占其中八分之七"。"每次排戏,参观的农民都在百人以上"。"排戏之后,有些农民又照例要到我们住的那间房里去围炉夜谈,谈的范围很广,谈某个演员,谈某个动作,谈某段戏,谈某人的生活,谈某处闹鬼,谈国家大事"⑥,等等,等等。不难设想,关于结尾时胡船户的三种下场,以那一种恰当,导演处理上的三次改动,那一次准确,农民必然也曾热烈地发表过意见。由此,我们能不能说《过渡》的创作方法,也是话剧创作"从农民中来,又到农民中去"的一次实验呢?

四

然而,从话剧艺术发展史的角度研究,《过渡》所以值得重视,也许更因为它是自成

---

① 叶子:《回忆熊佛西的艺术生活》,《戏剧艺术》1982 年第 2 期。
② 田禽:《由定县实验农民剧团公演〈过渡〉说起》,原载《庸报·另外一页》,引自《〈过渡〉演出特辑》。
③ 转引自杨村彬为熊佛西编著《〈过渡〉及其演出》而写的序,1936 年 10 月。
④ 童凤人:《〈过渡〉排演经过》,原载《庸报·另外一页》,引自《〈过渡〉演出特辑》。
⑤ 童凤人:《〈过渡〉排演经过》,原载《庸报·另外一页》,引自《〈过渡〉演出特辑》。
⑥ 杨村彬:《实事模仿戏剧》,原载《华北日报·戏剧与电影》,引自《〈过渡〉演出特辑》。

一格的"露天群众剧"。

提到露天群众剧，人们很可能想到以《放下你的鞭子》为代表的、抗战前后曾经演遍全国的几个街头剧或广场剧，似乎《过渡》也属于同一类型。这实在是一个误解。根据杨村彬对这种剧的解释："露天者，不仅是在露天地下演，而是在特殊设计的露天剧场里，以新式演出法演。群众者，第一要人多，不仅要农民演员多、最好还要把农民观众写到戏里去。"①这就包括两个问题：什么是特殊设计的露天剧场？《过渡》实验的是什么"新式演出法"？

这个露天剧场就是"东不落岗村露天实验剧场"。值得注意的是，中国话剧史上的第一个专为话剧"特殊设计"，当时被一些报刊称为有"古希腊风"的露天剧场，不是建造在沿海都市，而是坐落在穷乡僻壤。从一些史料可以知道，剧场所在原是一座庙宇，破除了迷信的农民把它拆毁了。他们根据农民话剧要为农民所有、所治、所享的指导思想，绘制蓝图。并和农民一起，抬土、和泥、运砖、搬坯，在庙宇的旧址上建成了以"实验新的演出法与剧作术"为目的的露天剧场。据当时专程从北平、天津前来参观的话剧同行的介绍，"剧场大体分为三部，一部是舞台，一部是观众的池子，一部是剧场入门处。剧场本部较入门处垫高一点，再慢慢向台前坡下去"。"舞台部分原是神位所在，如今用土坯砖石砌成舞台，高约六七尺，后台一垛弧形的围墙，上饰青色，用以与天色调和，以完成大自然的背景。台的左右，各砌墙垛两层。"舞台有台阶通向池子，演员可以由此上台下台，观众也可由此上台下台。"舞台与池子都是露天的"，剧场四周围有土墙，"构造也简单而合用"。② 一九三五年十二月二十一日，以"新式演出法"排演的《过渡》，就在这个新落成的露天剧场举行了首场演出。关于它所实验的"新式演出法"，当时天津《大公报》"艺术周刊"发表了杨村彬的专文：

《过渡》既是以唤醒民众，领导民众为任务，以集团底、力学底、怒吼底空气为基调，那么，在演出上首先把全剧场当作舞台，即所谓要台上台下打成一片，演员观众不分，如演员都从观众中来，观众也随着歌唱，尽量应用上下台的大台阶，结尾时有些现众也走上舞台加入造桥。

在如此全盘设计的演出法上，灯光除去照明，暗示剧情外，更以领导全剧进展为首要任务。这种灯光时常会放射到观众中，而幕与幕中的休息，因为摒除用幕，以尽量使

① 转引自杨村彬为熊佛西编著《〈过渡〉及其演出》而写的序，1936 年 10 月。
② 张骏祥：《参观定县东不落岗村农民演剧记》，原载《北平晨报·剧刊》，引自《〈过渡〉演出特辑》。

观众与演员接近,灯光又是用来代替换景,用以休息的符号。布景,像是岸,用的是(陈治策导演)《岛国》时设计的"三圆积木"。……另外,所谓桥桩桥架,是构成底骨架式的背景。这骨架又用演员而推移。这些,是相当地表现了"力"。……

布景固然有时变为演员,而演员的活动也时常变为布景。尤其那些桥工,他们简直不是在这里演戏,而是喊着,叫着,努力工作着。群殴一场。应用了拳术掼跤、攀杠种种姿势。唱"过渡歌",高喊工作的"有哟",也都表现了"力"。

这样的表演,这样的布景,这样的灯光,这样的演出,在中国还属罕见。在俄国,大概就是 Meyerhold(梅耶荷德)所倡导的构成主义的演出法吧。①

重要的并不在于这种演出方法是否源于梅耶荷德,甚至也不在于熊佛西和他的朋友们勇于探索实验的精神,而是在于这种实验精神的出发点与归结点,不仅是个人的艺术兴趣,主要还是为了话剧能为农民所有,所治,所享。比如关于露天剧场,与其说他们追求的"古希腊风","回到自然";毋宁说更是为了"适合破产中的农村经济","适合老农老圃的意思",也即尊重中国农民世代都在露天草台看戏的传统习惯,只不过由于希腊悲剧本来也是在露天演出,与中国戏曲在农村演出形式类似,因此当时新闻界、文艺界一些朋友才会产生"古希腊"的联想罢了。同样关于"新的演出法与新的编剧术"的探索,与其说是受到当时欧美有些戏剧流派的刺激:突破镜框舞台,拆除第四堵墙,毋宁说主要还由于在深入农村、了解农民的过程中受到了启发。熊佛西在回答"我们为什么要用新式演出法"时写道:

简单地说,为了适合老农老圃的口味。甚至可以说,即或西洋没有那些提倡新式演出法的人,我们因在农民之间学习,受农民的指示,我们也必发明自己的新式演出法!对于我们,新式演出法反是承继传统的遗产的路径。我们到农村来,最初请他们欣赏镜框里的图画,虽然美,他们还不能完全如意。因为传统的"会戏"(如高跷、旱船、龙灯、小车……),可以让他们围着看,追着看。现在画既是这样美,他们希望这画上的人物能走下来,他们可以围着他看,他们可以摸一摸他,或者他们自己也走到画里面去,他们自己也作为画中人,他们才可以满足。就是为了满足我们的农民观众的习惯上的传统的看戏方式,我们产生了新式演出法。②

惟其"新式演出法"的出发点和归结点是为了"适合老农老圃的口味",惟其《过渡》

---

① 杨村彬:《论〈过渡〉的演出及其对于今后中国新兴戏剧的影响》,原载《大公报·艺术周刊》,引自《〈过渡〉演出特辑》。
② 转引自杨村彬为熊佛西编著《〈过渡〉及其演出》而写的序。

的创作与排演就是"从农民中来，又到农民中去"的过程，它的演出才会成为当地农民的节日，才会出现"剧场中没有旁观者，人人都是活动者"，"台上的小贩叫一声'冰糖葫芦咸瓜子'，忽而台下的小贩叫一声'热老豆腐'"，尤其是"全剧结尾处，群众象火山爆发似的回应张国本的呼声，你也参加，我也参加，多少观众也走上台去参加造桥"①。甚至还出现过一些"又可怕又可喜的"插曲："许多次胡船户被缚着走下台来，农民观众总是要自己加这么几句对话：'得，现在好了吧，看你……'"还有一次，正在演出中间，有位农民观众看到台上的小贩卖烟，他也跑上台去买了两支烟。观众以为这位农民也是演员，甚至其他演员也以为这是"导演新加的一段"②。这些场面，这类插曲，都能说明农民是欢迎《过渡》的。当时一些话剧同行，冒着零度以下的严寒，和两千位农民挤在一起，呵着手，顿着足，观看《过渡》的演出之后，也表示"很令人感动"，"这一次参观在我是一个新的经验"。③ 他们之中还有人站在露天剧场门前，"遥望太空"，叹息着国内各种学派的戏剧家，不能亲身来此玩味，研究，考察，讨论，不能不算是他们自身的一种遗憾了。④

　　这是溢美之辞吗？ 不是。《过渡》所实验的"新式演出法"，为话剧下乡特殊设计的露天剧场，在当时的中国确实都是"还属罕见"的。这是因为：第一，尽管以农村为题材，以农民为主角的现代话剧，当时并不罕见，但是这些农村戏剧，包括洪深的代表作"农村三部曲"，主要依据间接材料，写于城市，演于城市，与农民的关系并不是很密切的，而《过渡》则主要为农民而写，主要为农民而演，情况无疑不同。第二，尽管随着戏剧大众化运动的开展，话剧下乡，南北皆有，但是根据一些史料记载，比如上海的"'春秋剧社'于（一九三二年）三月中旬往大场去演出一次，观众不很欢迎，'骆驼'（剧社）与'大同'（剧社）又继'春秋'到嘉定去演出，也是失败而返"。又比如，一个农民读者曾向《光明》杂志建议："雇一只船，巡行江南水乡，作救亡的戏剧活动。"《光明》编者认为"这计划很可宝贵"，于是提出了"移动剧场到农村去"的口号，编辑了"移动演剧运动特辑"。然而当时已是全面抗战爆发之时，也就未能付之实践。⑤ 凡此种种，证明除了熊佛西和他的朋友们之外，在抗日战争之前可能再也找不到和他们一样，一年，两年，三年，四年，深入农村，了解农民，从事农民话剧实验的团体或者个人了。所以，当时北

---

① 转引自杨村彬为熊佛西编著《〈过渡〉及其演出》而写的序。
② 转引自杨村彬为熊佛西编著《〈过渡〉及其演出》而写的序。
③ 张骏祥：《参观定县东不落岗村农民演剧记》，原载《北平晨报·剧刊》，引自《〈过渡〉演出特辑》。
④ 陈豫源：《〈过渡〉公演参观记》，原载《国闻周报》，引自《〈过渡〉演出特辑》。
⑤ 参阅 1937 年 7 月 10 日出版的《光明·移动演剧运动特辑》。

平、天津的一些话剧同行,眼见为实,深为感动,产生了"这是一次新的经验",如果不能亲身来此研究,考察,则是"一种遗憾"的想法并不是偶然的。

弹指一挥,半个世纪过去了。虽然早在四十年前,延安文艺座谈会已经为话剧运动指明了方向,虽然我们的社会主义祖国,从来就是以工农联盟为基础的,虽然由于党的领导,政府的重视和话剧工作者的努力,话剧事业已经取得明显的成绩。但是,从农民始终占全国人口的绝大多数这一基本国情出发,再看看时至今日,话剧能否下乡,依然还是一个问题;"不要忘了农民",依然还需要不断强调,无论是专门为话剧下乡而设计的农村剧场,或者是主要为农民而创作和排演的大型话剧剧目都还有待充实、丰富,联系到今天话剧界的现状与任务,熊佛西和他的朋友们当年为话剧下乡所作的某些努力,也许并没有因为时过境迁,就不再是"新的经验"了吧。

五

一个问题就这样提出来了,话剧史家对于曾经持续五年之久,成绩如此明显,又属话剧史上罕见的农民话剧实验,何以不是毁多于誉,就是视而不见呢?

原因可能出于两个方面。一是历史因素。在三十年代初期的戏剧大众化的论争中,当时一些以建立无产阶级戏剧为行动纲领的左翼戏剧家,对于熊佛西的主张及实验:"农民是今日中国之大众",因此"新兴戏剧大众化,也可以说是要使新兴戏剧农民化",不以为然,认为这是"让农民独占了大众","把工人从大众中一脚踢出去"。[①] 另一个方面则是政治因素,因为他所倡导的农民话剧实验,是以当时接受美国资产阶级资助的"平教会"——中华平民教育促进会的名义进行的,而平教会的主持人晏阳初,美国耶鲁大学毕业,回国后即以倡导 Mass education——"平民教育"而知名,在当时欧美派知识分子当中,他与胡适同样大名鼎鼎。因此,只要看看五十年代初期,由于批判电影《武训传》,已经盖棺论定的"人民教育家"陶行知,尚且被扣上改良主义的帽子,直至十年动乱结束,拨乱反正,才得以彻底恢复本来面目,就更不必说熊佛西的农民戏剧实验了。定县的这次实验确实与平教会,与晏阳初,有过历史联系,早在三十年代,已经被指责为"走错了路,进错了门"[②]。历来的活剧史家也就难免因袭旧说,或者干脆回避了。

---

① 殷扬:《读〈戏剧大众化之实验〉》,《戏剧时代》1937 年第 1 卷第 2 期。
② 殷扬:《读〈戏剧大众化之实验〉》,《戏剧时代》1937 年第 1 卷第 2 期。

　　一切可以理解,却是难以苟同。只要根据一些并不罕见的历史资料,具体分析,认真思考,我们就会发现上述两个方面的原因,虽然言之成理,或者于史有据,然而,前者未免脱离中国国情,后者病在不能实事求是,所以都是经不起时间和实践的检验的。

　　为什么说当年围绕着戏剧大众化的争论中,对于熊佛西的主张与实践的指责,未免是脱离中国国情的呢? 不错,熊佛西当时关于戏剧大众化的某些提法,比如"新兴戏剧大众化就是新兴戏剧农民化",不但有片面性,而且尚未具备马克思主义的阶级观点和分析方法,但是,对熊佛西的思想作超越历史的苛求,恐怕并不公允,如果据此断言,他就是主张"让农民独占了大众",把工人踢出大众之外,那就更失之偏颇了。何况从中国革命的基本任务和主要依靠力量来说,他所坚持的论点:农民是今日中国之大众,新兴戏剧应该面向农村,更是无可厚非。请看,人民教育家陶行知早在一九二六年起草的《改良全国乡村教育宣言》里,就从当时"农民占全国人口百分之八十五左右"的国情出发,宣称"要把我们整个的心献给我们三万万四千万的农民"①。如果说,这些话出自一个当时还是教育救国论者之口,那么让我们再看一看伟大的无产阶级革命家毛泽东同志对农民问题的论述。抗日战争胜利前夕,他在为未来的新中国绘制蓝图的著名演说《论联合政府》里,对于中国共产党人、一切民主派发出了庄严的号召:"农民——这是现阶段中国文化运动的主要对象。所谓扫除文盲,所谓普及教育,所谓大众文艺,所谓国民卫生,离开了三亿六千万农民,岂非大半成了空话?"

　　我这样说,当然不是忽视其他约占人口九千万的人民在政治上经济上文化上的重要性,尤其不是忽视在政治上最觉悟而具有领导整个革命运动的资格的工人阶级,这是不应该发生误会的。

　　认识这一切,不但中国共产党人,而且一切民主派,都是完全必要的。

　　这是值得深思的。至少在对农民问题的重视这一点上,熊佛西当年的提法与做法,非但不应受到指责,相反应该受到鼓励。说到这里,也许有人会以"两个人讲着同样的话,意思并不一样"的古罗马人名言,提出反问:"难道你否认当时熊佛西还是改良主义者吗?"当然不能否认。但须要指出的是,既然在阶级矛盾即将重新成为国内主要矛盾的抗日战争胜利前夕,毛泽东依然如此谆谆告诫:"现在的中国是多了一个外国帝国主义和本国的封建主义,而不是多了一个本国的资本主义,相反地,我们的资本主义是太少了",因此,"拿资本主义的某种发展去代替外国资本主义和本国封建主义的压

———————————

① 陶行知:《中华教育改进社改造全国乡村教育宣言书》,1926年版。

迫,不但是一个进步,而且是一个不可避免的过程。它不但有利于资产阶级,同时也有利于无产阶级,或者说更有利于无产阶级"①。那么,熊佛西实验农民话剧,还处在民族矛盾压倒阶级矛盾的时代,情况不就更加如此吗? 即使他的实验属于改良主义范畴,其宗旨也在于开辟、占领本来由封建主义文艺独霸的农村阵地,而绝非与当时尚未在农村扎根的无产阶级的革命话剧争夺阵地。所以,从中国戏剧运动的角度看问题,应该承认这是一个进步。何况,如前所述,虽然熊佛西当时确实未曾摆脱改良主义的思想束缚,但由于深入了农村,了解了农民,来自生活的"真挚感应",使他的感情有了变化,思想有了发展,认识到农民问题是"一个整个的问题,一个整个的社会问题",他后来的一些主张,一些作品,比如《过渡》,无论是从作者的主观愿望考察,还是从作品的客观效果检验,都是优点多于不足,显示出越来越进步的倾向。所以,称它们为反对封建主义的民主主义戏剧,较之不加区别地贬为改良主义戏剧,可能更符合实际情况。

对此,当时某些人何以不能实事求是地进行评价呢? 不必讳言,这是因为关门主义的"左"倾顽症,在左翼文艺运动内部还未根除。一九三二年十一月三日上海出版的中共中央的机关报《斗争》,在一篇题为《文艺战线上的关门主义》的专文里,曾经针对这种偏向提出过批评:

> 我们的几个领导同志,认为文学只能是资产阶级的或是无产阶级的,一切不是无产阶级的文学,一定是资产阶级的文学,其中不能有中间,即第三种文学。
>
> 这当然是非常错误的极左的观点,因为在中国社会中除了资产阶级与无产阶级的文学之外,显然还存在着其他阶级的文学,可以不是无产阶级的,而同时又是反对地主资产阶级的革命的小资产阶级的文学,这种文学不但存在着,而且是中国目前革命文学最占优势的一种(甚至那些自称是无产阶级文学家的文学作品,实际上也还是属于这类文学的范围)。排斥这种文学,骂倒这些文学家,说他们是资产阶级的走狗,这实际上就是抛弃文艺界的统一战线,使幼稚到万分的无产阶级文学处于孤立,削弱了同真正拥护地主资产阶级的反动文学作坚决斗争的力量。
>
> 当然,这并不是说,我们应该抛弃我们无产阶级的立场,同革命的小资产文

---

① 毛泽东:《论联合政府》。

学混淆起来。却正相反,我们的任务是在正确的估计那些小资产阶级文学作家的革命方面,给以鼓励与赞扬,使小资产阶级文学中的革命性发展起来,同时指出这种文学所存在着的一切弱点,使他们在我们的具体指示之下(决不是谩骂!)走向革命的斗争。①

此后,左翼文艺运动内部开始纠正关门主义,力戒左倾空谈,团结小资产阶级文艺家,并且作出了明显的成绩,为抗日民族统一战线的建立和巩固打下了基础。但另一方面也必须看到,克服长期形成的"左"倾顽症,并非轻而易举的事。比如三年半之后,即一九三六年四月,为了肃清白区工作中存在的关门主义与冒险主义,当时在天津的刘少奇,在中共河北省委的一份内部刊物发表的文章里,还批评有些领导机构"总不会把这些组织的群众基础更加扩大","总不能容许其他派别有一个人和我们共事,而必须是清一色",其中就包括"左联"②。又比如,一九三六年六月,刚从瓦窑堡来到上海的冯雪峰,在以化名发表的《对于文学运动几个问题的意见》的文章里,依然一再批评"关门主义"与"机械的观点"③。可见,由于"左"倾已经成为一种习惯势力,需要花大力气,才能逐渐改变。再以对于熊佛西的评价来说,早在他"到农村去"之前,北平"剧联"的一次执委会上,已经有人提议:要给资产阶级戏剧界以打出,而打击的对象就是"熊佛西的戏剧学院"公演的《软体动物》,"大家越谈越激动,计划得很热闹","具体办法竟采用:当晚组织一批人,买票进剧场看戏,身上带了用纸包了的瓦片、马粪等,到一定时候,一声号令,都砸上舞台去"。幸而直接领导北平剧联的北平"文委"负责人"及时地给予纠正",熊佛西这才免受公开的"打击"④。其实,当时北平"剧联的同志看了非常气愤",斥之为"麻醉人民,软化斗志"的"黄色剧目"《软体动物》,就是洪深、朱端钧根据英国剧作家戴维司(H.H.Davis)原作改译的著名喜剧《寄生草》。既然在白色恐怖十分严重的北平,没有宣传工农革命和抗日救亡的自由,反动当局甚至派出军警,冲进剧场,用武力制止演出;既然当时的北平几乎是"旧剧"的一统天下,一些"麻醉人民,软化斗志"的剧目,比如《铁公鸡》、《游龙戏凤》、《马寡妇开店》,还在通行无阻,那么对于唯一能够经常公开活动的话剧阵地——北平大学艺术学院戏剧系何以偏偏如此苛

① 哥特:《文艺战线上的关门主义》。
② 刘少奇:《肃清关门主义与冒险主义》。
③ 引自《新文学史料》1982 年第 2 期的《党领导左翼文艺运动的重要史料——读哥特〈文艺战线上的关门主义〉》。
④ 陆万美:《两届"北平文总"的情况》。

责,要施予打击呢! 实际上,以熊佛西为首的戏剧系,当时也朝不保夕,不久就被北平当局扼杀了。而综观戏剧系的全部创作和演出基本倾向无疑是进步的,其中有全国影响的反日爱国话剧《一片爱国心》,创造了在军阀统治下的北京"连演一个多月"的纪录,"无论演员和观众都冒着风险",熊佛西因此激怒了亲日的北京军阀当局,"只好躲进外国租界,留起大胡子来,以避耳目"①。这些历史事实难道可以一笔抹煞吗? 难道仅仅因为这时演了一个虽"与救亡无关",但二十年代至四十年代,各地的爱美剧团和职业剧团一直在演,甚至今天看来依然可以公演的外国名剧,就构成了"麻醉人民,软化斗志"的"黄色"罪证? 这只能说明,当时左翼戏剧运动内部的关门主义与左倾空谈,一度何等严重! 由此也就不难理解,本来就被一些人认为属于"资产阶级戏剧界"营垒里的熊佛西,经平教会的"门"走入农村之后,他的农村戏剧实验,当然是"进错了门,走错了路",难免毁多誉少了。

　　平教会确实受到美国资产阶级的资助,它的发起人和主持人晏阳初确实称得上是改良主义的代表人物。但是须知:第一,熊佛西的农民话剧实验,虽然也是平教会为了推行所谓"学校式、社会式、家庭式"三大方式,"文化、生计、卫生、公民"四大教育,"农民教育、卫生教育、平民教育、公民教育、艺术教育、社会教育"六大部分的一项内容,却又相对独立。它的工作计划,方法步骤,经费人事,剧目编演,主要都由戏剧研究委员会主任熊佛西个人负责,而熊佛西与平教会总干事晏阳初之间,主要也是朋友与同事的个人关系。他们都是"自由职业者",所在团体又是一个松散的非政治的组织,只有志趣的约束,分工的不同,合则共处,不合则拒聘,无须你服从我,我服从你。这个团体的主要成员,都是以自由主义者自诩的欧美派知识分子,比如平教会秘书长瞿菊农,就是在留美时期与熊佛西同时参加"中华戏剧改进会"的瞿世英。虽然他们当时的政治倾向,可能是亲美恐苏,亲蒋疏共,但对待他们的思想问题和学术问题,恐怕还是"循自由思想原则,取兼容并包主义",区别对待较妥。所以,熊佛西的农民话剧实验与平教会虽有联系,也有区别,二者不能等同。第二,如果熊佛西当年不用平教会的名义和经费,就是说,不进平教会之门,当然十分理想。可是,理想的未必是现实的。回想当时,放眼全国,一个由于认识到"农民是今日中国之大众",从"为艺术而艺术"的旧梦中醒悟过来,愿意到农村去进行戏剧大众化实验的著名戏剧家,除了平教会之门,还有其他什么门可供选择呢? 依靠个人的能力和财力当然不可能。"国民政府"的"民众教

---

① 叶子:《回忆熊佛西的艺术生活》,《戏剧艺术》1982 年第 2 期。

育",也只在少数城市里点缀一下而已,无门可入农村。那么,能够要求当年的熊佛西奔赴江西等革命根据地,先入"工农革命"之门,然后进行农民话剧实验吗?因此,就熊佛西这一具体的人来说,当时他选择这条"中间道路",投入"平教会"之门,也许出自"机缘",更具有历史的必然性,除非放弃他的农民话剧的理想和实验。

有些话剧史家还提出了这样的问题:"虽然熊先生在定县工作了多年,一直到日本帝国主义占领了华北他才离开,可是在那里他并没有给话剧扎下什么根,他一走,他的大众化的实验也就完了。"①从现象上看,这话似乎有道理,但问题在于,直到抗日战争全面爆发,除了上海、北平、天津、南京几个著名城市之外,即使在一些中小城市,话剧也都没有"扎下什么根",更不必说在内地农村了。只要把眼光放远一点,种子撒入泥土里,尽管遭上严寒、干旱,一时被人遗忘,可是一旦有了阳光、春雨,迟早总会破土而出的。你看,此后凡是到定县一带演出过的剧团、文工团,几乎都有一个共同感觉,定县的农民与其他地区的农民不同,他们不仅能很快地接受进步的话剧和歌剧,还能自发地组织起来排演。这在其他地区是很难办到的。不仅如此,熊佛西等人在定县从事农民话剧实验,"农民有了文化生活,并普及了农民识字——虽然办了夜校,但不如因排戏需要,识字更快,而且通过演戏活动提高了觉悟,在后来抗日的艰苦斗争中,锤炼和考验了一批人,使他们走上革命道路,有的还成为领导同志"②。何况,虽然实验因为抗日战争中止了,但是他离开定县之后,无论是在长沙组织"抗战剧团",还是在成都创办四川省立剧校,只要可能,他依然致力于话剧为农民服务的工作。据当年四川省立剧校学生的回忆:"省剧校当年每周举行的周末晚会,学校总是要邀请附近的农民来观看演出。""我们的抗战戏,不但演给城里人看,还到农村去演给农民看。《后防》(即《过渡》)一剧,由我们学生用方言到灌县都江堰工地搭起台子演出。演出前在街头大耍狮子,踩高跷,把围观的群众引进广场。演出时,台下人山人海,欢声震耳。"③可见即使环境变了,岗位变了,但他还是见缝插针,不忘在农民中间撒播话剧种子。

这不奇怪,虽然熊佛西曾受改良主义影响,但是,出于爱国主义和民主主义思想,在话剧应该为农民服务这一点上,他却成了话剧历史上为数甚少的有心人与实践者之一。不错,熊佛西开始向革命民主主义过渡,确实比陶行知晚一些。熊佛西灵魂深处

① 张庚:《半个世纪的战斗历程——中国话剧运动史的一个轮廓》,《戏剧论丛》1957 年第三辑。
② 叶子:《回忆熊佛西的艺术生活》,《戏剧艺术》1982 年第 2 期。
③ 苏枚:《遗爱在心永难忘——原四川省剧校在蓉校友集会追念熊佛西校长纪实》,《戏剧艺术》1982年第 2 期。

的改良主义思想残余,可能比陶行知多一些。但是,也应当看到他们同出美国哥伦比亚大学之门,不仅都曾迷信改良主义,并且都与平教会有过历史联系。正像陶行知由于长期从事乡村教育实践,被生活擦亮了眼睛,于是逐渐抛弃了"企图不经过突变而欲达到质变"的改良主义幻想,开始向革命的民主主义过渡一样,熊佛西经过五年农民话剧的实验,也懂得了在当时的中国,无论从事话剧运动,还是乡村建设,都是"一个整个的问题,一个整个的社会问题",也开始从爱国的改良主义者向革命的民主主义者过渡。正像陶行知随着思想感情发生变化,逐渐与过去的好朋友们晏阳初、胡适、张彭春等分手分心,与民主派以及革命派的代表人物宋庆龄、邹韬奋、马寅初等同心协力一样,熊佛西在抗日战争爆发以后,也和过去的好朋友们梁实秋、余上沅、赵太侔等越来越明显地疏远,而和过去往来不多的一些文化战士茅盾、柳亚子、田汉、欧阳予倩越来越亲密地接近。正像陶行知的进步立场和民主作风,使得抗战之前的南京晓庄师范,抗战期间重庆的育才学校,群贤毕至,成为民主运动的一个堡垒,对于中国革命作出了显著贡献一样,熊佛西的进步立场和民主作风,也使得抗战时期的四川省立戏剧教育实验学校,师生中的共产党员居然占了五分之一!而在解放战争时期的上海市立实验戏剧学校,又居然集中了话剧界、电影界的精英,生龙活虎地战斗在反内战、迎解放的前线。以上种种,都证明熊佛西在定县五年的"戏剧大众化之实验",在他一生的政治与戏剧生活中,不能不说是非常重要的转折点。因此,当我们缅怀这位中国话剧的前驱者,研究和借鉴他的戏剧思想的时候,重新认识和评价这一段历史,也许是很有意义的。

（原载《现代戏剧家熊佛西》,中国戏剧出版社,1985 年）

熊佛西的定县农村戏剧实验

王少燕

第一章　水到渠成的定县农村戏剧实验

1926 年,在美国哥伦比亚大学研究院师从著名戏剧家马修士(Brander Matthews)主修戏剧的熊佛西学成归国,应余上沅、赵太侔之邀出任北京国立艺术专门学校戏剧系主任,是中国戏剧教育事业正规教学体制的建立、主持者中第一人。他有着自己成熟的戏剧艺术观、戏剧社会观。

一、戏剧艺术本体特征：与观众、剧场共存的"综合艺术"

熊佛西认为以动作为核心的戏剧是一门"综合艺术","它用文学、音乐、绘画及其他艺术当着媒介,而另成了一个独立的艺术"①。他认同戏剧批评家韩美尔敦(Clayton Hamilton)对戏剧的解释:"戏剧是由演员在舞台上,以客观的动作,以情感而非理智的力量,当着观众,来表现一段人与人之间的意志冲突。"②"缺少其中的一项,戏则不戏矣。"③强调戏剧的"可读可演",戏剧的舞台性,戏剧的观众意识。任戏剧系主任时他谆谆教导学生要懂得舞台,"因为戏是为演出而写的,在你未下笔前,你必须在脑海的舞台先演给你看"④。

熊佛西信奉无观众即无戏剧,因为观众是戏剧艺术的对象,戏剧存在的价值在于被观众欣赏和接受。"无论你的剧本艺术是何等的高超或低微,假如离开了观众的趣味与欣赏力,其价值必等于零。"⑤从剧本到舞台演出,说到底都是以观众的存在为前提的。《戏剧应以趣味为中心》一文里熊佛西第一次提出"趣味中心"的命题,其中说到:"只要它们的表现富于趣味。任何派别的剧本,只要蕴蓄无穷的趣味,即是上

---

① 熊佛西:《佛西论剧》,北平朴社 1928 年版。
② 熊佛西:《佛西论剧》,北平朴社 1928 年版。
③ 熊佛西:《佛西论剧》,北平朴社 1928 年版。
④ 熊佛西:《写剧方法》,见《写剧原理》,中华书局 1933 年版。
⑤ 熊佛西:《戏剧与趣味》,见《写剧原理》,中华书局 1933 年版。

品。"①这段混淆了阶级取向和价值内涵的说法给了他"纯粹形式主义"、"专想刺激观众"②的头衔,不过我们可以看出观众依然是它的关键环节。他之所以不排拒"萝卜白菜,各有所爱"的评判标准,是源于他的观众意识。一种戏剧,只要适合一部分观众的口味,就有存在的必要性。同时,他也不是处处迎合观众的趣味,他认为一出成功的戏剧"应该在作品中处处使观众发生趣味,发生高级的趣味"③。这与熊佛西"寓教于乐"的教育思想接轨。"单纯主义"也出于他对观众的负担的关心:"挑几个主要的角色,表现一个精彩的思想,采用简略的背景,减除观众的负担。"④

二、戏剧社会学的意义:民众性与教化功用

　　熊佛西戏剧社会学的观点包括:戏剧内容是对人生的反映;戏剧的社会功能是改造人生、开发民智。他的戏剧教育思想可概括为四个字:"寓教于乐",具体表现为他向往用一种艺术潜移默化的方式达成对民众的教育,"乐"既是戏剧艺术本质的要求,也是戏剧教育的对象——大多数观众,即民众的要求。舞台就是一个大学校,民众可以从那里得到感官上的满足和智识上的启迪,只有将教育寓于快愉之中,才能收到良好的效果。熊佛西深信戏剧直观、形象的教育方式最有利于民众教育,戏剧所以能够而且应该成为民众教育的有力武器。以观众为戏剧的源泉和归宿,这就为"大众化戏剧实验"提供了可能性。

三、时代风云:戏剧命运的新启示

　　30 年代初,"左翼戏剧家联盟"树起"戏剧大众化"旗帜,"九·一八"事变将国运时运与文坛艺术界连为一体,纯艺术的声音淹没在时代最强音底下。熊佛西这段时间领导戏剧系推出《爱情的结晶》《诗人的悲剧》等追求纯艺术品味的剧目,在即将来临的大众的"戏剧的时代"面前,显得过分纤巧晦涩,满足不了现实的需要,社会反响不大。熊佛西失去了他戏剧艺术赖以生存的观众。他开始思考戏剧重新被广大观众接受的可能性,反省说戏剧系"由于过分注意于艺术的成就,已走入了象牙塔的尖端,与大众

---

① 熊佛西:《戏剧与趣味》,见《写剧原理》,中华书局 1933 年版。
② 王瑶:《中国新文学史稿(上卷)》,开明书店 1951 年版。
③ 熊佛西:《戏剧与趣味》,见《写剧原理》,中华书局 1933 年版。
④ 熊佛西:《单纯主义》,见《写剧原理》中华书局 1933 年版。

早就隔绝了，与大众早就不发生关系了"①。并承认："戏剧本就是为大众，属于大众，经大众之手而成的大众艺术。"②

他开始"站在艺术与戏剧的立场而言农工"③，到"农工"那里去寻找观众，寻找"寓教于乐"的接受对象。正在熊佛西寻找新的观众群的关键时刻，发生了戏剧性的中华平民教育促进会总干事晏阳初"五顾茅庐"的事件。平教会是 20 年代以"平民教育"、"乡村建设"兴国的思想发展的产物。"为什么不到乡间去把中国的魂抓着，找活的材料作剧本？"④晏阳初的这句话激励了热血的熊先生。实验一种全新的从内容到形式都属于农民的戏剧，不正好能将他梦寐以求的艺术设想和教育使命付诸实践？这对熊佛西具有极大的诱惑力。1932 年《北平晨报·剧刊》上赫然登载了一篇署名戏子的《农民的戏剧》，文中言道："谁是大多数的民众？当然是农民，因为一百个中国人，就有八十五个是农民。"⑤熊佛西把"大众化"界定为"农民化"，从艺术的象牙塔里打将出来，进驻到广阔的农村田野里，寻找最广大的戏剧观众群。

第二章　伟大的观众

熊佛西及偕行者走入戏剧的发源地农村时，农村剧坛正一片荒芜。舞台上唱着千年不变的老调"不是相公讨姑娘，就是奸臣害忠良"⑥。农民从中麻木地继续他们的审美经验，不用看剧首就可知剧尾。毫无新意的形式、内容刺激不起农民观众的艺术热情。熊佛西将要给荒芜的戏剧田园增添的是什么呢？

一、农民剧本的创作及特色

坚持五四启蒙主义传统，承传了欧美正规戏剧教育衣钵的熊佛西，首先排除了封建旧剧继续占据农村舞台的可能性，因为它"从内容到形式都是封建的遗物"⑦。他依然强调戏剧是农民享受教育的主要工具，让农民们仍旧从戏台上学习腐朽的伦理纲

① 熊佛西：《论剧》，《北平晨报·剧刊》1926 年第 9 期。
② 熊佛西：《戏剧大众化之实验》，正中书局 1937 年版。
③ 熊佛西：《戏剧大众化之实验》，正中书局 1937 年版。
④ 熊佛西：《怎样走入大众》，见《写剧原理》，中华书局 1933 年版。
⑤ 晏阳初：《晏阳初文集》，教育科学出版社 1989 年版。
⑥ 熊佛西：《农民的戏剧》，《北平晨报·剧刊》1932 年第 68 期。
⑦ 郑伯奇：《中国戏剧运动的进路》。

常,这显然不是启蒙教育的本意。熊佛西提出"为农民所有,为农民所作,为农民所享"的口号,要给他们一种生活向上的意识,改变愚昧落后的生存方式和知识状况。

定县上演的剧本来源,主要有三类:一是改编同类题材的外国剧目,二是改编历史、传说和已有传统剧本,三是全新的创作。从现实农村的农民生活截取素材而成,针对性、现实性、教育性、艺术性上都有自觉的追求并颇有成就。定县期间的熊佛西主要致力于农民戏剧的创作与演出,创作了《锄头健儿》、《屠户》、《牛》、《过渡》四部直接描写农村生活的剧作,此外还有他的学生杨村彬创作的《龙王渠》、陈治策创作的《鸟国》,都自称为"农民剧本"。这些剧本力求内容上"扣合农民生活",技巧上"以农民能读能演为原则"①,深受农民欢迎。这批剧本在具体文本操作上具备以下特点:

一、结构简单,故事情节线索清晰,一般单线发展,没有太多头绪。每个剧本都是一个具体生动的故事。"农民生活各方面都是粗线条的"②,他们不愿意也不可能欣赏那些精妙缥缈的哲理,也无法承受繁杂精细的结构带来的审美压力。二、喜剧情调:注重趣味性细节的添加及结局的喜剧性安排。熊佛西在《屠户》中穿插了许多令人忍俊不禁的场面,如孔屠户捡葱根头和偷花生仁的细节,兄弟妯娌扭打的局面,类似旧戏中的插科打诨。在戏剧结尾安排上,除去《牛》《王四》外,其它均以和平解决、正方获胜为结局,满足了农民的观看期待。三、人物形象体系分明,类型化、夸大化。人物数量不多,性格单一。四、对话简单、具体又合乎逻辑,适当运用俗字俗句,增强地方色彩。五、戏剧手段主要靠动作传神达意,增强可观可感的视觉效果。六、重视视听之娱,配以合乎剧情、又合乎观众口味的音乐。

当然,拿真正艺术水准上的剧本创作来要求它,不足显而易见。作品粗糙简单,情节套路化,人物简单图解、缺乏深度。还有为取悦观众所招致的闹剧倾向,如《屠户》。但这是为了他的农民观众作了艺术改造后的"农民戏剧"模式,它不能被抽象出来放到纯戏剧艺术背景下评价,它的审美主体群限制了它的具体内容和表现方式。

二、适应需要而生的露天剧场

熊佛西及同行者提供给广大农民的第一个话剧空间是定县考棚大礼堂改建成的

---

① 熊佛西:《戏剧大众化之实验》,正中书局 1937 年版。
② 熊佛西:《戏剧大众化之实验》,正中书局 1937 年版。

"表证剧场"。该剧场"仅求适用，不敢要求富丽"，"但必使观众视听如意，台上布景，天幕、布条、种种设备都应有尽有，以求舞台艺术的完整"①。《屠户》等剧在"表证剧场"的演出使农民初步了解到话剧是何物。剧本、剧场、观众、演员一起构成了完整的戏剧艺术范式。之后，他们为让更广泛的农民纳入他们话剧观众的行列，由室内移到室外，去各村举行游行公演。实践表明，这种流动性的室外演剧活动能够吸引观众，但是其弊端也在所难免。于是他从室外演出的优势里吸取经验，开始"从事于合用的，也就是得听，得看，得演的露天剧场的设计及建筑"②。

依熊佛西看，露天剧场是最符合"大众化戏剧实验"的理想的戏剧空间形式：

一、基于农村戏剧尽量经济节减的角度，露天剧场比室内剧场简明，可极大利用空间和自然条件，减少耗费，增加容量。二、合乎中国公众生活情调和审美习惯。1. 露天剧场体现出以宇宙为舞台，以自然为背景的精神，适合农民的生活处境。他们成天与自然为伍，在天地之间耕作，露天剧场使他们"回到了老家，他们不会觉得不惯，不会感到生疏"③。2. 中国农村戏剧保留着浓厚的地方色彩和原始性，在某种意义上是民俗活动的产物，它的戏剧演出空间是乡村的"露天戏台"，传统的三面凸向观众的舞台结构，甚至像传统民俗中的彩灯、高跷、会戏等使用的流动性的无限扩大的演出空间。农民观众难以接受静止的被第四堵墙隔绝的"镜框式舞台"，他们感觉气闷、陌生，从而丧失热情。3. 更能实现"寓教于乐"的戏剧思想。传统中国戏曲的空间是一个"复合空间"，汇聚了剧场和生活娱乐场所多种功能，熊佛西的露天剧场设想也综合了戏剧、政治、文化、经济场地于一身，演剧与生活不分，教育与娱乐不分，农民主观创造思维被充分激活，启迪民智、传播知识的效果显著。4. 露天剧场与"农民剧本"文体达成一定程度的同构。"农民剧本"一般线索单纯、故事完整、语言浅白有力、动作性强、人物类型化、粗率勾勒，仅仅是一种人格力量的代表。这些特点与农民健壮的体格和简单的生命相统一，最适合在人为修饰很少的露天剧场演出，与自然浑然一体。

熊佛西对于露天剧场的理想，在东不落岗村实验露天剧场得以实现。该剧场全体成卵形，正台与副台与大自然的天地本色一致。剧场四周植树，充满了原始的非人工的情调，剧场有多处出入口、台阶，加强了演员与观众沟通的可能性，合乎经济、实用、经济、美观四个原则。

---

① 熊佛西：《戏剧大众化之实验》，正中书局 1937 年版。
② 熊佛西：《戏剧大众化之实验》，正中书局 1937 年版。
③ 熊佛西：《戏剧大众化之实验》，正中书局 1937 年版。

三、从"剧场戏剧"到"广场戏剧"

在 1927 年《对于戏剧界今后的希望》一文里,熊佛西曾将满腔热望寄托在"有头脑的资本家出来办剧场",不急于求一时之利,以求"各方面均极完美的剧场"来吸引观众。① 这里的"剧场"概念是作为独立完整的物理结构存在的,利于利用灯光布景制造逼真的生活幻觉,但却切断了舞台与经验现实世界的联系,观众势不可能成为"现实世界"对"戏剧形象世界"的观照者参与戏剧创造。于是他同时热切期待"小剧场"的"出世"。"小剧场戏剧"其实可正名为在另一种剧场空间上与观众共存的一种演出形态,它针对具体的观众设计戏剧空间,使观众与演员通过空间变化和空间限制互相对话,是一种双方共同创造演剧的戏剧实验。在定县由于观众对象的变化,熊佛西顺应广大农民观众的审美心理拓宽了他理想的戏剧空间,返回到远古民风时的田野剧场,将"露天剧场"作为他"小剧场戏剧"思想的更广阔的实验场地。

中国农民的传统审美观是"自由、奔放、生动、泼剌"②的,他们热爱自己能置身其中的活动,期待与角色共处,享受并分担他们的喜悲,台上的演出与台下的演出是交汇流动的,交织成一种动人而深刻的整体戏剧情境。"露天剧场"的空间功能性正体现在这里,它促成"剧场戏剧"向"广场戏剧"的演变,调节了剧场内人与人之间的关系,从而释放出最大自由限度的艺术感染力。"不只在舞台上求调协,还要在剧场中图一致。"③

成熟的"露天剧场"导致了新式演出法的巨大成功:一种类似民间欢度共享的集体仪式的"露天群众剧"演剧方式正式诞生。它具有以下特征:一、戏剧演出空间博大;二、基调雄壮,气魄浩大,与自然本色接近;三、充沛的感观效果与情感体验;四、剧情完整,粗线条;五、观众参与戏剧演出。

它是中西合璧演剧思想的发展,是与"露天剧场"蒂生的演剧方式,归根到底又是"为了适合老农老圃的口味"④。莱茵哈特通过"轮道"与"马戏场"打破台上台下界限,梅耶荷德让演员在观众中表演,构成一个完整有机体。而"新式演出法"则是立足于农民观众的审美要求,随着露天剧场的建立应运而生的。这样,剧本、剧场、演出方式真正达成了从内容到形式的统一。

---

① 熊佛西:《戏剧大众化之实验》,正中书局 1937 年版。
② 熊佛西:《佛西理论》,北平朴社 1928 年版。
③ 熊佛西:《戏剧大众化之实验》,正中书局 1937 年版。
④ 熊佛西:《戏剧大众化之实验》,正中书局 1937 年版。

四、新式演出法的诞生及《过渡》的演出

混合观众与演员的演出法经过《牛》、《喇叭》、《鸟国》三次实验，集大成于《过渡》，广场戏剧的特征在它那里得到全面体现。《过渡》的定作是在全盘的演出设计之下，"是专为中国今日的农民写的，并且是为他们扮演而写的"①。演出在东不落岗实验露天剧场，由戏剧专业人员与农民演员联合演出。《过渡》的成功在于它于"剧本文本"与"演出文本"间架起了一座内在、适用的桥梁，实现了两种文本间的和谐一致。这出朴素有力的戏剧剧本的中心思想是："反对恶势力，造成集团的新势力，严整、上进、有生活向上的力量，继续不断地抗争，抗争！"②剧情主线是：一个具有新思想的青年大学生张国本，为方便村民渡河，反抗胡船户的压迫，带领众多农民修桥，虽在造桥过程中遭到破坏，坚持不懈终于成功。故事简单却富有寓意："过渡时期"大众势力需要"新人"的指导，需要集中、凝聚在一起才能转化为创造新生活的源泉。情节框架简明完整，但涵盖面大，开阔有度，可容纳许多意义丰富的生长点，在一定程度上达到了"写实"与"写意"（象征）的结合。剧情推进却是大幅度、粗放型的，明场描写多，暗场几近没有。观众不用费神揣摩什么潜在冲突或人物心理，大大小小的冲突都是显性而具体的。它们由利益、行为的分歧造成，顺理成章地使故事不断发展。故事同时又是逼近生活真相的，过渡是日常话题，农民都有体会，能随时进入角色。

活动在粗线条的框架中的是众多人物的群像。主次角色界限并不分明，戏份多寡差别不大，大众的群体戏占了大篇幅。这是个关于集团的"力"的故事，个人英雄唱不了独角戏，可与广场气势比肩的，只能是广大的人群。我们不是看到张国本孤身只影与胡船户斗法，而是看到张国本领导的桥工的"民众集团势力"在与以胡船户为首的反面势力冲突、斗争，这冲突、斗争因了群体的力度而显得气势磅礴。熊佛西剔除了一切人工的趣味细节，尽量凸现出整部戏朴实有力的基调。正如张鸣琦所言，《过渡》给我们的是一个庞然的整体而不是一些细微末节，③这正是"广场剧"的特色。而真正吸引人的还是《过渡》的演出：

1. 从剧情到背景自始至终处于充满张力的动态空间。"戏开场时，从观众的四面八方传来雄壮的强调的《过渡歌》，随着歌声的来处，从观众的背后，一盏灯照出多少桥工在那里搬运石块、木料，成队地从观众当中穿上台去。另一盏灯照出陆续的过渡客，

---

① 杨村彬：《〈过渡〉及其演出·序》，1936年10月。
② 熊佛西：《〈过渡〉的写作及其演出》，见《过渡演出特辑》。
③ 杨村彬：《定县农民戏剧之实践》，《导演艺术民族化求索集》，中国戏剧出版社1991年版。

推着小车、担着担子的、老妇、小姑娘,形形色色的人物,从另一条道上,也由观众当中穿上台去。"①全剧场都是一个动的,充满力度的空间,没有一个角落是冷清或旁观的,观众被卷入剧情中,化为其中一分子,参加表演的农民演员在表演时完全以劳动者的姿态从事一件建设的工作,"搬移的桥桩桥架,形成构成式的骨架的背景,这骨架因演员的推移而移动,背景变成了演员。演员的活动也变成了背景"②。

2. 多声部的艺术空间。在演出中,《过渡歌》以及"嗨哾嗨哾"的劳动吆喝声始终在听觉上给观众以幻觉,一则连缀起整部剧情,表现主题;二则渲染气氛,鼓动人心;三则与动作、情节配合,形成大范围的立体的表演效果。多层的动作、重复的声响主宰了整个剧场,使剧场感官效果强烈深刻,烘托出一个感人至深的戏剧整体艺术情境。

3. 观众演员一体。"演出《过渡》,没有舞台装饰,而是剧场装饰,整个剧场成了渡头的一角,看戏的人无形中化为渡客,化为桥工,因为渡客或桥工都是在观众当中出现的。"③演员分散在观众当中使演出的假定性、虚幻性消除,观众认定演员就是观众,大台阶为台上台下演员群众的流动造成了便利的条件,双方不再有隔阂,而是你中有我,我中有你,戏剧的距离感消失了。

灯光在演出中独当一面,它代替了幕线,同时具备了多项功能。"除去照明、暗示剧情外,更以领导全剧进展为首要任务。这种灯光时常会放射到观众中,而幕与幕中的休息,因为摒除用幕,以尽量使观众与演员接近,灯光又是用来代替换景,用以休息的符号。"④幕的摒除使观众的戏剧空间无限扩张,观剧的心理也从远到近到忘我的境界。新式演出法使空间戏剧容量具有弹性,从而利于戏剧生命的扩张。

当剧作者、导演者主观追求的意图在自觉创造的"第一演出文本"中达到后,身为接受者和表演者的农民观众自发完成了对"第一演出文本"的补充和重构。《过渡》的演出当中竟有位农民走上台向戏中的小贩买了两支烟,这完全是戏外的自发行为,杨村彬称之为"又可怕又可喜的插曲"。胡船户被缚走下台时,观众也总是要即兴评论一番:"得,现在好了罢,看你这……"⑤就如同日常生活中看到一幕可以大发议论的事情,这就是"第二演出文本"的形成。

"演出文本"与观众的主观能动性相结合之后就不再是一成不变的固定格局,它能

---

① 张鸣琦:《我对于〈过渡〉上演的评价》,引自《〈过渡〉演出特辑》。
② 袁全信:《〈过渡〉演出素描》,引自《〈过渡〉演出特辑》。
③ 杨村彬:《定县农民戏剧之实践》,《导演艺术民族化求索集》,中国戏剧出版社 1991 年 9 月。
④ 杨村彬:《定县农民戏剧之实践》,《导演艺术民族化求索集》,中国戏剧出版社 1991 年 9 月。
⑤ 杨村彬:《定县农民戏剧之实践》,《导演艺术民族化求索集》,中国戏剧出版社 1991 年 9 月。

于演出中不断得到修正,每次变换的戏剧情境都会导致不同的观众不同的群体构建方式,戏剧因此获得常新的艺术魅力。这也是"露天群众剧"的艺术价值所在。

熊佛西精辟地概括新式演出法的特点为:把观众"隔岸观火的态度,变为自身参加活动的态度。要使个个观众不感觉在看戏,而感觉他们在参加表演,参加活动"。表演不是"他"或"他们"的事,而是"我们"大家的事。①

第三章   影响及意义综述

一、话剧发展史的视境

"定县农村戏剧实验"又称"戏剧大众化实验",隶属于晏阳初"新农村建设运动"的"戏剧研究会",它不可能不受平教会宗旨的影响;它发起于"红色的三十年代",是现代戏剧运动不可分割的组成部分,身上就必然投射着典型的政治时代内容,与整体社会文化潮流有着千丝万缕的联系;主持者熊佛西长期以来坚持他成型的戏剧思想,他个人的艺术追求也以某种方式控制着实验的走向。三种因素的合力使实验在话剧发展史上占着复杂又独特的一席之地。

平教会将"愚"、"穷"、"弱"、"私"视为中国民众的病根,晏阳初的"农村建设"的核心思想就是"造人"。熊佛西深以为然,在剧本创作中他不断提及新人格的塑造,宣扬"向上"的"集团力",就是源于平教会的影响,这也是后来左翼文艺者指责他在剧本里流露出资产阶级改良主义倾向的原因。

30年代的剧坛几乎是被左翼戏剧覆盖了的。他们以"唯物主义辩证法"描写大众生活,将世界观等同于创作手法。这时期涌现出的关于工农形象的戏剧有《洪水》及"农村三部曲"(《香稻米》、《黑龙潭》、《五奎桥》)等。这批"普罗戏剧"剧作家虽反映的是农村生活,却多半是自觉地以戏剧为意识形态的宣传鼓动的工具。实验也受这一股潮流影响,但由于熊氏系统的美学原则和戏剧思想,它既没有成为平教会彻底的附属物,也没有与"无产阶级戏剧"合流。由于实验者秉着以观众为中心的准则,农民观众的现实状况与戏剧艺术的独特品格就构成实验进行的动力。

张庚在《洪深与"农村三部曲"》里指出洪深作为"一个知识分子,不是经过生活的

---

① 杨村彬:《定县农民戏剧之实践》,《导演艺术民族化求索集》,中国戏剧出版社1991年版。

战斗,而是由于知识所启发他的对于真理与正义的追求,而走上了社会性的'侠义'道路"①。身在左翼之外的熊佛西之所以应邀主持"戏剧大众化实验",放弃舒适的都市教授生活,可以套用同一论断。但熊氏长期体察农民生活,与他们同住、同吃、同登台演出,使他从纯"侠义"之道脱胎出来,对农村实际多少有些实地了解。综观熊佛西农民剧本创作,我们可以惊奇地发现与"普罗戏剧"难分轩轾的对农村阶级压迫、反抗的描写。他在剧作中身不由己地反映了农村中的阶级现状。按张季纯评《过渡》的话说是"我以为不应该归结到以理想作根基的思想转换,而实是由于生活的真挚感应,才成功了这部伟构"②。这是一个戏剧家为艺术的本色。他为左翼戏剧提供了一个圈外人士的有力参照系。

二、戏剧艺术与教育视境

洪深在 1937 年所写《十年来的中国戏剧》一文里这样指出:"'戏剧大众化的实验',全国没有,只在河北定县由熊佛西和他的几个同事做着这种工作。"③与洪深等人农村题材的创作相比,熊佛西的剧作直接取自于活生生的生活实况,实行别开生面的"观察了老王老李的事情写出来的剧本,也由老王老李自己来演出"④的演剧作风,较之后者的间接取材于农村、写于都市、演于都市,更能与农民贴近,艺术感染力和教育成效也更显著。确认这一事实将改变迄今为止的文学史叙述:中国的现代农民戏剧并非在苏区与抗战时期的根据地才开始;确认这一事实同时也有力地说明:农民戏剧的发展,"戏剧大众化"的实验,其动力并不仅仅是意识形态的需要,它还是戏剧艺术自身发展的需要,是现代戏剧在中国这块土地上孔根的需要。

"戏剧大众化实验"的特质正表现在它不是单纯的社会改造、民众改造运动,而是艺术革新运动。农民在实验里不是作为一个政治势力、阶级范畴存在,而是作为戏剧艺术的组成要素——观众存在的。实验自始至终贯穿着熊佛西对戏剧艺术的美学追求。

在戏剧艺术发展史可以书上一笔的,当然是露天剧场的"新式演出法"。这种演员与观众合二为一的正规演剧方式不但在中国现代戏剧史上是绝无仅有的,而且在世界

---

① 赵家璧编:《中国新文学大系·理论卷一》,原载《光明》,1936 年 8 月 10 日。
② 张季纯:《观〈过渡〉的演出及其对于今后中国新兴戏剧的影响》,见《〈过渡〉演出特辑》。
③ 洪深:《十年来的中国戏剧》,《十年来的中国》,上海商务出版社 1937 年版。
④ 熊佛西:《中国戏剧运动的新途径》,见《〈过渡〉演出特辑》。

戏剧史上也是罕见的。当代实验话剧仍然在摸索相似的打破演剧、观剧界限，充分发挥观众群体交流功能的演出方法，而几十年前在落后封闭的农村定县，就已经成功地运用了这具积极意义的演剧法。他们在理论和实践上的经验得失为后人提供了可资借鉴的丰富资料。后期抗战的露天群众剧、街头剧和苏区红色戏剧虽然也不同程度地运用了露天演出、观众演员混杂的方式，却缺乏整体意义上关于艺术品位的理想，而只流于将戏剧视为纯粹的宣传工具，教育目的淹没了审美需求。戏剧大众化实验却是在特定区域，长期进行的有系统、有组织、有制度、有计划、有目标的以戏剧艺术本身为对象的实验。

定县实验的意义还在于它提出了"培养观众"的命题，在学员培训和农民剧团组织方面取得了显著的成绩，形成了比较成熟的"观众—演员"群。一时之间，话剧几乎取代了向来盛行于定县的秧歌。定县土壤、气候酝酿了一片乐于接受话剧的好形势。当然，还有一个事实也是不容回避的：当熊佛西等撤离定县后，农民们的戏剧演出也就随之停止。

但正如杨村彬所说："定县的农民戏剧实验是中国新兴戏剧运动深入农村的先锋队，这是铁一般的事实……不论是成功或失败之点，都值得我们注意，因为一个先锋队的工作毕竟是探险的工作呵，何况这先锋队还替我们开辟了新的天地。"①

（原载《中国现代文学研究丛刊》1998 年第 1 期）

---

① 杨村彬：《论〈过渡〉的演出及其对于今后中国新兴戏剧的影响》，见《〈过渡〉演出特辑》。

熊佛西的定县农民戏剧实验及其现实意义

孙惠柱著 沈亮译

编者①按：

2000 年 12 月，是上海戏剧学院建校 55 周年，也是学院首任院长熊佛西先生百年诞辰，又适值两卷本《熊佛西戏剧文集》首发，因此，研究熊佛西成为此次院庆活动的一个主要内容与集中话题。众多曾经亲聆熊师教诲的校友和戏剧界同仁经过多年的实践和思考，一致认为，熊先生不仅是一位著名戏剧教育家，更是一位勇于探索、敢为人先的戏剧理论家、实践家。熊先生的戏剧思想十分丰富，而对熊先生及其戏剧思想的研究，长期来没有得到应有的重视。藉《熊佛西戏剧文集》的出版，对熊佛西的研究应该有一个新的深入，而过去那种对于熊先生及其戏剧思想的偏见应该予以纠正。

继本刊 2000 年第 6 期纪念与研究熊佛先生的专栏之后，此次发表的这篇文章，原来是孙惠柱先生 1990 年在美国纽约大学以《定县农民戏剧实验(1932—1937)》为题完成的博士论文之一部分。文章翔实的材料，特别是作者独特的视角、独到的见解为我们提供了一个重新认识熊佛西、研究熊佛西戏剧观念和戏剧教育思想的新的思路。我们希望藉此文的发表，能对深入研究熊佛西有一个新的推进，并期望 20 世纪中国戏剧的修史工作不要再因偏见而无视那些曾长期被忽略的精彩篇章。

本文原为英文，后经沈亮译成中文，发表前又由作者对译文作了校改和补充。

引言：实验的开始

自 1932 年起，时任国立北平大学艺术学院戏剧系主任的熊佛西到河北定县指导了五年的农民戏剧实验，这是中国农民和现代戏剧的第一次亲密接触，也是中国历史上第一个自觉地以"实验"为口号的大规模戏剧活动。半个多世纪来对这个实验的评价大多以政治为坐标，本文试图从另一个角度来进行研究。在文化的坐标上，这个实验中包含着错综复杂的文化碰撞，既有知识分子教育者与文盲半文盲的农民在文化上

---

① 指刊发此文的《戏剧艺术》的编者。

的高下之分，又有中国社会的现代化和传统文化的矛盾，还涉及中国的民族艺术和西方的艺术形式之间的文化差异。然而，这五年的经验令人惊讶地证明，中国的农民——即便是当时那些还刚刚在扫盲的农民——不仅能欣赏与他们所熟悉的旧戏曲截然不同的写实的话剧，而且还会热情地把它拿过来变成自己的艺术形式，并和专业戏剧家一起对它加以改造，创造出一种中国式的现代戏剧。这是一个在借鉴西方艺术的同时创造出符合中国国情的现代民族艺术的极其成功的范例，也是活用中国传统演艺的特点因而对世界现代戏剧与文化所作出的重大贡献。

　　定县的农民戏剧实验并不是一个孤立的艺术实验，它是晏阳初的平民教育促进会(平教会)所领导的以定县为试点的乡村改造运动的一部分。定县实验开始于1929年，包括扫盲、经济、卫生、文艺四大部分。后来以向世界宣传延安闻名的美国红色记者埃德加·斯诺在发现延安之前对定县寄予很大的希望，还杜撰了一个名词"定县主义"："定县主义意在建立一种能使中国作为一个民族生存下去所必须具备的社会体制，在我看来，迄今为止这是中国人在这方面所做过的唯一的科学尝试。"①定县实验是一个大规模引进外资和外来人才的项目。晏阳初1916到1920年在美国耶鲁大学和普林斯顿大学留学，还曾到法国为参加第一次世界大战的中国民工服务，从那时起他开始酝酿平民教育的宏大计划。他发现在美国募集慈善捐赠相对比较容易，同时也为了在政治上独立于执政的军阀和国民党势力，他从美国募来了平教运动的大部分资金，包括J.D.洛克菲勒于1929年亲手给他的五万美元以及后来由洛克菲勒基金会提供多年的基金。洛氏基金会1933年的年度报告写道："平教运动发展成了对教育及其实际用途进行研究的全方位的实验，这种教育的目的是帮助农民跨越旧中国和新中国之间的鸿沟。"②晏阳初所聘请的各部门负责人多是欧美回来的硕士、博士，如熊佛西就是1962年美国哥伦比亚大学师范学院的硕士。这些洋钱和洋学生都是用来为很土的中国农民服务的，晏阳初对定县的社会改造并没有什么洋规划。考虑到定县贫穷的现实，他说："我们没有打算去那里用拖拉机取代手扶犁，或者用收音机来取代村民自己的戏剧。"③他甚至都没有计划引进话剧。

---

① Snow，Edgar.(斯诺)"How Rural China Is Being Remade." The China Weekly Reriew (Shanghai)，Dec.1933，p202.

② Rockefeller Foundation(洛克菲勒基金会). Annual Report. 1935. (Rokefeller Archive Center)，p323.

③ Yen，James(晏阳初)."China & apos；s New Scholar — Farmers."Asia(New York)，1929. Vol. 18，No.2，p159.

在定县的乡村改造实验正式开始之前,晏请美国留学归来的社会学家李景汉和美国社会学家悉尼·甘博合作,对定县进行了中国历史上第一个以县为单位用现代方法所做的全面调查。在调查中他们注意到农民极其喜爱当地的地方戏秧歌,甚至一厢情愿地认定秧歌是仅在定县当过四个月官的苏东坡为他们创造的。在写作《定县社会调查》的同时,李景汉还编辑了一本他们搜集整理的《定县秧歌选》(后也译成英文出版)。晏阳初都和秧歌搜集者认为,既然定县农民如此喜欢秧歌,可以在内容上加以改良,为农民的新文化所用。晏三顾茅庐请熊佛西去定县指导农民戏剧,心里想的其实只是改良秧歌。熊一直拖到 1932 年才到定县去正式开展工作,一般认为是因为北平艺术学院的工作难以脱身,这固然是个原因,但还有一个可能是,他对仅仅改良秧歌兴趣并不大,他觉得要搞就要搞现代话剧。所以,当平教会派人在定县各地积极搜集秧歌脚本并盼望着戏剧专家熊佛西前去主持工作时,熊还一直在北平忙着培训他的现代话剧的生力军,其中包括后来跟随他到定县并在那里长期指导工作的杨村彬。

熊佛西到定县上任之前,在那里主持秧歌搜集整理工作的是来自哈佛大学的教育博士瞿菊农和法国留学归来的文学编辑孙伏园。这两位学者现在看来可以说带有点"东方主义"的倾向,他们对初次接触的秧歌几乎是毫无保留地赞赏有加。在《定县秧歌选》的序言中,瞿菊农这样写道:"只有这种农民的文学才是真的,才能表达真实的民族情感和民族经验。……一个国家的思想、意识、风俗、士气都最清楚地体现在她的文学之中。农民接受和保存诗歌戏剧的标准之一就是它们是否符合过去的风格、习俗和想法。这是比任何文学评论都更为有力的评论。"①晏阳初倒并不赞成他们对秧歌的全盘接受论,他注意到了他们所忽略的一个重要事实,那就是自辛亥革命以来,特别是五四运动以后,年轻的农民对秧歌的兴趣已经大大减弱。晏指出:"如果戏剧要成为今日的平民教育中的一种力量,就必须在内容上重新构造,注入新的生活。"②

熊佛西终于来到了定县,他带来的是"五四"斗士那种毫不妥协的激进态度,比晏阳初所期望的走得更远。他用"文化进化论"来看旧戏曲:"所谓传统的戏剧……在艺术的程式上各有其相当的可取之处。在它们开始的当时……也可以说是合乎那一个时代,为那一个时代,或反映那一个时代的产物。然而'时代'是不断地进展奔流,正象一条滔滔的江水。如果那一个时代过去了,那一个时代的产物还是一成不变地保留

---

① 瞿菊农:《定县秧歌选·序》,台北,1970 年版,第 2—3 页。
② Yen, James(晏阳初)."China 's New Scholar — Farmers."Asia(New York), 1929. Vol. 18, No.2. — The Ting Hsien Experiment in 1934. Beiping, 1934, p15.

着(保存在博物馆里我们并不反对),不但会失去了存在的意义,且在功能的表现上,也将予社会进展以妨害。"①这个脱胎于"五四"文学精神的论断现在看来不免有点绝对,但是,熊之所以坚决不搞秧歌,还有其更实在的原因。当时中国社会所面临的种种危机给了他一个非常直接的信号,促使他决心要给农民一种能直接影响他们生活的艺术形式。在同一本书中他还写道:"国际风云日益紧张,我们被列强环伺包围之中,时时刻刻都有亡国灭种的危险……但是我们的民众如何呢? 别的方面暂可不说,仅就戏剧这一极具社会教育功能的文化部门而言,我们大多数的民众仍旧日日夜夜地迷恋于杨大郎的'替宋主把忠尽了',丁香之流的割肉疗亲,'好马不备双鞍箱,烈女不嫁二夫男'的腐朽的伦理,白蛇青蛇许仙法海、阴曹地府十二道闻君的迷信观念……长此这样下去,试想我们的民族在二十世纪的今日将何以立足呢?"②他的第三个原因更加实际,作为戏剧实践家,他比那些只需记录、整理剧本的学者更清楚地知道,按照现代要求去改造有着悠久程式的戏曲是十分艰难的。那时的熊还没有看到过戏曲现代戏的成功,他只知道梅兰芳和欧阳予倩两位大师的现代戏实验都时间不长,他也不可能有更多的时间去做这方面的尝试。所以,当他和一批北平来的戏剧家于1932年新年抵达定县后,他决定把平教会在这之前对秧歌所做的一切工作都搁在一边,完全另起炉灶,从话剧开始。

　　熊佛西还没去定县时就已经开始为定县农民写话剧,1931年10月和11月间他在北京写了第一个定县话剧《卧薪尝胆》。这是个明显地古为今用的戏,把平教会最重要的口号放进了越王的台词里,让勾践大声疾呼,向"愚、穷、弱、私"这中国农民的四大弊病开战。可是,他到了定县以后却发现,这里的气氛和北平的大不一样,这个专为定县写的戏未必适合定县的农民。《卧薪尝胆》的主要人物是帝王将相,离农民距离太远,农民又不习惯那种拐着弯子的借古讽今,哪怕放进这么直白的现代口号也没用,再说那些口号也显得太笼统,而农民要看的是直截了当地讲他们自己故事的小戏。熊决定不用《卧薪尝胆》作他们在定县的开场戏,而把以前一个农村题材的《喇叭》拿来排练,同时又立刻赶写一个反映平教运动积极影响的反迷信戏《锄头健儿》。这两个戏都由有兴趣演戏的平教会职员演出,地点在县城贡院的旧址上改建的平教会礼堂兼"表证剧场"。

----

① 熊佛西:《戏剧大众化之实验》,北平,1937,第3—4页。
② 熊佛西:《戏剧大众化之实验》,北平,1937,第3—4页。

　　定县的第一次话剧演出受到县城居民和附近来看的农民的极其热烈的欢迎,但很快演员成了问题。平教会职员的工作都繁忙异常,参加演出的多数人不是戏剧部的,他们很难长时间凑到一起来排戏演戏,更难以到乡下去演出。于是熊佛西从8月起开办了一个戏剧训练班,从北平招了两名学员,从当地招了六名。这些定县人都是受过教育的"文化人",因为热爱刚刚接触的话剧就不惜放弃原来不错的工作来投奔了熊佛西。训练班在熊佛西的总指导和另一位留美戏剧家陈治策的具体指导下边学边排戏,成立之初就接到了熊佛西刚刚写出的直接表现定县农民生活情况的《屠户》。《屠户》10月演出以后,陈治策又交出了他改编的法国剧作《哑妻》的中国版,投入排练。《哑妻》在12月演出,这以后才是《卧薪尝胆》的1933年1月的演出。从1932年到1937年这五年里,几乎所有的定县农村现代戏都得到多次重演,而古装大戏《卧薪尝胆》似乎是熊唯一从未在定县得到第二次演出的定县话剧。这个对比发人深思。

　　熊佛西他们在定县第一年的成功弄的他们自己都眼花缭乱。他们最初的话剧演出叫"表证剧场",有样板的意思,只能由平教会职员业余在县城演给周围的人看;8月成立的专业戏剧训练班缓解了人力资源上的困难,演出可以增加,还可下乡巡回演出,下半年和1933年初的剧目也加了好几个,没想到这点增加远远赶不上农民的需要。1933年2月9日,一件激动人心的事发生了:尧方头村的农民在平教会戏剧工作者指导下成立的农民剧团在自己村里演出了三个戏(熊佛西的《屠户》、欧阳予倩的《车夫之家》和无名氏的《穷途》),连演两晚。几天后,这个农民村剧团就到附近两个村演出,一下点燃了全县农民对话剧的兴趣,他们巡回过的西平朱谷村立刻成立了两个剧团,男女各一,在本村的庙会上分别演出了熊佛西的《四个乞丐》和《兰芝与仲卿》。西平朱谷村的女演员勇敢地成为定县历史上第一批登台演出的女子(定县秧歌一向只有男人演女人),但她们仍然不能和男子同台演出,因此,男女两个剧团所需的异性角色都由同性演员扮演。在1933和1934两年里,共有13个村正式成立了农民剧团。至于非正式的剧团就更多了,还有不少村因为"抢"不到平教会的戏剧指导而只得作罢。

　　这样定县农民戏剧实验很快就跨过了两个重要的阶段:1)从平教会原来计划的改良旧式秧歌到熊佛西和他的同事们毅然引进反映现实生活的话剧,2)再从平教会职员推出表证剧场到农民们自发组织话剧团。在接下来的第三阶段里,农民对话剧的自发改造以及熊佛西等人在农民影响下所作的自觉的创新,终于创造了现代世界戏剧史上的奇迹。

实验的高潮：从传统话剧到环境戏剧

熊佛西和杨村彬用"露天大众话剧"来形容定县戏剧实验中最伟大的成就：农村的现代环境戏剧。在实验中，有两类事件极大地鼓舞了他们：一是数个乡村露天剧场的重建；二是在本来是传统写实的演出中越过"幕线"的一连串事件。"幕线"是熊的术语，指舞台前演员和观众之间的界线，即使常常因为贫穷没有幕可挂，"幕线"和"第四堵墙"一样，位置还是很清楚的。

（1）重建乡村露天剧场

第一个为话剧所建的乡村剧场是东不落岗的村民们建造的（1934 年 10 月），显示出胜过秧歌的临时舞台的巨大优越性。这一剧场以破庙的墙作围墙，便于观众把注意力集中在演出上；但还是有一些问题没解决，如舞台完全平坦，既无背景又无顶棚，因村民们无力为每次演出重做道具，上演需要布景的戏就比较困难。一个月后戏剧部决定在西建阳村建一个实验露天剧场，这次他们不仅提供了设计图，还带来一些原材料，但仍由村民自愿出劳力。

西建阳剧场在村中心，倾斜的观众席比东不落岗的要大，能容纳 3 000 人。4 英尺高的舞台比东不落岗的略矮，但主要的区别是舞台三面有墙，漆成灰色用作背景幕和侧幕。一个重要的革新是为观众参与而准备的六级砖石台阶，连结着舞台和观众席，有舞台的三分之二宽。墙的设计进一步将视听注意力引向舞台，并且提供了布景的基础，每一演出在节省道具的费用和劳力的同时又能具有自己的特点。但当这一舞台投入使用时熊和杨还是发现了某些技术上的不便，如 14.5 英尺深的舞台太浅，当上演不使用台阶和台下平地的常规戏剧时舞台就不够大。于是熊和他的同事们又开始设计改建东不落岗村民建造的第一个剧场。同样的，戏剧部带来了设计和必要的材料，村民们提供劳动力。完工后，剧场由一个委员会管理，成员是村的行政官员、剧团负责人和平教会的戏剧指导。

这第三个露天实验剧场吸取了第二个的优点，有为布景和后台准备的后墙和侧墙。但墙为弧形并刷成天蓝色。这样背景更像是天穹，与演出和观众更加谐调。他们仍建造了舞台和观众席之间的宽台阶。更有意思的是，他们在观众区后面建了两座副舞台，同样有阶梯与观众席相连，这样他们就具备了环境戏剧演出的良好的舞台建筑设施。这三个舞台确确实实地围绕着观众席。熊还精心设计了倾斜的舞台和台阶——特别是主舞台上的台阶——使观众可以坐在上面。这样一来,在剧场中央的演出就像在圆形剧场一样。即使演出在主舞台上进行,比常规更宽的台口和幕线上的台阶也为观众参与提供了更多机会。整个观众席可容纳 3 000 到 4 000 人。

围绕鸡蛋形的剧场栽着两排树,与周围的树林连在一起。这些树不仅能挡风和使观众注意力集中,更重要的是提供了在天空下整体环境的整一性,与自然紧密相连,用熊的话说是"与大自然同化"。这就引向戏剧实验的另一个重要目的,与农民同化。"由于与大自然同化,由于粗疏朴素的单纯,它合乎中国农民的生活情调,同他们吃的、穿的、用的相调和。中国的农民活在大自然之中,生在单纯的环境之中,他们走进东不落岗村的露天剧场,就觉得回到了老家,他们不会觉得不惯,不会感到生疏。这样,它更有难以估量的力量与价值。"①

这个剧场于 1934 年 12 月 2 日揭幕,两天内有 10 个戏在 1 万多的观众面前演出。在开幕式上,晏阳初发表了鼓舞人心的讲演,指出这是由农民自发建造的中国第一个剧场,这非常重要,其意义超出了万里长城的建造,因为这个剧场是村民自己的创造力、积极性和合作的结果。为了振兴中华,我们都需要你们在建设这个剧场时所表现出来的精神。② 熊则把这一剧场放在世界戏剧的背景下加以考察,他的注意力放在戏剧的功能之上:翻开世界戏剧历史——我们从未见有农民自发建造剧场的记录,你们这样做是光荣的,我希望你们充分利用这个剖场,使其成为整个村子的交流中心,就像这副对联所述:农闲办教育,戏剧扬国魂。

怀着这样一个希望,熊相信东不落岗剧场的露天戏剧会激发所有村民的情感甚至行动。因为这一剧场同自然和观众贴得如此之近,传统话剧不可违反的幕线——在斯坦尼斯拉夫斯基看来是不可打破的第四堵墙——必然会被越过。

(2)越过幕线

他们的第一次经验纯属偶然。在《屠户》首演式(1932 年 10 月)的第三幕当中,当那个高利贷者从王氏兄弟手中诈取房屋时,观众中一个青年农民突然站起来对他大吼:"打你个杂种,老坏蛋!"正坐在观众席里的熊被这一突发而又令人振奋的事件惊呆了,这无疑打破了某种传统的界限,打破了教与被教之间的藩篱。传统戏剧家和演员常常是在高高的舞台上而观众则在下面老老实实受教育——高台教化。这个农民使

---

① 熊佛西:《戏剧大众化之实验》,北平,1937,第 82 页。
② 吴相湘:《晏阳初传》,台北,1986,第 260 页。

台上台下的观演关系变成了"我们大家"而不是"我们——他们"。① 他打破了传统写实话剧中横亘于舞台前部和观众之间的那条疆界,启发了改革的多种可能。

　　脑中装着这一偶发事件,熊 1953 年改写了他的《王四》,加上了第四幕,一场法庭戏,让法官直面观众。虽然在戏曲中这样的安排并不鲜见,但要观众对法官做出反应则极为罕见,因为在戏曲中法官都是高高在上的。但在《王四》的演出中,观众正如熊所希望的那样有了反应。当王四在法庭舞台上受欺负时,观众大叫"不能这样对王四!""王四是好人!""放了他!"整个剧场的气氛变得大为紧张。当法官接受了观众和角色的建议将王四交保释放时,很多观众立刻就走上台去具保,并安慰王四。② 这次观众的反应就不只是一个人在喊叫了。剧本、舞台设计和场面调度都被用来吸引观众,诱导他们作出反应。但是,当角色直接向观众说话,好像他们也在参与审判一样时,演员的表演本身还并没有越过幕线。

　　在以后的一些实验中,演员也开始越过幕线,其一是熊改写的《喇叭》,1943 年 10月演出于贡院剧场外的空场上。这次,有些演员直接从观众席上下场,他们上场时常有观众也跟上去。实际上这一改革的另一个原因是因为农村的临时舞台常常由三面布幕与周围隔开,上下场不很方便。戏曲这样没有什么问题,因为它可以只有右边的一个舞台入口和左面的一个出口,无论角色处于什么情境都一样。当一个以上的演员进场时,他们总是排成一队而非一群人一起上。显然话剧需要更自然的上下场,而小小的舞台出入口是没法提供的,于是从观众中上下台就不可避免。在《喇叭》里,那个喇叭手边吹喇叭边上台时,后面要跟着起码二十个村民穿过观众席一起上台,分不清这些人是演员还是参与的观众。村民们常常夜复一夜地来观看排练,对他们来说配合演出就并不那么困难和意外。有时候这些跟随者的人数会出人意料地增加到七八十人。于是喇叭手就得在观众席里多走两圈。当凤生失恋后悲伤地离开冬姑的家时,他们会为他让条路,还向他表示同情。为了更能表现观演之间互动的优势,陈治策还为戏加了一个结尾,让凤生通过观众席回到冬姑的梦中。这场戏呼应了他的情敌喇叭手开始时的上场。这一结尾也是欢快的,因为凤生带了一头牛回来(两个人演),又有许多人跟着上了场。这头牛的动作像传统的舞狮,而欢乐的群众的动作也像是在舞狮,这个结尾变成了庆典。这一革新的结尾成为新农民戏剧景观中最精彩的一幕。

---

① 熊佛西编:《〈过渡〉演出特刊》,定县,1936,第 9 页。
② 熊佛西:《戏剧大众化之实验》,北平,1937,第 97 页。

《鸟国》（1935 年春，于西建阳剧场和定县贡院剧场室外上演）是第一个被叫做"露天剧"的制作，许多场景都设在观众之间。鸟官则在舞台上检阅他的鸟军，所有的鸟都在台下大跳大唱。因为演员在观众中要做许多动作，远远超出在《喇叭》中的参与，他们划出了演出区域使观众不挡他们的道。这一设计似乎不怎么自然，更像是给体育运动划分区域，但倒适合于《鸟国》这样一个毫无自然主义味道、讲两个动物国家之间的战争的寓言剧。演员戴着动物形状的帽子满场跑，使演出看着像游戏。农民们看着这种娱乐乐坏了，但他们设法像在《王四》和《喇叭》中那样参与。积极的参与被游戏的规则和划出的演区所禁止。因之《鸟国》的演出揭示了一个矛盾：演员最大限度地渗入观众带来了观众最小程度的参与。这一情境的出现归根到底还在戏本身，因为象征性太强。虽然戏的核心主题抗日是与农民紧密相连的，但叙事的方式，一个关于鸟、兽的神话故事，却因农民不熟悉而无法激起兴趣，俾他们无法马上作出反应。

（3）创作露天平民戏剧：《过渡》

戏剧部的同仁感到了创作一部在本质上完全适合环境戏剧——露天平民戏剧的剧作的紧迫性，陈治策和杨村彬都催促熊佛西为新建的东不落岗和西建阳村剧场写一个新的环境露天戏，结果就有了《过渡》，这个戏综合了此前在环境设计和观众参与方面的所有经验。

一开始是要寻找一个适当的主题。从《鸟国》的经验里可以知道，不单主题而且讲故事的方式也必需贴近农民，熊苦苦搜录着能使定县农民激动的当地的主题。他选择的主题总是以先前的剧本为基础。《王四》是从对恶势力的屈服中觉醒，而《屠户》表达的则是联合起来反对坏富人的必要性，都意在"唤起农民提高自身的意识"，特别是通过训练有素的群体来提高自身。① 这个新的平民戏剧更必表现农民群体的力量，这必然是对西方资产阶级戏剧甚至是熊自己以前的室内城市戏剧的反拨。

熊开始寻找露天的场景，它不仅要能作为一出平民戏剧的场景还必需体现提高自身的主题。开始他选择了定县有名的 11 世纪的瞭望塔，塔有 11 层高，是定县最有吸引力的风景名胜之一，但倒塌了。有人曾建议召集人们重建它。"这塔具有很强的象征意义，如伟大、高超、坚定和集中，但没有人能从中找出任何实用的功能。"②此塔象征着富有的过去，但与今天农民的日常生活相去甚远。也有人建议把塔改成一个仓

---

① 熊佛西编：《〈过渡〉演出特刊》，定县，1936，第 7 页。
② 杨村彬：《〈过渡〉及其演出·序》，上海，1937，第 5 页。

库,但无论在现实中和戏中都不现实。这样一个高瘦的建筑怎么可能成为仓库呢? 最后熊放弃了这个念头,"这只不过是一个诗意的主题,为艺术而艺术罢了"。

"建筑工程"这一主题使熊很激动,这可以传达实际和象征双重意义。他回想起他亲眼所见、亲身经历的一件事:建桥。这工作的象征意义很明显,"过渡"原指以船渡河,但它的引申义是"转变"。熊想用"过渡"这题目象征从贫穷落后的旧定县向科学、现代的新定县的转变。一座桥可以把人和物从这一边搬向另一边,从过去到将来。建桥的实用功能极易识别,熊的戏在排练时邻近的唐村正在建一座桥,人们就猜测为什么作者能这么快地模仿一件真事。唐村建桥的村民也同富裕的地主发生了冲突,一个农民看了排练后认为熊的戏都是真的,只有一个例外——在他们村里农民建桥并没有得到报酬。杨说这一巧合是"生活模仿戏剧"。

这一题材的另一吸引人之处是可以使大量肌肉发达的农民参与到这个戏中来。这正好符合熊和他的同事们对梅耶荷德的"生物力学"的兴趣。他们还向梅耶荷德学到了舞台上的构成主义,这个戏最突出的场景要素就是脚手架。

找到这一诱人的主题后,熊很快写出了剧本《过渡》。角色是简单的,由他概括过的七种基本的类型角色发展而来。与以前剧本不同的是有很多无名的角色,但这个群众集体成了一个比任何单个角色都更丰满的角色。熊赋予主角张国本以理想的色彩,他是个回乡的大学生,带领一群被压迫的青年村民在一条给人带来很多不便的河上建桥。他们的主要敌人是恶毒的胡船主,他把持着渡口,妄图毁坏建造中的桥。胡的走狗王善文挑动渡船工人毁坏大桥。糊涂的渡船工的代表者杜成了胡和王的牺牲品。引人注目的是,这里没有看到熊以前的剧中经常出现的一个与青年首领相爱的女青年。其实起初是有这个角色的,熊曾想让这女角当张的女朋友又是胡的女儿,就像在很多戏中常见的那样,使戏更浪漫复杂,但最后熊决定放弃这个爱情情节。他意识到:"这样的戏不需要爱情故事,这反倒会削弱戏的主要力量。"[1]这主要力量就是他所说的可以改变世界的"群体力量",这在熊以前那些以个人行为如爱和生存为主题的戏中并不重要,但是在露天平民戏剧中就非常关键。

当《过渡》将群体力量放在引人注目的中心时,故事就非常简单和十分自然。张带人在靠近胡的渡口的地方建桥,而胡正要涨船钱。胡怕失去河上运输的垄断权,就和王阴谋策划,付钱要他的船工(已三个月没拿工钱了)去捣毁建了一半的桥。在争斗

---

[1]　杨村彬:《〈过渡〉及其演出·序》,上海,1937,第10页。

中,一个脚手架塌了,船工老杜死了。第二天杜的寡妻向胡要钱埋葬丈夫时,胡将她踢死,激怒了建桥工人和正在罢工的船工。当他们开始打胡时,一个警察过来逮捕了胡并宣布县政府决定支持建桥工程。

这一大团圆的结局如《屠户》和《王四》一样,又一次反映了农民对政府的希望。但这个结局在那个"生活模仿戏剧"的事件中也成了现实。在唐村发生的真实故事中,地主也想阻止贫农建桥,他们控告说贫农敲诈渡船旅客。但是县政府最后判他们诬告,支持了贫农。① 这一事实加强了熊在《过渡》中乐观主义的信心,杨村彬中肯地指出,《过渡》描述了中国在转变时期的重建工作,它显示了人民团结合作的向上之路。其中充满了真理和警句,但是却以一种含蓄的方式表达。②

《过渡》按熊和他的同事们所计划的于1935年12月21日在东不落岗的新露天剧场首演,由四五十名村民和几位老师出演。这虽然与熊的三百人在观众席和舞台之间演戏的设想有差距,但还是定县实验中最大的演出。这样的制作不可能在临时性的木制舞台上演出,只能在刚重建的实验剧场实现。

东不落岗的露天剧场和其他村的临时性戏曲剧场之间的对比看起来是矛盾的。一方面,前者有精心设计的树和墙作边界,而后者只是空空的自然场地;东不落岗剧场有一个相对稳定的功能,建筑上也更有序和集中。另一方面,这个剧场的舞台又不像临时剧场那样小而独立,东不落岗新舞台的模糊边界提供了一个更自由的演区,在主舞台和主观众区间有一个由台阶组成的过渡区域。

这种多层的露天剧场使熊和他的同事可以制作既符合环境又很写实的布景。这些布景深受梅耶荷德构成主义风格的影响。《过渡》的布景就建在舞台上,几何形的平台和构成主义风格的木块直接借自《鸟国》布景,而墙是由干麦秸做成的(大多定县的布景都是用这种本地材料做的),用来制作木筏和脚手架的甚至是真的原木。在蓝天绿树的衬托下,这一布景看上去非常自然。剧场的其余部分并没有特制布景,但看上去也好像是河岸或建筑工地的自然的延伸,这种环境空间无丝毫装饰,与观众席也没有什么大的区别。

演出中的人共有三种类型,扮演角色的演员主要是站在台上,观众坐在观众席上,在这两者之间有很多类似演员的看客像旅客和小贩一样来回走动和说话,由于这些人

---

① 熊佛西编:《〈过渡〉演出特刊》,定县,1936,第82页。
② 熊佛西编:《〈过渡〉演出特刊》,定县,1936,第19页。

的举止和打扮同观众一般无二,从某种意义上说,观众也成了正在等待渡船的人。在舞台的周围还有一些准演员。造桥工人和脚手架都为加强角色的戏剧性提供了生动的背景,"造桥工人不是在表演而是在叫喊努力地工作,他们的建造既是具体的又是象征的"①,连接角色和观众的舞台台阶使他们有可能来回走动交流。此时,看客们既可以加入他们的交流也可以聚在台的两侧。

一个天津来的参观者袁全新这样描述了这个戏的开始:

这是个露天剧场,明亮的月光照着许许多多的男女农民,有的刚刚放下锄头和粪筐,有的刚刚离开织机,他们坐在小凳子上,说着家长里短,等待戏的开场。

两盏灯亮起来,戏开始了。雄浑嘹亮的《过渡歌》从观众的四面八方响起。观众的后面有一盏灯照出许多建桥民工搬着石头和木头穿过观众走上舞台。另一盏灯映出了川流不息的过渡者,有老有少,有推着小车的,有挑着箩筐的,从观众席的另一面走上台去。这两股灯光相遇了,舞台上现出了一个过河的渡口,一边是管家王善文坐着的小棚子,一边是个正在吃喝拉客的小贩。像真的河岸一样,这舞台上也有用木头搭成的高低不等的层次。台的后部有木头的脚手架,架上有民工在造桥,下面又有民工在大学生张国本的指挥下从台阶往上运材料。这些活动构成了全剧的场景。一会儿,一个过渡的农民和王善文争了起来,原来王要涨过渡的船钱……②

准演员和角色扮演者都从观众席进入,对很多观众来说,把角色和准演员和看客区别出来是很困难的。在一次演出的第一场中,一个观众走上台向小贩买了一包烟,这举止太自然了,有些演员还以为是导演临时加的。③ 由于剧场和真的渡口如此相像——都是挤满农民的公共场所——观众很自然地认为戏中的小贩就是生活中的小贩,而扮演小贩的演员除了香烟之外没有其他道具,于是卖给那人两根香烟以配合这一"额外行动"就很容易,其他观众以为买香烟的也是一个演员。但更重要的是,他们根本就没有必要去区别什么是虚构的,什么是真实的。

造成演员和观众在《过渡》中一开始就如此混淆的原因不仅仅在于演员从观众中上台,还在于有许多观众和演员在一起高唱《过渡歌》。这个戏的主题歌在定县农村非常流行,所以在以后的演出中这首歌从剧场的各个方向都会传来。在许多场戏里都可以听到这样的观众参与,当乘客们跟王善文讨价还价时,有些观众会大声向

---

① 杨村彬:《〈过渡〉及其演出·序》,上海,1937,第15页。
② 袁全新:"《过渡》演出素描",熊佛西编:《〈过渡〉演出特刊》,定县,1936,第38页。
③ 杨村彬:《〈过渡〉及其演出·序》,上海,1937,第15页。

他们表示支持；当斗争开始时，有些观众会成为造桥工人的啦啦队；在结尾胡船主被警察从观众席中押走时，观众会嘲笑他道："好啊，现在你满意了吧？啊?"①观众跟着角色议论在《喇叭》等演出中已有先例，但在《过渡》中观众参与变成了整个剧组的有机组成部分。

应该说，上台买烟是积极的观众参与，但毕竟是偶然的；必然的参与是帮助造桥、呼应张国本的口号、唱《过渡歌》等等。② "桥"和"脚手架"是假的，参与"造桥"就有别于买烟；这不是来源于现实和剧场的混淆，而是来源于庆典等公众活动的模式。

（4）观众参与：西方人的启发和中国人的心理

熊和杨都意识到他们的革新是西方戏剧潮流和中国传统节庆的会合。如果说前者为这些专业戏剧家提供了最初的启发，那么后者为演员和观众作好了心理上的准备，同时还为指导他们的专业戏剧家提供了可供实验的材料。

熊曾被马克斯·莱因哈特和梅耶荷德将舞台调度从舞台扩展到整个剧场的方法深深吸引，虽不能肯定他有没有看过莱因哈特在1924年纽约世纪剧场搞的《奇迹》，但至少他曾经读过大量有关材料，他的著作中反复提到这个演出。在总结定县的演出实验时，他写道：德国的马克斯·莱因哈特提倡把写实主义所造成的舞台与观众席间的鸿沟打破，把舞台与观众席联成一个全整的有机体，于是他利用"轮道"与"马戏场"等种种方式以达到他的目的。至于他所演出的《奇迹》一剧，把全剧场都化成礼拜堂，在那里演员与观众混在一起，尤其是博得无上成功的显著例子。③ 他描述的这个例子正是他要在《过渡》中实现的。他还以同样的态度提到梅耶荷德，说苏联的梅耶荷德提倡构成主义的新演出法，他的演员不是在与观众席分离的镜框舞台之内表演给坐在台下的观众看，而是把整个的剧场变成一个仓库，以高大的台阶将演员与观众沟通起来，来共同完成戏剧的表现。

熊不仅仅视莱因哈特和梅耶荷德为一种可资借鉴的戏剧模式，还认为这代表着戏剧和文化的发展趋势。他从历史中知道，长期以来在西方戏剧中观众和演员的关系也是近得分不开的。直到19世纪自然主义戏剧出现时舞台和观众席才开始完全分开，"结果舞台与观众席被截为两个全无联系的世界，观众与演员被分为两个彼此不相干

---

① 杨村彬：《〈过渡〉及其演出·序》，上海，1937，第15页。
② 杨村彬：《〈过渡〉及其演出·序》，上海，1937，第15页；袁全新："《过渡》演出素描"。熊佛西编：《〈过渡〉演出特刊》，定县，1936，第41页。
③ 熊佛西：《戏剧大众化之实验》，北平，1937，第96页。

的人群"①。这里熊夸大了"第四堵墙"的问题以推广他环境戏剧的理想。尽管他没有用过"环境戏剧"这一专用术语，但以较长的句子描绘了这种"观众和演员混合的新式演出法"，他相信这是同"镜框式舞台"相对的一种模式：近三十年来，各国前进的演出者们对这样的局势兴起了一个共同的反动，在主张上和实际的活动上，都努力于舞台与观众席的合为一体，演员与观众的接近……各国的演出者因为对戏剧的作用有不同的认识，所以他们把观众与演员接近的目的也就各不相同。同时在观众与演员混合的程度上，当然也不会一样。然而他们的出发点却是一样，即把戏剧还原于最初的形态，用新的方法使观众与演员仍然混在一起。②

　　然而，熊在开始定县实验之前还没有开始这种意义上的"前进"。虽然他早就了解西方戏剧的新动向，但他在定县实验之前的剧作并没有反映出这种新的模式。那时候，反对旧戏曲是他的主要目标，他在定县之前的戏剧无一例外都是完全为镜框舞台设计的传统写实风格，在定县的第一个作品也是如此。但正是在定县，在这块充满本土环境演出气息和观众参与精神的土地上，熊一度忽略的西方戏剧新潮流被突然回忆起来。当然，熊的思想并未被这些西方演剧模式所限制，他的想象更多地来源于他对农民演员和观众在传统节日和话剧实践中种种自发行为的观察。在提到西方影响时，熊更强调定县农民的传统：农民是不习惯于坐在黑洞洞的屋子里看戏的。他们对于戏剧的传统的观念也有一部分是很狂放的。这，主要的是由于一般的会戏，如高跷、旱船、龙灯之类所造成。这些东西我们都知道是在观众当中流动着表演的，自由、奔放、生动、泼辣，在直觉上使观者感到与演者的混合。这种表演的方法我们认为是最理想的新式演出法，虽说其内含的意义并不值得我们注意。③

　　这一观点表明定县戏剧实验成功的一个重要特点：在西方话剧中极难变易的常规剧场结构在定县几乎不存在。这就是为什么许多西方戏剧革新家竭力尝试但很难进入主流的改革——从写实室内话剧到环境戏剧的改革——在定县显得如此容易，只要就定县流传的戏剧传统作些小小的调整就行了。

　　社会学家欧文·高夫曼（Erving Goffman）分析了戏剧演出中的一个辩证现象：在盎格鲁—阿美利加社会，相对来说是一种室内化的社会——演出往往都有特定的区

---

① 熊佛西：《戏剧大众化之实验》，北平，1937，第95页。
② 熊佛西：《戏剧大众化之实验》，北平，1937，第95—96页。
③ 杨村彬：《〈过渡〉及其演出·序》，上海，1937，第96页。

域,在这个区域中时间因素也很重要。由演出者培养出来的观众的印象和理解充斥着这一特定的区域和时间,所以当人们处在这一时空中观看演出时,就进入了一个由演出培养出来的一个被界定了的情境。①

另一方面,一旦越出了这样的时空界限,观众被演出所培养出来的印象和理解——也就是幻觉——会迅速消失,这常常在戏的休息和鼓掌时发生。与现代西方明确的幻觉——现实两分法时空定义相反,中国农村的戏曲演出同现实世界的界限是模糊的。剧场是现实生活有机的一部分,没有明确的灯光、幕、暗转、谢幕等等来界定,观看演出的态度在戏前戏后没什么差别。演出往往很长,没什么明确的时间规定,有时在庙会上,有时在集市上,有时甚至就在家庭聚会上,因此,中国传统戏剧天生就是"环境的"。

在受到高度限制的西方现代演出中,观众和演员之间有一条明确的物理边界——"幕线",这在中国戏曲中则是模糊的。在定县,直到平教会戏剧部到来以后,人们才第一次看到有明确剧场和舞台边界的室内演出——新引进的表证话剧。同熊总结的西方戏剧的变迁相比较,从三面观众的古代戏剧到镜框舞台剧场再到参与性的实验戏剧,这一漫长过程定县在短短的四年时间里就走完了。西方戏剧花了几个世纪才把观众和演员截然分开,而熊和他的同事们只花了几个月。然后,西方戏剧改革者们又花了三十多年竭力打破镜框舞台的界限,这在定县也只花了三年时间。更有意义的是,熊一个人就亲历了从建立镜框舞台到相反方向的两种导演实验。在他给剧场设立明确的边界以保证观众在安静、舒适的情况下集中注意力观看的同时,他迅速地意识到,农民天生的"模糊框架心理"是露天剧场可以也必须采用的积极因素。

因为中国戏曲演出的模糊框架,观众中极少有人会产生西方人经常讨论的那种"双重视象"的困惑,即布莱希特喜欢夸大的对戏剧情境的幻觉与对现实世界的清醒意识之间的矛盾。当戏曲在节庆活动中表演时,表演区往往不会同其他部分严格分隔开来;几乎所有的看客都是被邀请的或不请自来的客人,而不是为了明确的戏剧演出而来。其实整个节庆都被戏剧化了,大多数看客与其说是戏剧观众,不如说是真实事件的旁观者。这些人在观看时,常常将戏剧情境带来的严肃性和真实世界要求的超脱性混在一起,产生了一种轻信的游戏感或者说游戏般的认真。

定县的农民们在观看与节庆无关的新话剧时也保留了这样的心理。尽管有了固

---

① Goffman, Erving(高夫曼). The Presentation of Self in Everyday Life. New York, 1959, p106.

定的将戏与生活区分开来的演出框架,话剧内容的真实性和现实性反而更使观众将戏剧情境和现实世界混淆起来。他们从观众席上站起来越过幕线向舞台吼叫,他们在观众席中和舞台上跟着演员快乐地起哄,因此他们会在演员因事故而掉进舞台地板上的洞里时说那是剧中的狐仙在作怪,但当那演员被救出来后又继续观看这出反迷信的戏。他们并没有无知到忘记自己是在观看演出,然而他们的举止又绝不是在拿演员取乐,他们只是简单地认为,剧场是一个应该与人共享快乐和尽情表达的场所。

笔者的一次戏剧经验也许可以解释这些观众的"逻辑"。事情发生在1918年,在南方小城宜春的一个镜框式舞台剧场里,当时本人应邀作为专家参加一个官方的戏剧节。这不是传统意义上的节庆,而是个有严密计划的主要由专业剧团参演的戏剧节,专为被邀请者和买票的观众演出。那天我看的是一个现代戏(剧名和作者已经忘了),剧中有个年轻农民离家到城里去赚钱,最后在城市里身无分文,又累又饿。这时一个老农民走出观众席走近台口,他从口袋里拿出一些饼子放在台口——他再也不能容忍自己听着这个角色喊饿而不去伸手帮助他。其实,舞台上那尴尬的场面只持续了几分钟,这位年轻人很快就被老乡们找到,回家去过好日子了。谢幕之后我马上走到老农跟前,问他是否忘了这只是一个戏。他对我的愚蠢问题很恼火——他毫不怀疑任何人都应理解他的行为。他嘟嚷着:"我知道怎样看戏,不用你教我。"然后就愤怒地离开了。我一下子明白了,戏剧幻觉与剧场意识是可以兼容的。中国农民看戏不是付了钱去静静地看一些别人的故事,而是根据自己的愿望去看、去评价,甚至去当场作出反应。同四十多年前的定县农民相比,这位老农民在走近舞台时承受了巨大的压力,他处在一个高度控制下的镜框舞台的剧场里,而且是在一个被众多专家包围的官方戏剧节之中,但他还是那样做。要是在定县的露天剧场里,他的行为就更一点都不奇怪了。

定县农民的轻信的游戏感抑或游戏般的认真可以由一位城里来的观察者所写的掌故来证明:在《王四》的演出中,王四的"后园"里传来了由人发出的牛叫声,观众听到都兴奋起来,一个成年人摇着他同伴的肩膀像孩子般地欢叫:"牛在叫!""他的表现仿佛是他赶三十多里地来看戏就是为了一声牛叫似的"①。这位农民一生中都在听牛叫,为什么他听到这人学的牛叫会这么兴奋呢,他肯定知道这从后台发出的叫声是假的,像1981年我碰到的老农一样,他乐意忽略事实而让自己相信这是真的。风格化的秧歌没有这样逼真的效果,所以他跑了三十里地来看这种新的戏剧,并欢快地表达他

① 熊佛西编:《〈过渡〉演出特刊》,定县,1936,第73页。

夸张的满足。不管什么原因,他欢呼的是戏剧中的"真实"而不是虚拟,在定县的剧场里,他有权轻信并且其要他人也和他一起欢呼。

对于定县的农民来说,高夫曼所区别的"前台区"和"后台区"的界线并不重要,即使传统的秧歌舞台看上去高高地独立于坐在地上的观众,其实也没有多少界线。不像城市里的室内剧在观众进场时必须一切就绪,定县的各种露天剧场永远向看客开放。音乐伴奏从不在乐池里而是在舞台上,后台的私密性几乎不存在,许多人,特别是妇女常常就站在后台边上甚至舞台后面看演出。如果在秧歌里一个农民演员化妆成古代角色还能给观众一点神秘感,那么在话剧里一个农民变成另一个农民就没有什么区别了。

中国农村的戏剧在演出时对观众的行为也没有什么限制。定县农民习惯于边看边吃东西、抽烟、小声说话、评论甚至大声争吵,孩子会玩、哭或睡觉。一位外来的参观者在定县戏剧实验中看到了令人啼笑皆非的一幕:由学生组成的纠察队维持着秩序,他们对农民的呵斥声比农民的谈话声还大。[1] 戏曲演员对此早已司空习惯,他们常常还需要观众的反应,有时哪怕是粗鲁的噪音。比如在秧歌剧《金牛庙》里,当婆婆和亲家打架时,她要去见官,就会对观众说:"兄弟们,你们都是证人,是不是?"[2]在另一出秧歌《顶灯》里,当一名赌徒被妻子勒令选择一种受罚方式时,他要求给他点时间"问问自己的心",但是却转向了观众:"各位老少爷们,你们比我聪明,我是应该挨一顿打呢还是顶个灯?"[3]

在定县实验的初期,观众还是习惯性地吃喝、说话,话剧人士认为这种落后习惯不应该在看话剧时出现,但这习惯在创立环境戏剧时却是极大的帮助,这使农民们能自然地反应,而不像现代西方观众那样只能坐在高度专业化的黑屋子里遵守严格的行为规范。本来熊用话剧来展现定县农民自己的生活就是在鼓励他们的参与,他发现了农民在观剧时惊人的即时反应,在准备新的环境戏剧时就利用了这种即时反应。他并没有像许多西方导演后来所做的那样,采用特别的方法来强迫观众参与,相反,他只是解除了一些话剧的传统限制而使话剧适合于定县的农民,这是释放了他们天生的能量和创造力,而不是发明了什么异己的方法。他在《从解放到新生》一文中说,我们要借形式的解放而改正观众与演员的态度,把观众那隔岸观火的态度变成自身参加的态度。

---

① 熊佛西编:《〈过渡〉演出特刊》,定县,1936,第73页。
② 李景汉、张世文编:《定县秧歌选》,台北,1970,第70页。
③ 李景汉、张世文编:《定县秧歌选》,台北,1970,第807页。

要使各个观众不感觉在看戏,而感觉在参加表演,参加活动。剧场中没有一个旁观者,都是活动者;所表演的内容不是"他"或"他们"的事,而是我们大家的事!①

在《过渡》中熊把农民传统的无拘束的剧场反应运用到了极致,《过渡歌》的创意来自定县人对秧歌的热爱,但调子却不是秧歌,而是由城里人谱的曲;直接挪用的传统是打斗一场中用的武术。当造桥工人要保卫他们的桥而受到挑唆的渡船工人要来破坏时,他们都用了传统的中国武术,这在戏中是小小的一场但却是最吸引人的一场,农民看了特别高兴,因为这是以前在庙会中也常看到的场面,现在它是在一个完全不同的情境中出现,但又如此协调。

(5)中国表演传统的采用和扬弃:《龙工渠》

总的来说,熊佛西对传统的秧歌兴趣不大,因为他不喜欢它们陈旧的内容,这也多少影响了他对秧歌形式的借用。相比较而言,杨村彬对定县农民的传统遗产更感兴趣,他没有留过洋,是从熊那里学的西方戏剧,但他实实在在地与农民一起生活了几年,深切地体会到农民的传统娱乐对他们的意义。从一个话剧工作者的角度,他也看到了农村传统艺术的巨大艺术价值。继《过渡》的成功之后,他用新方法制作了他自己的戏《龙王渠》,这一次他从定县的文化传统中直接选取了他的材料。

《龙王渠》和《过渡》有很多相似之处,前者写得还更早,在1934年9月就完成了。为了适应新的演出方式,杨后来作了改动,并于1937年在东不落岗和定县贡院前导演演出了该剧。两个戏的主题都是反对自私的富人,农民团结起来搞建设,都有大量室外场景,挤满了农民演员。《龙王渠》描写一群村民挖渠保护堤坝不受洪水冲击,而富人们在这灾难时刻还加紧剥削穷人。但不同于只发生在一地的《过渡》,《龙王渠》更为全面地反映了中国农村在灾难和恶霸的双重压迫下的情景。全剧发生在大街、龙王庙和危险的堤坝三个地方。与《过渡》另一不同之处是,前者着眼于一个理想化的大学生领导的集体斗争,而后者描绘农民的真实的苦难和斗争。这样,杨村彬就能更多地采用传统演出中原有的形式。

第一场,地主家门前的大街上,一个女孩在一群绝望的灾民中唱着凤阳花鼓。第二场的龙王庙中一些巫婆在祈求龙王的保护,但洪水还是来了,愤怒的群众捣毁了龙王庙。巫婆表演的仪式中有明显的迷信成分,因此,《龙王渠》包含了定县实验的两大主题:穷人反对富人,科学反对迷信。尽管剧作对仪式崇拜持嘲讽态度,但这一场面

---

① 熊佛西编:《〈过渡〉演出特刊》,定县,1936,第84页。

还是很吸引人。换句话说,杨一石二鸟,既展示了古老仪式中的艺术因素又批判了它的社会价值。庙斗一场也是这样,当传统的武术以优美的动作展现出来时,这个由地主挑动的农民的械斗从内容上说是被否定的。这个双重性是定县实验的重要经验之一,它也预示了以后中国戏剧的许多实验。

《龙王渠》像《过渡》一样也有大量的群戏,它的三个场景也都是公共场所,所以剧场中的看客自然而然地也成了戏剧的一部分。为了强调这一点,杨和设计者张鸣琦(也是熊在北平戏剧系的学生)充分利用东不落岗的新露天剧场,制作了一些很土的道具,使观众感到身处于跟台上角色同一个空间之中舞台的框架不是简单地被忽略了而是成了有机的一部分。

主要演区有三个,一个在舞台上,一个在观众席中,中间的台阶是第三演区,在传统话剧中这是幕线所在,但现在成为中心演区,既是地理位置上的中心,也是意义上的中心。

第一场里这些大台阶成为深宅大院门前的台阶,后面的幕就是门。为了让这些台阶看着真实可怖又不花钱,杨和张只简单地在幕上贴了两张年画。于是幕两边的墙就变成了房子的墙。虽然这并不很写实,更像是一种色彩明亮的风格化装饰,农民们还是很能接受,因为他们熟悉年画的风格。相对于戏曲中以鞭代马,以一块布作墙,这些墙和门对农民们来说已经不仅是亲近甚至是非常逼真的。农民观众和演员们都感到身处于富有且警卫森严的大宅前面,灾民们有的站在台阶上,有的在下面。

在第二场中,年画换成龙王像,稍稍放后一点,前面像是面对庙堂的神案,舞台前的台阶成了联接神与香客和看客的台阶。演员有时在观众中上下场,有时就在他们中间表演。

在第三场中,台阶又变成了河堤,在深夜被灯笼和火把照得通明,后面不再是图画而是木头桩子,成为堤坝的顶部,周围是用来修复危险区域的石头和沙袋。经过一夜抢险,村民们护住了堤坝,开始寻找失踪的人,人们的注意力从堤坝移向后面那条将带来船和消息的河流。在露天剧场中,这些写实的仿真很有效,远远超过了镜框舞台,因为那里的屋顶和舞台框会大大限制舞台道具所提供的幻觉。在露天的"河边",观众积极地与角色一起等待那个为了五块钱就被恶棍夺走的卖唱女孩的消息。最后村民们抓住恶棍,在日出的时候救出了女孩,在这欢乐的结局中,所有剧中人都唱起《龙王渠进行曲》,边唱边穿过观众到"龙王渠工地去"。但这个工地从未在戏中真正出现。所有观众都站起来跟着走出剧场,有些人也唱着歌一起到"工地"那儿去,他们想到还是在戏中,要与挖渠者一起前进。这个结尾同《过渡》遥相呼应,后者是边唱边造桥,有些观众也加入进来,在《龙王渠》的结尾,上舞台参与的观众虽少一点,但参与的精神贯穿始终。在《过渡》中,尽管所有人都想参与,事实上只有前排的观众才能实际参与演出。在《龙王渠》中,所有人不管愿不愿意都跟着演员走了出去,这是一个把观众和演员混合起来的更可靠更彻底的办法。因为没有在舞台上甚至剧场中直接展现龙王渠,杨和张不仅把演出区域扩展到舞台以外,而且还扩展到剧场以外去了。剧终以后观众的活动已没有记载,但是在村民中所激起的激情是不言而喻的。

(6) 从室内到室外

东不落岗和西建阳村的新露天戏剧非常成功,在这之前熊和同事们在定县贡院礼堂引进的设备更好的室内镜框舞台反而成了实验的绊脚石,于是他们把剧场移到了礼堂外(有记载的使用记录是 1934 年 10 月的《喇叭》,演出和剧目的数量都不可考)。剧场大门外有个 16×26 英尺的平台,边上也有一些宽阔的台阶通向院子,虽然平台和台阶都是几百年前建造的,上面甚至可以跑马,它们现在成了可与东不落岗和西建阳村媲美的舞台。不同的是平台边上有两个石狮子,这是传统官宦人家的装饰,这些石狮一旦成为舞台装饰,就时时刻刻提醒人们这是完全中国化的舞台。石狮子上还可挂煤气灯作夜间演出的照明,院子就是观众席,周围是墙和树,虽然前面被用作演区,整个院子还能容纳 1 500 到 2 000 人。

1937 年 1 月 16 日杨把《龙王渠》从农村搬进定县演出,他不用室内而用了室外的剧场。据平教会刊物《民间》载,院子里的观众"人山人海"并且"要求以后加演数场"①。

耶鲁大学戏剧学院的亚历山大·迪恩教授看到的《过渡》也是在贡院外演出的。迪恩是当时美国最畅销的导演教材的作者,1937 年 4 月初他在中国访问时听到《过渡》的演出,特地赶到定县,由熊和他的夫人陪同,坐在 150 多农民中间观看。第二天迪恩指出,"这不是戏剧文本的演出"而是"剧场化的演出"。他十分惊讶"农民居然可以在如此富有创意的剧场和演出方式中演出这么好的戏",同时"这样散坐的观众居然能保持这么好的秩序"。迪恩还特别把农民的"投入表现"同城市戏剧和中国戏曲作了比较:"他们表现出来的专心致志意味着对戏的理解和投入,这样好的剧场秩序在城市

---

① 杨村彬:《〈过渡〉及其演出·序》,上海,1937,第 18 页。

里也难见到,而在中国戏曲中更是缺乏,这表明你们工作的巨大成绩。"

　　迪恩的观察是很内行的,当他赞扬戏的崭新的内容和制作方式是"超越了其他国家的主流戏剧"的同时,他也强调了剧场秩序和观众投入这一面,这同中国传统的环境戏剧如庙会和茶馆的演出是不同的。熊认为,如果戏剧要在中国的现代化进程中发挥更大的作用的话,剧场注意力的缺乏是一个急需解决的问题。所以他们在定县实验的开端开设了一个秩序井然的、可以让观众清楚地看和听的室内剧场,而当他们在工作的第二阶段走向户外时,并没有忘记克服旧戏曲的缺点:观众看戏时的混乱行为。他们并不是简单地走出室内剧场,走进古老的分散的露天剧场,他们只是在贡院的有墙环抱的室外表演,观众的注意力仍然可以比较集中,他们在建造露天剧场打破幕线这一舞台界线的同时,又用树和墙建成一道剧场的界线。这两个手段——打破幕线和建立剧场线,再加上容易理解的戏剧故事,这几项因素合在一起就可以使农民们既卷入戏剧故事又保持一定的秩序。不鼓励观众与戏无关的偶发行为,但鼓励与戏有关的积极参与,从某种意义上说,后者会取代前者。既然传统的大众娱乐的观众不单要看,还想做些什么,熊和他的和同事们就根据叙事结构设计好了让观众来做些与戏有关的事情。

　　对比传统戏曲的喧闹和散乱与定县观众的专心和参与,迪恩感到很惊讶,他急切地告诉人们他喜欢后者而反对前者;他没有注意到熊的新演出方式和中国戏曲和其他演出在风格上的联系。杨更加强调他们工作的这一面——对某些戏曲传统的借用和发展。这一点和熊前期的重点结合起来,就概括了定县戏剧实验的两个方面。杨写道:

　　人们总是以为新剧是洋的东西,因为它是从西方来的。其实,新剧只是受到西方影响的一种土生的样式,是我们自己、在我们中间创造出来的。戏剧在过渡时期还不可避免地带点西方的味道,但是,明天的戏剧将一定会完全地充满我们民族的活力和民族的特色。

　　就拿《龙王渠》为例。这里没一点东西是洋人的,相反,这个戏采用了很多传统节庆演出的形式,布景是新年门神的风格,歌舞用的是当地民间说唱的调子……从头到尾都是中国化的。从这个演出我们可以看到,一种新的艺术的雏形正在我们的剧场中诞生。[①] 在戏剧实验的成功,特别是最后两个戏的新演出方式的鼓舞下,熊、杨和同事们的抱负更大了,他们不满足于两个村剧场的范围,要把成功的经验扩展到其他村庄

---

① 杨村彬:《新演剧》("文革"后幸存残稿,出版社不明),1939,第36页。

去。熊在一次《龙王渠》的演出前作了一个题为"农村戏剧的现状和未来"的演讲，提出了他们的计划：我们的戏剧前景非常光明，但要是我们没有一个好的体制来推广它，我们的理想还是实现不了。我说的体制是指要有一种用政治力量来普及戏剧艺术和戏剧教育的方法，这种方法要有好的计划，要能产生实效。这样的话，我们就能保证我们全省乃至全国的人都有学文化、受教养的权利，所有事情都有周密的计划，包括剧作、剧场建筑以及演出。

这个戏剧体制也曾被称作戏剧网，是在 1937 年初定县话剧实验高峰时提出的。熊想趁热打铁，把这股热情带到其他村、县乃至其他省去。不幸的是日本侵略军打进来了，也像一出戏一样，定县农民戏剧实验的高潮之后是迅速的收场，前途光明的《龙王渠》竟成为平教会戏剧活动的绝唱。实验的第四阶段，定县经验的全面推广，基本上定格在一系列宣传和计划上。

结语：实验的意义

中国自有话剧的近一个世纪来，有过不少辉煌的成就，但几乎全都是在城市里，农民似乎从来就与话剧无缘。定县的戏剧实验是唯一的例外，但却是一个具有极其重要意义的例外，是一个决不应该被忘却的例外，因为它证明了农民是完全可以接受并喜爱话剧的，而且还可以创造出他们自己的新型话剧形式。农村没有话剧，盖不为也，非不能也。如果说在了解定县戏剧实验的成就之前我们还可以怪话剧不合农村村情，那么现在我们实在应该问一问，和熊佛西、杨村彬他们比一比，此后，我们又做了些什么？

人们可能会说，问得太晚了。现在城里的专业话剧团都在走下坡路，还说什么农村话剧？其实，定县话剧独特的长处就在于它的非专业性和非功利性，也就是草根性和自娱性。当然，今天的文化氛围和 30 年代的定县已经完全不一样，当年文盲的农民所痴迷的定县戏剧在普遍提高了教育水准的今天还会出现吗？我们不妨把眼光稍微放开一点。十多年来全国城乡卡拉 OK 大普及，和当年的定县戏剧一样，证明了农村和城里都有许多人热衷于打破演员与观众之间的"幕线"，打破前台和后台之间的界限，要登台当众一展才华。卡拉 OK 至今还局限在歌唱，未能进入戏剧领域，那是因为戏剧很难完全自发地 Solo（独唱独演），必须要有像熊佛西和杨村彬那样能编会导的专家来组织。戏剧最接近卡拉 OK 的形式是喜剧小品，这也是最有希望进入农村成为今日定县戏剧的样式。原因之一是，以中央电视台春节晚会为代表的电视晚会的小品早已为全国农民喜闻乐见，如果把小品看成一个剧种，它已经是中国普及面最广的剧种，最少受到城乡和方言、地域的限制。原因之二，赵本山和已故的赵丽蓉等不少小品大师都是地方戏曲演员出身，十分熟悉与观众特别是农民观众直接交流的演出方式；尽管他们的小品仍属话剧范畴，但那是一种小型、灵活，公然打破幕线的非斯坦尼式的话剧，与定县话剧的演出方式不谋而合。现在缺的未必是戏剧形式和愿意参加的人，缺的是熊和杨这样的戏剧指导，特别是在目前这种文化市场越炒越热而文化经费越来越少的情况下。今天，国力日益强盛的中国很难再用晏阳初当年的理由去向洛克菲勒基金会求得募捐。西方国家再以市场为本，总有几个不能依赖市场的领域，文化和国防都在其中；赞助非商业性文化的既有私人基金会，更有政府机构。目前在中国私人基金会还无迹可寻，那么政府能不能在这方面有所帮助呢？有限的文化经费能不能从锦上添花的各种"节"和大型活动中省点下来，用到需要雪中送炭的农村话剧活动中来呢？

不过现在也有一个有利条件，农民的文化水平普遍提高了，农村戏剧的组织者未必非要熊佛西这样的大学教授不可。不久前《南方周末》报道了江西一个镇文化馆长发动全乡友情出演，用家用摄像机摄制一系列电视剧的故事，这件事，不妨将之看作是定县经验的90年代版，这位文化馆长就是今天的熊佛西和杨村彬。和电视剧比较起来，戏剧的自娱作用会更大；农民拍电视剧因为有技术上的要求毕竟还难以普及，戏剧的普及应该相对容易。事实上现在农村有些地区戏曲草台班子的演出相当热闹——这也正和城里专业剧团的萧条形成鲜明的对比；与演戏曲所需要的长期训练相比较，演话剧又相对容易一些。如果将来有更多专业和非专业的熊佛西和杨村彬们在农村出现，像那位文化馆长拍电视一样，把话剧也推广开来，他的江西老乡熊佛西地下有灵一定会笑出声来。除此之外，定县农民戏剧实验还有着深远的国际意义。

总的来说，定县的戏剧实验无论对发达和不发达的世界其他地区都富有启示。所谓的"不发达"是指尚未现代化的农业地区，那里的人们也许仍然在欣赏本地的传统戏剧。但一旦这类演出形式开始衰落，像秧歌在中国社会转型时期遇到的情况一样，那么定县这种写实的环境话剧就很可能会是一种应时而生的新选择，而且这种新戏剧还可以与学文化结合起来搞。40年代末以后，晏阳初曾应邀到危地马拉、墨西哥、古巴、印度、泰国等许多第三世界国家去指导他们的乡村建设，1967年他在菲律宾创办了乡村建设国际学院，训练第三世界各国派来的乡村改革者。他在那里传授了定县的经验，但学院的重点是农业技术、医疗服务和土地改革，戏剧在项目中很不起眼。也许戏剧并不如其他方面的农村生活那么重要,也许戏剧太依赖于语言因而无法在一所国际性的学院教授,也许仅仅是因为晏没有熊佛西这样的人在那儿。如果熊和杨在那里的话,定县农民戏剧实验的经验就可以为世界的乡村建设作出贡献了。

当今世界的发达地区已经进入了后现代,社会分工和工作时间都很灵活,不再像现代社会的初期那样机械死板。定县实验的一些前现代特征在后现代社会里显出不同的社会内容,这就是螺旋型上升中的否定之否定。自六十年代以来,西方戏剧实验者不断在寻找各种打破戏剧与生活界限的方法,进行直接介入生活的表演,他们最常演出的是半宗教式的仪式性戏剧,但都在观众参与这个问题上遇到了严重的障碍。谢克纳总结了贝克夫妇的"生活剧团"、他自己的"演出团体",以及格洛托夫斯基的波兰戏剧实验室的经验教训后,在《环境戏剧》一书中承认"观众参与"走进了死胡同,因为:"观众带进演出中的分析功能阻碍了意在创造良好的交流和团结的所有努力……我们所处的文化不是一种目标和技术共享的村社文化。"① 人们意识到进了死胡同,就开始尝试另外的方法。格洛托夫斯基有一次故意不要观众卷入,尽管他让演员和观众坐得非常近。后来他又走向另一个极端,完全打破演员和观众的界限,把所有人都卷入"类戏剧"的经验之中,更像是一种宗教行为。

但是加入一个宗教性的团体显然要比参加一次社会活动难得多复杂得多,因为宗教要求长期的努力和修习,而社会活动只要求人们有基本的认识和即时的反应。半宗教演出中难以理解甚至像谜一样的表演常常会迷惑甚至赶走观众,而定县的戏剧常能吸引所有的人参与进来作出反应,因为它们都有直接明了的社会政治主题——只不过有时是过于简单了些。这是戏剧实验者为了观众并和观众一起创造出来的观/演关系,所以观众必然会参与。至于"分析功能"这个谢克纳认为的观众参与的绊脚石,对于天真的定县农民没有什么影响,他们多半是凭直觉看戏,无需作太多的分析。反过来说,在社会政治倾向明显而非宗教性的演出中,观众"分析功能"有时候也许不是绊脚石而是垫脚石。中国八九十年代的实验戏剧和奥古斯都·伯的"论坛戏剧"都证明,正是分析功能使当代的观众积极参与——直接向公众说话,或者与角色/演员争论。

现代生活中的语言行为与前现代生活中的肢体行为同样重要。在定县农民中还是象征性的口头参与,在后现代的演出中得到更大的发展,且极为有效。这类演出可能像政治辩论、演讲比赛或多边讨论,而不是齐声吟诵或其他可以不断重复的仪式。

---

① Schechner, Richard(谢克纳). Enaironmental Theatre. New York, 1973, p281 - 282.

半宗教团体关于观众参与的实验的核心是让观众来模仿演员自己创造的仪式。但常常是主人们起劲地鼓动,大多数观众却并没有紧跟着参与,有些反而感到出戏甚至产生抵触情绪。

这是一个多大的矛盾:在当代戏剧史上,环境戏剧实验的主要成就是由那些半宗教性的剧团取得的,但他们始终没有真正成功地实现环境戏剧最主要的特征之一——观众参与。其实,对那些更注重观众和直接的社会问题的环境戏剧实验者来说,三十年代中国定县的戏剧实验难道不是给这些走进死胡同的人早就指出了一条道路吗?

(原载《戏剧艺术》2001 年第 1 期)

人类本能与戏剧本质

——对熊佛西的定县戏剧大众化实验的文化人类学考察

朱云涛

1932—1937 年，应中华平民教育促进会干事长晏阳初之邀，熊佛西在河北定县进行了长达五年半之久的戏剧大众化实验。实验别开生面，卓有成效，特别是农民高涨的自发演剧热情、独特的演出场所和新颖别致的演出方式，在当时产生很大的影响。

孙惠柱先生 1990 年在美国纽约大学以《定县农民戏剧实验(1932—1937)》为题完成博士论文。他在一篇文章中认为定县农民戏剧实验"是一个很值得研究的社会文化奇迹"。"可惜定县的现代戏剧实验毁于日本侵略军的炮火，1987 年我去那里调查时已经无影无踪。"[①]定县农民戏剧的胜景早已烟消云散，然而，它毕竟是客观的历史存在，它是现代人类在一种特定的氛围中戏剧本能的激活，这种在现代世界范围里或许是绝无仅有的现象，再次验证了作为人类群体艺术的戏剧的一些本质方面，从而具有深厚的文化人类学意义。如果说，晏阳初的定县实验是一场自觉的教育和建设的实验，那么，熊佛西的农民戏剧实验则不仅如此，它同时还是一场从不自觉到自觉的激活人类戏剧本能从而彰显戏剧本质的艺术实验。

人类学注重田野调查，然而定县农民戏剧包括露天剧场都已踪迹全无，因此，熊佛西关于实验的记录、描述和总结的文献就显得弥足珍贵。本文试图借助这些文献，分析促成农民自发演剧的条件，勾勒定县农民戏剧实验的过程和情景，进而分析其性质和意义，并对当代戏剧处境问题作出思考。

一、农民演剧的背景

20 世纪二三十年代在中国大地上兴起了一场规模空前的乡村教育运动。与黄炎培、陶行知、梁漱溟等人不同的是，晏阳初在河北定县进行的平民教育和乡村建设实验中，为了治疗平民"愚、贫、弱、私"四疾中之"愚"，高度重视并广泛开展了文艺教育，并把戏剧列为其中一项重要内容。晏阳初看重的是戏剧曾经有着巨大的教育功能，他三

---

① 孙惠柱：《现代戏剧的三大体系与面具/脸谱》，《戏剧艺术》2004 年第 4 期。

顾茅庐请熊佛西去定县指导农民戏剧,是想让戏剧成为文艺教育的一个组成部分,只要注入新的生活起到教育的效力就行,至于戏剧的其他方面恐怕是没有多少考虑的。但是晏阳初具有非常开明的实验精神,在他的教育理念中有两个方面对这场戏剧实验产生了重要影响,一是四大教育中的"公民教育",晏阳初认为,公民教育的真义在于"养成平民的公共心与合作精神,从根本上训练其团结力以提高其道德生活与团体生活"①。二是三大教育方式中的社会式教育,以"讲演、表演及其他直观与直感的教育方式为主,注重团体的共同教学"②。以平民学校毕业生同学会为中心组织,以四大教育为内容,通过发行农民周报、举办图书担下乡、举行村民联欢大会乃至直接的组织戏剧社和辩论俱乐部等方式进行。晏阳初的平民教育和乡村建设实验是全方位展开的,这样就在定县范围内营造了非常积极的氛围,为农民戏剧实验的开展创造了良好的外部条件,继而产生了晏阳初和熊佛西所始料未及的效果。

　　1926 年,熊佛西从哥伦比亚大学回国,接受北京国立艺术专门学校的邀请,担任戏剧系主任、教授。他带领师生一道在北京开展"文艺戏剧运动",与南方的田汉遥相呼应,时有"南田北熊"之誉。熊佛西在这阶段的戏剧思想集中体现在分别出版于 1931 年和 1933 年的《佛西论剧》和《写剧原理》两本著作中。熊佛西早年参加文明戏创作演出,参与成立"民众戏剧社",倡导爱美剧,后在美国接受戏剧教育,对西方戏剧历史和当代的发展趋向有充分了解,这些使他的戏剧观念具有鲜明的个性。在戏剧本体特征上,熊佛西强调动作,认为戏剧是以动作为核心呈现于舞台并有观众参与其中的独立的综合艺术。"戏剧与别种艺术的不同点,当然是它的动作。动作之于戏,正如心身之于人。"③熊佛西把动作分为外形的和内心的两种。内、外动作之间是灵与肉的关系,内心动作是主导。熊佛西觉得很难回答两种动作孰轻孰重的问题,而没有像大多数现代戏剧家那样特别强调内心动作或内在冲突,这种态度就很耐人寻味。熊佛西的许多剧作体现了他的这一观念,却常被研究者指斥为惯用无聊的噱头,强调外部动作,夸张失度,追求感官刺激,思想浅薄。有人说这是受文明戏的影响所致,似有道理,但从根本说是与他的戏剧观有关。熊佛西坚持亚里士多德关于"动作"的观点,并用近代法国布伦退尔的"冲突说"予以解说,这是在更宏阔的视野中对戏剧本体的体认。

---

① 晏阳初:《晏阳初文集》,四川教育出版社 1990 年版,第 38 页。
② 晏阳初:《晏阳初文集》,四川教育出版社 1990 年版,第 39 页。
③ 熊佛西:《熊佛西戏剧文集》,上海文艺出版社 2000 年版,第 537 页。

　　熊佛西援引美国现代戏剧批评家汉密尔顿与他的美国老师马修士关于戏剧的定义："戏剧是由演员在舞台上,客观动作,以情感而非理智的力量,当着观众,来表现一段人与人之间的意志冲突。"①他认为这个定义比较是最完备的。除了动作、人与人之间的意志冲突,戏剧的几项不可少的元素是演员、舞台、观众,缺少其中的一项,戏则不戏矣。所以戏剧必须要演。演时还要有观众。演,才不失掉戏剧 to do 的原意。有观众,才能与别种艺术并驾齐驱。熊佛西觉得这才是比较完整的戏剧概念,只有这样戏剧才是充满生机的戏剧,而不仅仅是在书斋供文人玩味的案头之作。在戏剧的美学特征上熊佛西提出了"趣味中心论"和"单纯主义"。此二论独树一帜,同时也招致许多非议。在《戏剧与趣味》一文中熊佛西是这样表述的:"戏剧的说法很多。……这些说法都有道理,只要它们的表现富于趣味。任何派别的剧本,只要其中蕴蓄着无穷的趣味,即是上品。"②所谓趣味,就其本意而言,是指情趣与意味,或者说使人愉快、感到有意思、有吸引力的特性,也就是说趣味是一种审美感受。很多人对"趣味"作了简单化的理解,应该强调,在艺术上,趣味是渗透着深刻的理性因素和思想内涵、沉淀着巨大的社会功利性的审美愉悦,熊佛西正是在这种基本的意义上立说的。而"趣味中心论"的出发点和归属点则是观众。"因为戏剧是以观众为对象的艺术。无观众即无戏剧。无论你的剧本艺术何等的高超或低微,假如离开了观众的趣味与欣赏力,其价值必等于零,等于无戏。"③面对生活处在极其贫困状态中的广大民众,熊佛西提出了"单纯主义":剧本要短,布景少更换,剧中人物简略。"单,有条理清晰一丝不乱的意义。纯,有取其精锐去其糟粕的意思。就艺术方面讲,单纯不但极经济,而且最美丽。……虽是一个三四人物短短的独幕剧,处处有趣味,处处有吸力:无一废词,无一轻飘之动作。舞台上无一无用之物,无一不美之物。……这种戏里充满了单纯之美(The Beauty of Simplicity)。"④张健先生认为事约义远的寓言性是熊佛西剧作基本的艺术特征,简约的格局、怪诞的色彩、象征的运用和哲理的概括等四个方面共同体现了熊佛西对于单纯主义的戏剧主张的自觉追求。⑤

　　抱着这种观念熊佛西带领他的同仁和学生在北京艺专苦干着,到后来"南国已经散了,'戏剧系'也在风雨飘摇中挣扎",而戏剧大众化的呼声已遍于全国。尽管此时的

────────────

① 孙惠柱:《现代戏剧的三大体系与面具/脸谱》,《戏剧艺术》2000 年第 4 期。
② 熊佛西:《熊佛西戏剧文集》,上海文艺出版社 2000 年版,第 619 页。
③ 熊佛西:《熊佛西戏剧文集》,上海文艺出版社 2000 年版,第 619 页。
④ 熊佛西:《熊佛西戏剧文集》,上海文艺出版社 2000 年版,第 624—625 页。
⑤ 张健:《论中国现代讽刺喜剧的早期尝试》,《广西师范大学学报(哲学社会科学版)》2002 年第 2 期。

戏剧大众化尚停留在纸面上、口号中,熊佛西根据戏剧的史实,追溯戏剧的起源,确信这种主张的正确性,因为"戏剧是大众的艺术,是为大众,属于大众,由大众造成的艺术"①。于是熊佛西决心采取实际的行动:在农民当中创造一种新的农民戏剧。戏剧大众化就是使新兴戏剧农民化。新兴戏剧能反映农民的生活,表达他们的情感因而能为他们所接受。熊佛西的抉择固然有晏阳初盛情邀请的因素,最根本的是他的戏剧观念和戏剧理想。他把《怎样走入大众》编入了《写剧原理》的末篇,标志着他的戏剧探索一个阶段的结束和新阶段的开始。而定县实验区独特的环境氛围,他的淳朴的实验对象把他的探索引向了一个令人惊异而又意义深远的新境地。

二、农民演剧的发生

1932 年元旦熊佛西带着杨村彬等一批人来到河北定县,直到 1937 年因为抗战而离开,定县农民戏剧实验历时 5 年半。《戏剧大众化之实验》写于 1936 年,记录着四年来研究实验的经过和得失,相比而言,是这场实验的最完备的资料。熊佛西视野开阔,他的融合中外古今的戏剧观念有力地保证了这场实验的开明而又开放的态度:"不墨守传统,也不因袭欧西。换言之,就是我们不但不改革传统的戏剧,也不硬抄西洋的戏剧……我们主要的依据只是大众,只是大众的生活及其环境。我们要脚踏实地,一点一滴的,以研究实验的精神来从事这个工作。"②"不自以为是也不自以为非,给这工作找一个科学的,逻辑的结果。"③

实验工作围绕戏剧的基本要素即剧本、剧团(演员)、剧场、演出等几方面展开,而首先是剧本问题亦即内容问题。熊佛西认为必须深入民间,观察体验农民的生活和心理,才能有农民的情感,这是创作剧本的主要根据,但又不能迁就农民,还须有根据的领导农民,促成他们的"向上意识"。熊佛西以自己创作的《屠户》、《过渡》为例作出具体说明。《屠户》前半描写农村中土豪劣绅高利贷剥削农民,后半则启发农民的反抗斗争。《过渡》更具有鼓励的成分,"指示了农民团结与组织的力量,可以胜过一切的困难与压迫,国家民族有了团结与组织的力量,可以达到自强自立的地步"④,而剧中的中心事件建桥具有明显的象征意味,该剧排演中甚至出现"实事模仿了戏剧"。熊佛西强

---

① 熊佛西:《熊佛西戏剧文集》,上海文艺出版社 2000 年版,第 694 页。
② 熊佛西:《熊佛西戏剧文集》,上海文艺出版社 2000 年版,第 677 页。
③ 熊佛西:《熊佛西戏剧文集》,上海文艺出版社 2000 年版,第 699 页。
④ 熊佛西:《熊佛西戏剧文集》,上海文艺出版社 2000 年版,第 707 页。

调剧本的"可读可演",具体体现在结构、人物、对话等方面。"农民剧本应该先是一个很具体而生动的故事,这故事最好是都靠动作——特别是外形的动作——来表现,同时,应该富于浓厚的情感和实际生活,不要过于偏重理智和抽象的成分。由于具体生动,由于动作繁多,由于情感丰富,倘把全剧本的文字取消,有时那故事的精粹依然可以表演出来,成为一个完美的默剧。"①在人物方面,熊佛西主张"最好的表现人物的方法是把人物类型化",他把人物分为现实人物(也就是观众自己)和可能的现实人物,后一种是希望出现的人物,起到影响观众思想与行为的力量。这与他以往以及中外众多剧作家强调个性是迥然有异的。

　　定县农民对于新兴的话剧是全然陌生的,必须先演给他们看,使他们有所认识,然后才能唤起他们的兴趣。戏剧是集体的艺术,需要相当的演员才能达到目的。最初在平教会礼堂(定县考棚)的几次表证公演,演员是请平教会的职员临时担任的,但这不是长久之计。为了让更多的农民能够看到他们的演剧,有时他们也"送戏剧上门"。无论考棚公演或乡村游行公演,演出者都是"我们演剧给农民看","哪知这一阶段走了不久,一般农民就对于新兴戏剧发生了亲切的认识与浓厚的兴趣,便开始自己演剧给他们自己看。在当时我们认为这是一大发现,并且异常兴奋,因为我们想不到农民对于新兴戏剧的反应会来得这么快,虽说农民的这种要求是必然的"②。1933 年 2 月 9 日一件激动人心的事发生了:尧方头村的农民在平教会戏剧工作者指导下成立的农民剧团在自己的村里演出了三个戏,几天后,这个农民剧团又到附近两个村演出。这次农民公演引起了各村农民极大的兴奋,一下子点燃了全县农民对话剧的兴趣,熊佛西他们为适应农民的要求,便开始在各村组织农民剧团,以期实现这场实验的第二步理想:由"我们演剧给农民看"到"农民演剧给农民自己看"。1933 年、1934 年两年共有 13 个村成立农民剧团,至于非正式的剧团就更多,还有不少村因为"抢"不到平教会的戏剧指导而只好作罢。在农民剧团的组织和训练上,平民学校的毕业同学会起到很大的作用。令熊佛西难以忘怀的是农民热心演剧的情形。男演员为不会学女人哭而焦急;《过渡》中的《造船歌》每个村的男女老幼都会唱,成了流行的歌;"农民在粪筐旁读剧本,卖麻糖的篮子里有剧本,歇午晌时不睡觉而读剧本,也都是定县乡下常见的现象"③。此外为了演出借用女人的服装,"接戏"之风,演员忘词,旁观者为之提示,都让

①　熊佛西:《熊佛西戏剧文集》,上海文艺出版社 2000 年版,第 712—713 页。
②　熊佛西:《熊佛西戏剧文集》,上海文艺出版社 2000 年版,第 740 页。
③　熊佛西:《熊佛西戏剧文集》,上海文艺出版社 2000 年版,第 744 页。

熊佛西他们感动,使他们觉得"差不多成了被动的工作"。熊佛西本意是集中于一两个村子组织实验农民剧团作研究,把实验的经验向全国推广,眼前出现的热烈场景是他始料未及的。对于农民剧团、农民演剧给农民自己看,熊佛西陈述了其中的价值和意义:"从农民那一方面讲,因为农民自己演剧给农民自己看是自动的,他们便必然的觉得这种工作是他们自己的,同时在感到特别的亲切之中,更满足了他们的戏剧本能。"这是他在实验进行中才真切感受到的。熊佛西接着说:"我们对于'农民自己演剧'异常的重视,我们认为戏剧之是否得到大众化的实际,这是最要紧的关键,因为这不但超出给予的界限,更超出接受的范围。农民自己演剧是中国新兴戏剧大众化的基本实践!"定县民众,特别是熊佛西所谓的"向来缺乏团体生活习惯"的农民,长久以来,只是高台教化的受众,如果没有晏阳初在定县创造的环境氛围,没有熊佛西的表证示范和热情指导,这种自己演自己生活、自己表达自己愿望的戏剧本能是难以激发出来的。

戏剧离不开演出,演出必须有观众,剧场正是演出戏剧、收容观众的所在,这是熊佛西对剧场的最初认识。在实验的过程中,经历了由室内到室外,再到露天剧场的设计及建筑的过程,从中熊佛西对剧场的社会功能获得了新的认识。熊佛西最初将平教会的礼堂加以改造,使它成为一个合适的表证室内剧场,所谓表证就是示范、样板的意思,而这个样板显然是镜框式的有着"第四堵墙"的现代戏剧舞台。熊佛西刚从都市中来,他的起点当然沿用这种剧场。为了新兴戏剧的推行,为了让更多的农民接近、认识戏剧,熊佛西他们就由室内移到室外,到各村云举行游行公演,用四种临时的方法搭建舞台,演员在高坡下的平地上表演,观众坐在高坡上看戏,其情势让熊佛西想到了古希腊的剧场。熊佛西认定露天剧场应该是最好的方式,能完美的表现并成就戏剧原有的各种功能。从1934年10月到1935年10月熊佛西他们先后建造了3个露天剧场。在建造过程中,农民捐工、捐料,表现出极大的热心。对1935年10月重新改造过的东不落岗村的那个露天剧场,晏阳初盛赞其意义超出了万里长城的建造。这个露天剧场的形态、色调与大自然的浑然的天穹相化合,与大自然的大地的本色相一致,加上剧场四周植的两排树,所以虽说是剧场,但实际上确是大自然的一部分,具有原始的非人工的情调。这使熊佛西想到古老的洪荒那个戏剧尚在大众之手的时代。"由于与大自然的同化,由于粗疏朴素的单纯,它合乎中国农民的生活情调⋯⋯他们走进东不落岗村的露天剧场,就觉得回到了老家,他们不会感到不惯,不会感到生疏。这样,它更有难于估计的力量与价值。"在熊佛西看来,东不落岗村的实验露天剧场对戏剧的启发,从消极方面看,可以上演时代不同样式各别的剧本,是一个全能的剧场;从积极的方面说,能把戏剧的活动范围扩大,将观众与演员间的隔阂用这种方法破除,是一个极富伸缩性的新剧场。演员可以通过台阶走下台来,观众可以经它走上台去;如以剧场中部为表演场所,台阶、台上可以容纳观众;而且台阶本身就可用作舞台。副台的出现以及与前台的沟通,使演员能穿过观众席来往于前副台,表演区域就扩大了。熊佛西把观众席称为"广场",是因为它不仅是观众席,还可以作为演员与观众的混合处,戏的表演在剧场的各处流动,甚至直接就变成舞台,就像马戏场那样,戏剧在广场的中部表演,观众退到四周或台上观看,而整个戏剧可以由外门演进剧场或由外门演出剧场去,凡此种种让熊佛西感到无限的欣慰。由演出功能进一步扩大,熊佛西看到露天剧场有超乎舞台与观众席之外的存在意义,成了农村教育文化活动的中心。由于中国农民没有团体生活的习惯,熊佛西他们就把露天剧场视作农民经营新的团体生活的工具,"凡是对一村或一区的农民有共同利益的事情与活动,都可以在露天剧场以集合的方式解决进行,其结局是超乎庙会与集会之上的伟大。因为在那里不但使农民便于集体生活的经营,更显示着团体生活的最高方式"。在露天剧场举行过村民大会、纪念会、民团检阅、公民选举等政治活动,演说会、音乐会等文化活动,高跷、旱船等游艺娱乐活动。与其说这是剧场功能的延伸,不如说这是戏剧功能的延伸,甚至可以说就是戏剧的功能。戏剧的价值和功能只有在具体的演出中才能显示出来。演出包括表演、装饰和音乐三个要素。"演员用他的身体,藉动作和声音,兴起他的情绪,然后递送给别人——观众,以得共鸣同感。但基于我们的经验,演员在演出中,还须领导观众参加戏剧活动。我们认为演出在其最本质的意义上,是于人群之中造成一个集团的共同的戏剧活动。"① 有些表演,更不是一两个演员所能胜任的,必须采用集团的表演方能达到目的。"所谓集团的表演,就是多数演员同一步调活动,在一致中形成大的目标,不以个人的形态为形态,而以集团的形态为形态。因而,诉于视觉的,是筋肉和力学的表现;诉于听觉的,是怒吼与狂呼的表现,没有纤弱,没有忸怩,全盘的散射着雄伟的力量。"②《过渡》中就出现一大批造桥的民众。作为戏剧演出的辅助者的装饰,它是动作的环境,包括背景、道具、服装和灯光。对于背景的处理熊佛西追求逐渐由远离生活的所在,到走入生活,与生活沟通。农民戏剧的装饰必须与农民戏剧表演之力学、集团、怒吼等特色相呼应,须采用粗犷的线与色。音乐是增浓戏剧情调的东西,熊佛西他们在《鸟国》、《过渡》中

---

① 熊佛西:《熊佛西戏剧文集》,上海文艺出版社 2000 年版,第 755 页。
② 熊佛西:《熊佛西戏剧文集》,上海文艺出版社 2000 年版,第 766 页。

采用一些曲调和歌声,效果十分美满。在具体的演出中,熊佛西发现并采用了"观众与演员混合的新式演出法",他觉得在戏剧哲学上有其强力的根据,呼应着"由分析走入综合"的一般哲学上的时代潮流。尽管各国的演出者(导演)对戏剧的作用有不同的认识,他们对演员与观众接近的目的和程度的认识各不相同,"然而他们的出发点却是一样,即把戏剧还原于最初的形态,用新的演出方法使观众与演员仍然混在一起。"①熊佛西他们"根据这种实地的经验,认识了农民的喜好和习惯,为适应他们的口味,为扩张戏剧原有的功能,当然也更观照着世界剧坛的主潮",便很自然地采用了这种新式演出法。在《逼上梁山》、《喇叭》、《鸟国》、《过渡》等剧的演出中,熊佛西总结出这种新式演出法的四种形式:台上台下沟通式、观众包围演员式、演员包围观众式以及流动式。孙惠柱先生曾描述这些演出的过程和其中的种种变化:由首演《屠户》时台下青年农民突然对台上的吼叫引起熊佛西的惊异和兴奋,到熊佛西在《逼上梁山》中对剧本、舞台设计、场面调度的刻意安排以吸引观众诱导他们作出反应;由《喇叭》中"幕线"被突破,演员从观众席上下场、观众跟着演员上场以至演员观众分不清楚到《鸟国》中检阅等许多场景设在观众之间,直到露天戏剧《过渡》中将全剧场当作舞台,演出时台上台下打成一片,演员与观众不分的境地,甚至"意外"出现一个观众走上台向小贩买了一包烟。熊佛西认识到:"既然演出上有这样的可能,那么戏剧艺术的本身各方面必会受到影响而另有新的开拓。"剧作方面将着重多层动作的描写,甚至包括观众的动作,历来的单方面表演程式将全被打破,而另外步成一种立体的表演,装饰不再仅仅局限于舞台,而要扩大到整个剧场,他甚至设想将古老原始的面具或歌唱之类的扩大形态及音律的东西运用到新兴戏剧的表演中来,从而使戏剧在其最终的表现上,呈现出一种崭新的面貌。

三、农民演剧功能与本质

　　一方面是农民自发地表演他们的生活,释放他们的热情,表达他们的希望,另一方面是熊佛西他们在精心组织,积极引导,这种自发与自觉的有机结合就构成了定县农民戏剧。定县农民戏剧是艺术,也是教育,从文化人类学的角度则是仪式。

　　在实验中,熊佛西"以民族和国家的福利为立场",要通过戏剧努力培养农民的"向上意识",其主要内容是:"向上不是落伍,不是畸形;而是前进,而是平衡的发展。向上

---

① 熊佛西:《熊佛西戏剧文集》,上海文艺出版社 2000 年版,第 783 页。

的意识是多方面的,至少包括生产技能的向上,科学运用的向上,身心健康的向上,情感满足的向上,集团训练的向上,享受与给予的向上,教育文化传递的向上。总之,具有向上意识的生活是一种完美人格的极峰;具有向上意识的人在尽人生应尽的义务之外,他还享受人生应享受的权利。"①用向上的意识启发领导农民,"使他们能担当民族国家最大多数的主力,在国际上显露一个活泼雄伟的姿态。"②"向上意识"既重视群体、社会的和谐协调,又重视个性的舒展张扬,包含了人全面发展的各个方面。

在《戏剧大众化之实验》的第六章,熊佛西谈到戏剧与教育的关系,也就是戏剧的社会功能问题。"为了速成教育的普遍化……培植广大的民众的力量,促进农村的建设,作为民族与国家复兴的基础,戏剧——特别是我们所实验的这一套农民戏剧——显然是最具体,最有力,最适宜的工具。"③具体来说,熊佛西他们认为戏剧有五种力量。一是介绍知识,某一社会有某一社会的特殊环境,因之也就产生构成那特殊环境的特殊知识。戏剧是表现人生的艺术,它不受空间和时间的限制,所以从戏剧里可以窥见各种各色的生活的特殊知识,这是作为社会成员的个人能够适应社会的基础。二是抒发情感,情感得到正当的抒发以后,人的身心才能感觉轻松快乐。任何艺术都是始于情感的抒发,戏剧却较他种艺术更易于感人。演出中观众强烈的反应,在生理上是自然的抒发,在教育上是心理的建设。中国的农民,由于弥漫在他们环境中的低气压,抒发情感的机会最少,而农民戏剧在这方面正可补足这种缺陷。这样使他们宣泄了心中的悲哀,又宣泄了心中的欢笑,造成心境澄清的效果。三是传布国语,中国人不懂中国语,是阻碍文化,隔阂民情的最大原因。一个民族的共同语的形成对增强民族的凝聚力是很有帮助的。四是公民训练,就是作人的训练,作一个社会人的训练。剧场依其活动可作为训练公民的最好的实验室。五是组织民众,人类是爱群的动物,是需要"群"的力量才能生活的动物。历史上的伟绩,不管是文化的创造或政治的改革,几乎无一不是有组织的集团共同努力的结果。"所以我们认为中国今日唯一急需是组织民众,使他们有集团的力量。"戏剧是组织民众的最有力量的艺术。剧场是集团活动的中心,"从观众方面来讲,它把许多个人集团起来变为一体,在一个目标之下,千万的观众一同哭笑,一同思想,一同感动。在台上与台下,绝没有个人的影子,只有集团的

---

① 熊佛西:《熊佛西戏剧文集》,上海文艺出版社 2000 年版,第 704 页。
② 熊佛西:《熊佛西戏剧文集》,上海文艺出版社 2000 年版,第 704—705 页。
③ 熊佛西:《熊佛西戏剧文集》,上海文艺出版社 2000 年版,第 789 页。

灵魂。千万人的理智与情感,都融化一起,成为一个有机体,成为一个力量。"①熊佛西的概括揭示出戏剧作为人类群体艺术的功能本质。

熊佛西设想借助政治的力量自上而下向全国推行一种戏剧制度,建立一个覆盖乡村底层的"戏剧网"。届时,人人都有机会参加戏剧活动,戏剧不但成为人人生活中不可缺少的精神粮食,同时更成为他们的生活的一部分。对希望中的大众戏剧,熊佛西充满信心和期待。孙惠柱先生把定县实验的过程概括为三个阶段:"从平教会原来计划的改良旧式秧歌到熊佛西和他的同事们毅然引进反映现实生活的话剧";"再从平教会职员推出表证剧场到农民们自发组织话剧团";"农民对话剧的自发改造以及熊佛西等人在农民影响下所做的自觉创新,终于创造了现代世界戏剧史上的奇迹"。②"奇迹"一词概括得非常准确,因为熊佛西他们的创造特别是产生的惊人效果恐怕既是前无古人又是后无来者的。

如果从文化人类学的角度来看这场实验,我们就会发现,这是在一种特定的情境氛围中激活了人类的戏剧本能,从而彰显出戏剧的本质。对于戏剧的本质,当代英国著名戏剧理论家和导演马丁·艾思林根据他对戏剧的研究和导演经验写成的《戏剧剖析》一书中有独到的论述。马丁·艾思林感到辞典里关于戏剧的定义是引起误解的、不正确的。因为事实上,戏剧里体现的艺术、活动、人的渴望或本能,深深渗透在人性之中,渗透在人的无数行为之中,因而几乎不可能准确划清某种一般活动的终点和戏剧的起点两者之间的界线。儿童的游戏、部落舞蹈、宗教仪式、国家大典、皇帝凯旋、体育表演,这些包含强烈的戏剧因素的活动都不能视为真正意义的戏剧,但是它们和戏剧之间的界限确实是无法准确划定的。杂技、游艺厅表演、政治性游行、流行乐曲演奏等等能不能仍算作严格定义的戏剧形式,其实无关紧要,肯定无疑的是,戏剧艺术从这些形式中获得了重要的、有时甚至是意义极其重大的启发和推动。关于戏剧的本质,马丁·艾思林认为希腊语中戏剧(drama)一词,只是动作(action)的意思。戏剧就是摹拟的动作、仿效的动作,或人的行为再现,关键是着重强调动作,戏剧是艺术能在其中再创造出人的情境、人与人之间的关系的最具体的形式。说戏剧是一种对现实的模仿,这完全不是把戏剧当作一种无聊的娱乐,实际上是强调一切戏剧对于人类的兴盛和发展的无比重要性。各种戏剧演出形式,都是社会用来把它的行为准则传达给它的

---

① 熊佛西:《熊佛西戏剧文集》,上海文艺出版社2000年版,第792—793页。
② 孙惠柱著,沈亮译:《熊佛西的定县农民戏剧实验及其现实意义》,《戏剧艺术》2001年第1期。

成员们的主要工具之一。这种思想交流的作用，一方面在于鼓励效仿，一方面提供必须防止和避免的行为的实例。此外，戏剧还不仅是社会向它的成员灌输行为规范的一种手段，它也是表达思想，提供一种认识过程的手段。因为戏剧不仅是人类的真实行为最具体的艺术模仿，它也是我们用以想象人的各种境况的最具体的形式。在《作为集体体验的戏剧：仪式》一章，马丁·艾思林认识到：在某种意义上说来，观众不再是一群孤立的个人，而成为一种集体意识。在最好的情况下，在剧院里一个好剧本的好演出同感受力强的观众互相呼应，就能引起思想和情感的集中，从而加强理解的程度、感情的强度，直到更进一步的心领神会，使这种体验上升到类似一种宗教的体验——个人一生中的永志不忘的高峰。人作为一种社会动物，一种不可能孤立生活的动物，势必形成一个部落、一个氏族、一个民族的一部分，从而深切地依赖这些集体体验。因为一个社会团体的一致性就其定义而言，是由一系列共同的风俗、信仰、观念，由共同的语言、神话、法律和行为准则构成的。但是首要的是，这个团体（和其中的每一个个人）必须能够体验到它自己的一致性：仪式就是一个原始部落以及一个高度发达的社会用以体验这种一致性的手段之一。红印第安人围着图腾杖跳舞，以及千百万人观看总统就职或女王加冕典礼时的阅兵式，这些都是为了使人们直接地深切地体验到把他们作为社会团体紧密结合在一起的力量。一切仪式基本上都是戏剧性的，这不过是因为它构成一个场面，某种可以看见或听到的东西，再加上一批活生生的观众——他们想着圣餐，或加冕典礼，或国葬。因此，我们可以把仪式看作是一种戏剧性的、舞台上演出的事件，也可以把戏剧看作是一种仪式。在仪式里如同在戏剧里一样，其目的是要提高觉悟水平，使人对于生存的性质获得一次永志不忘的领悟，使个人重新精力充沛地去面对世界。用戏剧术语来说是净化；用宗教术语来说是神交，教化，彻悟。达到这些高度的精神目标的专门的手段必然是类似的：利用精练的语言或诗句、歌曲、音乐、赞美诗；还利用引人注目的视觉效果如服装、面具、舞蹈、富丽堂皇的建筑。剧院可以看作是世俗的教堂，而教堂可以看作是宗教的舞台。戏剧是一步一步地由仪式产生的，这在古希腊尤为明显，而且欧洲中世纪的一些奇迹剧和神秘剧，也都是由宗教仪式直接发展而来。由宗教仪式这同一个根源又产生了许许多多现代的政治仪式如总统就职典礼，许多大型运动会如国际足球赛或板球赛或奥林匹克运动会的仪式，还有宗教的和各种一般的游行，以及大量的其他公众仪式。所有这一切仍保持着许多戏剧因素，而且有一些迹象表明它们会再度同戏剧融合在一起。例如当前流行"广场剧"（即让观众也直接参加到演出的事件中去）的趋势，使得本来可能当作另一种公众仪式的活动,如假面舞会或宴会,也带上戏剧的因素。在仪式中正如在剧场里一样,一个团体会直接体验到它自己的一致性并且再次肯定它。这就使得戏剧成为一种极端政治性(因其突出的社会性)的艺术形式。而且正是由于仪式的性质,戏剧不仅为它的观众提供高度精神境界的集体体验,并且切切实实地教导他们,或者让他们想到它的行为准则,它的社会共处法则。①

从马丁·艾思林的论述中,我们可以看到,就其本质而言,戏剧是人类的一种生存方式,是人类群体的仪式,人类在仪式性的戏剧中找到自己的位置,有了方向感,明确了自身的责任和义务,同时戏剧也是一种娱乐,一种表达思想、抒发情感、释放能量的手段,因而戏剧是群体性与个体性的有机结合。熊佛西的定县农民戏剧,特别是农民的自发演剧充分地彰显出戏剧的这些本质因素。

四、农民演剧的现实意义

1931年安托南·阿尔托在巴黎的一个博览会上看到了来自印尼的巴厘舞蹈,那种重形体而不重语言的表现形式引发了他向原始戏剧探寻戏剧本原的思考,从而建立"残酷戏剧"的理论,并与斯坦尼斯拉夫、布莱希特的理论共同构成现代戏剧的三大体系。此后格洛托夫斯基的"质朴戏剧"、彼得·布鲁克的"大众戏剧"、理查·谢克纳的"环境戏剧"均受阿尔托的影响,从而形成一股由诸多流派构成的后现代戏剧思潮。其基本的特点是:不再重视戏剧的文学性而是强调演出,用全方位的艺术语汇来呈现戏剧,试图回到原始戏剧那种诗、舞、乐等多种艺术形式并存的总体风貌;打破生活与戏剧的界限,现实与虚幻并存,在演出中,过去、现在、将来都被现场时空所吞灭,成为正在进行的生活体验。情节似乎并不重要,重要的是这一切正在被经历着,与现场所有的人发生关系。当演员在观众面前进行引发性的表演,而观众给以真实的反应,戏剧与生活就结合在一起了。经过漫长的"第四堵墙"的阻隔,后现代戏剧家发现戏剧的真正魅力在于人与人之间活生生的交流,他们在实践中重新注重观众的参与,有意识地以多种方式安排观众体验演出。通过肌体、语言、动作以及味觉、嗅觉、触觉等各种感官手段,让观众接受与剧情有关的信息,使观众更为强烈地感受到戏剧所表达的思想。格洛托夫斯基认为他后期的戏剧实验是回归原始戏剧风格的"源头戏剧",它与"原始技巧的现象,包括陈旧或新生的有关,而这种原始的技巧把我们带回生活的源头和本

---

① 〔英〕马丁·艾思林著,罗婉华译:《戏剧剖析》,中国戏剧出版社1981年版,第1—23页。

质,回到直接的原始的感受,回到对生活的有机的原始的感受"①。

熊佛西进行定县戏剧实验与阿尔托提出"残酷戏剧"理论并进行实践几乎是同时,而彼此互不相识,这个历史的巧合足以引发人们诸多思考。毕竟他们生活的地域、文化环境、社会历史阶段有着太大的差异,但是人类生存的困境,对戏剧本质的探索,使他们走上几乎相同的道路。对此熊佛西曾有表述:"戏剧的最初形态是观众与演员不分的,他们在互相的混合中完成戏剧的表现。这种情形在古希腊的戏剧中,还可以看出残留的痕迹。以后舞台独立了,舞台又逐渐从观众席中向一方退缩,由希腊的圆台,经过罗马的半圆台,莎翁时代的讲坛式台,17世纪的突出台乃至19世纪的镜框式台,结果舞台与观众席被截成两个毫无联系的世界,观众与演员被分成两个彼此不相干的人群,毫无昔日互相混合的局势。近二十年来,各国前进的演出者们对这样的局势兴起一个共同的反动,在主张上和实际的活动上,都努力于舞台与观众合为一体,演员与观众的接近。"

剧场形态的变化集中体现戏剧观念的变化。20世纪剧场的革新运动总的方向是在创新中迈向回归,即由提供舞台幻觉向组织演出空间的方向转移。先锋戏剧家率先走出剧场,抛弃布景,在各类生活空间展开一系列打破戏剧与生活界限的实验,剧场观念被拓宽,旧仓库、大房间、街头、广场等各种社会生活场所,只要是戏剧观演空间均可视为剧场,从而突破了传统戏剧一成不变的观演关系,使观演关系的无限变化成为可能。现代戏剧对生活空间的融入实际上是戏剧观念的回归,20世纪初出现的现代戏剧就是在原始戏剧那里探寻戏剧的本质从而获得创作启示和灵感的。

孙惠柱先生总结道:"同熊总结的西方戏剧的变迁相比较,从三面观众的古代戏剧到镜框舞台剧场再到参与性的实验戏剧,这一漫长过程定县在短短的四年时间里就走完了。西方戏剧花了几个世纪才把观众和演员截然分开,而熊和他的同事们只花了几个月。然后,西方戏剧改革者又花了三十多年竭力打破镜框舞台的界限,这在定县也只花了三年时间。更有意义的是,熊一个人就亲历了从建立镜框舞台到相反方向的两种导演实验。"②熊佛西的定县农民戏剧实验的成功除了得力于一个有着特定氛围的环境,一种没有太多成见的真正的实验精神,一大群淳朴自然的实验对象,也得力于熊佛西由一个启蒙者向参与者、引导者的角色转变。

① 曹婷:《与生活空间互融的现代戏剧演出空间》,中国戏剧出版社2002年版,第49页。
② 孙惠柱著,沈亮译:《熊佛西的定县农民戏剧实验及其现实意义》,《戏剧艺术》2001年第1期。

　　熊佛西的定县农民戏剧实验是在一个前现代社会的民众中进行的,尽管话剧这种戏剧形式对当地农民来说非常陌生,但与自身生活相似的内容和形式很快就引起他们的兴趣,人类所共有的模仿的戏剧本能迅速激发出来,戏剧的集体性、仪式性、娱乐性这些本质的属性也就鲜明地凸显出来。当然,一旦环境起了变化,这一切就很快销声匿迹了。20 世纪 60 年代以来,西方戏剧实验者不断在寻找各种打破戏剧与生活界限的方法,进行直接介入生活的表演,他们最常演出的是半宗教式的仪式性戏剧,但都在观众参与这个问题上遇到严重的障碍,半宗教演出中难以理解甚至像谜一样的表演常常会迷惑甚至赶走观众。谢克纳总结若干实验的经验教训后,在《环境戏剧》中承认"观众参与"走进了死胡同,因为"观众带进演出中的分析能力阻碍了意在创造良好的交流和团结的所有努力……我们所处的文化不是一种目标和技术共享的村社文化"①。

　　20 世纪上半叶,在西方正是大众社会形成时期。西班牙哲学社会学家奥尔特加在《大众的反叛》中描述了一个显著的事实,一战以后,欧洲各国的大城市里拥挤着大群大群的陌生人,他们云集在饭店、剧院、海滨、公园、火车上甚至各种诊所。过去,他们居住在他们自己的地区,如乡村、小镇或大城市的一角,现在却很快云集起来,这就是现代社会的大众。在奥尔特加看来,现代社会的大众的特征在于他们失去了个人和小群体的独特个性和生活方式,因而在各方面体现出明显的一致性,大众是"平均的人"。启蒙运动以来的个性发现和自我张扬在现代大众中不复存在,只有平均一律千人一面的共同属性。奥尔特加认为这个现象的背后,则是社会新的分化和聚集。在他看来,西方社会正在进行的是大多数人与少数人的分化,这大多数人就是大众,而少数人则被称作"选择的少数"。"毫无疑问,这种可能对人性最激进的划分,使人性分裂为两种类型:一方面是对自己有更多要求承载着艰难和责任的人,另一方面是对自己没有任何特殊要求就这么活着的人,后者无需努力趋向完美,他们不过是随波逐流的浮标而已。"②然而,后现代社会的人们果真变成失去凝聚力、群体感的一个个孤零零的个体了吗? 显然也不是。因为人类毕竟仍然是群居的人类,人类的本能和本质也不会改变,我们在体育场、在各种集会上还是常常感受到兴奋甚至疯狂,而且人类正面临着更多的生态的、社会的问题。阿尔托、格洛托夫斯基他们显然属于被选择的少数,他们

---

① 孙惠柱著,沈亮译:《熊佛西的定县农民戏剧实验及其现实意义》,《戏剧艺术》2001 年第 1 期。
② 周宪:《二十世纪西方美学》,南京大学出版社 1997 年版,第 60 页。

从原始戏剧中汲取营养,执着于表达自己的真实而强烈的生命体验和悲观情绪,他们试图通过仪式化的表演,让观众来模仿演员自己创造的仪式,参与到这种体验,但他们或许忽略了他们与大众之间精神上的差异。事实上,后现代艺术实践往往陷入一种悖论,它们的出发点是想唤起民众对生存处境的感悟,而所采用的新颖奇特的方式却阻止了观众的介入。他们始终没有走出精英的立场,没有完成从启蒙到参与、引导的角色转变。大众固然是有盲目性和从众性,但在现实生存中,毕竟面临着许多共同的问题,有着许多共同的困惑和共同的需求。当代社会经济的发展使人们的孤立性增强,个体疏离,精神孤寂,钢筋水泥的人为环境对自然环境的侵蚀使人们的头脑日趋理智,无处不在的物质交换使人与人之间关系物化。真挚的感情、浪漫的爱欲、奇妙的幻想渐渐被物欲淹没,人们渴望有公共空间与他人共处与交流,渴望在生活和艺术中寻找到失落了的共同的精神家园。奥古斯都·伯奥的论坛戏剧的成功之处在于这种关于现实社会问题的像政治辩论、演讲比赛或多边讨论似的演出能真正引导当代观众的积极参与。仪式性是戏剧的固有的本质的属性,而仪式性的根本在于借助有规则的集体性的行为表达某种共同的信仰、意志或情感。格洛托夫斯基等后现代戏剧家往往从自身出发,探求人类生命中肉体和精神世界的真,同时希望借助本源的戏剧形式,激发观众相同的感受,使人类的生命力得以舒张。他们之所以未能达到预想的效果,恐怕主要是对现代社会的总体状况、对民众的精神世界和现实需求缺乏充分全面的了解,而熊佛西的定县戏剧之所以能常常吸引所有的人参与进来,是因为它们都有直接明了的社会政治主题。格洛托夫斯基他们人为的自创的仪式,更多的是仪式的外形,而不是在社区、集团中自然生成的真正意义上的仪式。

马丁·艾思林曾经强调:“戏剧(舞台剧)在 20 世纪后半叶仅仅是戏剧表达的一种形式,且是比较次要的一种形式;而电影、电视剧和广播剧等这类机械录制的戏剧,不论在技术方面可能有多么不同,但基本上仍然是戏剧,遵守的原则也就是戏剧的全部表达技巧所由产生的感受和领悟的心理学的基本原则。”①传统舞台戏剧的式微是不争的事实,有人因此认为戏剧是一种夕阳艺术,对戏剧的命运有一种爱莫能助的感觉。但如果我们把戏剧的概念作进一步的拓展,把目光投向民间,投向当代各种戏剧实验,投向当代戏剧的新形式,就不会再悲哀。因为戏剧是人类的本能,是人类生命活动的基本形式,是人类自我确证的一种方式。只要戏剧从业者在关注自身的同时,把目光

---

① 〔英〕马丁·艾斯林著,刘国彬译:《荒诞派戏剧》,中国戏剧出版社 1992 年版,第 4 页。

投向与他们共处同一空间的芸芸众生并与他们一同感受、一同思想就行,因为戏剧毕竟是群体的,属于所有人的。

当代中国,遗留的封建文化,资本主义的现代文化、后现代文化,具有中国特色的社会主义文化,相互对立又彼此交织,在这种复杂的文化语境中,我们看到各种戏剧现象。孙惠柱先生提到《南方周末》曾经报道江西一个镇的文化馆长发动全乡友情演出,用家用摄像机摄制一系列电视剧的故事,他认为:"这件事,不妨将之看作是定县经验的 90 年代版,这位文化馆长就是今天的熊佛西和杨村彬。"①浙江、福建一带农村的民间剧团在数量上有了很大的发展,这类演出平日就不少,年节时更是忙得不亦乐乎。戏剧的发展有自身的规律,但是,就目前而言,正如孙惠柱先生所说,我们确实需要像熊佛西这样的引导者。

（原载《戏剧艺术》2005 年第 6 期）

---

① 孙惠柱著,沈亮译:《熊佛西的定县农民戏剧实验及其现实意义》,《戏剧艺术》2001 年第 1 期。

雅俗夹缝中的另类启蒙

——20 世纪 30 年代定县农民戏剧实验

刘川鄂

一、"以文艺教育救愚"

1926 年，晏阳初率领中华平民教育促进会（以下简称平教会）总机关全体成员及家属迁往河北定县农村，开展乡村建设及平民教育实验。晏阳初认为，"愚穷弱私"是中华民族的四大病源，作为乡村建设重要内容的平民教育，"应乎今日我国民必不可少的要素，分为四大类：（一）'文艺教育'，以培养智识力；（二）'生计教育'，以增进生产力；（三）'公民教育'，以训练团结力；（四）'卫生教育'，以发育强健力"①。与晏阳初志同道合的熊佛西将之概括为："以文艺教育救愚，以生计教育救穷，以卫生教育救弱，以公民教育救私，期使我们的全民族，尤其是大多数的农民，人人都有知识力、生产力、强健力及团结力"，以"达到农村建设乃至民族再造、民族复兴的最大企图"②。

在平教会的四大教育中，文艺教育占据首要位置，发挥着重要作用。文艺教育包括平民文学实验与平民戏剧实验两个方面。平民文学实验的主要内容有：编印扫盲课本，编辑农民报、字典、历史图说，搜集和整理民间戏曲、故事、鼓词等，以进行文艺教育和公民教育。农民戏剧实验的主要内容有：创作、改编农民喜闻乐见的剧本，组建农民剧团，培养农民演员，建设符合农民戏剧要求的剧场，创造新式演剧法。以平教会戏剧研究委员会主任熊佛西挂帅，陈筑山、陈治策、孙伏园等一批知识分子参与的文艺大众化实践即以实现"以文艺教育救愚"为目标。

在乡村建设运动及其文艺大众化实践中，晏阳初与熊佛西心灵相通、一拍即合，二人的改良立场和启蒙思想相近是其重要因素。当时熊佛西是一个追求超阶级、超政治趣味的自由主义文人，因对都市戏剧创作、欣赏群体有所失望，他把目光投向广袤的乡村，试图找到一条戏剧大众化的有效道路。正如有学者指出，当时"许多自由主义和保

① 晏阳初：《平民教育的宗旨目的和最后的使命》，《晏阳初文集》，教育科学出版社 1989 年版，第 22 页。
② 熊佛西：《戏剧大众化之实验》，正中书局 1937 年版，第 20 页。

守主义的知识分子也由于对自己在都市中心弱小的政治力量感到失望而转向农村,开始在乡村民众中去寻找新的社会基础"①。熊佛西说:"中国今日的严重问题固然很多,但主要的还是如何谋得大多数人民的福利问题。稍具现代眼光的人,无不认为'求得大多数国民的福利',是中华民族今后唯一的出路。"而"农民是中国今日大多数的民众","因此我们也可以毫无疑问的说:今后的戏剧运动应该向农村里迈进"②。这可看作熊佛西标举文艺大众化旗帜的宣言。

熊佛西认为,戏剧是最能民众化且最应民众化的艺术。"新兴戏剧不把农工阶级抓住是不会有大希望的。我说把农工阶级抓住,并不包含什么'阶级斗争'的意义。那是政治家和经济家的工作,是另外一回事。我们是站在艺术与戏剧的立场而言农工。"③"新兴戏剧大众化,也可以说是要使新兴戏剧农民化。"④他认为应有适合占中国绝大多数人口的农民欣赏的戏剧,并将农民戏剧实验作为戏剧(文艺)大众化的一条行之有效的途径。自1932年初至1937年抗战全面爆发,熊佛西及其团队在定县开展了长达五年半的农民戏剧实验,创造了世界戏剧史上的奇迹。

服务于平教会工作是熊佛西等戏剧家的实验准则。他们在定县的戏剧活动几乎均围绕农村、农民教育而展开:为了农民,给他们以教益;适合农民,运用各种戏剧形式和手段培养农民的观剧兴趣和欣赏能力;交给农民,打破第四堵墙,让农民成为舞台的一员,兼具欣赏者和表演者的身份。

就戏剧与工农、戏剧与生活的关系,熊佛西明确指出:"我们要写出好的农工剧本,不能住在租界的洋楼里仅仅的'想',应该到农村去生活,到工厂去工作,去得到些农工生活的意识。"⑤定县实验的戏剧题材基本上以农村、农民为主。熊佛西创作了《锄头健儿》《屠户》《牛》《过渡》四部直接描写农村和农民生活的剧作,他的得力助手、学生杨村彬创作了《龙王渠》,戏剧家陈治策创作了《鸟国》,它们都属于较典型的"农民剧本"。为了在内容上"扣合农民生活",技巧上"以农民能读能演为原则"⑥,熊佛西还苦心孤诣地改编了旧作《喇叭》《穷途》《纪念日》《裸体》,以及根据历史故事创作的《卧

① 〔美〕艾恺著,郑大华等译:《梁漱溟传》,湖南出版社1988年版,第3页。
② 熊佛西:《中国戏剧运动的新途径》,中华平民教育促进会编《〈过渡〉演出特辑》,中华平民教育促进会1936年版,第6页。
③ 熊佛西:《怎样走入大众》,《写剧原理》,中华书局1933年版,第126页。
④ 熊佛西:《戏剧大众化之实验》,正中书局1937年版,第16页。
⑤ 熊佛西:《怎样走入大众》,《写剧原理》,中华书局1933年版,第129页。
⑥ 熊佛西:《戏剧大众化之实验》,正中书局1937年版,第30页。

薪尝胆》《兰芝与仲卿》等，还改编了同类题材的外国剧目，如爱尔兰女作家葛瑞格雷夫人的《月亮上升》和《市虎》、俄国作家果戈理的《巡按》、法国作家法朗士的《哑妻》等剧。①

如何在偏僻落后的河北定县农村将现代戏剧介绍给普通农民并使其接受，直接而有效的办法是通过戏剧表演观察和研究他们对戏剧的态度与需求，并进一步探索农民戏剧的内容和形式。定县农民戏剧实验初期，熊佛西等人将平教会的大礼堂改造为可容纳四百人的剧场，作为平教会的"表证剧场"公演戏剧，培养农民对于戏剧的兴趣和欣赏力。为了让大多数远离县城的农民能看到戏剧演出，熊佛西时常"送戏下乡"，率领剧团以"流动舞台"的形式将剧目搬到村镇游行公演。其中一些农民演员在参与表演中获得很大的心理满足，表演技能日臻完善，甚至成为戏剧大众化实验的骨干分子。熊佛西等人活跃在广大农村，营造了农村文化氛围，促进了戏剧在农村的传播与发展。在加强组建农民剧团、培训演员、指导排练剧目、举办巡回公演等实验软件建设的同时，他们还着重加强了露天剧场等硬件建设，将其视为实验工作的重头戏。

二、"为了适合老农老圃的口味"

熊佛西等人全力探索着有异于左翼、市民通俗文学等其他文艺大众化的新途径，在雅俗夹缝中进行着一种另类启蒙。

其一是治愚救国。"中国人最初接触话剧以及引进话剧的愿望，就有着强烈的救国冲动和功利期待。"②晏阳初倡导的乡村建设运动的重要目的是"除文盲，做新民"③，期以文艺教育治愚，实现对大众的启蒙，帮助他们树立民主与科学意识，核心是"造人"。熊佛西等人深入农村开展戏剧大众化实验，运用新的通俗文艺践行文化教育，以五四新文化替代在农村里顽固存在的封建旧文化，用现代文化浸润和影响农民特别是中青年，力图将中国农村逐渐从传统社会推进到现代文明社会。熊佛西说："我们在定县研究实验，并不是为定县，是要找出一套农民教育与农村建设的方法、内容，贡献给国家。"④他们希望通过平民教育启迪民众，服务于救亡图存和民族复兴的伟业。长期受欺压的农民，生活乃至意识等方面都趋向卑下，为此，戏剧首先要灌输给农民生产技

① 熊佛西：《戏剧大众化之实验》，正中书局 1937 年版，第 28—29 页。
② 田本相：《现当代戏剧论》，江西高校出版社 2006 年版，第 106 页。
③ 晏阳初：《中国的新民》，宋恩荣编《晏阳初文集》，科学教育出版社 1989 年版，第 38 页。
④ 马秋帆、熊明安：《晏阳初教育论著选》，人民教育出版社 1993 年版，第 257 页。

能、科学运用、身心健康、情感满足、集团训练、教育文化等方面的"向上的意识",期望他们建构具有向上意识的生活,塑造完美的人格。①

在东不落岗村实验剧场重新落成时,熊佛西发表演讲,为这个农民自发建造的剧场能像剧场对联写的那样"农闲办教育,戏剧扬国魂"而感到自豪。定县早期戏剧《锄头健儿》中的健儿直露地表白:"我自己一不信神,二不信鬼","我有两种信仰,第一信我'自己',第二信'科学'。"②此前,内容与形式都是封建遗物的旧剧长期占据农村舞台,潜移默化地影响着农民的思想观念,健儿的表白不啻为拥抱现代文明的振聋发聩的呼喊。

《过渡》是定县农民戏剧实验的重要作品,是其总结性演出,标志着实验的极大成功。在创作动机和表现内容上,熊佛西宣称此剧"专为中国今日农民而写",是为农民扮演而写,为了"表现我们大多数中国人的集团力量! 我们的民众也许没有表现这种力量的动向与习惯"③。《过渡》充满热烈气氛,是农民生命力的张扬,是集团力量的展示。当时,人们怀着极大的喜悦极力赞扬《过渡》"具体地做到戏剧大众化"④了,而农民演员和农民观众"他们只是把自己塑在台上。他们打开的就是他们自己的灵魂"⑤。演出引起了剧坛轰动,特别是引起北方新闻和文艺界的强烈关注。许多戏剧家从城市、从遥远的外地赶到东不落岗村,与几千名农民观众在寒风中跺着脚、搓着手观看演出,他们在观看后,纷纷撰文向全国宣扬此新式演出法,将其视作熊佛西"步入了一种新的境地"的标志,认为它"影响着中国剧运之前进",对熊佛西的农民戏剧给予充分的肯定。⑥

在全力投入新型戏剧内容和形式的探索、实验的同时,熊佛西等人也十分重视戏剧教育功能的研究,配合平教会平民教育及乡村建设运动目标任务的自觉要求,体现出一以贯之的启蒙思想。熊佛西融合平民教育思想和戏剧教育的特点,提出了剧场即学校的教育观,使戏剧活动由学校教育向社会教育延伸。剧场的观众相当于学生,演职员相当于教职员,剧本等同于教材,舞台等同于校址。在此,剧场教育的对象是广大

---

① 熊佛西:《戏剧大众化之实验》,正中书局 1937 年版,第 22、23 页。
② 熊佛西:《佛西戏剧》第 4 集,商务印书馆 1933 年版,第 93 页。
③ 熊佛西:《〈过渡〉的写作及其演出》,《华北日报》1937 年 1 月 11 日。
④ 姜公伟:《我们的推荐辞》,中华平民教育促进会编《〈过渡〉演出特辑》,中华平民教育促进会 1936 年版,第 28 页。
⑤ 张骏祥:《参观定县东不落岗村农民演剧记》,《北平晨报·剧刊》1936 年 1 月 12 日。
⑥ 马明:《熊佛西"戏剧大众化实验"新探》,陈多等编选《现代戏剧家熊佛西》,中国戏剧出版社 1985 年版,第 152 页。

农民，为生产建设、社会组织服务，与社会、建设联系紧密，目的在于改造农民生活，并培养他们改造生活的力量。在熊佛西眼中，定县是一个巨大的剧场和舞台，所有的同人和观众都是剧人。从秧歌的改良到新戏剧的编写，从表演、导演技艺的传授到大胆创造革新，从平教会职员的示范活动到培养纯粹的农民文艺骨干和戏剧观众、群众演员，从全身心具体的实践到理性的理论总结，定县农民戏剧实验也是呕心沥血播撒戏剧种子、培养戏剧人才的过程。"从宏观上对中国新兴戏剧的任务、教育功能，作了创造性的探索；从微观上对农民戏剧的写作技巧、演出方法、剧团组织形式、学员培训都作了深入的研究。"①定县农民戏剧实验最兴盛时，有农民剧团数十个，农民演员近千人，观众人次更是数以万计。

其二是自然乡村。民间文艺起自民众自发的创作，缘情而发，直抒胸臆，具有浓厚的乡土意味、地域色彩和民族特色。创作上带有很强的主体精神参与和智性投入的色彩，个性化特征非常明显。民间文艺并不等同于通俗文艺，通俗文艺一般来说与都市的联系较紧密，依靠市场满足民众休闲、娱乐的需求，是时代感、时尚性强烈的流行文艺。左翼大众化文艺倾向于民间文艺，但其文艺产品是专业的左翼文艺家生产的，非民众自发的原生态文艺，创作上具有较强的模式化以及精神消费性特征，总体上是试图以大众文艺的方式来创作服务于宣传的流行的民间文艺。定县农民戏剧实验有别于市民通俗文学和左翼大众文学的主要特征即在于，专业文艺家和农民共同参与创作具有浓厚自然乡村意味的民间文艺。

中国现代戏剧从西方引进初期的主要受众是知识分子，而后经过相当长时间，才逐渐扩大到城市市民阶层乃至城乡平民。熊佛西等人的戏剧大众化实验包含戏剧农民化、戏剧化农民、农民戏剧化等多层涵义。定县农民戏剧实验不仅要使文化程度不太高的普通农民成为戏剧的客体对象——观众，而且要使他们成为现代戏剧的生产者、创造者。鼓励并引导农民成为农民戏剧的主人是实验的主要目标与任务，同样也是熊佛西构建中国现代戏剧体系理想的重要组成部分。激情涌动的时空中，一种自然乡村的新民间文艺诞生了。

定县农民戏剧实验剧本反映的是农民的真实生活和农民趣味，剧场是广大农村田野间的露天剧场，演员和观众几乎全是农民。此外，剧作者在剧本创作过程中及时、充

①　马明：《熊佛西"戏剧大众化实验"新探》，陈多等编选《现代戏剧家熊佛西》，中国戏剧出版社 1985
　　年版，第 96 页。

分地吸收了农民的各种合理意见,某种意义上,农民间接参与了剧本的创作。借助形式的解放,农民戏剧成为农民的一种生活方式,一种愉悦身心的文艺途径,他们未感觉到是在看戏,而是在参加表演,或者未感觉到是在参加表演,而是在经历能直接触摸的农村日常生活。在此,没有旁观者,只有活动者,在激情涌动的时空中,一种自然乡村的新民间文艺诞生了。

其三是雅俗共融。20世纪二三十年代,从读者对象和消费市场来看,新旧文学处于一种相互抗衡、渗透和转化的动态过程中。此时,新文学内部也出现了雅俗的迁移和转化:左翼文学大张旗鼓地提出文艺大众化,由雅向俗自觉迁移,进行了多样化的形式探索;为了满足部分新兴市民较高水平的文化消费需求,部分文艺家主动进行带有很强都市色彩的新通俗文艺实践。与此同时,通俗文学为了争夺读者和市场,也在保持传统特色的基础上,借鉴新文学和外国文学的新因素不断提升品位而自我雅化。总体来看,雅俗文学在新的社会条件和市场需求下,都在进行各自的调整以达成新的文学雅俗风貌。但把洋、雅的戏剧形式移植到垄上,将其造为农民艺术,这种大胆的大众化尝试,定县农民戏剧实验可谓首开先河。

"为了适合老农老圃的口味"①,无论是剧场还是演剧方法以及舞台艺术等,熊佛西等人在土洋、雅俗等方面都有综合考量。杨村彬曾坦陈,突破镜框式舞台、打破第四堵墙、抛弃专业性或商业性剧场的"新的剧场和演出法",既受我国古代祈神的祭坛的启示,又呼应着新的戏剧哲学。② 熊佛西等人执着于"戏剧是属于大众的艺术"③的信念,在戏剧大众化的导向中将传统与现代完美结合,变雅为俗,极俗返雅,在实验中形成了农民戏剧独特的美学风格。

乡村建设运动与文艺大众化实践中的精英知识分子,为了发展现代文艺、治愚救国,勇敢地走出象牙塔,投身于大众的海洋。其创作的文艺作品既不同于倾向于纯艺术性探索的知识精英文学,又不同于明确提出服务于工农大众但易流于直白的政治说教的左翼文学,也有别于以都市平民为对象极具娱乐、传奇色彩的市民通俗文学,更异于抱残守缺的旧通俗文学及国民党右翼文学,而以自己的方式呈现一种独有的特征:

---

① 杨村彬:《序》,中华平民教育促进会编《〈过渡〉演出特辑》,中华平民教育促进会1936年版,第14页。
② 胡星亮:《农民话剧:汲取民间戏剧的创造——论30年代河北定县"农民戏剧"之实践》,《戏剧》1999年第2期。
③ 熊佛西:《〈过渡〉的写作及其演出》,中华平民教育促进会编《〈过渡〉演出特辑》,中华平民教育促进会1936年版,第4页。

带有很强的启蒙理性和文艺创作上自觉的极俗化、极雅化特征,立足民间,放眼农村,服务农民,以启蒙理性驾驭中西文艺创作技法,在多元文化的交汇中熔铸符合时代需要的民族形式,创作为农民群众喜闻乐见的雅俗共融的独特精神产品。由此,熊佛西等人的文艺大众化实践可视作主流雅俗文艺边缘的另类启蒙。

熊佛西等人的戏剧实践极大地促进了平教会的实验工作。定县农民戏剧实验充分发挥文艺"寓教于乐"的功能,增强了农民的思想文化知识,提高了农民艺术修养,陶冶了农民性情,塑造了"新民",为平教会在定县的乡村建设工作凝聚了民心,鼓舞了士气,为其他生计、卫生、公民教育奠定了坚实的基础。除了编演戏剧外,熊佛西创作的《喇叭》《屠户》等六个剧本曾作为平民读物由平教会分别出版单行本,进一步服务于平民教育,扩大了实验影响。在乡村建设中,定县农民戏剧实验氛围热烈、成效显著,由此构成了 20 世纪 30 年代知识分子参与文化启蒙和民族复兴的动人景观。

三、"试探一种适合大众生活的戏剧形式"

戏剧是大众的艺术,这是熊佛西戏剧思想的核心,把观众扩大到底层工农群众是其一直努力的方向。定县农民戏剧实验具有以下三个明显的艺术特点。

首先,重视在农民戏剧中表现农民生活、塑造新农民形象。从现实主义的创作原则出发,熊佛西等人的剧作触及农村社会矛盾,反映农民的困苦生活,揭示地主豪绅鱼肉乡民、贪酷残暴的社会本质,寄寓了作者鲜明的爱憎情感和价值取向,他们在反映农村生活的深度以及艺术的真实性上呈现出一定的艺术特色和水准。《锄头健儿》是熊佛西在定县创作的第一个农民戏剧。该剧成功塑造了青年农民健儿的形象,他敢于破除迷信、放火烧庙,具有"向上的意识",其中寄寓了剧作家对农村、农民的希望,试图通过"在今日农村中实是罕有"①的健儿形象传达平教会的"新民"思想。三幕剧《屠户》以精湛的艺术笔法塑造了恶霸地主、高利贷者孔大爷的形象,并在剧中歌颂了农民群体的力量,希望训练有素的新农民群体联合起来,共同对抗为富不仁者。在《屠户》的一次演出中,当演到孔大爷侵占农民的房屋时,台下有一青年农民突然站起来愤怒地向台上骂道:"搂他妈的老浑蛋!"在台下看戏的熊佛西对此始料不及又深受感动,从事农民戏剧的信心大增。② 三幕剧《牛》揭露了官绅勾结共同欺压百姓的罪恶。剧中塑

---

① 熊佛西:《戏剧大众化之实验》,正中书局 1937 年版,第 39 页。
② 熊佛西:《戏剧大众化之实验》,正中书局 1937 年版,第 25 页。

造的两个反面人物分别是地主彭二和赵局长,彭二不是孔大爷般的旧式土豪,而是一个受过现代教育且曾在衙门公干,熟谙当时官僚体系各种规则的新劣绅。相对于愚蠢无知的地主阶级人物,彭二的精明博识使其阴险和狠毒更甚于他人。赵局长则是贪官污吏的典型,一向靠搜刮民脂民膏过着荒淫无耻的生活。作者还通过农民王四的悲剧一生,表现了要么上山入伙拼命求生,要么守土为本走向死亡的农民命运。

《过渡》是熊佛西思想进步的一个阶段性标志。剧作以"大流河"的一个渡口为主要场景,以回乡大学生张国本和胡船户为主要人物,通过张国本积极倡导建桥和胡船户竭力反对建桥激起戏剧冲突,围绕剧情的主线索,穿插被胡船户蒙蔽的船工与建桥者的矛盾,同时也刻画了桥工、船工以及胡船户的帮凶等群体人物形象。剧作从一个侧面反映了旧中国农村社会凋敝、豪绅地主把持大权的现状,以及展示了地下躁动的阶级斗争潜流。在剧中,丰满的群众集体形象生动地展示了"群体力量"。建桥的目的是方便交通,必须靠众人齐心协力才能取得成功,"而桥……这来往的工具……有过渡的意义"①——人从无知的体力劳动者向具有"四力"新民的转化,社会从贫穷落后向科学昌明转化,所以桥在此具有时间和空间的多维涵义。虽然在改良思想的影响下,戏剧以衙门老爷惩办劣绅作为故事的结局,使其似乎重回古典戏曲的思维格局,但能认识到且敢于歌颂劳动人民身上的伟大斗争力量,是剧作家切实的进步。注重塑造努力学习新知、掌握科学、积极向上、敢于斗争的新农民形象,强调在戏剧中用群体性表演展现群体的力量,艺术活动和启蒙教育包括农民通过观赏和演出进行自我教育相结合,是激发农民"向上的意识"的启蒙戏剧观的鲜明体现。

其次,尊重农民的审美趣味,形成农民能"接受"的审美风格。熊佛西在总结农民戏剧实验的文章《中国戏剧运动的新途径》中说:"我们必须顾到两个条件:一是农民需要的,二是农民能够接受的。我常说戏剧不仅是'给与'的问题,同时还得顾到观众能否'接受'的反应。农民需要的内容不见得就是农民能够接受的;反之,农民能够接受的内容也不见得就是农民应该需要的。"②如何让农民接受戏剧,进而培养他们的"向上的意识",熊佛西等人切实进行行之有效的戏剧艺术探索,定县农民戏剧由此形成如下审美风格。

---

① 杨村彬:《序》,中华平民教育促进会编《〈过渡〉演出特辑》,中华平民教育促进会 1936 年版,第 14 页。

② 熊佛西:《中国戏剧运动的新途径》,中华平民教育促进会编《〈过渡〉演出特辑》,中华平民教育促进会 1936 年版,第 7 页。

一是单纯至上。鉴于经济条件的限制，宏大繁复的西洋演剧形式难以在农村推广普及，熊佛西极力主张单纯至上的戏剧观："挑几个主要的角色，表现一个精彩的思想，采用简略的背景，减除观众的负担。"①单纯，不仅是从现实经济状况着眼来减除创作和接受双方的经济负担，保证演剧活动能在基本的物质条件基础上进行，而且包含戏剧本身的艺术追求。中国的农民活在大自然中，生在单纯的环境中，戏剧的单纯与农民的朴素相应和。单纯合乎中国农民的生活方式和生活情调。因此，单纯并不是戏剧艺术含量的稀释和美学价值的缺失，而是去除繁文缛节之后浓缩而成的精华，其呈现出精练含蓄、形简神丰的审美特点。

二是通俗易懂。熊佛西极其重视农民对戏剧的欣赏口味和接受能力，就农民来说，通俗的作品才有征服他们、打动他们的效力。"假如剧本的艺术过于深邃，他们决难欣赏，所以大众戏剧的艺术应该深入浅出，雅俗共赏。"②在定县，戏剧的大众化即戏剧的农民化，农民戏剧始终以农民为核心，与农民生活密切联系，于农民有利、有益，使他们既能熟悉理解，又能准确生动地表演。

三是故事生动。熊佛西通过实验发现，"农民最感兴趣的是一个动人的故事"，故事性最能抓住农民心理。农民戏剧的剧本结构必须是"很具体而生动的故事，这故事最好是多靠运动——特别是外形的动作——来表现"③。要富于浓厚的情感和实际生活，不要理智和抽象的成分。曲折生动、动作性强的故事和性格鲜明的人物，本是中国古典小说和戏曲的特征，也最为符合中国农民观看戏剧的情感逻辑。在此，熊佛西等人十分注重以趣味性的细节增强戏剧的故事性。在戏剧结尾安排上，往往以大团圆的故事结局满足农民的观赏期待。

四是回归音乐。中国古典戏曲的优长之处在于拥有动人的音乐、浓郁的乡土气息，它是根植于地方语言和民间音乐基础上的"乡音"。不同调式、旋律、节奏构成的地方音乐，是属于劳动人民自己的音乐，能反映各地的风土人情，使劳动人民感到自然亲切，引起情感上的共鸣。熊佛西为了增强话剧和戏曲的有机融合，为此留心搜集了许多民间歌谣，十分注意民间音乐在戏剧中的运用。如曾在《鸟国》、《过渡》等演出中采用一些曲调和歌声，效果十分明显。

五是动作性强。"戏剧与别种艺术的不同点，当然是它的动作……自有戏剧以

① 熊佛西：《单纯主义》，《写剧原理》，中华书局1933年版，第22页。
② 熊佛西：《怎样走入大众》，《写剧原理》，中华书局1933年版，第129—130页。
③ 熊佛西：《戏剧大众化之实验》，正中书局1937年版，第30页。

来……没有一出是没有动作的戏。"①熊佛西还进一步解释戏剧性："简言之,就是剧中的一种动作,这种动作只在戏剧里才有。"②定县农民戏剧之所以广受欢迎,上演率高,观众众多,其亦庄亦谐的动作设计功不可没。其戏剧动作繁复丰富,善于表现人物的感情。如《屠户》中弟兄吵架、《过渡》中建桥和毁桥的动作,都给观众留下了深刻的印象。

定县农民戏剧实验始终遵循"观众必需"和"能够接受"兼顾的原则,既反对"太浅"亦力避"太深","太浅了,无聊,于他们的生活毫无启示;太深了,他们不能接受,未免徒劳"③。熊佛西和他的同仁竭力探索单纯而生动的农民话剧风格,取得了良好的效果。

最后,戏剧舞台和表演技艺得以革新。欧洲文艺复兴以来特别是 19 世纪以后,镜框式舞台一直占据统治地位,但镜框式舞台对于扩大表演空间、发挥戏剧艺术直接与观众交流的特长有所限制。改变剧场格式,重新处理舞台空间,积极与观众交流,成为近代戏剧革新潮流的一个显著特征。熊佛西在反思流行的镜框式舞台的弊端后,认为"倘以广大民众为对象的戏剧,这和形式(指镜框式舞台)决不能表现其社会功能。因之,我们不能不另求新的途径探一种适合大众生活的戏剧形式"④。熊佛西等人的戏剧想象与实践更多地立足于当时的中国农村,源于对农民演员、观众在传统节日和戏剧实践中种种自然生命状态的体察,由此更符合中国农民的观剧习惯。

熊佛西认为,农村的经济条件和农民的审美情趣与城市市民、知识分子不同,他们并不热衷于室内剧场的方正规矩。相反,与大自然交融的露天剧场更适合农民大众的生活处境和生活习惯。农民成天与大自然为伍,辛勤耕作于天地之间,露天剧场演出使他们"回到了老家,他们不会觉得不惯,不会感到生疏"。熊佛西在实践中观察发现,露天剧场在促进农民戏剧发展中有着独到的价值。他认为,"从事于合用的,也就是得听、得看、得演的露天剧场的设计及建筑"⑤,应是最符合大众化戏剧实验的理想的戏

---

① 熊佛西:《戏剧究竟是什么》,《佛西论剧》,新月书店 1931 年版,第 20 页。
② 熊佛西:《何谓戏剧诗人》,《佛西论剧》,新月书店 1931 年版,第 34 页。
③ 熊佛西:《〈过渡〉的写作及其演出》,中华平民教育促进会编《〈过渡〉演出特辑》,中华平民教育促进会 1936 年版,第 5 页。
④ 熊佛西:《中国戏剧运动的新途径》,中华平民教育促进会编《〈过渡〉演出特辑》,中华平民教育促进会 1936 年版,第 9 页。
⑤ 熊佛西:《戏剧大众化之实验》,正中书局 1937 年版,第 72 页。

剧空间形式，且农村的经济状况也能承担低廉的建筑费用。经过几年的实践探索，在吸取了前期演剧的经验教训、综观中外戏剧历史现状的基础上，熊佛西等人齐心协力，奇迹般地创造了"跳出镜框，与观众握手；揭开屋顶，打破围墙，与自然同化"的露天剧场，基本消弭了舞台与观众席的界限，破除了演员与观众之间的隔阂，追求随意自然、浑然一体的自由境界，这是一种"极富有伸缩性的新型剧场"①。

以都市剧院为代表的室内剧场建筑、镜框式舞台和演剧形式，演员和观众被舞台与观众席明显地分割成界限分明的两个部分，不符合农民戏剧的根本要求。麦场、高坡、庙台等简陋的室外剧场，又与农民戏剧蓬勃发展的现实和长远要求不相适应。单纯的露天剧场虽"与大自然同化"，但仍缺乏戏剧表演应有的建筑形式，甚或成为各种新的表演方法的桎梏。于是，熊佛西等人对东不落岗村露天剧场进行了改建。改建后的剧场呈卵状，围绕剧场栽有两排树木，后墙和侧墙是天蓝色的弧形墙面，舞台中央的主台与设置在观众当中的两座副台的配合，主台与副台间的过道以及舞台与观众席间的台阶之运用，都是为了使剧场与大自然更谐调一致，演员与观众更易于交混融合，达到大自然与剧场、剧场与农民同化的目的。它既是露天的，又有较完备的剧场形式；既能再现原始的演剧形式，又能表现现代生活与情感。农民活在大自然中，生在单纯的环境中，他们走进东不落岗村的露天剧场时倍感亲切。"这些人在观看时，常常将戏剧情境带来的严肃性和真实世界要求的超脱性混在一起，产生了一种轻信的游戏感或者说游戏般的认真。定县的农民们在观看与节庆无关的新戏剧时也保留了这样的心理。尽管有了固定的将戏与生活区分开来的演出框架，话剧内容的真实性和现实性反而更使观众将戏剧情境和现实世界混淆起来。"②

新型剧场与新的演出法相辅相成。这种与自然和农民贴近的演剧环境，为"把戏剧的活动扩大，将观众与演员间的隔阂用种种方法破除"提供了极大的可能性，大大激发了农民朴素却不乏粗犷的情感。熊佛西等人以改变观众的旁观者身份为出发点，要让每个人都参与到表演中来，达到"剧场中没有一个是旁观者，人人都是活动者。所表演的内容不是'他'或'他们'的事，而是'我们'大家的事。如此，大家才能感到戏剧的亲切"。具体的做法是："废除'幕线'，即台上台下打成一片，演员观众不分。演员可以表演于台下，观众可以活动于台上；演员与观众，观众与演员，整个的溶化成一体。在

① 熊佛西：《戏剧大众化之实验》，正中书局 1937 年版，第 82 页。
② 孙惠柱著，沈亮译：《熊佛西的定县农民戏剧实验及其现实意义》，《戏剧艺术》2001 年第 1 期。

一个目标之下,在一个区域之内,他们一同哭笑,一同思想,一同活动,一同感动,一同前进! 最好是在露天,以青山绿水为背景;以日月星辰为灯光!"①由此,分隔台上与台下的"幕线"消失了,演出时利用主台、副台、台阶和过道等的巧妙配合,演员可以表演于台下,观众可以活动于台上,台上与台下、演员与观众真正地融为一体。

　　熊佛西将新式演出法归纳为以下几种方式:一是台上台下沟通式——如利用"轮道"或台阶,使演员和观众可以自由上下,或利用演员与观众对白,使台上台下联为一个有机的整体。二是观众包围演员式——像马戏场那样,观众在四周围观,演员在当中表演,表演的地方或为高台,或为低地。三是演员包围观众式——在观众的四面八方全有演员表演,把观众包围在戏剧的动作中。四是流动式——像中国传统的会戏般人随戏走,演员和观众可走出剧场,戏剧也由此成为街头剧、车上剧等。这几种演出方法相互联系,但各有特点。总体来说,它们已从观众与演员的浅层交流发展到双方的深层互动,从有限的剧场空间扩展至剧场外更广阔的天地。

　　"观众与演员打成一片"的新演出法,继承了传统文化遗产的因素,如河北民间的高跷、旱船、龙灯等具有的一些特点。熊佛西将其誉为定县农民戏剧"最理想的新式演出法"。在相关实践中,杨村彬在《龙王渠》中大量应用了中国民俗文化的元素,如凤阳花鼓、龙王庙、龙王像、香客和看客、灯笼和火把、巫婆祈求龙王保护的表演仪式、传统武术的优美动作等,从而具有唤起历史文化记忆的审美潜能。

　　定县农民戏剧的成功经验证明:经过文艺教育和熏陶后的中国农民,不仅能脱掉文盲的帽子,而且能提高艺术素养,培养新的戏剧审美趣味和文艺鉴赏力,甚至能积极地参与现代戏剧的表演和创作。定县农民戏剧实验将源自西方且被视为只能登大雅之堂的话剧改造为农民艺术,这在中国现代戏剧史上首开先河,于世界戏剧界也有独特价值。

(原载《文艺评论》2013 年第 4 期)

---

① 熊佛西:《中国戏剧运动的新途径》,中华平民教育促进会编《〈过渡〉演出特辑》,中华平民教育促进会 1936 年版,第 9 页。

熊佛西与河北定县的"农民戏剧实验"

吴福辉

熊佛西 1930 年代上半期曾主持过河北定县的"农民戏剧实验"。这表面上让后人有些难于理解的事情,实际是事出有因的。熊佛西一个在西洋学习戏剧的留学生,能成为中国早期话剧的创始者之一这并不奇怪,可他会在乡村推行话剧的大众化、农民化,就离不开当时中国总体的政治、文化环境了。

中国的出路在于农民。通过改变农村、依靠农村来救中国,大概是百年来许多有识之士的共同见解。到农村搞武装斗争是一条道路,它不应完全掩盖住另一种试图用温和方式改造农村的方略。后者知名的,如梁漱溟在邹平创办"山东乡村建设研究院",陶行知在江苏办晓庄师范进行"乡村教育"实践,晏阳初在全国多处推行"平民教育运动"和"乡村建设实验",他们的志向是不谋而合、相互呼应的。而熊佛西的农村戏剧事业就附着在晏阳初 1920—1930 年代领导的中华平民教育促进会(简称"平教会")总会之下,是其中不可或缺的组成部分。平教会的宗旨是改造民族生活,对象虽称是"全民",重心后来都放在了"农民"身上,可以说是进行"乡村建设实验"、"农民教育实验"的机构。晏阳初本人的大学学业是在香港大学和美国耶鲁大学完成的,又获得普林斯顿大学历史学硕士学位,他眼界阔大,对建设民族国家有持久的热情。平教会是个民间组织,不拿当时国民政府的钱,主要经费均募自美国洛克菲勒基金会等处,所以他的活动相对独立,手脚也比较放得开些。自 1926 年起,选定河北定县作为"乡村实验"的主要区域,这一"实验"属于全方位的性质,包括政治、经济、卫生、文化各个方面,重点放在"人"身上,这是中国近代以来的传统,力图将旧式农民转化为"新民"。据熊佛西回忆说:"平教会最初以识字运动开始,以后该会干事长晏阳初又发现我们的民族不仅缺乏知识,而且缺乏经济,缺乏健康,缺乏合群的习惯。简而言之,可用愚穷弱私四个字来代表我们民族的病源。"因为重点在人,"教育"便成了中心,"以文艺教育救愚,以生计教育救穷,以卫生教育救弱,以公民教育救私,期使我们的全民族,尤其是大多数的农民,人人都有知识力、生产力、强健力及团结力","改进生活,改善环境,而达到农村建设乃至民族再造、民族复兴的最大企图"①。这设

---

① 熊佛西:《戏剧大众化之实验》,正中书局 1937 年版,第 19—20 页。

想不可谓不纯正博大。所谓的四大教育,是将"文艺教育"放在了前面的。而最适宜于农民的"文艺"历来便是戏曲。于是,在中国共产党从苏区根据地到延安解放区积极实行大众化戏剧革命的同时,定县的"农民戏剧实验"也在1932年到1937年间平行地展开了另一条戏剧大众化的路径。1937年熊佛西写出的《戏剧大众化之实验》一书,就是获得显著成果的一个标志。

《戏剧大众化之实验》一书现在已很难找到了。此书书前有晏阳初的短序一篇,应当是评价这场戏剧改革的权威发言。他说:

> 戏剧是艺术教育的一种,在广大的民众教育上占有重要的地位,因为它是直接影响民众生活的。我国昔日有所谓"高台教化"之说,足见戏剧与教育关系之密切。可惜现在流行的传统戏剧不能适应这一时代民众生活的需要,且现在一般人都把戏剧看成一种消遣品,实已失去了戏剧的教育使命。我们平教会有鉴于此,特在定县实验区从事戏剧的研究与实验,请熊佛西先生主持其事,以期在农村中创造一种适应时代需要的大众戏剧。我们除作戏剧本身的内容与形式的研究实验外,尤着重戏剧与教育的效力的研究。整个的定县农村就是我们的实验室,就是我们的大舞台。定县四十万农民的生活就是我们研究实验的对象。熊佛西先生著的这本《戏剧大众化之实验》,就是我们在戏剧方面研究实验的经过——亦可以说是我们的得失经验。我希望这本书出版之后,不但能影响整个的中国剧坛,并且还能予以我国教育界极大的启示。书中第七章所说的戏剧制度或"戏剧网"的建设,尤有深长的意义。①

受命主持这项实验的熊佛西,自称"农家子弟",他在燕京大学读书期间曾与欧阳予倩、茅盾等人组织过民众戏剧社,写过话剧。之后赴美国哥伦比亚大学研究文学、戏剧,回国后担任中国第一个戏剧教育机构国立北京艺术专门学校戏剧系主任。晏阳初所聘平教会各部门负责人多为专家型的欧美留学生,熊佛西各方面都符合条件,遂成为平教会教育部"农村戏剧研究设计"的负责人,也是顺理成章。1932年1月定县的乡村戏剧实验第一批进入的人员有陈治策、张鸣琦、杨村彬等,最初重视的是挖掘、提高乡村固有的戏剧形式,改编了许多秧歌,出版过新编秧歌选本。这很像后来延安"鲁

---

① 晏阳初:《戏剧大众化之实验·序》,正中书局1937年版,第1页。

艺闹秧歌"的情景。熊佛西并不是完全忽视农民秧歌,不过他认为旧的形式浸透了旧的内容是很难彻底改变的,他力主放弃重编民间戏曲的方针,不但不改革传统的戏曲,也不硬抄袭西洋的戏剧,虽说它们的一部分原则和原素也是我们在创造过程中所要参考的资料。他继承"五四"的启蒙精神,选择话剧这种新型样式来加以改造,"主要的依据只是大众,只是大众的生活及其环境",目标是"要把戏剧大众化,要致力于大众戏剧的实践","根据中国今日农民的现况,在农民当中创造一种新的农民戏剧"①。

熊佛西等人致力的"农民戏剧"是个什么样子的呢? 他们是通过改编、改译、创作这三种途径来改造剧本的内容;再通过训练农民剧团、设计农村剧场来改变话剧在农村的演出方式。综合起来,完成定县农民戏剧实验的样本并加以推广,使其成为全社会的财富。

对于剧本,他们提出以"向上的意识"作为写剧本的原则。这包括"必须钻到农村里去,必须深入民间,在那里观察,在那里体验,观察体验农民的生活,体验观察农民的心理(政治的与经济的心理)。这样才能了解农民的情感,不,我们才能有农民的情感"。而在中国的农民"未具现代生活最低的条件"之前,主张不宜进行政治党派的思想训练。认为"在农民的生活和意识都向上了之后,他们才能理解左或右的问题,他们才能明白向左或向右的意义,他们才能有力量担当左或右的行动"②。这种貌似中间的、抽象的立场,因为有了结合广大农民切身利益的前提,所谓"向上意识"的剧本便必然成了能够表现农民生活、具有农民思想感情的剧本。定县农民戏剧"改编"历史故事和民间传说,如《卧薪尝胆》、《兰芝与仲卿》,显然都是发扬民族正气和人民自由精神的。"改译"的剧,如将爱尔兰女作家葛瑞格雷夫人的代表作《月亮上升》改成东北爱国志士的逃亡故事;俄国果戈理的代表作《巡按》的改编是将官场的腐败尽数暴露给农民看,都是运用人民眼光来观察世界,欣赏趣味尽量接近农民,又要提高农民的。尤其是"创作"的话剧,如熊佛西的《屠户》、《过渡》,杨村彬的《龙王渠》,陈治策的《鸟国》等,都是站在农民一边,来反映农村不公平的、痛苦无保障的生活及群起斗争的事实。以《屠户》为例,"此剧是对于农村中土豪劣绅剥削贫苦农民的描写,尤其着重于今日中国农村一大问题的高利贷罪恶的暴露"③。剧中主要人物孔大爷向农民重利借贷,拨弄是非,欺压良善,横行乡里,乡民呼之为"孔屠户"。孔屠户的阴谋诡计终于败露,人神共

① 晏阳初:《戏剧大众化之实验·序》,正中书局 1937 年版,第 18—19 页。
② 晏阳初:《戏剧大众化之实验·序》,正中书局 1937 年版,第 21—23 页。
③ 晏阳初:《戏剧大众化之实验·序》,正中书局 1937 年版,第 24 页。

愤,老百姓忍无可忍地向县政府告发了他。这个剧在定县农村巡回演出了二十多次,有一次在某村演到孔屠户强夺还不起高利贷的王大的房屋时,台下一个青年农民突然站起来,面红耳赤地朝台上高声骂道:"揍他妈的老浑蛋!"同时各乡出现了流行语,凡碰上放印子钱的人就在后面指点说:"他简直是孔屠户!"可见演出影响力之大。熊佛西的《过渡》更是定县农民戏剧的代表性作品。此剧围绕村庄之间横隔河道的修桥问题,表现乡民和乡绅的矛盾:乡民要争取河东河西交通的便利,乡绅胡船户要把持渡河船资可以随意勒索的权力。下乡服务的某青年学生带动大家筑桥,胡船户除了公然设法驱逐外来青年,暗地里还鼓动受蒙蔽的保守船夫谋杀青年桥工。船夫寡妻索钱葬夫反被踢死,事败后横行霸道的胡船户受到官厅的拘捕,船夫们觉悟了,也加入了建桥工作。建桥是为了解决河的"过渡"问题,农民从不觉悟到觉悟也有一个逐渐"过渡"的过程,剧目的含义就此凸现。这剧的"教育意义"指向非常明显,剧中人物众多(需要更多的群众演员),场面气氛热烈,适合于广场演出。在县里东不落岗村晚上排练的时候,吸引了本村和周围三里五里村庄的人来围观。一天,有五六里外的唐城村人来参观,看后感叹地说:"我们村里的事都编出戏来了! 编得真快!"实际上熊佛西等人并不知道邻村真的发生了农民搭桥、本村乡绅反对的事件。后来农民戏剧实验者们去县政府调集邻村的案卷,才知道那个村的乡绅手段更加厉害,是先发制人一纸反告了农民,造谣说是本村无赖们修桥勒索过桥费,这才发生斗殴,要求政府取缔来维持治安。现实的事件比原来的剧情更加丰富。这件事振奋了所有的编演人员。因为《过渡》的剧本在前,唐城村此案在后,等到依据案情进一步完善了剧本,大大调动起演出者的情绪之后,有人总结说这是"实事模仿了戏剧"。后来就更加认识到,这是定县农民戏剧的真谛,即"戏剧模仿了实事","的的确确的把握住了真实的社会性"①。《过渡》在定县演出后,剧中的《造桥歌》开始在各村传唱,男女老幼都会哼吟,一时成了农村流行歌曲。东不落岗村的农民保卫团还以《造船歌》为团歌。除此之外,这些剧在写作中还遵循了"技巧要以农民能读能演为原则"。具体做法是:多写故事,少抽象,把现实农村的人物类型化(典型化),写活,注意动作性,对话符合人物的口吻,简单不复杂等。而且每一剧本在"写好之后先由参加农民戏剧实验的工作者加以批评,删改;然后请几位农民来读念,依照他们的意见,在这时也许有更大的改动;最后,则表演给多数的农民

---

① 晏阳初:《戏剧大众化之实验·序》,正中书局1937年版,第26—27页。

看,听取他们的意见,作再番改正的根据"①。经过这样一个贴近农民观众的修改过程,试图写出一种表现农民、让农民观看并启发农民积极向上的"农民剧本"来。

在排练《过渡》的时候,定县农民戏剧实验还发生了从开始"我们演剧给农民看","到农民演剧给农民看"的自然转变。他们认为,农民自己演剧与否是戏剧大众化有无根基的大事。平教会刚到定县时,是由职员中的戏剧玩票者担当话剧演员,在城里往日的贡院现今的礼堂做过售票公演(售票的目的主要不是为收入,倒是为培养农民凭票看戏的习惯。以至于免费的农民专场演出,也照样地发票对号入座)。不久,便开设戏剧训练班,以两年为期培训当地学员。到 1933 年 2 月 9 日,当地尧方头村的农民演员在县城考棚礼堂第一次演出《车夫之家》《穷途》《屠户》三剧,成功之后又到水磨屯、西平朱谷村做巡回演出,一时轰动,引起农民对新剧的兴趣。于是各村纷纷效仿,要求平教会派人指导培训农民演员。西平朱谷村一下子成立了男女两个农民剧团,一个月后便打破女子不能登台的当地陋习,在本村庙会演出熊佛西的《四个乞丐》《兰芝与仲卿》等剧。到 1934 年底,全县发展到 13 个村成立了自己的农民剧团,能上演 13 个以上的新剧,达到了全盛期。

接着,农民开始打破源于西方的镜框式舞台,自发地提出要建设适于农村演戏、开会、选举、检阅、议事,具有多样用处的大众化露天剧场的要求。熊佛西认为大的村庄本来就有唱戏的舞台,现在只是要将其改建为永久或半永久性的,适合于演戏和演剧多用的便成。他考虑到农民剧场应具备的经济、适用、坚固、美观四原则,联系到古希腊的剧场,做出如下规划:利用村庄坡地二三亩,让观众席后高前低,舞台在观众席的最低处,台后建土房做化妆休息室,台前设阶石三层到五层,演员观众上下可无大的间隔,两边有泄水通道,周围植树,同大自然浑然一体,作为农民剧场的基本构想。后来根据这一设计,挑选具有较好农民剧团的村庄,在东不落岗村和西建阳村先后建设了示范性的农民露天实验剧场:一个能容纳一千五百人到两千人,一个能容纳三千人。两个露天剧场的最大缺点是舞台功能差,于是 1935 年 10 月又对东不落岗村的剧场加以改造,舞台分主台和副台,利用墙头和柱子解决了灯光问题,场型由长方形变为卵型,容量扩大到能装三千到四千人。修建这种剧场时,农民自动献工捐料,往往只用极少的钱(西建阳村的剧场建设仅花了一百元)就能办完,让人着实感动。修好后又自己来管,成为一村几村的政治文化活动中心和公共空间。演出人员、演出方式、演出场地

---

① 晏阳初:《戏剧大众化之实验·序》,正中书局 1937 年版,第 30 页。

的这些改革,都是向着农民大众化的方向发展的。到了熊佛西写《戏剧大众化之实验》一书时,他分章论述了"实验的动机"、"剧本问题"、"剧团问题"、"剧场问题"、"演出问题"等,最后还提到建立农民戏剧教育的制度,主张改散漫的、自生自灭的艺术教育为在一定政治力量推动下的有计划、有效果的社会行动,形成自县到省到国的"戏剧网"。这是具有训练人才和经济投入计划性质的国家决策了。由于晏阳初的观点正是从改造全社会出发,戏剧只是其一个角落而已,所以他在序言中说对这部分制度性的提议更有兴趣,就是很自然的了。

　　现在我们已很难想象,如果没有一场抗日战争,定县的农村实验包括农民戏剧实验会发展到何等的程度。是战争硬性打断了这个戏剧教育实践,农民话剧的式样也未得到更广泛的确认。后来,熊佛西到大后方办四川省立戏剧教育实验学校,可以看作是他定县事业的继续,但究竟气魄、规模都大不同了。延安后来的新秧歌剧运动,新编平剧(京剧)的试验,是偏于传统和民间的,与定县话剧不尽相同。沙汀跟随贺龙到过冀中根据地,他在《敌后七十五天》、《敌后琐记》里多次描述了 120 师战斗剧社和其他部队剧团,怎样利用军民联欢会、祝捷会经常演出话剧的情景。河北老乡文化水平比较高,喜欢看话剧,这让他惊讶,给他留下很深的印象(在日记里曾真实记载农民观话剧的景况:"话剧开演时,大家都看得很认真,有的把嘴闭紧,有的张开,一个没有包帕子的老头儿则嘴唇痉挛着,仿佛无时不在担心会出什么意外一样。一个只有三枚长而整齐的门牙的老人,半信半疑地小声问我:那位正在舞台上表演的可真是个女人?"①)。不知沙汀当时是否听说过河北发生过的这场农民话剧实验,但他感受到了它的后劲。后来的解放战争中风起云涌的文工团话剧演出连同观看它们的农民/市民观众,该是这戏剧大众化的余脉吧。

(原载《汉语言文学研究》2013 年第 1 期)

---

① 沙汀:《敌后七十五天》,《沙汀文集》第 6 卷,上海文艺出版社 1991 年版,第 146 页。

20 世纪 30 年代定县农民戏剧实验的历史意义

曾宪章　刘川鄂

　　20 世纪 20、30 年代,中国农村民生凋敝,满目疮痍,呈现出一片衰败景象。以晏阳初、梁漱溟、陶行知等为代表的一批忧国忧民的知识分子,怀着将传统乡村社会转变为现代文明国家的理想,开展了较大规模的乡村建设运动。他们从教育农民识字开始,希望通过开启民智、发展民主、巩固民权等方式,逐步改变中国乡村社会"愚穷弱私"的顽疾。以乡村建设运动为契机,一批在文艺大众化思潮影响下的文艺家怀抱理想走向乡村建设实验基地,投身于平民教育与文艺大众化的研究和实践。乡村建设中的文艺大众化实践,是当时汹涌澎湃的文艺大众化潮流之重要一脉,是特定时空中的文艺实践,取得了积极的成果,产生了深远的影响。

　　迄今为止,国内外对民国乡村建设中文艺实践的研究尚显薄弱。相关的文艺史著作涉猎不多甚至难觅踪影,少量涉及文艺大众化实践的论著停留在一般性的史实介绍层面,在学理探寻、纵横比照、价值评判等方面尚欠深入。本文在充分汲取前人研究成果的基础上,试图以熊佛西等戏剧家在河北定县的农民戏剧实验为例,在 20 世纪 30 年代文艺大众化潮流的总体背景中,探讨乡村建设运动与文艺大众化实践的内在逻辑关联、定县农民戏剧实验的基本特征及其成就和历史局限性等问题,以期在总结历史经验的基础上为当下的农村文化建设和戏剧创作提供启迪与借鉴。

一、创造农民需要和农民能够接受的话剧

　　1926 年,晏阳初率领中华平民教育促进会(简称平教会)总机关全体成员及家属迁往河北定县农村,开展乡村建设及平民教育实验。平民教育是乡村建设的重要内容,晏阳初认为以文艺教育、生计教育、公民教育、卫生教育这四大平民教育来医治中华民族的"愚穷弱私"四大病患,乃"应乎今日我国民必不可少的要素"①。与晏阳初志同道合的改良主义戏剧家熊佛西将之更明确为:"以文艺教育救愚,以生计教育救穷,

---

① 晏阳初:《平民教育的宗旨目的和最后的使命》,宋恩荣编《晏阳初文集》,教育科学出版社 1989 年版,第 22 页。

以卫生教育救弱,以公民教育救私,期使我们的全民族,尤其是大多数的农民,人人都有知识力,生产力,强健力及团结力",以"达到农村建设乃至民族再造,民族复兴的最大企图"①。

晏阳初倡导的乡村建设运动的重要目的是"除文盲,做新民"②,以文艺教育治愚,实现对大众的启蒙,帮助他们树立民主与科学意识,核心是"造人"。文艺教育包括平民文学实验与平民戏剧实验两个方面。以平教会戏剧研究委员会主任熊佛西挂帅,陈筑山、陈治策、孙伏园等一批知识分子参与的文艺大众化实践即以实现"以文艺教育救愚"③为目标。熊佛西认为,戏剧是最能民众化且最应民众化的艺术。应该有适合占中国绝大多数人口的农民欣赏的戏剧,并将农民戏剧实验作为戏剧(文艺)大众化的一条行之有效的途径。熊佛西等人深入农村开展戏剧大众化实验,运用新的通俗文艺践行文化教育,以"五四"新文化替代在农村里顽固存在的封建旧文化,用现代文化浸润和影响农民特别是中青年,力图将中国农村逐渐从传统社会推进到现代文明社会。为此,戏剧首先要灌输给农民生产技能、科学运用、身心健康、情感满足、集团训练、教育文化等方面的"向上的意识",期望他们建构具有向上意识的生活,塑造完美的人格。④

自1932年初至1937年抗战全面爆发,熊佛西及其团队在定县开展了长达五年半的农民戏剧实验。定县实验的戏剧题材基本上以农村、农民为主。从现实主义的创作原则出发,熊佛西等人的剧作触及农村社会矛盾,反映农民的困苦生活,揭示地主豪绅鱼肉乡民、贪酷残暴的社会本质,塑造新农民形象,寄寓了作者鲜明的爱憎情感和价值取向,在反映农村生活的深度以及艺术的真实性上呈现出一定的艺术特色和水准。熊佛西创作了《锄头健儿》、《屠户》、《牛》、《过渡》等直接描写农村和农民生活的剧作,他的得力助手、学生杨村彬创作了《龙王渠》,戏剧家陈治策创作了《鸟国》,这些剧本注重塑造努力学习新知、掌握科学、积极向上、敢于斗争的新农民形象,注重在戏剧中用群体性表演展现群体的力量。为了在内容上"包容向上的启示",技巧上"以农民能读能演为原则"⑤,熊佛西还苦心孤诣地改编了旧作《喇叭》、《穷途》、《纪念日》、《裸体》,以及根据历史故事创作的《卧薪尝胆》、《兰芝与仲卿》等,还改编了同类题材的外国剧目,

---

① 熊佛西:《戏剧大众化之实验》,正中书局1937年版,第20页。
② 晏阳初:《中国的新民》,《晏阳初文集》,教育科学出版社1989年版,第38页。
③ 熊佛西:《戏剧大众化之实验》,正中书局1937年版,第20页。
④ 熊佛西:《戏剧大众化之实验》,正中书局1937年版,第22、23页。
⑤ 熊佛西:《戏剧大众化之实验》,正中书局1937年版,第30页。

如爱尔兰女作家格莱格瑞夫人的《月亮上升》和《市虎》、果戈理的《巡按》、法朗士的《哑妻》等剧。①

熊佛西在一篇总结农民戏剧实验的文章中说："我们必须顾到两个条件：一是农民需要的；二是农民能够接受的。我常说戏剧不仅是'给与'的问题，同时还得顾到观众能否'接受'的反应。农民需要的内容不见得就是农民能够接受的；反之，农民能够接受的内容也不见得就是农民应该需要的。"②如何让农民接受戏剧，进而培养他们的"向上的意识"，熊佛西等人进行了行之有效的戏剧艺术探索。

一是单纯至上。单纯合乎中国农民的生活方式和生活情调，戏剧的单纯与农民的朴素相应和，单纯不是戏剧艺术含量的稀释和美学价值的缺失，而是去除繁文缛节之后浓缩而成的精华，呈现出精练含蓄、形简神丰的审美特点。二是通俗易懂。戏剧的大众化即戏剧的农民化。农民戏剧始终以农民为核心，与农民生活密切联系，于农民有利、有益，使他们既能熟悉理解，又能准确生动地表演。三是故事生动。熊佛西通过实验发现，农民最感兴趣的是"一个很具体而生动的故事"③，故事性最能抓住农民心理。曲折生动、动作性强的故事和性格鲜明的人物，本是中国古典小说和戏曲的特征，也最为符合中国农民观看戏剧的情感逻辑。在此，熊佛西等人十分注重以趣味性的细节增强戏剧的故事性。在戏剧结尾安排上，往往以大团圆的故事结局满足农民的观赏期待。四是回归音乐。熊佛西为了增强话剧和戏曲的有机融合，为此留心搜集了许多民间歌谣，十分注意民间音乐在戏剧中的运用。五是动作性强。定县农民戏剧之所以广受欢迎，上演率高，观众众多，其亦庄亦谐的动作设计功不可没。其戏剧动作繁复丰富，善于表现人物的感情。如《屠户》中弟兄吵架、《过渡》中建桥和毁桥的动作，都给观众留下了深刻的印象。

定县农民戏剧对舞台和表演技艺也进行了大胆革新。熊佛西在实践中观察发现，露天剧场在促进农民戏剧发展中有着独到的价值。他认为，"从事于合用的，也就是得听，得看，得演的露天剧场的设计及建筑"④，应是最符合大众化戏剧实验的理想的戏剧空间形式，且农村的经济状况也能承担低廉的建筑费用。经过几年的实践探索，在吸取了前期演剧的经验教训、综观中外戏剧历史现状的基础上，熊佛西等人齐心协力，

---

① 熊佛西：《戏剧大众化之实验》，正中书局 1937 年版，第 28—29 页。
② 熊佛西：《中国戏剧运动的新途径》，中华平民教育促进会编《〈过渡〉演出特辑》，中华平民教育促进会 1936 年版，第 7 页。
③ 熊佛西：《戏剧大众化之实验》，正中书局 1937 年版，第 30 页。
④ 熊佛西：《戏剧大众化之实验》，正中书局 1937 年版，第 72 页。

奇迹般地创造了"跳出镜框，与观众握手；揭开屋顶，打破围墙，与自然同化"①的露天剧场，基本消弭了舞台与观众席的界限，破除了演员与观众之间的隔阂，追求随意自然、浑然一体的自由境界，这是一种"极富有伸缩性的新型剧场"②。

熊佛西将新式演出法归纳为以下几种方式：一是台上台下沟通式——如利用"轮道"或台阶，使演员和观众可以自由上下，或利用演员与观众对白，使台上台下连为一个有机的整体。二是观众包围演员式——像马戏场那样，观众在四周围观，演员在当中表演，表演的地方或为高台，或为低地。三是演员包围观众式——在观众的四面八方全有演员表演，把观众包围在戏剧的动作中。四是流动式——像中国传统的会戏般人随戏走，演员和观众可走出剧场，戏剧也由此成为街头剧、车上剧等。这几种演出方法相互联系，但各有特点。总体来说，它们已从观众与演员的浅层交流发展到双方的深层互动，从有限的剧场空间扩展至剧场外更广阔的天地。③

这种"观众与演员打成一片"的新演出法，继承了传统文化遗产的因素，如河北民间的高跷、旱船、龙灯等具有的一些特点。熊佛西将其誉为定县农民戏剧最理想的新式演出法。在相关实践中，杨村彬在《龙王渠》中大量应用了中国民俗文化的元素，如凤阳花鼓、龙王庙、龙王像、香客和看客、灯笼和火把、巫婆祈求龙王保护的表演仪式、传统武术的优美动作等，从而具有唤起历史文化记忆的审美潜能。

服务于平教会工作是熊佛西等戏剧家的实验准则。他们在定县的戏剧活动几乎均围绕农村、农民教育而展开：为了农民，给他们以教益；适合农民，运用各种戏剧形式和手段培养农民的观剧兴趣和欣赏能力；交给农民，打破第四堵墙，让农民成为舞台的一员，兼具欣赏者和表演者的身份。通过让农民观赏和演出进行自我教育，鲜明体现了激发农民"向上的意识"的启蒙戏剧观。他们全力探索有异于左翼、市民通俗文学等其他文艺大众化的新途径，在雅俗夹缝中进行着一种另类启蒙。

定县农民戏剧实验展开后，很快便在中国戏剧界尤其是北方演剧界产生强烈反响。当农民戏剧的集大成之作《过渡》上演后，更是把整个实验推向高潮，全国各大报刊纷纷推出专题报道。田禽、张季纯、陈豫源等戏剧家亲临观看后无不感到震撼，他们写下热情洋溢的观感和评论，不遗余力地给予称赞。全国其他地方从事乡村建设和平

---

① 熊佛西：《从解放到新生》，《〈过渡〉演出特辑》，中华平民教育促进会编《〈过渡〉演出特辑》，中华平民教育促进会1936年版，第84页。
② 熊佛西：《戏剧大众化之实验》，正中书局1937年版，第82页。
③ 熊佛西：《戏剧大众化之实验》，正中书局1937年版，第16—17页。

民教育的同人如阎哲吾、谷剑尘等人则从中看到了希望和辉煌的前途,增强了开展民众戏剧或教育戏剧运动的信心。《过渡》、《龙王渠》等演出引起剧坛轰动之时,也是定县农民戏剧实验趋于成熟的阶段,其所取得的成就,被实验参与者之一的张鸣琦称作"确是为我国整个戏剧活动底楷模……因为毫不夸张地说,他们所走的道路,将使我国底全剧坛改变其原来的方向"①。戏剧实验的成功,尤其是新的戏剧演出法所产生的轰动效应进一步激励了熊佛西等人开展戏剧实验的决心与信心,他们试图将这种实验成功的农民戏剧的模式复制推广到整个定县农村乃至更大的范围。在《龙王渠》的一次演出前,熊佛西作了题为《农村戏剧的现状与未来》的演讲,盛赞农民戏剧的灿烂前景,提出宣传推广计划。他在演讲中特别强调要借助体制力量发展农民戏剧,希望通过政治力量的介入来普及戏剧艺术和戏剧教育,在制定周密计划的前提下,保证国人都有学文化、受教养的权利,包括剧作、剧场建筑以及演出等涉及农民戏剧的方方面面。② 由此可见熊佛西的雄心和抱负。

二、社会效应和辐射范围的局限

20 世纪 30 年代伊始,以"左联"的成立为标志,无产阶级大众文艺登上历史舞台并呈现强劲的发展之势。在多次"文艺大众化"的讨论中,左翼文艺与"民族主义文艺运动"、"自由人"、"第三种人"等文艺思想的交锋和博弈持续进行。左翼文艺理论家认为大众化是切实和非常紧迫的任务,在创作技法上也主张采用大众所熟悉的旧形式,其理论探讨和艺术实践对文艺大众化运动起到了极大的推动作用,充分显示了无产阶级革命文艺运动的实绩。但整体看来,左翼大众文艺因条件不成熟未能达到理想的状态。熊佛西有其独特的世界观和戏剧思想,不大以外界的批评或赞誉为动,坚定地走自己开创的农民戏剧道路,并取得了戏剧大众化实验的丰硕成果。但作为左翼眼中的资产阶级戏剧家,熊佛西等人及戏剧大众化实验在主观上不被左翼文艺家认同,在客观情势上又与左翼大众文艺形成对立之势。熊佛西等人不但未谦逊地向左翼戏剧示好并靠拢,还深受实验成果的鼓舞,自认为找到了一条中国戏剧运动大众化和向农村迈进的有效途径,杨村彬甚至将农民戏剧实验视作代表大众化戏剧的主潮。这就带有以成绩骄人之嫌,由此激起左翼阵营更大的敌意。且其影响越大,双方的对抗性越强。

---

① 张鸣琦:《戏剧解放的先锋队》,中华平民教育促进会编《〈过渡〉演出特辑》,中华平民教育促进会 1936 年版,第 30 页。
② 熊佛西:《定县农村戏剧的现状与未来》,《民间半月刊》1937 年第 20 期。

当时戏剧界发生的论争深刻暴露出,革命与改良在一部分左翼人士眼中势同水火,农民戏剧被视作文艺的歧途,绝不会有光明的前景。早在熊佛西"到农村去"之前,北平剧联的一次执委会上,已提议要给资产阶级戏剧界以打击。① 以熊佛西及其支持者为一方,以在上海的若干左翼戏剧家为另一方,围绕着熊佛西正从事的"大众化戏剧之实验"是否当真"走错了路,进错了门"展开一场论争。② 熊佛西因改良思想受到左翼人士的长期漠视与批判,农民戏剧的生长空间及熊佛西个人的戏剧艺术天地被极大地压缩和边缘化,不可避免地影响实验的整体成效。尽管熊佛西雄心勃勃、脚踏实地地埋头于实验,而且,熊佛西于 1932 年加盟平教会后,晏阳初在用中英两种文字逐年出版的《定县乡村建设实验报告》中,均有专题介绍"平民戏剧"或者"农民戏剧",但实验的社会效应和辐射范围仍受局限。在左翼戏剧、职业戏剧氛围浓厚的历史境遇中,农民戏剧很难被复制和仿效,除定县这一特定地区外,其他地方几乎没有大规模的新兴农民戏剧活动。对之寄予厚望的理论界,也在肯定之余缺乏长期切实有效地推广实践的兴趣,由此制约了农民戏剧的持续发展。

卢沟桥事变后,定县沦陷,乡村建设运动不得不在异地进行,并很快走向衰落。农民戏剧演出随之停止,文艺大众化实验的宏伟计划也只能宣告搁浅,受客观环境限制呈现退缩和转向之势。炮火无情地摧毁了定县的农民戏剧舞台,定县实验戏剧由此成为中国现代戏剧家与农民大规模、长时段、全程式合作创演戏剧的绝唱。

晏阳初所倡导的平民教育运动是一场改良主义性质的运动,试图通过小范围、渐进的改良来推动历史的发展,有其进步意义。但从本质上看,他将社会病症当作病原,未免本末倒置,难以对社会制度的变革产生根本有力的影响,未超出清末民初精英知识分子变法改良的精神境界和思想高度。晏阳初曾说:"平民教育乃全民众之教育,无宗派、无党派、无主义之色彩。若带有宗派、党派、主义色彩,则运动范围必因之而缩小,不能称为全城平教运动。"③这种主观的超然思想基本框定了平教会同人的行动范围,也必然影响他们的情感态度。熊佛西选择定县做实验地,表现出其当时的思想态度和情感倾向带有一定的局限性,由此导致熊佛西崇奉的改良主义思想和遵循现实主义手法间发生内在抵牾,创作时不得不兼顾两端,结果是往往始于绚烂至极而终于庸

---

① 参见马明《熊佛西"戏剧大众化实验"新探》,陈多等编选《现代戏剧家熊佛西》,中国戏剧出版社 1985 年版,第 166—170 页。
② 参见马明《熊佛西"戏剧大众化实验"新探》,陈多等编选《现代戏剧家熊佛西》,中国戏剧出版社 1985 年版,第 166—170 页。
③ 晏阳初:《平民教育运动术》,《晏阳初文集》,教育科学出版社 1989 年版,第 14 页。

常平淡,给人头重脚轻的感觉。究其因,一方面,他深入农村、接近农民,认识和体验到农民受官绅欺压而郁积着愤懑情绪,社会矛盾不断尖锐;另一方面,他却依然标榜自己"自由主义知识分子"的身份,远离政治,"无党无派","不左不右",试图以教育和改良的渐进变革来影响社会,始终在戏剧作品中与无产阶级革命、阶级斗争保持距离。由此,戏剧冲突从开端、发展到高潮表现的都是尖锐的阶级矛盾和对立,具有较强的人民性和斗争性,富有气势和艺术感染力,但结局中却安上一条软绵绵的阶级调和的尾巴。此写法在《屠户》《过渡》《鸟国》《龙王渠》等定县主要剧作中都有所反映。每到农民和社会黑暗势力的矛盾冲突达到高潮的关键时刻,剧作家都峰回路转,自觉回到维持社会秩序的轨道上,摈弃阶级斗争利器,逃避社会革命烽火,将矛盾的解决寄托于现行的政治和法律,回到衙门、清官等旧戏的窠臼中,由此极大地冲淡、削弱了作品的思想性和战斗性。作者充分尊重法律与秩序的民主法制理想,在血雨腥风的旧中国只能是不切实际的幻想。

《戏剧大众化之实验》是定县农民戏剧实验的一份记录和理论总结,呈现出熊佛西多年的实践经验和理论思考,提供了许多关于农村题材剧本的创作及农民演剧方面的独特经验。该书除包括实验的动机、剧本、剧团、剧场以及演出等内容外,还涉及农民戏剧与农民教育、推行或制度等,较全面地反映了熊佛西的戏剧思想,代表了熊佛西理论上的最高成就,为后人从事农村戏剧活动提供了系统、可资借鉴的经验[1]。此外,杨村彬等戏剧家也从中西戏剧的融合中进行实践探索和理论总结。杨村彬满怀信心地要创造出"充满我们这一民族的特质"的戏剧艺术[2]。毋庸置疑,这些从扎实的实践经验中得来的理论精髓为农民戏剧以及中国戏剧的发展提供了一种方向。同时,平教会还编辑了《〈过渡〉演出特辑》和《定县农民戏剧之实验》等具有资料性和理论性的出版物。

不过,熊佛西等人的戏剧理论更多地注重于戏剧大众化实验操作层面的总结,从戏剧本体论的角度来观照农民戏剧的力度仍嫌不足。由于现实未给熊佛西等人更好的实验基础和条件,战火导致实验难以为继,加之提倡者缺乏构建新的戏剧理论的宏大气魄,使其不能站立在世界剧坛的潮头浪尖,从而失去了一次与西洋话剧平等对话的难得机会。面对左翼文艺界的挤压以及严峻的抗战形势,熊佛西等人对乡村建设、

---

① 参见朱云涛、李伟《熊佛西戏剧理论的独特贡献及其现实意义》,《江西社会科学》2005 年第 2 期。
② 杨村彬:《土生土长与接受遗产》,《民间半月刊》1937 年第 3 期。

改良思想的坚守和阐发不能不打折扣,对乡村建设与文艺大众化间相互影响的理论探讨也就未能深究,这实在是一个遗憾。

三、卓有成效的文艺大众化实验

熊佛西等人的定县农民戏剧实验有其独特意义,值得充分重视和肯定。其一,改造"洋"而雅的话剧使之成为农民喜爱并参与创作的艺术,提供了文艺大众化的成功经验。

在中国现代文艺史的通常描述中,一般将文艺大众化归功于左翼文艺运动。定县农民戏剧实验表明,民国时期的文艺大众化呈现一种多元格局,乡村建设运动本身即包含文化启蒙与文化大众化的实践。陶行知在江苏、阎哲吾在山东济南、李一非在河北通县都进行过农民戏剧探索。陶行知在南京组织的晓庄剧社就明确提出"把农民生活捧上舞台",他创作的《香姑的烦恼》在当时深受社会各界尤其是农民的欢迎,昭示着农民戏剧的广阔前景。① 但坚持最久且最有成效的是熊佛西领导的定县农民戏剧实验。精英知识分子(职业戏剧家)置身于农村,发挥自身的主导作用,又充分尊重农民的审美趣味和调动其审美创造力,形成了一整套农民戏剧的新模式,呈现出不同于其他大众化文艺的特征,这是对文艺大众化富有建设性和卓有成效的一种尝试。

其实,农民戏剧并非熊佛西首创,其在 19 世纪末、20 世纪初的世界剧坛即已出现,法国、日本尤其是苏俄戏剧界都有所实践,相关理论对 20 世纪 30 年代的中国文艺教育界产生过一定影响。30 年代,中国戏剧界存在着艺术的戏剧运动、革命的戏剧运动、职业的戏剧运动三种戏剧力量,②参与左翼戏剧运动的同人有借戏剧为群众、革命服务的强烈愿望,他们也曾到工厂、农村演出,但并未解决好"如何为"的根本问题,他们创作的戏剧在题材、内容、艺术性等方面与群众的要求仍有一定距离。当时戏剧大众化的口号颇为响亮,但切实的实践工作未得以充分展开,实绩甚微。现代戏剧的大众化、通俗化,对于艺术戏剧来说,就是尽量争取观众,形成比较稳定的观剧群体。就革命戏剧而言,即紧紧围绕救亡图存,运用一切手段、方式服务于工农革命事业;就职业戏剧而言,即在戏剧基本成熟后,进一步寻求观众与戏剧艺术内质的有机结合。不难看出,这几种戏剧的观众除学生、知识分子、城市平民外,便是呈一体性的工农,纯粹

---

① 参见胡星亮《农民话剧:汲取民间戏剧的创造——论 30 年代河北定县"农民戏剧"之实践》,《戏剧》1999 年第 2 期。
② 张健:《三十年代的三种戏剧运动》,《中国现代文学研究丛刊》1999 年第 4 期。

以农民为受众和创作主体的尚属少见。而晓庄剧社等创作、演出的农民戏剧,要么未形成气候就悄无声息,要么在戏剧的现代精神和农民与戏剧的深度融合上有所欠缺。

相较于左翼文艺大众化的政治话语和职业戏剧大众化的市场取向,受民本思想和平教会教育理念影响的定县农民戏剧实验呈现出改良主义的启蒙立场。熊佛西在 30 年代文艺大众化浪潮中的应对和调整是较积极和鲜明的,他认为,戏剧运动的对象"更应该是大多数的民众","今后的戏剧运动必须转过方向来,朝着大众里走去,完成其更大的使命"①。中国农民占人口总数的绝大多数,因此可以说,戏剧大众化也即戏剧农民化。"戏剧大众化的呼声已遍于全国,人人都知道戏剧应该大众化,虽说也有人在纸面上提出具体的方案,但始终不曾有具体的实现,始终停滞在理论的承认上。我们见到这个现象,看到了空洞的口号并不曾酝酿成实践的活动,我们有所警惕,愿尽我们薄力,早日促成这一理论的实践。"②正是基于这样的认识和信仰,熊佛西才毅然奔赴定县乡村建设实验中心进行戏剧大众化实验。将左翼文艺运动与定县戏剧实验作比较,可见前者旨在革命,后者意在启蒙;前者以无产阶级(城市大众)为主要服务对象,后者为农民群体;前者是职业性作家为对象而创作,后者还有剧作家与对象共同创作。概言之,定县戏剧实验是 30 年代文艺大众化热潮催生的产物,又是极为丰硕的成果。

如何创作合适的农民剧本,找到适宜的舞台演出方式,将话剧这种舶来的戏剧样式介绍到农村,熊佛西等人作出了卓有成效的实验。中国现代戏剧来自西洋,在草创和逐步民族化、普及化的过程中,中西文化差异使话剧的引进和接受一波三折。较稳定的话剧观众群体是城市小资产阶级和青年知识分子,而广大的工农群众与话剧是隔膜的。作为中国农民戏剧最早、最大规模的尝试者,熊佛西等人立足农村、服务农民,把话剧送到农民的家门口,增加话剧与农民的亲近机会,加强话剧和农民的心灵沟通,在机会中求变通,在变通中求发展。其变通之路是将雅的西方话剧技巧与中国民间传统的某些通俗形式结合。正如杨村彬给大众戏剧下的定义:"是由大众在大众当中表演,以大众生活为题材而给大众看的戏剧。这里包括:大众演,大众看,在大众生活的环境中演,演大众生活有关的剧本。"③

定县农民戏剧实验可以说是中国现代文艺史上对文艺大众化较彻底、深透的一次

---

① 熊佛西:《中国戏剧运动的新途径》,中华平民教育促进会编《〈过渡〉演出特辑》(此为平教会自编自印之出版物,汇编发表在全国各地报刊上关于《过渡》的评论,原发出处交代不详),第 6 页。
② 熊佛西:《戏剧大众化之实验》,正中书局 1937 年版,第 15 页。
③ 杨村彬:《序》,熊佛西:《〈过渡〉及其演出》,正中书局 1947 年版,第 17 页。

理解和实践。其从先期的目标计划到实施阶段的组织制度,历时之久、成果之丰、规模之大、影响之深均引人注目。在定县,话剧不仅几乎替代了向来盛行的秧歌,而且形成了对农民戏剧趋之若鹜的新气象。正如近年有学者指出,熊佛西的戏剧大众化实验,"从规模看,从影响看,或者从最大限度扩张戏剧本身原具的功能看,非但都是莱因哈特和梅耶荷德难以企及,在事实上已接近于在西方迟至'二战'以后才形成的最新戏剧流派:环境戏剧。也就是说,戏剧学者如果认真考察,也许就会发现,这位叫熊佛西的中国现代戏剧家,很可能是在'环境戏剧'还没有成为一个派别之前,已经把环境戏剧的理论付之实践并且初战告捷的一位先锋"①。

　　在熊佛西等人的心目中,理想、成熟的现代戏剧应与观众进行全方位和深层次的互动。熊佛西带着实验计划和构想,并带着热情和希望走进定县农村,探索一整套农民戏剧的新模式,寻找到了文艺通俗化的另类途径,创作了真正属于农民的新文艺作品,出色地完成了戏剧大众化实验的目标与任务,在丰富与发展中国戏剧艺术上取得了骄人的成绩。定县农民戏剧实验的成功经验证明:"'戏剧大众化'是能完全做到的,不论在剧本、舞台、演出、观众诸方面都能做到。所以,这个新的'动'力的扩展,无论如何是能影响着中国剧运之前进的。"②戏剧评论家对此作出高度评价:"无论是从剧作的数量看,还是从剧作的影响看,在同时期中国众多著名剧作家之中,熊佛西都不愧是勇于而且善于汲取西方各派戏剧之长,为我所用,并且已经作出明显成绩的第一人。"③"他在'平教会'名义下从事的农民戏剧运动,为中国戏剧大众化建立了实践场所,演出《过渡》等剧,其所取得的丰硕成果,并世无第二人!"④

　　其二,定县农民戏剧在激活戏剧的娱乐和教化功能时融入先进文化,为激发农民"向上的意识"作出了可贵的努力,并取得了良好的效果。熊佛西在谈及戏剧的社会功能时说:"为了速成教育的普遍化……培植广大的民众的力量,促进农村的建设,作为民族与国家复兴的基础,戏剧——特别是我们所实验的这一套农民戏剧——显然是最具体,最有力,最适宜的工具。"⑤定县农民戏剧实验者认为,戏剧可以发挥介绍知识、抒发情感、传布国语、训练公民、组织民众等五种效用,他们积极探索以农民喜闻乐见

① 马明:《名彪剧史,并世无第二人》,《戏剧艺术》2000 年第 6 期。
② 姜公伟:《我们的推荐辞》,中华平民教育促进会编:《〈过渡〉演出特辑,中华平民教育促进会 1936年版,第 28 页。
③ 马明:《名彪剧史,并世无第二人》,《戏剧艺术》2000 年第 6 期。
④ 陈白尘:《〈现代戏剧家熊佛西〉序》,《现代戏剧家熊佛西》,中国戏剧出版社 1985 年版,第 2 页。
⑤ 熊佛西:《戏剧大众化之实验》,正中书局 1937 年版,第 103 页。

的方式唤起农民"向上的意识"的农民戏剧,追求通俗而不低俗、高尚而不高蹈的文艺大众化品格,作品体现了启蒙知识分子的社会良知与严肃艺术家的精湛技艺的完美结合。

某种意义上,戏剧是一种集体化艺术,戏剧是组织民众的最有力量的艺术,"所以我们认为中国今日唯一亟需是组织民众,使他们有集团的力量"①。剧场是集团活动的中心,"从观众方面来讲,它把许多个人团集起来变成一体,在一个目标之下,千万的观众一同哭笑,一同思想,一同感动。在台上与台下,绝没有个人的影子,只有集团的灵魂。千万人的理智与情感,都融化一起,成为一个有体,成为一个力量"②。定县农民戏剧实验的独特之处在于,将整个戏剧演出转变为乡民集体狂欢的仪式。演员、观众,你中有我、我中有你。正如有学者指出:"如果说,晏阳初的定县实验是一场自觉的教育和建设的实验,那么,熊佛西的农民戏剧实验则不仅如此,它同时还是一场从不自觉到自觉的激活人类戏剧本能从而彰显戏剧本质的艺术实验。"③熊佛西及其团队扎根农村,勤于探索,方法科学,成效显著。戏剧实验成为平教会"用文艺教育以治愚"的一项重点工作、乡村建设四大块的重要组成部分,有力地配合了平教会在定县的乡村建设事业,在培植民众力量、促进乡村建设方面作出了突出贡献,成为平教会的傲人品牌,并成为其向海内外参观者展示文艺教育治愚硕果的一个主要窗口。

定县农民戏剧实验积极探索文艺通俗化的另类途径,创作出了真正属于农民的新文艺作品。熊佛西等人另辟蹊径地走出了既符合世界戏剧美学的发展潮流又与具体的中国语境及民间传统紧密结合的艺术道路,在中国农村培育并优化了西洋戏剧的种子,使其能在古老中国的土地上生根、发芽和茁壮成长。在世界戏剧史上,农民自发建造剧场的唯一记录在 20 世纪 30 年代的中国定县。露天剧场和"新式演出法"创造了一种中国式的现代戏剧,也使定县戏剧在中国戏剧史乃至世界戏剧史上占有特殊地位。正如论者所言:"这是一个在借鉴西方艺术的同时创造出符合中国国情的现代民族艺术的极其成功的范例,也是活用中国传统演艺的特点因而对世界现代戏剧与文化所作出的重大贡献。"④

中国现代戏剧从西方引进初期的主要受众是知识分子,而后经过相当长时间,才

---

① 熊佛西:《戏剧大众化之实验》,正中书局 1937 年版,第 106 页。
② 熊佛西:《戏剧大众化之实验》,正中书局 1937 年版,第 105 页。
③ 朱云涛:《人类本能与戏剧本质——对熊佛西的定县戏剧大众化实验的文化人类学考察》,《戏剧艺术》2005 年第 6 期。
④ 孙惠柱著,沈亮译:《熊佛西的定县农民戏剧实验及其现实意义》,《戏剧艺术》2001 年第 1 期。

逐渐扩大到城市市民阶层。熊佛西等人的戏剧大众化实验包含戏剧农民化、戏剧化农民、农民戏剧化等多层涵义。定县农民戏剧实验不仅是要使文化程度不太高的普通农民成为戏剧的客体对象——观众,而且是要使他们成为现代戏剧的生产者、创造者。鼓励并引导农民成为农民戏剧的主人是实验的主要目标与任务,同样也是熊佛西构建中国现代戏剧体系理想的重要组成部分。

四、值得珍视和借鉴的经验

定县农民戏剧实验以事实证明:中国农民虽然文化知识不高,但在经过科学、有效的文艺教育与熏陶后,不仅能脱掉文盲的帽子,而且能提高艺术素养,培养新的戏剧审美趣味和文艺鉴赏能力——甚至能积极地参与现代戏剧的表演和创作。历来生活在底层与痛苦中的农民,不仅不是充满落后封建思想的腐朽文化的牺牲品,而且是具有时代感、思想性、艺术美特征的精神产品的欣赏客体。中国农民在全新的戏剧大众化实验工场里得到恰当的艺术技巧锻炼和美感熏陶,并成为创造现代精神产品的主体,这堪称令人惊叹和振奋的剧坛奇迹。

定县农民戏剧实验长达五年之久,切实将戏剧带进农村,激发了农民在戏剧活动中的主体意识和作用,这在中国戏剧史上首开先河,也罕见于世界戏剧界。定县农民戏剧实验留下了极其宝贵的精神财富,值得学界多视角和深层次地展开研究、总结经验、指陈教训,以有效地开掘农民戏剧艺术的富矿,为当今的农村文化建设,为培育健康而繁盛的乡村舞台提供某种方法和启悟。

从定县戏剧实验的动机和追求而言,"喜闻乐见"绝非一味迎合旧趣味、旧形式,而是在尊重乡村本身文化资源的基础上,适当融合现代文明、现代艺术,在农民可以理解的基础上部分地改变其欣赏习惯,提高其欣赏水平。通过坚实有效的戏剧实验,熊佛西等人清楚地认识到,农民需要的内容不一定是农民能接受的,农民能接受的内容也不见得就是农民应该需要的。要兼顾"农民需要的"和"农民能接受的"两个条件。多方适应农民趣味但不一味迎合,不降低提升农民素质的要求,不屈就某些低级趣味。这既鲜明地体现了有良知的艺术家追求高尚的文艺大众化的品格,又对后来者有极大的启示和引领作用。

从参与者的身份和姿态而言,熊佛西等人以带着启蒙任务的知识分子角色进入农村,将文艺服务农民作为一项长时段的伟大事业,放低身段,真心与服务对象交朋友,真正打成一片。不是明星艺术家"送戏下乡"式地施艺于农村、施惠于农民,不是蜻蜓点水式地图热闹、走过场。唯有真诚无私、坚定执着的服务信念和献身精神,才能致力于农村文化的坚实创造。

从农民戏剧的创作和演出方式而言,定县农民戏剧实验经历了艺术家演剧给农民看到农民演剧给自己看的转变。前一种方式从编剧到演出都注重充分适应"老农老圃的口味",后一种方式更是农民戏剧和农民教育的有效融合。在中国推进进步文化以提高国民素质,农村文化建设是最基本也是最重要的内容之一。定县戏剧实验表明,农民不只是"被建设"者,而且是建设的主体。对农村文化建设而言,他们的参与至关重要。戏剧是最直观、形象的艺术,农民戏剧具有速成性和普及性的特点,是农民最易接受、最便捷运用的方式,农民戏剧的传播和接受过程是农民思想不断更新的过程。

从农民戏剧实验的功效而言,开掘农民自身的文化资源,激发农民的戏剧本能、演艺才能来激发"向上的意识",相辅相成,相得益彰。受农耕文明传统影响的农民具有某些文化陋习和性格弱点,需要"润物细无声"式的洗涤和艺术化的启迪,切忌急功近利、手段单一。激发农民"向上的意识",要着眼于综合素质的提高,这比简单直接地借用通俗文艺方式进行政治和政策的"形象宣传"更为根本、更有长效,也更能体现文艺的社会教育功用。

20 世纪 30 年代定县农民戏剧运动的有益探索和成功实践,值得我们珍视和借鉴。

（原载《文艺研究》2013 年第 9 期）

乡村公共空间的雏形与定县
戏剧试验的创作衍变

王雪芹

    1929 年,晏阳初主持的平教会以河北定县为试点展开乡村改造运动,包括扫盲、经济、卫生、文艺四大部分,1932 年熊佛西、杨村彬等人来定县组织戏剧研究委员会,试验在农村上演话剧来推进乡村改造。熊佛西是将农民剧作为戏剧新生和解放的途径之一:"我们觉得过去戏剧的内容太狭窄了。不是取自神怪,便是取自贵族乡绅,很少以农工大众做题材的。我们希望以后她的范围能够扩大,能够扩大到全人类,扩大到大众。"①那么,它究竟是应被视作戏剧教育运动还是艺术革新先锋? 作为戏剧大众化的典范,它又是如何理解和表现"大众"的? 通过梳理原始文献可以发现,定县戏剧试验的自我身份是在创作衍变中逐渐清晰的,试验以戏剧为平台实现了一个雏形的乡村公共空间,展示出戏剧大众化的艺术可能。相比同时期标榜大众化的左翼戏剧和民众教育戏剧,其先锋性不言而喻,其中值得探讨的关键是,定县试验在戏剧艺术和启蒙使命之间是如何构建桥梁、打破界限的。

一、下层启蒙的新民形象

    熊佛西在定县试验了一年后指出,他最感困难的是话剧的内容问题:"如果左一点,右派要批评我们过激;如果右一点,左派又说我们太顽旧。不过我觉得剧本的内容,并不是向左向右的问题,实在向下或向上的问题。我们只要认为能唤起农民向上的意识的,就是我们编剧本的材料;尽可不管他是属于哪一派的思想。我们所注意的,乃是如何引起农民向上的意识。"②对于"愚穷弱私"的农民来说,这种"向上"的意识可以这样理解"一个生活意识向上的人是这样的一个人:他尽人生应尽的义务,他享人生应享的权利;他不是一个压迫人的人,也不是一个被人压迫的人"③。显然,向上的意识指的是现代公民意识。定县戏剧试验旨在以公民身份改造农民在帝制历史浸淫

---

① 熊佛西:《农村戏剧与农村教育》,《北平晨报·剧刊》1933 年 11 月 22 日。
② 熊佛西:《农村戏剧与农村教育》,《北平晨报·剧刊》1933 年 11 月 22 日。
③ 熊佛西:《中国戏剧运动的新途径》,《民间》1936 年第 2 期。

下的子民、臣民身份,试图建构一个合理有序的社会组织结构,在这个社会中,国家是致力于保障和实现个人自由权益的国家,个人自由也附丽于国家,需承担建设公共社会的责任。因此即使同为民众教育立场,定县农民剧不同于政治挂帅的民众教育戏剧,而是延续了晚清以来下层启蒙的"新民"之路。

最初在定县上演的是三幕剧《喇叭》,此剧早在 1929 年就已写成,并在艺术学院戏剧系公演过,但熊佛西 1932 年初来定县时就选它上演,应该说是看中其符合戏剧试验的初衷,因此《喇叭》不仅成为定县戏剧公演的保留剧目,而且也是平教会平民教育读物之一。《喇叭》中擅长吹奏的喇叭喻指崇尚空谈的国民性:"我们全家都会吹。会吹不稀奇。但是要吹得圆转,不费劲,不吃力! 要吹得人家不讨厌——人家听了还要听。"①逢生的姑父把喇叭引为座上客,表妹冬姑甚至要嫁给喇叭,而逢生是个田间好手,一向脚踏实地,他不能容忍村里人尤其是心爱的冬姑迷恋喇叭。在与姑父、冬姑发生冲突后逢生被迫离家,因为他"要永远离开这个好吹的世界"。由于村人沉迷于喇叭的吹奏,三年后田园荒芜,牛死人病。《喇叭》显然暗示的是民族现代化之路——民族复兴在于改变尚空谈、抑实干的国民性,同时剧本也质疑冬姑与喇叭的理想化爱情,爱情与亲情的维系离不开实干者,海棠花前后的盛开与衰败显示,只有逢生而不是喇叭那样与实业生产无关的空想者才是现代社会所需要的人。

三幕剧《锄头健儿》可说是熊佛西最早为定县戏剧试验而写的代表作品,②比《喇叭》更具典型意义。如果说《喇叭》里逢生对喇叭的敌视仍属于简单的二元对抗,精神世界和物质世界界限分明,那么《锄头健儿》则显示了两者的依存关系。剧中青年农民健儿一直为村民们迷信虎神担忧:"村子里尽是些没有思想,没有勇敢的青年,这村子怎能兴旺?"③他相信如果人人都举起锄头就能消除虎祸,但村里人缺少自主意识,把性命托付给神灵,更谈不上团结抗虎,虎一来就只顾"把自己的门做的结结实实的,院墙垒的高高的"④。健儿一怒之下放火烧了虎神庙,还表示不再爱表妹秋莲,因为她没有胆量打虎,他对她说:"你不是我的知心!"⑤但是火烧老虎庙并没有改变什么,父辈

---

① 熊佛西:《佛西戏剧》第一集,商务印书馆 1930 年版,第 140 页。
② 需要指出的是《卧薪尝胆》的写成比《锄头健儿》更早,也是专为平教会而作,但是熊佛西来定县后的第一次公演却选《喇叭》而弃《卧薪尝胆》,且在整个戏剧试验的过程中仅仅上演了一次,应是鉴于它不符合农民生活的实际,从文本看也难脱案头作之嫌。因此若从戏剧试验的整体角度说,《锄头健儿》在首作问题上更具代表性。
③ 熊佛西:《佛西戏剧》第四集,商务印书馆 1933 年版。
④ 熊佛西:《佛西戏剧》第四集,商务印书馆 1933 年版。
⑤ 熊佛西:《佛西戏剧》第四集,商务印书馆 1933 年版。

们照样在家里磕头拜神,只有当健儿用锄头真正打死老虎,大家才恍然大悟老虎非神,父亲信天也砸掉了老虎牌位。作者是认同健儿的现代信仰的,但也认为纵火烧庙的对抗是舍本逐末的鲁莽行为,只有打死老虎才是改变现状的真实践。老虎吃人的无形权威才是迷信的根源,崇拜虎神暴露出的是某些国民中根深蒂固的奴性。健儿只有亲自战胜权威才能戳破造神的虚假,唤醒人的理性,移风易俗在这个意义上才会有意义,才是现代化的。科学、民主的启蒙理念是手段而不是目的,一个真正的健儿必须与象征实干力量的锄头合为一体。

不过《锄头健儿》与《喇叭》对"向上"意识的阐释多少还有些抽象意味,逢生和健儿都表现出一个现代斗士的孤独姿态,剧本侧重的仍是先验的个人在改变国民劣根性中的决定力量。而随后创作的《屠户》、《牛》、《过渡》等剧则展开了新的视野,从历史生存层面强调农村的不自由因素——农村经济、政治秩序的不合理,剧本在人道关怀和批判不公的同时,暗示无论是奴役别人的人还是不自觉的被奴役者都不具有"向上"意识。

《屠户》的情节很简单:王大、王二为房屋继承权几乎反目成仇,放高利贷的孔屠户趁机从中作梗骗取房契,王大、王二在巡捕、小七、吴赖的帮助下把他告上衙门,巡捕奉命拘捕了孔屠户。孔屠户是个江湖骗子,但他的骗不是消解权威的自由民间意识,而恰恰是等级关系固化的强权表征,是恶对善的绝对优势。作者将这一骗子面目具体化为性格上的贪婪自私和狡诈虚伪,并称之为"中国今日一个典型的'性格'",与此相对的是王大、王二等人的愚昧无知。但问题是,剧本通过性格喜剧固然实现了"典型"意义的深度,却又把启蒙问题狭隘化了,它表明国民的生存不幸不过是性格缺陷所致。至于"他们为什么要受孔屠户的剥削愚弄"这样的问题,剧本没有探讨,仍停留于对孔屠户的人道谴责,缺少历史性批判,阻止孔屠户恶行得逞的巡捕也多少有些机械降神的意味。此剧 1934 年由北平戏剧学会在真光大戏院公演后,观者虽然肯定孔屠户形象的真实,却不认同情节:"我相信今日中国的农村里,像孔屠户那样专靠着剥削、压迫、挑拨无知的农民以为生活的人很多,而像孔屠户最后之竟被控告而被捕,同时那个巡长,又毫无条件的竟将王大、王二的抵押契约给发还,这是绝不会有的事!"①应该说《屠户》与作者自己的创作预期——写出"农村生活片段缩影"的"辛酸的幽默"还是有距离的。

---

① 僇民:《评屠户》,《北平晨报·剧刊》1934 年 8 月 6 日。

继《屠户》之后,熊佛西1933年底创作的《牛》进一步探讨了"民生的痛苦"以及痛苦的原因。和屠户的"吃人"不同,《牛》触及农民不幸命运的普遍根源,暗示真正吃人的不是国民的性格,而是社会制度的窳败。剧中的农民王四不堪土豪劣绅的盘剥,被表哥张龙拉走做山贼;虽然山贼们都是和王四一样活不下去才做强盗,并且盗亦有道,但王四始终不愿杀人,逃回后发现妻离牛亡,自己也被逮捕。《牛》强调了王四命运背后扭曲的生存环境,一个"只有天知道"的无秩序世界,它不仅使王四像老牛一样做一辈子活仍无路可走,更使人走上另一条路——为了生存去杀人。第二幕的山贼生活表明,虽然腐败不合理,但若以山贼那样的惩罚方式维护正义也同样不合理。作者假刘皇之口说:"假使国家不扰乱我们,让我们好好的种庄稼,给我们一碗饭吃,我们何至干这个? 就是我们现在干了这个,我们心里并不安……"①也就是说,山贼"替天行道"的野路子并不能改变王四的命运。

相比张龙等人,作者更注重王四身上简单纯真的人性美,把王四描写成一个具有人格自尊和正常情感的普通人。例如他一开始就大胆反对彭大爷骂他懒:"他骂我什么都行,唯有他骂我'懒'我不服!"②虽然土匪山上吃喝不愁,但他时刻想回家,换装时竟穿上女人的夹袄大褂,为的是带给媳妇穿;宁饿死也不做土匪,始终不愿意杀人。剧本表明人性真实与批判社会不公、改革社会积弊的要求并不冲突,对社会黑暗的罪与罚不应当牺牲前者,恰恰应该合理保护。《牛》暗示作者的真正立场,即向往一个既尊重个人自由又能将之合法化、制度化的现代社会形态,只有在这种社会中,真正的新民才会出现。因此作者在前序中写道:"《牛》里所表现的是农村复兴的先决问题。我愿意把这篇作品献给热心复兴农村的人们。"③

二、戏剧是"正当的娱乐"

关于戏剧功能是思想启蒙还是娱乐欣赏的问题,自话剧在中国诞生以来就一直缠夹不清,常常在革命进程的历时回环中对立为二。在这一点上,定县戏剧试验自成一派,熊佛西等人同样不赞成专为少数人消遣的戏剧,但他们强调艺术审美立场的批判。因此在南北各地民教馆风行公演《屠户》的时候,陈豫源就明确表示过异议,他不否认剧本的教育成效,但绝不同意将其看作戏剧艺术自身的成绩,因为民教馆仅把此剧作

① 洪深编:《中国新文学大系(1927—1937):第十五集戏剧集》,上海文艺出版社1985年版。
② 洪深编:《中国新文学大系(1927—1937):第十五集戏剧集》,上海文艺出版社1985年版。
③ 洪深编:《中国新文学大系(1927—1937):第十五集戏剧集》,上海文艺出版社1985年版。

为教育范本,完全否定戏剧的娱乐性。"我和李一非先生的意见绝对相反的便是'戏剧本身绝不能说就是教育'。他是具有独立性的艺术。"①熊佛西则称戏剧应成为农民"正当的娱乐",要求戏剧创作能实现农民需要的和农民能接受的统一:

> 论及内容,我们必须顾到两个条件:一是农民需要的;二是农民能够接受的。我常说戏剧不只是"给予"的问题,同时还得顾到观众能否"接受"的反应。农民需要的内容不见得就是农民能够接受的;反之,农民能够接受的内容也不见得就是农民应该需要的。这里面显然含着相当的矛盾与困难。题材太浅了,无聊,于他们的生活毫无启示;太深了,他们不能接受,未免徒劳。②

可见,创作内容如果要符合农民心理并与农民生活密切相关,就必须要能体验和传达农民作为人的"七情六欲"。"这是一种自然的宣泄,从教育上说,这是一种向上的好现象,大家都知道人是一种七情六欲的动物,既有这些情欲,必须使它们得到正当的流露。"③这意味着戏剧必须思考农民的欣赏习惯和演剧条件问题,对此,张骏祥在看了定县戏剧公演后回忆说:

> 演《王四》那出戏的时候,一个人在幕后装作饿牛叫,台下就全都欣然,有一个农民推着他的伙伴说:"牛叫来!"那脸上的表情就仿佛是听了这一声牛叫,这三十里地就没白跑。这是很令人感动的。然而也就由于这种兴趣分散的缘故,他们似乎就不能把注意力集中在剧情上。女人们是比较好,男人们则有的看戏,有的高声说话,所谓公民服务团的在维持秩序时也大声呼斥。这完全是一个习惯的问题,他们仍然出之以看演锣鼓喧天的旧戏的态度的。④

可见农民欣赏艺术的要求和水平都比较有限,"好像看到这个剧场就算'开了眼'",另一方面其观演习惯也很有特点,喜欢锣鼓喧天的热闹,这制约了演出成效。为能适应老农的口味,戏剧研究委员会在定县建成了多个露天剧场,因为他们"不愿

---

① 陈豫源:《实施民教与话剧运动》,《北平晨报·剧刊》1934年1月28日。
② 熊佛西:《中国戏剧运动的新途径》,《民间》1936年第2期。
③ 熊佛西:《定县农村戏剧》,《晨报·剧刊》1934年10月7日。
④ 张骏祥:《参观定县东不落岗村农民演剧记》,《北平晨报·剧刊》1936年3月1日。

意坐在黑洞洞的房间里看戏,广场露天好畅快的活动,坐着看不如站着看,站着看又不如走着看"①。然而空阔的露天剧场又产生新的难题,例如天气问题:"下雨刮风的天气,在露天剧场来活动,真是不方便。"②也有演员声音问题:"差不多观众到得四五千人的时候,后方的已经不能听清楚台上的人说话。"③还有布景的经济实用问题,等等。

如何解决上述困难正是定县戏剧试验的重心,对剧本创作来说,必将制约剧本的美学形态。早在新演出法还未实践之前的流动剧场演出时期,熊佛西、陈治策就已经在剧本中尝试解决上述难题,④在剧本中增加一些符合情节需要的动作戏。熊佛西曾经说:"农民不愿听长篇的对话,喜欢听一个完整故事用动作表现出来。这是要有刺激的、具体的,少说话,多动作。"⑤熊佛西《屠户》在表现王大、王二争执房产的纠纷时,就穿插了一段王大嫂和王二嫂之间闹剧式的打架:

　　说话间大嫂追过去打了二嫂一个巴掌,二嫂赶过来又打了大嫂一拳头,于是你一拳头来,我一巴掌去,满台飞跑,最后二嫂将筐内的葱根蒜头乱扔一阵,大嫂为御防将方桌当作盾牌,同时满口"不要脸"的大骂。这样一来更把二嫂弄急了,于是将筐内的芝麻酱抓了一手抹去,恰抹在大嫂的脸上,好不难看……⑥

显然,动作戏表演强度大,适合露天剧场观看,解决了演员的声音问题。这里的"蒜头"、"芝麻酱"都是地道常见的农村物品,既经济方便又很适合农民胃口,类似的"打架戏"在剧本中多次出现,如孔屠户挨揍、张龙与马毛搏斗、王四与侦探搏斗、桥工与船工搏斗等等。这些动作戏并不是无理取闹,而是将剧情和人物关系剧场化。"农

---

① 杨村彬:《关于改编后的〈喇叭〉的演出法——首次实验露天剧场的程式的报告》,《北平晨报·剧刊》1934年10月14日。
② 熊佛西:《农村戏剧与农村教育》,《北平晨报·剧刊》1933年11月22日。
③ 熊佛西:《农村戏剧与农村教育》,《北平晨报·剧刊》1933年11月22日。
④ 定县农民剧场经历三个阶段,最开始是固定的表证剧场,因农民自发演剧的热情高涨很快就发展到流动的露天剧场。直至1934年,由戏剧研究委员会设计,农民捐公并利用土产和天然地势建成三个固定的新型露天剧场,虽然十分简陋,但台上同时可容二百多人表演,台下可站四五千观众。就剧本说,因为《锄头健儿》是表证剧场时期创作的,就和后来的《屠户》、《牛》等都有所区别,而《喇叭》虽然比《锄头健儿》更早创作,却因为剧中的"吹喇叭"意外地契合露天剧场对视听娱乐的需求,被陈治策拿来用新演出法重新改编,经常上演,而《锄头健儿》却没有如此殊荣。
⑤ 熊佛西:《对话剧界的一个要求》,《庸报》1935年8月19日。
⑥ 熊佛西:《佛西戏剧集》第四集,商务印书馆1933年版。

民的智识比较一般的浅显,而且他们没有坐在剧场里规规矩矩受教育的习惯,所以我们的手法更应该灵巧敏捷。"①这些几乎就是生活本身的舞台动作使没有演戏基础的农民也能参与演出,即使在没有剧本的情况下他们都能随时演出,的确有利于实现"农民演剧给自己看"。对动作的重视还促使陈治策创作了具有表现主义色彩的歌舞戏《三条牛》,陈治策曾记录演出的情况:"最后,三头牛把一个老虎触死,站立起,狂舞的一段,和着村民玩龙灯奏的乐器,不独牛立起来跳,背后的三个绿山头和一轮红太阳也都随着隐约的节奏摆动跳跃,那一刻,全场的人都如醉如狂。"②他改编的《喇叭》也重新加入了放牛、洗衣、做梦等动作场景,目的是"仅仅绘一幅图"③。而《鸟国》《过渡》、《龙王渠》还大量利用音乐形式来弥补对话在客观上演出中的不足。

此外,剧本还采用"假扮"的情节模式,既能把主题形式化,也可产生不错的剧场效果。《牛》中第二幕王四换衣就是一个典型的假扮情节,山贼换装是要伪装成阔佬绅士、达官要人来接近猎物。"伪装"实际上就把现实中对立的两个对象联系起来,显示杀人的山贼和吃人的贪官恶富在权力等级意识上的一致。他们都不是真正的现代公民,但王四给自己换上的是女装,也听不懂"宰鸡"的黑话,这表明他完全不同于山贼。可见"伪装"这一情节具有主题性意义。《屠户》中,孔屠户之所以能成功欺骗王大、王二,是由吴赖在剧中假扮巡警来决定的,吴赖的假扮表明:只有承认个人合法权益的才是真巡警,反之,随意拘捕、滥用职权的巡警就是假巡警。第三幕屠户被揍后故意装死的情节中,迷信鬼神的王大、王二视其为真,以为是死鬼复活,当场吓跑。但对于知道屠户是假死的台下观众来说,却在逗趣中产生启蒙意义,即鬼不过是人假扮的。

不过,剧本所做的上述探索仍是局限于镜框舞台的演出条件,不仅露天剧场多幕换景问题没有解决,而且对改变观众"隔岸观火"的态度仍然有限。张骏祥在看过《屠户》《牛》公演后评价说这两出戏虽然情调不同,但"所表现的都是农民受土豪劣绅的双重压迫,逼得无路可走。或者毋宁说这些戏是暴露那些土豪劣绅的劣迹的,因为其中的反抗力量确是很小,几乎是困兽之斗,这两出戏似乎还没有昭示给农民自己所负的责任"④。这是因为对于一个由单一时空结构起来的文本来说,它显示的完全是个人性质的存在,其对象是一个私自的、真空的人,社会、政治事件只是因为同个人生活

---

① 陈豫源:《实施民教与话剧运动》,《北平晨报·剧刊》1934 年 1 月 28 日。
② 陈治策:《纪念公演》,《北平晨报·剧刊》1934 年。
③ 杨村彬:《关于改编后的〈喇叭〉的演出法——首次实验露天剧场的程式的报告》,《北平晨报·剧刊》1934 年 10 月 14 日。
④ 张骏祥:《参观定县东不落岗村农民演剧记》,《北平晨报·剧刊》1936 年 3 月 1 日。

事件有关联才得以表现。如要表现个人的公众意义,在镜框舞台写实主义演出的前提下,就必须展示多时空的情节结构,也就对演员、布景、灯光等有更高要求,但是露天剧场根本没有这个条件。新演出法能把露天剧场的劣势变为优势,以舞台演剧的假定性打破镜框舞台的限制,不过它也要求戏剧创作做相应的改变,解决新出现的问题,因为打破幕线既然取消了幕的作用,时间和布景的问题就浮现出来了。

三、《过渡》的成熟:新的时空结构

针对上述问题,创作最终通过打破真、假的写实界限,创造新的时空结构来解决难题,此时创作的《过渡》表明定县戏剧试验走向成熟。

《过渡》是熊佛西专门为东不落岗露天剧场而写的剧本,其灵感最初来源于重建定县古瞭望塔。熊佛西原先设想的是,通过重建活动把无用、过时的东西变成农民生活里的相关物,而且高塔也具有"伟大、高超、坚定和集中"的象征意义。这个想法虽然很不实际而被他自己否决,但若以假代真,将塔换成类似梅耶荷德构成主义色彩的木制脚手架,重建的意义仍然可以在舞台上实现。因此《过渡》选择农民共同建桥解决渡河问题为主要情节,舞台就是河的渡口。

一方面,"建桥"事件本身具有象征意义——农民在群体活动中实现主体价值,同时"建桥"也解决了布景问题,"桥"可以把布景和表演联系起来"所谓布景即表演,表演即布景,两件事实在合而为一了"①。"建桥"既然是表演和人物行动不可或缺的部分,那么必然与情节的发展啮合,因此它在发挥布景作用的同时也就超越布景固有的限制。在剧中,"桥"从一开始被建筑成形,到被船工破坏倒塌,再到重新被修建,整个过程都与人的意志活动相关,"桥"不是孤立的、静止的几块石块、几杆木架,而可以直观、可见地展示群体生活中人的成长过程,是一个时空体的存在。

伴随筑桥过程的是《过渡歌》,它的重要作用是可以代替开幕。露天剧场较早使用的是"灯光称霸"法,但白天演出时这个方法就失效了。《过渡》在灯光开幕之外尝试以《过渡歌》开幕,让张国本带着桥工们一边唱歌一边带着筑桥的工具从观众中走上舞台。这对喧闹不居的农村观众来说,可以抓住他们分散的注意力,并且,音乐本身是情感世界的直观表达,它对时间与空间、主体与客体不做区分,它与有序、可度量的实在时间无关,并不诉诸理性思维,却和传统乐本位的审美心理接近。因此通过情感的虚

---

① 杨村彬:《定县最近公演的〈鸟国〉》,《北平晨报·剧刊》1935 年 4 月 14 日。

拟联系缩小了观众与舞台的距离,观众与舞台同声相契,自然而然地把建桥作为可信的事情接受下来,从而弄假成真。① 全剧也以《过渡歌》结束,这支歌从开幕时主要由桥工们演唱,到闭幕时发展成由更多不同方向的人加入进来一起演唱,桥在显示其重要意义的同时,也表明它的起源:它是人与人彼此配合、互助合作的结果。

　　另一方面"渡口"提供了"大台阶的沟通"的可能,其地形优势使变动差异的世态万象合理地统一在一起,其空间流动性有助于显示时间历时的共时特征。由于东不落岗剧场舞台区与观众区以台阶连接②,当演员通过这一台阶自由上下时,观众也就自然而然地成为渡口的过客,无形中与"建桥"事件发生联系,在实际上演时,观众可以一起合唱《过渡歌》、参与建桥、参与人物的对话和议论等方式真正融入演出。这样一来,虚拟的渡口变成真实的公共生活空间,其中存在三种声音:张国本带领桥工造桥,胡船户、王善文带领船工破坏造桥,以及一种处于流动状态的声音,即渡客和所有的过路者(包括后来的巡警、巡长甚至是观众):后者常常在过渡区活动,可以随时走上舞台,而舞台上的人也通过过渡区上下场,可以实现异质者的交流、对话。

　　　　善文:你们不要在这儿胡闹了吧,大老爷来了! 赶快让开路!

　　　　国本:这是公家的地方! 大家可以站!

　　　　善文:我给你说不上话!

　　　　客乙:您从前看见过胡大老爷吗?

　　　　客戊:见过,我见过他好几次,去年他还到我们村里听过戏呢!

　　　　客乙:我可没见过他。听说他那样儿叫人害怕?

　　　　客丁:好,你连大老爷都没有见过吗? ……

　　　　此时国本领着桥工用夯筑一块根基,并由他领唱"过渡歌"。大家一边唱,一

_____

① 《喇叭》也成功试验过这一形式,常常能吸引观众自发上台。杨村彬记录说能带动二三十人到不止五六十人,熊佛西也极为肯定音乐歌唱对实现新演剧法的作用:"吹喇叭的远远地吹起来了,全场观众的情绪,突然紧张起来,也不由得跟着台上的演员喊叫起来,台上台下打成一片,观众都是演员了。我们想只有这样,才能激起观众的灵感,使演员与观众二者之精神灵魂,融为一体,达到我们演剧的目的。"

② 孙惠柱曾对比过东不落岗剧场与定县其他流动剧场的区别:前者有精心设计的树和墙做场景比较便捷,而后者只是空空的自然场地;东不落岗剧场有一个相对稳定的功能,建筑上也更有序和集中。另一方面,这个剧场的舞台又不像临时剧场那样小而独立,东不落岗新舞台的模糊边界提供了一个更自由的表演区,在主舞台和主观众区间有一个由台阶组成的过渡区域。(参见孙惠柱《熊佛西的定县农民戏剧试验及其现实意义》,沈炜元编:《阐释戏剧》,上海百家出版社2008年版,第256页)

边筑,齐用力,力与歌,打成一片,非常和谐,雄壮,热火。①

可见,筑桥者、反对者与渡客在同一时刻组成一个整体,显示自主意识与其对立面之间还存在一个中间状态,即畏惧或臣服于权威。因此当船户恐吓桥工们时,一些胆小的桥工就从舞台上走下来,并与怕事的渡客们一起散去;而当船户和桥工们因为冲突无法对话时,过渡区又为发展人物关系提供可能,如赶时间渡河探望母亲的村女虽被船户拒绝,却得到国本的帮忙;老杜虽顺从船户,却被他拖欠工资,但妻子正赶来催促老杜拿钱回家……这些不断从过渡区加入舞台演出的事件既合理弥补前两者无法对话的断裂,又显示出不同对象间的关系:认同船户就要屈从于他的专制跋扈,甘被奴役者必然虚弱无助,只有不服从船户的筑桥者总是很有力量。第三幕中,造桥因为老杜死亡而被警察中止,桥工们就从筑桥的舞台区走到过渡区,“唱秧歌、山歌,或者讲故事什么的”②。同时进行的还有杜妻始终的哭泣、渡客的催促以及船工、巡警与王善文的争执,随着争执的尖锐,桥工、杜妻和渡客都因各自立场走上来加入争执,在巡长宣布船户被捕之后,曾经质疑造桥的船工、渡客、小贩等人又从剧场各处经过过渡区聚集到舞台上,主动加入筑桥的群体中去。

简言之,在《过渡》中,时间呈现出历时与共时的二重性,舞台因为有观众才成其为舞台。杨村彬曾记述《过渡》演出时的一件小事,观众区的一个农民走上台向小贩演员买烟,这件事让杨村彬很兴奋,不过他看重的是农民的主动参与。实际上这一事件不仅说明演出和观众的隔阂在那一刻消失了,它也表明,农民需要的和农民能够接受的意外交织在一起,不分彼此。因此,戏剧主题并不是以狭窄的深度而是以广阔的深度被再现出来,戏剧与其说在表现假,不如说它显示了真的可能性,现实主义戏剧在这个意义上才摆脱了写实的凝固教条。张鸣琦曾这样描写观看《过渡》的感受:“忽而全剧场底四周有鸡鸭犬吠之声,忽而台上蒙一层皎洁的月色,忽而台上底小贩叫一声‘冰糖葫芦咸瓜子’,忽而台下底小贩叫一声‘熟老豆腐’……,我看着这一切,听着这一切,我随着演员底动而动,我忘了我自己,我也想走上舞台……”③可见,《过渡》没有像写实主义、自然主义那样最大限度地模仿自然,但却通过创造新的时空结构让观众与整个

① 熊佛西:《〈过渡〉及其演出》,正中书局1937年版。
② 熊佛西:《〈过渡〉及其演出》,正中书局1937年版。
③ 鸣琦:《日记底一页》,《北平晨报·剧刊》1936年。

剧场自然无间地融合。

四、群己相维的乡村公共空间

《过渡》的产生表明，从西方而来的现代公民意识并不是被强加和简单套用的，而是找到了它与本土文化土壤的接榫点，即既能尊重传统审美心理，又能面向本土现实扬弃其现代性的不足，"大台阶的沟通"的新演出法把民间文艺的自由特性用话剧的方式展示出来，①可以说，戏剧试验实现了启蒙使命和戏剧艺术的内在联系，它实际上勾勒了一个乡村公共空间的雏形，显示出个体生存中群己相维的整体性。《喇叭》一剧曾在演出时被陈治策修改了结尾，在第三幕冬姑与姑父想念逢生的时候，加入逢生牵着牛回来的梦境，但梦境之后，"不团圆的剧本毅然还他一个不团圆，不过观众需要团圆的心情已经得到大部分的满足了"②。团圆是以无法团圆的否定方式被实现的，这里承认的只是团圆的美学意义以及逢生身上与生俱来的新民意识。可见定县戏剧试验既修正了传统审美形式的非写实功能，也深化了中国现代戏剧对西方现实主义的美学认识。③ 但是如果把定县戏剧试验看作西方现代戏剧的范式，则太过笼而统之。《过渡》确实在创新时空结构上有先锋实验性，但不同的是，后者运用象征、表现手法是为显示人的内向化，而前者却要求表达人的公众身份；前者通过描写心灵孤独展示的是难以超越孤独心象的主体悖论，后者是在一个群体性生活的历史必然中来肯定个体价值。但相通的是，两者都表明个体独立只有在与他者的交界处才能实现。

进一步说，定县戏剧乡村公共空间的群体意识并非传统家族亲缘的团体性。如果比较同时期强调家族礼序伦常的"民族主义戏剧"，在与亲缘关系的距离上，后者仍强调亲缘关系的等级差序，而前者则承认一个非亲缘的群体社会。定县戏剧试验似乎和左翼戏剧具有近似的表征，但具体话语策略又完全不同。左翼戏剧植入了阶级对立基

---

① 熊佛西曾肯定传统艺术样式的生命力，称其为最理想的表演形式，他说："他们对于戏剧的传统的观念也有一部分是很狂放的，这，主要的是由于一般的会戏，如高跷、旱船、龙灯之类所造成的。这些东西我们都知道是在观众当中流动着表演的，自由、奔放、生动、泼剌，在直觉上使观者感到与演者的混合。"（熊佛西：《戏剧大众化之试验》，正中书局1937年版，第95页）杨村彬甚至称此为现代话剧的"程式创造"。
② 孙伏园：《定县农村露天演剧》，《民间半月刊》1935年第1期。
③ 实际上，程式化的旧戏和镜框舞台的写实主义戏剧虽然在美学形态上截然相反，但在传达现代生命体验上都同样有形式局限，尤其在表达主客体的相对性上有共同的盲点。旧戏虽不同于写实主义戏剧的"当众孤独"，可以在角色和演员的身份之间自由转换，但这种自由并不具有戏剧主题意义。如果说写实主义以欺骗主义、幻觉主义来求真，那么旧戏是以脸谱化和程式化来求真，两者的片面性可见。

轴，走向反亲缘反历史的一面，而定县戏剧却试图超越亲缘纽结，诉诸契约关系，强调个人的公共意识。定县戏剧试验更多地继承"五四"，反对传统意识在人主体性上的缺席，但它又没有如"五四"问题剧创作那样视家庭为个人的对立面。例如《屠户》，情节起因于兄弟睚眦的财产纠纷，但主题并非属意亲缘伦理，因为早在王大、王二意识到上当之后就已经冰释前嫌，和好的结局不是由于亲缘的道德正义，而是法律秩序意识的公共生活智识、个人的合法权益在群体间的配合互助中实现——两千村民联合起来把孔屠户告上衙门，这里的群体并非阶级斗争意义上的复数体，而是承认个体权益的公民群体。即使在早期作品《喇叭》《锄头健儿》中，虽采用了家庭与个人对抗的"五四"创作模式，不同的是作者显示出个体价值的新维度——可以延续整个家族、族群的生命力，[①]健儿的"新"不是个人主义式的——通过与家族的绝对决裂来确立自身，更不是"民族主义文艺"式的——以中学为体、西学为用来维护人格化的家族伦理，而是强调既尊重他者意志又自觉参与公共事务的现代个体，个人承担起社会公共事务的责任，并在公共社会中得其应有之位。

　　值得注意的是，在对民族国家的理解上，定县戏剧试验强调个人与国家没有必然冲突，国家是保障个体自由与权利的工具，个人既负起改造国家的责任，也同时在这个过程中完善自己。《过渡》清晰显示出上述理想，大学生张国本之所以放弃都市繁华回到家乡造桥，目的是为纪念渡河上翻船丧命的父亲，也为了让更多人避免这一不幸。他梦想中的桥别有深意："有许多许多的男男女女老老少少，担着担子，推着车儿，一队一队的，手牵着手儿，从这桥上经过，四乡的民众，成千上万的，都聚集在这桥头上，欢呼，鼓舞，歌唱，看着我们的国旗在天空飘扬！"[②]国本表示这个梦不仅他能做，小二和所有人都可以做，显然桥暗示的是一个现代公民国家，国本与桥工因为坚信每个人都是造桥的一分子，都可以享受到桥的便利，才勇于对抗阻止造桥的船户。《过渡歌》向人们展示了这样的远景："不花钱来真便利哟……不怕风来不怕雨哟。""河东的粮食河西吃哟……河西的布来河西穿哟。""河东的牛儿耕河西哟……河西的车儿过河东。""河东的老师教河西哟……河西的学生到河东哟！""河东的姑娘爱河西……河西的汉

---

① 因此剧末冬姑抨击好吹的喇叭使她家破人亡，姑父更感叹赶走逢生后家族的衰落："你没有离开我们之前，我们的田园是何等的丰满，我们的庭院是何等的清洁，我们的牛羊是何等的肥胖……"健儿与父亲冲突并非本意，相反的是，他苦恼的是自己一旦离家就不能照顾父亲，更不能实现全村的兴荣。父亲始终是一个爱儿心切的慈父，而秋莲虽不敢打虎却可以舍身保护他，作者还借秋莲之口指出健儿的鲁莽。

② 熊佛西：《〈过渡〉及其演出》，正中书局1937年版。

子爱河东！"①可见，桥所象征的公民国家是一个必须能将社会利益最大化的共同体，它不仅满足人的各种需求而且还能创造出人的更多需求，只有在这个基础上，人和人之间的联系才能由自然属性过渡到社会属性，才能组成彼此相互依赖的共同体。② 剧中的"巡警"和"巡长"也完全是主题性的，因为维护司法正义的警察是组成公民社会的重要部分。③

就《过渡》而言，它已不仅仅是一个剧本，它将虚构的文本世界与实践世界糅合，当它和新演出法结合起来时，就把话剧演出变成一个集市庆典活动。陈治策就曾这样谈及自己的戏剧理念："我是一个乡下人，我是一个野人，我不愿意被关在一个笼子里，同时我也不愿意把演员都关在笼子里，我更不愿把观众关在一个黑暗世界里瞧他们呆若木鸡。咱们都是活人，咱们都要活泼泼的很有生气的在一块儿玩儿。"④不同的人们因这一活动联系起来，他们的各种需要也在活动中碰撞交流，露天剧场具有"很大的伸缩性"，"我们的剧场虽然是很简易，但作用可不少，一可演剧，二可映电影，三可选举，四可开大会"⑤，不仅可以演话剧，也可表演秧歌、会戏，同时整个剧场是一个"社交中心兼商业中心"⑥。在《过渡》开演前"剧场的底后边及门外，已摆上卖老豆腐的、卖煎饼的、卖油条的、卖花生糖果及纸烟的摊子"⑦。可见，演出既能满足人们的精神需要，也可以刺激商业发展，既带动区域经济，也能吸引更多人来剧场观演，其前景就为话剧发展提供一个可能的消费群体。提供剧本的戏剧研究委员会还可扮演市民社会里同业

---

① 熊佛西：《〈过渡〉及其演出》，正中书局 1937 年版。
② 同样是要建构一个合法的民族国家，左翼戏剧如《自由魂》、民族主义戏剧如《最后关头》等剧是诉诸政党信念，民族国家的复兴实际上完全决定于政治组织的开明与否。而定县实验戏剧更接近西方 nation 的起源，它既与政治拉开了距离，又肯定权力的合理配置，因此这与左翼戏剧以另一种权力来推翻专制的民主错觉完全不同。左翼戏剧《五奎桥》中的司法官僚王老爷在《过渡》里是不存在的，《五奎桥》凸显的是国家体制合法性危机，但定县戏剧实验强调社会组织结构的改良，它只是反对不合理的劣绅势力和官僚腐败，但并不反对官治的既成体制结构本身。
③ 这一崭新形象早在《屠户》中就出现了，王大、王二的公道只会以屠户受到衙门审判才得以挽回。正因为此《牛》在正式上演时，导演陈治策修改了结尾，让被拘捕的王四来到法庭为自己申辩。陈治策还为此初步尝试了台上台下不分的新演出法，即让坐在台下的观众一起参与审判王四（为上演顺利陈治策还让几个演员坐到了台下），这一修改完全得到熊佛西的认可。因为这样的"法庭的确符合现代公民社会的组织原则，它意味着观众也参与到司法体系中去，把司法从少数专家、特权所有的陌生物变为所有人熟悉的、群体意志的体现"。《牛》的修改是一个重要讯号，表明新演出法是在对主题的追求中产生，也显示出公民意识得以本土化、形式化的可能。
④ 陈治策先生四次实验"打破幕线"演出法的报告，《北平日报·明日戏剧》1936 年 11 月 25 日。
⑤ 熊佛西：《农村戏剧与农村教育》，《北平晨报·剧刊》1933 年 11 月 22 日。
⑥ 张骏祥：《参观定县东不落岗村农民演剧记》，《北平晨报·剧刊》1936 年 3 月 1 日。
⑦ 鸣琦：《日记底一页》，《北平晨报·剧刊》1936 年 1 月 12 日。

公会的角色,通过训练农民表演方法使其获得基本技能,虽然目前只是参加无盈利的演出,但由于《过渡》这样主题形式化的成功创作,在演出的同时客观上也培养了农民参与团体事务的能力。

结语

　　定县戏剧试验通过乡土与现代的平等对话,在戏剧中展示一个群己相维的乡村公共空间,把民众教育空洞的是非观念变成了微观体验;同时在对创作主题的追求中发现和运用新演出法,并通过适应农村观众和露天剧场的演出实践,使创作主题与表现形式进一步契合。它强调不割裂传统,回归约定俗成的传统审美习惯,这并不是将启蒙理念复制的"大众化",而是新陈代谢的更新,用杨村彬的话就是"我们自己在自己当中创造的"①,这可看作定县戏剧试验对戏剧大众化的最好注解。② 正由于此,定县戏剧试验才能把演出空间和剧场观众的劣势转变为优势,"大众"不再是被启蒙者发现的风景,而就是戏剧自身。

（原载《文化艺术研究》2015 年第 2 期）

---

① 杨村彬:《演出〈龙王渠〉给我们的启示(下)》,《北平晨报·剧刊》1937 年 2 月 27 日。
② 对此,杨村彬还十分敏锐地分析说:"不否认,这代表来日戏剧的新的艺术胎儿是个混血儿,在血统中它是兼有东西文化的特长的。但我们要回避中西文化这种的说法,以及那些中学为体、西学为用的说法,要回避什么介绍西洋舞台技巧改良中国旧剧,或创造什么新国剧歌剧一系列的东西以及建新国剧也者的东西,因为我们觉得,皮毛地改良旧剧或建设新国剧都是不彻底的说法。那结果只有弄成非驴非马的四不像。……中西互相影响的主要之点全在于原理、原则、因素上,原理、原则互相沟通,东西戏剧自然走到一条共同的路上去……"杨村彬:《演出〈龙王渠〉给我们的启示(下)》,《北平晨报·剧刊》1937 年 2 月 27 日。

第四编

生平、地位与成就研究

熊 佛 西 传 略

熊佛西研究小组

一九六二年十二月一日，是上海戏剧学院成立十周年院庆。这一天，学院的大礼堂里召开了隆重的纪念大会。来自全国各地的校友济济一堂，他们中间有编剧、导演、演员，还有舞台美术工作者、戏剧理论工作者。当老院长在主席台上出现的时候，会场里顿时欢声雷动，迸发出一片热烈的长时间的掌声。不一会，锣鼓喧天，上海人民艺术剧院的校友，举着一面又长又宽的锦旗步入会场，献给母校，上书"桃李满天下"五个金光闪闪的大字。这时，会场上又爆发出一阵热烈的欢呼声。面对此情此景，老院长热泪盈眶，激动万分，情不自禁地振臂高呼："中国共产党万岁！"

这位老院长就是我国老一辈的戏剧家熊佛西。在中国现代话剧发展史上，熊佛西是杰出的戏剧教育家，也是著名的剧作家、戏剧活动家。"桃李满天下"，这既是他的学生对他的崇高赞誉，也是熊佛西毕生最大的幸福。他为此历尽人生道路上的坎坷曲折，在戏剧园地里勤勤恳恳地耕耘着，谱写了一曲为我国现代戏剧教育事业"鞠躬尽瘁，死而后已"的动人篇章。

从田舍郎到留学生

熊佛西，一九○○年十二月四日（阴历十月十三日）诞生于江西省丰城县罐山村，原名熊福禧，字化侬。

罐山村位于赣江边、雷龙山下，村前绕着一条蜿蜒的小河，名叫腰带水，雷龙山下还有竹林、浅湖，是一个风景秀丽的村落。然而，这里贫富差异却很大，最大的地主占有良田两千亩，贫苦农民则家无隔夜之粮。

熊佛西的家中也相当贫穷，仅有两间破屋和七亩半薄田。父亲熊文卿在本乡药店当学徒，收入低微又常不在家。母亲李氏是一位精明能干的劳动妇女，家中里里外外都靠她一人维持。

熊佛西出生不久，家中就遭到一场变故。父亲在药店不知出了什么事被迫出走。这时家中已有三口人，除母亲和熊佛西外，还有一个四岁的姐姐。七亩半田的租谷除去交粮完税和缴纳地方的杂税摊派之外所剩无几。母亲操持家务,挑起了全部的生活重担。她成年累月地操劳,白天锄地、种菜,为地主家洗衣、打杂,晚上还要纺纱、织布,常常忙到深夜才能休息。为了减轻母亲的生活负担,熊佛西四岁就开始拾猪粪、打柴火,七岁就开始为地主家放牛、喂猪、拾肥、挑水,参加插秧、割禾等各项农活,从小就养成了热爱劳动的习惯。

母亲很重视少年熊佛西的教育。她自己省吃俭用,送九岁的儿子进本村私塾里"发蒙",以后又送进本村的养正小学读书。她经常教育儿子:"书只有三更灯火五更鸡苦读出来的,没有侥幸。"在母亲的严格教育下,熊佛西放学后做完捡粪、拾柴之类的活儿,晚上便伏在母亲的纺车边就着一盏油灯夜读,经常是纺车声、读书声相和着直到鸡鸣。

从出生到一九一三年,在这悠长的十三年中,熊佛西受尽了人间的痛苦、饥饿,承担了不堪忍受的艰辛。苦难的童年从小就培育了他对劳动人民的同情,对地主阶级的仇恨,养成了他的劳动习惯,又使他懂得了一些农业劳动的技术,并使他对祖国的农村产生一种真挚的、热爱的感情。

一九一四年夏,忽然来了一位"信客",带来了一封熊佛西母子以为早已去世了的父亲的信和路费,要接他们到汉口。原来,十三年前出走的父亲经过一番奋斗,在汉口开了一爿茶叶店,并重新成家。但因为没有孩子,感到不够美满,于是托"信客"将他们母子从乡间接到他的身边。

熊佛西到汉口之后,父亲随即将他送到附近一个教会学校圣保罗中学去读书,晚上并请他的朋友给儿子补习英文,读些"四书五经"。圣保罗中学名为中学,其实是座小学。但这个学校的设备和师资都比较好,很重视英文、算术与作文,通过一年多刻苦的学习,熊佛西在文化知识方面打下了一定的基础。

一九一四年十二月,熊佛西在圣保罗中学举办的圣诞节文艺晚会上第一次看到了话剧(当时叫"文明戏"),剧名叫《马槽》,内容是描写耶稣降生的故事。这个戏除了宣传宗教教义之外,并无太大的戏剧性。但它却引起了熊佛西的思考:戏怎么可以没有唱?台上怎么没有锣鼓家伙?《马槽》为什么能让自己了解得这样清楚?早期话剧这一新颖的戏剧形式,给熊佛西留下了难忘的印象,启发了他对于戏剧的憧憬。

一九一五年夏,熊佛西在汉口"大舞台"剧场第一次看到了文明戏的专业演出。这次演出,尤其是著名文明戏演员"第一等正生"郑正秋表演的独幕剧《黄老大说梦》,给了熊佛西极深的印象。郑正秋扮一个老农,披蓑戴笠,露臂赤足,拿着一柄锄头站在舞台中心又说又唱,诉说我国地大物博却由于列强压迫欺凌,弄得国困民穷。他的演出,引起了观众极大的共鸣,也使少年熊佛西受到极大的感染。从此,熊佛西对文明戏发生了浓厚的兴趣,经常前去观看,甚至对文明戏演员也无形中产生了一种敬意。

就在这年九月,熊佛西转入了汉口颇有名气的辅德中学。从一九一五年至一九一九年,熊佛西在辅德中学整整学习了四年。这个学校的教学以中学为体,西学辅之,国文第一,英文次之。到中学毕业时,熊佛西在中文、英文以及其他文化知识方面都打下了比较扎实的基础。

在辅德中学,熊佛西对戏剧的爱好也有了新的发展。辅德中学很注重学生课外的文娱活动,每逢双十节或新年照例都要由师生一同登台演出戏剧。尤其是有一位名叫桑稼轩的老师,对戏剧活动十分热心。一九一五年,袁世凯为了复辟帝制,公然接受日本提出的灭亡中国的"二十一条"的要求,激起了全国人民的极大愤慨。全国反对帝制的斗争沸腾起来。反映在戏剧舞台上,各地涌现了不少鼓吹爱国主义、讽刺卖国贼的文明戏。这位桑老师激于爱国义愤,也在这一年编了一出幕表戏《吴三桂》,借明末大汉奸吴三桂引狼入室、出卖民族利益的历史故事,影射讽刺卖国贼袁世凯。剧本编好之后,桑老师让新入学的熊佛西在剧中扮演一名小兵。戏排好后在操场上搭台公演。第一次登台,熊佛西演得特别认真。演完后,桑老师对他说:"你演得还不错,扮个小兵倒很像。你说的两句台词也没有错。"老师的热情赞扬,使熊佛西很受鼓舞。从此,他对戏剧的兴趣一天更比一天浓厚起来。

这以后,熊佛西根据《徐锡麟传》学着编写了第一个幕表剧《徐锡麟》,自己主演徐锡麟,请同学梅生扮演秋瑾。在剧中,他慷慨激昂,作了一大段爱国讲演,生动地表现了革命先烈视死如归的壮志豪情,博得了师生和家长的一致好评。几天后,经梅生父亲的引见,熊佛西又结识了著名文明戏演员马绛士、李悲世。以后便经常到上演文明戏的剧场后台参观,并请文明戏演员辅导他们的演剧活动。

一次,熊佛西听马绛士谈起文明戏由盛至衰的历史教训以及他本人的亲身经历。马绛士为文明戏的堕落深感痛心,说得声泪俱下,熊佛西听了也极为感动。他决心担当起复兴文明戏的重任,随即在辅德中学同几个酷爱文明戏的同学组织了一个新剧社,常在校内外演出,剧目大多数由熊佛西自任编导,内容多为描写缠绵的爱情故事,这和他受当时风行的"礼拜六派"小说的影响有关。

但来自农村、了解人民疾苦的熊佛西,更为热心的是通过演剧来为灾难深重的老百姓做一些有益的工作。一九一八年,湖北闹水灾。熊佛西在辅德中学积极发起募捐赈济，并编写了一出关于水灾的剧本，自己扮演灾民。为了使演出效果逼真、感人。临上台前，他往自己身上泼了一桶水，浑身上下湿淋淋。这时的话剧演出，仍有文明戏全盛时期在剧中经常作演说的遗风。在演出时，熊佛西浑身湿透站在台中心，发表感情洋溢的演讲，诉说灾民之苦，使观众深受感动。不一会，银元、铜钱就像扔石子似地向台上抛。仅这一次演出，就为灾民募得三百元赈济款。这次演出，也使熊佛西初步感到戏剧所具有的教育人民的特殊功能。

在那个时代，演戏被视为下贱的活动，尤其是后期文明戏更为人所不齿。熊佛西的父亲受社会舆论的影响，也十分反对儿子去演戏。一次，汉口的几所中学联合演剧募款救灾，同学们相约熊佛西再次登台。但父亲坚决不同意熊佛西参加演出，争执到最后，他索性将熊佛西锁在楼上，禁闭起来。但熊佛西却不甘屈服，竟在夜深人静的时候，用一根绳子系在窗槛上，神不知鬼不觉地溜出家门，如期参加了为灾民募款的联合公演。

一九一九年五月，轰轰烈烈的五四运动爆发了。熊佛西被选为辅德中学学生会的代表，参加了这场伟大的运动，他全身心地投入了反对丧权辱国的《巴黎和约》的宣传活动。这期间，由于工作的关系，熊佛西结识了武昌大学教师代表恽代英同志，同他在一起工作了将近二个月。恽代英同志的才华、勇敢、毅力，给青年熊佛西留下了深刻的印象。五四运动使熊佛西受到了一次震撼心灵的爱国主义教育，激发了他反对日本帝国主义，反对卖国政府的强烈情绪，为熊佛西日后创作宣扬爱国主义的剧本《一片爱国心》，奠定了坚实的基础。

同年夏天，熊佛西在辅德中学毕业。他的学习成绩名列前茅，受到校长刘子敬和教师的特别器重。毕业之后怎么办？熊佛西与父亲发生了严重的分歧。父亲因为儿子参加了"五四"学潮，又酷爱戏剧，不同意他再继续读书。他要儿子帮助他料理商店，遭到儿子的反对；他要儿子投考邮政或海关当练习生，又遭到儿子的拒绝。为这件事父子俩闹得很僵。

刘子敬和老师、同学们都支持熊佛西报考大学。这时，熊佛西对古城北京十分向往。那儿是五四运动的发源地，又是新文化的中心。他一心想到北京上大学。

经过各种各样的斗争，得到师友们的帮助，熊佛西瞒着父亲，跟随六位同学悄悄地离开汉口到了北京。从此，开始了他自立的生活。

熊佛西首先报考北京大学，名落孙山了。又投考高等师范，也未被录取。最后考取了美国基督教教会新成立的燕京大学。这样，从一九二〇年起，熊佛西就在燕京大学学习了三年。他读的主修科是教育,副科是西洋文学。在一、二年级时,他非常用功,几乎每门功课都达到了优等。第三年,由于过多的时间在校外参加戏剧活动,成绩稍差一些。这个时期,五四新文化运动的民主、自由、个性解放的思想不断吹进熊佛西的心扉。对这些新思潮,熊佛西很热爱,但却不太明白它们真正的含义。这时学术界的领袖人物、老教育家蔡元培在北京大学任校长,他在治学上主张各种学派"兼容并包",学术思想自由,反对专制,破除迷信,教育青年要爱国,追求民主,热爱科学,这些思想都对熊佛西影响很深。

在燕京三年,熊佛西对戏剧更加喜爱了,这时,他是京剧迷、昆曲迷,更对"白话剧"(即当时的话剧)产生了特别的爱好。他还广泛阅读了欧洲戏剧史上著名剧作家莎士比亚、易卜生、萧伯纳、高尔斯华绥、葛莱格瑞夫人、约翰·沁孤的作品。与此同时,他又积极地投入了大学生的业余话剧活动。进大学第一学期,他就受高年级同学委托编写了话剧《十万金镑》,为校内青年会筹款,并且参加了这次演出。演出获得了好评。有一位外国女教授也观看了这次演出。第二天,这位女教授请熊佛西赴宴,当面称赞说,一年级的学生写剧,这是在外国没有的事情。还说,熊佛西不但写得好,演得也不错,今后在演剧上会有一个光明的前途。女教授的热情赞扬,使一年级大学生熊佛西得到很大的鼓励。

不久,熊佛西应北京学生联合会的邀请,参加了两个戏的演出。在李石曾译的《夜未央》中扮演工头,在吴稚晖译的《平等吗?》中扮演马夫。在这次演出中,他结识了北方爱美剧运动的代表人物陈大悲。到了三年级,他参加演剧活动次数更为频繁,而且经常在校外演出,这也不得不使他的学习成绩稍受影响。

在大学三年期间,熊佛西还选择了自己先后创作的四个剧本《这是谁的错》、《新人的生活》、《新闻记者》、《青春底悲哀》,出版了他第一个戏剧集《青春底悲哀》。这些剧本虽然在艺术上并不成熟,但它们都在不同程度上反映了"五四"时期青年们要求婚姻自主、追求真正的爱情生活的强烈愿望,揭露了官僚家庭的黑暗和军阀、政客的荒淫无耻,具有一定的进步意义。由于熊佛西本人有较多的舞台实践经验,这些剧本大都情节曲折,语言通俗、流畅,舞台感很强,都是适合舞台演出的剧目。这些剧本曾在舞台上多次上演过。《这是谁的错》由当时誉满京都的话剧旦角李健吾扮演剧中女主角罗冰清,起初剧场反应平平,等到李健吾上场了,由于他的表演感情真挚,哭得又恰到好处,越演到后面越得到观众的赞赏。幕一落下,熊佛西赶到后台,朝李健吾扑通下跪,说:"健吾,你救了我的戏,谢谢你!"李健吾吓了一跳。但两人就此开始了友情。

　　除了戏剧活动之外,这时熊佛西还积极参加校内外的社会活动。他发起创办《燕大周刊》,并担任第一任总编辑。刊物将出版时,经费不足,熊佛西毫不犹豫地将自己的长袍、马褂送往当铺,使创刊号得以及时出版。在校内,他与许地山结为知交,并经许地山介绍,参加了文学研究会,经常与燕京同窗中的文研会成员许地山、谢冰心、凌叔华等一起交谈文学创作问题,讨论泰戈尔等外国作家的作品。一九二一年,熊佛西在许地山的引见下,结识了沈雁冰和郑振铎,并与沈雁冰、郑振铎、陈大悲、欧阳予倩、汪仲贤、徐半梅、张静庐等十三人联合成立了我国现代话剧史上第一个戏剧团体"民众戏剧社",鼓吹现实主义的"真新戏",提倡西欧资本主义经营的"小剧场运动",主张"爱美的戏剧"。这一时期,熊佛西赞同民众戏剧社批判为艺术而艺术的戏剧,主张戏剧为民众,"是推动社会使其前进的一个轮子"。这反映了五四新文化运动对他的深刻影响。

　　一九二三年七月,由于熊佛西的刻苦学习,三年就学完了燕京大学规定的四年课程的学分,提前一年毕业。毕业后,应聘回汉口母校辅德中学任教务主任兼英语教师。在任一年。熊佛西做事、教书都很认真负责,深受同学爱戴。

　　一九二四年九月,辅德中学校长刘子敬赠送熊佛西美金六百元,要求他陪着自己的儿子去美国留学。熊佛西接受了这一要求,一同赴美留学。到达纽约后,熊佛西进哥伦比亚大学研究院深造。在研究院,他向马修士教授请教学习方法。马修士教授直率而又诚恳地说:"你不必上我的课,我在课堂里所讲的,大体都在书中说过了,而且学戏应该到剧场去学,不应该到课堂里去,你应该把你的时间和金钱花在剧院里。倘若你能花相当的时间在博览馆也很好,那里有各种书籍、模型,那好比是一部活的戏剧史。可是我以为外国学生还是到剧院去多看戏要紧,因为书本里的东西,你们在祖国一样的可以得到。"听了马修士的话,熊佛西把他的时间作了合理的分配,观摩、创作、读书三个方面齐头并进。此外,他还一面读书、一面在饭店当侍者,以劳动所得解决一部分经济问题。

　　在哥伦比亚大学研究院学习期间,熊佛西结识了闻一多、罗隆基、梁实秋、余上沅、赵太侔、顾毓琇等人,大家一起交谈时,都希望回国后能办一所艺术剧院作为从事现代话剧的实验基地。他还同专攻戏剧的赵太侔、余上沅"互相切磋,彼此计划",表示"愿以毕生全力置诸剧艺,并抱建设中华国剧之宏愿"。

　　在美国,熊佛西与闻一多结下了终身难忘的友谊。他和闻一多合作搞戏,合写过一个独幕剧,并与闻一多、谢冰心、顾毓琇等十几位留学生一起,把我国古典戏剧作品

《琵琶记》搬上舞台。当时,熊佛西和闻一多都住在纽约。他们身居海外,怀念祖国,经常谈论国事,痛恨国内军阀专横,连年混战,同情人民的疾苦。为了表达对祖国、对人民的热爱,这时闻一多由学美术改习文学,特别致力于诗的研究与创作,尤其酷爱我国古代和欧洲各国许多爱国诗人的作品。他曾经对熊佛西说:"诗人主要的天赋是'爱',爱他的祖国,爱他的人民。"留美期间,熊佛西经常是闻一多创作的大量爱国诗篇的第一个读者。闻一多火一般炽烈的爱国主义思想感情使熊佛西深受感染。

在美国,熊佛西经常去省城剧院、达温波小剧院、韩卜敦剧院看戏,喜剧、悲剧、正剧、技巧剧、杂耍剧,各种体裁、各种类型的剧他都看,借以通过舞台熟悉欧美各国的戏剧艺术。在他观摩的众多剧目中,印象比较深的是《哈姆雷特》、《浮士德》、《西哈诺》和《琼斯皇帝》。

除了观摩、读书之外,熊佛西结合观摩、读书中的体会,根据自己的生活体验,在美国创作了几个话剧剧本,如《万人坑》(独幕剧)、《当票》(独幕剧)、《甲子第一天》、《一片爱国心》、《洋状元》、《长城之神》等。三幕剧《甲子第一天》作于一九二五年九月,是因一九二三年阴历除夕,工人运动领袖施洋被湖北督军王占元杀害引起创作冲动而写成的。剧本表达了作者对这一事件的愤慨和抗议。三幕喜剧《洋状元》以辛辣的笔锋讽刺了某些留学生不学无术、数典忘祖的丑恶嘴脸,嘲笑了恶霸地主的愚蠢无知,具有一定的社会意义。熊佛西在留学期间创作的剧本中,以三幕剧《一片爱国心》的思想性、艺术性为最高,它不仅是熊佛西这一时期而且是他全部作品中的代表作。这个剧本通过民国初年,革命党人唐华亭及其女儿唐亚男、儿子唐少亭同日籍妻子秋子围绕签约问题展开的尖锐冲突,从家庭内部矛盾这个侧面深刻地展开了一场爱国与卖国的斗争。虽然此剧最后,双方言归于好,反映了作者的思想局限,但从总的思想倾向来说,这个戏表达了作者强烈的爱国主义思想感情,愤怒地谴责了出卖中华民族利益的罪恶行径。全剧情节紧张、曲折,戏剧性强,人物性格鲜明,语言流畅、生动、凝练,不愧为我国现代话剧诞生时期的一部优秀作品。

当然,从熊佛西留美时期创作的剧本中也可以看出,他一方面汲取了欧美进步文化的营养,但同时也受到资产阶级唯心主义文艺观"为艺术而艺术"思想的不良影响。这种影响表现在某些作品中,一个明显的缺点是过分追求艺术趣味,忽视作品思想内容的开掘。比如《洋状元》就由于过分追求舞台效果,明显地存在着开掘欠深、思想浅薄的毛病。闻一多在看过他写的《长城之神》后,曾写信给他,直率地批评他的作品"太注重于舞台机巧,行文尚欠沉着"。并忠告说:"佛西之病在轻浮,轻浮故有情操而无真情。"就熊佛西这一时期思想和作品局限性的一面而言，应该说这一批评是十分中肯的。

北京十二年

一九二六年九月，熊佛西在美国哥伦比亚大学研究院毕业，领取了硕士文凭，与朱君允女士一起，回到他日夜思念的祖国。十月，抵达上海。这时，各地的朋友，汉口的老师，纷纷来电邀请他前往当地工作。在香港经商的父亲，也要他去香港。面对这些热情洋溢的邀请，熊佛西作了认真的思考。他决定恪守自己立下的将毕生精力献给祖国的戏剧事业的誓言，接受了国立北京艺术专门学校的聘请，来到北京，担任戏剧系系主任兼教授，从此开始了他终身从事的戏剧教育事业。

国立北京艺术专门学校戏剧系成立于一九二五年秋，全系分设表演与布景二组，培养演员和舞台美术人才，由曾在美国与熊佛西一起留学的赵太侔任主任，余上沅任教授。赵太侔、余上沅回国后，在胡适、陈西滢、徐志摩等新月派文人支持下，发起了"国剧运动"，戏剧系是他们的实验基地。他们主张"艺术虽不是为人生的，人生却正是为艺术的"，提倡纯艺术，保存国粹，遂遭到戏剧系进步青年的抵制。由于多数学生反对他们这种同新文化运动唱对台戏的活动，再加上政府欠薪，于是没等熊佛西到达北京，赵太侔、余上沅便已离职南下。这样，熊佛西一到北京，主持戏剧系教学、行政工作的重担便全部落在他一人的肩上。

起初，他想不干。但又想到中国新兴戏剧的前途，觉得戏剧系虽然只成立了一年，但它是我国第一个也是唯一的一个把戏剧正式列入国立学校教育中的专业，坚持下去，对于发展我国的话剧运动有极大的意义。另一方面，他又顾念到戏剧系十几个学生的志愿和学业。他们中间不少人是冲破社会的讥笑和亲友的责难来投考戏剧系的，有的甚至为此同家庭断绝了关系。他怎么舍得让这些可爱的热心戏剧事业的青年，在生活的征途上再蒙受一次沉重的打击？因此，熊佛西决定无论有多大困难，也要义无反顾，苦干到底。

熊佛西接任戏剧系主任之后，立即招收了一批新生。但新生入学后，新老学生在办学方向问题上存在着严重的分歧。一部分人拥护旧剧，主张将戏剧系办成京剧科班；另一派占多数的学生拥护新兴话剧，主张戏剧系必须办成新型学府。熊佛西亲自主持全系学生就戏剧系办学方向问题展开辩论。争论结果，大多数同学的正确意见占上风,少数人离开了戏剧系。通过这场争论,熊佛西使全系学生明确认识到"戏剧系应该是训练戏剧各方面人才的大本营,戏剧系应该是新兴戏剧的实验中心"。他主张"以广博容纳之精神,树立研究与思想之自由",加强课程中的理论科目。在戏剧系,他增设编剧、西洋戏剧文学、西洋戏剧史、戏剧原理等课程,使学生获得基本的戏剧理论和戏剧史知识。为了提高学生的文化修养,扩大学生的知识面,他还增添了国文、英文、社会学、哲学、心理学、文学概论等课程,这些在我国戏剧教育史上,都是前所未有的创举。

熊佛西主张戏剧系应办成新兴戏剧的实验中心,以学习现代话剧艺术为主,但是,同许多新文化运动倡导者全盘否定我国戏曲遗产的民族虚无主义态度不同,他仍然倡导话剧工作者向我国的戏曲艺术学习,十分重视我国戏曲艺术遗产的调查、整理和研究。在课程设置中,决定开设中国戏曲史、皮簧昆曲研究和元曲三门课,并聘请了对京剧、昆曲、高腔、梆子等素有研究的戏曲理论家徐凌霄先生到戏剧系讲课。在话剧教学中,熊佛西还借鉴了戏曲科班中行之有效的训练方法,为我国现代话剧教育事业同祖国的戏曲艺术相结合,创造了最初的、难能可贵的经验。

这时候,熊佛西自己担任了戏剧概论、舞台装饰、导演术、表演术等大部分戏剧专业课的教学。除此而外,他还讲授英文和国文等普通课。他白天上课,晚上导戏,每周工作至少六十小时以上。他把全部精力都扑到戏剧系的建设上了。

赵太侔、余上沅在戏剧系搞了一年失败而去,但他们在一九二六年初搞的一次实习公演颇获好评,熊佛西认为这个做法值得继承。这年十一月,熊佛西主持戏剧系举行了第二次实习公演,演出《一片爱国心》和《亲爱的丈夫》(丁西林作)。这两个戏都由他亲自导演。演出获得了很大的成功。效果最好的是首次公演的《一片爱国心》。这次演出的演员阵容也比较整齐,肖昆饰唐亚男,张寒晖饰夫人,王瑞麟饰唐华亭,章泯饰唐少亭。在艺专剧场连演一个多月,北京文艺界反应十分强烈。清华、北大等校的学生冒着政治风险与严寒,从西郊乘车前来看戏。观众纷纷来信,要求再度公演。这种热烈的情况,使演戏的学生深受鼓舞,也使熊佛西激动万分,更加坚定了他从事新兴戏剧教育事业的决心和信心。以后,《一片爱国心》又多次参加戏剧系实习公演,成为培养戏剧系学生的一个保留剧目,也是熊佛西多幕剧创作中影响最大的一个戏。

一九二七年上半年,奉系军阀张作霖在北京实行残暴的反动统治,为了便于控制,将北京的九所国立高等学校合并成立所谓"京师大学堂"。戏剧系遭解散,罪名是"戏剧系都是共产党",学生有的被捕,有的被逐,全系师生被迫东逃西散,熊佛西也被迫离开戏剧系,思想陷于极端的苦闷之中。

一九二八年六月初,国民党新军阀从张作霖手里夺得了华北的地盘,熊佛西为复活戏剧系四处奔走。费了九牛二虎之力,才获准成立国立北平大学艺术学院戏剧系,仍由熊佛西任系主任。

戏剧系重建后,由原先的中专变为大专,从一九二八年至一九三三年春被迫停办,前后长达五年时间。这五年,戏剧系在熊佛西的主持下,在戏剧教育上积累了比较丰富的经验。其中最基本的经验是坚持实践第一,艺术实践与理论学习相结合的方针。熊佛西十分重视在实践中培养学生,始终将专业实践贯串在学生学习的全过程之中。实习公演的制度一直坚持到戏剧系结束。戏剧系复活之后,又接连举行了十二次公演,演出了一大批剧目,使学生在表演实践中真正懂得什么是戏剧艺术。戏剧系对培养写作人才,也很重视,让学生进行多方面的实战训练。建系一开始,熊佛西就亲自主编《戏剧与文艺》月刊,让学生张鸣琦、刘尚达、杨子成具体负责编辑,主要由戏剧系师生供稿,先后出了十四期。在系内,还办了《戏剧系》专刊,刊登同学写的论文和剧本。为了鼓励学生写作,熊佛西还在戏剧系设了剧本创作奖,特邀清华大学几位教授进行评阅。除此之外,熊佛西还积极组织、支持师生在报刊上编"剧刊"。他自己在北平《晨报》上编了《戏剧周刊》,戏剧系学生贺孟斧等分别在几家报纸上编了戏剧版副刊。这些刊物主要都是学生投稿。通过这些活动,不仅对宣传戏剧运动作出了贡献,而且极大地锻炼了学生写作、编辑的实际能力。

在表演训练上,熊佛西还借鉴了我国戏曲科班通过完整的剧目训练演员的方法,让新生从入学第一年起,就通过具体剧目的排练,初步了解戏剧艺术的特点,学习戏剧的实际知识,掌握初步的表演技能。这种结合排演学习各门专业知识与技能的方法,比在教室里听课更容易消化、领会快、记得牢。学生经过几个月的实践,就能取得比较好的成绩。这一教学方法以后多次为师生们所采用。

熊佛西强调实践第一,但丝毫不轻视戏剧理论的学习。一九二九年,戏剧系有六名高班学生毕业,熊佛西组织他们排练了《一片爱国心》、《醉了》、《哑妻》、《压迫》四个戏,他自任导演和舞台监督,带着他们赴天津公演。同时,熊佛西又要求他们在毕业前一定要交出论文一篇,及格之后方能毕业。他把毕业生写的学术论文汇编为《毕业论文集》,并亲自撰写序言,给予勉励。在戏剧系的课程设置中,熊佛西也十分重视史论课的教学,开设了不少史论课。

从发展我国现代戏剧事业这个大目标出发,熊佛西认为戏剧各方面的人才都需要,而最好是掌握戏剧各种知识与技能的通才,因此他努力把戏剧系办成"训练戏剧各方面人才的大本营",注重通才教育。在专业学习时间的分配上也体现了这一精神。改为大专后的戏剧系,本科四年,一、二年级不分专业,三、四年级才分为表演、舞台装饰、编剧三个组,每组分设不同的专业课程。为了提高学生文化基础知识的学习和文化修养,除了一些必修的文化课,又开设了昆曲、绘画、音乐、日语等选修课。还经常邀请宋春舫、许地山等教授来校作专题讲座。而且,普通课与艺术学院其他系合并上课,学生也可以选听其他系的课,系与系之间声息相通,大大开阔了学生的视野,丰富了学生的文学、艺术知识。

这一时期,我国主要的戏剧教育单位有三个。除北平大学艺术学院戏剧系外,在上海有南国艺术学院,在广州有广东戏剧研究所附属戏剧学校。田汉的南国艺术学院开办了半年,搞过两次公演,在普及现代话剧艺术、培养话剧人才方面,有很大的成绩。广东戏剧研究所附属戏剧学校,由欧阳予倩主办,前后搞了两年,对推动广东的话剧运动、培养华南戏剧人才也起了有力的促进作用。但比较起来,熊佛西主办的戏剧系,时间最长,课程设置最正规,教学经验也最丰富。在前后六年的时间中,培养出章泯、张寒晖、贺孟斧、张季纯、杨村彬、王瑞麟、王家齐、张鸣琦、刘静沅、刘尚达、肖昆(女)等一批戏剧专门人才,特别是章泯、贺孟斧、张季纯、杨村彬几位,他们后来都成为我国话剧事业的骨干力量,为推动我国话剧运动的发展作出了重要的贡献。

这一时期,除戏剧系教学活动外,熊佛西还以戏剧系首届毕业的六名毕业生为核心,与余上沅一起组织北平小剧院,自任北平小剧院副院长,先后公演了《伪君子》、《压迫》、《醉了》等剧。在北方剧坛很少话剧活动的情况下,这些演出大大地活跃了北平的话剧舞台。

此外,他还先后兼任了燕京大学文科讲师(1926)、北平大学农学院讲师(1928)、北平师范大学教育系讲师(1929)、北师大外国文学系讲师(1930)等。

在主持戏剧系工作的同时,熊佛西还先后创作了《蟋蟀》、《神童》、《孙中山》、《苍蝇世界》、《喇叭》、《爱情的结晶》、《诗人的悲剧》等多幕剧和《王三》、《艺术家》、《一对近视眼》、《裸体》、《模特儿》、《兰芝和仲卿》等独幕剧。这些剧作体裁多样,有喜剧、悲剧、正剧,也有象征剧,而以喜剧数量为最多。在内容上,有的改编民间故事,有的描绘历史事件;有的暴露社会黑暗,有的嘲笑腐朽事物;有的歌颂爱国志士,有的讽刺势利小人,题材颇为广泛。在这些剧本中,表达了他对人民深切的同情,对黑暗社会的不满。在四幕剧《蟋蟀》中,熊佛西借一个神话色彩颇浓的故事,曲折地抨击军阀发动的自相残杀的罪恶战争，这个戏由燕京大学学生演出后，触怒了张作霖，作者因此被捕入狱，关了三天。在根据著名的民间叙事诗《孔雀东南飞》改编的《兰芝与仲卿》中，作者愤怒地鞭挞了封建旧礼教对青年男女的摧残；独幕剧《模特儿》和《裸体》以讽刺喜剧的辛辣笔触撕破了封建道学家的假面具，主张让美好的东西自然地供人们鉴赏，而在另一个讽刺喜剧《艺术家》中，则妙趣横生地嘲讽了只爱钞票不爱人才、不爱艺术的金钱世界。

这一时期熊佛西的戏剧创作，在艺术水平上也有了明显的提高。别具一格的独幕剧《醉了》（又名《王三》）是反映这方面成就的一个代表作。这个戏描写了一个生活贫困、被迫以刽子手为职业的王三的矛盾心情。写的是一八八八年的故事，实际上反映的是现实的社会问题。此剧情节虽然简单，但却有力地揭露了黑暗的社会迫使善良的人走上邪路的罪恶。这个戏戏剧性很强，特别是人物变态心理的刻画相当生动。人物语言通俗、自然、流畅，富有动作性。全剧结构完整、洗练，将被压迫者的愤懑之情及其起而反抗的愿望表现得淋漓尽致，是这时话剧舞台上屡演不衰的优秀剧目之一。

除了从事戏剧教育与创作外，这一时期熊佛西在戏剧理论的介绍、探讨和研究方面也作出了突出的贡献。他主编的《戏剧与文艺》，是这时北方唯一的一个大型的以戏剧为主的刊物，它经常刊登熊佛西本人及戏剧系师生的剧本创作和戏剧理论文章，介绍国外的戏剧理论、演剧经验，成为推动我国北方话剧运动的一个相当重要的刊物。与此同时，熊佛西还出版了《佛西论剧》、《写剧原理》两部专著。《佛西论剧》集中了熊佛西先后撰写的二十八篇戏剧理论文章；《写剧原理》共收论文十四篇，是他五年来在戏剧系编剧班授课的讲稿。这两本论文集，涉及了戏剧原理、戏剧创作方法、戏剧分类及戏剧技巧等许多方面的理论问题，不仅论及的问题范围广泛、较为系统，而且深入浅出，通俗易懂。在我国现代戏剧理论研究尚处于拓荒阶段的时候，它们的问世应该说对我国戏剧理论的建设和话剧创作的繁荣都是有一定的指导意义的。

一九三一年，中国共产党领导的"左联"、"剧联"，发起了"文艺大众化"、"戏剧大众化"的讨论，这次讨论，正式提出革命文艺大众化的任务，引起文艺界普遍的注意。这正是熊佛西思想上感到极大的苦闷的时候，因为他主办的戏剧系的戏剧活动，虽然在风雨飘摇之中坚持了好几年，历次公演也还受到观众的欢迎，但与全国工农大众却不曾发生过实际的联系，接受者只是少数城市的知识分子。有一些创作和演出也有着明显的"为艺术而艺术"创作思想的影响。他不满于现状，很想找到一条出路。在左翼剧运倡导的"戏剧大众化"浪潮的冲击下，熊佛西也想具体实践一下戏剧艺术的大众化。于是从一九三二年元旦起，他便与戏剧系部分师生中的有识之士陈治策、杨村彬、张鸣琦等人应中华平民教育促进会干事长晏阳初的邀请到河北定县,从事农民戏剧的研究与实验,以期在农村中创造一种适应时代需要的大众戏剧。除了"作戏剧本身的内容与形式的研究实验外,尤其重戏剧与教育的效力的研究"。

熊佛西在定县搞农民戏剧运动,从一九三二年至一九三六年,前后持续五年时间,在全国产生了相当大的影响。经过五年的艰苦奋斗和认真工作,熊佛西在农民戏剧运动的目的、对象、领导方式、工作方法上都形成了一套理论与实践的体系,在开展农民戏剧教育、农村戏剧活动方面获得了一些有益的经验。熊佛西认识到"农民是今日中国的大众"、"新兴戏剧大众化,也就是新兴戏剧农民化",因而高度重视开展农民戏剧活动对实践戏剧大众化的极端重要性,这在当时的戏剧界是少有的远见卓识。熊佛西用实践证明农民是能够接受新文化和新思想的,关键是我们要"给他们新思想与新的文化"! 这对当时那种轻视工农大众、轻视文化和戏剧普及工作的"大众没出息论"者,是一个有力的批驳。

在定县,熊佛西继续发展了他在戏剧系形成的实践第一、理论与实践相结合的戏剧教育经验。他先后在定县主持招收了两届练习生。每届训练期限为两年,采用"以戏教学,学演结合"的方法,结合排戏、制景、讨论、讲解各种戏剧知识,学习导演原则和方法,获得了良好的训练效果,培养出肖锡茶、岳路、巩书田、贺守文、舒润华(女)等一批戏剧人才。他还在定县组织实验农民剧团,在西建阳村和东不落岗村组织两个重点的实验农民剧团,由定县戏剧研究会同人指导公演及团务的进行,结合演出训练农民演员。仅一九三四年一年,就在定县训练了农民演员一百八十余人。

为了配合农村演剧的需要,这一时期熊佛西还创作了一些反映农村生活的多幕剧。如《屠户》、《牛》、《过渡》等。这些剧本在不同程度上反映了当时的现实生活,表现了灾难深重的农民大众的痛苦,有的还接触到了农民与地主的尖锐矛盾。如《屠户》就揭露了地主、高利贷者对农民的残酷压迫和剥削;《过渡》则表现了农民对地主强烈的愤怒和反抗精神;而三幕剧《牛》(又名《王四》,修改本改名为《逼上梁山》),不仅真实地描绘了农村经济破产的惨状,而且有力地揭示出像王四这样一个老实善良的农民在反动政权苛捐杂税的敲诈勒索下如何被逼得家破人亡,走投无路,想做一个安分守己的庄稼人都不可得。在这些作品中,作者爱谁、恨谁,态度是很鲜明的。

这一时期熊佛西的创作和演剧活动,还提供了不少有关农村题材剧本的创作及农村演剧方面独特的艺术经验。例如农民剧本的结构、人物和对话应当如何处理;农民演剧的主要困难是什么,农民戏剧演出有哪些基本原则;在表演、舞台美术、音乐各方面,如何反复实践、不断改进,他们都积累了很多经验。通过长期的农民演剧的实践,他们在舞台演出上也作了一些新的探索。例如秫秸布景、三园积木、新式剧场、台上台下打成一片的演出方式等等。对这些成果,熊佛西还在一九三七年四月出版的《农村戏剧大众化之实验》这本专著中作了详尽的介绍与总结,为后人从事农村戏剧活动提供了系统的、可资借鉴的经验。

无可讳言,熊佛西在定县搞的农民戏剧运动也有它明显的局限性,这种局限性也反映了他这一时期思想上的局限。人们知道,晏阳初倡导的"平民教育运动"是一种改良主义性质的运动。晏阳初认为中国社会的病根是愚、穷、弱、私四大祸害,要消除这四大祸害,就要以"文艺教育"救愚,以"生计教育"救穷,以"卫生教育"救弱,以"公民教育"救私,实施了这四大教育,中国人(包括占人口大多数的农民)的根本问题——愚、穷、弱、私就可以得到解决。这种理论将社会病症当作病源,所开的药方无疑是错误的,它模糊了人民的认识,是与革命利益相违背的。晏阳初是熊佛西所"敬爱的朋友",他的改良主义思想不能说对熊佛西没有丝毫影响。熊佛西认识到占我国人口大多数的农民是大众化的主要对象,这是正确的。他要为农民服务的愿望也是真诚的。但是,他还认识不到工人阶级在中国革命中的领导作用。在政治上,他对国民党统治不满,并不认为它是一个廉洁的政府,但他又并不认为必须用暴力去推翻国民党政府。在定县写的几个剧本,不管他自己是否自觉地意识到,实际上已经接触到阶级剥削和压迫才是造成愚、穷、弱、私这些社会病症的根源,并且做了比较真实、生动的反映。遗憾的是,他还不能用马克思主义阶级斗争的观点来认识它并由此得出正确的结论。相反地,他不愿意让他的剧本"具有鼓励暴动的成分"、为"今日的国情"所不容。结果只好用调和阶级矛盾的办法来解决问题。例如,在熊佛西从事农民戏剧运动影响最大的《过渡》这个戏中,他一方面揭露了农民与地主尖锐的矛盾和激烈的斗争,同情农民,鞭挞地主;但另一方面,他又不赞成农民起来暴动,主张让"假想的廉洁政府"来惩办地主。演出之后,农民对这样的解决矛盾的方法不满意。熊佛西为此虽几易其稿,最后仍然认为最好的办法是把可恶的地主"交给法律解决"。他企图说服农民相信总有一天会有一个假想的贤明政府出现,要他们"相信法律的公平"。这当然是一条根本走不通的道路。这些都反映了改良主义思想对熊佛西的消极影响,这种影响必然会不同程度地削弱他在这一时期写的剧本的思想意义。

在定县搞农民戏剧运动的同时,作为一个热爱祖国的艺术家,熊佛西时刻关心着祖国的前途,对日益加深的民族危机表示了深切的关注。一九三一年九·一八事变爆发,日本帝国主义强占我国领土,残杀我国同胞,激起了熊佛西极大的民族义愤。他很快写了剧本《无名小卒》,热情赞颂智勇双全、坚贞不屈的爱国志士,痛斥侵略强盗的暴行。同年,他又创作了历史剧《卧薪尝胆》,通过我国人民家喻户晓的历史故事,呼吁"国耻不能不雪",表达了"宁作断头鬼,不做亡国奴"的爱国主义感情。由于国民党反动派执行卖国投降政策,日寇肆无忌惮地步步进逼,一九三六年,华北,尤其平、津一带,已经成为日军任意进行演习的场所,日本兵车在北平的通衢要道上横冲直闯,日本飞机在北平的上空呼啸而过。火车站上,达官贵人又纷纷争相南逃。这种情景,促使熊佛西创作了四幕话剧《赛金花》。在这个剧本里,作者把清代名妓赛金花描绘成在八国联军侵占北京时,利用她和联军统帅瓦德西的特殊关系,抑制了侵略军的暴行,为黎民百姓做了不少好事的"救星",美化了不应该美化的人物,在思想内容上是存在较大的缺陷的。赛金花生前,熊佛西跟她见过好几次面,对她的印象是不好的,认为这个女人"言论谈吐,举动",都"平庸极了","不是我写剧本的材料"。为什么赛金花一死,熊佛西却立即以她的事迹为蓝本来编剧呢? 这正是因为眼前的现实使熊佛西回想起当年帝国主义者在北京城奸淫烧杀种种惨无人道的行径,他忧虑祖国未来的前途,担心庚子事变"又将在北平重演一回",于是,在北风怒号的冬夜,奋然命笔,写出此剧,目的不过是以赛金花的"身世之盛衰为经,民族近世之忧患为纬,意在讽刺社会,作爱国情感之抒发"。不料,在《赛金花》即将上演的前两天,竟遭到国民党当局的禁演。禁演的主要原因是德国大使馆致函国民党外交部,指责此类题材的剧本"妨害邦交",要国民党"通令全国各省市禁止演出该项戏剧,以维邦交"。德国法西斯政府的一声抗议,吓得国民党当局马上"通令各省市府,转饬各地警察机关一律禁演"。这件事对熊佛西刺激很深,使他对丧权辱国、摧残进步文化的国民党当局有了比较清醒的认识。禁演《赛金花》,全国舆论哗然。一时间,各报章杂志上报道和批评这件事的文字,竟达六十万言之多。进步舆论界一致主张不顾帝国主义的干涉,强烈要求国民党当局解除禁演令。一九三七年五月,在南京中央饭店的一个宴会上,熊佛西当面同国民党中央宣传方面的负责人陈立夫、邵力子展开了针锋相对的辩论。在会上,熊佛西愤慨地说:"我是一个戏剧的学习者,自己承认学识不够,世故不熟,然而我是一个中国人,是一个爱国家爱民族的中国人,我有血有肉,有人格,有灵魂,我不能承认我的笔下会'有辱国体';说我写的剧本不够成熟我是坦白承认的,说我'有辱国体',那即使把我的头砍下来摆在这台子上也不能承认。"说到这里,他不胜感慨地问道:"想到这些,我是真想改行了,为什么我还要干戏剧运动呢? 政府对我们有了些什么安慰,有了些什么帮助呢?"

　　尽管遭到这样的打击,此时的熊佛西对国民党政府仍然抱有某种幻想。正如他在《赛金花》第四幕中让奄奄一息的赛金花在临死之前还能听到"我们自己的军号声"一样,他希望国民党能抵御外侮,不使庚子事变旧景重演。然而,历史的回答又是怎样的呢?

在烈火中追求光明

　　一九三七年七月七日,震惊中外的卢沟桥事变爆发了。中华民族到了最危急的生死存亡的关头。起先,熊佛西尚信国民党政府一定会坚决反击日本帝国主义的侵略。在爱国热情的驱使下,他临难不惧,留在北平。不料,担负华北军政主要责任的宋哲元一味向日退让,乞求和平;以后虽因妥协不成,命令所部奋起抵抗,终未能抵御住日军的大举进攻,平、津相继失守,沦于日军铁蹄之下。大敌当前,熊佛西毫不犹豫地舍弃了他在北平的舒适生活,全家到了天津,在英租界躲避了一个月之后,他又别妻离子,只身离开天津南下。这之后,他率领抗战前夕组织起来的北平剧团,历经曲折,辗转抵达长沙。九月,在长沙成立抗战剧团,演出《后防》(熊佛西根据《过渡》改编)、《一片爱国心》、《战歌》(杨村彬作)等剧。这是在长沙首次演出的抗战戏剧,颇为轰动。

　　一九三八年一月,熊佛西率领抗战剧团到达成都。在成都,先后演出了《后防》、《吴越春秋》(根据《卧薪尝胆》改编)和《中华民族的子孙》(熊佛西作)等剧。这些演出引起了强烈的反响,特别是从观众中爆发出来的那种抗日救国的激情,使熊佛西深受感动。他认识到:戏剧在平时应成为社会教育的中心,在战时应成为"宣传抗敌,动员民众最有力的武器"。而要使戏剧担负起"宣传抗敌,动员民众"的历史使命,首先必须培养一大批戏剧专门人才。根据这一指导思想,熊佛西谢绝四川省政府请他担任官职的要求,决定再次主持戏剧教育工作,担任了一九三八年八月成立的四川省立戏剧教育实验学校(以下简称"省剧校")的校长。

　　省剧校创办伊始,熊佛西就亲自制定了"本学艺人的热情,守军队的纪律,以戏剧为教育,完成心理建设"的校训,撰写了"我们是戏剧的铁军"的校歌。他与学生一样,穿着灰布制服,打着裹腿,穿着草鞋,背起长枪,生气勃勃地和学生一起跑步、操练,决心将学生培养成服务于抗战的艺术"铁军"。

　　省剧校学制分本科和高级职业科两种。本科相当于大专,高级职业科相当于中专。熊佛西先后聘请了陈白尘、杨村彬、章泯、陈治策、王瑞麟、丁易、刘盛亚、刘露、任致嵘、叶子、张季纯、刘静沅、岳路、刘念渠、王家齐、王云阶等文化界人士担任剧校的专任教师。从一九三八年夏创办到一九四一年春结束,在不到三年的时间里,省剧校鲜明地体现了戏剧教育为抗战服务的特点。结合宣传和教学,师生合作先后演出了《后防》、《秦良玉》、《一年间》、《魔窟》、《国家至上》、《青纱帐里》等多幕剧和不少反映当时现实生活的活报剧。这些剧目对鼓舞人民的抗战信心是起了积极的作用的。

这个时期,熊佛西还亲自主持招收失学失业青年,经过短期演出训练后组成戏剧宣传队进行巡回公演。他委派周彦、巩书田、贺守文等为正副队长,在川西温江专区、川北绵阳专区等三十余县巡回演出长达九月之久,行程数千里,上演了《放下你的鞭子》、《壮丁》、《故乡》、《中华民族的子孙》等剧目,充分发挥了戏剧"在战时是动员民众最有力的武器"的战斗作用。在这一活动过程中,一些宣传队外出活动遇到困难,熊佛西都大力帮助克服。一次赴金堂县演出的宣传队遭受反动当局迫害,熊佛西在他们胜利完成任务后,立即布置他们安全撤退。宣传队返校后,他又向宣传队员们表示亲切慰问,每人赠送笔记本一册,亲笔题上"唤醒群众,对日抗战"八个大字。

在主持省剧校工作期间,熊佛西还十分重视戏剧教育与农民群众的密切联系。他不仅组织宣传队赴农村进行宣传演出,而且多次率领学生深入农村进行抗日宣传。一九三九年三月,因日寇轰炸,成都开始疏散人口,省剧校迁至郫县新民场吉祥寺办学,这时熊佛西就将每周的周末晚会形成制度,地点经常设在农村院坝,欢迎农民一起参加晚会。他还指导学生举办农民夜校,教农民识字、唱歌、演戏。一九六〇年,熊佛西与省剧校校友重访郫县吉祥寺故地,与当地农民亲切交谈,回忆二十年前的这段生活,还觉得十分令人神往,久久不能忘怀。

为了使农民大众能够理解省剧校师生宣传的内容,熊佛西还鼓励学生运用人民群众喜闻乐见的多种艺术形式进行演出。在周末晚会上,学生们举行抗战"杂技"(当时对曲艺、戏曲多种形式的一种总称)大竞赛,他热情赞扬学生们这种丰富多彩的演出"风格好姿态好技巧也好",并挥笔作画,奖励优胜者。熊佛西还在校内组织了川剧研究会、木人戏皮影戏研究会,并且亲自主持了有两千人参加的新型灯舞会戏《双十万岁》的演出,将话剧同民间传统的灯舞巧妙地结合起来。观众之踊跃,情况之热烈,成为轰动成都的一件盛事。总之,只要是为普通群众尤其是农民所便于接受的艺术形式,他都努力探索,并鼓励师生们去研究和实践。

在戏剧教育方面,结合新的历史条件和时代的要求,熊佛西又进一步发展了他实践第一,理论与实践相结合的教育思想。他很重视学生的实习演出,提出"从实习中证实理论,从实习中追求理论"的主张,他认为"戏剧是一种综合的艺术,我们平常大致是分门别类的授课、研究,惟有借着公演才能得着各方面综合的研究,所以我们的公演,正如一个科学家的实验",学生不能只关在学校里学习,应该面向社会,要通过宣传演出,同抗战这一时代的洪流结合起来,一方面让学生将课堂上所学到的东西贡献给社会,另一方面也向社会学习。

在省剧校,熊佛西还倡导了独立思考、尊师爱生的良好校风。在全校大会上,熊佛西对学生们说:"思想自由,研究自由,学习自由,是产生艺术,产生艺术家的最基本条件!"他主张:"不管什么学说,只有在自由研究中才显得有价值或者没有价值,限制禁止是不对的。"为此,他十分重视图书馆的建设。在省剧校图书馆里,既有比较丰富的中外古典和现代的文学、戏剧藏书,也有不少像《资本论》、《联共党史》等当时被禁的革命书刊,学生可以公开阅读,进行自由讨论。这无疑在客观上为学生接受革命的思想提供了有利的条件。熊佛西喜欢称呼学生为"孩子们",他也确实像热爱自己的孩子一样热爱着他的学生。一九三九年暑假前,他带着一班学生到成都演出《国家至上》。克服了种种困难,好容易戏要开演了,忽然,传来了国民党中央军校一群学生要带着枪来捣乱的消息。熊佛西这时像一匹准备搏斗的狮子,他关照"孩子们"放心演戏不要怕,自己不知从哪儿找来了两个手榴弹绑在身上,整天在剧场待着。他说:"只要他们真要来捣乱,我这条老命陪着他们就是!"他那奔放的热情,像一支巨大的火炬,照耀在学生的心灵上。

这个时期,熊佛西除积极组织剧团开展演出活动,主持戏剧教育工作外,同时热情从事戏剧创作。从一九三八年至一九四〇年,先后创作了《中华民族的子孙》(1938年)、《搜查》(1939年)、《人与傀儡》(1939年)、《害群之马》(1940年)、《囤积》(1940年)。这些剧本,或暴露日本军阀的残暴,揭露囤积居奇、发国难财的奸商;或赞扬报效国家的热血青年,表彰具有民族气节的爱国老人;或抨击卖国求荣的汉奸,歌颂团结斗争的正义人民,都洋溢着强烈的爱国主义思想感情。

一九三九年冬,国民党掀起第一次反共高潮,四川省政府当局也加紧对省剧校的控制。他们派CC分子丁某来校担任训育主任,不断用骗和压的两手对校方施加压力,企图改变学校的局面。但丁某的种种计谋由于熊佛西和进步师生的抵制始终未能得逞。丁某曾公开提出要检查学生的信件,被熊佛西拍着桌子教训了一顿:"我的学校里不容许这种不光明的行为,我没有理由出卖我的孩子们,宁可把学校关门。假如你觉得不合适,请到别的学校去!"

第二年十月,进步学生准备召开一次纪念鲁迅先生的大会,为了赶抄壁报,有几个学生一夜没睡。丁某在熊佛西面前,指责学生"违犯校规",要给以处分。熊佛西笑着说:"这正是应该鼓励的呀!牺牲睡觉为大家工作,是应该给奖状的。"这位训育主任又碰了一鼻子灰。还有一次,一个学生到熊佛西那儿告状说:"×××把我的《联共党史》收了!"熊佛西大声说:"叫他还你!你就说熊校长说的。"

当然,这时熊佛西基本上还是一个有着自由主义思想的民主个人主义者,但是比起抗战以前,他在政治思想上确实有了一些不容忽视的变化。国民党抗战不力,大好河山,沦于敌手。抗战的前途是什么?怎样才能取得抗战的胜利?熊佛西严肃地思考着,寻求对这些问题的答案。他从以毛泽东同志为首的中国共产党人那里找到了正确的答案。一九三八年七月,他在上海《大美晚报》上看到介绍中国共产党和八路军真实情况的报道,以后又陆续看到上海《华美晨报》上连载的毛泽东的《论持久战》、《在中共扩大的六中全会上的报告》全文以及这次全会的决议,并且把它们全部剪贴在一本英文杂志上。几十年来,他始终将这些剪报秘密珍藏着,至死都没有扔弃掉。从这件鲜为人知的事中至少可以看出,他在一九三八年就开始对中国共产党抱有好感,对中国共产党的领袖毛泽东十分尊重,这样他在省剧校时期对进步教师(包括个别党员作家)的信任、重用,对学生运动的同情、维护,以及上述他对待 CC 分子丁某的态度,就都不是偶然的了。他一面口口声声地禁止在校内进行公开的党派活动,一面私下里却在暗中支持共产党地下党组织的读书会和农民夜校,保护进步学生躲开特务追捕,到抗日根据地去。在貌似不偏不倚的自由主义态度中,熊佛西实际上做了不少有利于革命的好事。也正因为这个缘故,四川省参议会在皖南事变后不久,便以莫须有的罪名通过决议勒令省剧校停办了。

省剧校虽然办的时间不长,但却培养了一批戏剧、艺术人才。从这个学校毕业的刘沧浪、李天济、徐昌霖、汤莆之、屈楚、高群、周特生、夏白等人解放后都长期在话剧、电影界以及其他文化艺术部门工作,为繁荣和发展社会主义文艺、戏剧事业作出了有益的贡献。省剧校在四川活动的三年,通过广泛的抗战宣传演出,鼓舞了广大人民抗战必胜的信心,也推动了抗战时期四川的话剧运动,并为解放后四川话剧运动的发展打下了基础,撒下了种子。毫无疑问,在省剧校所作出的这些历史性贡献中,都凝聚着熊佛西的心血,记载着他辛勤耕耘的业绩。

四川省剧校停办前夕,一九四一年初,熊佛西应张治中电邀到重庆,就任政治部所属文化工作委员会的委员,兼任中央青年剧社社长。这时的重庆是国民党的陪都,也是一个达官贵人云集、政治空气污浊的地方,从未涉足官场的熊佛西,并不愿攀附权贵借此飞黄腾达。在重庆,他只排了一出话剧《秦良玉》,便不辞而别,远走桂林。到桂林后,他和叶子将几间被炸坏的破屋拾掇一下,就住了进去。因为屋外有棵石榴树,他便在门口挂了一块木牌,题名"榴园",定居下来。在桂林,他整整待了三年,过着清贫而颇有情趣的生活。

在桂林期间,熊佛西将他的主要精力花在编辑刊物、从事小说戏剧创作上。他除了继续编辑一九三九年创刊的《戏剧岗位》外,又先后创办了《文学创作》、《当代文艺》两个刊物。他编这些刊物的目的很明确,就是要"以文艺报国,以文艺为武器,争取我们的胜利;发挥文艺的功能,争取民族国家的自由独立"。因为要办刊物,熊佛西经常与在桂林的文化界知名人士接触。这些文化人,或者由于许多大城市相继沦陷,或者由于后方一些中小城市和接近前方的地区国民党对抗日民主运动采取了高压政策,而纷纷来到桂林,使桂林城在抗战时期成为西南大后方的文化中心。熊佛西到桂林后,首先和田汉建立了深厚的友谊。这两位被称为"南田北熊"的剧坛先驱,一九二九年七月南国社去南京公演时曾经见过一次面,但那次相聚为时极短。现在,他们才开始亲切地交往。田汉经常到熊佛西住处拜访,纵论古今时势,文运盛衰。每于茶余饭残之际,挥毫赋诗,张贴壁上。一九四三年十二月,熊佛西的母亲李太夫人在家乡病逝,桂林文化界举行公祭,田汉亲撰祭文一篇,情文并茂,感人至深。熊佛西对田汉在我国戏剧界享有的崇高声望一直是非常尊敬的,对他的才华更是十分钦佩。一九四一年深秋的一天,熊佛西夜访田汉,听田汉朗诵他的新作《秋声赋》,满怀激情地写了一首七绝赠与田汉:"名满天下田寿昌,箪瓢食饮写文章。秋风秋雨秋声赋,从古奇才属楚湘。"这首可能是熊佛西留下的仅有的一首旧体诗,可以作为田、熊二人友谊的见证。太平洋战争爆发后,南社诗人柳亚子于一九四二年六月从香港撤退到桂林,经田汉介绍,认识了熊佛西。两人虽是首次见面,却一见如故,毫无拘束,从此结为莫逆之交。熊佛西连续两年和田汉等人共同发起庆祝柳亚子的寿辰,柳亚子则欣然同意担任《文学创作》的编辑顾问,成为刊物的主要撰稿人。除了田汉和柳亚子,当时在桂林的著名文化人如茅盾、叶圣陶、夏衍、欧阳予倩、金仲华、范长江、萨空了、于伶、孟超、黄药眠、端木蕻良、胡风等,熊佛西都和他们有着广泛的接触,他的住处"榴园"成为许多进步文化人经常聚会的场所。同这些进步文化人的接触,对熊佛西的思想产生了深刻的影响,使他进一步认清国民党顽固派不过是一伙坚持独裁、制造分裂、破坏抗战的民族蟊贼,而真正坚持抗战、拥护团结、实行民主的只有中国共产党及其领导下的八路军、新四军。他觉得在思想感情上更倾向于共产党了。

到桂林第一年,熊佛西创作了第一部长篇小说《铁苗》。这部小说描写的是一群爱国青年投入抗战洪流,历尽千辛万苦,从北方跋涉到大后方,深入农村开展抗战宣传、文化教育工作,进行曲折斗争的故事。这里既有壮烈的战斗场面,也有缠绵悱恻的爱情纠葛。作者以戏剧的手法写小说,具有明快、简洁、朴实、紧凑的风格。这部小说虽然并没有很高的艺术成就,但它是作者近十年亲身经历与所见所闻的结晶,不但生活气息浓烈,爱憎也很分明,从一个侧面真实地反映了抗战前期一部分热血男儿血泪交织的搏斗史。初版五千册,很快就销售一空。

由于长期生活经验的积累,特别是对农村生活的观察、体验,熊佛西对根深蒂固的封建势力有着深刻的认识。在《铁苗》中,他借主人公铁生(这个形象在很多方面渗透了熊佛西自己的生活感受)之口指出:"打倒帝国主义和扑灭汉奸都比较容易,只要抗战胜利了,这两种祸害都必然会消灭,惟有铲除封建势力至少还须要我们五十年的努力奋斗。"鉴于这种认识,在《铁苗》即将脱稿前夕,他又开始酝酿创作一个以袁世凯为对象的剧本,准备从历史题材的角度,深入剖析中国封建势力。为此,他收集、阅读了大量史料,创作了三幕四场话剧《袁世凯》。这个剧本通过窃国大盗袁世凯复辟阴谋的彻底破产,无情地暴露了野心家卖国求荣的丑恶嘴脸,有力地鞭挞了封建专制思想。熊佛西自己说写这个戏为的是"刈除袁世凯的作风与扫荡当前的封建势力"。他认为这些封建势力正是制造大后方种种黑暗的罪魁祸首。联系抗战后期中国的社会现实,剧本的锋芒所向是不言而喻的。

一九四四年二月,在中共地下党的领导和支持下,西南八省三十三个戏剧团体联合举办长达三个月的西南第一届戏剧展览会。这是大后方一次显示抗日进步戏剧力量的空前的大检阅。熊佛西担任剧展筹委会的常务委员,积极投入了这次盛会,从筹备到闭幕,自始至终参加了大会的各项活动。西南剧展刚刚结束,国民党战场骤然起了变化。日寇发动了湘桂战役,从湖南长驱直入广西,国民党军队则闻风而逃。七、八月间,桂林告急,熊佛西便和一些朋友们一道撤退到贵阳。一路上他受尽了颠沛流离的痛苦,也亲眼看到了千百万难民妻离子散、家破人亡种种惨不忍睹的景象。到了贵阳,熊佛西与许幸之、端木蕻良、宋云彬、秦牧、张光宇兄弟等人创办了一个"文化垦殖团",他任劳任怨,负责接待、救济大批从湖南、广西流亡来的进步文化人,赢得了大家对他的信任和尊敬。当"文化垦殖团"正准备到各个城市举办画展、音乐会,开展演剧活动时,传来了贵州省主席杨森要解散"文化垦殖团",将负责人"驱逐出境"的消息。熊佛西只好又避难到遵义,住在一座土坡上的旧房子里,过了大半年经济极其窘迫的生活,有时甚至得靠迁校到此地的浙江大学进步学生接济一些粮菜以维持生活。在这里,他认识了执教于浙大的民主教授张君川。张君川和浙大进步学生常来看望他,给了他不少的安慰。他也曾和端木蕻良从基督教青年会搞到一笔文化人的救济金,接办了本地的一家报纸。地方当局又认为内容有问题,通知印刷厂停印,报纸出了几十天终于办不下去了。

从桂林到遵义,这是熊佛西的思想发生深刻变化的重要时期。经过湘桂大撤退,亲身的经历,人民的疾苦,无数触目惊心的事实教育了熊佛西:国民党政府坚持独裁统治,造成民生凋敝、民怨沸腾、民变蜂起的严重危机,对这样腐败透顶的政府是不能再有什么指望了。正是在这个时期,他从浙大进步学生那儿,读到了《在延安文艺座谈会上的讲话》和《论联合政府》两个报告。这些著作擦亮了熊佛西的眼睛,使他豁然开朗,看到了中国的希望在延安。毛泽东在《论联合政府》中发出伟大的号召,要求大力发展国统区的民主运动,"为着实现民族团结,建立联合政府,打败日本侵略者和建设新中国而斗争"。这时,他又看到浙大进步学生编印的刊物,了解到全国各地特别是重庆、昆明两个城市爱国民主运动蓬勃发展的形势,连他的老朋友闻一多,这位从未参加过实际政治活动的大学教授,也从故纸堆里挺身而出,为民主与自由呼号,成为一个杰出的民主运动的战士了。在严峻的现实面前,熊佛西不能不考虑:"我该怎么办?"

热爱祖国的知识分子的"良心"告诉他:他决不能再这样独善其身、长此沉默下去了。

然而,此时此地,他还很难有所作为,除了主持过一次罗曼·罗兰纪念会并在会上作了热情洋溢的讲话外,只能给业余剧团排排戏,闲来无事以画画自娱,要么就上山采摘茶叶,自焙土茶,和朋友们一起品茗以为乐事。

一九四五年八月,日本投降的喜讯传到遵义,面对这突如其来的胜利,书生气十足的熊佛西天真地以为"天下从此太平",不会再打仗了。他急着想筹措一笔路费到上海,恢复在桂林出版的《文学创作》月刊。他把这愿望写信告诉茅盾,希望茅盾继续给予支持。不料茅盾却回信劝他不要"被胜利冲昏了头脑"。后来的事实证明,茅盾的忠告是很及时,很必要的。

这年十一月,熊佛西依靠卖画所得的钱来到上海。原来恢复《文学创作》的目的没有实现,却在第二年二月办了一份带有中间偏左色彩的政论性的周刊《人民世纪》,可是由于经费困难,勉强出版了三四个月,便不得不停刊了。

　　在《人民世纪》上开始连载的小说《苦风尘》是熊佛西创作的第二部长篇小说,后来又改名《铁花》出过单行本。这部小说围绕着一所贫民教养院的创办过程及其曲折遭遇,热情歌颂了老教育家徐明远及其忠实弟子张静华把一切都贡献给教育事业的精神,暴露了封建官僚、政客的丑恶面目,以及北洋军阀残害人民、摧残正义事业的累累罪行。从中可以看出熊佛西长期从事戏剧教育工作的深切感受。小说主人公原以为北伐成功之后,一定会产生一个为人民做事的好政府,结果大失所望。新成立的新军阀政权压迫人民、屠杀人民,比旧军阀有过之而无不及。小说以张静华临终前呼吁要继续革命作结尾。这部小说并非成功之作,但是,读者还是能够领会到作品主人公的"失望",实际上反映了作者对国民党政府的失望。

　　抗战胜利后,国民党反动派勾结美帝国主义妄图篡夺人民胜利的果实,一举消灭以中国共产党为代表的人民革命力量。经过共产党和各民主党派的激烈斗争,蒋介石被迫召开了政治协商会议,签订了停战协定。然而,转眼之间,蒋介石就将协定撕毁,悍然向解放区进攻。神州大地,又升起了内战的烽火。在国统区,反动派罪恶的黑手伸向各个角落,进步人士不断遭受迫害,广大人民仍然生活在水深火热之中,不久前还沉浸在胜利的欢乐里的人们,又跌进了失望的深渊。

　　熊佛西最后的一点幻想破灭了。一颗忧国忧民的心燃烧着满腔的怒火。他认识到:在这样的时刻,即使是一个哑巴,也会站起来说话。谁要是再保持沉默,那就是对祖国、对人民犯罪!他要说话,他要投身到民主运动的洪流中去。

　　一九四六年一月,著名记者羊枣(即杨潮)被国民党福建当局非法逮捕,瘐死杭州狱中。熊佛西立即和金仲华、林淡秋、柯灵、黎澍等六十一人,以上海新闻记者的名义联名向国民党政府提出严重抗议,要求严惩祸首,平反冤狱,释放一切无辜被捕人士。

　　五月十九日,上海各界举行羊枣追悼大会,熊佛西在会上大声疾呼说:"对羊枣的死,我们非提出抗议不可。不料在人民世纪的今天,竟有这样的事件发生,太令人痛恨了。残害羊枣的凶手升了官,残害昆明学生的凶手也升了官,这真是无法无天的世界,民主不知从何谈起。"他警告当权者:"反动分子可以杀死一个羊枣,但是杀不完四万万五千万个羊枣。"

　　七月十一日,李公朴在昆明被国民党特务暗杀。四天以后,闻一多又惨遭杀害。噩耗传来,熊佛西抑制不住自己的感情,痛哭了一整天。二十一日,在上海的中华文艺协会总会为李、闻二先生的被害,召开了临时会员大会。会上郭沫若、茅盾、田汉、洪深、欧阳予倩、许广平等相继发言，沉痛悼念为人民而死的二烈士，抗议国民党法西斯政权的暴行。到熊佛西讲话时，他情绪激动，几乎泣不成声了。他说："一多是我的老朋友，他一向不过问政治，可是今天他被逼得不能不站出来说话了，他没有任何背景，完全是出于正义感。可是动手动到了他身上，实在是无耻到了极点！闻先生最喜欢田间，说他是鼓手，我要说闻先生才是一位中国的鼓手！"

三天以后，熊佛西又挥泪写成一篇五千多字的长文《闻一多先生——诗人、学者、民主的鼓手》，发表在《文艺复兴》杂志上。他赞扬闻一多"不愧为中华民族的好子孙，有出息、有骨头的好子孙"，闻一多的死是"为中国四万万五千万人民而死"，"为争取民主与和平而死"，"为真理而死"！他向烈士的英灵庄严宣誓："我们一定要为你报仇，为我们大家雪耻！继续你的遗志而奋斗，我们决不屈膝！即使是原子弹投在我们的头上，我们也决不屈膝！"这篇情真意切、动人心魄的文章是他对挚友的沉痛纪念，同时也是一篇气势磅礴的声讨反动派罪行的战斗檄文。

李、闻牺牲还不到一个月，八月六日在重庆又发生了反动派武装捣毁中国劳动协会所属重庆福利会的事件。福利会负责人、作家聂绀弩的爱人周颖等二十二位同志被反动派非法逮捕。为了营救周颖等被捕同志，八月十四日，中国劳动协会理事长朱学范以《中国工人》周刊社的名义，举行上海文化界招待会。熊佛西应邀到会，并且首先发言，愤慨地指出："劳协是为工人谋取福利的，我们不明白为什么要非法的武装接收。对这件事，不仅工人要站起来，不仅文化界要站起来，就是全中国人民也都要站起来说话。"

会后，他又和郭沫若、茅盾、叶圣陶等六十七位文化界人士一起，发表联合宣言，要求伸张正义，维护人权，营救无辜受害的同志。

……

人们看到，熊佛西这位在他的一生走过漫长而曲折的道路，曾经被人称为"改良主义者"、"资产阶级戏剧家"的老知识分子，现在站起来了。在特务横行，白色恐怖笼罩四方的日子里，他不顾个人安危，勇敢地站起来说话了。

他旗帜鲜明，立场坚定地用实际行动公开宣告自己政治上的觉醒，在光明与黑暗、民主与独裁的生死搏斗中，他站到闻一多一边来了。

从接受五四运动的洗礼，经过苦闷和失望，在迷惘中不断探索、追求，他终于找到了一条爱国知识分子所应该走的道路，完成了由自由主义者或民主个人主义者到革命民主主义者的转变。

　　熊佛西到上海不久，就应邀到上海市立实验戏剧学校（简称市立剧校）任教，担任研究班（编导组）班主任。这个学校正式成立于一九四五年十二月一日，校长是顾仲彝。剧校是进步戏剧界活动的一个重要阵地，校内有比较浓厚的民主自由空气，师生积极参加校内外各项民主活动，被反动当局视作眼中钉。剧校成立不到一年，市参议会便以"节约开支"为名，议决"裁撤"。消息传来，全校师生义愤填膺，团结一致展开了声势浩大的反对"裁撤"剧校的斗争。熊佛西也积极支持学生的请愿活动，在报上驳斥某些参议员的谬论，并与文化界人士联名发表反对"裁撤"剧校的公开信。经过四个月的斗争，市参议会不得不取消原议，"准予续办"。

　　"裁撤"事件结束后，顾仲彝被迫辞去校长职务。田汉与洪深、安娥等磋商，推举熊佛西继任校长。根据长期的戏剧教育的经验，这时熊佛西在剧校明确提出"专业上采取自动的、启发的、理论与实践并重的、课堂与舞台统一的，在生活上训练自己管理自己"的施教方针。这时剧校的教员连同原有的加上熊佛西聘请的，先后有欧阳予倩、洪深、曹禺、陈白尘、李健吾、章靳以、杨村彬、董每戡、许幸之、赵景深等许多戏剧界、文艺界的前辈、专家，成为师资力量特别雄厚的一所戏剧学校。

　　市立剧校勉强保留下来之后，反动政府并不甘心他们的失败，又以不发给经费来威胁。熊佛西便和全校师生一起以举行周末公演来维持最低的生活。从一九四七年三月至上海解放的两年多时间里，剧校先后演出大小四十出话剧剧目，共五百余场，不仅在政治上有力地挫败了当局妄图用停发经费使学校自生自灭的阴谋，而且在艺术上也锻炼了学生。在解放战争时期短短的四年中，市立剧校先后为新中国培养出了著名演员张辉、魏启明、严丽秋、庄则敬、沈继禹、秦文、纪慕弦，编剧杨履方、陈恭敏、陈耘、房子，以及导演石来鸿、薛沐等一大批戏剧人才。

　　这一时期，由于国统区爱国民主运动的高涨，密切配合民主运动的学生演剧空前活跃。上海剧校的学生一马当先，充分发扬自己的专业特点，运用文艺、戏剧武器投入斗争。从一九四七年冬到一九四八年春，编写了几个活报剧，相继在复旦大学、交通大学、同济大学及南模中学等大中学校及"小教联"等进步社团演出，起了很大的宣传鼓动作用。作为一校之长，熊佛西对学生的进步演剧活动，在思想感情上是支持的，他希望斗争早日取得胜利的心情和学生们是一致的，但他又耽心剧校的师生受到迫害，经常提心吊胆唯恐学生"出事"，所以他总是提醒学生要谨慎小心。一旦学生真的出了事，他又会毫不犹豫地尽力加以保护，使其免遭迫害。一九四七年年底，剧校学生在同济大学演出活报剧《天下为此公》，剧中出现蒋介石形象，用蒋介石自己的话来暴露这个独夫民贼如何残酷屠杀人民的面目。演出极受观众欢迎。事后，同济大学校长丁某密告于上海市市长吴国桢。市教育局长李熙谋要熊佛西交出扮演蒋介石的学生。熊佛西当然不会做出卖学生的事，想方设法顶了过去，使这位学生后来得以安全转移到解放区。

随着解放战争形势的发展，熊佛西开始接受地下党交给他的任务，在戏剧界做了很多工作。他出面组织上海剧人福利会，在为剧人谋福利的名义下，团结各个剧种的艺人。不久，又根据党的指示，他与陈白尘、黄佐临组成了党的外围组织"上海戏剧电影工作者协会"（熊任主席）。一九四八年底，党决定由熊佛西、陈白尘、黄佐临、刘厚生、吕复、吴琛等六人组成核心小组，具体领导戏剧界迎接上海解放的工作。熊佛西的家横浜路兴立村六号经常是核心小组碰头的地点。上海临近解放时，熊佛西曾经在紧急情况下机智地掩护他的战友陈白尘。他又受地下党组织的委托分别找梅兰芳、周信芳深谈，表达了党对他们的深切关怀，希望他们留在上海和大家一起迎接解放。梅兰芳、周信芳都欣然表示愿为新中国服务，决不离开上海。对熊佛西来说，这段时间是他有生以来第一次在党的直接领导下进行革命工作，他知道这是党对他的信任，每当回忆起这段时间的工作时，他总是充满着对党的感激之情。

一九四九年五月二十七日，上海解放了！熊佛西朝夕盼望的这一天终于来到了！当人民解放军来到剧校大门口时，他和全体师生一起，高举着红旗，燃放着鞭炮，热烈欢庆上海的解放。六月六日，上海市军事管制委员会以第一号文教命令接管上海市立实验戏剧学校。在接管大会上，军代表黄源向全校师生庄严宣布："反动派不要你们的学校，我们共产党和人民政府不但要你们的学校，而且要发展它！"熊佛西听了，禁不住流下激动的热泪。在旧社会经历了几十年风风雨雨，今天，他和他所热爱的学校一起，获得了新生。在他面前，又揭开了戏剧教育史上崭新的一页！

新的生活，新的篇章

一九四九年六月，实验戏剧学校改名为上海市立戏剧专科学校（简称"上海剧专"），仍由熊佛西任校长。这年十一月校庆四周年前夕，熊佛西在校庆纪念册上题了"从头学起，从头做起"八个大字。这八个字充分表达了他要在新的生活中谱写新的篇章的心愿。

上海解放后，熊佛西以高昂的政治热情投入了各项政治活动，成为一名积极的社会活动家。党和人民给了他崇高的荣誉。一九四九年七月,他出席了中国文学艺术工作者第一次代表大会,光荣地见到了毛泽东、周恩来、刘少奇等中央领导同志。周恩来同志接见了他,并同他共进晚餐,慰勉有加,使他深受感动。在这次文代会上,熊佛西被选为全国文联委员、全国戏剧工作者协会常务委员。同年九月,熊佛西又出席了中国人民政治协商会议第一届全体会议。以后又当选为全国第二、第三届人民代表大会代表,政协全国委员会委员。他还担任过上海市人民委员会委员和华东军政委员会委员,上海戏剧家协会主席、副主席等职务。在新中国阳光的照耀下,熊佛西深深地感到,解放以后的生活是他有生以来最幸福的生活。他总觉得党和人民给他的荣誉太多,而自己为人民做的工作太少。因此,除了积极参加各项社会活动外,他更把自己的主要精力倾注在发展新中国的戏剧教育事业上。熊佛西明确地认识到,新中国的成立标志着我国戏剧教育事业进入了新的历史时期,应该努力以新的精神武器创办崭新的戏剧艺术学府。他为剧专写了一首新的校歌,开头几句是:

> 我们的学校建立在黄浦江上,
>
> 新中国的戏剧干部在这里成长,
>
> 把握马列主义和毛泽东思想,
>
> 创造人民喜爱的精神食粮,
>
> 深入农村,走进工厂,
>
> 我们一同奋勇前进……

熊佛西主持的剧专,校歌上是这样写的,实践中也确实是努力这样做的。他和剧专师生从当时的实际条件出发,对旧的教育制度和教学内容进行了初步的改革,一九五〇年,学校建立了学生毕业前用一学期的时间到工农兵中去锻炼的“见习”制度。这一年毕业班学生到部队当兵。一九五一年,毕业班学生全部去苏州华东革大学习;同年冬天,熊佛西亲自率领师生赴安徽蒙城参加土改。次年,又组织学生成立四个宣传队去杨树浦区几家纺织厂,一面参加劳动,一面进行文艺宣传活动。熊佛西还积极支持剧专师生发扬我国话剧运动的战斗传统,及时配合政治形势集体创作剧本,举行盛大演出。一九四九年十一月,为迎接上海学生第一次代表大会的召开,剧专师生演出了以解放前上海学生运动为题材的八场话剧《钢铁是这样炼成的》。此剧演出后反应强烈,尤其在上海学生中受到异常热烈的欢迎。一九五〇年十二月,党领导全国人民开展了抗美援朝运动,剧专师生又以昂扬的战斗激情,迅速编演了五个连贯性的独幕剧《美帝暴行图》,作为上海戏剧界第一个配合抗美援朝运动的演出。此剧先后演出七十四场,观众达五万余人,对广大人民进行了一次生动形象的爱国主义与国际主义教育。所有这些做法,在建国初期,民主革命的任务尚未彻底完成的历史条件下,还是非常必要的。

一九五二年,全国高等学校实行院系调整,以上海剧专为基础,合并山东大学艺术系戏剧科和上海行知艺术学校戏剧组,成立了中央戏剧学院华东分院(一九五六年改名为上海戏剧学院),直属中央文化部领导,熊佛西被任命为院长。建院以后,党调派了一些在老解放区从事文艺工作的同志来加强对学院的领导,学院调整了系科设置,学制从三年改为四年,开始有组织地在课程设置、教学内容、教学方法等方面进行了认真的改革,在短短的几年时间里,学院的各项工作都有了很大的发展。

自一九五三年至一九五七年,学院全面系统地展开了对苏联戏剧教育经验的学习。熊佛西亲自接待了几位苏联戏剧专家来学院讲学或主持师资进修班。他认为斯坦尼斯拉夫斯基的表演体系是总结了欧洲各国特别是俄罗斯的优秀的表演传统而形成的现实主义表演体系,勉励师生们对此应该好好地学习。这一时期,学院不仅在教学思想方面,而且在教学制度和组织方面,都学习了苏联戏剧教育的一些经验。但在向苏联戏剧教育经验学习的时候,熊佛西并不赞成教条主义地照搬照抄。即使对斯坦尼斯拉夫斯基体系这一在苏联戏剧教育中占统治地位的表演体系,他也不赞成照搬,主张应该结合我国的实际、建立我们中国自己的演剧体系。他不赞成照搬苏联戏剧学校的表演课教学大纲,并直率而又尖锐地批评主张照搬的同志是"教条主义的典型"。

与此同时,熊佛西十分强调向自己的优秀民族遗产学习。他非常反对有些人抛弃民族传统的基础孤立地去学习外国的东西。他认为:"作为一个中国的文学家或艺术家而不站在自己的民族传统的基础从事文艺创作,真是一件不可思议的事"。"我们学习斯坦尼斯拉夫斯基的表演体系,并不等于说我们中国没有表演体系。"他认为中国的戏曲艺术是世界文化中的宝藏,它非常巧妙地把诗、舞蹈、音乐、戏剧熔于一炉。而话剧艺术虽然几十年来"经过中国革命的孕育,党的爱护与人民的扶植,现在已经逐渐地变成了我们自己的东西了。但如何使我们的话剧有十足的中国气派,那么我们就不能不严肃认真地向我们优秀的戏曲传统学习"。这种学习不是硬搬,也不是仅仅从形式上学习,而应从表现方法上学习它具有的鲜明的民族风格和中国气派。熊佛西经常教育学生在艺术上要有真功夫,无论发声、吐字、动作、姿势、台风都应勤学苦练,有一套过硬的基本功,在这方面"必须虚心向戏曲艺人学习,特别是向前辈艺人学习"。为了促进师生们虚心向祖国优秀的民族文化遗产学习,学院先后邀请周信芳、盖叫天、俞振飞等戏曲表演大师到校示范演出《打店》、《评雪辨踪》等剧目,并结合演出向师生传授丰富的艺术创造经验。在党的"双百"方针指引下,在熊佛西等院领导的影响下,学院在向民族文化遗产学习方面进行了各种试验和探讨。在表演教学中还选择了一些优秀的戏曲折子戏和片段,如《望江亭》、《闯宫》、《葛麻》、《柜中缘》、《打豆腐》等,将它们移植为话剧进行表演训练,获得了成功。以后,这些片段不少已成为表演教学的保留剧目,对提高学生创造角色的能力,促进学生自觉地向祖国的戏曲遗产学习,产生了有力的推动作用。

熊佛西一面担负学院的领导工作,一面积极参加各项政治活动,在这同时,还努力学习马列主义毛泽东思想,刻苦改造世界观,使自己的精神面貌发生了显著的变化。

一九五○年,熊佛西参加了皖北农村的土改运动。土改使他受到一次极其深刻的教育,他从土改想到三十年代在定县搞的平民教育运动,深情地对身边的同志说:"中国的农民真是太苦了! 太苦了! 几千年的剥削制度就像毒蛇一样缠在农民的身上。过去,我也搞过农村平民戏剧,以为自己进行宣传教育,提高农民的文化水平,便可以改善他们的处境。这次下来,作为一名土改队员,体会和感受就大不一样了,不砸烂封建剥削制度,中国农民就没有出头之日啊……"这一番肺腑之言,表明阶级斗争的实践在他的思想感情上产生的飞跃,他终于找到了当年戏剧大众化的实践之所以失败的根本原因。一九五二年,熊佛西又接连参加了对他影响极深的"文艺整风"和"思想改造"运动,接受了马克思主义的思想教育。面对新的时代,肩负新的任务,他迫切地感到自我教育、重新学习的重要性和必要性。从此,他认真地阅读了马克思、恩格斯、列宁、斯大林和毛泽东的一些著作。熊佛西学习马列主义采取的是老老实实、结合实际的科学态度。他坦率地承认自己是从旧社会过来的,有一套唯心主义的世界观,影响着今天的行动,危害着革命的事业,有时甚至使自己犯错误还不自觉。他有改造自己的自觉性,正如他自己所说的:"随时检查我的错误的观点和方法,不论我在课堂里教书或在舞台上排戏,或在办公室里和同志们研究问题,我都学习着以马克思主义做我的指南。"

一九五三年,党又委派熊佛西任第三届赴朝鲜慰问团第四总分团副团长到朝鲜访问。这次历时三个月的访问,使他深切地感受到人民的伟大力量,同时也使他对党的认识有了进一步的提高。

对熊佛西的进步,党给予了极大的关注。陈毅同志在上海主持工作时,熊佛西在各种场合常有机会和他亲切交谈,也聆听过他许多次的报告。陈毅同志的谈话和报告是那样的诚恳,那样的合情合理,每一次都给了熊佛西巨大的鼓舞力量。在一次发言中,熊佛西激动地说:"几乎他的每一句话都打动了我,使我对于国家的前途更加乐观,增强了我为人民服务的信心和自我改造的决心。"正是在陈毅等老一辈无产阶级革命家身上,熊佛西真正体会到党对知识分子的深切关怀和爱护。一九五五年十二月,熊佛西在听了陈毅同志向华东各大专院校负责人所作的政治报告后,当场发言,提出申请加入中国共产党的请求。次日,他郑重地向学院党总支递交了入党申请书,表示愿以毕生的努力来争取做一个共产党员,为实现共产主义而奋斗,并要以无产阶级先进分子的标准严格要求自己。

一九五六年初,党胜利完成了对资本主义工商业的社会主义改造,在世界上第一次实现了马克思和列宁曾经设想过的对资产阶级的和平赎买政策。这个胜利又一次使熊佛西感受到党的伟大,社会主义制度的无比优越。一种强烈的创作欲望推动着他,要重新拿起搁置了十多年的笔创作一个歌颂党、歌颂社会主义的剧本。

正在这时候,他到北京参加全国政协二届二次会议。二月初的一个晚上,他出席了政协全国委员会举行的一次宴会。宴会开始前,中央领导同志来到宴会厅,周恩来总理向毛泽东主席介绍了熊佛西。毛主席亲切地握着熊佛西的手说:"熊先生,你过去写的剧本我都看过,很好!今后希望你还多写些剧本。"两句热情鼓励的话,使熊佛西激动得彻夜难眠。他决心不辜负毛主席的期望立即动手把剧本写出来。果然,不到三个月,他就完成了四幕话剧《上海滩的春天》的创作。这个剧本以一九五六年社会主义改造高潮为背景,描写了民族资本家王子明和他的家属,在接受社会主义改造过程中的生活、思想及行为的变化,反映了民族资本家解放前后所受到的不同遭遇,明确指出接受社会主义改造是私营工商业者的光明前途。为了创作这一剧本,熊佛西付出了艰巨的劳动。自一九五○年担任上海市人民代表和政协委员时起,他就经常同民族资本家一起开会,并交上了朋友。在创作《上海滩的春天》的过程中,他又进行了广泛的采访、座谈,积累了相当丰富的素材。他以十分严谨的创作态度认真进行反复的酝酿、构思,从一九五六年二月开始动笔,至五月脱稿,前后三易其稿,经常夜以继日、废寝忘食进行仔细的推敲,力求将所反映的生活表现得更准确一些、深刻一些。

《上海滩的春天》作为熊佛西解放后创作的第一个多幕话剧，是他运用革命现实主义创作方法反映现实生活的成功之作，也是中国话剧史上第一个及时反映对资本主义工商业进行社会主义改造这一伟大历史变革的剧本。在这个剧本中，熊佛西着重塑造了民族资本家王子明、王子澄及王子明的妻子丁静芳的形象。通过描绘王子明思想的细致变化，歌颂了党对资本主义工商业改造政策的胜利。剧中工人形象田英、孙达的描绘也可以明显看出熊佛西对劳动人民的认识已有深刻的变化。这两个人物形象虽然还不尽丰满，但都是熊佛西以往剧作中从未出现过的新的形象。在以往的剧作中，熊佛西笔下的劳动人民多半是被压迫、被凌辱的对象，而田英、孙达却是以国家主人翁的姿态出现在话剧舞台上。在同民族资本家进行的复杂的斗争中，他们表现出了坚定沉着的品质，机智灵活和有理有利有节的斗争艺术。作为一部反映新的生活的剧本，这个戏在艺术上也有一些特色。主要人物性格鲜明，语言精练而含蓄；作者善于用寥寥几笔勾划出飞速发展的年代，时代气息浓郁，明朗、昂扬的基调使人感到亲切而清新。此剧于一九五七年春，由上海人民艺术剧院首演，连演七十余场，受到上海观众的热烈欢迎。一九五九年，苏联《现代戏剧》丛刊发表了这个戏的俄译本。

《上海滩的春天》演出取得成功，熊佛西的创作欲望进一步高涨。为纪念中国话剧运动五十周年，他酝酿写一个关于青年人的喜剧。为此，他和不少青年人交朋友，多方面地了解他们的生活和思想，准备在年内完成。他还打算在第二个五年计划期间用连台本戏的形式写三个反映知识分子改造的剧本，它们既可以连续上演，也可以单独上演，内容是描写六十年来三个典型知识分子所走过的不同道路，他们整个心灵、面貌的变化过程。在动手写作之前，他计划访问一百个人物。正当熊佛西满怀激情，为繁荣社会主义戏剧事业作出新贡献的时候，席卷全国的反右斗争开始了。这一斗争被严重地扩大化了，把一大批知识分子、爱国人士和党员干部错划为"右派分子"。一九五九年，又开始了"反右倾"运动。在戏剧刊物上《上海滩的春天》遭到不应有的"上纲上线"的批判。党内"左"倾错误形成的政治形势给熊佛西带来相当大的精神压力。面对文艺界、教育界的种种情况，他迷惑不解，疑虑重重，思想陷于极度苦闷之中。一九六二年三月，他到广州参加了话剧、歌剧、儿童剧座谈会，这是在周恩来同志直接指导与关怀下，文艺界为纠正"左"的错误倾向召开的一次具有历史意义的盛会。熊佛西聆听了周恩来同志和陈毅同志在会上所作的重要报告和讲话，不禁精神为之一振，特别是听到陈老总在说明党的领导应该尊重和信任老作家、老艺术家时，把他熊佛西的名字和郭老、茅盾、田汉、老舍、阳翰笙、曹禺连在一起，郑重宣布"这是我们国家之宝，我们任何人都应该加以尊敬"，他的心情更是难以平静。广州会议像一股和煦的春风，吹散了郁结在他心头的愁闷，他又感到全身充满活力，心情舒畅。不久，在上海第二次文代会及随后召开的剧代会上，他当选为上海市文联副主席和上海剧协主席。这时，熊佛西认真考虑的是如何在力所能及的范围内，以自己的实际行动为人民多作一些贡献。以后几年，除了必要的社会活动，他将精力主要用在学院的教学工作上。他亲自为学生讲课。在导演干部进修班讲授易卜生，为戏剧文学系学生传授独幕剧的创作经验。他勉励搞创作的学生要广泛地阅读莎士比亚、莫里哀、易卜生、萧伯纳、契诃夫、高尔基等人的作品，对大师们呕心沥血创作的艺术精品要学习它、研究它，争取将来超过它。他更加频繁地参加导演工作，指导表演教师的排练。一九五七年以后，他先后导演了《文成公主》、《全家福》、《比翼齐飞》、《甲午海战》，并担任了《无名岛》、《以革命的名义》、《玩偶之家》、《槐树庄》、《李双双》、《千万不要忘记》等剧的艺术顾问。在这些导演实践中，熊佛西十分重视对青年教师的指导和对学生的培养。对青年教师，他既鼓励他们放手工作，同时又进行必要的指导，在排戏的过程中协助他们一起对学生做辅导工作。对学生的表演，他常常用画龙点睛的方法进行启发教育，使他们举一反三。他要求学生注意掌握表情的变化，每一个舞台动作都要做到真听真看，要通过表情让观众感受到你是在真听真看。在台词表达上，他要求尤其严格，经常闭目倾听学生念台词，用以鉴别学生是否真正理解了剧本，理解了人物。他要求学生努力通过舞台语言将人物的性格特征、思想感情有感染力地表现出来。在排练场上，他一丝不苟，严肃认真，给学生留下了难忘的印象。

一九六二年十二月，上海戏剧学院迎来了建院十周年院庆纪念日。建国十三年来，经过反复的实践，学院已经逐渐摸索出一套行之有效的教学方法，建立了比较科学的教学程序，积累了比较丰富的教学经验，为建立民族的科学的戏剧艺术教育体系，初步打下了基础。熊佛西一直希望戏剧学院要有表演、导演、戏剧文学、舞台美术四个互相关联而又相辅相成的系，外加一个图书馆、一个实验剧团。到建院十周年的时候，他的这个愿望终于实现了，全院这时拥有五百五十一名学生，教师由建院时的五十七人增加到一百五十人。这里有比较充足的图书资料和教学设备，有实习演出的剧场和美丽的校园。十三年来，学院向全国省级剧院（团）及其他文艺部门输送了一千一百六十三名毕业生，为祖国的社会主义文艺、戏剧事业作出了应有的贡献。抚今追昔，熊佛西百感交集，几十年的辛勤耕耘，而今结出了累累硕果。还有什么比这更让他感到幸福的呢?

一九六五年初,熊佛西的健康状况日渐恶化,他所患的肾脏病经常折磨着他。在最后的几个月中,脸肿,脚也肿。但他念念不忘学院的工作,经常让女儿一清早搀扶着他,到学院里转一圈。有时,他的夫人郑琦园劝他注意身体,不要去了,他回答说:"不去,好像有什么事没干一样。"校园里鸟语花香,景色秀丽,这里的一草一木都使他感到亲切、流连忘返。明净的教室,宽敞的排练室,还有学生们练嗓子的悦耳歌声,都给了他莫大的欣慰。他同花匠亲密交谈,和传达室工友嘘寒问暖。对他来说,学院就是他的家,就是他的生命。

一九六五年十月二十六日下午二时四十分,熊佛西的心脏停止了跳动。这位奋斗了一辈子的老戏剧家走完了人生的旅途,与世长辞了。

一九八三年十二月,中国文联主席周扬在纪念田汉同志诞生八十五周年发表的文章中写了这样一段话:

> 从田汉同志开始从事话剧到今天已经六十多年了。现在话剧在祖国的大地上已经开花结果,形成了一支联系千百万人民的艺术大军,在这个时候,我们怎么能忘记田汉和其他一些为中国话剧开拓道路的前辈们的巨大功绩呢?我们怎么能忘记欧阳予倩、洪深、熊佛西、丁西林等这样一些同志呢?我们要以他们为榜样,奋发图强,去开创社会主义话剧的新局面。

一九八四年三月,由中国剧协等单位联合召开的"纪念西南剧展四十周年座谈会"在桂林举行。当年参加过西南剧展的许多老同志回忆剧展的盛况,深情地缅怀欧阳予倩、田汉和瞿白音、熊佛西等老一代戏剧家对西南剧展作出的贡献。剧协书记处的一位书记代表中国戏剧家协会在座谈会结束时说:

> 要研究中国话剧运动的历史,确实不能不首先要写到欧阳予倩、田汉、洪深、熊佛西等等同志。对于这几位中国话剧的拓荒者和奠基人,都需要有专门的研究和专门的著作。

历史毕竟是公正的。经过党的十一届三中全会以来彻底地拨乱反正,全面清理长时期"左"倾错误的思想影响,今天,人们终于能够如实地肯定熊佛西作为"中国话剧的拓荒者和奠基人"之一的历史地位,对他在我国话剧初创时期所发挥的积极作用,特别是对他毕生献身于戏剧教育事业所作出的卓越贡献,给以客观的公正的评价。进一步深入研究熊佛西和其他前辈戏剧家们留下的精神遗产,应该是话剧史论工作者义不容辞的责任。我们热切期望,新的研究成果将会源源不断地出现!

袁化甘　曹树钧执笔

（原载《现代戏剧家熊佛西》,中国戏剧出版社,1985 年）

怀念佛西老师

杨村彬

　　几度提笔,几度搁置。佛西老师,音容宛在;每一念及,感情难以平静。我从青年学子求教从艺起,一生中大半时间和先生生活、工作在一起,受益良多。深感自己有义不容辞的责任追忆先生的成就和贡献,但又苦于自己学识不足,不能真正体现先生的治学精神。力图恰如其人,恰如其分;而这种要求就更给自己设置了路障,恐力不从心,难以如愿。

　　想起佛西先生,耳畔首先响起的是他那不见其人、先闻其声的爽朗的哈哈大笑;那热情洋溢的高谈阔论,到最激动的地方往往就"结巴"而造成停顿,而这正是他言语强调之所在。先生身材中等,略嫌肥胖,高度近视,从年轻时就开始秃顶,就开始留须,就开始持手杖;中装则宽袍大袖,飘着白绸围巾,西装则结束着黑纱领花,长发长鬈。这些,是当时文艺青年的共同时尚。他的好友闻一多在打扮方面比他更突出。这些特色,显示出潇洒、脱俗,有羽化登仙之概,所谓"艺术家"的派头。这个仪态的基本精神贯串了他的一生,给予大家深刻的印象。北平大学戏剧系学舞台美术的同学张鸣琦曾多次为他画速写并在报刊发表,他曾和我说过:"画熊先生的速写非常容易,因为他的特征突出,只要画一个大冬瓜,底下肥大上边较小,然后加两个圆圈,作为他的近视眼镜,冬瓜上面的辫,恰恰像他那斜斜瓜过、挡着秃顶的一缕头发。"我也照样画过,确也相差无几。再就是四川省立剧校开学不久,在门洞过厅改装的礼堂中举行师生同乐晚会,会上出现了一个令人捧腹的节目,那就是吴茵的表演。她身量和佛老相仿,借了佛老的长袍、马褂、眼镜和手杖,装扮起来,以她特有的模仿能力,从走路,举止,扶眼镜,到嘴角的动作,无一不惟妙惟肖。佛老也哈哈大笑着,师生笑成一团,这给省立剧校师生留下了难忘的印象。

　　更重要的是,他那生动如绘的外表,包含着饱满的热情。对待祖国,对待艺术事业,对待他的学生,倾注了毕生心血。他是很重感情的人,我曾经有两次伤过他的心,当时,他拉着我的手嘤嘤地哭了。那两次都是舍不得和我分手,当然,后来他明白我的去向也就对我原谅了。但无论如何,每一回忆,总以伤过先生的心为遗憾。先生从青年时期起,自编自演,崭露头角,为同时代人所重视。但也有对于戏剧文学偏重咬文嚼字的人对他评价不高,由于旧社会文人相轻的毛病,在书中对他不敬的也有人在。甚至解放以后的六十年代,上海有人还说什么"洋、名、古由熊先生提倡",言下之意,熊先生搞的是旁门左道,他自己才是最"革命的"。当时在座的我,听了感到莫大污蔑。熊先生脸红红的说不出话(那时,他已经有病了),这是他被泼污水的一面。但还有完全相反的评价,凡是在他门下受过教的,无不异口同声怀念先生的热情、正直和对开创戏剧事业的贡献。一次,在上海友谊大厦,由陈毅同志欢宴文化界的酒会上,我亲耳听到陈老总称赞佛师为"国宝",他说:"我们从年轻时就看你的戏,影响很大。"最令人心安、感激的是在佛老的遗像上,围着周总理送的花圈。这就是他一生荣辱的最后的盖棺论定。

先生一生写了几十个剧本,不少在当时普遍为青年搬演,产生过一定影响,可以说得上是位剧作家。但他之写作,完全是为新兴话剧运动开路,为这一崭新的艺术形式争取一定的社会存在权利而动笔的。所以,他又是一位新兴话剧的拓荒者,开路人。伴随着他的剧本写作和演剧活动,他一生中主要的时间和精力,付与了培育戏剧新人,他培育人才的众多,坚持时间之久长,在同时代中,恐怕很少有人能和他相比。所以,他更是一个艺苑园丁,戏剧教育家。这几方面的工作,贯串了他的一生。回忆过往,对于这样一位有过贡献的人,汲取他的有益部分,研究他的成败得失,作为我们今天在更广阔意义上发展新兴话剧的参考,将是一个有意义的课题。

《青春底悲哀》

佛西先生发表的第一个剧本集,收集了他早年的几部处女作,以其中一个剧本《青春底悲哀》为题。好一个"青春底悲哀",从内容到形式,这个题名再恰当不过,它不但概括了集子中剧本的精神,也概括了五四新文化运动那一时代青年的精神面貌。

但是,熊师在"自序"中说:"是一九二○年到一九二二年我的尝试,在实演的时候虽说是没有失败,但在描写方面,我自认——姑且不论别人的批评怎样——是失败了。现在把他们发表出来,并不是要夸誉我的作品,实想因我的失败,而激起海内士女对于戏剧的兴趣、研究、讨论,并多数同志的成功呵!因为现在在中国编剧,很感到许多的困难:剧理深了,不适合观众的容纳;过于浅陋呢,又失了戏剧本身的价值。"这就是说,他自认在描写上是失败之作,虽然在实演中没有失败,而成败的关键在于如何恰当地掌握阳春白雪与下里巴人的关系。

　　郑振铎和瞿世英在为这本集子写的序言中，虽然都提及艺术价值可以讨论，但都异口同声地承认，在舞台上的实演是成功的。郑振铎说："我们虽然曾译了些萧伯纳及柴霍甫诸作家的剧本，而他们在中国舞台上又有难以表演的痛苦。且即表演出来，听众中也至少有一大部分人不能了解。《华伦夫人之职业》在上海试演的失败，即可举为一例。所以在现在的时候，通俗的比较成功的剧本，实有传播的必要。……他们在文艺上的价值如何，我们现在且不必在此讨论，但他们在舞台上的感化力，却实比在书本上伟大。这是我们在当时舞台下所曾亲切地感到的。"瞿世英说："假如有了剧本，这种剧本在文学上很有价值，然而一旦实地排演起来，便有种种不合适的事情表现出来。佛西的剧本却不是这样。为要预防'中看不中演'的弊病，所以凡不能排演的剧本他不编，凡他自己不能登台排演的剧本他不编。佛西的作品在艺术上是否算是成功，先不必说，而他这种自编自演的勇气，却是极可佩服的，即此便是他的成功。"

　　那么，我们今天该怎样看待这一问题呢？不能脱离时代和具体境遇来要求，正如郑振铎所提的，当时介绍外国名著的困难，瞿世英也提到当时对旧的戏剧以至文明新戏的不满，想介绍西洋戏剧，又苦无门径，而熊佛西的作品，却填补了这个空当，做了先驱，当了桥梁，成了引路人。所以，今天看来，尽管先生的习作是粗糙的、幼稚的，但从当时的新兴话剧还在摸索的阶段来看，它却是新出土的、苗壮的、生机勃勃的、大有前途的。关键问题在于它有观众，"中演"，在舞台上"有感化力"。

　　然而，这些是怎样获得的呢？首先在于这些剧本的内容、题材和主题，选取的主要人物，是五四新文化运动中所崛起的一代先进的青年学子，是紧紧把握着时代急剧的脉搏的，是一代新人要求反帝、反封建，要求民主和科学的具体体现。仅仅从矛盾双方和人物安排来看，就可明晓这些剧本所同情和歌颂、所憎恨和鞭挞的对象了。这一剧本集共搜集了《青春的悲哀》、《新闻记者》、《新人的生活》和《这是谁的错》四个剧本。在人物的安排上，都有共同的特色：都有一个封建家长，他在社会上是有权势的人，在剧中力图主宰一切。在《青春底悲哀》中，他叫贾正经，是个稽查长，却买卖人口，欺压妇女，自己花天酒地捧歌女，娶了四房姨太太，却高谈："凭空现在要来实行什么男女同学，对那些无知无识的青年们讲些自由恋爱，这些事情是很危险的呀。"发现四太太看《红楼梦》，他说："你见那个女人敢看这种淫书？"在《新闻记者》中，他名马云龙，身份变为东洋留学生，回国办"交易所"，以"筹款赎路会"为名，实际做黑买卖，贩卖烟土。在《新人的生活》中，他名曾道章，身份为纱厂经理，"道德维持会"主持人，高谈"自'五四'以后太胡闹了，不是今天主张社会主义，就是明天鼓吹什么——过激派"，说："社会主义就是共妻,仇父!"实际,他以侄女为工具,和军阀勾结,私贩鸦片,镇压工人。在《这是谁的错》中,他名罗裴荣,是个老官僚、督办,他以儿女婚事为条件,弄出不少肮脏丑事。就是在贾正经之流主宰下,被欺压奴役的是《青春底悲哀》中的儿子贾世杰,《新闻记者》中的女儿马啸兰,《新人的生活》中的侄女曾玉英,《这是谁的错》中的女儿罗冰清。他或她的经历虽然不同,但命运却十分相似。他或她有的强一些,觉悟高一些,有的低些,仍在忍气吞声,但结局大致都是反抗和出走。在《青春的悲哀》中,儿子贾世杰说:"鸟已经关在笼里,要逃出去,除非用奋斗的精神,来打破那万恶的牢笼。"当四姨太晓琴要捉刀自杀时,世杰劝阻了她,二人开了后门,双双逃走,说出:"原来我们的生命在世界上就是自由的。"《新闻记者》中女儿马啸兰也走上自己选择的道路。《新人的生活》中也以侄女曾玉英的出走,说出:"再不要用父母之命来骗我了,因为我现在认识了,我自己是一个人!"《这是谁的错》当老头子、姨太太和姘头等的丑恶被揭穿后,被欺压的女儿冰清大声问出:"这是谁的错?"——仅仅从这对立双方的人物安排已经可以看出剧本倾吐着青年的苦闷和愿望,它多么憎恨旧社会那吃人的礼教!而这是能引起当时青年观众共鸣的坚实基础。和观众同呼吸、共命运的文风,直至今天都是值得我们学习的。

《甲子第一天》、《洋状元》以及学生普遍上演的《一片爱国心》都是属于这一阶段的。这些剧除了内容的吸引力外,剧本不停留于咬文嚼字、舞文弄墨,而能把握戏剧的特点,便于在观众中、舞台上演出。五四新文化运动是以推广白话文为标志的,而话剧这种文艺形式恰恰发挥了这种作用。明白易懂的对话,正符合"打倒孔家店"、"白话文运动"这一精神,对旧戏曲的陈词滥调以及对"文明新戏"日趋庸俗不满,而追求崭新的表达方式。

戏剧动作的强烈、人物性格的突出、舞台演出吸引观众的力量,这都是这些剧本在形式上能被当时观众欢迎的重要因素。总的来说,熊氏青年时期的习作,尽管人物更多停留于类型,事件更多停留于浮面,人物刻划不能入微入里,但是,它却准确掌握着戏剧的根本特点,就是要"中演",能够吸引观众。今天看来,这是理所当然的起码要求,但是在开创时期,冒着"文艺价值如何,可以讨论"的议论之风,坚持为适合舞台上演,为适合观众欣赏水平而写戏的道路,还是很不易的。而佛西先生的开创工作,不单在内容上,而且在形式上都奠定了话剧艺术发展的坚实基础。

《诗人的悲剧》

负笈海外,孜孜汲取,在留学生活中,和余上沅、赵太侔等同学互勉,畅想归国之后，在祖国大地上散布先进的文艺戏剧种子。他是这样想的，也是这样做的。然而，在旧中国，他所遇困难之多，阻力之大实在出于想象之外。这一阶段，每日处于风雨飘摇之中的"戏剧系"，能否在大学教育之中，争得一席之地，是时时需要全力抗争的。北伐前后，军阀混战带来整个民族国家的濒于危亡，他深感对生活的不满，但又看不到出路，他把希望寄托于迷茫想象之中，而陷于苦闷，是这一时期佛西先生作品的共同特点，也是那一时代的悲伤。是的，可以概括为《诗人的悲剧》。

特别值得一书的是这一时期，前后撑持了七八年之久的戏剧系，主要是得力于佛老的坚持和努力。我的青年时期在这里受教，至今印象难忘。首先是这个学府的环境，在北京西京畿道，是当时北平大学所属的艺术学院。院中一年四季有香花奇草，一进校门，就听见音乐系同学弹钢琴和拉小提琴以及教二胡的幽雅声音；一座有高大玻璃窗的标准画室，是西画系同学画素描、静物和人体模特儿的所在；一座楼分为若干书房，安排着长大的条案，那是中画系同学围绕着他们的老师，有的大笔泼墨，有的工笔仕女花鸟；一座楼的房间里堆满石膏塑像的，是雕塑以及实用美术系的教室。总之，这里不愧是"艺术之宫"。这里有不少一代名师，学生们经常开个人画展和音乐演奏会，画展中有清幽的山水虫鱼，也有火红的粗壮的工人；音乐中有贝多芬、莫扎特，也有《病中吟》和《十面埋伏》，以及昆曲清唱。我叙述这些，为了说明这是个很好的艺术环境，不管有意无意，达到了如蔡元培先生办北京大学，既聘请李大钊，也聘请胡适，也聘请辜鸿铭，这种不分学派，包罗万象的气概，在这艺术学院中也有这么点意味。

在这种环境中的戏剧系，也自然沾染了这种气味。注重介绍外国的各时代的作家和作品以及祖国的戏剧传统，结合实践，结合教学，探索中国话剧的道路，是佛老主办戏剧系的教育思想。在这种思想指引之下，首先是教师的遴选：这里有从国外专门研究戏剧归来的余上沅、陈治策，也有在国内对传统戏剧造诣深厚的徐凌霄，有英国戏剧教授泰丽琳女士，瑞典舞蹈教师秀斯女士，还有语言大师赵元任，音乐教师赵丽莲，还有北大政治系主任樊际昌来兼开心理学、社会学课，还有诗词曲课，英文和日文选课等等。教师阵容是相当有修养的，佛老是尽了最大努力聘请名师，从多方面来培养他的学生的。

至于课程，分为必修和选修两种。如外文是选修，绘画和音乐方面，亦可到西画、中画、音乐系去选修，这实在是得天独厚。必修课值得注意的是：一类是戏剧本身的，由戏剧概论，到戏剧原理，由中西戏剧史到戏剧选读等。一类是与戏剧有关的：文学概论，诗词曲，音乐和美术欣赏，以及心理学、社会学等。这些课程循序渐进，都是必修课。在学习的头两年,学生不分专业,只有到三四年后,才逐渐自然形成,有的从事表演,有的从事编导,有的从事舞台美术,分科是因人自然形成的。因人而教,到最后一年,都很自然地深入其特有的兴趣与能力方面去。

还值得一提的是实习或剧场实践的重要。当时已经初步介绍了莫斯科艺术剧院,但斯氏体系并未系统学习。在佛西师的教学下,实践是个整体的观念,单元是互为因果,不可分割的,通过实践才能真正领会戏剧美学的精髓。这个精神,和我国传统戏剧"科班"的教授法有共同之处。后来到定县,这个教学思想有了更深的发展。我认为,在戏剧教育,培养人才方面,如何既借鉴外国的先进经验,又结合本国行之有效的传统方法,而创造为我们富有中国特色的演剧体系而服务的戏剧教学,还是摆在我们面前的重要课题。佛老在主办"戏剧系"这一阶段的实践,不论从教育思想和教学方法上,也从一个方面为我们提供了重要的参考内容。

"戏剧系"的演出实践中,外国戏排练演出的有:易卜生的《群鬼》、邓生尼的《丢了的礼帽》、格雷克瑞夫人的《月亮上升》、奥尼尔的《捕鲸》、法朗士的《哑妻》等等,可以看出以介绍西洋近代剧为主。只要力所能及,就不分流派地在实践中亲身体会。另外,就是熊氏自己的作品,这一批作品,他更是作为教材而写作的。这个时期,他在写作上值得注意的是共同的思想特色及对现实生活的不满。以嘲弄的笔调写出了一系列特具风格的独幕或短剧,以悲伤的叹息写出了把希望寄托于虚无飘渺之乡的长剧或诗剧。共同的风格样式是从现实出发,但都不拘泥于写实,更趋向于写意;不是写事物的表面,而是夸张了的、诗化了的,作者特有感受的生活所痛快淋漓地集中表现了的,并提升为诗与画的表现。尖锐嘲讽现实的一组独幕剧,貌似简单,实则复杂,完全是现实生活的,然而又是荒诞不经的。如《裸体》,写娘娘庙的女神体像,因关系道德风化,常年用布幔遮盖起来,老前辈政大爷教训子弟说,过去有人偷看娘娘裸体被驱赶出村,他的儿子和青年都表面唯唯,但正是这个教训人的以维持道德风化为己任的政大爷,自己却偷偷观赏并亲吻娘娘。当被青年们发现时,政大爷无地自容。他自己用布幔遮起,而青年们,则群起反对再来遮盖娘娘裸体。如《模特儿》,嘲弄了社会的无知,画家画人体模特儿,本是平常的事,模特儿的父亲见自己女儿被脱光衣服,就认为被画家强奸,画家竟然无从解释。最后,由一巡警撮合,使画家娶模特儿为妻。于是,父亲也就满意,皆大欢喜,这又是一个更加荒唐的,然而更加鞭挞了旧社会愚昧的短剧。如《偶像》,破庙中的偶像背时,无人朝奉,被看庙为生的打耳光,甚至想推倒。当有个"革命"青年前来,声言偶像是迷信,都应该打倒,如果他们肯打倒偶像,青年愿赠送一筐馒头。

兄弟二人见馒头眼开，把偶像打倒，却发现馒头是发了霉的，不能吃。后来，来了虔诚香客，备了鸡鸭酒肴，但偶像已被打碎，菩萨不在位，眼看香客把朝奉带走，兄弟二人互相埋怨而结束。这里，靠偶像吃饭以及妄图靠打碎偶像吃饭都是荒谬的，然而都是真实的。如《一对近视眼》，方方和顺顺是一对近视眼，当他们摘掉眼镜，竟然闹出一场大惊小怪的、惊动四邻的恶作剧。把电灯打开来一看，"不是鬼在和你们捣乱，而是你们自己在和自己捣乱"！原来只不过是"一只亮火虫"。顺便一书的，这戏由贺孟斧同学设计，整个舞台用持制帘幕形成个眼镜的形象，当中一门如眼镜鼻架，两旁对称两只床，都是白色。设计者完全把握了全剧精髓，发挥了象征、夸张的手法。在这一组短剧中，有一出风格完全不同，十分严肃而带有杀气的《醉了》，不愿杀人，但为了生活，不能不喝醉了酒，仍去杀人。这个戏在当时的演出很激动人心，王瑞麟同学的表演很出色，舞台上没有门窗，虚的环境，那墨绿的深厚的布幔，那入醉时一束束的红光，那晶亮的鬼头刀上飘缀的红布和刽子手王三腰中系着的大红腰带，色彩十分强烈分明。当王三脑中涌现出向他申诉的冤魂怨鬼时，音乐的振人心弦，光线的变化，至今使我难忘。这次演出，也体现了熊氏原作写意的、诗化的基本精神。

　　体现这种精神的，还有《苍蝇世界》，戏的结尾一句话是："这真是苍蝇世界！"看出作者对于他所处的社会愤愤不平，已到了咒骂的程度。戏里写一位苍蝇博士，"为民除害"而奔走呼号，热心人捐了款子，他以收购方式灭除苍蝇，他母亲以反对"杀生"为理由，反对博士的行为，说出"我看人才是有毒的东西"。更有甚者，鉴于他收买苍蝇，于是有人专门制造、培育苍蝇，到他这里来出卖，博士得意地展出他所收购的苍蝇有七千多万，一百二十多种，结果被他母亲全部"放生"，所以成为"苍蝇世界"。这戏，从苍蝇博士收买苍蝇，而引起投机者的制造苍蝇，直至母亲的放掉苍蝇，都是荒诞不经的。然而，在旧社会想做一件好事，往往遇到意想不到的困难，又岂止苍蝇博士！所以，在一片荒唐话中却蕴藏着对生活的嘲讽，有一定的哲理性。同样，《蟋蟀》（这是我入学表演的第一个戏，我在戏中扮演周礼一角）这个戏主要写一位幽谷公主，鉴于幽谷国国王兄弟之间互相残杀而遨游世界各地，寻找和平的境界。走遍欧美，得不到知音。最后到东方文明古国，遇到兄弟三人，提出深山和平寺中藏有和平石，找到和平石可以照耀人类和平，但结果，为找和平石兄弟三人仍是互相残杀，使幽谷公主对人类完全失望。这失望，即是作者对生活的幻想的破灭。同样，在《诗人的悲剧》里，也流露出同样的情调，这是一出有若干插曲的话剧，插曲由赵元任作曲。设计是贺孟斧同学，那个"爱之园"的大门设计，线条的流畅，至今犹有印象。我在剧中扮演诗人。剧中人物都是类型化的,如诗人、爱神、妻、子等是现实的,又是超现实的;对话是白话的,但也带有一定韵律,再加上音乐成分,在演出形式上,也是一次突破。这戏主要写诗人在现实和幻想之间徘徊。现实是美好的,同时也是缺少诗兴的;幻想的爱之园更是诱人的,富于诗兴的,但又缺少生活实感。诗人从现实中,被爱神引入了爱之园,因惦念妻小,又从爱之园回到现实,但回家之后,妻儿都已丧命,最后一盏孤灯也被狂风吹灭。这个戏,诗人的悲剧即是作者上下求索的悲剧。以上三出戏,《苍蝇世界》对生活冷嘲热讽,《蟋蟀》对现实生活失望悲伤,《诗人的悲剧》在现实与幻灭之间徘徊彷徨,并陷入绝望。这些充分体现了佛老当时的亲身感受和思想感情。当然,今天看来,这些苦闷还只不过是对生活的不够理解,对社会和生活还缺少更为深入的认识,但是在当时,却是一代知识分子的共同苦恼。在表现方法上,突破写实的成规,将现实和幻想结合在一起,佛老做了开拓的工作。

记得戏剧系的实验场所,即艺术学院的礼堂,为了追求舞台艺术表现能力,当演出《月亮上升》和《诗人的悲剧》时,特别设计和修建了"硬天幕"和"水节光机",今天看来,这些都还不够标准,但在三十年代,却引起文艺界和知识界的重视,梅兰芳还特地到戏剧系来参观过。

《过渡》

戏剧系始终处于风雨飘摇的状态,师生在艺术道路上深陷于彷徨、苦闷。特别是九一八事变,一夜之间东北三省沦为殖民地,亡国灭种的大祸迫在眉睫,知识分子不能不考虑何去何从。在文艺界,"打出象牙之塔","走向十字街头"的呼声越来越高,"到民间去"、"到乡村去"成为具体行动的口号。

深深陷入苦闷之中的佛西先生也不例外,急于寻找出路。当时,在他的生活中,发生了一件大事,那就是晏阳初对他的三顾茅庐。据他说,第一次世界大战时晏阳初在华工中服务,从代写家书到教习千字课,回国后立志以"平民教育"为己任,到河北定县办实验区。佛西先生也许早已是中华平民教育促进会的赞助人。他有两位挚友:一位是瞿菊农(即前文所提之瞿世英),他自称为熊氏的"代理稿纸",即熊氏每有写作冲动,总是先和菊农先生谈讲一番,"是征求意见,也不一定就吸收意见",所以瞿氏说自己是"代理稿纸",大概这种关系是由来已久。另一位是孙伏园先生,他是有名的善于催促鲁迅先生写稿的编辑,和熊氏也是老友,他们两位当时都在定县工作。当时晏阳初三登北京熊氏寓所，说服他到定县工作。晏阳初是以善于演讲出名的，特别有说服力。他向熊氏阐述了国家的危机，他那平民教育救国的理想，介绍了定县的各方面工作，希望熊氏能摆脱在北京当大学教授的舒适生活，抱着悲天悯人的大志，到定县去和他一道实验平民教育工作。这些谈话，事后熊先生曾和他的学生谈及，并也征求了大家意见的。从此可以看出，最使熊氏动心的，还是戏剧工作者在知识分子小圈子里，兜来兜去没有出路。中国以农立国，到农民当中去打开出路，才能真正为中国话剧开拓前程。当然还有其他一些因素，但主要是这一点促使熊先生最初到定县兼职，我们学生也乐于他这样做。

定县，今天在全国农村大变样的情况下，相信一定完全改观，一定是个朝气勃勃的新农村。可当时，三十年代（我是一九三四年去定县工作的，直到一九三七年离开）的定县，记忆中，真是古老。西城城门口有"古中山国"石碑。大部分城墙已成一堆一垛的黄土岗，城楼都已残破不堪。城中有棵早已枯死但仍挺立的枝丫庞大的白果树，据当地谚语说："先有白果树，后有定州塔。"（即宋代所建之"瞭敌塔"）瞭敌塔建在城内东南角唐开元寺旧址上，是中国古塔中最高的，在清代末年塔身从顶到底塌裂了五分之一。塔心露在外面。此外，城内约有五分之二面积是农田，秋末一片枯黄，冬天北风吹来，有"土人土马土房子"之称，放眼一片黄土，什么也分不出来。定县实验区办事处设在"考棚"，那就是封建时代考"举子"的所在，一进门的大照壁上，平教会特绘制了"愚、穷、弱、私"的宣传画，其实用不着画，到处都是这种情景。至于"智、富、强、公"则是画饼充饥，可望不可及。振奋人心的是，"考棚"二门上，一副门联，上联写"生聚教训"，下联写"尝胆卧薪"，横幅是"勿忘九一八"。

就是由于这些因缘，佛西先生到定县这个荒芜的地区开始了他的农民戏剧研究实验工作。他编导的第一个戏是《卧薪尝胆》，借越王勾践和吴王夫差的故事，抒发他热爱祖国，希望洗雪国耻的心愿。讲古人的故事，激发今人的感情。剧中不少台词，都是穿了古装讲述今人的对话的，观众都明白，为了"勿忘九一八"才编演这台戏，台上台下心心相印。佛西先生懂得：任何思想感情，都必须化为人物动作，组成戏剧情节才能收到感人效果，他从未生硬地搬弄思想在舞台上宣讲。而唯有这个戏，佛老借剧中人之口，总结越国失败原因时，道出了"愚、穷、弱、私"。这几条是晏阳初为平教会制定的工作纲领，加得有些生硬，当然晏阳初可能是很高兴的。这台戏由平教会职工演出，实际是一台业余演出，招待农民看戏也引起一定效果。这就进一步决定成立"农民戏剧研究委员会"，并招考一部分干部练习生，由陈治策负责带领培养，结业后留在平教会工作。这一批干部练习生，是结合戏剧系及科班经验，主要通过实际工作即排戏、表演、制景等等，来从实际工作中培养出一批人才的。他们是肖锡荃、岳路、贺守文、巩书田、刘育斋、张文彩、舒润华、童风人、陈梅俊等人。

当佛西先生在定县和农民有了进一步的接触后，写作的题材和笔法就有了很大的改变。其中，主要代表作是歌颂青年农民的《锄头健儿》。剧中写某村恶虎为患，叼食幼儿，村中老人古成和信天迷信老虎是神，以为修庙敬香就可满足虎神，青年健儿和他表妹秋莲以及斗儿认为不应该迷信，应该相信科学，健儿因劝说无效，愤而焚庙，被老一辈捆绑，但仍摆脱缠绊，用锄头把老虎打死，从而教育了老一辈人。剧中结尾时说："靠锄头打倒一切，抵抗一切，创造一切。"这种笔法和佛老在戏剧系时写的短戏一脉相承，颇有象征或写意的意味。这虎患，可以理解为虎狼之患，也可理解为入侵的敌寇，也可理解为一切愚昧迷信，无论如何，这里，佛老唱出了歌颂青年农民的第一支歌。

在进一步了解到当时农民的穷苦，直接原因在于高利贷剥削时，佛西先生又写了《屠户》。剧中淋漓尽致地描绘出放印子钱，剥削穷人，"杀人不见血"的孔屠户的嘴脸。这个高利贷者不惜采取一切卑劣手段挑拨农民王大、王二兄弟，逼迫别人卖老婆，孔屠夫又伪装政界，欺骗善良，引起全县农民公愤，最后联名上衙门告了他。显然，作者的同情心是在受苦受难的穷苦农民一边，对孔屠户则是痛恨入骨的。戏的结尾有点像莫里哀之对"伪君子"，果戈理之对"钦差大臣"。今天看来，似乎是不够"革命的"，但这是时代的烙印，当时这样写，这样演，已经为若干当道者所侧目了。

接着又写了《过渡》，对象为比孔屠户更高一级的土豪劣绅胡大爷。他在渡口私设渡船，勒索过往农民，农民受不了这种剥削，群起自动造桥，和劣绅展开一场斗争，劣绅依靠封建势力，但终抵不过群众的力量。这出戏的演出，是定县农民戏剧实验的集中体现。《卧薪尝胆》的演员是职工干部，地点在考棚大礼堂。《屠户》的演员是练习生，地点移到考棚二门外露天演出。而《过渡》的演员大部分已是农民，上演地点在东不落岗村特别设计的露天剧场。从定县农民戏剧实验可以看出，农民能接受话剧，农民可以自己组织剧团演戏，农民演剧最好以适合农民观剧习惯的方式，用"台上台下打成一片，演员观众不分"的方式，更能收到戏剧感染效果。《过渡》的演出就是集中体现了这些实验的结果。为此，特意编辑了《〈过渡〉演出特辑》，这是根据到定县看过这台演出的专家们的文稿整理而成的。

佛老受到《过渡》演出的鼓舞，又受到当时张鸣琦、陈豫源、周彦、卢淦、刁七衡、赵越等主持写成的《定县农民戏剧之实验》一书的启发，本想组织一个全国巡回演出团，到各地散布种子,这个想法后来虽没能实现,但以另一种方式实现了。

《中华民族的子孙》

所谓另一种方式,它是由国家民族的大局而决定的。七七卢沟桥炮响,当天中午消息就传到定县。当时熊先生正在北平,我们之间音信难通。当定县和北平之间第一次通车(第二天又不通了)就乘火车经过卢沟桥,直抵北平,找到佛师,请教对策。师生见面,相对唏嘘,痛诋当局不以国家民族为重,轻易丢失大好河山。鉴于北平和定县不日都将沦陷,我们不能甘做亡国奴,就相约南下,随平教会组织"抗战剧团",投入抗日救亡工作。以原定县农民戏剧研究委员会骨干为主,增加了参与巡回演出的同道,同往长沙。我当时年轻,无家无累,熊老妻儿老小一家,还有大量藏书藏画,一时动身不得,就相约我们先到长沙,并邀请上海贺孟斧、刘静沅、欧阳红樱等,先在长沙筹备起来。熊先生则决定尽快赶来。这样,动乱中当北平第一次和天津通车,我就先走一步,辗转到长沙。在长沙,筹备工作进行了一个月左右,熊先生也很快赶到了。大家热情激昂,精神振奋。"国家都没有了,还谈到什么其他?"就这样,熊先生领着我们开始了"抗战剧团"的生活和工作。

为了说明佛师对青年的培养和爱护,请允许我补写以前的几件事。当我演《蟋蟀》时,有一次夜宵第一次吃到佛师特地烧好送来的干菜红烧肉,那肉味特别鲜美,是庖厨的手艺,更是佛师对学生们视如一家的体现。除了一般上课外,他非常鼓励同学们业余写作,如肖昆同学追记她写的《五元一角》上演时熊氏先生曾作幕前致词就是一例。如张鸣琦,为了解决生活困难,熊师介绍他给几个报刊写稿,既解决一些生活问题,也练了笔。同样,我在《晨报》"剧刊"上发表一些不成熟的习作,也都是得自佛师的鼓励。我毕业后,在失业的一年里,他约我到定县随他一道工作,开始是协助陈治策先生工作,后来陈先生离去,在《过渡》导演中,他就完全放手让我去闯,从实际工作中进一步研究学问。特别是在"抗战剧团",从组织领导,到具体编剧、导演、表演和舞台工作,他更放手让我们去干。戏剧艺术一旦和抗日救国相结合,就有了很大的生命力和感染力。由长沙经武汉,过宜昌、万县、重庆,到成都,我们一路演出。我们在舞台上高唱抗日的战歌,我们所学的艺术有了用武之地。当时确实不懂什么叫辛苦,在成都过年,佛师送给我们每人一本纪念册,上面都亲笔写了"万里长征,回忆甜蜜"的话。

在这种时代精神的感召之下,佛师鼓励我们大家写戏,同时,他自己改编《过渡》为

《后防》,宣传抗日,除演《卧薪尝胆》外,还尽快写出了政治热情饱满的,适应时势需要的《中华民族的子孙》一剧。与此同时,他还组织发动成都全市小学生参加《儿童世界》的演出,并放手让我导演。

"若不是抗战,熊佛老不会到成都来,既然来了,就在我们四川播一批种子,培养一批新兴戏剧人才吧。"应四川当地的邀请,就这样成立了"四川省立戏剧教育实验学校"。这个学校是在北平大学艺术学院戏剧系和定县农民戏剧实验练习生的经验的基础上,进一步发展、完善熊氏的戏剧教育思想的。我体会有以下几方面显著的特色:(一)在组织结构上,这学校不以单纯上课为满足,除了开设本科(招高中程度学生)、普通科(招初中程度学生)外,另附设"表证剧团",给全校以教师为主,提高舞台艺术实践的机会;附设"农村巡回演出队",深入农村,探索适合当地农民接受的话剧内容和形式;附设"川剧研究委员会",实际以搜集调查为主,搜集坊间剧文,访问记录老伶工经验。所以,这个学校不但培养学生,更是研究、实验并普及戏剧的学术机构。(二)在人事安排上,佛师首先大胆提拔我任教务主任,主持全校教学的计划和执行。这对我来说,工作是十分繁重的,佛老以他廿六七岁任戏剧系主任为例,鼓励我放手工作,在工作中学习。学校还聘请了专任教员,更聘请了不少兼任教员,此外,还每周聘请社会名流来校讲学。如叶鼎彝、陈白尘、任钧、章泯、刘露、贺孟斧、刘静沅、王瑞麟、周彦、刘盛亚、王元美、任致嵘、卢淦、刁七衡、叶子、刘念渠、陈治策、张季纯、王家齐、杨子戒、赵越等等,都曾先后在校专任或兼任教职。除上课外,王瑞麟兼"表证剧团"团长,周彦兼"农村巡回队"队长,刘盛亚、刘静沅、王元美主持"川剧研究"。当时,可以称得上济济一堂,盛极一时。(三)课程安排上,在文学、美术、音乐以至形体和语言的基训方面都循序渐进,打好基础。特别是文学方面,从基本写作到文艺思潮,从所聘教师阵容,就可看出其重视程度。在戏剧本身,则由戏剧概论,进而编剧、导演、表演的分论,直至戏剧美学的研究为一个系统;从西洋近代剧,回溯各时代的作家和作品选读,中国当代作家和作品选读,中国古代传统戏剧的介绍和选读为又一系统;此外,就是十分重视"基训"和"实习",即作为戏剧整体,使学生通过排练,在舞台上,到观众中实践,从而得到生动的知识技能。比如和老师一同演戏,这在很大程度上存在着"科班"培养的痕迹。(四)日常生活上,学校设在成都平街,全校师生(大部分是从战区流亡而来的)都住在里边,真有大家庭的味道。每天早晨,佛师带领学生绕院内廊子跑步,然后晨会。每天由一位教师轮流讲话十五分钟左右,这是佛师给教员的一个压力,大家都纷纷动脑筋,想自己经历中最生动的,而给学生听来又有启发教育作用的讲话内容。

他这个创举,对师生都有效益。然后,按时分班上课。当时购置出版物是困难的,但学校用了最大努力,购买可能购买的各种图书资料,供师生课外参考。图书室成了进步同学聚会的所在。另外,不定期地举行校外专家和本校教师的演讲和晚会,师生生活融洽,民主空气在学校里是浓郁的。

以上这些,应该说大部分是实现了的,但也有一些因受当时主客观的限制,而只停留于设想,尽管如此,它的意义、影响还是巨大的。特别在戏剧教育的思想和方法的形成中,我认为至今仍有很大的参考价值。佛师以他热爱国家、民族的充沛感情,化为从事戏剧教育工作的具体行动。他对戏剧事业的钻研和专心,对学生的无微不至的关怀和帮助,凡是和他接触的人无不有这种体会。

《上海滩的春天》

使我遗憾的是有一段时间,我离开了佛西师。而这一时期,正是他在与旧社会的实际接触中,得出了当时的社会是不可救药的,而希望的春天已经逐渐临近的结论的阶段。据我所知,其一,是成都省立剧校移到郫县,改为戏剧音乐学校,他勉力维持了一个时期。其二,他应张治中之约,到重庆主持"中央青年剧社"工作不久就离去。其三,是他去了大西南,在桂林和不少进步文艺工作者往来,如茅盾、欧阳予倩、田汉等等,他主编一个大型文学刊物,并着手写作《铁苗》长篇小说。其四,他回到上海,应邀出任上海市立剧校校长,团结了不少进步的文艺工作者和青年,再一次努力实现他办戏剧教育以培养人才,推动戏剧活动以影响社会前进的宿愿。特别是解放前的一段时间,他明确地跟随党走,参加地下文艺活动,为解放区输送了不少学生,为上海迎接解放做了很多有益的工作。

从一九四七年至一九五二年,我又有机缘和佛西师在一起工作。上海解放后,我兼任剧校教师和教务主任。这个时期的前半是在白色恐怖、特务横行的环境中坚持进步文艺工作,后半是在迎接、欢庆上海解放,并在党的直接领导下,投入一系列的改造社会也改造自己的革命工作。佛师本是感情洋溢的人,平时喜怒都形之于色。这一时期的前半段,他的热情化为十分有节制然而万分坚定的行动;后半段,则如久经积压,一朝奔腾的狂流,抱着空前喜悦的心情投入忙碌的工作。

上海剧校继承了佛师多年办学的经验,并在特殊的情况下又有了新的发展。其一,这学校的政治色彩,人人皆知是倾向进步的,解放前曾成为上海学生运动的一个重心。解放时"文管会"以第一号命令接管了这个学校,表示党对这个学校的重视。其二,与此相关的,是这学校的教师阵容,更多的是进步文艺界人士,并团结了不少饱学之士,除现有学院教师外,如欧阳予倩、洪深、顾仲彝、曹禺、黄佐临、张骏祥、李健吾、马彦祥、朱端钧、陈白尘、陈西禾、陈鲤庭、许幸之、章靳以、唐弢、师陀、吴晓邦、张客、沙梅、刘厚生等多人先后来校任教,这就造成十分良好的学术空气。其三,学校在上课之外,坚持实践观点,为了提供学生以学习的机会、接触社会的机会,长期坚持"星期演剧",即每星期日在学校小剧场中,轮流由各班学生上演他们实习的剧目。这既增加舞台实践,锻炼了学生,也无形中团结了一大批固定的,以青年为主的知识分子观众。这批观众成为学校的基本观众,通过艺术欣赏,和学校产生了浓厚的感情。在佛师领导下,这个传统延续至今,他创办的"戏剧工作团",就是今天"青年话剧团"的前身,佛师始终坚持办学的同时,办一个实践演出团体,以广泛联系群众。

在迎接解放的日子里,在组织文工团赴朝慰问的日子里,在参与土地改革的日子里,在纷忙的社会活动和办学活动中,佛师的那些热情饱满的讲话和与同学一道行动的许多具体行为,都充分说明一个从旧社会过来的知识分子,一旦得到党的阳光照耀,将会发出多么喜悦的感情,产生多么巨大的行动力量。老园丁对学校更加热爱,全身心都交给学校,关心学生的生活和学习,关心一些实习演出的质量,不少戏他亲自担任艺术指导。在百忙之中,他还写作了《上海滩的春天》,这是他发自心灵深处的对于党、对于新社会的歌唱。在这个时期,他有多少平生尚未完全得以实现的抱负,都想贡献出来以报答人民啊!遗憾的是,在他的晚年,理想没能完全实现,相反,由于极左思潮的影响,他被有些人误解和污蔑,满腔对党的热情被泼了冷水或污水。但可以告慰九泉之下的佛师的是,你虽然过早地离开了我们,党的十一届三中全会之后,举国情况有了极大的好转,"双百"方针得到前所未有的顺利贯彻,文艺繁荣和祖国昌盛的新局面已展现在眼前,你所日夜企盼的那个《上海滩的春天》已经实现了。今天,你一手创办的上海戏剧学院,正举行三十年院庆,这对你是多大的安慰啊!

佛老给我们留下的财富是丰富的:

首先,在做人方面,他也是一个血肉之躯,一个普通的人,说不上先哲,但说得上是正直不阿。他学习了西洋文明,但并不盲目拜倒;他身上留有旧知识分子的气质,但主要是正派,严以律己。在大是大非面前,是顽强不屈的。如《赛金花》事件,当这戏被禁演时,佛老走到幕前与观众痛切地陈词,到南京和当局理论时,有"就是把我熊佛西的头割下来，也不会承认这戏是卖国的"这样的话！这是中国旧文人的硬脊梁气派。而相反，解放后，在人民大众面前他又是何等地百依百顺，俯首听党之命！

其二，在对待艺术、工作方面，可以说把毕生心血都奉献出来，专心致志。他不属于先知先觉，但每走一步都紧紧追随时代，不断前进。在艺术的道路上，从"为人生而艺术"和"为艺术而艺术"的钻研中，走上"到民间去"的道路，从中吸收到营养，进而汇入抗日救亡的洪流，从中体验到艺术和生活的密切关系，最后，投入人民的怀抱，把自己的抱负和人民的事业紧紧地联在一起。每前进一步，都是对于艺术有了较深的理解和运用的一步。

其三，在戏剧教育方面，再说一遍，从事戏剧教育时间之长久，和培养人才之众多，同时代人恐怕是少有能和他相比的。从二十年代主办戏剧系，三十年代主办农民戏剧和成都剧校，四十年代主办上海剧校，直至他停止呼吸为止，前后四十多年。培育人才要有热爱这项工作的思想基础，要有循循善诱、耐心教导的毅力，要有陪着一批又一批学生苦读寒窗的精神，而他自己，也从多年实践中，一步一步地更加充实丰富了他的戏剧教育思想和方法。

其四，在剧本写作和导演方面，永不停留，永不满足于某一固定格式。勇于探索，勇于创新，写作剧本数量之多，开辟的方面之广，也提供了不少可资借鉴和发扬的艺术门径。他是开路人，前驱者。剧本写作的题材和体裁，有写实的，有写意的，有诗化的，有荒诞的；有独幕的，也有多幕的。独幕戏剧以《醉了》为代表作，多幕剧以《一片爱国心》为代表作。除写剧外，论述中有关于儿童剧的提倡，有关于新歌剧的提倡以及旧剧改革的议论，在二十年代，他已经开始提出这些方面的讨论了。至于戏剧理论，早年有《佛西论剧》和《写剧原理》，从中介绍了西洋戏剧基本理论、戏剧本质论、悲剧论、喜剧论等，其中着重提出的是动作论，内心和外形动作是戏剧的重要因素。为了使观众能接受和欣赏，曾提出"单纯主义"和"趣味主义"等等，曾有人不理解他的用意，实际这都接触到戏剧美学本质以及戏剧这一形式，必须通过演出，并为群众接受的问题。归根到底，贯串着"群众观点"。"单纯"也好，"趣味"也好，都是心目中有群众的表现。他不赞成那些舞文弄墨，只能束之高阁的所谓文学作品。他的理论，特别在后期，都是从实践中总结而来，实践的观点也是他戏剧理论的核心。

最后我还想补充几句。我不能不回忆到佛西老师最后的日子，忘不了他去世前二日和我握手的情景，他是那样热爱生活，他像小孩子般紧握着我的手，泪水在我们眼中转，说不出更多的话，但心中明白这恐怕就是永别了。但佛西师的生动形象在我脑海中却永不永别。观摩两部影片,使我特别对他怀念,一部是《一曲难忘》,保罗·莫尼扮演的那位老教师,又滑稽,又可爱,对学生的爱护到了无以复加的程度,佛老有点像这位老师。一部是《列宁在1918》,列宁是伟大的革命领袖,但他也像大孩子般真率活泼和平易近人,佛师也颇有这种色彩。当然,佛师和列宁是远远不能相比的,但,作为一个人,一个普通的人,他又和他们出奇地相近。不论怎样说吧,佛西老师是个可爱的人。

（原载《现代戏剧家熊佛西》,中国戏剧出版社,1985 年）

一代戏剧宗师熊佛西

——《熊佛西戏剧文集》后记

《熊佛西戏剧文集》编委会

　　熊佛西先生，原名福禧，字化侬，别署、笔名有写剧楼主、戏子等。江西丰城人。一九〇〇年十二月四日（阴历十月十三日）出生于郊区罐山村。自幼随母务农，从七岁起就参加插秧、割禾等繁重的耕种劳动。一九一四年十四岁时，在外经商的父亲将他接到汉口，先后就读于圣保罗中学、辅德中学。二十岁考入燕京大学。一九二四年赴美入哥伦比亚大学研究院留学。

　　一九二六年学成归国后，应国立北京艺术专门学校之聘，任戏剧系主任、教授。为探索戏剧大众化和为农民服务的道路，他接受中华平民教育促进会干事长晏阳初的邀请，于一九三二年至一九三六年间，率领戏剧系部分师生到河北定县从事农民戏剧的研究与实验，迈出了中国农民话剧运动的第一步。

　　抗日战争开始，熊先生立即组建"抗战剧团"，继又在成都创办四川省立戏剧教育实验学校，任校长。一九四七年初，在国民党御用上海市参议会妄图裁撤积极参加爱国民主运动的上海市立实验戏剧学校时，他在进步文化、戏剧界人士支持下，毅然受命于危难之际，接替被迫离职的顾仲彝先生，出任校长，惨淡维持，艰苦备尝。一九四九年上海解放后，该校先后易名为上海市戏剧专科学校、上海戏剧学院等。熊先生均担任校、院长，直至一九六五年十月二十六日病逝于工作岗位上。

　　一切卓越的戏剧家，其根基都在于对戏剧艺术有着深刻的、属于自己的理念，亦即系统的戏剧观。熊先生正是这样的大戏剧家。

　　我们在熊先生三十岁左右结集出版的《佛西论剧》、《写剧原理》论文集中，可以看到在那时他便已经形成了自己的戏剧观。如在研讨戏剧艺术时，人们多把注意力放在戏剧文学的剧本创作或演员的表演艺术上，而熊先生却把观众视为对戏剧艺术的生存与发展有着决定意义的要素，强调"无观众，即无戏剧"，并由此引申出戏剧的内容与形式应讲求"单纯主义"、"以趣味为中心"等，即是他的戏剧观中颇具特色的观点之一。虽然"无观众，即无戏剧"的观点，并非熊先生第一个提出，早在一八七六年，法国的戏剧家萨赛就已提出过。但是，熊先生的难能可贵之处在于他在我国话剧草创时期就独具只眼,突出地论述了观众问题的重要性。这就使我国的新兴话剧从一开始即与某些人宣扬的脱离舞台、脱离观众的文人案头剧、书斋剧划清了界限,从而推动了中国的话剧走向健全的道路。熊先生这个时期的论文,或是授课用的讲稿,或是为导引初学者入门而作,文字精练显浅、灵活生动,对习惯于囫囵吞枣的读者来说,甚或可能产生浮泛而少新意的错觉。但仔细咀嚼后便会发现它正是目光深邃,洞幽烛微,言浅义深,时露卓见。如曾被人误解为"一味地想刺激观众"的《戏剧应以趣味为中心》一文(即本书所收《戏剧与趣味》,最早在《戏剧与文艺》杂志发表时,曾以《戏剧应以趣味为中心》为题)即是一例。

《戏剧与趣味》这篇论文中,熊先生从"戏剧是以观众为对象的艺术,无观众即无戏剧"这一颠扑不破的客观事实出发,进一步生发出"戏剧应以趣味为中心"、"倘若希望我们的戏剧成功,我们应该在作品中处处使观众发生趣味"等一系列的论述。其根据即在于任何派别的戏剧,"只要它能引起人的兴趣,即能存于人类",不论何种力量都无法剥夺其生存的权利:"此等富于趣味之艺术,虽用炮轰弹击,亦不能倒,徒呼'打倒'口号,更是无益。"反之,"无论你的剧本艺术是何等的高超或低微,假如离开了观众的趣味与欣赏力,其价值必等于零,等于无戏,等于有戏而无观众"。因而如若要问"那么我们究竟需要什么样的戏呢"? 他答曰:"简言之,大多数的人看得懂,大多数的人看得有趣味的戏,就是我们需要的戏剧。"并且又明确指出创造这样的戏剧的有效途径:"要达到我们的目的,唯一的方法是研究观众的心理。他们干些什么,想些什么,希望的是什么,痛苦的是什么,爱什么,恶什么,一句话,对于他们的各方面应该彻底去研究。"

人们的思维时常会囿于因袭的惰性,因而读了熊先生关于"戏剧应以趣味为中心"的论述而"不求甚解"的人,有的就会马上将它理解为提倡迎合低级趣味、"一味地想刺激观众",未免陈义不高,甚或有庸俗低劣之嫌。但事实绝非如此。熊先生所要求的正是"在作品中处处使观众……发生高级的趣味","同时要拿出我们自己的见解来,使他们为我们所动,为我们所感,为我们笑,为我们哭,为我们发生大而且高的趣味"。并且熊先生还郑重地强调指出:"有一事不可误会:有高级趣味的人不见得是资产阶级,虽不敢说尽是无产阶级,但敢断定无产阶级要多过有产阶级。"

少年时代的农村生活和艰辛的田间劳动,使得熊先生对贫苦农民的辛酸苦辣、喜怒哀乐、向往追求,都有着切肤的体认,并在脑海中牢牢地系上了农民情结。而他所追求的戏剧是:"大多数的人看得懂,大多数的人看得有趣味的戏,就是我们需要的戏剧。"集这两种思想于一身,熊先生便很自然地要思考如何使话剧能为占中国人口绝对

"大多数"的农民"看得懂"、"看得有趣味",为他们所喜闻乐见这一重大课题。于是他要脚踏实地、自我做古地深入农村去向农民普及话剧,去进行农民大众化话剧的研究、探索和实验了。

实验的场地是河北定县郊区的东不落岗等村落。一九三二年至一九三六年间,熊先生在这一贫穷落后的实验场地,摩顶放踵地耕耘了五六年,结下了丰硕的成果。

究其实质,熊先生在定县的实验,即是将以观众为重心的戏剧观点,具体落实到田间,使戏剧成为农村文化的一部分,成为属于广大农民自己的戏剧。它的收获具见于收入本书的《屠户》、《牛》、《过渡》等一系列农民剧本和《中国戏剧的新途径》、《戏剧大众化之实验》等经验总结文字。我们以为其中最有价值的经验有下列数点:

第一,是如何才能使农民接受话剧呢?熊先生首先强调关键在于要有虚心向农民大众学习的态度。用他的话来说,即是:"我们到定县来的目的是做传道师呢?还是做戏子?要使观众对我们的戏剧发生兴趣,我们以为非革除传道师的招牌,充分表现戏子的精神不可。戏子可以使观众不自主的哭,不自主的笑,在不知不觉中使观众受到感动。传道师则不然,给人的只是表面的教训。天下事往往是这样,你诚心教训人,人倒不服你的教训,你不诚心教训人,人倒不自禁的受了你的感动。"

第二,是要把"研究观众的心理"这"唯一的方法"具体落实为了解农民,从而将戏的内容"做到两个条件,一是农民需要的,二是农民所能接受的"。也就是要使农民看话剧时认为表演的内容不是与己无关的别人的事,而是他们大家自己的事。表现出他们处于水深火热中的悲惨遭际和打开他们的灵魂,道出他们的痛苦、愤怒的心声。这一点在那一系列的农民剧中有着较好的体现。这可以由实验效果中得到检验。较突出的实例如在《屠户》的一次演出,当戏演到放高利贷,剥削、欺压群众的孔屠户强占农民王大的房屋时,"台下有一位青年突然起立,脸红耳热,大声向台上骂道:'揍他妈的老浑蛋!'"再一个例子是根据《过渡》改编的《后防》(情节基本相同)的演出,当戏进行到恶霸地主指使狗腿子迫害农民时,观众被激怒了,随着他们的怒吼声,纷纷把能信手抓到的东西向台上的狗腿子掷去,弄得戏也演不下去了。直至熊先生登台向观众解释劝说,才平息了众怒。观众的反应证明,演"农民需要的"内容,是话剧能为他们所接受的前提;而能令农民观众感动激愤到这般程度的话剧,自然也就是成功的农民话剧了。

第三,是对于话剧的形式,也不能先入为主的将其格式化,而同样要由"研究观众的心理"出发,不拘一格地选取、继承、创造他们喜闻乐见的形式,从而形成"把全剧场当作舞台,在演出上使台上与台下打成一片,演员与观众不分"和"台上台下沟通式"、

"观众包围演员式"、"演员包围观众式"、"流动式"等多种"新式演出法"。

对此，熊先生的得意门生和他在定县进行农民戏剧实验的得力助手杨村彬先生有着很好的说明："简单地说，为了适合老农老圃的口味，甚至可以说，即或西洋没有那些提倡新式演出法的人，我们因在农民之间学习，受农民的指示，我们也必发明自己的新式演出法！对于我们，新式演出法反是承继传统的遗产的路径。我们到农村来，最初请他们欣赏镜框里的图画，虽然美，他们还不能完全如意。因为传统的'会戏'（如高跷、旱船、龙灯、小车等），可以让他们围着看，追着看。现在画既是这样美，他们希望这画上的人物能走下来，他们可以围着他看，可以摸一摸他，或者他们自己也走到画里面去，他们自己也作为画中人，他们才可以满足。就是为了满足我们的农民观众的习惯上的传统的看戏方式，我们产生了新式演出法。"（见杨村彬《〈过渡〉及其演出〉序》）

由于日寇侵华日急，熊先生在定县的农民戏剧实验被迫中断；而自抗日战争开始后，国内形势更发生了种种变化，这一实验始终未能恢复。然而，熊先生从未动摇他对开展农民戏剧运动的坚定信念。直到一九四八年，他还深情地对人说："二十年一贯看法，戏剧要出路，必须奔向农村。我们应该奔一条新的道路。我们应该和农民打成一片，否则只逗留在几个有限的都市，使三万万七千五百万农村父老兄弟姐妹和新的戏剧绝缘，剧运是无法放出异彩的。"（见任启明《与熊佛西先生谈剧运——写在第五届戏剧节》）不幸的是，熊先生在定县举世无双的创举，在相当长的时期内，非但得不到占主导地位的文化思想界的理解与认同，反而成为压在他身上的一个沉重的包袱，致使他难以继续从理论和实践上进一步地探索并作出新的贡献，这不能不令人深深感到遗憾。尤其是当我们看到话剧在中国已经是有八九十岁的"老剧种"，但仍然没有真正在占人口最大多数的农民中扎下根，使农民承认话剧是他们自己的戏。而且即使是在大、中城市，话剧——以至戏剧——都距离广大观众越来越远，很难让他们"发生趣味"，我们不得不更加珍视熊先生为我们留下的这一份宝贵的经验总结和理论遗产。

熊先生既以为没有观众观看演出，就没有戏剧，演出和观众是戏剧中不可或缺的两要素，因而为了演出，他自然要用相当精力去创作适合"我们需要的戏剧"要求的剧作。自一九一五年编写《徐锡麟》（幕表剧）并扮演主角徐锡麟始，至一九五六年写成四幕剧《上海滩的春天》止，在四十余年中，熊先生所写剧作多达五六十部。限于篇幅，在本文集中，只选收了十五部。尝鼎一脔，也大体可以觇见熊先生话剧创作的独具特色——"大多数人看得懂的戏，大多数人看得有趣味的戏"。它具体表现在以下几个方面：

　　首先是针对不同时期、不同观众层的需要而写戏,因而题材广阔,内容多样,别开生面。就紧扣时代脉搏而言,较突出的就有作于一九二五年的《甲子第一天》,戏写的是二七大罢工中领导者之一、共产党员施洋惨遭军阀吴佩孚杀害的事件。而我们再看到施洋的形象,则已是三十多年后的话剧《红色风暴》和由话剧改编的电影《风暴》了。还有当一九五六年举国欢庆"私营工商业社会主义改造"取得全面胜利之际,熊先生已经完成了反映这一历史事件的剧作《上海滩的春天》。不论由今天来看,对于这一场改造运动应如何认识、剧作的反映是否恰当,而它响应时代锣鼓,传达当时观众心声的创作意图,则是十分明确的。

　　至于戏剧题材,在那一历史时期,话题题材多是表现城市中、上层社会的绅、商和知识分子生活,熊先生自也不例外。但如写刽子手的名剧《醉了》等,则是非对下层社会贫民有较深了解则罕能涉及;而写出那么多成功的农民题材的戏,这在二三十年代,甚至是在"延安文艺座谈会"以前,都是举国无第二人的。

　　其次是明白畅达,单纯易解,注重"趣味",于浅处见才。如名剧《一片爱国心》,它的内容是写在日寇侵略背景下的爱国者与卖国贼间的尖锐斗争,但却是通过发生在一户温暖人家大客厅中的家庭内部矛盾来表现。巧妙地把中国和日本帝国主义、爱国者和卖国贼间的大是大非,和夫妻、母子、兄妹以至主仆间的亲人之情纠结在一起;藉人情以寓趣味,凭单纯而显雄浑;人物、情节生动可信而少表演口号和概念化之弊。因而这个戏问世之初,两三年内就演出四百多场,影响人心之深,竟至一时间有许多女学生都将自己的名字改成与剧中女主人公名字相同的"亚男"。一直到十余年后的抗日战争初期,它仍是话剧舞台上广泛上演的剧目之一。

　　再次是表现手法和演出形式均以适应内容、观演需要为指归,多所创造。关于演出形式的探求,在上文已略有述及,这里可以再举一个特殊的创造——《儿童世界》的演出。这是一部大型音乐歌舞儿童剧,于一九三八年演出于四川成都。它的演员多达二千余个小学生,以整个成都为舞台,四十万市民当观众,流动式的巡行演出于街头。三小时的群众性街头演出活动,使几十万民众一直与演员融合在同一气氛中。本书所收该剧剧本后附有巡行演出路线图,由那里可以想象到演出盛况。如就一部戏的演出而言,说到现在为止它的演出规模之宏伟空前绝后,当是符合事实的。

　　至于表现手法,自《蟋蟀》开始,如《艺术家》、《一对近视眼》、《裸体》等等,凡"象征主义"、"表现主义"、"荒诞派"、"黑色幽默"种种"现代"、"后现代"之类"新潮",他无不做过"预告"、"预习"或略示先兆。当代"探索戏剧"的创造者如能对之进行认真的研习,相信是会从中吸取到不少营养的。

熊先生高瞻远瞩,以为薪火相传、前赴后继、人才辈出,才是使得话剧事业得以发展的根本保证。因而自二十六岁任国立北京艺术专门学校戏剧系主任始,到六十五岁逝于上海戏剧学院院长任上,四十年间,他把最主要的精力都投入到戏剧教育工作中,为那一历史时期的中国戏剧、电影事业培养了数以千计的中坚力量,有力地推动着这一事业的繁衍、发展,并从而建设了一套比较完整、科学和体现着他的戏剧思想特色的戏剧教育体系。这是他毕生实验的又一结晶,也是他对戏剧教育事业的突出贡献。

演出和观众是戏剧中不可或缺的两要素,因而在熊先生的观念中,所谓戏剧人才最主要的应当就是精通舞台、精通演出艺术的人才。为此,戏剧教育的核心不应只是课堂上的戏剧知识、理论的传授,而更主要的是要充分重视舞台演出实践,把课堂教学和舞台演出实践密切结合起来,始终把专业实践贯穿到学生学习的全过程之中。他曾多次阐明:"于学业上采取自动的、启发的、理论与实践并重的、课堂与舞台统一的教学法。""我们的方法是把理论与实践打成一片,把课堂当作剧场,把剧场当作课堂,从实践中去寻求理论,根据理论去实践。在学生初入学的时候,我们决不灌输他们许多空洞的理论,我们先让他们工作,先让他们取得工作的意识,在工作发生问题时,导师指导他们解决问题。"

大家都知道,熊先生主持的学校常叫作"实验戏剧学校",常设立"实验小剧场",让学生经常进行"实验公演",在定县的工作叫"大众化戏剧的实验"。这里的"实验"主要即是指"实践"。这说明他把教学"实验"、"实践"放在何等重要的地位。

从下列一些措施可以看出熊先生是如何体现"充分重视舞台演出实践"、"把剧场当作课堂"的戏剧教育思想的。

熊先生非常重视开设一门以"舞台工作实习"为内容的重点课程。它是无论学编剧、导演、表演、舞台美术专业的本科生、研究生都必须参加的实践课。实践范围包括从演出前的钉布景、绘景片、筹集服装、道具,到演出时舞台上的开闭大幕、迁换布景、管理灯光、服装、道具、效果(现名"拟声")、化装以至担任舞台监督。此外还有与演出有关的宣传、票务、检票、领票、剧场服务等前台的一切工作,也都必须轮流担任。另一方面,规定学编、导和舞台美术的学生也要上表演课,也要在实习演出中扮演角色、登台演戏。采取这一切教学措施的目的,并不是希望学生能件件精通,而是要求他们必需样样入门,使个个专业的学生都既积累了一定的舞台实践经验,又熟悉了有关演出的各项工作,进一步了解话剧作为一门综合艺术的特点。尽管学生的实际业务水平必然是高低不等,但由于有了这样的根基,熟悉了舞台,无论如何,学编剧的写出的剧本不会成为不能演出的案头文学;搞舞台美术的也不会闹出设计图不合舞台实际,不经木工修改无法制作或安装的笑话。学生毕业参加工作后一般都能较快地适应剧院(团)特别是中、小剧团的需要,无论什么样的工作条件,无论被分配做编、导、演、舞美的什么工作,都有一定担当任务的基础。

熊先生还强调学校应附设实验剧团。在定县和成都是称之为"表证剧团",它表示设立剧团的目的在于将教学和实践结合起来,让教师"根据理论去实践",通过实践(剧团演出)对教学的理论给以"表现"、"检验"或"证明",以便"从实践中去寻求理论",然后再返回到教学中去,进一步丰富教学内容。

概括起来看,熊先生要为戏剧事业培养的后继者,是实践型、通才型的人才。这是很有价值的戏剧人才观。因为戏剧是要体现在演出实践中的表演艺术,故唯有能实践的戏剧工作者才符合它的需要。而作为综合艺术的戏剧,不仅是演员,即使是编剧、导演、舞台美术以至市场操作等所有工作,都是统一地服务于和综合地体现于舞台演出。因而由整体上熟悉、掌握舞台艺术特性,进而再于"多能"的基础上达到"一专"或"多专",才是推进戏剧事业所需要的人才。我们有必要学习、继承和发展熊先生留给我们的戏剧教育遗产,使之成为丰富我们教学理论和实践的养料。

以上简略地叙述了我们对熊先生部分戏剧思想的认识,是否能准确地传达了它的精华,殊未敢自以为必当,敬希学者专家和读者鉴定、指正。

由于我们都曾在上海市立实验戏剧学校受业,有幸蒙熊师教诲,亲承謦欬。斯人虽去,音容宛在,因而下面请允许我们再占用一些篇幅谈谈对他的"感性认识"。

在熊师进入三四十岁以后,人们习惯尊称他为"熊佛老",然而他的特点正在于他的精神一辈子没有"老"。热情直率,晶莹透明,胸无城府,言罕矫饰;与人交则以心换心,做事业则艰危不辞。真是赤裸裸将自己和盘托出,纤毫不留;始终像个可爱的涉世未深、充满青春气息的热血青年。其所以会如此,他在散文《不息的琴声》中有着夫子自道:"二十年来,我从未离开过青年群单独的生活,不拘我办学或率领剧团,总有一群可爱的青年朋友围绕在我的身边。我从不以'老大'自居,他们也把我看成他们中间的一个。我爱他们的天真、活泼、直率、热情,尤爱他们那种特有的青春气息和声响。只有在最近的三年,离开他们单独地生活,真有说不出的空虚、单调、寂寞,使我逐渐有衰老之感;然而我不愿衰老,我还要追逐青年,追逐一个青年人应有的梦。"

这篇文字做于一九四四年,其时熊师四十四岁。但直到他年逾知命、耳顺,以至接近辞世的暮年，我们都还经常听到他重复类似的话语，表示要和青年在一起，"追逐青年"。所以熊师真是一辈子的"老天真"、"老小孩"，赤子之心，终身无渝，老而弥笃。

像他这种无遮无拦的鲜明性格，对艺术家本是极大的长处，对师友和熊门弟子更是只会激起他们无限景仰钦慕之情。但面对上世纪中叶神州大地上的政治风云，他的困窘之态，可想而知。在那一特定的历史条件下，或委蛇浮沉，或屈己从人以作应对，自亦有其主、客观原因；但熊师素不善此，就是临时想学也绝对学不像。如有时他写的检讨文字三翻四复也过不了关，最后只好由弟子们代庖，勉强通过，即是一证。一些曾参与代庖的弟子，在先生辞世后，尤其是改革开放以来，以为此举有负师恩，深感不安。故建议将强用熊师名义发表的"枪手"之作选入，并加注按语，以明事实真相，还熊师以本来面目并稍补己过。但我们以为这主要是当时形势使然，毋须苛责于个人；而文章内容既不合熊师本意，本集自然不宜收入；只需在此对此种情况加以说明，也就可以澄清事实而不会继续以讹传讹了。

（原载《戏剧艺术》2000 年第 6 期）

名彪剧史，并世无第二人

马　明

　　与新文化运动同时起步的现代话剧，在它还是幼稚期的第一个十年：一九一七至一九二七，由于前驱者们文化背景不同：或留学欧美，或负笈日本；回国之后活动地区不同：前者几乎都在北京播种育苗，后者主要在上海以戏会友，就天然地形成了一北一南两个中心，各有引领风骚的代表人物。① 一方面由于中国现代话剧源于西方近代戏剧，留学欧美借鉴西方现代戏剧经验，自然近水楼台；另一方面由于社会主义学说在 20 世纪初，对日本知识界的影响又明显地大于对欧美的知识界。所以一南一北的代表人物虽然同样崇尚民主与科学，但是欧美自由主义对于前者的濡染自然就会更深一些；俄国社会主义革命对于后者的影响，往往也会更早一些。及至现代话剧进入从幼稚向成熟发展的第二个十年：一九二七至一九三七，由于这是国共两党尖锐对立、兵戎相见的十年；又是无论东方西方，在知识界都出现过一种或可称为"以俄为师"思潮的十年。于是以在中国"建立无产阶级戏剧"为口号，以留日学生为先导的左翼戏剧运动，就天然地首先是在上海兴起；而在北京的"欧美派"著名前驱，当斯时也，几乎没有例外，对于左翼戏剧运动即使没有公开表示不以为然，至少也是力求与其保持一定距离。只是随着七七事变一声枪响，国共两党不再针锋相对。地不再分是"京"是"海"，人不再分是"左"是"右"，两股力量从此拧成了一股绳，你中有我，我中有你，同以话剧为武器、以舞台为战场，都投入了全民抗战的洪流。于是，二十年前才从国外引进的现代话剧艺术，就借助于抗日烽火的时势薰沐，到前线去、到后方去、到农村去、到厂矿去，普及提高、提高普及，在争取观众的同时培养了观众，在扩大话剧影响的同时提高了话剧水平，从而迎来了话剧史上至今仍被后来人赞叹的黄金时期。

　　如果以上概括能被话剧史家基本认可，那么，就可以提醒注意两则曾广为人知的史实：一是，一九三〇年前后，南北若干著名报刊，在众多竞领风骚的现代话剧前驱之中，所以唯独把自从留日归国就在上海倡导南国戏剧运动的田汉，和留美回国就在北

---

① 话剧史上同属"欧美派"的著名前驱，包括王文显、宋春舫、张彭春、余上沅、赵太侔和熊佛西，都主要或首先是在北京以及天津拓荒播种。只有洪深例外，他自留美归国，长期定居上海。

京献身现代戏剧教育的熊佛西相提并论为"南田北熊",就是因为"田汉是南方剧坛的权威,熊佛西是北方剧坛的泰斗"①。二是,一九四四年的早春,在大后方的著名"文化城"——桂林,隆重举行"西南八省戏剧展览"的日子里,"南田北熊"和早期留日的欧阳予倩、早期留美的洪深,同被誉为中国话剧事业的四位主要奠基人。② 两则史实互为印证,并联系到与其有关的若干众所周知的背景材料,比如,"南田北熊"之说的首倡者,不是别人,恰恰就是资历最深、年龄最长的话剧元老欧阳予倩。又如,由于"南田北熊"开始相提并论之日,已是左翼戏剧运动早在上海兴起,田汉开始成为"左翼剧联"核心成员;而熊佛西则公然赞同"平民教育救中国",与著名的"资产阶级改良派"晏阳初合作,进行以农民为对象的"大众化戏剧之实验",置身于左翼戏剧运动的对立面,被论定为"走错了路,进错了门"③,即误入改良主义歧途,甚至曾被北平"左翼剧联"视为"打击的对象"④。再如,欧阳予倩与洪深虽然和田汉长期同在上海,但由于田汉认为欧阳"对于客观环境分析不清,容易和环境妥协"⑤;欧阳也曾公开承认,"借重政府的力量开展戏剧运动,比起纠集几个同志过苦日子,效果比较快些",恰恰"在这一点上,田汉和我意见不同"⑥,以至"田汉和洪深多不同我合作"⑦,所以他们相互之间确如田汉后来所说,始终都是"有时合作,有时也不合作。这在运动中是常有的事"⑧。至于"西南剧展"在话剧史上的意义,其实就是当时以欧阳、洪、田、熊为主要代表的第一代前驱,和在他们影响下卓然成家的第二代精英,在国共合作共赴国难的历史条件下,在抗战中国的大后方第一次跨地区超党派的大检阅和大会师。所以,从话剧史研究的

① 欧阳予倩:《〈近代戏剧选〉序》,上海第一流书店 1933 年版。
② 把熊佛西与欧阳、洪、田并誉为话剧运动四位主要奠基人,始于"西南剧展",此说曾见之于当时桂林和重庆出版的报刊。
③ 殷杨:《读〈戏剧大众化之实验〉》,载于《戏剧时代》1937 年第 1 卷第 2 期。按:殷杨即杨帆。
④ 据《新文学史料》1979 年 8 月第四辑所载北平"左翼剧联"领导成员陆万美题为《两届"北平文总"的一些情况》的回忆文章所述:早在熊佛西"到农村去"之前,北平剧联的一次执委会上,已经提议,"要给资产阶级戏剧界以打击",而打击的对象就是"熊佛西的戏剧学院正公演的《软体动物》"。准备组织一批人带了用纸包了的瓦片、马粪等进剧场,到一定的时候,一声令下,都砸上舞台去。幸而领导北平剧联的北平"文委"负责人及时地给予纠正,熊佛西这才免受公开的打击。按:当时曾被北平"左翼剧联"斥为"麻醉人民软化斗志"的资产阶级"黄色剧目"《软体动物》,就是洪深及其高足朱端钧根据英国剧作家戴维斯(H. H. Davis)原作改写。
⑤ 田汉:《我们自己的批判》,《南国月刊》第 2 卷第 1 期。
⑥ 欧阳予倩:《粤游琐记》,《南国月刊》第 2 卷第 1 期。
⑦ 参阅《中国剧运先驱者怀旧座谈会记录》,赵慧深、尤兢整理,载于 1937 年 5 月上海出版的《光明》杂志第 2 卷第 12 期。
⑧ 参阅田汉悼念欧阳予倩的文章:《他为中国戏剧运动奋斗了一生》,载于 1980 年中国戏剧出版社出版的《戏剧艺术论丛》第三辑。

角度遥想当年,看来这次活动的组织者、参加者,正是因为非常清楚无论是着眼于才识、功绩,还是着眼于资历、影响,欧阳、洪、田、熊,恰恰由于各有千秋,互有短长,并且"有时合作,有时也不合作",甚至公开宣称"吾道与君不一般",既谈不上谁领导谁,也不可能谁服从谁,"干在野的戏剧"也好,"靠官府干戏剧"也好,"为人生而戏剧"也好,"为革命而戏剧"也好,甚至"为艺术而戏剧"也好,可以各显神通,对于现代话剧之立之兴,才能各自都作出了彼此谁都难以取代的历史贡献,唯其如此,他们四位才会同被誉为话剧事业缺一不可的主要奠基人。

　　何其遗憾之甚也!虽然早在一九二一年,熊佛西先生即已因剧作的公演初露锋芒,而和比他都是资深年长的欧阳予倩、沈雁冰、陈大悲等十一位前驱联名创建了现代话剧史上第一个团体——民众戏剧社,为中国先;虽然自从一九二六年留美归国,他始终是以其一身而兼三任:剧作家、理论家、戏剧教育家,从未离开话剧岗位,鞠躬尽瘁直至最后一息;但他早年曾产生过广泛影响的剧作、剧论,却一直未能像欧阳、洪、田三老那样重新结集出版,甚至他为中国话剧奠定基础所起的重大作用也长期被多数话剧史家所忽视、误解。

　　若问何以长期多被忽视与误解?长话短说,浏览一下早在抗战前出版的多种戏剧书刊,即可以找到答案。例如在熊佛西因为自树一帜,以农民为对象进行"戏剧大众化之实验"成绩卓著,而正被左翼戏剧家口诛笔伐的一九三五年,洪深先生作为《中国新文学大系·戏剧集》主编,一方面在确定选目的时候,对当时早被知识界公认是熊佛西早期代表作,即仅一九二六年在北京首次演出就连演一个多月,两年之内累计演出四百余场的《一片爱国心》,视而不见,却收进了一个熊佛西早期剧作中并非上品的三幕闹剧《洋状元》,并且声称所以收进熊佛西一个剧本,只是"为了代表一种作风",即"一味地想刺激观众"的作风而已。[①] 另一方面,为了评估话剧活动第一个十年的历程而为《戏剧集》撰述的影响深远的话剧史论长篇《导言》里,他对曾为现代话剧鸣锣开道的众多前驱,几乎都是完全肯定或者基本肯定,尤其是对田汉、欧阳予倩和他自己,更是广征博引,都给予了高度评价,却唯独对并称"南田北熊"的熊佛西冷嘲热讽,不仅认为他的剧作、剧论,"到今天为止"即直至一九三五年,还"不及陈大悲"或者"比陈大悲还要倒退";甚至还把当时人所共知的一个事实:国立北平大学艺术学院戏剧系因为教育部在一九三一年颁发"逐年结束,停止招生"命令,到一九三三年不得不解散,竟然也

---

① 洪深:《〈中国新文学大系·戏剧集〉导言》,良友图书公司 1935 年版。

说成是"因为办理不善",言下之意就是长期担任戏剧系主任的熊佛西难以辞其咎。由于洪先生也不愧是现代话剧奠基人之一,具有相当高的威信,而且《导言》后来又以《现代戏剧导论》为题多次收进《洪深文集》等书,因而这篇《导言》曾影响了包括我们在内的几代读者;并且至今仍被有影响的戏剧评论家誉为"客观、真实、可贵、可信,是研究中国戏剧史的必读之作"①。然而,无论是为了拾其所遗,还是为了正其所偏,也许都有必要指出:即使这篇《导言》从总体上看有些意见是客观的,是可信的,却不等于其中如对熊佛西等的论定也是客观、也是可信的。并且会令人想起一句西谚:"偏见比无知距离真理更远。"

也许更是由于如此"误导"又与话剧史上一个著名公案互为因果,即同一时期,以熊佛西及其支持者为一方,以若干在上海的左翼戏剧家为另一方,围绕着熊佛西正从事的"大众化戏剧之实验"是否当真"走错了路,进错了门"而展开的一场论争。当时虽然双方各执一词,不久又因抗战爆发同赴国难而停止争论,但是另一方当时给熊佛西带上的紧箍咒"改良派",却是从此和他形影相随,终其一生。及至全国解放,话剧史被称为"运动史",就只有左翼戏剧运动才是唯一正确的"主流",其余则只能是起"配合作用"的"支流",甚至还是必须"打入另册"的"逆流"。而熊佛西既早被"主流"视为"逆流",抗战以前支持他进行"戏剧大众化实验"的中华平民教育促进会早在解放初期就被取缔,他在精神上就不能不承受日益沉重的压力,对其人其行也长期得不到公允的评价和应有的重视,如甚至在中国剧协为纪念话剧运动五十周年,于一九五七年编印的近百万言的三卷《史料集》里,在对欧阳、田、洪的史料广征博录的同时,对与熊佛西有关的史料竟不是视而不见,就是一笔带过,也就是不难理解的意中事了。②

无需说明,不论对欧阳、洪、田、熊诸老如何评价,左祖右祖,只要持之有故、言之成理,完全可以见仁见智,众说并存,而没有必要断言孰是孰非。更何况时至世纪之交的今日,不仅与诸老同时代的前驱早就凋谢尽矣,就是曾追随过他们的第二代英才,无论

---

① 刘厚生:《大哉、洪深〈洪深传〉代序》,载于1996年文化艺术出版社《洪深传》。

② 纪念话剧运动五十周年活动是由欧阳于倩、田汉、夏衍、阳翰笙四位前辈于一九五七年联名倡议的。其时洪深先生已经辞世。熊佛西则虽健在且仍担任上海戏剧学院院长,但已无附骥联名的资格。也是在此时,《剧本》月刊等有关报刊曾连续发表批判熊佛西新、旧剧作的文章。而从这时起,谈到话剧史的文章就大都不提话剧奠基人为欧阳、洪、田三老了。应该指出的是:曹禺先生1982年的《回忆在天津开始的戏剧生活》(载于《天津文史资料选辑》第十九辑)一文中讲到:"周总理曾一再对我谈,要把天津和北方其它各地的早期戏剧运动写上去。……周总理和戏剧家凤子谈过:为什么北方这么重要的戏剧活动一点都不谈呢?"据曹禺先生同一时期和笔者的谈话,这其实都是对这次纪念活动明显的"重南轻北"倾向的批评。凤子女士抗战前在上海开始戏剧生涯,1957年前后曾参加《中国话剧五十周年史料集》的征集和编辑工作。

是"京"是"海"，曾"左"曾"右"，绝大多数也同样已是"沉魄浮魂不可招"，似乎更不必再为此浪费笔墨和精力了。但问题在于，只有忠实于事实才能忠实于真理。所以，从话剧史研究的角度遥想七十年前往事，也许只有勇于冲破随着"主流、支流、逆流"这一先入为主所形成的思维定势，才有可能忠实于事实，进而忠实于真理。

唯其有感于此久矣，当作为一个有幸曾受业于熊佛西先生门下的白头学生想到今夕何夕？上距熊师在寂寞中辞世，已经悠悠三十五年过去，转眼之间，熊师百年诞辰又正迎面而来。为了怀念、为了求实，愿以七十年前一些左翼戏剧家对熊师的口诛笔伐作为例证，兼及同一时期洪深先生对熊佛西剧作、剧论所作评估，略述前者当时理直气壮予以否定的，为什么在我看来可能都应该是同样理直气壮予以肯定的；后者当时对熊佛西的不容置疑的评论，为什么在我看来同样可以断言距离实事求是甚远。以敬请海内外新一代的话剧史家指正，并以此篇兼代遥祭先师熊公佛西在天之灵的一瓣心香。

不必奇怪，由于熊佛西从开始就认定了"戏剧是最民众的艺术"，从事戏剧，就要考虑民众中的大多数——城市平民和"被压迫的生产者"能否接受。因此"雅俗共赏，深入浅出"，从来就是其剧、其论的一个明显的特色。所以，仅以熊师一篇屡被指责的剧论《戏剧与趣味》为例，它的主要论点，比如："戏剧是以观众为对象的艺术，无观众即无戏剧，无论你的剧本艺术是何等的高超或低微，如果离开了观众的趣味与欣赏力，必等于零"；又如，"经济是具体的，不平等可以用人类的'治力'来打倒，趣味是抽象的，非任何力量所能支配。要打倒政治、教育、经济之畸形社会不难，要想人类的趣味统一却不容易"；"故任何派别的艺术，只要它能引起人的趣味，即能存于人类，此等富于趣味之艺术，虽用炮击枪击，亦不能倒，徒呼'打倒'口号，更是无益"。非但都很容易理解，并且时至六十余年之后，对后来人仍有一定指导意义。因此也就不难窥知，它在当年所以错被指责，甚至作为"比陈大悲不知倒退多少"的例证，问题并不在于论点本身是否违背戏剧艺术自身规律，或者是否当真比陈大悲还要"倒退"，而主要是因为此论之在当时，也和同一时期错被指责的剧论《单纯主义》一样，看来确是这位当时自称"不相信任何主义"的"北方剧坛泰斗"，对"近两年来"在上海提倡无产阶级戏剧，声称要打倒资产阶级戏剧的戏剧家们，有意识的公开进言，提请他们"不要崇尚空谈，老想灭亡别人，应该努力建设自己，脚踏实地的去做"。唯其忠言逆耳，于是以人废言，甚至被视为"打击的对象"；至于错被指责，自也就难以避免。举一反三，也就可以设想，当年熊佛西之所以被左翼戏剧家指责，以致众多话剧事业的后来人——包括我们之所以都接受了左翼戏剧家的"误导",固然情况可能各不相同,不能一概而论,但其中一个带根本性的共同原因,却只能是时势使然。

时势,简而言之,就是中国在自一八九八年维新运动失败,至一九三七年抗日战争爆发的四十年间,"每期,每事,都是右(改革或维新 reformation)派败而左(革命revolution)派胜"①。尤其是十年内战期间,在知识界,又主要是其中的"欧美派",凡是主张"教育救国","科学救国","实业救国"乃至"文艺救国",只要不是以推翻国民党政权为其直接目的,在左翼的文士们笔下,几乎都被推向"资产阶级改良主义"一边,而改良主义"在本质上必然是反动的"。不幸的是,熊佛西其时非但对"建立无产阶级戏剧"的口号摇头,甚至与"改良派"的代表人物晏阳初"同流合污",自然就被戴上了"改良主义"的紧箍咒。于是,他的一些同辈同行,一些后辈学生,对他即使没有敬而远之,难免也是误解多于理解。

时至今日,当年的指责者和被指责者都已成为古人。而随着 20 世纪即将成为历史,如何根据这一百年社会实践检验,正确认识中国近代史上的"革命"和"改良",在知识界竟然日益成为学术争鸣的一个热门课题。虽然自知限于学力,没有资格妄议争鸣诸家孰是孰非,但考虑到它与如何评估熊佛西在话剧史上的功过是非息息相关,自也就要注意到见于一些著名报刊上的某些论点。比如,把革命和改良称为"推动历史前进的合力与双轮"或者认为革命和改良本来就是"社会进步的双翼";乃至"从社会进化言,改良未必不如革命,革命未必胜于改良。从实际功效言,已有明证"等等一家之言,②毕竟都有助于扩大我们的思维空间。所以我想,既然在若干年前已经向全世界宣布进入社会主义社会的共和国,在可以预见的若干年内,仍只能是处于"社会主义初级阶段"的这一"基本国情"已经成为朝野共识;既然毛泽东主席在 20 世纪 40 年代的《论联合政府》中对于当时中国国情有着如下的权威论断:"现在的中国是多了一个外国帝国主义和本国的封建主义,而不是多了一个本国的资本主义,相反地,我们的资本主义是太少了。因此,拿本国资本主义的某种发展去代替外国帝国主义和本国封建主义的压迫,不但是一个进步,而且是一个不可避免的过程。它不但有利于资产阶级,同

---

① 吴宓 1936 年 8 月 8 日的"日记",载于三联书店 1998 年出版的《吴宓日记》第 6 册。吴宓,时任清华大学外文系教授。此句是他在这一天"为何君述对于中国近世历史政治之大体见解"中语。何君,即何柄棣,当时是"清华"历史系学生,若干年后是国际知名的美籍华裔历史学家。

② 参阅 1998 年 6 月 27 日《人民日报》载马洪林撰《戊戌维新的历史思考——纪念戊戌变法 100 周年》、《方法》月刊 1998 年第 4 期载杨春时撰《胡适的启示》、1998 年 9 月 5 日《文汇读书周报》载唐振常撰《"学者从政"议》与 1998 年 8 月《读书》月刊载钱理群撰《遗忘背后的历史观与伦理观》等文。

时也有利于无产阶级，或者说更有利于无产阶级。"由彼及此，看来是会有助于话剧史家考察问题的：七十年前，当时民族矛盾远远大于阶级矛盾，尤其是在日本帝国主义已经亡我东北，又在亡我华北的"九一八"前后，就把"建立无产阶级戏剧"视为当务之急，并以对此是赞成还是反对来区分敌我的"左翼戏剧运动"，尽管其志可嘉，其勇可敬，但其口号及其成效，经过历史检验，究竟有没有某种程度的过犹不及？熊佛西正是因为抗战前与晏阳初合作五年，而终其一生都避不开"改良派"的非议，但曾几何时，一九八五年九月二十一日的《人民日报》就以一则题为《邓颖超会见晏阳初博士》的北京电，报道当时担任全国政协主席的邓颖超，赞扬晏阳初"一生从事平民教育，矢志不移，对中国和世界作出了贡献"，为这位曾被定性为"反动组织"中华平民教育促进会的总干事恢复名誉。这当是在某种程度上意味着历史教训不能忘记：在自 19 世纪末至 20 世纪前五十年，几代同为振兴中华而前仆后继的仁人志士，虽然由于信奉的主义或采取的方法不同，革命派和改良派确曾经几度势如水火；并且历史早在一九一一年和一九四九年两次作出回答，胜利者先后属于以孙中山和毛泽东为代表的革命派一方。但是，从回顾两者在社会改造运动中的相互关系，无论自觉不自觉、承认不承认，确实始终如同车之需要双轮合力才能向前，鸟之需要双翼互动才能高飞一样，不能缺一。与此同理，作为这个社会改革运动一个组成部分的艺术运动，又是需要借鉴西方近代剧场艺术经验，需要从无到有培养一批专业人才，而不可能无师自通的中国现代话剧事业，由于被视之为也确实是"改良派"的几位著名前驱，包括熊师，都是曾在欧美研究近代剧场艺术的行家里手，而以左翼戏剧家为代表的革命派，包括田汉，当其始也，不是"从文学而戏剧"，就是"为革命而戏剧"，几乎都未受过戏剧专业训练。正是因此，一位第二代精英的著名导演马彦祥，晚年曾对田、洪两位启蒙恩师有如此评估："在他（田汉）的心目中，似乎只要写出了剧本，便一切都完成了，较少考虑到一出戏的演出，除了剧本之外，还有待于导演、演员，以及全体舞台工作者的共同努力和密切合作才能完成。……就戏剧上的学识和经验而言，田汉远逊于（曾在美国学习戏剧艺术的）洪深。"[①]再看一看《中国大百科全书·戏剧卷》"戏剧导演艺术"等条目释文中列举的话剧史上九位著名的有成就的导演艺术家和导演理论家，如：欧阳予倩、熊佛西、洪深、章泯、应云卫、贺孟斧、陈鲤庭、焦菊隐、黄佐临之中，洪、熊二老以及 1949 年之后被称为"南黄北焦"的黄佐临、焦菊隐两位导演大师，都是在欧美练好了干话剧的基本功，并

① 马彦祥：《中国舞台协会"演出始末"》，载于中国文史资料出版社 1984 年版《文化史料》第 8 辑。

且后三位也都超然于左翼戏剧运动之外的。至于章泯和贺孟斧两位前辈,更是出自以熊佛西为主任的北京艺术专科学校戏剧系之门。抗战以前以左翼剧人为主体的上海业余剧人协会,正是在章泯和贺孟斧加盟以后才从业余、半业余而实现了职业化。这些客观事实,当也可证"双轮合力"或"双翼互动"之说,对于中国话剧史的发展同样适用。而这应该也是只以左翼戏剧运动为"主流"的话剧史,绝不可能真正总结历史经验和教训的一个重要原因。

使熊佛西当年错被口诛笔伐、后来又被"主流"斥为"逆流"的一个"历史错误",即他在"九一八"之后,为了话剧能为农民"所有"——Of the peasants,"所治"——By the peasants、"所享"——For the peasants,以平教会戏剧研究委员会主任的身份,在平教会的"乡村建设实验区"(河北定县),率领几位志同道合的青年戏剧家,五年如一日从事"戏剧大众化之实验"。通过近年重新查阅若干与此有关的第一手史料,使我敢于如此断言:即使熊佛西一生之中只做了这一件事,而他从这一件事所展示的志、识、才、能,及其取得的成绩和产生的影响,岂只在一部中国话剧史上已不愧是一个"并世无第二人"的历史记录,甚至在世界近代戏剧史上,可能也是一项前无古人后鲜来者的历史记录!若问这是不是一个"大胆的假设"?不是!这是经过"小心的求证"才做出的判断。因为熊佛西当时倡导的"戏剧大众化之实验",不仅是平教会"用文艺教育以治愚"中的一项重点工作,并且由于立竿见影,也是平教会用以向海内外参观者展示文艺教育确实可以治愚的一个主要窗口。而在当时,由于与中华平民教育促进会两位一体的晏阳初,自从一九二六年在檀香山举行的一次国际教育会议上,作为中国代表,就以率先提出开展以教育农民为首要任务的平民教育运动先声夺人。短短时间,在亚洲、中东和拉丁美洲一些不发达国家,都借鉴了中国开展平民教育运动的经验,先后建立了自己的平民教育组织。欧美发达国家的学界政界报界有识之士,更是纷纷亲临河北定县深入考察研究。所以,从熊佛西在一九三二年加盟平教会以后,晏阳初在用中英两种文字逐年出版的"定县乡村建设实验"报告中,都有专题介绍"平民戏剧"或者"农民戏剧"。比如,一九三四年他如是说:"戏剧家为了捕捉'农民的心灵',应该在乡村生活和创作。只有了解人民的生活,才会创造出足以改造生活的有生气的戏剧。……在他们的创作中,最受农民欢迎的有《孔大爷》(地主老财)和《锄头健儿》。前者是揭露高利贷和地主把持诉讼的问题,这两个问题在乡村是相互关联……最初一些戏剧是在平教总会的礼堂上演的。后来又临时改为人民剧院。更后又在村里露天剧场上演。几乎所有的青年农民都组织戏剧俱乐部,在春节和其他节日,他们自己登台演出。人民戏剧实验工作的下一步就是发展露天的社区剧院。"①又如到了一九三六年他更是满怀丰收的喜悦侃侃而谈："在定县作农村戏剧之研究实验，历有年所，证实农民确能接受话剧，并确能表演话剧。因此才会在两年前，就开始作露天剧场建筑的设计，最初选定定县的西建阳村一处空地作为场址，由该村同学会包工建筑。后来东不落岗村之公民服务团闻风兴起，自动的又建筑露天剧场一座……在本年度将继续指导东不落岗等村农民剧团排演话剧。这些村庄的农民对话剧均感兴趣，曾公演《屠户》、《喇叭》等剧，证明农民之表演能力极佳。去年冬天公演之《过渡》一剧用最新演出法，台上台下，打成一片，演员观众不分，使戏剧的力量得到充分的发挥。本年除继续辅导，使各农村不间断话剧活动，并拟完成与《过渡》演法相似而内容不同之三种剧本。"②由此也就不难设想，虽然由于此后不久抗日战争爆发，定县沦陷，熊佛西被迫中断了"戏剧大众化之实验"。但它作为一个既证明了文艺教育确能"治愚"，又证明了"农民确能接受话剧，并确能表演话剧"的实验报告，无论是当时或后来，国内或国外，对于一切同以"治愚"列为首位的平民教育家，对于一切没有忘记农民并且愿意为农民服务的戏剧活动家，自然同样都是一个鼓舞，一个促进。正是因此，时至一九三八年七月，莫斯科出版的《戏剧》杂志，在一篇题为《中国的战斗艺术》的论文里，署名鲁克曼的作者，仍然盛赞"由前任北平大学艺术学院戏剧系主任，现在主持平教会戏剧工作的熊佛西先生，早在一九三二年创作的《屠户》和《锄头健儿》，就表现出来革命意识，吸引了许多大学生参加熊先生组织和领导的农民戏剧运动"③。可知斯人斯事之在当时，就不仅是为中国先，而且可能也是为世界先。如若不然，在当时世界上唯一以"工农联盟"为号召的社会主义国家苏联出版的专业杂志上，看来很少可能对当时虽不反苏，却是亲美的中国戏剧家熊佛西如此一赞三叹。与此同理，从一九四二年五月在纽约举行的"哥白尼逝世四百周年纪念大会"上，晏阳初之所以能与爱因斯坦、杜威等九位当代世界名人并列，被来自百余所国际知名大学的杰出学者推选为"全球十位具有革命性贡献的伟人"之一，既然主要原因必然就是：战前他在定县从事乡村建设实验，"以人为本"，美国各界有识之士早就有口皆碑；甚至把他为了改造农村，教育农民所实行的"四大教育"——文艺教育治"愚"、生计教育治"贫"、健康教育治"弱"、公民教育治"私"，称为"定县主义"，更

①　摘自晏阳初 1934 年撰《定县的乡村建设实验》、1936 年撰《平教工作概览》。载于四川教育出版社 1990 年版《晏阳初文集》。
②　摘自晏阳初 1934 年撰《定县的乡村建设实验》、1936 年撰《平教工作概览》。载于四川教育出版社 1990 年版《晏阳初文集》。
③　见 1939 年重庆出版的《戏剧岗位》月刊第 1 卷第 2、3 期合刊。

还誉为这是他"对人类最高层次的贡献"①而熊佛西主持的农民戏剧既是展示文艺教育成绩的一个主要窗口,国外各界有识之士对晏阳初的高度评价,其中自然就包括了对农民戏剧及其组织者和领导者熊佛西的高度评价。也是因此,唯其从话剧史研究的角度回顾,按照常情,如此一时一事由于功不可没,又是并世无第二人,熊佛西就有资格与话剧史永存。再一想到,却也因为如此一时一事而使他长期被视为"逆流",难免都会"别是一番滋味在心头"的吧。

　　无须说明,一切历史现象本来都是具体的,评估任何历史人物从来都是相对的。人无全人,金无足赤。即使同属功不可没的话剧前驱,不仅都要受到历史条件的限制,还要受到术业专攻、艺术视野乃至个人性格、处世态度等等复杂因素的制约。比如田汉是从"文学而戏剧",富于诗人气质,在倡导"南国戏剧运动"时期,缺少"二度创作观念",并"对于社会运动和艺术运动持着二元的见解"。②而这一时期的熊佛西,他"不相信任何主义",只相信当时被称为"新兴戏剧"的话剧艺术能否从新而兴,关键在于是否拥有一批受过正规训练的专业人才,是否能为广大农民和城市平民和"被压迫的生产者"所喜爱。作为剧作家则是"凡不能排演的剧本他不编,凡他自己不能登台的剧本他不编"③。至于欧阳予倩、洪深,与田汉、熊佛西比较,不仅在性格上都有明显的反差,并且他们的历史贡献主要是在"演剧排演方面"④。正是因此,我们肯定熊佛西与欧阳、洪、田都不愧是中国话剧事业的主要奠基人,甚至认为熊师倡导的"戏剧大众化之实验"在中国话剧史上乃至世界戏剧史上可能都是"并世无第二人",并不等于只见其长不见其短,更不等于以为前贤时贤对他的所有评论都是以偏概全。问题在于,虽然按照"芳林新叶催陈叶,流水后波逐前波"的自然规律,自从话剧事业随着第二代精英,青出于蓝胜于蓝进入了黄金时期,不仅熊师"少作",对任何一位第一代前驱的早期剧作剧论,必然都会发现各有种种不足。但问题仍旧是在于熊师所以被指责,经过时间长期检验,现在看来不但不是其短其误,还可能是他对中国话剧事业的主要功绩所在。若问如此遗憾何以不能避免,除了根本原因应归之于本文已经述及的"时势",不必讳言,也是由于任何社会都是屡见不鲜的"文人相轻",或者任何运动都难以根绝的

---

① 据《文史通讯》1983 年第一期所载李又宁教授《晏阳初与国际乡村改造学院》及此文所引美国记者斯诺在 1933 年 12 月 17 日《纽约先驱论坛报》发表的文章、1983 年美国各界名流为祝贺晏阳初 90 寿辰时的邀请函。
② 洪深:《〈中国新文学大系·戏剧集〉导言》,良友图书公司 1935 年版。
③ 瞿世英(菊农):《〈青春的悲哀〉序》,商务印书馆 1924 年版。
④ 洪深:《〈中国新文学大系·戏剧集〉导言》,良友图书公司 1935 年版。

"党同伐异"同时也在推波助澜。前述《〈中国新文学大系·戏剧集〉导言》的一些"史笔",似乎即是只能从这方面去寻求解释的。这是因为,只要略知一则也可称为当时中国之最的历史记录,以及在话剧史都可谓之"为中国先"的二三史实,再把《熊佛西戏剧文集》所收他的早期剧作剧论与洪深在《导言》里对熊佛西的"论定"试作比较,当即可能同意这一看法。

先看一看当时中国话剧事业之"最"的历史记录。在一九三五年中国旅行剧团成功地把《雷雨》搬上舞台,话剧从此敲开了商业性剧场的大门,就意味着话剧活动从业余进入职业化的新时期以前,在包括欧阳、洪、田、熊在内的众多知名的第一代剧作家之中,根据一些并不罕见的史实可知,正是被洪深称为"和陈大悲很接近"的熊佛西,一直"享有新兴戏剧发轫以来演出最高记录"①。史实之一,是熊佛西大学时期创作的四个剧作在一九二三年以《青春的悲哀》为总题,作为"通俗戏剧丛书"第一辑出版的时候,既是"文学研究会"和"民众戏剧社"的主要发起人,又是"通俗戏剧丛书"编选人的郑振铎,已经如此开宗明义:"现在提倡戏剧的人很多,学生的爱美的剧团也一天天的发达起来,但到处都感到剧本饥荒的痛苦……我们虽曾译了些萧伯纳及契诃夫诸作家的剧本,而他们在中国舞台上……表演出来,听众中也至少有一大部分人不能了解。……我们现在第一次印行的是熊佛西君的戏曲集《青春的悲哀》,此集共包含四个剧本,都是在北京及其他地方表演过而很得成功的。……它们在文艺上的价值如何,我们现不必在此讨论,但它们在舞台上的感化力,却实比在书本上伟大,这是我们当时在舞台下曾亲切的感到的。"②因如果郑振铎在当时还主要是从"戏剧是最民众的艺术"的信念出发,强调指出熊佛西这四个同以反对封建礼教为主旨的剧本,正是因为首先考虑是否适合表演,大多数观众是否能够了解,在舞台上是否"有感染力",与当时众多同类题材的剧本比较,才能格外受到北京及其他地方"爱美剧"团体的欢迎。那么,再看一看恰恰是在熊佛西既被左翼戏剧运动斥为异端,同时又被洪深先生冷讥热嘲的一九三五年,一位既是原北京艺专戏剧系毕业生,又是熊佛西先生诤友的左翼戏剧评论家张季纯,作为知情者和见证人,不仅仍把"新兴戏剧发轫以来演出最高记录"的桂冠,献给早年把他引人现代戏剧之门的师长,甚至仍然坚持己见,把熊佛西剧作中所体现的"一贯的风格"的戏剧主张,即"基于有回味有余味的趣味中心,以及亦庄亦谐的多

---

① 张季纯:《〈过渡〉演文出后论熊氏的创作态度》(原载《晨报·副刊》,转引自《〈过渡〉演出特辑》)。
② 郑振铎:《〈青春的悲哀〉序》,商务印书馆1924年版。

层动作",称为"熊氏旧日的剧作,从最早的《青春的悲哀》起,至其(编演于一九三二年的)名作《屠户》止",一直都能"享有最高演出记录"的主要原因①。也许就有理由认为:看来正是由于早在二十年代后期,上述"最高演出记录"所显示的社会影响在话剧界就已经是人所共知的一个客观存在,它与田汉同一时期领导的在知识界迅速引起连锁反应的南国戏剧运动,分别引领风骚,当时还是各行其是的熊佛西和田汉,才有可能被并誉为"南田北熊"。

至于熊佛西在话剧史上的"为中国先",择其要者,一是中国自从现代话剧形成,长期以来一直都把以易卜生为代表的"社会问题写实剧",奉为唯一值得师法的正宗。而把与易卜生式写实剧同时在西方出现,甚至易卜生本人后来也受影响的戏剧派别,如"未来派"、"表现派"、"象征派"等等以富有象征意义的表现形式显示人类社会在理想与现实之间,往往甚至永远都存在着可望而不可即的距离,以此抨击"假、恶、丑",呼唤"真、善、美"的剧作,和"为艺术而艺术"等同起来,甚至斥为反对"写实主义戏剧"的歪门邪道。所以,即使话剧史上曾有个别前驱高瞻远瞩,如宋春舫,早在一九一六年已经有言在先:"研究近代文学戏剧不当限定某国某种。……表象主义剧本,即不能开演,(亦)当加以详细之考究。夫若是,则吾国文学发达乃始有望也。"②话剧史上也有少数前驱,在起步时对于西方各派戏剧确曾兼收并蓄,比如,一九二三年洪深在上海自编自导的九幕剧《赵阎王》,作为这位前驱投身话剧运动的见面礼,就明显地借鉴了西方表现主义戏剧的创作方法。只是由于"时势"以及时势所定的"国情",也因"见面礼"不被多数人接受而从此也就只以"写实剧"为唯一的"正宗"。如果此说并无大谬,那么,虽然从多数看,熊佛西的剧作,包括同属易卜生式写实剧范畴,但是其中竟有一些如在二十年代间先后问世的四幕剧《蟋蟀》、独幕剧《艺术家》、《一对近视眼》、《裸体》等等,不仅都突破了"写实剧"的成规,属于"象征派"或者现在称为"荒诞派"的剧作。尤其重要的是,它们当时都曾多次搬上舞台,并且每次演出都能受到观众欢迎。也许就有理由认为,无论是从剧作的数量看,还是从剧作的影响看,在同时期中国众多著名剧作家之中,熊佛西都不愧是勇于而且善于汲取西方各派戏剧之长,为我所用,并且已经作出明显成绩的第一人。

与此同理,也是只以"戏剧大众化之实验"为例,可以知道熊佛西在话剧史上的另

---

① 张季纯:《〈过渡〉演出后论熊氏的创作态度》(原载《晨报·副刊》,转引自《〈过渡〉演出特辑》)。
② 宋春舫:《世界名剧谭》,《宋春舫论剧第一集》,中华书局1923年版。

一个"为中国先"，就是他在深入华北农村的五年间，为了创作在内容上和形式上，都能适应农民接受能力和欣赏习惯的话剧，通过连续编演包括《屠户》和《过渡》在内的几个"农民戏剧"，日益完善了一种"把全剧场当作舞台，在演出上使台上与台下打成一片，演员与观众不分"的"新式演出法"。对于当时只知道在镜框式的舞台演出，用"第四堵墙"分开演员和观众的中国话剧艺术来说，自然又是一次有着历史意义的革命！这是因为：虽然熊佛西在彼时彼地之所以能"突破"镜框舞台，拆掉"第四堵墙"，从他自述可知，固然是从国外两位都有世界影响的剧场艺术大师——德国导演莱因哈特和俄国导演梅耶荷德的实践受到启发，但更主要的出发点，却"实在是为了适应农民的爱好"，"为了适合老农老圃的口味"，"新式演出法反是承继传统的遗产的路径"，"就是为了满足我们的农民观众习惯上的传统的看戏方式"。①

熊佛西不是照搬外国戏剧家的理论和经验，而以适合农民的爱好为出发点所创造的"新式演出法"，当以一九三五年创演的三幕剧《过渡》为代表作。它与其他话剧演出的不同之处，在于其由"定县实验农民剧团"演出于熊佛西为"新式演出法设计"而由农民建筑的"露天剧场"；"全剧四十几名演员，其中八分之七是农民"；演出时"台上台下打成一片，尽量排除观众与演员间隔阂"。那么，演出是否当真已被农民接受、欣赏呢？只要略知二三《过渡》演出时的现场纪实，就足以回答。比如，"台上的小贩（演员）叫一声'冰糖葫芦咸瓜子'，台下的小贩（观众）叫一声'热老豆腐'；一位观众（农民）看到台上的小贩卖烟，他也跑到台上去买了两支烟，观众以为这位农民是演员，甚至其他演员也以为这是"导演新加的一段"；又如，每当全剧就要在"一个人的力量怎么够哟，大家的力量才办得到"的歌声中结束，台上的演员争先恐后投入建桥劳动的时候，台下总有一些观众（农民）也迫不及待地走上台去参加建桥②；而以农民只有团结起来，在渡口处造一座桥，乡绅就不可能再以垄断渡船剥削农民，象征"今日我们的社会正是一个过渡的社会"，要想从此岸过渡到彼岸必须靠大家的力量，恰恰就是熊佛西在彼时彼地编导《过渡》的立意所在。③　看来就是由于眼见为实，众多来自平津的话剧同行和新闻界朋友，"在冒着零度以下的严寒，和两千位农民挤在一起，呵着手，顿着足"观看演出之

---

① 参阅杨村彬 1936 年 10 月为熊佛西所编著《〈过渡〉及其演出》而写的序。按：杨村彬是《过渡》的执行导演。
② 参阅杨村彬 1936 年 10 月为熊佛西所编著《〈过渡〉及其演出》而写的序。按：杨村彬是《过渡》的执行导演。
③ 徐志摩：《南国的精神》（《上海画报》492 期"南国戏剧特刊"，1929 年 7 月，转引自朱勇强新发现的徐志摩佚文《南国的精神》），载于《中国现代文学研究丛刊》1986 年第 3 期。

后,才有可能一方面是向熊佛西祝贺:"戏剧大众化的争论已非一日,但其结果,多是理论方面的,至于实践,充其量不过是剧本意识之大众化,而演出的方式及其观众,仍是局限于城市的,而熊佛西则是具体的做到戏剧大众化了"①;另一方面则"叹息着各种学派的戏剧家,不能亲自来此玩味、研究、考察、讨论,不能不算是他们自身的一种遗憾了"②。这偶然吗? 绝不偶然。因为在知识界当时尽人皆知,所谓"戏剧大众化的争论",主要是指左翼戏剧运动与熊佛西的争论;所谓"充其量不过是剧本意识之大众化,而演出的方式及其观众,仍是局限于城市"也主要是对左翼戏剧家而言。也许正是因为这是无可否认的事实,以致早就把熊佛西划入资产阶级戏剧界的左翼戏剧家,在指责熊佛西"走错了路,进错了门"的同时,也不得不承认:"是熊先生给我们提供了不少关于写作和演出方面的特殊经验。"③这是历史,是一页被曲解和几乎被淹没了的历史。而从话剧史研究的角度遥想当年,如果可以认为,连左翼戏剧家都不能不承认熊佛西提供的经验值得重视,就说明了"新式演出法"之在当时,确实如熊佛西所希望的,已经为中国话剧事业开辟了"新途径",也证明了"新式演出法"所产生的客观效果和熊佛西本人当初的主观愿望完全一致。如此"完全一致"所以难能可贵,就是因为他实验的"新式演出法",首先是在绝大多数是文盲和半文盲的农村旗开得胜,参与实验的演员和观众原来都是从未接触过话剧的农民,这与莱因哈特和梅耶荷德此前以类似的演出法,在大都会的商业性剧场或专业性剧院,使得看惯了或看腻了在镜框式舞台上制造"生活幻觉"的观众耳目一新,从而在世界剧坛产生轰动效应的演出比较,即使是完全不同的创新,还实在是一种冒险。但是却也因此,才充分展示了熊佛西这位中国现代戏剧家忠于自己"戏剧是最民众的艺术"的信念,无私无畏,不计得失,只问耕耘,才可能有勇于"为中国先"的胆识。何况,虽然由于抗日战争爆发使他失去了实验"大众化戏剧"的根据地,但是从他一九三八年在成都担任四川省戏剧学校校长期间,由他主持的两次演出《抗战儿童》和《双十万岁》,前者由成都各小学联合公演,在三万儿童和十几万市民的头脑里留下了一个深刻的印象;后者的创作则借鉴了民间传统的灯舞会戏的形式,在演出时"曾以整个成都当舞台,四十万市民当观众,二千多的学生当了演员",演出队伍成了一条长长的火龙,"三小时的群众性街头演出活动,使几十万民众一直与演员融合在同一气氛中,受到一次印

①　姜公伟:《我们的推荐词》(原载《庸报·另外一页》,转引自《过渡》演出特辑)。
②　殷杨:《读〈戏剧大众化之实验〉》,《戏剧时代》1937 年第 1 卷第 2 期。
③　辛慕:《成都儿童公演〈抗战儿童〉的筹备》,《戏剧研究》1939 年第 1 卷第 1 期。

象非常深刻的抗战必胜的教育"①。尤其是从一九三九年他率领四川剧校师生，在当时才开工的双流飞机场工地，以工地当剧场，以还未推倒的土岗当舞台，以月光代灯光，为一万多名修筑飞机场的民工演出三幕抗战剧《后防》的报道："民工既是观众又是演出的参加者，演员喊，他们也跟着喊，演员唱，他们也跟着唱。交流之直接，气氛之热烈，使省剧校的学生们深深感受到自己好像不是演戏，而是去和一万多群众向着残暴的敌人作有力的示威。"②进而也许还有根据设想，由于熊佛西在抗战中国的大后方，只要可能他就因时制宜，因地制宜，持续进行"新式演出法"的实验，并且他的实验已经扩大到以大自然为剧场，以城市的街道和大工程的工地为舞台，观众不是只以千计而是以万计甚至十几万计。从规模看，从影响看，或者从最大限度扩张戏剧本身原具的功能看，非但都是莱因哈特和梅耶荷德难以企及，在事实上已接近于在西方迟至二战以后才形成的最新戏剧流派：环境戏剧。也就是说，戏剧学者如果认真考察，也许就会发现，这位叫熊佛西的中国现代戏剧家，很可能是在"环境戏剧"还没有成为一个派别之前，已经把环境戏剧的理论付之实践并且初战告捷的一位先锋。正是因此，如此一页不仅仅在中国话剧史不愧是"为中国先"，在一部世界戏剧史可能也是可圈可点的。历史之被曲解、之被淹没，这不仅是熊佛西先生个人的不幸，更是中国话剧事业一个令人扼腕的损失。

尊敬的陈白尘老师虽然自承"我于欧阳、田、洪三老前辈均执弟子礼，独于熊佛老未立门墙"，但他却是能较早越出"南北的分野"和"左"的偏见而论熊先生的。他于一九八三年所撰《〈现代戏剧家熊佛西〉序》中，在介绍了熊先生"四十年间始终为中国戏剧教育事业辛勤耕耘，培养戏剧骨干何止千人"，"剧作之丰硕和实验之深广"等卓越功绩外，特别写到如下的话："他在'平教会'名义下从事的农民戏剧运动，为中国戏剧大众化建立了实践场所，演出《过渡》等剧，其所取得的丰硕成果，并世无第二人！"我以为这确实是非常公允恰当的评价，故在此特录出以结束本文，并借用作为标题以概括文章的内容和遥祭先师熊公佛西在天之灵的一瓣心香。

（原载《戏剧艺术》2000 年第 6 期）

---

① 辛慕：《成都儿童公演〈抗战儿童〉的筹备》，《戏剧研究》1939 年第 1 卷第 1 期。
② 熊佛西：《公演的意义及一年来的演出》，载于四川省戏剧学校编印的《一年来的本校》。

透明,理解却姗姗来迟

——参与《熊佛西戏剧文集》编纂工作的感言

陈 艰

一

师,幼在江西故乡农村生活,后随父到武汉,相继在汉口圣保罗中学、辅德中学就读。1920 年考入燕京大学。1924 年秋赴美留学,专学戏剧文学。归国后任北京国立艺术专门学校教授兼戏剧系主任,主持该系六年。当时,以话剧为代表的新戏剧作为民主改革文化方面军必要部分而与传统戏曲有别,正在从无到有地草创,且既有业绩几近于零。在这历史阶段,艺专戏剧系是个新戏剧的实验基地与人才苗圃。在当时戏剧教育机构中,该系坚持时间最长,学制最正规,课程设置也相对较完备。这不仅为我国早期话剧培养了一批骨干,它的教学实习公演本身也就是话剧运动开拓的一部分,为北方主阵地之一。他这一时期的学生章泯、张寒晖、杨村彬、贺孟斧后均成为著名戏剧家。杨的《清宫外史》组剧,名流话剧青史。贺创独特的导演学派,以情景交融胜,与焦菊隐齐名。雕塑大师刘开渠,亦出熊门。

1932—1936 年,熊师率部分师生应中华平民教育会定县实验区之邀,去该地进行农村戏剧研究与实验演出,并组织农民剧团和农村剧场,探索农民以戏剧自我服务的戏剧大众化道路。不料,这在新中国竟成为他自己的一个大政治包袱,直到逝世,也未曾卸除。这是后话。

1938 年,师率剧团入川,演出了《后防》等剧,影响很大。同年,师创办四川省立戏剧教育实验学校（省剧校）于成都附近的郫县。当时的学生中,后来多人成为新中国戏剧电影文学中坚。师带领师生,深入广大市民与农村农民群众,进行了许多从一般舞台、广场,以至庙会、灯会式街头摆开就演,演完就走,甚至边走边演,类似旱船、蚌精和高跷扮戏等民间形式的演出,内容都是宣传抗战的当时现实。1941 年,迫于政治形势和社会环境,省剧校不得不结束。

1947 年初,在国民党政府妄图裁撤上海市立实验戏剧学校而师生与进步人士抗议护校声中,师接替不顾病体勉为其难,却已心力交瘁的顾仲彝师任校长,在极其困难的条件下,惨淡经营,艰苦备尝。笔者至今犹忆:蒋经国在沪大搞"限价",实限民而不限官，忽一夜之间店市全空，一切商品，包括柴米油盐，统统"不知去向"，全校陷于绝粮。时学生食堂经几位师生努力，不知从哪里弄来一些山芋，洗干净后用大笼蒸熟，以"开饭"之名共填饥肠。我奉学生会派，在食堂门口当暗哨，因为即使山芋，来路也不符合"限价"，怕蒋记"戡建队"来找麻烦。忽见熊校长轻手轻脚地进来，那动作正如他平素夸张表演的"小偷"。要在平时，我必大笑，这时却一点也笑不出来。只见他向门缝一探头，闪电般地缩回，但不走，那头向天仰去，仰到快要向后倒的程度。我怕他真倒，跳过去想扶，门外无窗的过道幽暗，我朦胧见他仰起的脸上有东西闪闪发光，点点滚落，呀！他满脸是泪！后来，又有几次他想把家里那点可怜的"储备"拿出来与学生"要吃大家吃，要饿大家饿"，都被我们婉言谢绝。

　　就这样，在艰难蹶竭中支持到解放，似乎应该是他也解放了。然而，他这长舒一口气的日子并没几天。不久，消息传来，平教会被定为"反动组织"。从此，这个阴影一直在熊师头上盘旋，虽时隐时显，而无时或休，1949—1965，首尾17年，直至逝世犹在。1985年9月，由国家领导人出面邀请原平教会总干事晏阳初博士回国访问，全国政协主席邓颖超请晏老到家作客，并赞扬他"一生从事平民教育，矢志不移，对中国和世界作出了贡献"。1986年7月，中共重庆市委常委会作出决定，出版《晏阳初文集》，并以文集代序在《重庆日报》发表的方式，为晏正规公开平反。而理论结论，直至1998年6月27日《人民日报》刊出马洪林《戊戌维新的历史思考——纪念戊戌变法100周年》，文中说："革命是历史的火车头，是新社会的催生婆……但阐明革命的价值时，不能以否认改良或改革为代价，尤其不可以贬低改良达到礼赞革命的目的。在历史的进程中，革命和改良也会发生摩擦、争论和冲撞，但他们争取民族解放的方向是一致的，他们是推动历史进步的合力与双轮……"这应该能反映中国革命自身与改革、改良间的关系，虽未必是最终却该是最新、最接近最终、迄今也最全面客观的共识。熊师参与平教会，推行农村戏剧运动这件事，到此才算划上99%（不是最终，从而也不是100%）的句号了。这三件事距熊师逝世分别又是首尾21、22和35年，离定为"反动组织"已首尾50年，半个世纪了。《聊斋志异·于去恶》条，于氏的文场不平待张飞的神来巡视昭雪，张35年才来一次。篇末异史氏叹曰："呜呼，三十五年，来何暮也。"呜呼，吾师，五十余年，来何暮也！当然，平反昭雪，晚胜于无。

　　若从师参与平教会活动的1932年算起，从头，就遭"左"的非议，跨越66年，内师有生之年34，是33—66岁，年富力强，到成熟，人生开花结果的34年。虽平反在师身后21年才启动，师若泉壤有知，当是豁达地莞尔一笑，置之忘乡。然而我们是唯物主义者,这笑是永不可见,永远遗憾了。

二

熊师主要是位戏剧教育家。但他的戏剧经历,却不是从实施戏剧教育开始的。

教育者必先受教育,但熊师当时,却除了普通的中学和社会,没有别的戏剧教育机构。当然,还有科班与口传心授的师带徒戏曲教学。但是,熊师要的不是戏曲。这也是他这代与旧式蒙童不同的新式学校师生的共同要求。至于要的具体是什么?他们除了这个"不是"还一无所知,就像母亲不知道自己肚里的婴儿是什么样子,甚至男女也不知道。一切都有待从无到有地孕育出来。

不是还有赴美留学戏剧和教育这回事吗?

是的。但这远不是熊师戏剧生涯的起点,起点早得多,早约十年。

这起点是编剧——1915 年,在辅德中学的学生时代,熊师根据徐锡麟的传记编写了他第一部戏剧,文明戏《徐锡麟》。不过这戏并没有剧本,只是一张剧的"幕表",即故事梗概和人物上下场。新型戏剧主要实现在舞台上。戏如走路,幕表是"路线图",戏靠演员在舞台上一步步走出来。

要教戏,先得有;要有戏,先得有"本儿"。戏剧教育是归宿,写戏是起点。

从《徐锡麟》始,一发不收,到 1920 年在燕京大学受同学之托编写出第一个与现在相似的全部对白动作的《十万金磅》,师之幕表文明戏创作约十出。幕表似乎简单,其实不然:这是早期话剧文明戏行之有年的常规,熟悉此种形式的演员之有才能者演来,亦能对答如流,明白畅达,间或妙语如珠,颇见精彩。其实生活中对话也不是预先编好,触机即兴,有不像预定那样受拘束,可因人发挥的好处。

鸟瞰熊师剧作全貌,突出特点有六:一、时间跨度大、出数多;二、题材、主题广;三、形式活泼,以题材和观众针对性决定体裁样式,多所突破,别开生面;四、演出场合与观众面层层扩展,课堂、礼堂、剧场、广场、乡野、街头,甚至边游行边演、以整个城市为对象……后由博返约,仍归剧场;五、明白畅达,不辞浅显,时见深入浅出,见仁见智,各有会心;六、为演而作,于案头披阅,非创作主要目的,而或偶有巧构奇思、妙语解颐,间亦可读。

熊师的第一个剧本,写于 1920 年在燕京大学就读时,写成即演。他最后一个剧本《上海滩的春天》写于 1956 年,演于 1957 年,其间跨越 38 年。师辈中可以相比者,寥寥数人而已。

　　师之剧作，不计幕表，长短总在 45 出以上，连幕表估计有五六十出。说"以上"、"估计"，盖师处世疏阔，无拘无滞，未有敝帚自珍之念也。为国为民而作，为时为剧运而作，不为我而作。或时过境迁，置之脑后，吉光片羽，往往散而不收。弟子虽勠力寻搜，新中国之前，迭经丧乱，文献凋零，身后"文革"之祸，雪上加霜，故所计未有确数。

　　师剧作题材极为广泛，与时俱进，体裁、形式、风格变化幅度也极大。

　　幕表戏《徐锡麟》是当时的革命历史剧，后续幕表戏受言情、哀情小说影响，是伤感悲剧。他的幕表剧作还在新民主主义的新文化运动开始之前，但已出现新旧民主革命文学的两大共同主题——救国和争自由。救国，首先是革命、推翻帝制、内除国贼，外抗强权；争自由，首先是政治自由和个人婚姻自由。言情、哀情的伤感悲剧是后来更鲜明争自由主题文学在舞台上的先声。这种双轨是师一辈主流剧作家的共性。惟师开始早，此一共性凸显也早。

　　熊师的第一个剧本结集《青春的悲哀》收四个戏，视野在城市中层，着重在知识的青年一代，核心都是婚姻自由问题。现在收入《文集》的有《新闻记者》和《青春的悲哀》，前者带喜剧成分，揭露新闻记者利用新闻卑鄙地干涉自由婚姻；后者的干涉者则是传统的旧式长辈。现在看，两剧自然难免草创的斧凿之痕，但当时新兴的话剧苦于不能占领舞台阵地，主要是营业公演的剧场阵地，关键在缺乏能使观众购票而不是送票或邀请观剧的剧本。当时倚以立足的陈大悲剧本，舞台性够格，但从"文明戏"出身的陈作亦由幕表脱胎，实为"文明戏"底本到话剧文学剧本的过渡和桥梁。早期话剧文学本如胡适的《终身大事》，读之耳目一新，演出则不如人意。《青春的悲哀》等四剧，正如该集的郑振铎、瞿世英二序中《瞿序》所说："凡不能排演的剧本他不编，凡他自己不能登台的剧本他不编。"这些作品与当时欧阳予倩、田汉、丁西林等第一批早期话剧舞台剧本，使话剧在舞台，尤其是在售票的营业性剧场舞台上初步站稳了脚跟。正如郑振铎指出："它们在文艺上的价值如何，我们现在且不必在此讨论，但它们在舞台上的感化力，却实在比在书本上伟大，这是我们在当时舞台下所曾亲切地感到的。"《青春的悲哀》剧集有着内容属民主运动和艺术水平使话剧立足舞台的双重意义。

　　《青春的悲哀》以后，师的剧作视野更为宽广，而以救国为主调。《文集》所收的《甲子第一天》的律师为支持工人罢工而献身，实际是二七大罢工中，公开身份为大律师的共产党员施洋烈士牺牲的反映。《文集》中另一出《一片爱国心》在家庭场景中反映侵略与反侵略的斗争："这家庭主妇是日本人，她爱日本，为侵略效力；而她的丈夫、子女都是中国人，要救中国，悲剧不可避免……"

这两出戏,熊师突破已往的剧作,进入共产党领导的工人运动和中日关系那波澜壮阔的巨大题材,这才可能以悲壮沉雄的风格,使人物的鲜明个性在尖锐激烈的矛盾斗争里充分展开。以师无与伦比的热情,将中华全民救亡图存一往无前的意志,火山爆发般地喷薄出来,得到观众同样强烈的反馈。特别是《一片爱国心》在各地多处连演多场。不仅在学校社团的礼堂,主要还在当时刚刚小心翼翼地开始,对话剧信心不强的营业剧院售票公演里连演,起了打开局面的作用。首演就是当时破纪录的数十场。在二十年代末到三十年代初的五六年内,累计达四百多场,致当时许多女学生都以剧中女主人公唐亚男的"亚男"为名。直到抗战初,该剧还是若干演出单位的保留剧目之一。

1924 年时,师供职于母校汉口辅德中学,地近江岸,与码头工人常有接触。又值革命潮头正在风起云涌,熊师热情,与革命志士、热血青年都有交往,有的友谊颇深,其中也有社会主义者。故《一》、《甲》二剧,是有生活感受的。

从 1927 年的《童神》起,熊师剧作的艺术体格发生变化:往往突破真实生活自然形态的摹仿,间用象征等艺术手段,以表达"舞台上的真实生活"为目标和最高境界的"仿真"体格所不能、或不善于表达的内容。《文集》所收《蟋蟀》,剧中像蟋蟀般咬斗的,不是蟋蟀,而是人。那咬斗所揭露和批判的,其实是军阀混战对我中华的破坏和毁灭。又如独幕剧《醉了》(又名《王三》)——王三为生活所迫,去当职业的刽子手,以为既是职业,杀猪羊杀人一样是杀;但人毕竟是他的同类,精神难以自拔而毁灭。在另一出戏中,艺术市侩忽将被他贬得一钱不值的作品涨到天价,因为他以为艺术家死了。这里,艺术家就不仅是艺术家,市侩也不仅是市侩了。又一出独幕剧《一对近视眼》,本是民间故事,剧中将"知己知彼"和"我何以对付对方对我的知彼"提升到哲学辩证法的高度,外是闹剧,内是哲理剧。还有独幕剧《裸体》,直接主题本是嘲讽封建禁忌的假道学,但全剧高潮部分运用了人扮神等全以动作表达而无台词的默剧场面,使之具有如后来"表现主义"强调行动的风格。

从《童神》到 1931 年的《卧薪尝胆》,约有 21—22 出戏是多方面尝试探索的成果。这二十多出中也有常见体格的如《喇叭》、讽刺喜剧《洋状元》、革命历史剧《孙中山》,源于古诗《孔雀东南飞》的《兰芝与仲卿》、史剧《卧薪尝胆》等,这些戏也程度不同地各探新境,各有所得。

这里最值得注意的是《醉了》。它只有四个人物,半个多小时就可演完。论短剧,戏曲有脍炙人口、久演不衰的如《活捉》、《三岔口》等折子戏,话剧尚付阙如。这出大概是公认的少数几出之一。它自始至终把观众紧紧抓住,高潮处简直不容喘息。如茅台烈酒,寓强力于精纯,一盏而酒香四溢,满座俱被笼罩。这戏出台便红,久演不衰,行内多数评者许为熊师剧作冠冕,似可定论。

《醉了》从构思命笔到演出的年代,美国现代戏剧大师奥尼尔(Eugene O'Neill,1888—1953)的杰作《琼斯皇帝》正向欧美传统话剧发出改弦更张的巨大冲击波。我国话剧有三出戏是这大波的积极回应,即曹禺的《原野》、洪深的《赵阎王》、熊佛西的《醉了》。《原野》和《醉了》演出更频,于中国在艰难中开拓的话剧更见雪中送炭的支持。对这三剧,即使不知《琼斯皇》存在,也能感到某种共同的艺术特征。但于三剧所反映的中国社会现实,《醉了》的借鉴似更运用自如,痕迹了无,天然浑成。

1932 年,师的农村戏剧实验开始。最初在农村排演的是 1929 年的作品《喇叭》。从《锄头健儿》到《屠户》、《牛(王四)》、《过渡》等,是师专为农村戏剧创作的。

师农村剧作的新发展,是打破演员与观众、舞台与观众席的界限,使台上台下打成一片。这改革的契机是偶然的:在《屠户》的一次演出中,当孔屠户侵占王大的房屋时,台下一农民突然立起,脸红耳热,大声向台上骂道:"揍他妈的老混蛋!"这种事本是戏剧演出中自古就有的,笔记小说就屡有记载。但对熊师,就如牛顿从常见的苹果落地悟到万有引力。他为了使同类因素从自发、偶然的变成演出组织者自觉的、有计划的必然成分,对剧本、导演、舞台……各方面都作了相应的改变,而且改了再改,其顶峰甚至以整个城市多条街道为演出场合,与全城上街的群众打成一片。具体实例,留待下一节论述。

可惜,熊师的农村戏剧实验因日寇入侵而中止。

熊师在抗战及其前夕的剧作有多幕近代史剧《赛金花》,儿童剧《儿童世界》,还有《中华民族的子孙》、《害群之马(圣诞之夜)》、《袁世凯》,独幕剧《无名小卒》、《搜查》、《囤积》、《人与傀儡》和《新生代》等共约长短十余出。《儿童世界》是音乐歌舞齐上,体式在话剧歌剧之间,演出形式独特(下面还要提到)。《袁世凯》是典型的室内剧,把窃国大盗的活动在他家庭场景内展开。这样当然有其局限,但笔力集中,于袁精神状态的深入揭示别具胜长。袁之窃国、称帝、败亡是中国近代史的大事,反映的文艺作品颇多,戏亦不止一出,然皆昙花一现,独此传留,个中消息,令人寻味。

师最后的剧作是 1956—1957 年的《上海滩的春天》,首演就连续七十余场。这是反映资本家社会主义改造的。这段历史,今日与当年的认识不同并有争议。回顾这出戏,自然受到主客观的种种影响,于师泼辣多变、挥洒自如的笔力,束缚尤多。但那时是新中国万象更新的年代,戏剧响应党的号召与人民的企盼,反映新的生活,是作家发自内心的火热激情,今日重读,余温犹在。这对艺术,是什么也代替不了,足可珍贵的。至于对历史的深刻认识,那是经几十、几百年的反复,付出极大代价才能得到,非能求全于熊师一人的。

以上我们综述了熊师剧作六个特点的前三个——年代长、出数多、题材主题宽广和形式活泼多样。至于其演出场合与观众面扩展、浅显畅达和重演不重读的后三点,不与熊师对演出方式的探索与变革结合起来谈,是无法谈具体、又无法谈透彻的,故留待下一节。

三

从早期戏剧活动起,熊师就逐渐积累了对观众局限于剧场室内的不满。受到农村演出中农民观众从观众席介入剧情插话的触发,师开始有意识有计划打破台上台下界限的实验。

要打破,先得改剧本:《牛》(《王四》)原是三幕剧,后改写成四幕,做增添的第四幕是庭审场面。幕打开,法官、证人、原被告在台上,台下便成旁听席。审判不公时,台下大叫:"王四冤枉!""王四是好人!"当王四被同意保释时,部分观众就上台去保他。

进一步,是改造剧场,使舞台两侧向观众的通道扩大,扩至整个舞台前沿都是可上可下的台阶。再度演出《喇叭》时,剧中人冬父冬姑领喇叭回家,身在台跟前要听喇叭的吹奏的七八十个男女,就是观众多演员少的混合体。这群人从大门口经观众池座通道向舞台一齐上去。

再进一步是《过渡》:从头演员就混杂分布在观众中,剧情发展就在演员与观众的七嘴八舌里进行。如果观众的话离开发展的主线而"发岔儿",演员就有思想准备地用自己的话"拉回来"。到最后,垄断摆渡、破坏造桥的胡船户被揭露,惩处,全场齐唱:"一个人的力量怎么够哟,大家的力量才做得到 !"于歌声中剧终。

这系列演出曾给话剧以极大冲击和推动,对《过渡》演出方法曾有过普遍的讨论。抗战中,《过渡》再改编成《后防》,向修机场的数万民工演出,还未推平的土岗当舞台,月光当灯光,民工既是观众,又是演员,参与演出。演员喊,他们也喊。演员唱,他们也唱。全场民工与演出者——以熊师为首的四川省立剧校师生——仿佛不是演戏看戏,而是共同向残暴的敌人作了一次胜利有力的示威斗争。

抗战前夕的儿童剧,赵元任、老志诚作曲的《儿童世界》,也以台上台下打成一片的方式演出。演员有弹性,五十人,五百人均可。为以后熊师领衔集体创作的《抗战儿童》更大规模的试验作了先声。

1938 年,师主持了《抗战儿童》的演出,以化装歌舞游行方式由成都各小学联合演出。演员是三万多小学生,观众为十几万沿街观赏的市民,极其成功,在成都和抗战戏剧界留下深刻印象。同年又主持了民国国庆的演出,取民间传统的灯舞会戏方式,以二千多学生为演员,四十万成都市民为观众,演出队伍成为一条长长的火龙,使全市受到一次印象深刻的"抗战必胜"的信念教育。

观众是四十万人的成都市民,已经是演出面扩大的极致了。

对于使观众参与演出的探索,早期话剧里不止师一家。不过大多是从导演的角度,如向观众发问,演员在观众中发言或上台等,为此专门创作的剧本,似只街头剧《放下你的鞭子》。像上举有意识有目的的一系列剧作和演出的统一体,大约独师一家。

为什么师向这方面作了这样长期的努力? 回答道:"简单地说,为了适合老农老圃的口味,甚至可以说,即或西洋没有那些提倡新式演出法的人,我们因在农民之间学习,受农民的指导,我们也要发明自己的新式演出法。对于我们,新式演出法仅是继承传统的路径。我们到农村来,最初请他们欣赏镜框里的图画,虽然美,他们还不能完全如意。因为传统的会戏(如高跷、旱船、龙灯、……)可以让他们围着看、追着看。现在画既是这样美,他们希望画上的人物能走下来,他们可以围着他看,可以摸一摸他,或者他们自己走到画里面去,自己也作为画中人,他们才可以满足。就是为了满足我们农民观众习惯上的传统看戏方式,我们产生了新式演出法。"根据师后来的发展,如把这段话里的"农民"换成"工人"、"市民"……以至"广大人民群众"也是对的,前举在机场工地和城市街道的演出,都证明了是这么回事,而且效果极佳。

再细致些分析、观察:

譬如,可以问:为什么师剧作六个特点只有最后两个——浅显畅达和"演重于读",这从单个作品就看得出来,而其他数点则必须从师剧作的整体才看得出?

为什么只打破演与观界限的作品成为系列,而别的各种各样、新异首创的作品每种只有一、二部?

为什么与师同时或稍后诸剧作大家如田汉、欧阳予倩、郭沫若、洪深、陈白尘、夏衍、曹禺、于伶、老舍等每个都举得出多部或至少一两部思想艺术上分量极重的作品，而熊师的大部头剧作似举不出"重量级"的来，短章则只有一部《醉了》可入短章精粹之选？（且不说熊师创作年限与作品出数都超过那几位。）

我的解答是：那几位写戏的主要甚至唯一动因和目的，就是戏的主题和以这主题感染观众的强烈激情，戏的写成和演出客观上当然也有话剧从无到有开拓即"打天下"的意义，但比之戏的主题，则是第二位的；但熊师的动因与目的看来是双重的——他是话剧运动整体的探路者，为了话剧的从无到有和未来发展，即"打天下"的动因与目的而适应观众，满足观众要求，往往与戏的主题并重，甚至凌驾主题之上。师领导创造新的演出方式按他自己前引过的说明，首先是为满足农民观众的看戏习惯与要求。熊师剧作及其演出的创造性证明，他是中国话剧从无到有时代的独一无二的发明工场或公司。他是那个时代剧作家与演出家中唯一的"爱迪生"——可能不如爱迪生那么成功——试样质量和影响可能比不上同代大师的产品，但互不雷同的新颖试样件数超过每个同代剧作家则无疑义。这观点写出发表，请同人批评。

这一节"三"着重论述为将观众引入剧情，熊师所作的演出方式的探索及其相应剧作。将师剧作的演出一个个数下来，凡改革开放以来"新潮"、"现代派"、"后现代"等种种尝试，师无不在这些名词尚未传入之前，都已在剧作演出中"预告"、"预习"或露出过苗头。至于此后没有继承关系而中断，原因如所周知，前人后人都是没有责任的。或谓：在已有录音、录像、激光、遥感和遥控等电化技术的现在和今后，熊佛西虽早着先鞭，却已没有实际意义。但亦是又不然，熊师的多方尝试，一切为了争取群众，扩大阵地。而当前新潮似乎恰恰相反，是专冲着精英和"知音"而来，或至少是主要面向他们少数的；那么，辛苦地创新而无大面积收获，就不是偶然的了。

四

熊师戏剧论文，大约有两部分。

《文集》所收 1931 年结集的《佛西论剧》中有：《艺术究竟是什么》、《戏剧究竟是什么》、《戏剧与社会》、《何谓戏剧诗人》、《戏剧与文学》、《怎样写剧》、《怎样导演》、《怎样妆饰舞台》、《怎样评剧》等篇，为新型戏剧之入门导引。

或贬之为泛而浅。其实新型的话剧从零做起，根本还不存在。门且未入，何论专深？师之这类论文，实质是形式灵活，文字生动，不摆"教师爷"架子的初级戏剧教科书。为后学新进而作，为有志于新型戏剧白手起家的年轻人而作，不得不由浅入深，深入浅出。文字虽浅显，而气魄恢宏，寓丰富深入内容于平常语句，且常有洞察未来的预示。即以今日眼光衡量，入门书中，实不多见。

这是熊师论文的第一种类型。

1939年结集的《写剧原理》中有些论文就不同了。

戏剧之各种因素，推究到底，编、导、舞台之各项以至剧场本身，不得已都可以暂缺，不可少者只有两种，即演员与观众。演员的表演，各家发挥已多，从斯坦尼斯拉夫斯基到梅兰芳，比比皆是，而熊师卓识，偏偏着重观众。《写剧原理·戏剧与趣味》一文中说："戏剧是以观众为对象的艺术，无观众即无戏剧。无论你的剧本艺术是何等的高超或低微，如果离开了观众的趣味与欣赏，必等于零。"又说："经济是具体的，不平等可以用人类的'治力'来打倒；趣味是抽象的，非任何力量所能支配。要打倒政治、教育、经济之畸形社会不难，要想人类的趣味统一却不容易。"又说："萝卜白菜，各有所爱。故任何派别的艺术，只要它能引起人的兴趣，即能存于人类；此等富于趣味之艺术，虽用枪击炮击，亦不能倒，徒呼'打倒'，更是无益。"这段"趣味艺术论"当然不完善，中间一小段尤不周密。趣味并不那么抽象，也不是"非任何力量所能支配"，打倒畸形社会也不那么容易……但头尾一正一反无疑大致正确。兴趣是通向人的心灵即意识之门的钥匙，开不了门，是无法影响人的思想感情及其行为的。这结论实为天经地义，极其正确和平常。当然，趣味是观众的趣味，而观众并非铁板一块。熊师之论，集中于趣味之作用。谁的趣味？什么样的趣味？

诚然，从《戏剧与趣味》和师别的有关论文来看，这趣味有些笼统——观众的？什么样的观众？

这些问题在师剧作和所主持的演出里，在为新兴话剧作开路先锋的实践里，早已有申说。

在《写剧原理》里，就有论文《怎样走入大众》。

熊师的剧论里说，戏剧是为大众的，这大众就是城乡社会的绝大多数，即农民和城市工人、贫民、工薪阶层的职员，学校师生，小商小贩和小业主等市民中下层的主体。这是师以理论和实践双重地证明了的。

为农民，有农村戏剧实验；为市民，有以北京为中心的《新闻记者》等大众化戏剧演出。这些早期的戏剧实践，在1937年出版的专著十余万字的《戏剧大众化之实验》里；以及这以后的抗战期间，以师为校长的四川省立剧校师生，师所组织主持的小学生、民工等大规模的戏剧演出与表演活动里均有总结。

历史事实和白纸黑字的文献记录,斑斑具在,都证明师所说的"观众"——大众,其范畴与中国共产党领导的革命人民,大体相当。毫无疑义,师所论的趣味,就是他们所反映的革命人民的趣味。这"趣味论"有什么错呢?

但按"左"的思潮,就不是这回事:一个时期,连部队要正规化、现代化和先进装备也被批为"单纯军事观点"、"军事教条主义"和"唯武器论",熊师剧论着重趣味被乱扣帽子,实不在话下。

"趣味主义"曾是熊师身上仅次于平教会活动的第二个大包袱,故《文集》特收入 1931 年的《佛西论剧》和 1933 年的《写剧原理》和 1937 年的《戏剧大众化之实验》全书,以及 1922—1965 各单篇论文共约 90 多篇,以见师的正确,当初乱扣帽子的无理。

五

熊师为戏剧全才,编、导、演、舞台、组织演出,管理剧团,办学教学,无所不能。当初话剧开天辟地,什么都得从头来,在此历史时期,不能,也得勉为其难。他的一生比之繁茂大树,扎根在群众中,叶落归根,枝叶花果全献给群众,然主干还是戏剧教育。师立志创造新剧,话剧既初步打出天下,当师成熟,迈向中年,话剧巩固发展的未来就决定于教育。故戏剧活动进入职业行列,即从教育入手,初步有了一批教育同事和学生,师支持他们进入剧团,参与农村剧院,自己组织和带领抗战剧团。且创办四川省立剧校到主持上海剧校,后半生主要专事戏剧教育了。

师之教育思想,面向大众,以培植通材为重。教育方式则以实践为主,剧场、舞台、排练室重于课堂。学生入校之初,就从打扫剧场和舞台、卖票、收票、领票对号开始。要求前台后台,台上台下,一切戏剧工作,不分粗细大小,一一亲身做过,不说件件精通,必须事事入门而不外行。故熊师的学生,编、导、演,剧团与剧场的组织管理,舞台上设计和装置灯光布景,制作和绘制景片,做服装道具,做化装油彩,遍布各个部门,人人坚守岗位,胜任愉快。即以演剧的第一先决条件编剧而论,新中国建国以至"文革"前夕,全国普遍上演的名剧《思想问题》、《红旗歌》、《烈火红心》、《北京钟声》、《布谷鸟又叫了》、《青年一代》、《第二个春天》等的作者刘沧浪、刘川、屈楚、杨履方、陈耘,还有电影喜剧名片《今天我休息》的作者李天济,皆出熊师门墙。桃李遍天下之誉,熊师当之无愧。且师之育人,有专精之效,无偏狭之弊。当年《升官图》首演,刘沧浪任狡贼"秘书长"一角。在"编造神话,吹嘘救驾"那场戏,他用武术身段,一个"旋子双飞腿"博得掌声如雷。五十多年多次排,无出其右。笔者童稚得见,如在目前。刘,编剧家也,而能精彩表演，通材之显效也。

　　师之行状业绩，昭如白日；师之语言文章，皑如明月，天下共见，毫不隐晦朦胧。可以"透明"概括。透明，理解却姗姗来迟，令人感慨不已。

（原载《戏剧艺术》2000 年第 6 期）

熊佛西：中国现代戏剧大众化的开路先锋

林碧珍

戏剧如何大众化，一直是中国现代戏剧发展道路上的重要问题。20 年代，中国现代戏剧的开拓者与奠基人之一的熊佛西，尽管他还在"艺术禁宫"中提倡"趣味中心"，常被人指责"为艺术而艺术"，但他却认为无论何等高超的戏剧，离开了大多数观众，其价值等于零。他强调，能让大多数人看得懂，让大多灵敏人看得有趣的戏剧，才是我们所需要的。这里所说的"大多数"还不是"戏剧大众化"，然而却透视出一个重要信息，他已从贵族化的艺术观转向民众，和那些认为艺术只属于极少数人的"为艺术而艺术"的艺术家大不相同，这正像他评价和赞赏易卜生戏剧那样，熊佛西把戏剧与"大多数"联系得如此紧密，是他"把民众做了他的心腹"，他对戏剧价值的见解是精辟的，无疑是个发现，而"这种发现在当时不能不是天才的创造"①。正因有了这种发现，才有了他 30 年代从事戏剧大众化的辉煌。

1926 年，熊佛西从美国哥伦比亚大学研究院毕业，拿着硕士文凭回国，受聘于北京艺专，任戏剧系主任、教授。这时熊佛西已不是当年燕京大学的英俊少年在闯荡剧坛，而是蜚声北方剧坛的"北熊"。几年过去，他感到深居学府的寂寞，戏剧演出远离了大众，观众只局限在少数知识分子和城市平民之中是没有前途的，必须把戏剧传播到工农大众中去，开拓话剧的光明前途。"戏剧根本就是为大众，属于大众，经大众之手而成为大众艺术"②，这是熊佛西深刻的认识，也是他以后付之行动的纲领和出发点。此时，党领导的左翼文艺运动，掀起了大众化问题的讨论，恰如一阵春风，催发了他为戏剧大众化而奋斗的豪情。也正是在这时，晏阳初在农村开展平民教育实验，三次登门熊氏寓所，要他在国困民穷的危难时刻，怀抱救国教民之志到农村去搞戏剧大众化实验，这给熊佛西带来了难逢的机遇，为熊佛西实现自己理想提供了广阔的用武之地。熊佛西欣然接受了晏阳初的聘请，放弃系主任、教授的优越地位和高等学府的舒适生活，与部分师生奔赴河北定县农村从事戏剧大众化的研究与实验，自任平教会戏剧研

---

① 熊佛西：《社会改造家的易卜生与戏剧家的易卜生》，《熊佛西戏剧文集》，上海文艺出版社 2000年版。
② 熊佛西：《戏剧大众化之实验》，《熊佛西戏剧文集》，上海文艺出版社 2000 年版。

究委员会主任，立志要在农村大显身手，创造一种适合时代、为农民大众所喜爱的戏剧。

　　熊佛西提倡戏剧大众化，立足于农村，注目于农民，遭到一些左翼文艺家的非议。在当时，大家都说大众化，到底谁是大众？文艺界看法是不一致的。某些左翼文艺家认为，大众就是工人阶级，大众化就是无产阶级化。出身于农村，熟悉农民的熊佛西则认为："新兴大众化，也可以说要使新兴戏剧农民化。"①于是有人便说熊佛西的大众化不包括工人，这显然是一种简单化的曲解，就像当年曲解毛泽东在农村建立革命根据地是逃跑主义一样可笑，其实熊佛西是讲得很清楚的："在今日的中国究竟谁是大众？"我们可以毫无疑问地回答说："农民是最多数的大众，因为中国五千年来向系以农立国。其次的就要算工人了，中国大工业虽没有发达，然而从事小工业的人实在不少。况且大工业今后必须振兴。所以新兴戏剧不把农工阶级抓住，是不会有大希望的。"②由此可知，熊佛西的"大众化"首先就是"农民化"的提法是深刻的、有创见的，比同时代那些在纸面上倡导普罗文学，高呼到民间去、到兵间去、到人民大众中去的文艺家要高出一筹，熊佛西清楚中国的国情，是从中国社会的实际出发的。人人都知道中国是个农业大国，农民占绝大多数，这样一个明显的事实，却不被那些从书本上搬运革命理论、生硬地套用别国革命经验的革命家、文艺家所正视，反而用他们的教条去指责他人。毛泽东的伟大就在于他通晓国情，敏锐地看到中国革命的首要问题是农民，革命的主力军是农民，农民是革命的先锋，他高度赞扬农民运动成就了几千年来未曾成就过的奇勋。熊佛西的戏剧大众化首先是"农民化"与毛泽东对农民的认识、重视是完全吻合的。其不同是视角不同，这一点熊佛西也非常清楚："我说把农工阶级抓住，并不包含什么'阶级斗争'的意义。那是政治家和经济家的工作，是另外一回事。我们是站在艺术与戏剧的立场而言工农。"③这里所指的"立场"就是看问题的角度。毛泽东是革命家，当然是从政治的角度去评判在农村发动的农民运动和开展的阶级斗争。熊佛西是戏剧艺术家，他从为艺术而艺术中走出来之后，看到了在当时政治黑暗、经济落后的条件下，需要一种为大众的艺术来培植群众的力量，促进民族的振兴，这就需要戏剧工作者走进农村，深入大众，"为中国的新兴戏剧开拓一条广大的途径"④。形势使大

---

① 熊佛西：《戏剧大众化之实验》，《熊佛西戏剧文集》，上海文艺出版社 2000 年版。
② 熊佛西：《戏剧大众化之实验》，《熊佛西戏剧文集》，上海文艺出版社 2000 年版。
③ 熊佛西：《戏剧大众化之实验》，《熊佛西戏剧文集》，上海文艺出版社 2000 年版。
④ 熊佛西：《戏剧大众化之实验》，《熊佛西戏剧文集》，上海文艺出版社 2000 年版。

家认识到戏剧必须大众化，但也有一些人，就像鲁迅批评的某些"左翼"作家一样，坐在玻璃窗后做文章，搞研究，高谈理念，看起来革命得很，但只谈不实践的"左"，一遇到实际就撞得粉碎，就容易变得右。当年南国社在搞了一段"民众戏剧运动"之后，田汉就颇有感触地说："我们都是想要尽力作'民众剧运动'的，但我们不大知道民众是什么，也不大知道怎样去接近民众。我们也知道一些抽象的理论，但未尽成活泼的体验。"①熊佛西就没有这样的迷茫，也没有走过这样的弯路，他全身心地投入实践，实践证明了他的见解的正确性、先锋性。

一个教授来到农村，要和贫穷落后的农民打成一片，这不仅是生活条件、生活习惯的极大改变，最重要的是角色的转换，心态的改变。在学府里，教授与学生是教与学的关系，教授始终处在至尊的位置上，现在来到农村，面对的是农民，虽然仍以启蒙者的姿态来传播先进文化，教育农民，但教育者必先受教育，所以教授也得先放下架子，端正态度，他告诫大家："我们到定县来的目的是做传道师呢？还是做戏子？要使观众对我们的戏剧发生兴趣，我们以为非革除传道师的招牌，充分表现戏子的精神不可。"②传道士是高居其上，教训人；戏子是身居其下，服务人；教训人，人常不服；服务人，人易感动，熊佛西强调的"戏子精神"就是诚心诚意为农民大众服务的精神。要服务农民，就先要了解农民，深入到农民中去观察、体验，只有"了解到农民的情感，我们才能有农民的情感，才能知道农民欣喜的是什么，焦愁的是什么，他们所希望的是些什么，他们所厌恶的是些什么。然后以这种观察和体验作我们创作的根据，这样创作出来的剧本内容，自然会同农民的生活扣在一起，使农民不感到隔阂，而感到亲切，不摒弃拒绝，而热烈的欣赏接受。"③经过农村生活的体验之后，熊佛西创作的剧本在内容上焕然一新，并且在写作方式上也有了极大的改变。他每写好一个剧本，总要请几位农民来读念，按照他们的意见进行修改，有时会有很大的改动，最后表演给多数农民看，听取他们的意见后再修改。因为是按这样的程序完成的剧本，所以能得到农民普遍的接受和欢迎。熊佛西以这样的态度深入农民，以这样的精神创作"农民剧本"，怎不令人叹服！他到定县后，在戏剧创作的内容上写的都是农村的实际生活，都是农民熟悉的人和事，揭示的是农民的内心世界，无论是破除迷信、勇于锄恶的《锄头健儿》还是揭露土豪劣绅残酷、恶毒，把善良的农民逼上梁山的《王四》，或是号召农民、组织农民团结起来与

---

① 田汉：《我们自己的批判》，《南国月刊》1930 年第 2 卷第 1 期。
② 熊佛西：《熊佛西戏剧文集·编后记》，上海文艺出版社 2000 年版。
③ 熊佛西：《戏剧大众化之实验》，《熊佛西戏剧文集》，上海文艺出版社 2000 年版。

土豪劣绅进行斗争并取得胜利的《过渡》等等，都是忠实于生活，写出了农民的甜酸苦辣、喜怒哀乐，写出了他们的爱与恨、好与恶、向往与追求，表达了他们的强烈愿望，为他们发出正义呼声，这才是农民所需要的戏剧，能接受的戏剧。《王四》的最后一幕是县衙门开庭审判被逐为土匪的王四，台下的观众愤怒地站起来为王四申冤，观众席也成了旁听席，群众愤怒的申冤声，迫使审判官答应具保释放王四，台下观众涌上舞台保释王四，安慰王四，演员和观众融成一片，感情完全相通。这就收到了如晏阳初所说的："戏剧要成为今日的平民教育中的一种力量，就必须在内容上重新构造。注入新的生活。"①

　　戏剧是传播先进文化的重要工具，为适应时代和大众的需要，除在内容上革新外，演出形式也必须革新。只有内容与形式完善结合了，才能真正地大众化。左翼戏剧运动因其演出形式不能民族化而不能走向大众，走过了这段弯路，后向"旧形式"回归，其实是戏剧家对新兴话剧如何民族化有了新的自觉的认识，但是这种觉醒已比熊佛西慢了一步。熊佛西出生、成长在农村，现又深入农村，对农民怎样看戏，爱看什么样的戏是非常清楚的。农民是不习惯于在屋子里看戏的，他们有强烈的参与意识，就像龙灯、旱船、高跷的表演一样，是流动着的，自由奔放、生动活泼、演员和观众是混在一起的。熊佛西从农民的特点和审美情趣出发，在剧场、演出方式等方面进行了大胆的实验。熊佛西所创建的剧场是露天剧场，"以青山绿水为背景，以日月星辰为光影……整个宇宙就是舞台……"②这是新式的、别开生面的剧场，它推倒了某些戏剧理论家认为不可打破的"第四堵墙"，与大自然同化，让农民走进剧场就像回到老家似的亲切。自然，晏阳初称赞这样的剧场"超出了万里长城的建造"。新式剧场离观众如此之近，这就为新的演出方式，扩张戏剧的表现功能创造了难得的机会，他们进行了艰苦的探索和实验，形成了生动感人的情景："台上台下打成一片，演员观众不分，演员可以表演于台下，观众与演员，整个的为一体。在一个目标之下，在一个区域之内，他们一同哭笑，一同思想，一同活动，一同前进。"③实验最成功的要算《过渡》的演出了。《过渡》写的是回乡大学生张国本满怀豪情地带领农民在一条给人许多不便的河上造桥，但遭到地方恶势力的反对。劣绅胡船主为了达到继续垄断渡口、欺压勒索河两岸过往农民的目的，千方百计阻止造桥，甚至唆使船夫谋杀桥工，斗争白热化了，张国本带领农民坚持斗争，

① 转引自孙惠柱：《熊佛西的定县农民戏剧实验及其现实意义》，《上海戏剧学院学报》2001 年第 1 期。
② 熊佛西：《戏剧的解放到新生》，《熊佛西戏剧文集》，上海文艺出版社 2000 年版。
③ 熊佛西：《戏剧的解放到新生》，《熊佛西戏剧文集》，上海文艺出版社 2000 年版。

迫使官府拘捕胡船主,宣布取消渡船。戏一开场,从四面八方赶来看戏的观众中传来雄壮的《过渡歌》。工地(也就是露天剧场)一盏灯照出桥工正在搬运石块、木料,从观众中向台上走去。另一盏灯照出渡口的过渡客,推着小车,担着担子,老老少少,形形色色的人,也从观众中走上台去,这不像演戏,就像生活本身那样鲜活,人人都在剧中,观众参与剧情发展,真正让观众感到:"所表演的内容不是'他'或'他们'的事,而是'我们'大家的事。"①熊佛西在定县所创建的新式剧场、所创造的新式演出法,借鉴了莱因哈特和梅耶荷德的戏剧模式,就是要使舞台与观众席合为一体,演员与观众尽量接近,也吸取了中国传统戏曲和民间艺术的表演形式,完全和世界戏剧文化发展的潮流相吻合,并走在这潮流的前面。《过渡》演出的成功有力地证明了熊佛西这种创造性的成功,这是戏剧大众化实验的成功,是中国话剧在探索与发展中的成功,这成功不仅仅是演出形式的变化,更是戏剧观念的更新。难怪陈白尘今天还说:"他在'平教会'名义下从事的农民戏剧运动,为中国戏剧大众化建立了实验场所,演出《过渡》等剧,其所取得的丰硕成果,并世无第二人! 当时有'南田北熊'之称,以熊老剧作之丰硕和实验之深广,确是正确的评价!"②

　　熊佛西在农村搞戏剧大众化,不仅是城里的戏剧工作者为农民写戏、演戏,还要教会农民写戏、演戏,农民写农民,农民演农民,演给农民看,是大众化的深入发展。熊佛西的这个设想是通过办农民戏剧学习班和组织农民剧团来实现的。实习班培养的人才成为组织农民剧团的骨干。1932 年 2 月,先在尧头村组织农民剧团,排练了《车夫之家》、《穷途》、《屠户》等剧,除在本村和县农民剧场演出外,还巡回到别村演出,这样一下便引发了农民对话剧的兴趣,到 1934 年,定县已有农民剧团 14 个,农民演员 180余人,顿时掀起了一个新兴的农民戏剧运动。新兴话剧在农村的普及,改变了农民旧的观念,他们爱看话剧成了瘾。农民写戏、演戏给农民自己看,其意义是重大的,当年他们自己就这样估价:从戏剧运动来说,使新兴话剧能在农村生根,戏剧大众化有了扎实的基础;从农民来说,他们的戏剧是潜能得到发挥,并满足了农民对戏剧的迫切需要。农民写戏,演戏给农民自己看,是新兴戏剧的伟大实践,是它在农村生存与发展的基础,为戏剧大众化开拓了一条广阔的道路,熊佛西这一大胆的实验,在中国现代剧坛上树起了一面耀眼的旗帜,让两腿泥的农民成为戏剧的主角,成为剧场中的主要观众,

① 熊佛西:《戏剧的解放到新生》,《熊佛西戏剧文集》,上海文艺出版社 2000 年版。
② 《现代戏剧家熊佛西·序》,《熊佛西戏剧文集》,上海文艺出版社 2000 年版。

成为戏剧的创作者、表演者，让农民成为戏剧真正的主人，这在中国现代戏剧史上是空前的壮举。本来，主张戏剧大众化，并非熊佛西首创，然而对戏剧如何大众化在实践上进行探索并为之而献身的人却是凤毛麟角。30 年代，那些远离农村、未与大众有直接交流而高喊大众化的文艺家，他们的最高目的是通过戏剧去"化大众"，与熊佛西比较，这就不是大众化，熊佛西的农民戏剧才是真正的大众化。他在定县五年的奋斗，实现了他在 20 年代所说的：戏剧要有出路，必须奔向农村。我们应该走出一条新的道路，我们应该和农民打成一片，否则只在有限的几个城市，三万万七千五百万农村父老兄弟姐妹和新的戏剧绝缘，剧运是无法放出异彩的。

　　熊佛西在定县的戏剧大众化实验，让戏剧展现出新的光彩，无论是从戏剧的内容，还是戏剧最终的表现上，都开辟了一个新的天地。随着新兴戏剧在农村的传播，具有现代意识的先进文化也送到了农村。用先进文化去改变农民"愚穷弱私"的落后意识，这是走在时代前列的先进文化启蒙者的历史功绩，应大书特书，彪炳史册。

（原载《江西社会科学》2002 年第 12 期）

"南田北熊"之说与相关史料勘误

李　斌　　程桂婷

　　田汉和熊佛西是现代戏剧史上举足轻重的剧作家,任何一本稍微像样子的现代文学史都不能忽视他们的剧作、剧评、戏剧理论和对现代剧坛的影响力。学术界也流行"南田北熊"的说法:"如其说田汉是南方剧坛的权威,则熊氏便是北方剧坛的泰斗了。"这句关于"南田北熊"的话到底出于何人之口? 如何看待"南田北熊"之说? 鉴于田汉和熊佛西的文坛地位以及相关文献的混乱,回答这些问题显得非常必要。

一、"南田北熊"出自欧阳予倩之口?

　　绝大多数学者都以为"南田北熊"出自欧阳予倩的《近代戏剧选·序》。① 如李德尧、王泽龙编著的《新编中国现代文学简史》(高等教育出版社 1991 年版,第 434 页),李万钧主编的《中国古今戏剧史(中卷)》(广东高等教育出版社 1997 年版,第 171 页),吴海、曾子鲁主编的《江西文学史》(江西人民出版社 2005 年版,第 835 页),马玉成著的《抗战旌旗汇桂林》(中央文献出版社 2006 年版,第 121 页),丁罗男的《熊佛西戏剧思想简论》(《戏剧艺术》,1982 年第 4 期;《二十世纪中国戏剧整体观》,文汇出版社 1999 年版,第 181 页),刘平著的《戏剧魂——田汉评传》(中央文献出版社 1998 年版,第 249 页),都坚持这一观点。

　　需要指出的是,很多学者在引用这一文献时,不但原文有变动——把"熊氏"写成"熊佛西"或"熊佛西氏",甚至出版社和出版时间都出现纰漏,如有的误以为出版时间是 1933 年,有的认为是 1934 年,还有的认为是 1924 年,出版社一流书店则被误写为"第一流书店",有的干脆直接写"欧阳予倩"(《近代戏剧选·序》),不写出版社与出版时间。

　　葛一虹主编的《中国话剧通史》中就有这样的文字"欧阳予倩曾经说,'如其说田汉是南方剧坛的权威,则熊佛西便是北方剧坛的泰斗了。'其注释为:"欧阳予倩《近代戏

――――――――――
① 《近代戏剧选》,上海一流书店,1942 年 6 月出版,编者署名欧阳予倩。

剧选》,上海第一流书店 1934 年版。"①吴戈的引文与注释②与此相同,贾冀川所著的
《二十世纪中国现代戏剧教育史稿》(中国戏剧出版社 2006 年版,第 60 页)转引了葛一
虹主编的《中国话剧通史》,故而犯了同样的错误。

　　陈多认为欧阳予倩所说的"南田北熊",是"早在三十年代,欧阳予倩先生就曾评价
说……"③韩日新也认定"早在三十年代"④,同样认为"早在三十年代"⑤的还有李建
平。马明对"南田北熊"之说的来源认定得更为明确:"南田北熊的首创者,不是别人,
正是资历最深,年龄最长的话剧元老欧阳予倩。"⑥该论者把出版社误写为"上海第一
流书店",日期则误写为"1933 年"。

　　甚至有的评论者把出版时间误写为"1924 年 6 月",出版社误写为"上海第一流书店",
如曹树均的文章《熊佛西戏剧创作略论》⑦,朱伟华发表在著名刊物《文学评论》上的文章⑧
也是如此,大概他的资料来源于曹树均的《熊佛西创作略论》,尽管他未写"转引自"。

　　然而,《近代戏剧选》其实是托名欧阳予倩的伪书,并不是欧阳予倩编撰的,其序言
当然也不是欧阳予倩所作。对此,笔者在《〈近代戏剧选〉:托名欧阳予倩的伪书》一文
中,给予了充分的论证。那么,"南田北熊"之说出自何人之口呢? 其真正来源应该
是 30 年代罗芳洲所写的《现代中国戏剧选·序》。

二、"南田北熊"其实是罗芳洲所言

　　《现代中国戏剧选》为罗芳洲编,系"文学基本丛书之九",由上海亚细亚书局在
民国二十二年十二月十日即 1933 年 12 月 10 初版。⑨ 该书精选熊佛西《一片爱国

---

① 葛一虹主编:《中国话剧通史》,文化艺术出版社 1990 年版,第 107 页。
② 吴戈:《中美戏剧交流的文化解读》,云南大学出版社 2006 年版,第 91 页;吴戈:《小剧场·小剧场
　戏剧·现代戏剧教育》,《云南艺术学院学报》2008 年第 4 期。
③ 陈多:《永难磨灭的遗爱——怀念杰出的戏剧教育家熊佛西老师》,《上海戏剧》1982 年第 6 期。
④ 韩日新:《熊佛西的戏剧创作述评》,《文苑纵横谈·8》,山东人民出版社 1983 年版;韩日新:《熊佛
　西》,徐迺翔主编:《中国现代作家评传·第 1 卷》,山东教育出版社 1986 年版,第 711 页。
⑤ 李建平:《熊佛西在桂林》,《桂海春秋》1989 年第 2 期;李建平:《熊佛西》,魏华龄、李建平主编:
　《桂林文史资料·第 42 辑·抗战时期文化名人在桂林》,漓江出版社 2000 年版,第 247 页。
⑥ 马明:《名彪剧史,并世无第二人》,《戏剧艺术》2000 年第 6 期。
⑦ 曹树钧:《熊佛西戏剧创作略论》,陈多等《现代戏剧家熊佛西》,中国戏剧出版社 1985 年版,第
　106 页。
⑧ 朱伟华:《〈孔雀东南飞〉:从古代到现代,从诗到剧——一个典型文学现象的剖析》,《文学评论》2000 年
　第 6 期。
⑨ 该书以后再版多次,1936 年 4 月 10 日中国文化服务社出版的这本书已是"十版",并且附有罗芳洲
　的序。

心》、欧阳予倩《回家以后》、丁西林《一只马蜂》、郭沫若《聂嫈》、顾一樵《荆轲》、洪深《五奎桥》、郑伯奇《抗争》、田汉《战友》,附录二,一为毛文麟的《演剧改革的几个基本问题》,一为熊佛西的《戏剧的结构——怎样写剧》,书前有罗芳洲写于"二二,八,十"即1933年8月10日的序,在时间上远早于《近代戏剧选·序》(将两篇《序》比较后可发现,《近代戏剧选·序》完全是抄袭《现代中国戏剧选·序》)。

　　罗芳洲所写《现代中国戏剧选·序》中,有两段文字分别介绍了田汉和熊佛西:

　　　　田氏为现代中国剧坛最露光芒的人物。他对戏剧的努力,始终不懈。南国社的倡设与经营,完全是田氏一人之力在撑持着。他的思想,最初是偏于唯美主义个人主义与浪漫主义;自一九二九年以后,即一变而为新写实主义的作家。其所作剧本有《咖啡店之一夜》、《姊妹》、《年夜饭》、《梅雨》、《战友》、《获虎之夜》、《顾正红之死》、《姊姊》、《暴风雨中的七个女性》、《一九三二年的月光曲》、《乡愁》、《落花时节》、《一致》、《林冲》、《苏州夜话》、《湖上的悲剧》、《江村小景》、《生之意志》、《垃圾桶》、《Piano之鬼》、《名优之死》、《古潭里的声音》、《颤栗》、《第五号病室》、《火之跳舞》等,皆收编于现代书局出版之《田汉戏剧集》。他的作品大都经过屡次排演而获得成功的。

　　　　熊佛西　如其说田汉是南方剧坛的权威,则熊氏便是北方剧坛的泰斗了。他对于戏剧的研究很深,著有《佛西论剧》。他主张剧本必须合乎"可读可演"的两个条件。其剧本最初有《青春的悲哀》,续刊者有《佛西戏剧》(现已出版三集),大都是经过实验而适于排演。中以《一片爱国心》为最受观众的欢迎。

　　所谓的"南田北熊"正是来源于罗芳洲的这篇《序》。罗芳洲的序显示出他对中国话剧历史和现状的准确把握,他对众多剧作家的评论也非常确切,尽管在评论田汉时有点小误(《姊妹》与《姊姊》并非是两部作品,而是一部作品,名叫《姊姊》),然而这并不影响整篇序的学术水准,我们能够通过这篇序感受到罗芳洲较高的艺术理论修养及其对文坛的关注。其实,除了《现代中国戏剧选》外,罗芳洲还编选了《现代中国小品散文选》①、《李白诗选》(1932年12月上海亚细亚书局出版)、《苏曼殊遗著》(1933年上海亚细亚书局出版的)、《纳兰性德词》(1933年上海亚细亚书局)以及1936年上海中国

---

① 1933年12月10日初版,上海亚细亚书局,系"文学基本丛书之七",张泽贤在《民国书影过眼录》(上海远东出版社,2004年版第153页)中提到了第一集的上册,他因手头无资料而不知道还有几集,其实《现代中国小品散文选》共上下两册。

文化服务社出版的《青年国学丛书》中的《韩愈文精选》、《柳宗元文精选》、《三苏文精选》、《归有光文精选》等。学术界一直误以为罗芳洲是田汉的笔名，笔者在《罗芳洲并非田汉的笔名考辨》一文中予以了澄清。

三、如何看待"南田北熊"之说?

　　"南田北熊"之说早已被学术界普遍接受，上述所引各种文献即是证明。应该认识到，"南田北熊"仅是就话剧而言，而且是在 30 年代初形成这一说法。"南田北熊"的说法不仅是就剧作而言，还包括其戏剧理论和对剧坛的影响。还应该认识到，不应忽视"南田北熊"之外的其他剧作家和戏剧理论家，如欧阳予倩、洪深等对现代话剧的卓越贡献。"南北"之称有明显的地域属性，未进入"南北"之列的也并非都不重要。至于像"东邪西毒南帝北丐周神通"那样给剧作家们做个排行榜，也无必要。

　　与"南田"不同，"北熊"及其剧作、剧论在河北定县农村进行的戏剧大众化实验中曾经受到批判，而且也没有得到戏剧界的足够重视。这不仅是纯粹的艺术问题，更是与特定时代的政治环境有关。熊佛西的戏剧工作是在农民方面，以农民为大众的主张与左翼剧作家的无产阶级戏剧纲领冲突，殷扬就认为："倘使让农民独占了大众，把他们从其他的大众隔离开来，那么不但整个的大众得不到利益，连农民自己的利益也落了空。"①改良主义的嫌疑、平教会是受美国资产阶级资助等，都使得熊佛西受到了批判，殷扬的《读〈大众戏剧之实验〉》就是此类批判文章的代表。

　　值得一提的是洪深在《中国新文学大系·戏剧集·导言》中对于熊佛西的否定性评价。洪深是现代剧坛中举足轻重的人物，其导言当然也具有非常重要的分量，洪深对熊佛西冷嘲热讽。在他看来，熊佛西的剧作和剧论水准都不高。

　　洪深的导言作于"(民国)廿四年四月廿三日"即 1935 年 4 月 23 日，洪深首先批评了熊佛西"刺激观众"的做法："熊佛西是和陈大悲很接近的；他自己也说，他受了陈大悲不少'辅助'。他的写剧的手法，到今天为止，还不能越出陈大悲的范围——他也是一味地想刺激观众，但没有大悲刺激得有力——而在理论方面，就不知比大悲退步得多少了。"②熊佛西早期创作的确受到陈大悲的影响，至于说到了 1935 年还没有超出陈大悲的范围——以刺激观众为手段，则令人难以苟同——熊佛西在戏剧大众化实践

---

① 殷扬:《读〈戏剧大众化之实验〉》,《戏剧时代》1937 年第 2 期。
② 洪深:《中国新文学大系·戏剧集》导言,良友图书公司 1935 年版。

中就创作出不少佳作。曹树钧认为："熊佛西的早期创作在艺术上虽然受过陈大悲的影响，但其成就远胜过陈大悲。"①洪深批判熊佛西在理论方面不知比大悲退步得多少，亦是过于偏激的言论。

洪深批评了熊佛西的"趣味主义"与"单纯主义"：

> 　　他非但是一个形式主义者，而且是曲解了形式主义；非但是曲解了形式主义，而且捏造了许多事实——易卜生所创造的人，比莎士比亚戏里的人物更单纯么？熊佛西在美国留学的几年，Walter Hampden 不正在演着莎士比亚底戏，而到处受人欢迎么……他这样地信口开河，不是在不负责任的场所，而是在国立艺术学院的课堂上。②

熊佛西的"趣味主义"与"单纯主义"是其在实践中提出来的，"趣味主义"是熊佛西的重要剧论，具有特定的时代背景和针对性，着眼于观众，熊佛西在《观众》一文中说："观众的目的既是如此杂乱，戏剧家就得费一番苦心分头去满足他们，迎合他们。不错，迎合他们，迎合是最好的方法，而且是唯一应该的方法，也许一般高尚的创作家认为这是下流的方法。前面已经说过，戏剧不能离开观众，既不能离开观众，就应该迎合观众。我以为'迎合'并不下流，'诱惑'才真正下流，观众永远是被动的，他们不是被迎合，便是被诱惑。只有这两条路没有第三条路。"熊佛西还批评了把没有好的戏剧只归罪于观众的观点，他认为中国现在的观众不好，就应该训练他们："依愚见看来，观众是要训练的，可是要现在开始训练。应该由现在的戏剧家来担当这种责任，应该多演好戏给不好的观众看。他们看多了，看惯了，趣味自然会提高，自然而然的会欣赏好的戏剧。……多写好戏，多演好戏，多看好戏，是训练中国观众唯一的方法。但不可希望过急。急，定糟。要慢慢的开导，心理的迎合，切实的试验。……中国的观众现在虽不好，但将来终有好的一日，只看当代的戏剧家如何努力。"③熊佛西致力于提高观众的趣味，并非洪深所言那样浅薄——"一味地想刺激观众"，熊佛西提倡的是高级趣味："倘若希望我们的戏剧成功，我们应该在作品中处处使观众发生趣味发生高级的趣

---

①　曹树钧：《熊佛西戏剧创作略论》，《现代戏剧家熊佛西》，中国戏剧出版社 1985 年版，第111 页。
②　洪深：《中国新文学大系·戏剧集》导言，良友图书公司 1935 年版。
③　熊佛西：《写剧原理》，中华书局 1933 年版，第 12 页。

味。"①"单纯主义"和经济条件有关的，和时代有关，是在如何适应观众的问题上提出来的，具有现实适用性。对于"主义"，熊佛西这样说："不要主义是最好的办法，如其要主义，必须切实，必须适合时代潮流"，"我是向不相信任何主义的。假如有人问我要主义，我就说我的主义是'单纯主义'。'挑几个主要的角色，表现一个精彩的思想，采用简略的背景，减除观众的担负。这就是我的戏剧主张"②。马明不同意洪深对熊佛西的评价"即使这篇《导言》从总体上看有些意见是客观的，是可信的，却不等于其中如对熊佛西等的论定也是客观、也是可信的。并且会令人想起一句西谚：'偏见比无知距离真理更远。'"③

洪深还嘲笑了熊佛西是"中西戏艺兼通之专家"：

> 他在民国十一年双十节的时候，态度还很谦和……但到了民国十六年十月，他已经自负为"中西戏艺兼通之专家"。人物好像会多了一个侧面，而竟不是始终"单纯"了。他的原文，是讲艺专怎样迫切地邀他来上课：
>
> 及至去夏，余赵二君甚感教授缺乏，因在素不重视戏剧之中国，欲物色中西戏艺兼通之专家，诚非易事，故屡催区区急速归来。吾允。
>
> 这和民国二十年天津《大公报》，在他底照相下面题"老佛爷"三个字，是一样地"蕴蓄着无穷的趣味的！"④

熊佛西在燕京大学时，副科便是西洋文学，1924年至1926年曾留学于美国哥伦比亚大学，⑤师从著名戏剧理论家马修士，致力于戏剧研究与创作，结合熊佛西的经历和成就，说其是"中西戏艺兼通之专家"并不为过。洪深曲解了熊佛西的话，熊佛西不敢以专家自诩，而是以"区区"自称。熊佛西从未狂妄自大过，一向非常谦虚，这可以从他写的序看出来，如在《佛西论剧》再版的序中，他这样说："本来这些不成系统的文字

---

① 熊佛西：《写剧原理》，中华书局1933年版，第15页。
② 熊佛西：《写剧原理》，中华书局1933年版，第17—22页。
③ 马明：《名彪剧史，并世无第二人》，《戏剧艺术》2000年第6期。
④ 洪深：《中国新文学大系·戏剧集》导言，良友图书公司1935年版。
⑤ 韩日新在《熊佛西小传》(《新文学史料》，1984年第1期)、李立明在《熊佛西》(评传)(《现代中国作家评传·第一集》，香港波文书局1979年版，第122页)中误以为，熊佛西是1923年秋赴美国留学，正确的赴美时间是1924年秋。

没有再印的价值,不过际此戏剧运动进展之时,各方面似有此类文字的需要。故重印之。"①此序作于"廿年七月"即 1931 年 7 月。又如在写于 1932 年 8 月 1 日的《写剧原理·自序之二》中,熊佛西说:"如今损失了两部不像样的作品又算什么呢?"②在《写剧原理·自序之二》中,有这样一段文字:

> 说来也惭愧,十三篇短而不像样的文章,居然费了我九牛二虎之力,花了我五六年的光阴,现在还要拿出来问世,真是寒伧已极。可是话又说回来了,这部书虽浅薄,却是我国四千余年来第一部关于戏剧原理的比较有系统的书。这,我很引以为荣,引以自豪。……我这本书的内容虽不敢自诩,但至少是一本以艺术原则而论戏剧的书,因为中国人向来是以"小道"或"儿戏"目戏剧,最高的观念亦不过是高台教化,移风易俗。把戏剧当着艺术是我辈近年来的新论调。这种论调虽已逐渐普遍,而未充实。时下在报章杂志上见到的戏剧论调呐喊的居多,含有内容的极少。空洞的论调决难发生实际的运动。实际的运动不可不有健全的理论。我的这本小书就想在这方面有点小小的贡献。希望这本书的刊行能产生许多好的剧本来充实我们的戏剧运动,希望这本书的问世,能引起较健康的理论。我只是抛砖引玉而已。③

《写剧原理·自序之二》写于 1930 年 12 月,洪深亦在导言中引用,何以洪深嘲笑他在 1927 年 10 月已经自负为"中西戏艺兼通之专家",而无视他在 1930 年、1931 年、1932 年的谦虚之语呢?

总的来看,洪深对于熊佛西的否定性评价有失公允。

(原载《学术交流》2012 年第 7 期)

---

① 熊佛西:《佛西论剧》,新月书店 1931 年版。
② 熊佛西:《写剧原理》,中华书局 1933 年版。
③ 熊佛西:《写剧原理》,中华书局 1933 年版。

《新青年》与熊佛西对中国现代
话剧诞生的开创性贡献

曹树钧

  《新青年》倡导的"五四"新文化运动,不但使我国现代话剧艺术从文明的胚胎里诞生出来,而且促使了崭新的中国现代话剧艺术的诞生和发展,以反帝反封建的战斗精神对人民大众进行爱国主义和新民主主义思想教育,产生了广泛的社会影响。

  熊佛西从武汉开始的戏剧活动,在《新青年》反帝反封建精神感召下逐步发展成为 1930 年代北方剧坛的泰斗。熊佛西享有现代话剧五个创始人(其他四人为欧阳予倩、田汉、洪深、曹禺)之一的盛誉,不仅是我国杰出的戏剧教育家,而且是一位著名剧作家。

  熊佛西享有著名现代戏剧家的声誉,主要是他以毕生的心血浇灌戏剧教育园地,辛勤培育了一大批话剧艺术人才,而且首创了我国话剧教育体制,建树卓著,名闻中外。然而,熊佛西的戏剧教育实践,是与他的戏剧创作实践紧密联系的。考察熊佛西一生的全部戏剧活动,就不难发现从历史的序列说来,他首先以戏剧创作成名,在五四运动时期至 1930 年代初期,他已成为与田汉齐名的著名剧作家。当年,戏剧家欧阳予倩赞誉说:"如其说田汉是南方剧坛的权威,则熊佛西氏便是北方剧坛的泰斗了。"①确实如此,当年的戏剧界就有"南田北熊"的美誉。熊佛西一生创作了 27 部多幕剧和 16 部独幕剧,生前已有 7 种戏剧集出版。一个著名的戏剧活动家、戏剧教育家又创作了 43 个剧本,可谓我国罕见的一位多产剧作家了。在《新青年》弘扬的"五四"新文化精神的感召下,熊佛西对中国现代话剧的诞生,作出了无可置疑的开创性历史贡献。

  评论熊佛西剧作的历史地位和历史作用,必须考察同期我国戏剧创作和演出状况。没有比较就没有鉴别。

  熊佛西的剧作,大部分成稿于五四运动时期。他开始从事戏剧创作活动的年代,正是我国现代话剧创作处于一个从无到有的拓荒时期。因此,熊佛西从 1920 年至 1927 年的早期剧作,具有不可低估的拓荒意义。

---

① 欧阳予情:《〈近代戏剧选〉序》,上海一流书店 1924 年版。

首先,熊佛西的早期剧作是我国现代话剧创作以中国现实生活为题材的第一批成果之一。

在现代话剧剧本诞生之前,曾经轰动一时的早期话剧(即文明戏)衰落了。文明戏的兴衰,从一个侧面反映了我国资产阶级政治革命的崛起、发展至颓败的经历。文明戏在短短 10 余年的兴盛期中,曾上演千余个剧目,但由于大部分采取幕表方式而无成文的脚本,能够保留下来的所剩无几,这对文明戏的健康发展极为不利。到 1914 年以后,许多文明戏的演出,已蜕变为演员在舞台上随意胡编乱造,或将旧戏曲诸如《南楼传》《杀子报》等坏戏搬上舞台。文明戏从此就变成油滑、轻浮、猥亵、庸俗而为人所不齿。文明戏剧目的彻底堕落,促使此时的戏剧界有识之士深思,他们纷纷感到创作具有一定进步思想和艺术水平的剧本,对于建立现实主义的“真新戏”(即现代话剧)是具有极为重要的意义的。1917 年至 1918 年,《新青年》杂志提倡戏剧改良、文学革命,批判了文明戏的堕落和旧戏曲的弊病,探讨了中国现代话剧的发展方向。但《新青年》对戏剧改革,还局限在议论上,没有话剧创作实践。这时,一些进步的戏剧界人士,为了实践《新青年》倡导的戏剧改革主张,便尝试直接上演外国剧本。1921 年 10 月,汪仲贤在上海主持上演了萧伯纳的著名话剧《华伦夫人之职业》,这是欧洲近代话剧剧目在我国的第一次公演。但这次大胆的探索却失败了,其主要原因是剧本所反映的欧洲社会状况和社会问题,与当时中国迫切需要解决的反帝反封建任务的斗争现实相距太远,因而势必宣告了中国话剧走“全盘西化”道路的彻底破产。失败的教训表明,要振兴中国话剧,必须要有与中国国情相联的剧本创作。

在《新青年》倡导的“五四”新文化运动影响下,1921 年我国第一个现代戏剧团体“民众戏剧社”成立,熊佛西是剧社的发起人之一。剧社主办《戏剧》月刊,陆续发表了许多讨论剧本创作问题的文章,引起戏剧界的重视和思考。民众戏剧社成员徐半梅在一篇文章中描述了此时的话剧创作和话剧演出状况,他指出:

> 今日中国已出版的剧本还不多,大概可分为五种:第一种是翻译的剧本,虽译的都是名著,但原本性质上,译本的文句上,能不能立刻就在中国舞台上实行,只好说还是个问题。第二种是改造的剧本,选外国剧本中适合中国情形的,把它译得完全改成中国情节,这一种,就没有第一种那样的问题,自然立刻可以演,可惜这种剧本不多。第三种叫纸上的剧本,是文人弄墨,不问舞台上可用不可用,他笔下写成一篇锦簇花团的文章。那自然是下不得锅子的金鱼,中什么用。第四种

叫空想剧本,学校中所演的大半是这一种,就着演剧的人和演剧的宗旨,便编成此戏,戏的究竟成不成一出戏,他却不管的。第五种就要推到陈大悲那种基准着戏剧原理、舞台实际编成,在各方面看来都认有价值的剧本。①

在徐半梅的这一分类评价中,除了对陈大悲的剧作评价言过其实之外,基本上反映了"五四"时期戏剧创作和上演剧目的一般状况。民众戏剧社的多数成员,也主张改编外国戏以应急,同时呼吁应当赶紧造就编剧人才。

面对剧本荒十分严重的现实,一批现代话剧创作的先驱者献出了他们的第一批创作成果,熊佛西就是这些先驱者中突出的一位。从1920年至1927年大革命失败之前,他先后创作了《这是谁的错》(1920)、《新人的生活》(1921)、《甲子第一天》(1925)、《一片爱国心》(1925)、《洋状元》(1926)等多幕剧和《新闻记者》(1921)、《青春底悲哀》(1922)等独幕剧,在当时产生了相当大的影响。

熊佛西是《新青年》发起的"五四"新文化运动的积极参加者。"五四"新文化运动反对旧道德、提倡新道德的民主思想和革命精神给他留下了深刻的印象。

反对封建婚姻制度,揭露封建道德的虚伪,是他在这一时期创作的剧本的一个重要思想内容,形象地表现在他于1924年出版的第一个戏剧集《青春底悲哀》中。独幕剧《青春底悲哀》,支持青年男女用奋斗的精神打破旧礼教这"万恶的牢笼";在《新闻记者》中,他痛斥新闻记者利用新闻手段实行强迫婚姻的卑鄙伎俩;在《新人的生活》中,他抨击"父母之命"的封建礼教,主张人应有独立的人格,青年不能给那些伪君子、假道学当"发财、害人的材料";在《这是谁的错》中,他揭露了口口声声"三从四德"的长辈原来是一肚子男盗女娼的无耻之辈。

《这是谁的错》是一个影响较大的剧本。剧中的女主角罗冰清是一位受过"五四"精神影响的新女性,在婚姻上,她敢于反抗把旧礼教视为天经地义的"父母之命",她原先同童家有婚约,后来其父罗裴荣老官僚见童家败落,就要解除这婚约,要把她嫁给有钱有势的督办做太太,罗冰清当面坚决回绝父亲说:"女儿心甘情愿做童家的媳妇,不想做那卑鄙龌龊的督办太太。"后母、姨太太罗孙氏以荣华富贵为诱饵劝她回心转意,她更据理痛斥说:"我只有做讨饭婆的苦命,没有做督办太太的福分。现在什么督办太太,督军省长太太,在那些没有受过教育的势利的女人眼里看起来,自然是很威风,很

---

① 徐半梅:《读陈大悲的剧本》,《时事新报》1921年3月18日。

漂亮;其实在受过教育的女人眼里看起来,却比讨饭婆还要卑鄙万万分啦。……"剧本最后揭露出罗孙氏原来是一个道德败坏、惯于耍弄阴谋、妄图谋财害命的人,从而无情地揭露了旧礼教卫道者的虚伪和残忍。

《青春底悲哀》作为熊佛西的第一个戏剧集,反映了受过五四运动战斗洗礼的熊佛西已具有反封建的民主精神。但在艺术表现手法上尚不够成熟,还较粗糙。剧中有些偶然性的情节往往有人为的痕迹,人物的语言也还未能达到性格化。因受文明戏和陈大悲剧作的影响,剧本中有时还会离开剧情和人物的性格发一些议论,有时剧本的情节还喜欢用密信和手枪来追求外部的舞台效果。这些缺点,也反映了处于萌芽阶段的中国现代话剧创作常见的一些弱点。

其次,熊佛西的早期剧作已能适合舞台演出,因而在剧目荒之际,为进步话剧演出提供了一批上演剧目,扩大了现代话剧在社会上的影响,从而推动了刚诞生的现代话剧的发展。

这时,由于活剧运动先驱者的倡导,学生的爱美的剧团逐渐增多,然而"到处都感受着剧本饥荒的痛苦。到处都在试编各种剧本,而其结果,则成功者极少"①。有些剧本,"在文学上很有价值,然而一旦实地排演起来,便有种种不合符的事情表现出来。没有舞台经验的作家的剧本常有这种弊病"②。于是,客观上迫切需要剧本而实际上又极其缺乏适合舞台演出的剧本,这成为当时一个十分突出的矛盾。就在这种困难的时期,熊佛西和田汉、欧阳予倩、丁西林等创作了一批能在舞台上演出的剧本。熊佛西早在汉口辅德中学时代,就是一位活跃在舞台上的业余演员,有着多年的舞台经验,所以,他的剧本就没有"中看不中演"的弊病。《青春底悲哀》剧集中的几个剧本,由于他恪守"凡不能排演的剧本他不编,凡他自己不能登台的剧本他不编"③的原则,就没有一个不是他公开演出过的。因此,这些剧本的问世,对于促进刚刚诞生的现代话剧运动,扩大现代话剧的影响,无疑是具有积极意义的。新文学运动倡导者之一的郑振铎就曾直率地推崇说:这些剧本"它们在文艺上的价值如何,我们现在且不必在此讨论,但它们在舞台上的感化力,却实比在书本上伟大,这是我们在当时舞台下所曾亲切地感到的"④。事实上,熊佛西这一时期的剧本,由于适合舞台演出,便成为进步演剧尤

---

① 郑振铎:"序",熊佛西:《青春底悲哀》,商务印书馆1924年版。
② 瞿世英:"序",熊佛西:《青春底悲哀》,商务印书馆1924年版。
③ 瞿世英:"序",熊佛西:《青春底悲哀》,商务印书馆1924年版。
④ 郑振铎:"序",熊佛西:《青春底悲哀》,商务印书馆1924年版。

其是学校业余剧团演剧选择剧目的重要来源之一,推动了"五四"时期北方业余戏剧运动的发展。

更为重要的是,熊佛西早期剧作的思想倾向的主流宣扬了反帝反封建的民主革命思想和爱国主义精神,从而促进了我国现代戏剧文学的诞生,影响着我国早期现代话剧创作的发展。

熊佛西的早期创作在艺术上虽然受过陈大悲的影响,但其成就远胜过陈大悲。陈大悲作为"五四"时期北方爱美剧运动的代表人物,也创作了《爱国贼》《英雄与美人》《幽兰女士》等不少剧本,并且也都适合于舞台演出。但是,除了《幽兰女士》等个别剧本较有意义,其余的格调都不高。他的剧本过分追求情节的离奇,偶然的因素超过现实的可能性,文明戏的痕迹相当明显,手枪突响、人物躲在屏风后面之类的人为的舞台技巧比比皆是;为了追求表面的舞台效果,往往在剧本中硬加上一些莫明其妙的议论,在五幕悲剧《幽兰女士》中,也出现小偷慷慨陈词的场面,使观众产生虚假、滑稽之感。正如洪深所批评的,他的剧本"一致地用出奇的事实与曲折的情节来刺激观众,结果戏是'有劲'了,但也成为空想的闹剧了"[①]。熊佛西则不同,不仅他的第一个戏剧集所收的四个剧本有上述进步的意义,而且他此后创作的《甲子第一天》《一片爱国心》《洋状元》等也从各个角度反映了社会现实和宣扬了革命民主主义思想和爱国主义精神。

在三幕剧《洋状元》中,作者以辛辣的笔触讽刺了留学生不学无术、忘恩负义、数典忘祖的丑恶灵魂,嘲笑了地主的愚蠢无知。

1925年创作的《甲子第一天》则是熊佛西1949年前创作的唯一一部直接描绘革命者的三幕悲剧,其突出地反映了继《青春底悲哀》等四个剧本问世之后,熊佛西创作思想的新的发展。1923年,熊佛西从燕京大学毕业,应汉口辅德中学邀请,回到母校任教务主任兼英语教师。这时的汉口是当时中国的大商埠之一,也是劳动人民饱受剥削、压迫欺凌的囚笼。辅德中学位处长江边上,熊佛西经常同码头工人接触,了解到他们种种艰难困苦的状况,对他们的悲惨生活深表同情。在汉口一年中,熊佛西还结交了许多朋友,其中也有社会主义者,他对他们舍己为人、为解救人民痛苦奔走呼号、无畏战斗的斗争精神衷心敬佩。这种感受蕴藏在心头,直到在美国留学期间,他仍念念不忘,终于抒发在剧作中。新的生活、新的感受,使他开拓了题材,给他的创作带来了焕然一新的内容。在《甲子第一天》中,他通过青年律师时伯英支持工人罢工,不幸被

---

① 洪深:《现代戏剧导论》,《洪深文集》第四卷,中国戏剧出版社1959年版。

军阀逮捕杀害的悲壮事迹的描绘,热情地歌颂了这位革命志士用自己的生命去拯救别人的献身精神。这个戏是因1923年除夕"二七"大罢工领导者之一、共产党员施洋,被湖北都督王占元杀害引起他的创作冲动而写成的,作者通过时伯英这一艺术形象的塑造,曲折而又深沉地寄托了他对这一事件的愤怒和抗议之情,并对这位施洋革命志士表达了无限的同情和敬佩。

1925年,熊佛西创作的另一部三幕剧《一片爱国心》,是他的早期剧作中的代表作。这个戏从家庭内部矛盾这个生活侧面,通过对人物内心复杂矛盾的开掘和激烈的外部冲突,深刻地揭示了一场爱国与卖国之间不可调和的尖锐斗争。剧中女主人公唐亚男是一个聪明、热情、深明大义的女学生,她有一个温暖的家庭。母亲秋子是一个日本籍妇女,对亚男视若掌上明珠。亚男平时也爱母亲,母女之间有着深厚的感情。母亲要女儿穿日本和服,女儿依从了;甚至母亲要亚男不要参加抵制日货的辩论会,女儿也被迫同意了。然而,亚男的内心却怀着深深的痛苦。一方面她敬佩同学们的爱国热情,另一方面她又不得不忍受误会,被同学们骂为"卖国奴"。她不怨恨同学,只恨自己,恨自己出身在这么一个特殊的家庭之中。更令亚男苦闷的是,她的这一腔痛苦还欲诉无门,她只能深深地埋在心底里,时常向隅而泣,偶尔向自己的女友周女士倾诉。因此,她的性格除了单纯、热情的一面,还有深沉、忧郁的一面。然而剧本成功地刻画出,当问题涉及国家、民族利益这一大是大非问题时,她性格中炽热的爱国热情便如火如荼地迸发出来。第二幕,当她听说母亲让身为实业督办的哥哥唐少亭在一张出卖祖国矿山权益的契约上签字时,不禁义愤填膺,痛斥其兄:"假如不是作同胞情分上看,我恨不得把你吃掉!"当母亲抢过契约,冲出门去要将手中契约送交日本公使馆时,她毫不犹豫地赶上去从母亲手中夺回契约,撕得粉碎,掷入空中,大笑起来。唐亚男的这一系列行为,生动地表现了经过"五四"精神熏陶的青年一代强烈的爱国主义精神。在这个剧本中,作者又成功地塑造了另一个爱国者唐华亭的生动形象。唐华亭是辛亥革命时期的革命者,他对其妻秋子的救命之恩无限感激,相爱甚笃。此时,他对儿子签订卖国契约,怒不可遏,严词痛斥;当他发现秋子强迫儿子干出出卖祖国的事情,就毫不妥协,夺过契约,擦起火柴要将它烧掉。秋子揪住他的长须勒逼他交出契约,唐华亭斩钉截铁地说:"就是你今天把我的胡须完全拉掉了,我也不能给你!"唐华亭形象的塑造,进一步地反映了剧本所弘扬的爱国主义主题。

《一片爱国心》的另一成功之处,在于它鲜明地展示了唐亚男、唐华亭等人物活动的典型环境,真实地也再现了促成人物一系列爱国行为的具有鲜明时代特征的社会背景。虽然全剧三幕的舞台环境均在唐华亭家中，然而通过这个舞台窗口，观众却可以清晰地感受到 20 世纪 20 年代整个中国社会沸腾的时代脉搏。人们可以看到此时抗议列强侵略、抵制日货的风潮席卷了整个社会。学校里学生们痛斥亚男是"卖国奴"；甚至要召开辩论会，故意让她做执行主席，好当众羞辱她。虽然这种做法未免有点简单化，但确实真切地反映了当时青年表达爱国感情的特点。不仅如此，在这种时代背景下，秋子要挂一面太阳旗，也遭到仆人们的抵制。一向恭顺的男仆方顺居然敢于咒骂："你是什么臭东西！这年头还挂日本旗？你甘心做卖国奴吗？"连过路行人看见唐家大门口的日本旗也怒火中烧，经常在他家门口写上"卖国贼"、"亡国奴"、"亲日走狗"等种种词句进行痛斥。正是这些席卷全国的高涨的爱国主义感情，影响了唐亚男、唐华亭，促成他们作出誓死要同卖国贼斗争到底的一系列爱国行为，从而揭示了产生主人公爱国行为的社会根源和历史根源。

《一片爱国心》倾向于表达强烈的爱国主义感情。围绕签约展开的这场尖锐的斗争，鲜明地谴责了出卖民族利益的卖国行为，表现了反对侵犯国家主权的强烈反帝意识。剧中女主人公唐亚男成为当时青年学生热爱祖国维护民族尊严的楷模。1920 年代末 1930 年代初，此剧在各地广泛演出后，许多女学生出于对唐亚男精神的敬佩和仰慕，纷纷把自己的名字改为亚男。《一片爱国心》不仅具有较广泛的社会意义，而且具有较高的艺术性，它那生动的人物塑造，有条不紊的结构，精练的艺术手法，通俗流畅的语言，使它在艺术成就上也成了这一时期数量极少的多幕剧中较出色的一个。此剧在两三年中演出多达 400 余场，一直到抗战初期，还是话剧舞台上广泛上演的剧目之一，电台上播出的也是此剧的演出实况录音。1929 年，《一片爱国之心》还在比利时两度上演，获得成功。几位比利时教师看后赞赏说："这剧是出于一位大文豪的手笔"，它能将"爱国的精神充分地表现出来"①。凡此种种，都表明《一片爱国心》是在我国现代话剧诞生时期涌现的一个具有进步思想倾向和较高艺术质量的优秀多幕剧，也是熊佛西早期戏剧创作中影响最大的一部剧作。

从 1919 年至 1927 年，是我国现代话剧诞生和初步发展的时期。以《新青年》杂志为主战场的"五四"新文化运动，促使我国现代话剧艺术从文明戏的胚胎中诞生出来，并产生了中国现代话剧史上第一批创作成果，熊佛西在这一时期的话剧创作构成其重要组成部分。作为我国现代话剧运动的拓荒者，熊佛西的这些剧作适应了现代话剧艺

---

① 《戏剧与文艺》，《通讯》1929 年第 I 卷第 2 期。

术诞生时期的需要，为刚刚兴起的我国现代话剧争取了观众，对我国现代话剧创作的诞生和初步发展作出了开创性的功绩。在 2015 年《新青年》诞生 100 周年之际，我们将永远缅怀杰出的戏剧教育家、优秀的剧作家熊佛西为中国现代文化、现代话剧所作出的开创性的历史贡献。

（原载《纪念〈新青年〉创刊 100 周年学术研讨会论文集》2015 年）

《文学创作》月刊与抗战文学
多元共生空间的建构

佘爱春

　　洪子诚在谈到"文学共生"的想象时指出："如果按一种理想主义的对文学状态的想象,也可以说 40 年代前期是一个文学共生的时期。不仅'纯文学',通俗文学也得到了发展,张恨水等的处境,他们和新文学作家的关系,得到了调整。新文学内部的各种追求,各种派别的关系,也发生了变化。"①可以说,这一论断是比较客观准确的,对我们考察抗战前期的文学生态有着重要的指导意义。但事实上,具体到国统区大后方文学,我们发现,不仅是抗战前期甚至整个抗战时期都呈现出"多元共生"的文学生态景观,尽管在不同时期和不同区域这一多元共生现象表现程度不同。这一方面得益于在民族救亡、抗战建国的旗帜下文化人和文艺家们抛弃前嫌、抛弃政治倾向和文学偏见,形成文化抗战共同体,使得新文学、通俗文学、大众文学、民间文学等各种文学类型,小说、诗歌、散文、戏剧、文论等各种文学文体样式都得到了很好的发展;另一方面,作为文学生产与传播载体的报纸、刊物等现代传媒也在其中扮演十分重要的角色。而自称为"国内惟一之巨型文艺刊物"②的《文学创作》月刊以其对文学的多元共生理想的执着追求,以其广博而实力雄厚的作者阵营和坚实而丰富多样的文学创作建构了一个文学多元共生的想象空间,有力地推进了大后方抗战文学生态的健康发展。

　　《文学创作》是抗战中后期以文学创作为主兼顾评论的大型综合性纯文学期刊。1942 年 9 月 15 日创刊于桂林,16 开本,月刊,熊佛西主编,文学创作社发行,先后由桂林三户图书社和桂林文人出版社总经销;1944 年 6 月 15 日出版至第 3 卷第 2 期,因桂林开始疏散而停刊,前后历时一年又九个月,共出版 3 卷 14 期;是"抗战中流行于西南地区的最有影响的文艺刊物之一"③。

　　《文学创作》的诞生得益于文化人"第二次赴桂潮"所带来的桂林文化城文化生态

---

① 洪子诚:《问题与方法:中国当代文学史研究讲稿》,生活·读书·新知三联书店 2002 年版,第 141 页。
②③ 茅盾:《桂林春秋——回忆录(二十九)》,《新文学史料》1985 年第 4 期。

环境的好转与复苏。1941 年底太平洋战争爆发,香港随即沦陷,桂林得天独厚的自然环境和社会文化环境便成为香港进步作家和文化人的庇护所。1942 年 3 月到 7 月,大批因躲避战火或因皖南事变而流亡香港的文化人,纷纷选择撤港入桂,形成了国内文化名人第二次赴桂热潮。随着何香凝、柳亚子、茅盾、胡风、端木蕻良、骆宾基、胡仲持、叶以群、于伶、周钢鸣、杨刚、凤子等著名作家、戏剧家、文化人陆续辗转抵达桂林,因皖南事变一度低落的桂林文化城迅速热闹起来,文艺活动、文艺创作和出版业也随之兴盛,掀起了桂林文化城抗战文艺运动的"第二次高潮"。

众多知名作家和文化人的到来,一方面给桂林文化城带来了新的生机和活力,另一方面也对桂林文化城提出新的需求,需要有更多更自由的文化空间和文学园地来表达他们的文化诉求和抗战体验。为了满足文化人士的表达需求,大批文学刊物纷纷创办。据统计,仅在 1942 年、1943 年两年里,桂林新出版的文艺刊物就有《文学创作》《文学批评》《新文学》《创作月刊》《青年文艺》等 17 种之多,其中仅 1942 年就创刊了 9 种,以致被人称为"文艺年"。① 而大型综合性文学刊物《文学创作》的创刊,正是 1942 年"文艺年"中最为突出的成果。

关于《文学创作》创刊的缘由,主编熊佛西并没有专门撰文作明确交代。但从 1941 年 7 月 24 日熊佛西举家从重庆来到桂林,而直到一年后的 9 月 15 日才创办《文学创作》,其中并非毫无缘由,大致说来有如下几点:其一,因为刚到桂林,虽然有田汉、欧阳予倩等戏剧界的老朋友在桂林,但对桂林文艺界并不熟悉,还需要一段时间来加强自己与文艺界的联系,所以熊佛西来桂林后没有忙于办刊之事,而是把精力转向小说创作,创作了第一部长篇小说《铁苗》,并在《大公报》文艺副刊发表。其二,"皖南事变"之后,虽然桂林的文化舆论环境不像重庆那么严酷,但抗战文艺活动也受到国民党当局的多番打压,许多进步文化人离开了桂林;从安全角度考虑,这种政治文化环境并不适宜创办文艺刊物和开展抗战文艺活动。而太平洋战争爆发后,抗战局势发生了变化,特别是 1942 年 3 月之后,随着越来越多的文艺界朋友来到桂林,桂林文艺运动逐渐活跃起来,这就为刊物的创刊带来了机缘和创造了条件。正如茅盾在《桂林春秋》中回忆时所说:"然而到了八月份,熊佛西突然雄心勃勃地要创办一个大型文学刊物。他找柳亚子、田汉和我商量,认为桂林的文艺刊物虽多,但缺少大型的能长期坚持下去的有权威性的文学期刊,他要求我们支持他组织一个文

---

① 司马文森:《闲话一九四二年的文艺》,桂林《大公报·文艺》1943 年 1 月 1 日。

学创作社，出版《文学创作》月刊，以充实西南的文化生活。他自任总编辑，要求我们每人每期至少提供一篇稿子。"①其三，作为一个知名戏剧家和文化人，熊佛西也想通过创办刊物，加强与桂林文艺界的联系，扩大自己在桂林文艺界的地位和影响力，进而实现其推进抗战建国文艺的文化理想。他在《发刊词》中说："我们战斗，为的是要开辟一个更光明更自由的天地。中国与其他弱小民族或民主国家现在都联合起来了。高举正义的旗帜，参加这个创造新历史的伟大战斗！我们对于这战斗有坚贞的信念：纳粹强盗与日本军阀必倒，被压迫的民族与民主国家必胜！我们以无限高度的热情，憧憬着未来的新世界与新文明！""在这个伟大的时代里，当然会发生许多可歌可泣，幸与不幸的事迹。这是创造这个新历史的艰苦过程中必有的现象。这，在文艺创作上，我们认为是弥可珍惜的题材。我们想藉着这个小小刊物，邀约全国作家，替这个伟大的战斗时代留下光辉的一页，以尽同人服务国家人群的绵薄之力。"②的确《文学创作》的创刊，有效地促进了熊佛西与桂林文艺界的联系，使全国许多知名作家和文化人聚集在刊物周围，以独特的风格和坚实严整的文学创作，推进了大后方抗战文艺运动的深入发展。

　　与20世纪二三十年代的大多数文学刊物是"同人刊物"不同，《文学创作》是一个汇聚"全国作家"的公共园地。熊佛西在《发刊词》中就表达了这样的抱负和"野心"——在某种程度上，他要把《文学创作》打造成一个涵盖自由主义作家、民主主义作家、左翼文人和资产阶级文人等全国作家的一个公共空间。这既是作为自由民主主义作家熊佛西的文化理想，也是他来到桂林后政治思想文化观念转变的体现。有论者就认为，桂林时期是熊佛西"一生思想上获得长足进展的一个重要时期"，他"逐步由自由民主主义者转变为革命民主主义者"③。熊佛西这时期思想观念的转变，使他赢得了广大左翼进步文化人士的好感和认同，并得到了他们对刊物的大力支持。茅盾曾高度肯定熊佛西思想观念的转变，并对《文学创作》给予了鼎力支持："我很早就认识熊佛西，……后来他去美国专门研究话剧，三十年代回国后就成了有名的戏剧家，并在北京大学当教授，在国民党那里颇受尊重。那时我们已没有来往，他在我眼里是个有正义感的资产阶级学者。然而我们在桂林的会晤和多次恳谈，使我改变了看法。他虽谈不上信奉共产主义，却是个相当彻底的民主主义者，在坚持抗日，要求民主和社会进步，

---

① 茅盾：《桂林春秋——回忆录（二十九）》，《新文学史料》1985年第4期。
② 《发刊词》，《文学创作》1942年第1期。
③ 魏华龄、李建平：《抗战时期文化名人在桂林》，漓江出版社2000年版，第249页。

反对国民党倒行逆施等问题上，都和我们的观点一致；他对苏联，对中共的斗争，亦抱赞赏和支持的态度。""我认为，支持熊佛西创办大型文学期刊，比我们自己挺枪上阵更为有利也更为有效，它有可能在西南站住脚跟。于是我与柳亚子、田汉共同商定，大力支持熊佛西创办《文学创作》，并答应每人每期至少写一篇文章。以后我们三个都没有食言。"①

要想实现"全国作家"公共园地这一办刊理想，广博强大的作者阵营是其根本保证。对此，作为资深编辑的熊佛西有着清醒的认识。在《文学创作》筹备阶段，熊佛西便充分利用自己在文化界的资历与影响力，以及在抗战爆发前已累积起来的人脉资源等有利条件，与柳亚子、茅盾、田汉等在桂文化名人频繁接触与交流，并多次向他们约稿、催稿。著名诗人柳亚子曾多次谈到熊佛西"高明的拉稿手段"，在《榕斋读诗记》一文"后记"中这样写道："佛西先生编纂《文学创作》，索稿甚殷，愧无以报。他出了几次题目给我，第一次是《从香港到桂林》，题目很好，但我却交不上卷，因为香港脱险记之类，写的人太多，不免雷同之憾。……第二次呢，是要我写些感想之类的杂文。感想，当然是有的……不过，感想要联成片段，已不容易，要见诸文字，自然更加困难了。……第三次题目，是要我写自传。《自传》我倒老早想写的；去年在香港战事以前，胡仲持兄就也要我写过，书名都拟好了，是《五十五年》，因为照中国的习惯算起来，我去年恰恰是五十五岁呢。想把个人生活做'经'，世界大事做'纬'，也许可以好好的写成一部书。"②正是在熊佛西"高明的拉稿手段"和多次约稿催稿下《文学创作》聚集起了一支实力雄厚的庞大创作团队。据不完全统计，在刊物刊行近两年时间里，共有来自全国各地的120多位作家的作品在刊物发表。

与之前熊佛西在重庆主编的大型戏剧刊物《戏剧岗位》的作者阵营主要局限于重庆、成都等地的自由主义文化人不同，《文学创作》打破了地域和作者身份的限制，撰稿人来自全国各地，最明显的是有许多左翼作家和进步文化人士的加盟。从作者生活区域上看，主要是国统区大后方的作家，也有少量解放区的作家；其中以桂林为主，还有来自昆明、成都、重庆、贵州、湖南、晋绥边区等全国各地的作家，如昆明的沈从文、李广田、王了一、朱自清等，贵州的蹇先艾，重庆的郭沫若、臧克家等，湖南的蒋牧良、张天翼

---

① 茅盾：《桂林春秋——回忆录（二十九）》，《新文学史料》1985年第4期。
② 柳亚子：《榕斋读诗记》，《文学创作》1942年第1期。

等,晋绥边区的周文,等等。从作者年龄和知名度看,既有柳亚子、郭沫若、茅盾、沈从文、老舍、熊佛西、田汉、欧阳予倩、苏雪林、凌叔华、朱自清、洪深、王鲁彦、塞先艾等文坛老将,也有邵荃麟、臧克家、张天翼、李广田、胡风、沙汀、艾芜、端木蕻良、周钢鸣、陈白尘、朱光潜、司马文森等青壮实力派,同时还集结了一批文学新锐,如路翎、碧野、骆宾基、刘北汜、徐盈等;尤其值得一提的还有一些刚从事文学写作的文学新人,如程远、冰波、蓝璧金等。从作者身份及政治倾向看,左、中、右汇聚在一起:既有郭沫若、茅盾、田汉、张天翼、胡风、艾芜、沙汀、邵荃麟、端木蕻良、司马文森、黄药眠、任均、周文等左翼作家,又有老舍、沈从文、朱自清、洪深、欧阳予倩、王鲁彦、臧克家等自由主义、民主主义作家,还有凌叔华、苏雪林、钱歌川、谢冰莹、顾一樵等与国民党较为亲近的作家。正是在这些老中青、左中右作家们的通力合作和共同努力下《文学创作》创刊不久就声誉日隆,"销行逾万,遍及各地",成为一个名副其实的"全国作家"进行文化抗战的公共园地。

　　作为一个"文学多元共生"的公共空间《文学创作》在栏目设置上将小说、论文、散文、诗歌、剧本等常规性栏目均纳入其中,对小说、论文、散文、随笔、诗歌、剧本等各种文体都给予了高度重视。据统计,在 3 卷 14 期中共发表小说 78 篇(共 71 部,有几部连载)、戏剧 10 部(有几部连载)、散文随笔 64 篇(有几篇连载)、诗歌 26 首、论文 17篇(不包括卷首语和简评)。其代表性的作品,小说有茅盾的《耶稣之死》《列那和吉地》《虚惊》、艾芜的《邻居》《回家》《生命》、端木蕻良的《初吻》《早春》、骆宾基的《一九四四年的事件》《北望园的春天》,以及司马文森的《鸽》、沙汀的《北斗镇》等;剧本有郭沫若的《孔雀胆》、田汉的《黄金时代》、熊佛西的《袁世凯》;散文随笔有沈从文的《水云》、谢冰莹的《南归散记》、柳亚子的《五十七年》、欧阳予倩的《后台人语》等;诗歌有臧克家的《石滚河》《战地上的风沙》、任钧的《街头九歌》《捷音中的山城》、王亚平的《江边小歌》等;文艺理论有老舍的《如何接受文学遗产》、端木蕻良的《论艾青》、张天翼的《贾宝玉的出家》、周钢鸣的《搏斗与追求》和胡风的《创作现势一席谈》等。可以说《文学创作》很好地体现了"以创作为主兼及评论"的刊物定位,满足了各类读者的阅读需求;虽然有所侧重,各类文体文章刊登的数量不等,但毫无疑问《文学创作》俨然成为各类文体汇聚一场、竞相展示的公共平台和文学空间。

　　《文学创作》刊发的作品在题材选择、创作取向和作品风格上,多姿多彩,异彩纷呈。其《发刊词》即开宗明义指出:"我们以无限高度的热情,憧憬着未来的新世界与新文明!"《为文学创作月刊征求定户启事》则进一步表明:"本社创设文学创作月刊,为的是要把在这个伟大的时代里底一切斗争，一切进步，留下光辉的一页。"①正是本着"为伟大的时代留下光辉的一页"的办刊宗旨和建设"未来的新世界与新文明"的文化理想，《文学创作》以丰富多样的文学题材、高昂沉郁的文学品格较为全面地记录和呈现了抗战中后期的现实生活和文化人的精神状态。

从文学题材和主题上看，《文学创作》以反映抗战现实为主兼及社会人生的方方面面。有对抗战前线艰苦紧张战斗生活的生动描摹，如黄药眠的《克复》、冰波的《不成功的战斗》、蓝璧金《海外从军记》等。其中黄药眠的小说《克复》以沦陷后的萧村为背景，讲述抗日游击队领导村民与敌伪进行不屈不挠的斗争，最后取得胜利的动人故事；而臧克家的诗歌《战地上的风沙》则是描写一群在寒冬腊月、风沙肆虐的战地上挖战壕的战士们，歌颂了战士们坚韧顽强的毅力和战斗精神。有对战火中惊险逃难经历的形象叙写，如徐言于的散文《从上海归来》、茅盾的小说《虚惊》和《船上》等。其中《虚惊》以第一人称的叙述视角，从微观着笔，细致描写了几位逃出香港的爱国人士在东江游击区的一段惊心动魄的逃难经历。有对人民群众反抗斗争精神的歌颂和赞美，如张煌的小说《苍鹰》通过一个爱憎分明、不屈不挠的爱国文学青年仓英的反抗和奋斗，歌颂了"苍鹰"般的反抗斗争精神；而任钧的诗歌《捷音中的山城》则是一首歌颂人民群众抗战激情，相信抗战必胜的诗作。有对大后方黑暗现实的揭露与嘲讽，如沙汀的小说《北斗镇》对大后方地方政府与当地恶霸相互勾结、大发国难财的丑恶现实的揭露与控诉；王西彦的小说《鱼鬼》叙述了有着高超捕鱼技巧的农民"鱼鬼"一家的悲惨遭遇，谴责地方政权的黑暗无道；而茅盾的小说《过年》则描写了大后方的一个小公务员的凄楚辛酸生活。有对延安边区军民大生产运动的描写，如周文的小说《生产日记》以日记体的形式，生动形象地描写了延安边区军民热火朝天的大生产运动。有对童年的追忆和故乡的思念，如端木蕻良的小说《初吻》对美好童年生活的寻找和追忆，而《早春》则细腻地描摹了少年对异性感情萌动的朦胧美丽画面。有对人性的审视与反思，如凌叔华的小说《中国儿女》对日本兵广田弘人性化叙写和人性苏醒的召唤；王鲁彦的小说《樱花时节》通过对一个被俘日本士兵的情感变化和悲剧结局的叙写，对普通日本士兵的悲惨遭遇寄予了深切同情。还有对大后方知识分子群体的生存状态和精神状态的描摹，对劳动人民和普通大众悲惨生活、劳动生活和美好爱情的叙写，借宗教故事、民间故事及历史人物对黑暗现实的讽喻，等等。

---

① 《为文学创作月刊征求定户启事》，《文学创作》1942 年第 1 期。

　　《文学创作》一个显著的特点是对传记类文学的重视,发表了大量的传记类文学作品。从这些作品的内容看,主要包括两类:一是讲述自己经历的自传;二是为他人作的传记,即他传。自传类作品主要有柳亚子的《五十七年》、欧阳予倩的《后台人语》、徐言于的《从上海归来》、蹇先艾的《六天的旅行》、柳无忌的《南岳日记》、周凯华的《桂黔滇纪程》、苏联伊林的《伊凡诺夫自述》等。柳亚子的《五十七年》和欧阳予倩的《后台人语》是其中影响最大的两部。长篇自传《五十七年》是柳亚子所有传记类文字中对家庭出身、早期革命和社会文化活动记叙得最为详细和最为丰富的一部,被称为“中国现代文学史上最富于革命意义和史料价值的珍贵的传记文学作品之一”①。从“开场白”可知,这篇传记是在主编熊佛西“非常高明”的拉稿手段下多次“进攻”“逼迫”下产生的,并在第2卷第2期头条刊登,之后又在第2卷第3、4、5期和第3卷第1、2期连载,可见熊佛西对此文的重视程度。全文包括“开场白”“从甲申到甲午”“从甲午到戊戌”“从戊戌到癸卯”“从癸卯到丙午”五个部分,以年代为顺序,从1884年写到1906年,讲述柳亚子先生20岁以前丰富多姿的成长历程。在写法上,作者不拘泥于个人成长经历的叙述,而是把自己经历与时代的发展变化紧密结合起来,以“自己的生活做经,拿中国政治和国际局势做纬”②,在讲述自己家世和个人经历的同时,详细地记录那一时代中国社会的政治剧变,为中国近现代革命史提供了珍贵的史料。与此同时,该自传文笔风趣幽默,读来很有感染力和趣味性,充分体现了柳亚子“大神经”式的独特文风,不愧为文学与历史高度融合的传记佳作。而《后台人语》是著名戏剧家欧阳予倩1942年8月至1943年9月在桂林写的回忆录,共四部分内容,连载于第1卷第1、4、6期和第2卷第5期,生动翔实地记载了1937年“八一三”至1939年9月间欧阳予倩在上海、桂林、香港、衡阳等地参加抗战救亡戏剧运动和从事旧戏改革实验的经历。《后台人语》“之一”记载了在湖南衡阳的演剧经历,着重探讨了戏剧演出中的演出理论问题;“之二”讲述了抗战爆发后在上海参加救亡演剧活动的过程与劳绩和逃离上海的惊险经历;“之三”写在桂林从事桂剧改革的经过与成绩;“之四”讲述了在香港的生活情况、参加戏剧活动的经历和重返桂林的情景。该文把理论性和实践性结合起来,既有理论的探讨又有具体示范,内容丰富,翔实生动,是中国现代戏剧珍贵的史料。

　　与自传类作品侧重于对抗战时期生活经历记载不同,他传类作品主要是历史人物

① 蔡定国、杨益群、李建平:《桂林抗战文学史》,广西教育出版社1994年版,第664—665页。
② 柳亚子:《五十七年》,《文学创作》1943年第2期。

的传记。这些历史人物大都生活在国家危难时期，他们身上所呈现出来的伟大精神和高贵品格有着强烈的现实价值和启示意义。柳亚子的《明季吴江民族英雄吴日生传》、任中敏的《夏完淳第十三传》和王在民的《晚明澹归和尚事考》是对明末清初时期民族英雄吴日生、夏完淳、澹归和尚悲壮人生的叙写，而田曲的《大爱国诗人陆放翁》则是对宋代著名诗人陆游的民族气节和爱国事迹的叙述。这些作品通过对历史人物民族主义精神和爱国主义精神的歌颂，起到了鼓舞抗战军民的爱国热情和斗争精神的积极作用。释巨赞的《弘一法师》和熊佛西的《记梁任公先生二三事》是两篇纪念悼亡之作，讲述弘一法师和梁启超的一些感人事迹，对他们的伟大人格与高洁品质给予了深情的赞颂。而顾一樵的《慰慧》是一篇很特别的传记作品，既记载了自己抗战爆发以来在北平、武汉、重庆等地逃亡经历，也记载了小女儿慰慧从出生到夭折的短暂一生，对爱女的浓浓爱意充满字里行间，感情深切而无奈，是一篇自传和他传融合的深情之作。这些传记类作品，无论是对自己生活历程和斗争经历的叙述，还是对他人伟大人格和爱国事迹的记载，都情真意切，感人肺腑，意义深远。而《文学创作》以大量篇幅郑重推介这些文章，其目的就是想借这些知名作家和历史伟人的真人真事来鼓励和教育人们，提升广大军民的抗战精神和斗争意志。

积极推进抗战戏剧运动是《文学创作》的又一大特色。该刊不仅发表了许多戏剧理论和戏剧作品，而且还在 1943 年 4 月 1 日第 1 卷第 6 期推出了一个"戏剧专号"，是抗战时期最早推出"戏剧专号"的大型纯文艺刊物。这既是主编熊佛西借戏剧家身份与国内戏剧界广泛的人脉资源和多方拉稿催稿的结果，更是他对戏剧的偏爱和倚重的体现。正因如此，许多剧作家和戏剧爱好者纷纷应邀聚集到《文学创作》中来，创作了不少颇具分量的戏剧佳作。

这些戏剧作品题材比较丰富，历史题材剧作主要有郭沫若的《孔雀胆》（四幕史剧），熊佛西的《袁世凯》（三幕史剧）；现实题材剧作有田汉的《黄金时代》（四幕剧），老舍、赵清阁、萧亦五共同创作的《王老虎》（四幕剧），丁伯骝的《择邻记》（独幕剧），徐昌霖的《回锅肉先生》（独幕剧）；以小说《红楼梦》为题材的剧作有端木蕻良的《林黛玉》（独幕剧）和《晴雯》（独幕剧）；还有田汉的改良湘剧《新会桥缘》和翻译剧作英国米伦的《春到人间》（三幕剧，钱歌川、琼凤译）。其中影响较大的有郭沫若的《孔雀胆》、熊佛西的《袁世凯》和田汉的《黄金时代》和《新会桥缘》等剧作。

四幕史剧《孔雀胆》是郭沫若"抗战六剧"之一，是郭沫若继《高渐离》之后，在桂林发表的又一部历史剧，全剧四幕六场，在第 1 卷第 6 期"戏剧专号"头条发表。该剧以

"善与恶—公与私—分与合"两条对立冲突线索,讲述了元朝末年云南统治者梁王听信车丞相谗言伏杀女婿段功,致使女儿阿盖服毒殉情的悲剧故事,谱写了一曲悲壮的民族爱情之歌。剧本运用大段散文化独白和独特的悲剧艺术鞭挞了统治者狭隘的民族主义政治,提出了在抗战时期"怎样去团结国内各民族"①的重大问题,具有强烈的现实意义。三幕史剧《袁世凯》是熊佛西抗战时期影响最大的剧作,被称为 1942 年"剧坛之一大收获"②。全剧三幕四场,在第 1 卷第 1 期至第 3 期连载,后来又作为"文学创作丛书"之一出版。该剧把北洋军阀的卖国求荣与全民抗战的现实斗争结合起来,运用对比和虚实结合的手法,通过对袁世凯窃位称帝和复辟倒退的阴险毒辣嘴脸的刻画,揭露了大军阀袁世凯卖国求荣的丑恶行径,鞭挞了抗战时期的封建势力,表达了"铲除袁世凯的作风与扫荡当前的封建势力"③的思想主题,具有积极的意义和进步的作用。

《黄金时代》是田汉在桂林创作的描写知识分子的一部力作,全剧四幕,连载于第 1 卷第 3 期至第 6 期。该剧以抗战时期的知识分子为描写对象,通过对青年战地服务团队长梁士英的积极抗战和副队长余世祯的消极抗战的对比,热情讴歌了青年战地服务团以"自己的黄金时代去换取民族的黄金时代"、全心全意投身到抗战救亡运动中的爱国主义精神,批判了那些贪生怕死、消极抗日的个人主义倾向和丑恶行径。而改良湘剧《新会桥缘》是田汉抗战时期戏剧改革实践的一大成果,是他为中兴湘剧量身定做的一个剧本。该剧以湘剧高腔折子戏《老汉驮妻》为蓝本,进行重新构思和改编,根据抗战现实斗争的需要,抛弃了原剧中一些落后的封建因素,加入全家男女老少共同战斗、抵御外敌保家卫国的内容,赋予了剧本全新的意义。

总的来说,作为抗战中后期大后方最有影响的刊物之一《文学创作》以其开放的姿态和对文学共生理想的执着追求,为抗战文学建构起了一个多元共生的文学生态空间。这一多元共生文学空间的建构,不仅为来自全国各地的作家提供了自由而开放的文学园地,一定程度上挽救了因政治因素所导致的文艺运动低潮的颓势,把大后方尤其是桂林的抗战文艺运动推向了又一次高潮,而且以其对文学的现实性和艺术性的追求,提升了抗战文艺的质量,推动了抗战文艺的多元化发展。

(原载《山东师范大学学报(人文社会科学版)》2019 年第 2 期)

---

① 徐飞:《〈孔雀胆〉演出之后》,《新华日报》1943 年 1 月 18 日。
② "熊佛西两部新作"广告,《文学创作》1942 年第 3 期。
③ 熊佛西《关于我写的袁世凯》,《文学创作》1943 年第 4 期。

附录一：熊佛西研究文献综述

李志娟　　陈　军

熊佛西先生(1900—1965)是中国现代话剧的拓荒者之一,同时也是一位重要的戏剧教育家、导演、剧作家、戏剧活动家。研究中国话剧史论领域的学者,自然无法忽视熊佛西的影响与成就。早在新中国成立前,就有人关注其推行的戏剧实验和演出,例如孙伏园的《定县农村露天演出——熊佛西的剧本〈喇叭〉》(1934)、殷扬的《读〈戏剧大众化之实验〉》(1937年)、萧伯调的《由〈赛金花〉论熊佛西的剧作》(1945),但相对比较单一、零散,多为单个剧作的评论或读后感。直到新中国成立尤其是新时期以后,才出现比较全面系统地分析研究论文。在中国知网以"熊佛西"为主题进行检索,1958年到2019年之间的全部文献共129篇,其中期刊文章109篇,报纸文章1篇,学术辑刊5篇,国内会议记录4篇,硕博士论文10篇,但并非每篇文章都为专题研究,有些文献中仅为简单的提及。

学界研究涵盖了熊佛西的戏剧教学、创作、导演、运动、实践等多个方面,并大致呈现以下趋势:基本上每年都有一定数量的文章发表,在纵向上呈相对平均的趋势;具有纪念意义的特殊年份为学界研究成果产出的集中期,如1980年、1985年、2000年为熊佛西的诞辰周年,这些年份均有相关书籍出版和纪念文章发表;学界研究中有多个研究热点,如其曾任职过学校的校友和熊门子弟的纪念性文章、熊佛西的定县农民戏剧实验、"大众化"戏剧理论等,其中学者们关于定县戏剧实验研究的思路最为明晰,占比重最大。本文拟将熊佛西的研究成果进行归纳、总结,大致分为对熊佛西的生平行状研究、对熊佛西戏剧理论与创作研究、对熊佛西的戏剧实践活动研究三个类别,并分别论述之。

一、对熊佛西的生平行状研究

关于熊佛西的生平行状研究,大致可分为正式传记、生平考察、纪念文章三个方面。

1. 关于熊佛西的正式传记

此类论文,为研究者根据熊佛西的生平事迹、本人著作等相关材料,进行的学术性较强的撰文立传。韩日新的《熊佛西小传》(1984)为最早出现的传记文章，研究者从熊佛西的出生和求学谈起，在文中较为全面地记述了熊佛西的生平经历，肯定了熊佛西勤奋、爱国、正直的品格，称熊佛西"热爱戏剧并把自己的一生献给戏剧事业"，①对其戏剧事业上的贡献做出了客观评价。林碧珍的《熊佛西——中国现代戏剧大众化的开路先锋》(2002)和《熊佛西——先进文化的传播者》(2003)以及岱峻的《熊佛西——戏剧家的戏剧人生》(2011)三篇论文中，研究者皆对熊佛西的生平事迹进行了梳理和回顾，肯定了熊佛西在戏剧大众化、文化传播和戏剧教育等方面的贡献。韩日新的《熊佛西著作系年》(1982)一文为"传记年谱"的形式，研究者以年代为线索，记载了熊佛西一生所作的创作、理论、评论、编辑余谈、通信散文等，使后人观之一目了然，可供研究时参考对照，该文后被收录于 2000 年 11 月上海文艺出版社出版的《熊佛西戏剧文集》(上、下)丛书。

有关熊佛西正式传记的书籍，有陈方的《熊佛西：现代戏剧教育家》(上海教育出版社 1999 年版)和林碧珍的《熊佛西评传》(江西高校出版社 2001 年版)，前者侧重于记录熊佛西在上海进行戏剧教育的历史，后者则从熊佛西的戏剧创作、戏剧教育探索、戏剧理论三个方面对其人生履历进行了评述，这两本书都是比较厚实的"长时段"历史实证研究。

2. 关于熊佛西的生平考察

此类论文为研究者围绕着熊佛西本人，进行的一系列有关人物经历、交往、身份地位等方面的研究。新中国成立之前，报刊上有零星的关于熊佛西生平事迹的记载，如野蛮人《熊佛西印象记》(1935)、洪波《熊佛西先生印象记》(1937)、九原《熊佛西编导的〈阿 Q 正传〉演在中旅之前》(1937)、李黑虎《熊佛西与叶子》(1946)、刘沧浪《熊佛西在尼姑庵的时候》(1946)等。该时期的文章中，大部分为作者与熊佛西接触后写下的亲历见闻，如赵景深的《记熊佛西》(1946)中记录了一段会面的经过。亦有民国报人撰写、聚焦于熊佛西私人生活的时评杂感，追求名人效应，谈不上多少学术研究。新中国时期，张真在《记熊佛西〈赛金花〉被禁事》(1981)一文中，记录了 1937 年亲历的《赛金花》被禁事件，记下熊佛西向观众道歉的过程和彼时"声泪俱下""一面喃喃自语，一面挥泪而去的"的精神状态，先贤对于戏剧严肃、诚恳的态度可见一斑。关于熊佛西人物交往的研究，如宫立的《熊佛西与王统照关于中华戏剧改进社的通信》(2015)一文，收

① 韩日新：《熊佛西小传》，《新文学史料》1984 年第 1 期。

录了熊佛西于 1925 年 3 月 1 日写给王统照先生的一封信,在信中可见先贤对戏剧运动的思索之余,亦可见其和蒲伯英、余上沅等多位文坛名人之间的交际。李斌、程桂婷的《"南田北熊"之说与相关史料勘误》(2012)对熊佛西在戏剧界的身份地位了进行研究,将"南田北熊"这一广泛流传的说法进行考证,由此得知该说法并非来源于大多数人所认为的欧阳予倩之口,而是出自罗芳洲所写《现代中国戏剧选》一书的序言,观念形成的背后,亦非纯粹的艺术问题探讨,而是特殊政治环境下的产物。除此之外,一些文献如万一知的《桂林文化城记事》(1980)和赵清阁所撰写的纪念文章等,虽不以熊佛西为研究支点,却能旁见侧出地勾勒出先贤的戏剧活动剪影。

3. 关于熊佛西的纪念文章

这类文章部分来源于熊佛西的家人、同行、同事等生前有过密切接触的群体,如熊佛西之妻——叶子女士,以妻子的身份撰写了《回忆熊佛西的艺术生活》(1982)一文,在文中,她回忆了自己和熊佛西一起走过的艺术生涯,回顾了熊佛西组建剧团、创办刊物、导演作品以及和多位文坛名人的生平往来,对戏剧创作、戏剧活动、戏剧教育几个方面皆有涉笔。陈白尘在《现代戏剧家熊佛西·序》(1983)一文中回忆了和熊佛西的几次相见过程。也正如陈白尘先生对熊佛西作出"四十年间始终为中国戏剧教育事业辛勤耕耘,培养戏剧骨干何止千人"的评价,[①]熊佛西曾在北平大学艺术学院、四川戏剧学校、上海戏剧学院三校担任教职工作,学生众多,桃李天下,因此关于熊佛西的纪念文章,大多数来源于曾经受教的学生。

高群的《怀念恩师——熊佛西》(1982)、苏枚的《遗爱在心永难忘——原四川省剧校在蓉校友集会追念熊佛西校长记实》(1982)和方新的《忆熊佛西创办四川省立剧校》(1997),这些文章都来自四川戏剧学校校友们的回忆,陈多的《永难磨灭的遗爱——怀念杰出的戏剧教育家熊佛西老师》(1982),陈多、袁化甘的《作为一个真正的戏剧教育家——纪念熊佛西师诞生九十周年》(1990)等文则来自上海戏剧学院校友们的回忆。校友们的回忆文章中记录了熊佛西办校经历、教学管理、师生往来等点滴事迹,用情真挚,读来颇为动人。马明在《名彪剧史,并世无第二人》(2000)一文中,自称为"一个曾有幸受业于熊佛西先生门下的白头学生",[②]以及陈艰的《透明,理解却姗姗来迟——参与〈熊佛西戏剧文集〉编纂工作的感言》(2000),两篇文章都从熊门弟子的

---

① 陈白尘:《现代戏剧家熊佛西·序》,《读书》1983 年第 7 期。
② 马明:《名彪剧史,并世无第二人》,《戏剧艺术》2000 年第 6 期。

角度出发，叙述了熊佛西在戏剧研究领域如何负芒披苇的过程。

观目前对于熊佛西生平行状的研究，亦可得知，由校友们和熊门弟子所撰、含缅怀追思之意的纪念性文章在其中占了较大比重，此类文章中有颇多丰富、生动而真实的日常生活细节，因而具有了珍贵的史料价值。后人亦可从纪念性文章中见微知著，通过点滴细节感知到熊佛西的人格魅力：熊佛西是一位爱护学生、注重教学的教育家，一位筚路蓝缕、一往无前的实干家，一位刚正不阿、正义凛然的爱国戏剧家。而在熊佛西的教育家身份得到了学界的较多关注和研究之时，熊佛西的戏剧活动家、文坛名人、杂志编辑、革命者等多重身份却并未得到充分的探究。目前学界对于熊佛西生平经历的考察，如早年从艺经历、文坛人际交往脉络、戏剧界多个身份（如导演、剧作家、教育家、活动家等）的整体性研究等方面，以及对其生平活动、境遇经历的考辨与重现，亦尚属不充分的阶段，仍有着亟需后人填补的大量空白。如何通过还原历史和时代的真实场域，使后人认识到熊佛西更丰富、生动、综合的人物形象，这既是熊佛西研究的一个起点，亦是笔者鉴于目前研究状况所产生的反思之一。

二、关于熊佛西的理论与创作研究

熊佛西的理论与创作也是学界关注的领域，主要围绕于戏剧理论、戏剧创作、佚文考证三个方面。

1. 关于熊佛西的戏剧理论研究

《佛西论剧》（新月书店 1931 年版）中，收录了熊佛西的戏剧评论文章二十八篇，成为新中国成立后学者研究熊佛西戏剧思想的重要来源之一。丁罗男的《熊佛西戏剧思想简论》（1982）是关于熊佛西戏剧理论研究的最早论文，该文分别从"戏剧社会学""戏剧美学""戏剧艺术学"三个角度来阐释了熊佛西的戏剧思想，归纳了熊佛西的艺术理论方向，对其理论著作进行了整体性的考察和研究，其文对之后的诸多研究起了较大的参考、指引之用。朱云涛、李伟的《熊佛西戏剧理论的独特贡献及其现实意义》（2005），指出熊佛西的戏剧理论具有"开阔性、实践性、时代性"的特征，其理论的核心观念为"戏剧是大众的艺术"，熊佛西一生对戏剧的探索亦围绕着"大众性"这一核心概念展开。上述两篇论文以整体的角度，对熊佛西的戏剧理论进行了梳理、归纳与总结，从而肯定了熊佛西对中国现代戏剧理论的独特贡献。

关于熊佛西戏剧理论的不同侧面研究，如：殷扬于 1937 年发表于《戏剧时代》的《读〈戏剧大众化之实验〉》一文，为研究者有关熊佛西"戏剧大众化"理论的思考，认为熊佛西的定县实验"提供了不少关于写作和演出方面的特殊经验";①谭为宜《略论余上沅、赵太侔和熊佛西"国剧"理念的差异》(2009)聚焦于熊佛西的早期戏剧观,通过对三位"京剧运动"发起者进行了比较,指出熊佛西重视对戏剧的"内容"和"形式"之辩;陈建君的《熊佛西建设现代国民剧场的理念和实践》(2014)一文,聚焦于熊佛西的抗战时期戏剧理论,认为熊佛西的教育理念主要为培养民众的"民族国家意识、现代公民意识、戏剧社会教育"三大方面,且在理论指导下有详细的规划;丁芳芳的《民族认同、公民教育与抗战演剧——论熊佛西的抗战戏剧社会教育观》(2015)一文,考证了熊佛西的"京剧运动"、定县戏剧实验两次事件工作,提炼出了实践背后的戏剧理论,指出熊佛西对中国现代戏剧建设和国民剧场建设的显著贡献。值得注意的是,熊佛西的戏剧理论并非空中楼阁,其在形成过程中始终与大众化的戏剧实践、教育工作紧密相连,熊佛西素来注重艺术和社会的互动关系,今人在进行戏剧理论研究的归纳总结之时,应避免过于书斋化,需积极地推进理论与当下戏剧界的演剧实践相结合,真正地促进艺术生产。

2. 关于熊佛西的戏剧创作研究

新中国成立之前,有关熊佛西戏剧创作的评论文章时时散见于中文报纸与杂志。早在 1928 年,评论人梦天在《北洋画报》的"梦天谈剧"专栏,汇总发表文章《熊佛西君作剧小史之一页》(1928),在文中对熊佛西的早期戏剧创作进行总结,称"其苦心孤诣,已得相当之成功"②,该文亦为如今可追溯最早的关于熊佛西戏剧评论的文献。沈曙的《读佛西戏剧集》(1937)、萧伯调的《由〈赛金花〉论熊佛西的剧作》(1945)等,皆为当时报刊对熊佛西戏剧作品发表、出版的报道,评论者对熊氏戏剧作品做出了"真正的有着艺术价值"③"用潜移默化而非鞭扑责罚的方式让观众受到了戏剧教育"④等高度评价。曹树钧的《论熊佛西的戏剧创作——纪念熊佛西诞生八十五周年》(1985)一文则对其作品进行了整体研究,通过梳理熊佛西的戏剧创作轨迹,研究者提纲挈领地对其作品进行了归纳和阶段划分,在研究者的另一篇论文《〈新青年〉与熊佛西对中国现代话剧诞生的开创性贡献》(2015)中,则聚焦于熊佛西的早期

---

① 殷杨:《读〈戏剧大众化之实验〉》,《戏剧时代》,1937 年第 1 卷第 2 期。
② 梦天:《熊佛西君作剧小史之一页》,《北洋画报》1928 年第 5 卷第 209 期,第 2 页。
③ 沈曙:《读佛西戏剧集》,《华年》1937 年第 6 卷第 9 期,第 13—16 页。
④ 萧伯调:《读书青年》,1945 年第 2 卷第 2 期,第 10—11 页。

剧本创作，指出这些作品将"现代话剧艺术从文明戏的胚胎中诞生出来"①。通过两篇论文，研究者客观评价了熊佛西创作风格的成形和流变，并对其戏剧成就和历史贡献做出了客观的评价。

管窥目前对于熊佛西的作品研究，可发现熊佛西的喜剧作品和定县实验期间创作的农民剧作品为学界研究热点和重心。张健的《论熊佛西喜剧的寓言性特征》(1988)、《论中国现当代讽刺喜剧的尝试》(1999)、《30 年代中国现代讽刺喜剧的尝试》(2002)三篇文章都对熊佛西的喜剧作品进行了探讨，将其喜剧美学风格归纳为"简约、单纯、怪诞、象征"，挖掘出了作品的"寓言性"特征，从而指出其给中国现代戏剧的创作带来了可资借鉴的方法与技巧。胡星亮的《中国现代喜剧论》(南京大学出版社 1995 年版)一书总结了中国现代喜剧发展史的三大艺术流派：趣剧流派、幽默喜剧流派与讽刺喜剧流派，他把熊佛西的喜剧创作主要归为趣剧流派，其主要特征是：以"趣味"张扬社会思想的审美情趣、沐浴着时代风雨的启蒙色彩和"有情操而无真情"的审美表现②。黄斌的《民族话剧剧本的早期探索——以 1932—1937 年定县戏剧实验为例》(2012)对定县戏剧实验中的剧本进行文本分析，指出剧本具有"题材反映现实、故事完整、强调动作性、借鉴外国戏剧、吸纳戏曲艺术"等特征。③ 一些研究者从熊佛西的生平经历中得到启发，认为熊佛西早年的留洋经历，使其作品有着中西结合的特征，如胡德才《熊佛西的喜剧〈艺术家〉及其美学追求》(1991)和陈爱国《中国现代戏剧的"地心引力现象"——熊佛西〈喇叭〉与奥尼尔〈天边外〉的比较》(2004)两文，都引入了比较文学的研究方法，将熊佛西的戏剧文本与西方戏剧家的作品进行了文本分析与横向比较。在相互参照下，可发现熊佛西的《艺术家》一剧受到了英美戏剧运动及作品的影响，不失为"借鉴西方戏剧技巧而别出心裁的一个范例"④，而在将奥尼尔的《天边外》进行本土化改编为《喇叭》的过程中，有研究者认为，熊佛西因受到矛盾的创作心理干扰，忽略了中美两国之间艺术观念、社会环境等因素的差异性，造成了改编剧目和原著之间主题思想背离的现象。值得指出的是，迄今为止，关于熊佛西抗战时期(1937—1945)、新中国时期两个阶段的创作研究仍属阙如，有待弥补。

---

① 曹树钧：《〈新青年〉与熊佛西对中国现代话剧诞生的开创性贡献》，上海鲁迅纪念馆编：《纪念〈新青年〉创刊 100 周年学术研讨会论文集》，上海社会科学院出版社 2015 年版，第 323—332 页。

② 胡星亮：《中国现代喜剧论》，南京大学出版社 1995 年版，第 60—98 页。

③ 黄斌：《民族话剧剧本的早期探索——以 1932—1937 年定县戏剧实验为例》，《解放军艺术学院学报》2012 年第 3 期。

④ 胡德才：《熊佛西的喜剧〈艺术家〉及其美学追求》，《戏剧艺术》1991 年第 3 期。

3. 关于熊佛西的佚文考证和研究

目前,关于熊佛西文献资料有 2 部:一是陈多、袁化甘等编选的《现代戏剧家熊佛西》(中国戏剧出版社 1985 版),为国内外第一部公开出版的"介绍和研究熊佛西的专集",①该书包括了熊佛西传略和评论、熊佛西论著选、怀念和追忆三部分内容,并且选辑了熊佛西一些关于戏剧理论、编剧技巧的绝版文稿;另一是上海戏剧学院编委会主编的《熊佛西戏剧文集》(上海文艺出版社 2000 年版),该文集收录了熊佛西的部分剧本、专著、论文及其他。由于目前尚没有将熊佛西一生著述作品全部收集、整理出版,因此一些散佚文章陆续得到发现亦为意料之中,不少研究者将原本散存于旧刊中的佚文加以挖掘、梳理和考释,带来了新的研究发现。在中国知网上,关于熊佛西的佚文考证论文共有六篇,其中有四篇辑录了熊佛西本人的文章,为:陈梦熊的《顾颉刚、俞剑华、熊佛西的佚文》(2003),李斌、丁晓卿的《熊佛西的抗战戏剧观及相关佚文》(2012),李斌的《从佚文〈戏剧与学校〉看熊佛西的戏剧观》(2012),宫立的《熊佛西集外文四篇释读》(2019)。这些佚文包括熊佛西的讲稿、杂文、评论、剧评等,从中可看出熊佛西对学生剧、电影、抗战戏剧观、戏剧发展史等方面的思索和建议。其余的两篇佚文考证论文,为:廖太燕的《熊佛西、熊式一与江西省第四届教师寒假修养会》(2018)一文,考证了熊佛西于 1937 年 1 月出席江西省第四届教师寒假修养会的过程;冯清贵的《熊佛西话剧〈赛金花〉禁演佚文及史实考略》(2018)一文,辑录了熊佛西 1938 年发表于《战时戏剧》的佚文《〈赛金花〉被禁周年感言》,从文中我们了解到话剧《赛金花》被禁演的过程和之后的媒体报道,战争全面爆发前国内的戏剧生态和文化制度,和"国民党政府的专制主义文化特色"亦能由此观之。② 从熊佛西的佚文考证研究年份来看,或得益于网络信息技术的发展,2011 年后此类学术成果在数量上有着明显的提升。众所周知,史料的收集与整理是一切学术研究的前提和基础,相信伴随着熊佛西资料收集的丰富和完善,必将为熊佛西的学术研究带来新的增长点,有助于推动中国话剧研究的深入。

三、对熊佛西的戏剧实践活动的研究

恰如陈白尘先生评价熊佛西为"中国现代戏剧运动的拓荒者",熊佛西一生投身于戏剧事业,不仅在理论创作方面有极为丰硕的成果,在戏剧实践尤其是戏剧艺术大众

---

① 上海戏剧学院熊佛西研究小组:《现代戏剧家熊佛西》,中国戏剧出版社 1985 年版,第 394 页。
② 冯清贵:《熊佛西话剧〈赛金花〉禁演佚文及史实考略》,《四川戏剧》2018 年第 10 期。

化方面取得的成就，可谓"并世无第二人"。① "实践"一词意为人们改造、探索外部世界的有意识的社会活动，自美国留学归来，熊佛西便展开了漫长的戏剧实践生涯，其实践活动主要分为两个方面：其一，戏剧教学的实践，主要指熊佛西进入了校园体制后展开的一系列教学管理工作，如在北京艺术学校担任戏剧系主任兼教授等职务，在四川省立戏剧教育实验学校担任校长的职务，在上海市戏剧专科学校担任校长的职务；其二，戏剧实验的实践，主要指熊佛西在北平期间组织的戏剧公演，在天津展开的天津剧运，在接受了中华平民教育促进会的聘请后奔赴河北定县展开的戏剧实验，以及抗战期间于四川、广西等地展开的一系列戏剧实验等等。目前，学界对熊佛西的研究大多集中于以上两类，重视对熊佛西的戏剧实干家、教育家之身份的研究。相对于熊佛西其他领域的研究而言，对熊佛西戏剧实践方面的研究尚属全面和充分，研究成果也较为丰富。

1. 关于熊佛西教育教学实践活动的研究

需要注明的是，此类研究的研究对象并非广泛的、社会性的戏剧教育实践，而是以熊佛西曾在三个戏剧学院任职的经历为依据，对熊佛西在教育体制内的教职身份和相关教学管理活动进行研究。王京强的《戏剧教育与抗战——四川省立戏剧教育实验学校研究（1938—1941）》和顾振辉的《德艺精进，知行合———民国时期上海剧校的育人理念》（2015），两篇文章都以熊佛西新中国成立之前的教学实践活动作为研究对象，在文中考察从熊佛西在位期间管理组织架构、校园文化营造、教师队伍建设、人才分类培训等多方面进行了深入的挖掘，并从中提炼出了可供今人借鉴的管理、教学经验。顾振辉在文中论述了熊佛西关于学生培养的理念和方针，即他认为"要做人，该先学习一个做人的条件……要训练一个艺术家，得先训练一个比艺术家还要伟大的工作"。② 熊佛西所秉持的"学戏先做人"的育人理念，后来成为上海戏剧学院的校训。

袁化甘的《艰难缔造忆当初——记上海市立实验戏剧学校》（1985）和沈炜元的《横浜桥畔艺教篇》（2008），两篇文章则围绕着新中国成立之后、上海戏剧学院的历史展开，前者以一位老校友的身份，对建校的历史进行了回忆和数据梳理，后者则通过对上海戏剧学院老校友的小报《横浜桥》进行了挖掘和整理，两篇论文中除了记录熊佛西的教学管理活动之余，亦有一些生动的日常细节，如熊佛西支持学生护校运动、启发学生

---

① 陈白尘：《现代戏剧家熊佛西·序》，《读书》1983 年第 7 期。
② 顾振辉：《德艺精进，知行合———民国时期上海剧校的育人理念》，《戏剧艺术》2015 年第 4 期。

排戏、为学生提供伙食费等,这些事件直观地体现着熊佛西高尚的师德和先进的办学理念,具有珍贵的史料价值。作为上海戏剧学院前任校长的荣广润的《熊佛西的戏剧教育思想和上戏的传统与未来》(2000)一文中,通过对熊佛西的戏剧教育思想进行了回顾,表明熊佛西注重戏剧教育与社会、艺术与实践、理论与实践的互相结合关系,注重专业训练与人文知识的结合,这些教育理念既是对上戏传统的继承,也是对未来努力的加勉。

2. 关于熊佛西戏剧实验活动的研究

此类论文,主要以熊佛西生前的几次重要戏剧实践活动为研究热点,如天津剧运、定县实验等。关于天津剧运的文章,有:殷之的《熊佛西与天津剧坛》(1999)一文,该文根据熊佛西组织剧团赴津公演、开展新兴话剧运动,以及多次在津撰稿、演说、参加座谈等直接的艺术实践活动为例,论证了熊佛西对天津剧坛有着广泛的影响,并且大大地推动着天津剧运的发展。齐悦的《熊佛西率戏剧系在津推动小剧场运动的得与失》(2019)一文,分析了熊佛西将公演地点选在天津的原因、目的,并对公演的剧目及失败原因进行了考察。较之前两篇文章的讨论范围多为戏剧艺术本身,尚属于内部研究,陈曼娜、杨楠的《熊佛西早期话剧商业演出经营思想研究——以熊佛西天津"卖艺"为例》(2014)一文将研究视线聚焦于熊佛西组织的戏剧团体,视天津公演为"中国近现代话剧演出经营模式的典型个案"进行着外部研究,并在文中列出了众多公演的会计报告、公演情况、经营策略等相关史料,对戏剧该如何大众化的问题作出了反思。

熊佛西的河北定县实验为中华平民教育促进会活动中的一个组成部分,亦是熊佛西在戏剧实践方面最为突出、主要的贡献,该实验一经发起,便在国内剧坛引起了不小的轰动。孙伏园的《定县农村露天演出——熊佛西的剧本〈喇叭〉》(1934)一文中,对熊佛西的农民剧"表演方法简单,布景几乎没有"的演剧风格进行介绍,并称《喇叭》虽为讽刺剧,却能体味到熊佛西教育民众的忠厚之心。[1] 1936 年,由中华平民教育促进会主编的《〈过渡〉演出特辑》一书,辑录了报刊上关于话剧《过渡》的评论文章 23 篇,其中不仅有熊佛西本人的作品,还包括杨村彬《定县的农民戏剧实验》(1936)、田禽《由定县实验农民剧团公演〈过渡〉说起》(1935)、张骏祥《参观定县东不落岗村农民演剧记》(1935)等文,这一系列文章对《过渡》的内容特点、演出方式、舞台构建及当时的演

――――――――――

[1] 孙伏园:《定县农村露天演剧——熊佛西的剧本〈喇叭〉》,《民间(北平)》1934 年第 1 卷第 13 期。

出情况、群众反映等皆有所介绍，提出了该剧"自然具有一切与传统戏剧或都市戏剧全不相同的特色"①"替中国剧坛杀出了一条新的路径"②等观点。到了新中国时期，随着戏剧人类学在中国的译介和戏剧本体意识的觉醒，这一创举日益受到学界重视，研究蔚然大观。1990 年，孙惠柱在美国纽约大学以《定县农民戏剧实验（1932—1937）》（2001）为题完成了博士论文，该文原由英文写作，后经沈亮将论文的一部分翻译为中文，论文从文化研究的角度出发，回顾了熊佛西从戏剧实验的准备工作到具体实践的全部过程，并以丰富的材料佐证了其在剧本、舞台、观演关系等方面的突破，指出熊佛西自编自导的话剧《过渡》，以新颖的、交互式的"新式演出法"，形成了定县实验的"高潮"。该文不仅最早将熊佛西的戏剧实验成果推向国外学界的视野，更对之后我国学者在相关领域的研究给予了重大的启发。王少燕的《熊佛西的定县农村戏剧实验》（1998），同样为国内较早研究定县实验的论文，研究者在文中对熊佛西定县实验中的农民剧本、剧场、演出形式、演出方法和该实验的影响、意义等方面进行了较为全面的介绍，对后人的研究提供了具有参考价值的信息。

　　围绕着定县戏剧实验中剧本、造型艺术、音乐、表演方式这几个戏剧艺术的基本表现手段，一些研究者从综合艺术的角度出发，对定县戏剧实验进行了整体性的研究，并试图放在时代和历史语境中给予总体评价，如薛晓金《熊佛西的戏剧大众化实验》（1999）、孙诗锦《1930 年代定县戏剧改良与乡村启蒙》（2012）、吴福辉《熊佛西与河北定县的"农民戏剧实验"》（2013）以及曾宪章、刘川鄂《20 世纪 30 年代定县农民戏剧实验的历史意义》（2013）等文，这些论文都分析了熊佛西在戏剧实验中针对剧本内容、演员训练、演出场地、舞台风格等方面做出的改革，探讨了定县戏剧实验的成就和历史局限。大多研究者认为，受到不彻底的改良主义思想指导是熊佛西实践失败的原因，但熊佛西在实验中的种种创新举措值得高度的评价，肯定了实验具有中西结合、历时长久、成果丰硕、规模巨大、影响深刻等成就。时至今日，"定县经验"对广大戏剧工作者而言仍具有宝贵的借鉴价值。

　　随着学界对于定县戏剧实验研究的不断深入，该类研究在研究方法、角度、思路等方面皆不断突破，呈现出多元化研究趋向，研究聚焦亦在不断细化：有些论文侧重于对舞台表现的研究，如石艺在《民族话剧舞台演出的早期探索——以 1932—1937

---

① 中华平民教育促进会：《〈过渡〉演出特辑》，中华平民教育促进社 1936 年版，第 15 页。
② 中华平民教育促进会：《〈过渡〉演出特辑》，中华平民教育促进社 1936 年版，第 50 页。

年定县戏剧实验之"新演出法"为例》(2010)一文中介绍了熊佛西的"新式演出法"和在剧场、表演、布景、影响、灯光等方面做出的突破,这种突破塑造出了一种新型的观演关系,符合了中国农民的接受心理;有些论文侧重于对戏剧实验中教育功能的剖析,如陈爱国、方婕《作为教育戏剧的熊佛西"农民戏剧"》(2013),研究者认为熊佛西的定县实验实质是"运用演剧方式对特定人群进行的综合素质教育",这和最早由德国戏剧家布莱希特提出的"教育戏剧"概念不谋而合,并将定县实验放在中国现代教育戏剧发展史的长河中进行评价。路璐、谭放、沈庆斌《定县农民戏剧实验及对中国农村文化建设的启示》(2008)一文抓住了定县实验的文化价值功能,从中国农村文化建设的角度出发,认为通过学习定县实验的经验,对今天做好农村文化建设工作而言,仍大有裨益。

值得注意的是,纵观近十年来有关定县实验的论文,在研究过程中引入新兴的批评方法、借鉴文学文化研究理论似乎成了一种新的趋势,跨学科、跨专业的交叉研究不仅拓宽了学界的视野,也带来了新鲜的活力。早在 2005 年,朱云涛《人类本能与戏剧本质——对熊佛西的定县戏剧大众化实验的文化人类学考察》(2005)便从文化人类学的角度出发,认为通过定县的戏剧实验,农民所具备的"人类所共有的模仿的戏剧本能迅速激发出来",①此举证明了熊佛西的理念和阿尔托、格洛托夫斯基等众多西方戏剧家有相通之处,论证了定县实验的人类学意义。刘川鄂的《雅俗夹缝中的另类启蒙——20 世纪 30 年代定县农民戏剧实验》(2013)一文中除了从戏剧创作本体论这一内部角度,亦从接受美学这一外部角度出发,对定县实验的演出情况进行了分析。王雪芹的《乡村公共空间的雏形与定县戏剧实验的创作衍变》(2015)一文从空间政治学的角度出发,就《锄头健儿》《喇叭》等话剧的创作和演出,表明熊佛西利用打破"第四堵墙"的方式来构建了乡村的"新的时空结构",在该空间中,农民可找到符合自身审美习惯的艺术形式,切身地体会到戏剧的教育功能。江棘的《多义性的甄别:启蒙视野与乡土戏剧——以民众教育戏剧运动中的定县大秧歌为例》(2011)、《作为"问题"的民众戏剧——从 1930 年代的"民众戏剧问题征答"说起》(2017)、《"新""旧"文艺之间的转换轨辙——定县秧歌辑选工作与农民戏剧实验关系考论》(2018)等系列论文都采用了跨学科研究方法,研究者在文中通过一份关于"民众戏剧问题征答"的特辑、一本《定县

---

① 朱云涛:《人类本能与戏剧本质——对熊佛西的定县戏剧大众化实验的文化人类学考察》,《戏剧艺术》2005 年第 6 期。

秧歌选》和对回溯"大秧歌"这一古老艺术形式的渊源作为切入点，在定县戏剧实验的研究中引入了民俗学、接受学、结构主义美学等文学文化理论，从而论证了熊佛西的戏剧实验背后含混而矛盾的"民众戏剧观"致其失败，民众戏剧教育运动与彼时时代环境脱节，并不具备实验成功的充分条件。

　　除了定县实验之外，熊佛西在抗战期间的戏剧实践及其他成就也受到了一些研究者关注。辛慕的《成都儿童公演〈抗战儿童〉的筹备》一文，发表于 1939 年第 1 卷第 1 期的《戏剧岗位》，文中对熊佛西导演的《抗战儿童》一剧舞台、构思等方面的筹备情况进行了描述。丁芳芳的《抗战街头剧演剧形态与文化特质剖析——对 1938 年成都〈儿童世界〉街头公演的再解读》(2017)，将熊佛西编剧的街头剧《儿童世界》作为典型案例，通过对于该剧史料的考证，指出该剧虽是一次政治性的戏剧实验，却有着颇高的艺术价值。佘爱春《〈文学创作〉月刊与抗战文学多元共生空间的建构》(2019)一文分析了熊佛西主编的文学期刊《文学创作》，指出在熊佛西的努力下，《文学创作》成为一个"多元性、博采众长的公共文学空间"。①

结语

　　综上所述，尽管以熊佛西先生为研究对象的论文体量较小、规模不大，但这些论文的研究范围较广，对熊佛西生平行状、教育经历、戏剧理论、剧本创作、戏剧实践活动等都有所涉及，既有熊佛西戏剧理论、戏剧文本等内部研究，亦有戏剧教育实践、戏剧运动等外部领域，研究视角和方法日益丰富和多元，其中定县农民戏剧实践活动是研究热点，引起学界广泛瞩目，并取得了不俗的业绩。但总体上而言关于熊佛西的研究仍不同程度地存在着研究不够充分、重复研究较多、所得结论同质化等倾向。熊佛西的戏剧理论和创作、演出实践经验亦未被当下的戏剧工作者加以学习运用，存在着案头化、书斋化、理论和实际脱节的倾向。当下剧坛正面临着严峻的现实考验，在受到电影电视浪潮冲击、文化体制的结构性调整、大众消费习惯改变等因素影响之下，存在脱离现实、罔顾受众心理的状况。由是，今人愈发需要回望历史，从熊佛西一系列的实践活动中汲取经验，认识到先贤在实践中遵循艺术的客观规律，从观众的审美习惯和需求出发，通过对编剧、表导演、舞台美术等方面进行革新，由此才使"话剧"这一舶来的艺

---

① 佘爱春：《〈文学创作〉月刊与抗战文学多元共生空间的建构》，《山东师范大学学报(人文社会科学版)》2019 年第 2 期。

术形式能受到中国民众的广泛认可。对于戏剧教育工作者而言,亦需回顾熊佛西往昔所秉承的教学理念与参与的教学活动,聆听先贤的教导,在最大程度上杜绝形式主义,尊重艺术教育的基本规律。熊佛西所注重戏剧教育与社会、艺术与实践、做人与做艺相互结合的传统,也期盼后人继续传承、发扬光大。

（原载《戏剧与文学》2020 年第 7 期）

附录二：研究资料目录

李志娟　编

【论 著 类】

熊佛西：《写剧原理》，中华书局 1921 年版。

熊佛西：《佛西戏剧》，古城书社 1927 年版。

熊佛西：《佛西论剧》，凡社丛书 1928 年版。

熊佛西、张鸣琦等：《戏剧与文艺合刊》，戏剧与文艺社 1930 年版。

熊佛西：《佛西戏剧》第一辑集，商务印书馆 1930 年版。

熊佛西：《佛西论剧》，新月书店 1931 年版。

熊佛西：《屠户》，定县中华平民教育促进会 1933 年版。

熊佛西：《青春底悲哀》，商务印书馆 1933 年版。

熊佛西：《锄头健儿》，中华平民教育促进会 1933 年版。

熊佛西：《佛西戏剧》第二辑集，商务印书馆 1933 年版。

熊佛西：《佛西戏剧》第三辑集，商务印书馆 1933 年版。

熊佛西：《佛西戏剧》第四辑集，商务印书馆 1933 年版。

中华平民教育促进会：《〈过渡〉演出特辑》，中华平民教育促进会 1936 年版。

熊佛西：《〈过渡〉及其演出》，正中书局 1937 年版。

熊佛西：《戏剧大众化之实验》，正中书局 1937 年版。

熊佛西：《无名小卒》，中华平民教育促进会 1938 年版。

熊佛西：《后防·中华民族的子孙》，四川省立戏剧教育实验学校 1939 年排演版。

熊佛西：《世界公敌》，青年出版社 1941 年版。

熊佛西：《佛西抗战戏剧集》，华中图书公司 1942 年版。

熊佛西：《赛金花》，华中图书公司 1944 年版。

熊佛西：《戏剧大众化之实验》，正中书局 1947 年版。

熊佛西：《上海滩的春天》，新文艺出版社 1958 年版。

湖荆师专中文系现代文学教研室：《〈赛金花〉及其评论》，荆州师专图书馆 1980 年版。

徐迺翔主编：《中国现代作家评传（第一卷）》，山东教育出版社 1986 年版。

上海戏剧学院熊佛西研究小组：《现代戏剧家熊佛西》，中国戏剧出版社 1985 年版。

陈方：《熊佛西：现代戏剧教育家》，上海教育出版社 1999 年版。

本书编委会：《熊佛西戏剧文集》，上海文艺出版社 2000 年版。

林碧珍：《熊佛西评传》，江西高校出版社 2001 年版。

【期刊、学报、论文集类】

梦天：《熊佛西君作剧小史之一页》，《北洋画报》1928 年第 5 卷第 209 期。

偶至：《看了"鸡汤面"以后：熊佛西先生把他的戏剧比做鸡汤面》，《戏剧与文艺》1929
　　年第 1 卷第 6 期。

孙伏园：《定县农村露天演剧：熊佛西的剧本〈喇叭〉》，《民间（北平）》1934 年第 1 卷
　　第 13 期。

野蛮人：《熊佛西印象记》，《慕贞半月刊》1935 年第 1 卷第 10 期。

九原：《熊佛西编导的〈阿 Q 正传〉演在中旅之前》，《星华》1937 年革新 4 号。

殷扬：《读〈戏剧大众化之实验〉》，《戏剧时代》1937 年第 1 卷第 2 期。

沈曙：《读佛西戏剧集——熊佛西作》，《华年》1937 年第 6 卷第 9 期。

洪波：《北平剧坛的最红人物：熊佛西先生印象记》，《南京特写》1937 年第 1 卷第 5 期。

舒盛骏：《熊佛西主办"战时戏剧讲习会"听讲的报告》，《溆浦教育》1937 年第 1 卷
　　第 6 期。

辛慕：《成都儿童公演〈抗战儿童〉的筹备》，《戏剧岗位》1939 年第 1 卷第 1 期。

萧伯诇：《由〈赛金花〉论熊佛西的剧作》，《读书青年》1945 年第 2 卷第 2 期。

廖原：《也谈左倾并就正于熊佛西先生》，《中坚》1946 年第 1 卷第 4 期。

刘沧浪：《熊佛西在尼姑庵的时候》，《人物杂志》1946 年第 1 卷第 10 期。

李黑虎：《熊佛西与叶子》，《大光明》1946 年第 8 期。

赵景深：《记熊佛西》，《茶话》1946 年创刊号。

姚龙翔：《戏剧的写作——熊佛西先生演讲后记》，《沪江新闻》1948 年第 4 期。

张真：《记熊佛西〈赛金花〉被禁事》，《人民戏剧》1981 年第 9 期。

叶子：《回忆熊佛西的艺术生活》，《戏剧艺术》1982 年第 2 期。

高群：《怀念恩师——熊佛西》，《戏剧艺术》1982 年第 2 期。

丁罗男：《熊佛西戏剧思想简论》，《戏剧艺术》1982 年第 4 期。

陈多：《永难磨灭的遗爱——怀念杰出的戏剧教育家熊佛西老师》，《上海戏剧》1982 年第 6 期。

韩日新：《熊佛西小传》，《新文学史料》1984 年第 1 期。

袁化甘：《艰难缔造忆当初——记上海市立实验戏剧学校》，《戏剧艺术》1985 年第 4 期。

顾文勋：《试论"戏剧大众化之实验"——纪念熊佛西诞辰八十五周年、逝世二十周年》，《南京大学学报（哲学社会科学版）》1985 年第 4 期。

曹树钧：《论熊佛西的戏剧创作——纪念熊佛西诞生八十五周年》，《齐鲁艺苑》1985 年。

张健：《论熊佛西喜剧的寓言性特征》，《中国现代文学研究丛刊》1988 年第 1 期。

陈多、袁化甘：《作为一个真正的戏剧教育家——纪念熊佛西师诞生九十周年》，《戏剧艺术》1990 年第 4 期。

胡德才：《熊佛西的喜剧〈艺术家〉及其美学追求》，《戏剧艺术》1991 年第 3 期。

胡星亮：《论中国话剧的民族化历程》，《文艺研究》1996 年第 3 期。

方新：《忆熊佛西创办四川省立剧校》，《新文化史料》1997 年第 6 期。

王少燕：《熊佛西的定县农村戏剧实验》，《中国现代文学研究丛刊》1998 年第 1 期。

薛晓金：《熊佛西的戏剧大众化实验》，《戏剧》1999 年第 2 期。

殷之：《熊佛西与天津剧坛》，《天津师大学报（社会科学版）》1999 年第 5 期。

《熊佛西戏剧文集》编委会：《一代戏剧宗师熊佛西——〈熊佛西戏剧文集〉后记》，《戏剧艺术》2000 年第 6 期。

荣广润：《熊佛西的戏剧教育思想和上戏的传统与未来》，《戏剧艺术》2000 年第 6 期。

陈艰：《透明，理解却姗姗来迟——参与〈熊佛西戏剧文集〉编纂工作的感言》，《戏剧艺术》2000 年第 6 期。

马明：《名彪剧史，并世无第二人》，《戏剧艺术》2000 年第 6 期。

孙惠柱著，沈亮译：《熊佛西的定县农民戏剧实验及其现实意义》，《戏剧艺术》2001 年第 1 期。

林碧珍：《熊佛西戏剧创作漫议》，《江西师范大学学报》2001 年第 4 期。

林碧珍：《熊佛西——中国现代戏剧大众化的开路先锋》，《江西社会科学（哲学社会科学版）》2002 年 12 期。

林碧珍:《熊佛西——先进文化的传播者》,《江西师范大学学报(哲学社会科学版)》2003 年第 2 期。

陈爱国:《中国现代戏剧的"地心引力现象"——熊佛西〈喇叭〉与奥尼尔〈天边外〉的比较》,《戏剧之家》2004 年第 4 期。

朱云涛、李伟:《熊佛西戏剧理论的独特贡献及其现实意义》,《江西社会科学》2005 年第 2 期。

朱云涛:《人类本能与戏剧本质——对熊佛西的定县戏剧大众化实验的文化人类学考察》,《戏剧艺术》2005 年第 6 期。

周特生、周一新:《熊佛西的戏剧教育思想与实践》,《艺术百家》2007 年第 4 期。

沈炜元:《横浜桥畔艺教篇》,《戏剧艺术》2008 年第 3 期。

贾宏:《熊佛西"农民戏剧"的启蒙意识对话剧艺术发展的启示》,《石河子大学学报(哲学社会科学版)》2008 年第 3 期。

路璐、谭放、沈庆斌:《定县农民戏剧试验及对中国农村文化建设的启示》,《西北农林科技大学学报(社会科学版)》2008 年第 4 期。

谭为宜:《也谈"国剧运动"退潮的原因——"国剧运动"研究系列论文之三》,《河池学院学报》2009 年第 3 期。

陈爱国:《现代戏剧改写中的实用功利主义》,《阜阳师范学院学报(社会科学版)》2009 年第 3 期。

谭为宜:《略论余上沅、赵太侔和熊佛西"国剧"理念的差异——"国剧运动"研究系列论文之二》,《广西师范学院学报(哲学社会科学版)》2009 年第 4 期。

李勇强:《中国话剧大众化的实践范例——论熊佛西定县农民演剧的意义》,《河北北方学院学报(社会科学版)》2010 年第 1 期。

石艺:《民族话剧舞台演出的早期探索——以 1932—1937 年定县戏剧实验之"新演出法"为例》,《戏剧(中央戏剧学院学报)》2010 年第 3 期。

曾宪章、程瑛:《略论"五四"启蒙思想与熊佛西个体精神特征的建构》,《湖北职业技术学院学报》2010 年第 4 期。

江棘:《多义性的甄别,启蒙视野与乡土戏剧——以民众教育戏剧运动中的定县大秧歌为例》,《戏曲研究》2011 年第 2 期。

岱峻:《熊佛西——戏剧家的戏剧人生》,《书屋》2011 年第 12 期。

孙诗锦:《1930 年代定县戏剧改良与乡村启蒙》,《史学月刊》2012 年第 2 期。

黄斌：《民族话剧剧本的早期探索——以 1932—1937 年定县戏剧实验为例》，《解放军艺术学院学报》2012 年第 3 期。

李斌、丁晓卿：《熊佛西的抗战戏剧观及相关佚文》，《四川戏剧》2012 年第 5 期。

李斌：《从佚文〈戏剧与学校〉看熊佛西的戏剧观》，《戏剧文学》2012 年第 6 期。

李斌、程桂婷：《"南田北熊"之说与相关史料勘误》，《学术交流》2012 年第 7 期。

吴福辉：《熊佛西与河北定县的"农民戏剧实验"》，《汉语言文学研究》2013 年第 1 期。

陈爱国、方婕：《作为教育戏剧的熊佛西"农民戏剧"》，《中国现代文学论丛》2013 年第 2 期。

刘川鄂：《雅俗夹缝中的另类启蒙——20 世纪 30 年代定县农民戏剧实验》，《文学评论》2013 年第 4 期。

刘秀丽：《熊佛西的戏剧大众化实验及其启示》，《云南艺术学院学报》2013 年第 4 期。

曾宪章、刘川鄂：《20 世纪 30 年代定县农民戏剧实验的历史意义》，《文艺研究》2013 年第 9 期。

陈建军：《熊佛西建设现代国民剧场的理念和实践》，《中国现代文学论丛》2014 年第 2 期。

陈曼娜、杨楠：《熊佛西早期话剧商业演出经营思想研究——以熊佛西天津"卖艺"为例》，《科学发展、协同创新、共筑梦想——天津市社会科学界第十届学术年会优秀论文集（上）》，天津人民出版社 2014 年版。

王雪芹：《乡村公共空间的雏形与定县戏剧试验的创作衍变》，《文化艺术研究》2015 年第 2 期。

丁芳芳：《民族认同、公民教育与抗战演剧——论熊佛西的抗战戏剧社会教育观》，《首都师范大学学报（社会科学版）》2015 年第 4 期。

顾振辉：《德艺精进，知行合一——民国时期上海剧校的育人理念》，《戏剧艺术》2015 年第 4 期。

曹树钧：《〈新青年〉与熊佛西对中国现代话剧诞生的开创性贡献》，上海鲁迅纪念馆编：《纪念〈新青年〉创刊 100 周年学术研讨会论文集》，上海社会科学院出版社 2015 年版。

丁芳芳：《抗战街头剧演剧形态与文化特质剖析——对 1938 年成都〈儿童世界〉街头公演的再解读》，《首都师范大学学报（社会科学版）》2017 年第 1 期。

江棘：《作为"问题"的民众戏剧——从 1930 年代的"民众戏剧问题征答"说起》，《文艺理论与批评》2017 年第 1 期。

廖太燕:《熊佛西、熊式一与江西省第四届教师寒假修养会》,《新文学史料》2018 年
    第 2 期。

曾云霞:《抗战前后戏剧大众化理论与实践的演变——以国统区戏剧大众化与延安戏
    剧大众化的理论实践为例讨论》,《艺术评鉴》2018 年第 5 期。

冯清贵:《熊佛西话剧〈赛金花〉禁演佚文及史实考略》,《四川戏剧》2018 年 10 期。

江棘:《"新""旧"文艺之间的转换轨辙——定县秧歌辑选工作与农民戏剧实验关系考
    论》,《中国现代文学研究丛刊》2018 年 12 期。

佘爱春:《〈文学创作〉月刊与抗战文学多元共生空间的建构》,《山东师范大学学报(人
    文社会科学版)》2019 年第 2 期。

齐悦:《熊佛西率戏剧系在津推动小剧场运动的得与失》,《戏剧文学》2019 年第 2 期。

徐珺:《"国剧运动"理论概评》,《艺术教育》2019 年第 6 期。

曾宪章:《农民戏剧的还原与开放延伸——略论熊佛西戏剧大众化实验对戏剧舞台和
    表演技艺的革新》,《湖北经济学院学报(人文社会科学版)》2019 年第 6 期。

宫立:《熊佛西集外文四篇释读》,《戏剧文学》2019 年 12 期。

王京强:《戏剧教育与抗战——四川省立戏剧教育实验学校研究(1938—1941)》,《四
    川戏剧》2019 年第 12 期。

曹树钧:《熊佛西夜访梅兰芳》,《上海采风》2020 年第 1 期。

倪金艳:《激进与徘徊:论熊佛西的〈长城之神〉》,《安康学院学报》2020 年第 1 期。

艾立中:《1930 年代"赛金花"题材戏剧禁演史实考论》,《中国现代文学研究丛刊》2020
    年第 2 期。

曾宪章:《先锋和另类——论熊佛西定县农民戏剧实验》,《湖北职业技术学院学
    报》2020 年第 2 期。

曾宪章、易秀娟:《突围及其拘囿——熊佛西定县农民戏剧实验理论与实践的局限性
    反思》,《湖北经济学院学报(人文社会科学版)》2020 年第 4 期。

曾宪章:《规约限定与自主创新的双向互动——定县乡村建设运动与熊佛西农民戏剧
    实验关系研究》,《科教文汇》2020 年第 4 期。

李涛:《演出史视角下的熊佛西〈一片爱国心〉》,《剧作家》2020 年第 4 期。

曾宪章、张亚玲:《乡村建设背景下定县文艺大众化实验》,《现代商贸工业》2020 年
    第 9 期。

【硕士、博士学位论文类】

王春云：《论熊佛西的戏剧教育思想》，上海戏剧学院硕士学位论文，2006 年。

张艳梅：《在写实中迂回挺近——现代话剧开创期演剧研究》，浙江大学博士学位论文，2006 年。

张洪霞：《不该被边缘化的演剧观念》，上海戏剧学院硕士学位论文，2007 年。

王俊：《〈文学创作〉研究》，重庆师范大学硕士学位学位论文，2010 年。

代明勇：《熊佛西与抗战戏剧》，重庆师范大学硕士学位论文，2011 年。

何泳锦：《〈文学创作〉月刊研究》，广西师范大学硕士学位论文，2012 年。

姜群姿：《熊佛西话剧民族化的探索与实践》，山东大学硕士学位论文，2012 年。

王丛阳：《定县"农民戏剧"实验中的立场》，河南大学硕士学位论文，2017 年。

郭嘉颖：《中国"平民话剧"剧本研究(1919—1937)》，暨南大学硕士学位论文，2018 年。

曹晴阳：《抗战时期熊佛西艺术创作及教育理念研究》，四川音乐学院硕士学位论文，2019 年。

付娆：《熊佛西剧作艺术研究》，四川师范大学硕士学位论文，2020 年。

图书在版编目（CIP）数据

熊佛西研究资料汇编/上海戏剧学院中国话剧研究
中心编. —上海：华东师范大学出版社，2020
ISBN 978 - 7 - 5760 - 0845 - 6

Ⅰ.①熊… Ⅱ.①上… Ⅲ.①熊佛西（1900—1965）
—人物研究 Ⅳ.①K825.78

中国版本图书馆 CIP 数据核字（2020）第 192341 号

熊佛西研究资料汇编
上海戏剧学院中国话剧研究中心编

责任编辑 庞 坚
责任校对 王丽平
装帧设计 刘怡霖

出版发行 华东师范大学出版社
社 址 上海市中山北路 3663 号 邮编 200062
网 址 www.ecnupress.com.cn
电 话 021 - 60821666 行政传真 021 - 62572105
客服电话 021 - 62865537 门市（邮购）电话 021 - 62869887
地 址 上海市中山北路 3663 号华东师范大学校内先锋路口
网 店 http://hdsdcbs.tmall.com/

印 刷 者 当纳利（上海）信息技术有限公司
开 本 787×1092 16 开
印 张 26.75
插 页 8
字 数 455 千字
版 次 2020 年 10 月第 1 版
印 次 2020 年 10 月第 1 次
书 号 ISBN 978 - 7 - 5760 - 0845 - 6
定 价 198.00 元

出 版 人 王 焰